アスレティック・ムーブメント・スキル
スポーツパフォーマンスのためのトレーニング

【監訳】
早稲田大学スポーツ科学学術院教授
広瀬 統一

Athletic Movement Skills
Training for Sports Performance

Clive Brewer

■ 訳者一覧

広瀬　統一	早稲田大学スポーツ科学学術院
岡本　香織	公益財団法人日本バスケットボール協会
干場　拓真	早稲田大学スポーツ科学学術院
福田　崇	筑波大学体育系
吉田　早織	常葉大学健康プロデュース学部
安藤　豪章	University of Nebraska at Omaha
馬越　博久	八王子スポーツ整形外科リハビリテーションセンター
飯田　聡	Sporting Kansas City
大西　史晃	NSCAジャパン教育・研究担当
越田専太郎	了德寺大学健康科学部整復医療トレーナー学科
倉持梨恵子	中京大学スポーツ科学部スポーツ健康科学科

Authorized translation of the original English edition,
Athletic movement skills : training for sports performance / Clive Brewer.

Copyright © 2017 by Coaching & Performance Development Ltd.

All rights reserved. Except for use in a review, the reproduction or utilization of this work in any form or by any electronic, mechanical, or other means, now known or hereafter invented, including xerography, photocopying, and recording, and in any information storage and retrieval system, is forbidden without the written permission of the publisher.

The web addresses cited in this text were current as of October 2016, unless otherwise noted.

Translation copyright © 2018 by NAP Limited, Tokyo
All rights reserved.
Printing and Bound in Japan

注意：すべての学問は絶え間なく進歩しています。研究や臨床的経験によって知識が広がるに従い，各種方法などについて修正が必要になります。ここで扱われているテーマに関しても同じことがいえます。本書では，発刊された時点での知識水準に対応するよう著者・訳者および出版社は十分に注意を払いましたが，過誤および医学上の変更の可能性を考慮し，本書の出版にかかわったすべての者が，本書の情報がすべての面で正確，あるいは完全であることを保証できません。また，本書の情報を使用したいかなる結果，過誤および遺漏の責任も負えません。読者が何か不確かさや誤りに気づかれたら出版社にご一報くださいますようお願いいたします。

訳者序

　本邦において，スポーツ活動はこれまでより一層，多くの人に親しまれるものになることが予想されます。2020年に行われる東京オリンピック・パラリンピックはそのきっかけの1つです。またスポーツ庁の基本計画においても，運動が好きな子どもを増やしていくことや，成人のスポーツ実施率を向上させるための施策が示されています。もちろん，スポーツはやらされるものではなく，自身で好んで行うものであることが前提です。しかし日本全体として，スポーツ実践の楽しさを伝えあっていこうという機運が高まっていることはまちがいなく，この流れが「スポーツをする人」の増加につながることは容易に想像ができます。

　一方で，スポーツの楽しさを知ったとしても，その活動を継続できなくてはいけません。スポーツ活動の継続を阻害する主な原因は，けがによって運動休止を余儀なくされる場合や，スポーツの楽しさを見出せなくなった場合などです。特に子どもたちはスポーツ活動で成功体験を得られないと楽しさを見出せなくなります。そのため，けがを予防し，かつパフォーマンスを高めて成功体験が得られるような指導が，どの年代にも，そしてどの競技レベルにおいても必要になるのです。

　その点で，本書が示している「合理的な動作を身につける」ことは，スポーツをする人にとって，けがの予防にもパフォーマンス向上にも通じる重要なテーマです。また指導者，アスレティックトレーナー，ストレングス＆コンディショニングコーチにとっても，知っておかなければならない情報であるといえます。動作は競技力だけでなく，人の日常生活の営みすべての身体活動のもととなります。動作が合理的であれば，その人が有している筋力や持久力を効率的にパフォーマンスに還元することができます。一方で理にかなっていない動作では，もっている身体資源を効果的にパフォーマンスに還元できないばかりか，ある部分にストレスが集中することで，けがや日常生活上の不調の原因にもなりうるのです。そのため，スポーツをする人は「合理的な動作」を適切に身につける必要があります。

　本書は動作習得に関する理論と実践がバランスよく示されており，多くのスポーツ実践者や指導者に有益な情報を提供してくれるものと考えています。本書を通じて，1人でも多くのスポーツ実践者がけがなく，効果的にパフォーマンスが向上でき，長くスポーツ活動を楽しめることを願っています。

2018年10月

早稲田大学スポーツ科学学術院　広瀬　統一

もくじ

訳者序　iii
まえがき　vii
序　文　xi

第 1 章	動作スキルの発達	……………………………………	（広瀬　統一）	1
第 2 章	生体運動機能を理解する	…………………………………	（岡本　香織）	17
第 3 章	運動系の発達パターン	……………………………………	（干場　拓真）	33
第 4 章	効率的な力の制御：動作の力学的機能	…………………	（福田　　崇）	57
第 5 章	競技動作における姿勢の重要性	…………………………	（吉田　早織）	77
第 6 章	姿勢評価	…………………………………………………	（安藤　豪章）	99
第 7 章	段階的カリキュラムの計画：	………………………………	（馬越　博久）	125
	動作スキル学習と身体的‒力学的トレーニングに関する検討			
第 8 章	ランニングスピードとアジリティスキルの向上	………	（飯田　　聡）	151
第 9 章	ジャンプ動作とプライオメトリックスキルの構築	……	（大西　史晃）	209
第 10 章	ファンショナルトレーニングの段階的プログラムを	…	（越田専太郎）	261
	立案する			
第 11 章	練習計画作成の基礎	………………………………………	（倉持梨恵子）	319

文　献　367
索　引　371

まえがき

　40年を超える指導歴のなかで，私は常にアスリートのパフォーマンスに関する理解を深め，多角的なアプローチでアスリートのパフォーマンスを向上できるように努めてきた。その中で，アスリートの潜在能力を引き上げるために，ある特定のトレーニングを「なぜ」行うのかと問うようになってから，私はアスリートをさらに次のステージへ引き上げることができるようになった。この考えをもとに活動を続けるうちに，最終的に私は一緒に働く指導者やアスリートにも，アスリートとして向上するための知識を理解することを推奨するという哲学をもつようになった。

　この哲学をもとに，私はさまざまなスポーツを対象として，アスリートだけでなく指導者，チーム，国際連盟，オリンピック委員会に対しても指導をするようになった。かつて母校であるマディソンイーストの高校で指導者をしていたころから，私は教員と指導者という両方の顔をもち，アイスホッケーや女子の陸上競技に携わっているアスリートのパフォーマンス向上に努め，州でチャンピオンになるという成果を上げた。このようにスポーツパフォーマンスに関連するすべてのことを理解して指導に臨みたいという私の取り組みが評価され，私はウィスコンシン大学やテネシー大学，そしてルイジアナ州立大学での指導にキャリアを進めることになった。ルイジアナ州立大学では非常に優秀なコーチ陣やアスリートたちとともに，女子陸上競技のヘッドコーチとして5回のNCAAチャンピオンになることができた。そして大学での指導の結果，ドーン・ソウェル（100 m，200 mの短距離選手）やシェイラ・エコールズ（陸上短距離，幅跳び選手）らがみんなから賞賛を得て，メダルを獲得できるまでのパフォーマンスに向上させることができた。

　この指導者としての期間に，私の指導法があまりに科学的すぎるという批判を，まわりの指導者から受けた。ある日，そのような批判的な指導者が目の前にいたので，自身が指導する女子アスリートを呼んで自身のパフォーマンスに関する考えをバイオメカニクス的観点から説明するように求めた。するとそのアスリートは適切に，そして堂々と簡潔に，自身のパフォーマンスに関する考えをバイオメカニクス的観点から説明してくれた。目の前にいる科学的な指導に批判的な指導者は驚愕していた。私が目指している最も誇らしい指導結果の1つが，指導してきたアスリートが，指導者としてのキャリアを選び，そしてアスリート時代に学んできたトレーニング原理を自分たちなりに応用し活用してくれることである。

　1989年に私はプロの指導者に転向し，大学スポーツから離れてプロアスリートの指導に携わるようになった。例えば1991年の世界陸上選手権大会で100 mと200 mで銀メダルを獲得したグウェン・トーレンスが教え子のひとりである。近年ではさまざまな種目のアスリートの指導をし，特に短距離，ハードル，跳躍では多くの成功を収めた。ドノバン・ベイリー，ドワイト・フィリップス，アンジェロ・テイラー，ラショーン・メリット，ティアナ・バートレッタなど，多くの称賛を浴びるにいたったアスリートも指導している。喜ばしいことに，ドワイト・フィリップスはIMGアカデミー時代にはコーチングスタッフとして加わってくれた。

　陸上競技選手に限らずチームスポーツのアスリートも，このクリーブ・ブリュワーの新しい著書を通じて得た知識を実践に移すことで，パフォーマン

向上を達成することが可能である。いまでは当たり前のようにその地位が確立されているが，このようになるずっと以前の1989年に，私がアトランタ・ファルコンズでスピード＆パフォーマンスコーチを担当していた時も，十分にアスリートのパフォーマンス向上の手助けをすることができた。事実，ファルコンズはその年のスーパーボールに進出し，その要因の1つとしてスターターによる負け試合が最も少なかったことと，第4クオーターでの得点バランス（得点－失点）がよかったことがあげられる。選手たちはよりフィットしており，素早く動くことができ，また健康な状態を維持できていた。このほかにもシカゴ・ブルス，デトロイト・ライオンズ，ジャクソンビル・ジャガーズなどのチームサポートや，ハーシェル・ウォーカー，ドーシー・リーバンズ，マルコ・コールマン，グレン・デービスなど，私がサポートしたチームやアスリートの一部ではあるが，彼らのパフォーマンス向上にも役立っていた。

本書，「アスレティック・ムーブメント・スキル：スポーツパフォーマンスのためのトレーニング」の著者であるクリーブ・ブリュワーは，世界的なハイ・パフォーマンススポーツにおけるコンディショニングとスポーツ科学のスペシャリストであり，本書ではハイパフォーマンスを達成するための包括的な指針を提示してくれている。コーチは，彼らの指導上で生じるさまざまな偶発的な事象に対応できるように，幅広い情報をもっている必要がある。またコーチはパフォーマンス向上に関連する多くの知識をもっている必要があり，常に新しい，革新的な情報を探し求める必要がある。この本は応用的な情報を提供するものであるが，特にアスリートの成功をもたらすために必要とされる，アスリートに必要な動作スキルをどのような順番で発達させるかについて教授し，気づきを与えてくれるものである。

アスリートのパフォーマンス向上を指導する者にとって，最大の役割は動作を改善させられるコーチであることである。アスリートは自身の関節を正しいタイミングで正しい位置におくことで，はじめて筋を正常に働かせることができるのである。このような正常な動きができないことは，不適切な動作につながるだけでなく，筋・腱・関節に多大なストレス，あるいは繰り返されるストレスを加えることで外傷や障害の発症要因にもなりえる。このように考えると，正しい動きをしなくてもよい競技というのはあるのだろうか。適切な動作スキルはコンディショニングにおけるエクササイズのみならず，体育における運動や競技特異的な指導においても基礎となるものである。動作スキルは適切なパフォーマンス向上プログラムの核となるのである。

これまでにパフォーマンスコーチとしての活動に関する知識と経験を得るなかで，同じような情熱を共有する多くの仲間と仕事をしてきた。それらの仲間とともに，「何を」「どのように」トレーニングするかの根本にある「なぜ」を正しく理解するために，多くの専門知識や経験を共有してきた。私は自身のキャリアを通じて，同じような想いをもっている多くの科学者や指導者と知識や経験を共有し，1人ではなしえなかった境地に到達できるように活動してきた。本書はそのような学びの機会を提供するものと考えている。

クリーブ・ブリューワーと私は10年以上にわたる友人であり同僚である。最初に出会ったのはアイルランドのダブリンで行われたヨーロッパコーチング協会主催のシンポジウムである。一目見たときから，彼の洞察力，そしてストレングスやパワーに関する最も複雑な側面に関する知識，とりわけスピードや動作に関連する知識を有していることがわかった。クリーブのキャリアはスポーツ現場での経験と科学が融合されたものであり，科学的根拠と現場経験に基づく指導について論じる際には，このようなキャリアは生命線となるものである。クリーブはヒトのパフォーマンスに関する多様な分野での論説や査読つき論文を多く発表しており，彼の知識の根幹をなしている。私は自身のプレゼンテーションを作成する際にも，彼から新たなアイデアや多くの知識を得るなど手助けをしてもらっている。最近ではイングランドのバーミンガムで成長期のアスリートや一般の運動従事者からトップアスリートまでの筋力トレーニング，特にスピードに関するトレーニングの講習会を共同して行った。リオデジャネ

イロ・オリンピック前には陸上競技米国代表選手のトレーニングをともにフロリダで行っている。

　本書を見る限り，クリーブは自身の能力を新たなレベルに引き上げているように思える。第1章では身体がどのように適切に動くのか，またフィジカル・リテラシーや適切に動作を調整させることの重要性について解説している。また本書には異なるスポーツの間にも共通する部分があること，またさまざまな難問を解決することに動作スキルを改善することが有用であることが示されている。さらに本書は神経筋系がどのように機能するか，さらに重要な情報であるアスリートが年齢を通じてどのように発達するかを第2章および第3章で解説している。

　第4章ではアスリートの動作スキルの力学的な機能や，力がどのように正しい動作遂行に影響するかについて焦点をあてている。これらの概念を理解することで，指導者はアスリートを自身の動作を洗練させるための旅に誘うことができる。

　第5章では姿勢に関して深く掘り下げるととともに，姿勢がどのように正しい動きに重要であるかを解説している。続いて，静的・動的アライメントの評価法についても解説している。第6章では動作スキルの発達をどのように測定評価するかについて解説している。

　これらの基本的な情報を得たうえで，第7章では段階的なトレーニング計画，特に年齢だけでなく個別性を反映させたプログラムデザインについて学ぶことができる。この章ではスピードやアジリティおよび着地や加速に必要な反応筋力についての解説も含んでいる。第8，9，10章では機能的なストレングスがトレーニングプログラムのなかにどのように組み込まれるかについて解説している。

　多くの著書には必ず実際例が示されており，読者がその実際例をみて自身の活動に関連づけたり，また応用したりすることができるように構成されている。本書でも同様に第11章ではいくつかの実際例が示されており，これらの情報から，包括的で個々に合わせた動作教育プログラムを用いてどのように課題を解決できるか，新たなアイデアを得ることができる。

　クリーブと直接仕事をするなかで，本書で書かれている内容や考え方がどのように指導の実際に用いられているかを経験することができた。自身がもっている知識や経験をみんなで共有するべきであるという私自身の哲学からも，クリーブが彼自身の考え方や知識を本書を通じて読者と共有することに強く賛同する。彼の考え方や知識を指導者である本書の読者が共有することで，この分野のコミュニティが成長し，その結果としてアスリートやクライアントたちのサポート環境が充実するはずである。

　アスレティック・ムーブメント・スキルを読むことで，アスリートやクライアントの潜在能力を最大限に引き上げるための，さらなる洞察を得ることができるだろう。

　　　　　　　　　　　　　　ローレン・シーグレイブ
　　　　　　　　　　スピード＆ムーブメントディレクター
　　　　　　　　　陸上競技・クロスカントリーディレクター
　　　　　　　　　　IMGアカデミー，ブラデントン，フロリダ

序文

　私の役割についてトロント・ブルージェイズと話をするとき，コーチとしての役割ではなく，科学者としての役割を担おうと思うことはないのか尋ねられることがよくある。実際にはそのような役割変更が生じることはなかった。コーチングとは，アスリートが自身の最高のパフォーマンスを発揮するために，克服すべき問題を解決する手助けをするものである。私の役割はあくまでもコーチである。しかし私は科学的知識を実際の指導に還元するコーチである。

　アスリートとともに仕事をする人の欲求は，アスリートがより高いパフォーマンスを発揮することであるため，多くの人が科学的見地からトレーニングをプログラムし指導する。私はそのような指導者たちの役に立ちたいという情熱から本書を書くことを思い立ち，「何を，どのように」，そして「なぜ」，アスリートの幹となる動作スキルを幅広い年齢や異なるパフォーマンスレベルのアスリートに指導するかに関する情報を提供することで，指導者の助けになると考えた。この本を読むことで，目の前のアスリートがパフォーマンスを発達させる過程のどの位置にいるのかを明らかにすることができ，そのアスリートのパフォーマンスが向上するために，この先どのようなトレーニングをすればよいかを知ることができる。そのためにも，本書では「何を，どのように」だけでなく，動作スキル向上のプログラムデザインでより重要となる「なぜ」について解説している。

　この本はトレーニングプログラムデザインにおけるどの段階でも活用可能である。第1章から第5章では身体がどのように動き，それらがどのように改善できるかについて解説している。第6，7章ではこれらの情報をどのようにトレーニングプログラムに反映できるかを，パフォーマンスの観察評価方法とともに示している。第8章から第10章ではさまざまな種目のアスリートを対象にした際の，多方向への動作スピードやパワーを高めるための指針について解説している。そして第11章ではこれらの情報を統合したエクササイズの例を示している。

　この本は，指導上のアイデアのみならずその理論も知りたいという指導者だけでなく，身体のメカニズムに関する知識はあるが，より実際的な方法について学びたいというアスレティックトレーナーにとっても有用であると考えている。また，これまでに学んだ科学的知識をどのように実際の指導に落とし込むかについて知りたい学生にとっても，有益な内容である。本書は多様な分野に及ぶ専門家の共通言語を提供するものである。

　科学とは体系化された知識や原則の上になり立っており，ある現象を説明したり予測したり，また影響する要因ともなりうるものである。私の経験上，この現象が「動作」である。動作はすべてのスポーツパフォーマンスの成功の基礎である。アスリートが競技場面でさまざまな課題に直面した時，それを解決するための基礎が動作であることからも，動作はアスリートの競技力の基礎となるものである。それぞれの競技に特有の動作があるが，私がスコットランドのアスリートプログラムディレクターを務めていた時に経験したのは，多様なスポーツのなかにも共通して養うべき基本的な動作があり，それが走（加速，減速，方向転換），跳，そして急激な力発揮に関連する動作であった。この考え方は国際レベルのサッカー，アメリカンフットボール，ラグビー，陸上競技，テニス，野球などの選手のトレーニングを指導した際にも，指導の根幹をなすものであった。また，私はエリートレベルのアスリートだけでなくフロリダのIMGアカデミーで活動す

る各競技のユースアスリートや，英国でのユースアスリートのトレーニングも，上述した考えに基づいて行っている。

　多くの人がアスリートの潜在能力を最大限に引き出すために共同しているため，指導上の共通言語をもつことが重要である。また，アスリート中心の指導を常に心がけなければならない。アスリートを支援する専門家（科学者，ストレングス＆コンディショニングコーチ，アスレティックトレーナー）やコーチは，アスリートにとって必要性のない，押しつけの指導をしてはならない。アスリートを指導する人たちは，身体がどのように動くのか，反応するのか，学習するのか（トレーニングは学習のようなものである）についての知識や原則を知っていて，どのようにトレーニングに応用するかを理解している必要がある。本書を読むことで，読者は自身のトレーニングプログラミング能力がどれくらいのレベルにあるのかを評価することができ，また今後自身のプログラムをどのように個別性をもったものにし，どのようにアスリートに伝えることができるのかを知ることができる。

　身体ではそれぞれ異なる機能や器官が複雑に相互作用しており，さらにトレーニングを実施する際には，身体の運動制御系がどのようなものかを知っておく必要がある。この原則的な情報については本書の最初のほうで述べており，そこではスポーツ活動でどのように身体が動くのか，また発育発達とは何か，そしてアスリートはどのように多方向の力を制御するのかを解説している。指導者はこのような知識をもとに情報交換する必要がある。科学者の問題点は，他の科学者にしかわからない言語で説明することであることから，科学的な知識がさまざまな人に理解されていない。私のゴールは指導者，学生，保護者，教員，医療従事者すべての人に本書の内容を理解してもらうことであり，その際に科学的な知見を誤解されることなく，また欠落させることなく，伝えることである。なぜその介入が必要かを理解した時，アスリートのなかでどのような変化が生じる必要があるかをもとに考えることができるようになる。同様に，アスリートがこれまでどのように発達してきたか（発達しているか）を知る

ことで，今後どのように段階的なトレーニングを最適化できるかを考えることができる。

　私は本書で示すトレーニングの考え方を実際の現場に落とし込めるように，いくつかの事例を用いながら示している。これは指導法に関する教育を行ううえでは非常に重要である。運動を引き起こす力積（第4章）やストレングスやパワートレーニングが身体にどのような適応的変化をもたらすのか（第2章）を知っていることは重要である。これらの理解をもとにして，指導者は批判的に自身のトレーニングプログラムを見直すことができる。もし指導者がそうすることができなければ，アスリートが同じことをできるだろうか。指導における最終的な到達点は，アスリート自身が行うべきことを決定できるということである。そのため，本書は指導者に，アスリートが実際に必要なものは何であるか，その必要なものをどのように構築するか，そしてどのようにそれを個別性をもって達成するかに関する情報を提供するものである。

　適切な動作トレーニングは，姿勢や構えを整えることで，色々な動作やスポーツ特異的なスキル実施時に，力の伝達を効率的に行えるようにする。私のキャリアの初期には，他の分野の知識をもっている人たちと一緒によく仕事をした。例えば医学生からは解剖を学び，理学療法士からは外傷・障害発症メカニズムや競技復帰をどのようにサポートするかを学んだ。これらを通じて，身体の関節の位置が適切なタイミングで適切な位置関係にあることで筋が適切に収縮し，その結果として適切に力発揮がなされるということがわかり，これが動作改善の基本となっている。この考え方は自身の指導方法を大きく変え，指導のポイントを結果（アスリートがどれくらい素早く動くか）ではなく，プロセス（アスリートがどのように動いているか，自身がアスリートの動きをどれくらい効率の良いものにできているか）に重きを置くようになった。プロセスを大事にしてそのための努力を続ければ，結果はついてくる。この考えは第5章から第6章にかけて述べられている。

　適切な動作教育は，一般的な動作を競技特異的な動作に発展させる過程を基礎にしている。外傷・障害受

傷後から競技復帰の過程も同様である。それぞれの専門的な知識を共有することで，アスリートのパフォーマンス向上はより効率よく達成できる。アスリートを中心にしたトレーニング指導環境においては，誰が行うかというのは問題ではなく，皆が包括的な視点をもってアスリートの目標達成を支援するという考え方をもつことが重要である。その意味でも，本書は指導者，科学者，アスレティックトレーナー，アスリート，そして保護者が一様に学ぶことができるように記載されている。

私の目的は，物事が行われる理由に関する理解を養うこと，そしてこの考え方がどのように目的をもって人に伝えらえるべきかを事例をもとにして伝えることである。ある賢者が語っていた言葉に「エクササイズは何を行うかであり，動作は何を感じるかである」というものがある。すべてのエクササイズにはゴールがある。アスリートに目標を示すことは非常に重要である。一方で動作においては感じることが基本であるため，本書では全体を通じて共通して運動制御系がどのように筋骨格系を制御して動きをつくり出しているかについて解説している。この仕組みを知っているアスリートは自身がどのようにトレーニングや動作をすべきかを考えることができる。

第7章では能力をどのように高めるかの考え方について解説している。ここではアスリートがどのように動作スキルを学習し，能力向上につなげるかが示されている。学習した技術がスキルになって能力向上につながるということは，ひとつひとつの言語としての動作が文脈としてスポーツにおける個々の状況に合わせて発揮されるということである。ここでは指導者に，アスリートの理解を促すためのデモンストレーションや発問に関するアイデアも提示している。また本章では個別性の重要性も示しており，このような考え方はすべての身体教育の根幹をなすものである。

第8章から第10章では運動制御系がどのように運動をつくり出すか，力がどのように伝達されるか，身につけた動作がどのようにスポーツに応用されるかについて示している。これらの章では科学と現場のつながりについて感じることができるだろう。

第8章では，最初のほうの章で示されている科学的な原則を応用する方法，特にスピード改善への応用について述べている。加速，減速，方向転換における適切な動作とはどのようなものか。これらのテクニックを向上させる中心となるドリルはどのようなものか。さらに重要な情報として，科学的な知識をもった指導者が，指導するアスリートの能力が目標を達成した後に，どのようにトレーニングを発展させるか。これらのことについて理解することで，指導者はトレーニング計画力を高め，どのように各種エクササイズを当てはめるかを知ることができる。

多くの指導者がジャンプやリバウンドの能力を高めるために，創造性の高いドリルを行うのを目にするが，接地時間と床反力に関する基本的な知識をもとにしたものは少ない。より高く跳ぶためには，より長い接地時間が必要である。多くの指導者はジャンプに関する曖昧な情報をもっており（短い接地時間がよいなど），より高いジャンプに必要な要素とは反対のトレーニングを行っている。指導者はジャンプに関する身体的－力学的知識をもつ必要があり，正しく安全にトレーニングを実施し，かつ段階的に負荷を漸減させるプログラミングを行ってアスリートの能力を最大限に引き出す必要がある。第9章でこの考えかたについて，プライオメトリックトレーニングを例に示している。

筋力とパワーはすべてのスポーツ動作やスキルの基礎となり，パフォーマンス向上，外傷・障害予防，そして健康的な生活にとっても重要である。第10章では筋力トレーニングを通じて機能性をどのように向上させるかを示している。ここではいくつかの鍵となる動作をもとにして，段階的な負荷の漸減，姿勢やメカニクスの変化，機能的な動きについて解説し，単に「より重く速くもち上げる」だけではないストレングスのあり方について解説している。一方で，これまでの伝統的な筋力トレーニングは否定されるものではなく，アスリートのパフォーマンス向上においてある時期には重要な役割を担う。しかしパフォーマンスの質を高めるためには，動作パターンの質を高めることが必要である。実際に，ストレングスコーチの最初の役

割は動作改善である。

　トレーニングにおいて最も難しいのは，アスリートの目標達成に必要なすべての要素をどのようなバランスで組み込んでプログラムするかである。最終章では動作スキル向上に関する原則や方法論をどのように組み込むか，いくつかの実際例を用いて紹介している。この章を読むことで，トレーニングを実施するうえでの問題点や，トレーニングの理論的根拠，そしてどのように統合的なプログラムを作成するかについて知ることができる。最も重要なのは，「自分ならどうするか？」という問いかけをすることである。

　トレーニングの過程における自身の役割や，アスリートの年齢や指導者のバックグランドにかかわらず，本書から動作スキルの重要性を理解し，アスリートの動作スキルを向上させるための知識や考え方を得ることができる。すべてのスポーツ現場で共通することは，「アスリートはみんなが偉大であり，ある時点で必ずパフォーマンス向上のために質を向上させる必要性を，いつ，何を行うべきか知っている指導者から学ぶべきである」ことである。

第1章

動作スキルの発達

　スポーツ種目にかかわらず，アスリートは最終的に目に見える形でのパフォーマンスによって評価される。このパフォーマンスは，活動場所（練習場，ウエイトルームなど）やレベル（学校スポーツ，国際大会）にかかわらず，身体内で生じる種々の活動の相互作用の結果として表に現れる。そのためコーチは，アスリートの目に見える形としてのパフォーマンスを高めるためにトレーニングを計画し，指導している[1]。

　アスリート（個人，グループ，チーム）のパフォーマンスを向上させるためには，長期的，中期的，短期的な計画を事前に詳細に練っておく必要がある。

- **長期**：子どもの潜在的なパフォーマンスを生涯を通じて発達させるためには，競技人生を通じて適切な競争，トレーニング，そして疲労回復への取り組みが必要であり，特に成長期にはその成長段階に合わせた内容で実施する必要がある。これらの取り組みはアスリートの成長段階に合わせて発展させるだけでなく，アスリートがあるプログラムから他のプログラムに移行した場合や，ある競技レベルから次の競技レベルに移行した際にも適切に調整する必要がある（図1.1）。また大学から国内大会レベル，そして世界大会レベルへのキャリアアップや主要大会（オリンピックの4年サイクル）に合わせるような，複数年の計画も必要である。
- **中期**：チャンピオンシップやオリンピックなどで勝利するための，ある特定の年やシーズンにおけるパフォーマンス向上のためのトレーニング計画である。また中期計画は，長期計画における目標達成に対して，各段階で必要とされるレベルに個々のパフォーマンスや能力が見合うようにも計画する。
- **短期**：短期計画（日，週）では，詳細なトレーニングプログラムを立案し（方法，量，負荷の調整），長期計画の目的にも見合うようにする。

　計画立案を成功させる鍵は，トレーニングにおけるどの要素をどの時点で強調するかを理解することである。トレーニング計画自体は特定の要素だけに焦点を絞るものではないが，計画立案においては強調すべき点を明確にする必要がある。例えば，バスケットボール選手のプレシーズン（準備期間）では体力面の強化に焦点をあてるが，インシーズンでは試合で適切にプレーするために体力を維持することが重視される。同様に，準備期では無酸素パワーや無酸素能力，あるいはパワー発揮に必要な筋力やスピードの向上に主眼が置かれる。

　このように，トレーニングは時期や目的に見合うように立案・実施されるが，その負荷設定は，それまでにどのようなトレーニングがなされていたかによる。したがって，事前に獲得しておくべき能力を身につけさせ，順序よくトレーニングを計画する必要がある。

　例えば，パワーは筋力とスピードの掛け合わせであることから，パワーはスピードなくしては発揮されないのと同時に，基礎能力として筋力を高めることが重要である。同様にスピード持久力はスピードと持久力の掛け合わせである。したがって，スピー

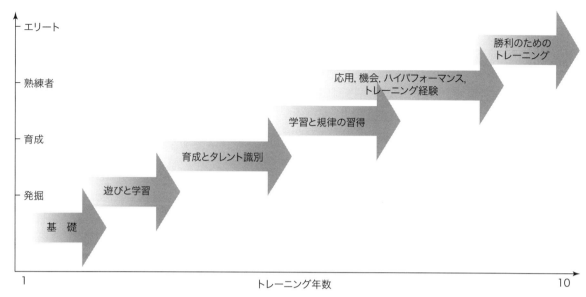

図 1.1 アスリートのパフォーマンスを高めるための長期的計画のためには，アスリートが通るべき環境変化を理解する必要がある。

ドを改善する前にスピード持久力向上のためのプログラムを立案すると，最終的にはその発達が，そのアスリートのスピード能力によって制限される。本書を通じて示しているように，強固な建物はしっかりとした土台（基礎）の上に建てられるかのごとく，アスリートのパフォーマンス構築も基礎づくりが必要なのである[2]。

これまでは，上述した基礎づくりの重要性が見過ごされ，目に見えるパフォーマンスだけがトレーニング対象として考えられてきた。そのためのトレーニング計画として，最終的にアスリートのパフォーマンスに影響するような要素のみを単一的あるいは複合的にトレーニングし，各種要素が相互作用されるようにデザインされてきた。

また，これまでのコーチングやコーチ教育のプログラムは，技術面・戦術面・体力面・精神面を別々に養うようなトレーニングに焦点をあててきた。しかしながらこのアプローチは，トレーニングプロセスを単純化するとともに，スポーツパフォーマンスにとって生命線ともなるトレーニング要素，すなわち動作スキルの重要性を見落とすことにつながっている。Verkoshanskyは，すべてのスポーツパフォーマンスの中心となるのは動作であると述べている。スポーツは課題解決活動だと捉えられるが，動作はその課題を解決するための重要な要素なのである[3]。

優れたアスリートの身体資質は，いくつもの主要な特徴から構成される（**図1.2**）。

教育の現場では，スポーツ活動に参加するうえで，基礎動作（捕る，投げる，走るなど）はすでに獲得しているもの，もしくは獲得しておくべきものと認識されてきた[4]。実際に運動制御理論では，基礎動作スキルの熟練度とスポーツ特異的能力との関係について言及している。基礎動作スキルとは「走る，跳ぶ，投げる」など特徴的なパターンを有する共通の動作である。多くの競技特異的な動作は，基礎動作スキルの応用的なものである。また運動学習の原則では，動作の獲得はすでに学んだ動作の上になり立つものであり，アスリートが応用的な競技特異的スキルを獲得するためには，基礎動作スキルが身についていることが重要である。これから本書で示すように，安定的な動作や，しっかりとした操作動作は，多くの競技特異的な動作の基礎となるものである。

このようにスポーツにおいて目に見えるパフォーマンスは，アスリートの洗練された動作に基づいている。したがって，熟練した基礎動作はすべてのスポーツスキルの基礎となるため，スポーツスキルの延長線

空間認識

知覚認識

持久力

全身運動のコントロールとスキル遂行

適切な関節運動を実現するためのアライメント

スキル発揮のために要求される力の瞬間的発揮

力発揮および姿勢保持を可能とする身体位置変化

外的物質に対する出力コントロール

効率的なエネルギー消費

重心のコントロールによるバランス維持

図1.2 優れたアスリートの身体資質

表1.1 基礎動作スキル

スキルの分類	定義	特異的なスキルの例
安定性（姿勢制御）	身体各部位の位置関係を把握してバランスを変える能力で，適切な代償動作を通じて急速にそして正確にバランス変化に対応することを可能にする。静的あるいは動的な状態でバランスを維持したり回復することが基礎となる。	姿勢，静的バランス，動的バランス，転倒や着地（前方，後方，側方，足部での着地），回転（前方，後方，側方）
移動（多方面）	ある地点からその他の地点へ身体を移動させるための全身運動。通常は立位姿勢で行われる。垂直，水平，回旋方向の移動を含む。	歩行，走行，垂直・水平ジャンプ，ホッピング，ギャロップ，スキップ
操作（両側）	大きく身体を使って操作するスキル。外的な物体に力を加えるもしくは吸収する（物体から力を受ける）。これらのスキルは基本的なスキルで，単に多くの競技における動作の基礎となるだけでなく，子どもたちが合目的的にまたコントロールされた状態で外的環境に存在する物体とかかわることにもつながる。	下手投げ，上手投げ，キャッチ，キック，ボールつき，静止・動いている物へのボールあて，トラップ（インターセプト）

上として，そして独立することなく養う必要がある。このようなアプローチをすることで，アスリートの動作は協調的で理にかなったものとなり，種々の動作を効率的に統合することができるようになる。

表1.1に基礎動作スキルの基本的な構成を示した。これらの構成要素のなかで，安定性は必ず発達させるべき能力である。なぜならば，すべての力強い移動動作あるいは操作動作は，安定した姿勢が基盤となるからである。

図1.3に示したように，サービスリターンのような動作遂行の基盤となるのは，アスリートのバランスのとれたポジションや姿勢である（第5章にその概念を示す）。

- 安定性：重心が支持基底面内に収まっており，体幹の円滑な回旋動作が可能となるようにバランスのとれた構え姿勢を生み出し，パワーを生み出すための安定した基盤となる。足関節，膝関節，股関節，脊柱，肩関節の適切なアライメントは，パワーが生み出しやすく，また伝達しやすくなるための安定したプラットフォームとなる。

- 動作：高速で向かってくるボールをインターセプトしやすい場所に足を運ぶ。体幹は回旋力を生み出すように動き，上肢をラケットとボールの場所

図 1.3 基礎的な動作スキルがスポーツ特異的なスキルの基盤となる。

が一致するように適切な位置に伸ばしていく。
● 操作：筋はそれぞれの関節を動かすように協調し，全身を使ってボールをラケットにあてて相手が返しづらい場所へ打ち返すという動作を行うために力を調整する。この際に，ボールがネットを越えて相手コートに届くように，さらに必要に応じたスピン（トップスピン，バックスピン）がかけられるなど，ボールが適切にコントロールされた状態で，かつ十分な力がボールに伝わるように調整しなければならない。

アスレティック・デベロップメントプログラムでは，年齢，成長段階，アスリートが目標とするパフォーマンスレベルにかかわらず，パフォーマンスをよりよく発達させるために，各種の動作スキルをバランスよく養うことが必要である。経験的には，年齢を追うごとにこのような基本的な能力を養うことが難しくなる。したがって，これらの基本的な能力はトレーニングプログラムの基礎段階で行うことが望ましく，スポーツキャリアの後半に矯正的に行わないほうがよい。

ピークパフォーマンスに到達するのは難しい。多くの場合，ピークパフォーマンスの発揮は大会結果よりも重要視されており，より肉体的あるいは精神的にしっかりと準備されていなければならない。実際にどの

年代においてもコーチングや体育の主な目的の1つは，トレーニング効果がよりよいパフォーマンスに変換されることである。各種のトレーニング要素が統合され，アスリートがある必要なタイミングで最適なパフォーマンスを発揮できるようにするには，コーチの多様なトレーニング計画や指導スキルと，アスリートの実践，そしてトレーニング対する献身的な態度，そしてアスリートが有する動作スキルそのものが必要である。

トレーニング計画と実践において，トレーニングを構成する要素，すなわち技術，戦術，精神力，体力，運動スキル，ライフスタイルのバランスをとることは，年齢，経験，パフォーマンスレベルにかかわらず，すべてのアスリートに応用できるものである。図1.4に示したように，これらの要素の1つでも歯車がかみ合わなくなってしまうと，アスリートのパフォーマンスを最適化することができなくなる。

指導者はトレーニングプログラムの内容は，単純にパフォーマンスレベルの違いだけに依存するものではないことに注意する必要がある。例えば，同じトレーニンググループで，同じようなパフォーマンスレベルの三段跳びの2人のアスリートがいるとする。一方のアスリートはバネを生かすようなスキルを有しており，一方は力強い接地時のインパクトを特徴とするスキルをもっている。この両者のパフォーマンスを改善するには，まったく異なるアプローチが必要となる。実際に Justine Henin と Serena Williams の2人の世界レベルのテニス選手は，両者ともにまったく異なる身体要素をもっているために異なるトレーニングが必要である。この個別性の概念については第7章で解説する。

本書の目的は，科学や医学で用いられているいくつかの言語を再構築し，コーチング，ティーチング，スポーツ科学，スポーツ医学の各領域の架け橋となることである。また，指導者たちの日々の疑問に答え，現場に応用するためのツールの1つとなって，アスリートのパフォーマンス向上に指導者が貢献できるようにすることである。

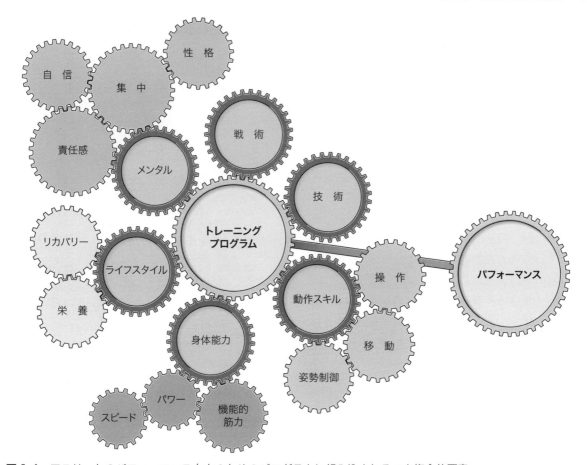

図1.4 アスリートのパフォーマンス向上のためのプログラムに組み込まれるべき複合的要素

フィジカル・リテラシー

　成功するためのトレーニングプログラムは，トレーニングを段階的にそして発展的に行うことである。長期的なトレーニング計画においても，あらかじめ設定した期間内に最適なトレーニング成果が得られるように，関連するトレーニング要素を論理的に，システマティックにつなぎ合わせた段階的なプログラムで構成されている必要がある[2]。これを達成するためには，アスリートは事前に必要となる動作あるいは運動能力を有している必要があり，これらは客観的に識別あるいは評価しうるものでなければならない。

　言い換えると，このトレーニングの過程は教育のようなものであり，読み書きを習うプロセスと似ている。子どもたちは最初に単語を習い（単一技術；走る，投げる，捕る），次に各単語を文章に組み込むことを習う（連結技術；走ると投げる，走ると跳ぶ，捕ると走る）。そしてこの文章をつなぎ合わせることで，単純な章や節をつくる（技術をある局面で用いる；ボールを捕ってパスしてスペースに移動する）。これらの過程を経て，より複雑で創造的な物語をつくり出すことができ，日々の学習や日常生活に応用できるようになる。

　スポーツパフォーマンスもこの教育に非常に似ており，この過程でアスリートは身体的な教養を育むのである。一方で，単一的なスキルを発揮することができない子どもは，そのために多様なスポーツ活動へ参加する自信を失うことがある。子どものスポーツ参加にとって自信は重要であるため，この欠如をコーチは見過ごさないようにする。またこのようなスポーツ嫌いは，長期的にみると健康増進にも影響を及ぼす。実際に，単純な捕球運動ができない子どもは運動有能感が低く，多くの運動でパフォーマンス低下を引き起こすといわれている[5]。

症例検討

高跳び

　高跳びの目的は，設定されたバーを体幹や脚が越えられるように，重心を十分に高く上げるために必要な力を生み出すことである。高跳びはクローズドスキルであり，競技結果はアスリートの直接的なコントロール下にある（第7章で詳細を解説）。スキルの目的は初心者もパフォーマンスレベルが高いアスリートも同じである（表1.2のアスリート1と2）。同様に，トレーニング計画にはパフォーマンスレベルにかかわらず，すべてのトレーニング要素が含まれている必要がある。しかしながら表1.2に示したように，プログラムに含まれるそれぞれのトレーニング要素の内容は，年齢や目的によって異なる。このような考え方は，高跳びのように単一的な種目と多様なスキルが要求されるチームスポーツ間の違いにおいても同じことが言える。

表1.2　トレーニング歴が異なる2人の女子高跳び選手に対するトレーニング計画の違い

プログラム変数	アスリート1：12歳，高跳び初心者	アスリート2：22歳，高跳び自己ベスト1.80 m
技術	跳躍や跳躍にいたる動作を実際の空中へのジャンプ動作に用いる 身体各部位を効果的に用いて高く効率よく跳ぶ；股関節，膝関節，足関節のトリプルエクステンション	アプローチの加速と，水平方向のスピードの垂直方向のスピードへの最適な変換 空中で踵を殿部に引きつけることで背部のアーチづくりをし，重心を身体外，特に下方に置くことでさらに跳躍高を上げる
戦術	競技会の参加条件を満たす高さを設定する	競技会に参加するための跳躍高設定と，いつその高さを達成するかの決定
フィジカルコンディション	片脚・両脚での自重トレーニング（片脚スクワットなど） さまざまなスピードやパワーでの多方向の運動（ジャンプ，ホップ，スキップなど） ミニゲームやファルトレクなどによる基礎持久力の向上	複合関節，複合筋群を鍛える発展的なウエイトリフティングプログラムで，負荷をかけた状態でトリプルエクステンションをできるようにする 発展的なプライオメトリックトレーニング
動作スキル	動的な状況における基底面内への重心の維持 水平方向の動きを垂直方向の動きに変えるための足や身体のポジショニング	発展的な回転系の体操
心理スキル	練習や競技会への過程と結果の明確化	跳躍前に行うアプローチやジャンプに関する明瞭なイメージトレーニング 競技会を通じて余計な情報をシャットアウトして競技に集中する能力
生活習慣要因	適切な栄養摂取の導入；健康的な食生活は楽しいということを学ぶ スポーツ，学校，社会生活のバランスをとる	栄養，水分補給，リカバリー，生活習慣のマネジメントを最適化し，責任をもつこと アンチドーピングの順守

足関節背屈：足部が固定された状態で接地することにより，地面反力と殿筋の力を活用して重心を前に推進することができる。

足関節底屈：底屈した状態でつま先から接地すると，接地後に足関節が背屈するのに合わせて衝撃が吸収される。その結果，接地時間が長くなる。同時に腰も下がるため，重心を前に運ぶために股関節伸筋に余計に負荷がかかる。

図1.5 不適切な動作は代償動作を引き起こし，外傷・障害の発症リスクを高める

　優れたアスレティックパフォーマンスは，いつでも効率的で効果的で，余計な力を必要としない。多くの人は，すべての優れたアスリートがこのような理にかなった運動を理解していて，正しく動けていると勘違いしている。例えば，試合の流れを読む力に長けたユースバスケットボール選手が，自身の動作スキルが適切でないために，自身の判断にそったプレーができないことでフラストレーションを抱える場合があることが報告されている[6]。また優れた体操選手を指導するコーチが，選手が十分なランニングスキルを学んできていないために，跳躍板に効果的にアプローチできないことによって力強い跳躍動作ができないことにフラストレーションを感じることもある。

　また多様な動作を十分に発達させておくことは，新たな状況やダイナミックに変化する状況に適したスキル発揮に貢献する。例えば，ゴルフ選手はイングランドのリンクスタイプのコースや米国のチャンピオンコースなど多様なコースに適応する必要がある。同様に，クレーコートで練習をしてきたテニス選手は，クレーコートやハードコートではパフォーマンスを発揮できるが，グラスコートでの速い，あるいは低いバウンドボールに適応しづらかったりする。

　基礎動作という基本的な言語を十分に発達させてきていないアスリートは，その後の運動発達に制限が生じたり，代償が生じたりする。このような動作の欠如について本書はより深く解説していくが，まず前提としてコーチはこのような制限を見過ごしてはならないという認識をもっておく必要がある。さらに，トレーニング中に不適切なスキルを許容することで，このような制限を獲得させてはならないという考えももつ必要がある。動作の制限は筋の協調性の不均衡を生じさせ，代償動作につながる。結果としてこのような不均衡は運動学習，身体感覚，動きの歪みを生じさせる。効率的な運動を阻害するだけでなく，障害発生リスクの増大にもつながる。

　スポーツにおける多くの障害は，アスリートの不適切な運動や動作パターンによるものである。例えば，ランニング運動中の接地が不適切であると，その繰り

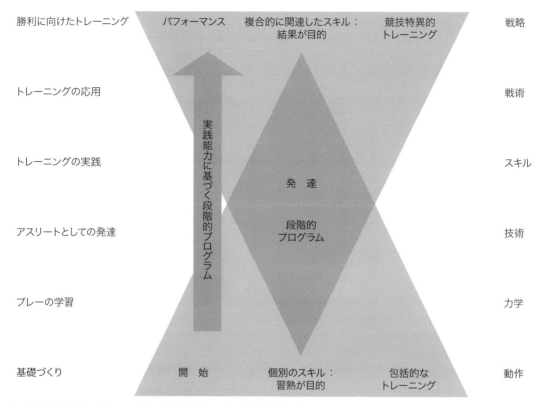

図 1.6 競技特異的なパフォーマンスの発達のための段階的アプローチ

返しによりハムストリングや内転筋群が代償的に過剰に働き、障害を引き起こす（**図 1.5**）。

適切な動作パターンを発達させるためには、運動学習を促進できるように適切に負荷を設定し、刺激を分散させるように考慮された段階的プログラムが必要である（第7章で解説する）。これらの段階的なプログラムは数週間、数ヵ月、時には1年もの期間を必要とし、その期間を短縮するような近道はない。基本的なスキルや、巧みな競技特異的なスキルを最適なスピードで、そして種々のプレッシャーのなかでも、力強くそして予測をもって発揮することがフィジカルパフォーマンスの鍵となる。

この後の章で示されるように、これらの能力は本来すでに得られている能力の上に段階的に養われるものである。適切な動作はアスリートの動きを安定させ、内的（筋由来）あるいは外的な刺激（重力や相手との接触）に対して適切な力を発揮できるようにする。

もし、求められるパフォーマンスが、アスリートの動きや能力の限界を超えるものであった場合、パフォーマンスは阻害され、障害が頻発する。したがって、動作の矯正的なプログラムはリハビリテーションや障害予防にも必要である。そのため、リハビリテーションプログラムの多くは動作パターンの改善や、関節位置覚の調整を主としている。

ここで「アスレティック・デベロップメント」という考え方について整理する。これはアスリートの運動系を機能的にしていく考え方であり、単純に持久力を高めるなどという考え方ではない。また「機能的」という言葉は、多くの場面で誤って用いられている。直訳的な意味での「非機能的（dysfunction）」の反意語ではない。この言葉は、アスリートの以下の能力を発達させるための段階的な方法論と関連づけて考える必要がある（**図 1.6** 参照，第10章にて詳細を説明）。

- 運動連鎖を通じた効率的な動作パターンをつくり出すために、姿勢を動的にコントロールする能力
- 自身の動きをコントロール下におきながら、力を出したり耐えたりする能力

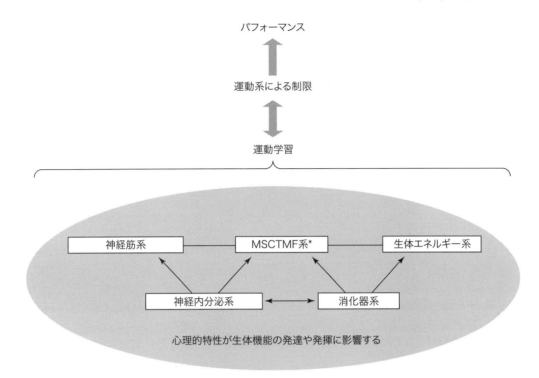

図1.7 多くの要素で構成されている運動系を調整することはパフォーマンスの促進に影響する

- これらの力を大きくしていく能力
- 素早く大きな力を生み出す能力
- 競技特異的なスキルを効率的に発揮して，各状況で要求される力を生み出す能力

　これらはすべてアスリートの運動系，すなわち脳（運動プログラムの指令を出す），脊髄，運動神経（脳からの指令を末梢に伝える），指令にしたがって力を生み出す筋そのもの，そしてATPを再合成してエネルギーを生み出す呼吸循環器系の発達を含んでいる。

　これまでにエクササイズに関する情報は数多く出されているが，それらの考え方の多くはどれだけ重いものをもち上げられるか，どれだけ速く走れるか，という結果のみに焦点をあてている。

　一方，アスレティック・デベロップメントプログラムは，トレーニングにおける動作に焦点をあてている。その動作は自身で感知するものであり（リフティングするときにバーは自分の身体のどこにあるのか？ランニングで速く走るために，自身の足はどのように

ふるまっているか？），これらを発達させるためにはすべての運動系に着目することが必要不可欠である。

　このように，アスリートのパフォーマンス向上をサポートする指導者にとって，すべての運動系に着目することが非常に重要である。実際に図1.7に示したように，運動能力発達のためのトレーニングプログラムの目的は，そのパフォーマンスを行うために必要なアスリートの運動系の改善にある。これは量的な側面（速く，強く，長く）と質的な側面，すなわち効率的に動けるようになること（ある運動をより少ないエネルギー消費で行えるようにすること）の両方を意味する。効率的な運動は，アスリートがどのように力を調整し，最終的に発揮するかによる。したがって，効率性を達成するためには，パフォーマンスの前，中，後のすべての局面で動作スキルに着目することが必要である。

　このようにすべての運動系を改善させるには，まず運動系の主要因である神経筋系をどのように発達させるかを理解する必要がある。アスリートが物理的な仕

事を行ううえで，筋間の協調状態をつくり，筋内の運動単位（第2章参照）をより効率的に活性化できるようにすることが重要であり，そのためには神経筋系の改善が必須である。

同様に全身を通じた力の伝達は，筋を覆っている，あるいは筋と同様に走行している軟部組織によってなり立っている。筋活動は腱を介して骨に伝えられて力が生み出され，そして全身に伝達されて運動が生じる。この他にも身体内には筋膜（体幹や腰部をとりまく胸郭筋膜や大腿部の腸脛靱帯など）があり，これは構造的につながっていない筋を機能的につなげている。これは効率的，効果的にエネルギーや力を関連部位に伝達する。

その他の章では，ある特定の動作実行能力の評価方法や指導方法について検討し，またこれらを向上させるための段階的なプログラムについて解説する。これらを知る前に，各種身体機能がどのようにパフォーマンス向上に貢献しているかを理解することが重要である。そうすることで，適切な動作の重要性や，このような動作がどのようにパフォーマンス向上に貢献するかを理解することができる。さらに解剖学的，生理学的，バイオメカニクス的知識も必要である。

解剖学や生理学はパフォーマンス向上に貢献する身体要素の相互関係を理解するために必要な知識である。解剖学は身体の構造や組織の理解，生理学は身体機能とは何か，またそれらがどのように環境，トレーニング，試合における需要に適応するかの理解にとって重要である。さらにバイオメカニクスは生体系における物理的な法則を理解するもので，アスレティックパフォーマンスに深くかかわるものである。多くのスポーツ科学のプログラムは，これらの分野を実証論的に検証してきた。これらをトレーニングプログラムに還元するためには，目の前の課題にしっかりと目を向けること，より効率的に運動することが重要であることを認識することである。

また，アスリートの活動の基礎となる解剖学，バイオメカニクス的な効率性，生理学的過程に関する知識をもつことは，アスリートをサポートするコーチ，プログラムディレクター，その他のスタッフなどがアスリートの運動能力を適切に評価することにも貢献する。またこのような知識をもつことは，ユースアスリートのフィジカルパフォーマンス改善の指導計画立案を適切にし，その結果，より高いレベルのアスリート育成のための基礎づくりや，生涯スポーツの基礎づくりにもつながる。

本書が示すようにヒトの身体は高度に進化した複雑な器官であり，環境からの要求に適応するものである。身体内のすべてのシステムは，与えられた課題あるいは状況変化における各種要求に反応してダイナミックに変化する。身体運動は，運動連鎖と呼ばれる筋骨格系や関節を含むすべての運動系の協調によってもたらされる。実際の「鎖」は，1つひとつの輪が連結された構造を形成していて，その鎖の弱い部分が全体構造の機能的限界をつくり出す。これと同じことが身体運動における運動連鎖でも生じるのである。

また，身体の各関節運動は相互に影響しあいながらその関係を変化させる。そして各関節の回転運動の総体として，実際の直線的な運動や回転運動が生み出される。指導者の役割の1つはこのような運動連鎖を適切な状態にすることである。このようなアプローチは，スポーツ活動中のさまざまな状況におけるアスリートの効率的な動作に貢献する。アスレティック・デベロップメントの側面からみたアスリートのトレーニングをプログラムする際には，身体運動の基礎となる運動系に適切な適応が生じるように各種の条件を調整する必要がある。

環境への適応

トレーニングプログラムは，いうなれば指導者がトレーニングにおける刺激の種類，量，強度を調整しながらつくり出すトレーニング負荷に対して，アスリートが計画的に暴露される過程である[2]。

ヒトの各器官は環境変化に対して適応するという原則は，基礎動作スキルを発達させるうえで重要な考え方である（**図1.8**）。つまりアスリートは適切な負荷に対しては適切に適応できるのに対して，不適切なトレーニング負荷や刺激に対しては不適切な適応をす

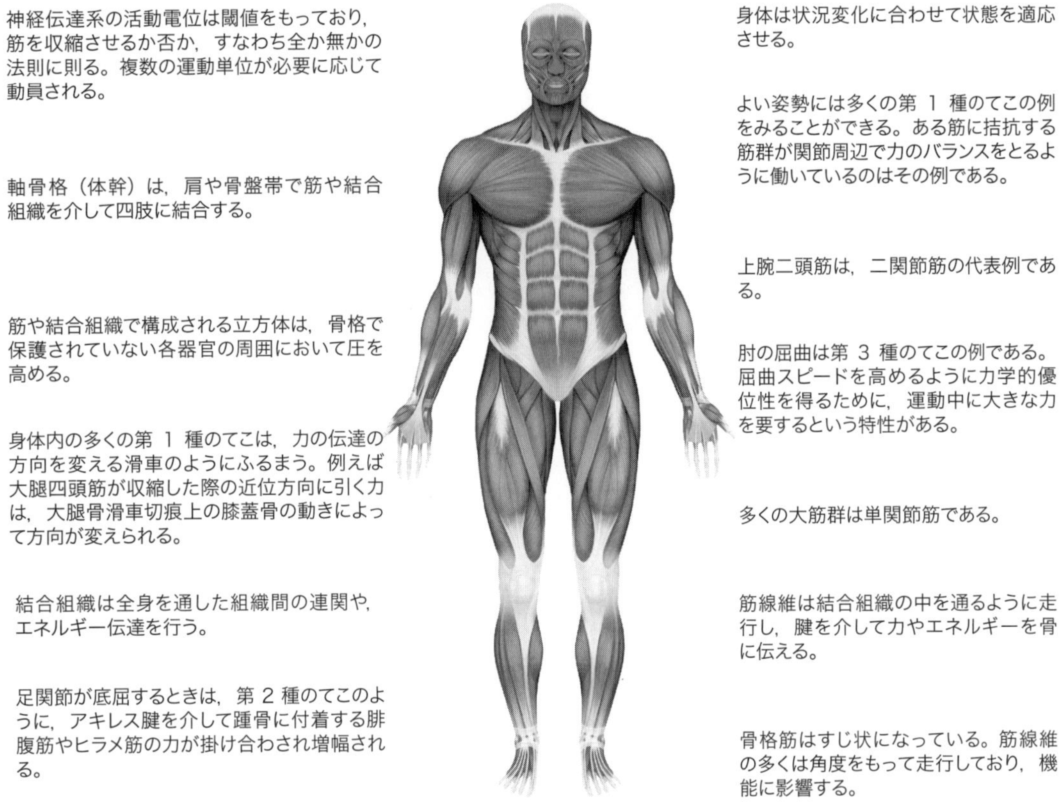

神経伝達系の活動電位は閾値をもっており，筋を収縮させるか否か，すなわち全か無かの法則に則る。複数の運動単位が必要に応じて動員される。

軸骨格（体幹）は，肩や骨盤帯で筋や結合組織を介して四肢に結合する。

筋や結合組織で構成される立方体は，骨格で保護されていない各器官の周囲において圧を高める。

身体内の多くの第 1 種のてこは，力の伝達の方向を変える滑車のようにふるまう。例えば大腿四頭筋が収縮した際の近位方向に引く力は，大腿骨滑車切痕上の膝蓋骨の動きによって方向が変えられる。

結合組織は全身を通した組織間の連関や，エネルギー伝達を行う。

足関節が底屈するときは，第 2 種のてこのように，アキレス腱を介して踵骨に付着する腓腹筋やヒラメ筋の力が掛け合わされ増幅される。

身体は状況変化に合わせて状態を適応させる。

よい姿勢には多くの第 1 種のてこの例をみることができる。ある筋に拮抗する筋群が関節周辺で力のバランスをとるように働いているのはその例である。

上腕二頭筋は，二関節筋の代表例である。

肘の屈曲は第 3 種のてこの例である。屈曲スピードを高めるように力学的優位性を得るために，運動中に大きな力を要するという特性がある。

多くの大筋群は単関節筋である。

筋線維は結合組織の中を通るように走行し，腱を介して力やエネルギーを骨に伝える。

骨格筋はすじ状になっている。筋線維の多くは角度をもって走行しており，機能に影響する。

図 1.8　運動連鎖に影響する各種の身体特性

る。例えば**図 1.5** に示したように，不適切な動作パターンは代償動作や障害につながるという考え方は，上述した原則に基づくものである。

同様に，過剰で単一的な刺激はアスリートに各種の不均衡をもたらす。また，基礎的な能力が獲得されていない状態で過剰なトレーニングをしても，アスリートの適応を引き出すことができない。この両方の不適応はパフォーマンスの低下をもたらすとともに，改善速度を遅延させる。短期的あるいは慢性的に過剰な負荷（量 × 強度＝負荷）にアスリートをさらすことは，身体に加わるストレスが過度になるため障害発症につながる。

トレーニングによる適応とは，刺激，すなわち遊び，計画された練習，専門的なトレーニングへの繰り返される暴露を通じて生じる各種変化の積み重ねである[2]。発達段階や経験にかかわらず，アスリートのパフォーマンスをさらに高めるためには，指導者（コーチやパーソナルトレーナー）は各種の運動能力が適切に適応するように，トレーニング刺激を適切に調整することが必要である。

運動系の発達

何事においてもワールドクラスになるには多くの時間を要する。アスリートをはじめとして，トレーニングをする人の潜在能力が，系統的で長期的なプログラムを通じて適切な時期に，そして最大限に引き出されるためには，指導者の知識やスキルが充実している必要がある。さらに，そのプログラムが適切にモニタリングされていることも重要である。また第 3 章で示すように，若年者の発達段階においては，最もトレーニング効果の高い時期を明らかにしてトレーニングを行うことが望ましい[7]。

トレーニングプログラムのゴールがアスリートの運動能力を長期的に適応させた結果であるならば，運動系（神経筋系，筋骨格系，生体エネルギー系，神経内

分泌系）がどのように発達するかを知ることが重要である。アスリートの潜在能力を最大限に引き上げるためのプログラムは，基礎的な知識やスキルに裏づけされ，十分に構造化され，さらに各段階で評価を伴ったトレーニングで，さらに発達過程に適合したトレーニングである必要がある。

　子どもたちはトレーニングに対して成人とは明らかに異なる身体的な反応を示すため，過剰な負荷をかけないように留意しなければならない。アスレティック・デベロップメントプログラムは，トレーニングプログラム全体の構造や，それぞれの内容をアスリートの発達段階に適したものにして，適切な時期に適切に指導する必要がある。この概念は，どのアスリートの身体的あるいは精神的モデルにも基づくものであり，近年のトレーニングプログラムの基本となる概念である[8]。

　必ずしもすべてのトレーニングプログラムが子どもを対象にしたものではないが，すべてのプログラムは，少なくともかつては子どもだった人を対象にしている。本書の後半では，アスリートの動作実行能力をベースにした個別評価の概念について解説する。子どもやアスリートがどのように発達するかを理解することが重要であると同時に，現時点での能力を適切に評価することも必要である。

　運動能力向上のためのトレーニングやコーチングは，その発達を長期的にみる必要があるのと同時に，各種プロセスを包括する必要がある。例えば，一般的な身体教育プログラムとある特定のスポーツに対する準備プログラムを関連づけ，統合するような考え方である（図1.6）。個別性に基づいた教育的アプローチを基礎とし，さらに長期にわたって違いを生み出すように意図する必要がある。このような考え方はプログラム立案に加えて情報伝達方法にも反映されている必要がある。そしてスポーツにおける多くの核となるスキルを遂行するには，そのスキルに見合った身体的サイズ，筋力，判断能力なども要求される。

　これまでの多くのトレーニングプログラムは，アスリートが従事する各競技の単一的なスキルに着目して，すべてのキャリアを通じてそれを継続的に指導する傾向がある。第7章から第11章では，多くの動作スキルを得ながら段階的に発達するプログラムがいかに重要であるかについて解説する。単一のスキルをすべての年齢層で同じように教えるのは発達学的にみて不適切であることを知ることは，適切なトレーニングプログラムを計画するうえで非常に重要な考え方となる。

　すべての人の発達は，成長過程で生じる生物学的，心理学的，そして社会学的要因の変化がダイナミックに相互作用して促進される。例えば，スポーツ参加の動機は年齢とともに変化する。幼い子どもはスポーツ参加で経験できる興奮や楽しさが動機であり，年齢を追うごとに達成感や充足感が動機となる。第2章，第3章で示すように，子どもの骨格，筋，神経の発達は，成長期を通じて異なるテンポで発達する。この発達テンポの相違は，子ども間の発達上の違いをもたらし，スポーツパフォーマンスやトレーナビリティの違いに影響する。さらに上述した参加動機も，パフォーマンスや改善度に影響する。

　したがって子どもが向上心をもつことは非常に重要であるため，継続的に把握してパフォーマンス向上にポジティブに影響するように指導する必要がある。一方で，上述した生物学的な発達は，子どもの精神運動性，すなわち身体操作の発達にも影響する。そのため，スポーツ活動における基礎動作スキル（姿勢制御，移動，操作）は各自の身体的な成熟度によっても異なる。このように，すべての子どもにとって精神運動行動は，トップアスリートになるにしても生涯スポーツを楽しむにしても非常に重要であるため，個々に必要な要素をしっかりと把握する必要がある。そのため，個別性を反映することによって，基礎動作スキルやスポーツスキルの発達や実践が促進される。

　上述したように，トレーニングには個別性を反映させる必要がある。そしてトレーニング，競技会，リカバリーなどを適切に組み込んだ組織化された段階的アプローチが必要である。このように，トレーニングに要する期間は長期にわたり，そしてトレーニングプログラムは多様な要素の相互作用の結果であるという認識は，近年のアスレティック・デベロップメントプロ

グラムの核となる考え方である[8]。この考え方は科学的にも重要性が示されており，長年にわたり身体教育やコーチングの基礎となっているが，実際のスポーツ現場においてはまだ定着しているとはいえない。

しかしこのような常識的な考えは，実際の指導現場に反映される必要がある。明確なのは，これからはじめてスポーツや運動に参加しようとする人は，そのレベルにかかわらず，すでに長年スポーツをしてきた人とはまったく異なる要素のトレーニングが必要であり，そしてトレーニングに対する適応力も異なるということである。この考え方はアスリートがスポーツを開始する年齢にかかわらず言えることである。

成功しうるアスレティック・デベロップメントシステムが共通している点は，アスリートが発達する過程は直線的ではなく，また必ずしも段階的ではないということが考慮されている点である。これはアスリート自身の各種ライフイベントが運動能力などの発達のテンポに影響するからである。このため，発達の過程にはいくつもの山や谷があり，長期的な道のりは混沌としている。優れた指導者の役割は，この混沌とした道のりを，アスリートの潜在能力を最適化するように調整することである。

アスレティック・デベロップメントにおいて指導者に求められることは，上述したトレーニングの発展に影響する要素は環境で異なることを理解しておくことと，これら要素をトレーニング計画時に考慮に入れておくことである。要素としては身体的，社会的，感情的そして経験的なものがある。例えば子どもの学習過程をみると，初期の学習は，その学習結果に対する刺激や報酬に関連する。そして徐々に意図的な選択行動に発展し，そしてある環境において行動を論理的につなげていくプロセスに発展する。

指導者はプログラムを計画するときに，アスリートのいろいろな年齢も考慮する必要がある。この年齢とは生まれてから経過した年齢，すなわち暦年齢と発達年齢（生物学的年齢），そして体育やほかのスポーツの経験年齢である。

子どものフィジカルコンディショニングについて，生物学的年齢は最も考慮すべき事項である。一方でス

表1.3 子どもの成熟：2人の子どもの比較

	子ども1（年齢）	子ども2（年齢）
暦年齢	13	13
生物学的年齢	11	16
発達年齢	13	12
トレーニング年齢	5	3

ポーツ特異的で応用的なスキルの発達に関しては，経験年数も考慮すべき事項である。

生物学的年齢はトレーニングプログラムを進めていくうえでの解剖学的あるいは生理学的な限界に関連する一方で，経験年齢は子どもの運動経験に関連する。このような生物学的年齢に関して理解するのと同時に，子どもの生物学的な成長やトレーニングに対する準備状態にかかわらず，子どもの限界を越えるような負荷でのトレーニングを行わないようにトレーニングを計画する必要がある。これにより多様なパフォーマンスの発達が実現でき，かつ障害発症のリスクが軽減される。

例えば表1.3に示したように，子ども2は生物学的に早熟で経験年数が少ないため，あるトレーニングの刺激に耐えうるくらい解剖学的あるいは生理学的に発達していたとしても，子ども1のように晩熟だが多様な運動経験年数が多い子どもに比べて，実行できる動作の幅は少ない。

この考え方は，子どもを対象とした時だけでなく，すべての年齢層のアスリートとトレーニングを行う際にも必要である。例えば，33歳のサッカー選手が引退後に余暇活動として，健康増進やレースを楽しむためにマラソンをはじめるとする。彼は25年のサッカー選手としてのキャリアがあるが，マラソンランナーとしてのキャリアはない。しかし彼のトレーニング年齢，すなわち一定程度の強度のトレーニングに耐えられる能力は，10年程度はあると見積もることができるだろう。一方で，高校までの体育以外に特別な運動をしておらず，さらに卒業してからの4年間はほとんど運動をしていない22歳の男性が，余暇を楽しむ程度にランニングをするために33歳の元サッカー選手と同一クラブに所属していたとする。この22歳の

男性は生物学的年齢としては33歳の男性よりも若いが、トレーニング年齢としては4年程度と見積もることができる（体育での運動経験時間はもっと長いが、4年間はほとんど運動していないので、その効果が減少して4年程度と見積もられてしまった）。

さらに、身体的に恵まれた14歳の三段跳び選手で、3年間のトレーニングで13 mは跳べるようになりそうな選手がいたとする。この選手は10年間のキャリアがある選手と同じくらいのパフォーマンスを有しているが、同じトレーニングプログラムを行うのは不適切である。なぜなら14歳の選手の身体的な特徴や経験年数から考えると、10年のキャリアの選手と同じトレーニング負荷には耐えられない可能性があるからである。つまり、同様のトレーニングを行うことでオーバートレーニングや障害を引き起こす可能性がある。この例から、指導者はどのように14歳のアスリートを育成すればよいかを検討することができる。すなわちトレーニング負荷を上げるのではなく、技術や戦術を養うことを優先する必要があるという結論にいたるはずである。このような例で強調すべきは、将来的にこの選手が高強度のトレーニングに耐えられるように基礎づくりをすることにある。

生物学的年齢

子どもたちは、成長過程のすべてにおいて、常に同じようなテンポやタイミングで成長しないことを認識することが、トレーニング計画を立案するうえで重要である。このような変化のある部分は顕在化し測定することもできるが、ある部分は非常に見えづらい。そのような目に見えない点を十分に考慮し、子どもの潜在能力を最大限に引き上げ、不適切なトレーニング強度や量の設定をしないようにする必要がある。

運動系の発達について理解することは、子どもたちの成長段階に合わせたトレーニングプログラムを処方し、トレーニング効果を最大化するために必須である。この理解が子どもの生理学的、社会学的、行動科学的発達に関する知識と関連づけられることで、各種プログラムの目的を明確化し、アスリートの年齢や経験に関係なく効率的、効果的なアスレティック・デベロップメントプログラム処方ができるようになる。

このような知識をトレーニングプロセスに組み込むことで、トレーニング内容、高めるべき能力、そして子どもの成長過程においてどのタイミングにどれくらいの量を負荷するかを明確に考えることができ、その結果、身体的にも機能的にも適切に発達させることができる。

このような子どもの発達という一般化された指針を適応して個別化した指導に組み込むことが、アスレティック・デベロップメントプログラム成功にとって重要となる。多くの子どもたちが幼児期から思春期にかけて成長するが、身体的な変化のタイミングやテンポには個人差がある。特に身体的に児童期から青年期へ移行する思春期にはその個人差が大きく、これは二次性徴という形で現われる。

また、子どもの社会的発達や心理的発達など、その他の要素もプログラムに組み込む必要があり、本書でも言及すべきではあるが、すべてを説明することは不可能であるため割愛する。

この後の章では動作や運動系の発達過程について解説し、ヒトが同じように成長するのではないという原則を確認する。コーチングやアスレティック・デベロップメントにおける発達に影響する事象についていくつかの考え方を提供する。また成長や発達がどのように把握できるかという点についても解説し、アスリートの身体的あるいは動作スキルのトレーニング方法についても紹介する。

まとめ

この章では、どのレベルのアスリートに対するアスレティック・デベロップメントプログラムにおいても欠かすことのできない2つの基本原則を紹介した。この2つの原則はこの後の章でも中心となる考え方である。

第一に、ある身体的課題を改善するためには、その前提となるスキルを身につけていることが重要ということである。

第二にアスリートの実行能力を段階的に高めるためのプログラム計画においては，技術的側面からどのように課題を発展させるかを検討することと，アスリートの運動系がトレーニング刺激に対してどのように適応するかを，アスリートの生物学的年齢とトレーニング経験の両方から検討することが必要不可欠であるという原則である．

　この後の章では，身体は成長やトレーニング刺激に対してどう応答するかについて解説する．この知識は，アスリートがスポーツにおける状況変化に対してどのように効果的に動くことができるかという点や，どのように評価してトレーニングプログラムを発展させるか，にも関連している．第8章から第10章にかけては本章で注目したアスリートのスポーツに特異的な動作の基盤となる基礎動作スキルや基礎運動能力の発展に焦点をあてながら，段階的なプログラムについて解説する．また，本書はケーススタディという形でいろいろな情報を統合していくという形をとる．こうすることで，より臨場感をもってプログラムを理解することが可能となり，その内容を実際のスポーツ現場に即したものに反映できるようになることを意図している．

（広瀬　統一）

第2章

生体運動機能を理解する

　骨格とはヒトの身体の基盤であり，骨と関節によってなり立っている。しかし，関節自体が身体を動かすことはできない。ヒトが身体を動かす（もしくは直立姿勢など，外部から支持されていない活動をする）には筋を必要とする。筋が化学的エネルギーを力学的エネルギーに変えることによって力を生み出し，動作を発現させる。

　筋，骨および関節が連動することで身体を動かすことができ，体内の（各部位内もしくはその間での）骨格筋収縮によって身体を静的または動的状況で支えることが可能になる。この一連の過程は複雑である。ヒトの身体は複数の部位からなっており，そのため身体の一部（例えば体幹）がその他すべての部位に影響する。身体が動くためには運動連鎖に沿った協調的相互作用が必要とされ，これらの連鎖的な動きはさまざまな筋膜のつながりと神経系によって可能となる。

　骨格筋は骨同士をつなぎ，骨格の各部位を動かす。また骨格筋組織は明帯と暗帯（収縮構造の一部）が交互に並ぶ様子から横紋筋とも呼ばれる。競技力向上を目的とする指導者は，骨格筋が随意筋であることを念頭に置くことが重要である。随意筋はその名の通りそれを意識的に制御できる仕組みをもつからである。

　各筋群は1つの動きを生み出すのに複数の関節や筋を連動させる，一連の特異な生体力学的特徴（力，速度，可動域）をもっている。これらの特徴については，第5章以降でさらに詳しく説明する。身体の動きを司る最も重要な制御機能は脳である。動きとは感じること，すなわち感覚神経と運動神経の活動に対する一連の骨格筋の反応なのである（**図2.1**）。

　ヒトの動きの原理を理解するためには，動きを司る機能としての中枢神経系と運動単位を理解する必要がある。これらについてはこの章で説明する。この知識があることで，中枢神経が筋の動き，ひいては身体の動きを制御する機能をもつという前提のもと，アスリートがより効果的な動きを生み出すためには中枢神経を鍛えるべきであるということが理解できるはずである。

　つまりアスリートの競技力を向上させる基本は動きを鍛えることであり，筋を鍛えることではない。このアプローチは，筋の大きさや質の美しさを目的としているものと一線を画すものである。中枢神経系を発達させることは，競技動作の質を向上させるうえで欠かせない。当然のことではあるが，この概念はリハビリテーション（動作機能の再教育）プログラムの基盤ともなる。

　指導者は，中枢神経系を教育（またはトレーニング）することを目的としているプログラムにおいて，アスリートの中枢神経系が（その機能という点で）いまだかつて経験したことのない領域へ到達することを目指している。効果的なトレーニングは，体内の細胞レベルでの変化を通して身体能力，熟練した動作・運動能力を向上させる。この変化は動きが起こる過程だけではなく，最初にどのような動きが必要かを感じとる感覚にも起こる。この動的構造を理解するのは膨大な作業である[1]。この章では，主な注意点とトレーニングへの応用の要点について説明する。

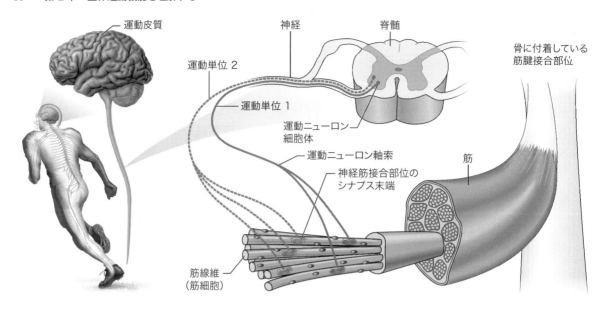

図2.1 身体の動きは脳で起こっている。いかなる時も中枢神経系が周囲の状況に反応し，筋を制御している。

筋骨格系

骨格と筋が連動することで動きが生まれる。この2つを合わせて筋骨格系と呼ぶ。それぞれの基本的な機能についてはKenneyら[2]を参照されたい。

その名が示すように，骨格筋は骨に接合しており骨格の動きとその制御をする役割がある。機械学の原則では，形によってその機能が決まる。そのため，筋の形（構造と形状）を理解することで，その機能とトレーニングが筋にどのように影響するのかをより深く理解することができる。

骨格筋の形と機能

骨格筋はどちらかの末端が骨に付着している。結合組織は筋を構成する各筋線維の間に存在し，この結合組織が筋と骨をつなぐ腱となる。そしてこの筋腱接合部によって骨と骨の間で牽引力を生み出すことが可能になる（例えば，筋の末端がそれぞれ別の骨に付着している場合，その筋はそれらの骨の間に牽引力を生み出し一方の骨をもう一方の骨に対して動かすことができる）。

この概念は部位を分離してみると理解しやすい。上腕二頭筋を例にすると，この筋は一方の末端が肩甲骨と上腕骨に付着し，もう一方の末端が前腕の橈骨と尺骨に付着している（図2.2a）。肩が固定されている場合，上腕二頭筋が収縮することで手が肩に向かって動き，肘を屈曲させる（図2.2b）。つまり，橈骨と尺骨が上腕骨に対して動くのである。手が固定されている場合（懸垂時に鉄棒からぶら下がっている時など），上腕二頭筋が収縮することで上腕骨が橈骨と尺骨に向かって動く，これもまた肘を屈曲させる（図2.2c）。

この例は，それぞれの骨が他の各骨に対して動くことを説明するものであるが，実は単純化されすぎている。動きとは分離した作用として起こらない。例えば，懸垂を行うにはさまざまな筋が同時に働く必要がある。動きを完全に理解するということは，筋が孤立して作用することはほぼないということを受け入れることである。われわれが普段動きとして捉えている現象は，各筋がそれぞれ異なる力をおのおのの骨に対して発揮するという複雑な一連の相互作用なのである。

例えば，重いものを運んでいると仮定して，身体の側部にある腕を手のひらが肩関節に向かうように肘を最大屈曲させる時，最初の力は上腕二頭筋と上腕筋が収縮することで起こり，抵抗が大きくなるにつれて腕橈骨筋が補助する。この一連の動きでの肘関節における一番の安定筋は肘筋であるが，上腕骨が肩甲関節窩

第 2 章　生体運動機能を理解する　19

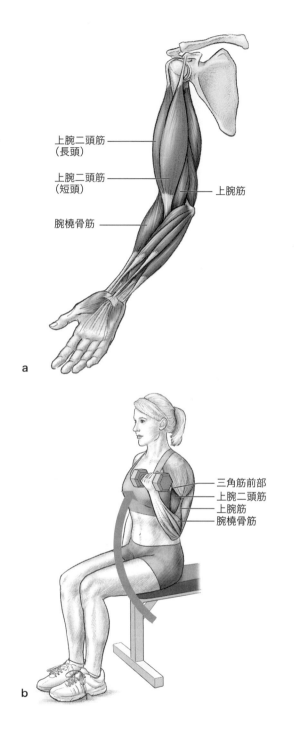

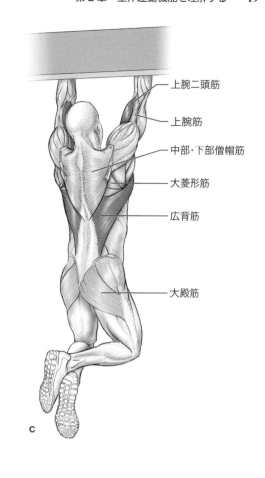

図 2.2 筋は，骨が互いに関係して動く力を発揮する。

に接続する肩関節では回旋筋腱板（棘下筋，小円筋，肩甲下筋，棘上筋）が安定筋として作用している。上腕三頭筋（肘関節の主な伸筋）もまた共同筋として上腕骨を肩関節に固定するのに作用する（**図 2.3**）[3]。

拮抗筋群が協調して作用するその他の例としては，垂直跳びがある。この動きのトレーニングにおける実際上の注意点については第 9 章で詳しく説明する。

垂直跳びは，開始姿勢の時点で屈曲されている股関節，膝関節，そして足関節をほぼ同時に伸展させる必要がある（**図 2.4a**）。主な膝の伸筋群は内側広筋，中間広筋，外側広筋，大腿直筋からなる大腿四頭筋である。この筋群のなかで，大腿直筋は股関節と膝関節の両方をまたぎ，膝関節の伸展だけでなく立位時の股関節の屈曲，つまり大腿骨を床と平行になるように動か

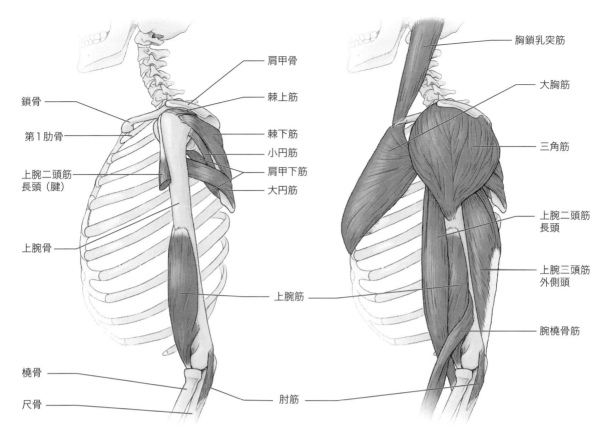

図 2.3 肩甲上腕関節（肩関節）まわりの筋の配置

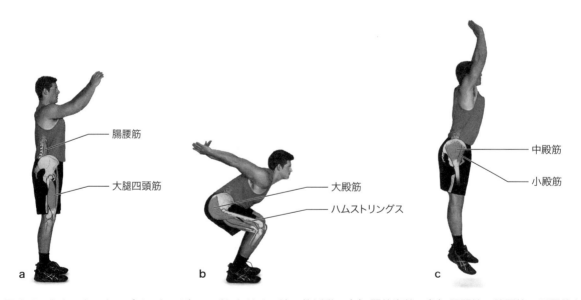

図 2.4 カウンタームーブメント・ジャンプにおける一連の筋活動：(a) 開始姿勢，(b) 股関節，膝関節，足関節を伸ばす，(c) ジャンプ。

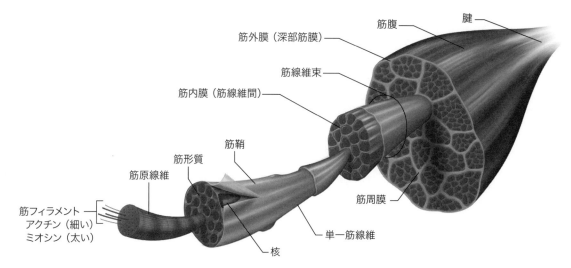

図 2.5 筋の構造。腱によって骨につながっている。

す時にも作用する。腸腰筋もまた強力な股関節屈筋として作用し、足が地についている状態から上半身を前方に倒すことができる。

股関節を伸展させる際にはハムストリングス（大腿二頭筋、半膜様筋、半腱様筋）と大殿筋が、股関節を屈曲させる作用をもつ大腿直筋と腸腰筋に拮抗して短縮性収縮をしなくてはならない。この股関節伸展動作時に、股関節屈曲動作は、股関節が膝関節と足関節とともに伸展するのに抗して体幹を垂直に保つことに貢献する（図 2.4b）。そして、その結果生み出された力によって身体が床から離れることができる（図 2.4c）。この一連の動きのなかで、中殿筋と小殿筋が股関節を安定させる役割を果たしている。

一連の動きのなかでの関節のそれぞれの動きと各骨の位置関係が筋の活動パターンを決定づける。この考えはこの本で強調しているトレーニングの基本的な考え方である。つまり、競技動作の向上を目的としたプログラムにおいて、正しい動きをもとに関節を適切な位置に置くことに重点を置くと、筋は自然と実用的に訓練されるというものである。言い換えると、筋を鍛えるのではなく、動きを鍛えるべきなのである。

この考えの中心となる原則は、関節の並び（配置）が筋の作用に直接的に影響するというものであり、この原理は筋の全体的な構造からも説明できる（図 2.5）。

トレーニングに対する筋骨格系の反応

トレーニングによって筋骨格系の構造上の特性（四肢の長さなど）が変わることはほぼないが、2つの適応効果を目標にすることができる。1つ目は正しい技術を習得することであり、神経筋系が大きく関係している。正しい技術を習得することで各関節が正しい位置に置かれ、それらが正しい順序で動くことで筋を構造上理想的な位置に置くことができる。

ここでいう正しい技術とは、適切な筋（求められた動きをするために進化した最適な筋群）が作用し、求められた動きを発揮できる位置にあることである。この本で繰り返し強調しているように、関節の位置によって筋の機能が決まるため、競技技術向上のためのプログラムは正しい動きの技術（動きのなかでの関節の位置）に重点を置くべきである。

2つ目は負荷の増大に関する適応、すなわち筋力の向上である。この適応効果は筋横断面積の増加、つまり筋肥大が1つの要因である。具体的な筋肥大の仕組みについてはしばしば議論になるが[3]、筋の容積の増加は筋線維内の筋原線維の増加によるものであることは明らかである。筋横断面積はその筋の最大筋力発揮能力に直接的に比例するため、この反応はアスリートにとって有利であるといえる[4]。さらに詳細な筋肥大の必要性（あるいは機能性）については第3章で述べる。

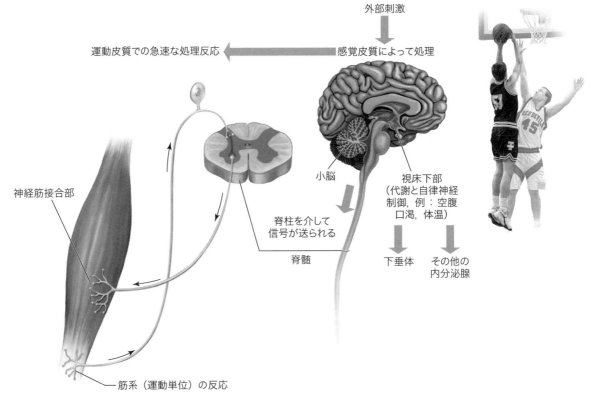

図 2.6 中枢神経系と筋の相互作用と内分泌抑制

神経筋系

　骨格筋にはさまざまな種類があるが，その役割は1つである。脳と脊柱からなる中枢神経系からの指令にしたがって力を起こす，もしくはある力に拮抗するために収縮することである。動きを支配する最も重要な要素は脳にある。

　動きというのは感覚神経系と運動神経系への刺激に対する調和した反応という"感覚的"なものであることは既に認められている。つまり，効果的な動作を発達させるためには，ヒトの動きを制御している中枢神経系と運動単位の構造と役割を理解することが必要不可欠である（図2.6）。

　中枢神経系が筋の活動を制御，ひいては動きを制御する役割があることを前提にすると，競技動作の向上を目的とする指導者は，動きをより効果的に生み出すために中枢神経系を教育（トレーニング）すべきである。この概念によって，競技動作向上を目的とする指導者が，純粋な審美的理由によるボディースカルピング（身体の外見を向上させること）を目的とする指導者から区別される。

　競技パフォーマンスの解析や向上に関与したことがある人であれば誰でも"最も優れたスキルを遂行できる"競技者が勝利することを知っているだろう。つまり最強最速の者が勝つのである！　この他に，力の産生とその応用力の向上は，神経筋の一連の作用であることを理解することも重要である。1687年にアイザック・ニュートンは，脳が動きを支配していると書き残している。つまり，この基本となる概念は400年以上も前からあるのである。筋の作用はすべて神経系刺激によって起こることから，神経筋系のトレーニング（教育）が競技動作向上を目的とする指導者の1つ目の目標となる。

　運動学習とは，ありとあらゆる複雑な環境下においてある特定の動きを遂行できるように脳と中枢神経系を訓練することである。例えば，サッカーの試合でゴールに向かってシュートを打つということを考えてみる。選手は練習中にゴールに向かってシュートを打つ

ことで疲れのないなかでこの技術を向上させることができる。スキル（プレッシャー下で技術を力強く遂行すること）というのは，ディフェンダーからのプレッシャーのなかでシュートを打つことでさらに効果的に向上する。重要度が高く疲労度も高い試合の最後の数分間で，ディフェンダーのプレッシャーがあるなかでシュートを打つことでこの運動学習の成果がさらに試される。

　運動学習とその段階に関する実用的な応用は，いかなるプログラムやカリキュラムを組むうえでも重要なテーマである。この話題については第7章でより詳細に触れる。

　中枢神経系は周囲の環境から情報を（感覚皮質を通して）受け取り，それに対して身体の各部位に指令を送る。この本は運動皮質からの信号をもとにした身体動作の反応に特化しているが，この反応は代謝の調節に対しても十分にありうる（例えば，呼吸数の増加，心拍数の増加，体温調節）。これらの信号は，主なホルモンの働きと自律神経系の制御を司る視床下部を通して処理される。自律神経系は"心臓が脈を打つ"といった不随意で行われる通常のヒトの機能を制御する大部分を担っている。われわれはこれらの機能を自分の意思で制御しなくてよいのである。

　ヒトのすべての臓器がそうであるように，脳も周囲の環境に適応するように発達する。最も成長が著しい時期や環境が変化する際に脳は配線の仕直しを図る。その際，頻繁に使われることで発達している神経路を残し，その時点であまり必要ではない神経路は脳の容量を広げるために取り除かれる。

　この現象は，子どもを対象に指導する人であればすべての人が理解する必要がある。なぜならアスリートが発達するうえで，早い時期から特定のスポーツの動きに特化しすぎると，後に必要となるかもしれない重要な神経路が閉ざされてしまう可能性があるためである。特にさまざまなことが起こり，さらに多方向に動く必要があるサッカーやアメリカンフットボール，バスケットボールなどのスポーツを後からはじめる場合には注意が必要である。

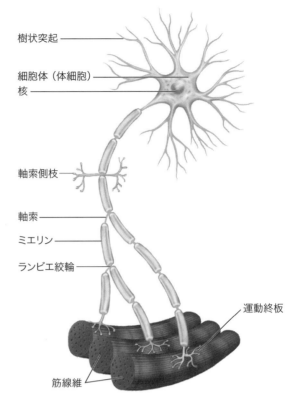

図2.7 運動単位の構造

運動単位と動き

　運動ニューロンとそのニューロンが支配する筋線維を合わせて**運動単位**と呼ぶ（**図2.7**）。1つの運動ニューロンが支配できる筋線維の数は平均150である。刺激が与えられた時，運動ニューロンはそれがつながっている筋線維を収縮させることができる。ここで思い出してほしいのは，骨格筋というのは完全に収縮している（活性化している）かまったく収縮していないかということである。

　精密な動きを制御している筋では，1つの運動ニューロンが司る筋線維の数が場合によっては2〜3と少なくなる。力強い大きな動きを制御している筋（大腿四頭筋など）では，1つの運動単位が約2,000もの筋線維につながっていることもある。

　運動ニューロン（神経）は中枢神経系からの電気刺激を筋内の細胞である筋線維に伝え，その結果筋線維を収縮させる。神経刺激は筋線維に対して送られるのであって，その筋全体に送られているのではないことに注意してもらいたい。つまり，ある筋の部分的な線

維だけが収縮し，その筋全体が収縮しているわけではないということもありうるのである。筋線維束内（**図2.5**参照）の運動単位は求められる動きによって別個に活性化される。つまり，大きな力が必要であればより多くの運動単位が活性化されるのである。

　これらの指令は，中枢神経系から神経の軸索に沿って起こる脱分極波である筋活動電位を通して神経路に沿って伝達される。

　筋活動電位の周波数は，運動単位の活性化に大きく影響する。周波数とは筋活動電位が運動終板（神経終板）に到達する回数のことで，周波数が大きければ大きいほど運動単位内および筋全体の収縮力が強くなる。すなわち，決められた時間内に中枢神経系から神経の軸索に沿って送られる筋活動電位が多ければ多いほど，筋内の収縮反応が大きくなるということである。この反応はトレーニングすることができるので，より効果的に運動単位を活性化させるための刺激を，トレーニングプログラムに組み込むべきである。

　運動神経の軸索のまわりはミエリンと呼ばれるタンパク質で覆われている。この物質はしばしば中枢神経系の白質と呼ばれる。ミエリンはヒトの動きにとってきわめて重要なものである。このタンパク質によって筋活動電位が中枢神経系から筋線維へ伝達される速度が決まるのである。ミエリンは筋活動電位を神経の軸索に沿って加速させるので，運動制御を司っているともいえるのである。ヒトの身体で起こるその他の適応と同様に，ミエリンも繰り返される刺激に応じて生成される。ある信号が十分な強さと頻度で伝達されることで脳はその動きのパターンを強化する必要があると認識し，その必要性に応じてミエリンを生成するのである。この効果は，体内の神経構造がその神経を使うか使わないかによって変化するという神経可塑性（動的経験に基づいた神経系の発達）の概念に関係している。

　なぜこの概念を理解することが重要なのだろうか。われわれはよく"習うより慣れろ"という言葉を耳にする。この格言は完璧な練習は不変を生み出す（繰り返しの練習はほぼ不変の変化を人の動作にもたらす）というように再概念化されてきた。いくつかの議論はあるものの，学習理論の重要な特性の1つは学ぶことであるから，アスリートは練習中にまちがいを起こすことが許されていなければならず，そのまちがいに対してのフィードバックを受け取れなければならない。そしてそれが適応（技術向上）するための基礎となる。この考えは特に戦術的な学習，もしくは試合感覚の発達，すなわち与えられたスポーツでいつどのように特定の動作スキルを使うのかということには強く関係している。

　コーチは，動作パターンの学習と神経路を発達させるという点で前述の概念を少し違う視点で考える必要がある。完璧な練習はミエリンを生成する，そしてミエリンは不変をもたらす[5]。競技者がどのように動いているのかを観察することは重要なことである。なぜならミエリンは運動単位が協調的にそして同時に活性化でき，実際に必要となるバランスのとれた動きを発達させるために適切な配置で生成されるべきであって，不適切な動きのパターンの促進や代償動作に導くような配置に生成されるべきではないからである。言い換えると，正しくない，もしくは好ましくない動きのパターンを繰り返すことでその動きが身体に染み込み，癖となり，特にプレッシャーや疲労状態のなかで動作スキルを遂行しなければならない場合にその癖をなくすことが難しくなる。

　神経の軸索と筋の細胞膜の間が運動終板である。運動終板にはシナプスと呼ばれる結合点があり，運動を制御するのに重大な機能をもっている。筋活動電位が神経終末に到達した際，その信号はシナプスを介して伝達され筋線維内での収縮を引き起こす。神経と筋線維の間の神経伝達物質はアセチルコリンである。分泌されるアセチルコリンの量は神経信号の強さと直接的に比例する。そして筋活動電位が多ければ多いほどより多くのアセチルコリンが分泌される。アセチルコリンはシナプスを介し，受容体部位に結合する。この一連の過程は筋活動電位が止まるまで続く。

　この一連の過程は連続的であり，生きているヒトにとって神経伝達物質が1つも分泌されないということはありえない。しかし運動単位が永久的に活性化されることを防ぐため，ヒトの身体は進化の過程で閾値

効果を生み出した。十分な神経伝達物質が筋線維膜の受容体に結合すると筋線維膜の電位が変化するのである。不適当な神経伝達物質が伝達された際，その電気信号は運動神経に接合している筋線維に到達することができない。つまり，運動単位は収縮できないのである。このことを運動単位収縮の全か無かの法則と呼び，運動単位は完全に活性化してるかまったく活性化していないかのどちらからであることを意味する。

運動単位の分類

運動単位は筋線維の組織化学的特性によって分類され，これらの特性は線維収縮の速度に影響するためヒトの動きの機能にも影響するといえる。分類は筋線維の筋フィラメント内にある酵素の組成で概ね決められるが，筋小胞体の量と密度もカルシウムの分泌と他の筋収縮過程の動的要素に影響する[2]。

運動単位はタイプⅠ，タイプⅡa，タイプⅡxのうちの1つからなる。運動単位のタイプは収縮速度を示すだけでなく，線維の代謝経路（有酸素または無酸素）も示しており，それによって運動単位の疲労傾向もわかる。質の高い動きを生み出すためには，運動単位がそれぞれ同時に活性化することがきわめて重要である。

タイプⅠは主に遅筋線維，もしくは持久性線維として知られている。疲労しにくいことが特徴である筋は，主にこの遅筋線維からなる。例えば，ふくらはぎを構成するヒラメ筋であるが，これらはヒトが比較的長い間疲れることなく立ったり歩いたりできるように主に遅筋線維によって構成されている。持久力が求められる線維であるから，これらの筋は主に有酸素によるエネルギー生成に頼っている。

前述の通り，これらの線維の収縮速度は比較的遅い。タイプⅠ線維は十分な量の酸素を必要とするので十分な血液供給も必要とする。これらの線維は多くのミトコンドリア（ATPが生成される場所）を含んでおり，その数は他のどの筋線維よりも大きい。

タイプⅡaはタイプⅠとⅡxの間の線維である。これらは速筋酸化的解糖系（fast-twitch oxidative glycolytic：FOG）線維として知られている。これらの線維はタイプⅡxよりもミトコンドリアを多く含むため比較的疲労しにくく，高負荷の運動から回復するのが速い。タイプⅡa線維は複数の高負荷運動（多くのスプリントや衝突）を必要とするスポーツや，アルペンスキー回転や800mまたは1,500m走などの爆発的な動きを長時間行う必要がある競技を行うアスリートにとって理想的である。

タイプⅡx線維*は収縮速度が速く（速筋線維），遅筋線維の10倍にもなる。これらの線維は力強い高負荷の動きを生み出す。そして嫌気的（無酸素）解糖系をもってエネルギーを生成するように構成された酵素組成をもつ。それゆえこれらの線維は疲労しやすく最大限に作用できるのはごく短い時間だけである。

タイプⅡxはATPを生成するのに酸素を必要としないため血液の供給が比較的少ない。そして含有するミトコンドリアも小さく数も遅筋線維に比べて少ない。爆発的な動きを必要とするスポーツ（短距離走，投てき，重量挙げ）で活躍するアスリートは相対的にみてタイプⅡx線維の割合が多い。主に速筋線維で構成される運動単位は各運動ニューロンが支配する線維数が多いことが特徴で，比較的少ない数の運動単位を活性化させるだけで大きな力を素早く発揮することができる。

筋の収縮力は2つの方法で増強することができる。1つ目はより多くの運動単位を活性化させることである。筋線維の活性化の順序が力の産生に関与しており，運動の負荷次第で変化する。この概念はサイズの原理と呼ばれ**図2.8**に示した。

図2.8に示したようにタイプⅠ線維がまず活性化される。そしてより大きな力が必要となるかタイプⅠ線維が疲労するかのいずれかの理由によって，次にタイプⅡa線維が活性化される。最大限に近い筋力が要求される段階で最大の運動単位であるタイプⅡx線維が活性化される。しかしこれらの線維は疲労しやすく，どんなにトレーニングを積んだアスリートでも長時間

---

*教科書によってはタイプⅡx線維のことをタイプⅡbと呼んでいる。正確にはタイプⅡb線維はげっ歯動物にのみみられるのだが，この小さな専門的差はこれに関連する内容を変えるほどのものではない。

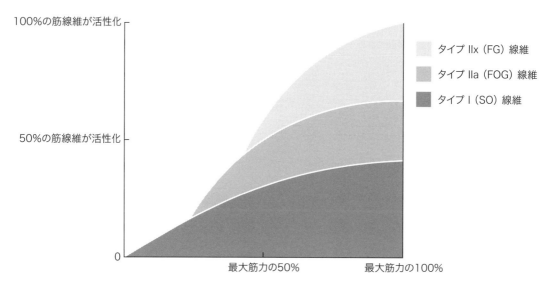

図2.8 運動単位活性化のサイズの原理

力を発揮することはできない。サイズの原理を理解することは重要で，タイプIIaとIIx線維は適切な収縮力か強度を必要とする負荷か速度のいずれかによってのみ活性化されるのである。

固有受容感覚と伸張反射

　小脳は体内の固有受容器を主に司っているため，中枢神経系において欠かせない器官である。固有受容感覚とは身体の各部位の位置を認識し（もしくは関節を所定の位置に動かす機能をもち），動いている時や外部からの負荷に対抗している時にどれだけの力が必要なのかを決定づける感覚のことである。

　関連する（がはっきりと異なる）感覚として，身体の各部位が動いたことを察知する運動覚があげられる。固有受容器は筋内，結合組織，関節，そして皮膚に存在する。

　これらの固有受容器は筋の長さや筋の緊張，収縮速度，外部の物体との接触などの情報を中枢神経に伝え，アスリートらはしばしば感触や感覚など（例えば，ボールの感触）として言い表わす。運動覚によって神経筋系が筋活動電位を他の筋に送ることができ，筋力の微調整や大幅な調整が可能になる。この機能とその他の機能が中枢神経系にフィードバックを伝え，脳が随意的に制御された動きが完結したかどうか，さらにどのように遂行されたのかのフィードバックを受け取ることを可能にする。そして，次に起こる動きへの準備をする。

　固有受容，物体制御，そして運動機能はすべて研ぎ澄まされた固有受容感覚と運動覚を必要とする。ある物体をたたく能力，例えばボールを蹴る，野球のボールをバットで打つなどの能力はきめ細かく関節の位置を把握する感覚が不可欠である。適切に進められたトレーニングによってこの感覚は研ぎ澄まされ，無意識でも発揮できるようになる。この発達はスキル向上と競技パフォーマンスに対して絶大な影響を及ぼす。筋紡錘とゴルジ腱器官はスポーツで生じる神経筋系の機械生理的反応として重要なものの1つである伸張反射を制御しているので，筋の機能的作用に大きな影響を及ぼしている。

　伸張反射を理解することは，アスリートの身体的な質を向上させるうえで重要である。なぜなら，伸張反射はアスリートとしての保護機能を果たすだけでなく，体内のさまざまな動作の制御機構を支える重要な生理機械的な作用をもつからである。伸張反射は走る，ジャンプするといった動作や，プライオメトリクスのような高強度のトレーニング方法など最も力強い動作の基礎となっている。これらについては第8章と第9章で述べる。

伸張反射の実践的な説明

手を腿に置いてみてほしい。その状態でまず人差し指を使って腿を思い切り叩いてみる。次に反対の手を使ってその人差し指をストレッチ感が感じられるまで後ろに引っぱってからその手を離す。後ろに引っぱって指を離すと，ストレッチなしで叩くよりも強く指で腿を叩くことができる。後ろに引くのが速ければ速いほど指が素早く離されて腿を叩く。後ろに引いてからひと呼吸おいたとしても遅めの伸張−短縮サイクル反応が起こり，貯められた弾性エネルギーにより随意的収縮よりもより強い力で腿を叩くことができる。

筋線維は伸張が可能な弾性特性をもつ。この作用は輪ゴムのそれに似ていて，臨界点に達するまで可能なかぎり伸張することができる。臨界点とは外部からの張力がどれだけ筋を伸張させているかに関連し，この筋の伸張は，筋紡錘と呼ばれる固有受容器によって感じとられる。

筋紡錘とは筋線維束内に縦に並んでいる被嚢性の錘内線維のことである（図2.5参照）。筋の長さの変化が急すぎると，筋線維が壊れる前に筋紡錘がタイプIaの求心性神経を通して脊髄に合図を送る[6]。そして脊髄内にあるこれらの神経シナプスは，α運動ニューロンを通して前もって決められている量の筋活動電位を素早く（通常は1〜2ミリ秒）運動単位に伝達し，筋線維の強い反射収縮を促す[7]。

同じ動きをする，もしくはその動きを補佐する共同筋と呼ばれる筋群もまた伸張反射が起こった際に刺激され，さらに保護力の高いそして高強度な反射作用を可能にする。伸張反射は力強い競技動作を生み出し，さらに姿勢の完全性を維持する。固有受容感覚は運動連鎖上で動的な姿勢を保つために常に姿勢の微調整を行うことを可能にしている。この機能の重要性は，この本を通して説明されている。上記に「伸張反射の実践的な説明」を示した。

ゴルジ腱器官は筋腱接合部に位置している。これらの細胞小器官は，外部からの負荷による筋の緊張増加率に対して反応する。ゴルジ腱器官への刺激によって，筋への過剰な負荷を避けるために，運動単位への神経刺激を無効にして筋抑制を促すことができる。

スポーツに必要な動きの多くは外部から負荷が加わるため，高強度の張力を素早く筋群に生じさせる必要がある。それゆえ，トレーニングで重要なことの1つとして徐々にゴルジ腱器官の抑制を促すことがあげられる。そうすることで，筋は練習中，競技中を問わず抑制されることなく素早く力を生み出すことができるようになる。この適応効果は一般的なストレングスやプライオメトリクスのようなパワー系のトレーニングによって達成できるが，第9章でさらに詳しく説明する。

トレーニングに対する神経筋系の反応

多くの神経筋系のトレーニングに対する適応効果は，競技動作にも応用することができる。

スキルを教えている時に，まず指導者はその技術における関節の配置に重点を置くべきである。学習の早い段階においては，技術遂行時の速度や力よりも関節の配置のほうが重要なのである。なぜなら，関節の配置によって筋の機能が決まるからである。関節の動き方を繰り返し練習することで，その動きによって作用する筋を鍛えることができる。動作の反復は固有受容感覚と運動覚を高め，新しい複雑な動作においても正しい位置に関節を動かすことができるようになる。このようなトレーニングによって，筋間においての協調性（ある決められた動作をするために主動筋と拮抗筋，共同筋が最大限に貢献すること）を高め，同時収縮を最小限にとどめて相乗作用を最大限にすることができる[8]。

トレーニングによって，特定の器官の抑制（ゴルジ腱器官など）やその他の作用の促進（筋紡錘の活性化など）を向上させることができるので，結果的に伸張−短縮サイクルを使って力強い動きを生み出すことが

できるようになる。

このような適応効果は，主動筋の興奮と抑制パターンをはじめとする筋内の協調性を高めることに寄与する。

適切なトレーニングによって運動神経（ニューロン）の軸索へのミエリン形成が促進され，中枢神経系から筋への筋活動電位の伝達をより効果的に行うことができるようになる。この効果によってさらに運動単位活性化の順序立て，すなわち筋活動電位の記号化パターンを向上させる。同様に，神経信号（収縮命令）が筋に達する頻度も増加する。この適応効果は筋内の協調性が向上することで筋がより大きな収縮力を発揮できるということを示唆している。

これらの適応効果は個々の運動単位だけにかぎらず，より大きな規模でも起こる。そのいい例として，スキルの高いパフォーマンスは，知覚と固有受容覚または運動覚のフィードバックに対して必要な動きを遂行した結果である。それゆえ，この適応効果をトレーニングするために重要なことは，筋線維の長さ，緊張，そして収縮速度の変化に対して必要な信号を修正動作や反応動作を担う運動単位に送れるように，これらの変化を感じる能力を鍛えることである。運動単位の同時活性化や協調的活性化を起こすため，ひいてはより大きな筋群を活性化するために，筋活動電位を組織化する能力はトレーニングに対する反応のなかで重要なものである。

生体エネルギー系

体内で起こるすべてのこと（考えること，動くこと，操作すること）はエネルギーを必要とする。アスリートの運動系の容量を増やすために，動作の燃料となるエネルギーを増やす能力を鍛えることは，理想的な効率で動作を遂行するためのトレーニングと同じように重要である。偉大な短距離走の指導者であるLoren Seagraveが以前「どんな指導者でも誰かを疲れさせることは可能だ。重要なのは彼らを正しい方法で，技術の質を損なうことなく疲れさせることである」と述べた（私信）。

エネルギーは貯蔵されている分子を分解することで生成される。スポーツでは通常グリコーゲンと呼ばれ筋に貯蔵されているグルコースが分解されるが，脂肪が分解されることもある。これらの分子の分解には多くの物理的システムが関係している。例えば，エネルギー生成の経路では呼吸器系が酸素を体内に取り込み，血管系が血液によって酸素を運搬し，その血液が心筋によって送り出され（よって心血管系と呼ばれる），代謝反応連鎖の最後に細胞でその酸素が使われている。

それぞれの系を順を追って説明するよりも，これらの系がエネルギー生成に共同して貢献しているという根拠を説明しよう。ここではこれらの系をまとめて生体エネルギー系と呼ぶことにする。

生体エネルギー系は，体内のそれぞれの器官やその系統が機能するのに必要な化学エネルギー生成を司っている。身体が機能できるレベルを決める最も重要な要素は，利用可能なエネルギーがどれだけあるかである。そのエネルギーとはアデノシンの分子が3つのリン酸塩分子と化学的に結合したアデノシン三リン酸（ATP）である。これらの化学結合は，結合が分解された際に身体が機能するために放出されるエネルギーをもつ。

身体の細胞内にはほとんどATPが貯蔵されていないため（通常，貯蔵されている量だけでは1〜3秒の運動でなくなってしまう），アスリートは競技で要求されるエネルギー生成量をカバーできるだけのATPを養う必要がある。利用可能なATPがどれだけあるかがアスリートのパフォーマンス能力を決めるので，指導者はそれぞれ強度の違う活動におけるエネルギー供給構造について理解しておく必要がある。

体内に貯蔵されている化学エネルギーからのATP生成を担うのは次の3つのエネルギー代謝経路である。

- **ホスファゲン**：この供給構造はクレアチンリン酸系と呼ばれることもある。この構造は体内に貯蔵されているクレアチンリン酸を分解することで，高負荷の運動を10秒程度行うのに必要なATP

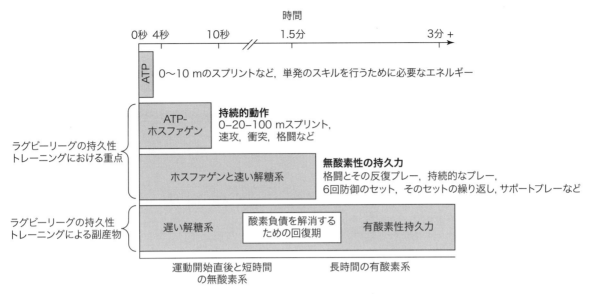

図 2.9 ラグビーリーグにおける生体エネルギーの必要条件

が生成できる。貯蔵されたクレアチンリン酸がなくなった後は，身体は ATP 生成のために解糖系を主に使う。

- **速い解糖系**：この供給構造は嫌気性（無酸素性）解糖系と呼ばれることもある（グリコーゲンの分割）。
- **好気性代謝**：この供給構造は遅い解糖系とも呼ばれ，酸素が存在するなかで一連の代謝反応によって ATP が生成される（有酸素性代謝）。

これら 3 つのエネルギー系はそれぞれ独立しているわけではない。実際にはこれらが統合されて使われており，いかなる動作においてもこの 3 つのエネルギー系の組み合わせによってエネルギーが供給されている。これらがどのように組み合わされているのか，どのエネルギー供給系がある特定の動作において優勢であるのかといったことは，その運動の強度によって決められる。運動の強度が上がれば上がるほど（すなわちいずれかの時点で最高強度に近ければ近いほど）速い解糖系がより大きく寄与する。このことから，ラグビーリーグ（図 2.9）のような競技は，サッカーのような比較的強度の低い走ったり歩いたりという動作と高強度だが短いスプリントが多く含まれる競技と区別される。競技ごとの特徴の違いは，その競技を行う

アスリートのコンディショニングに反映させるべきである。ATP の需要が供給を上まわる時，疲労が素早く起こり身体が全身性の機能停止にいたるのを防止する。解糖系は筋と肝臓に貯蔵されているグリコーゲンを分解し，ピルビン酸という物質に変える。この転換過程では，合計で 10* の酵素反応を必要とし，3 つの ATP 分子と酵素を生成する。この酵素は後の過程で酸素が存在するなかでさらに多くの ATP を生成するのに使われる。ATP–PCr 系（ホスファゲン）と解糖系の複合作用によって，エネルギーの需要が有酸素的に供給できる比率を超過した場合でも筋が力を生み出すことができる。このようにして，これら 2 つのエネルギー構造が，高強度運動の最初の数分の間，主要なエネルギー供給源となっている。

ピルビン酸の結末は，その時の運動強度が決定づける。ここでの律速因子は，心肺系の筋への酸素供給能力である。酸素の供給が需要に見合うような低強度の運動では，酸素依存性（遅い）解糖系によってピルビン酸がミトコンドリアとして知られる筋細胞内の細胞小器官に運搬される。

ミトコンドリアでは一連の化学反応が起こり，最終的に ATP が 36 分子生成される（したがって，1 つの

---

*ピルビン酸までは 10 の段階。その後の乳酸，アルコール発酵を含めると 12 の段階。

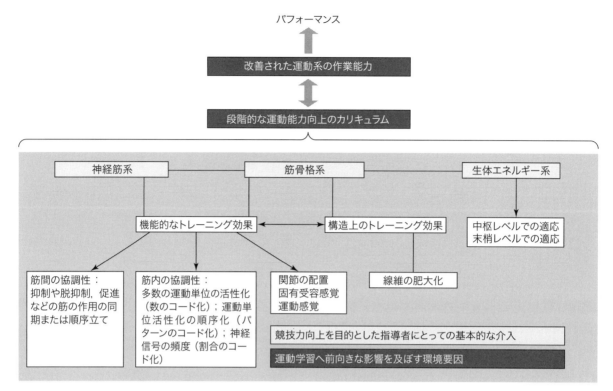

図2.10 アスリートの競技力向上を目的としたコーチは，生体運動機能を調節することによってパフォーマンスを向上させることができる。

グリコーゲンから生成されるATPの合計は最高で39分子となる）。ATPを生成するこの過程における副産物は水と二酸化炭素で，これらは血液によって筋から取り除かれて肺を通して排出される。この過程（酸化的リン酸化反応としても知られる）は，グリコーゲンと酸素を筋へ供給している間は常に起こる。

運動強度が十分に酸素を供給できるレベルを上まわった場合，酸素非依存性（速い）解糖系がATP生成の大部分を担うことになる。ATPの純生産量は同じだが（2～3分子），ピルビン酸の結末が変わる。ミトコンドリアへ運搬されるのではなく，筋細胞内で乳酸に還元される。

中強度の運動では乳酸が生成される。乳酸は2つの使い道がある。体内に十分な酸素がある時（例えば高強度の運動後にアスリートが呼吸を荒くし酸素負債を解消している時），乳酸はピルビン酸に還元し直され，ミトコンドリアへ運ばれた後，36のATPへ転換される。あるいは筋細胞から取り除かれ血液によって肝臓へ運ばれた後，グルコースへと転換され，後で使える貯蔵エネルギーとして保管される。それゆえ，乳酸は多くの人が考えるような毒素というよりは，身体にとって，特に多くのミトコンドリアをもつ遅筋線維にとって実は便利なエネルギー源なのである。

多くの対戦形式のスポーツにおいて主な要素である高強度の無酸素運動は，パフォーマンスが3分以下で終わるすべてのスポーツと同様に，長時間持続することができない。高強度の無酸素運動はトレーニングを積んだアスリートだとすぐに使えるエネルギーを2分間ほど生成できるが，そのアスリートがどれだけの時間無酸素的に運動できるかというのは筋疲労によって制御される。疲労が無酸素運動の時間を制御する理由は，乳酸が筋内に蓄積される際に水素イオン（H^+）も増加するためである。濃度の高いプラスイオンは筋細胞を酸性寄りにする。酸性レベルが高いと筋の収縮構造とATP生成に関連する酵素の効率性に影響を及ぼし，それによって筋疲労を引き起こす。ヒトの身体はこのような構造に進化することで，極度の疲労に達する前に身体が遂行できる運動の量を制御している。

生体エネルギー系のトレーニングに対する適応についての復習にはKennyら[2]を参照するとよい。

図2.10に生体運動系で起こりうるトレーニングに対する適応効果をまとめた。ある動きを獲得するためには，神経筋系と筋骨格系が重要であることはこの章を通して説明してきた。競技動作向上を目的とする指導者が運動系の発達についての原則を理解することで，目標とする結果に到達するためにトレーニングの種類や負荷量などを調節できるようになる。この知識はこの後に続くスキル向上について説明する章における基礎となり，これらの章では質の高い技術を向上させるために，どのような意思決定をしなくてはならないのかについて実用的なガイドラインを体系立てて説明している。

まとめ

この章では身体能力はスポーツで成功するために必須条件であり，専門的な動作スキルというのは基礎的な（あるいは基本をなす）動作スキルに裏打ちされているということを示した。もちろんアスリートの身体的向上を担っているどの指導者にとっても最初の役割は正しい動きを獲得することであり，それを通して実用的でありまた応用的な方法で筋を正しく発達させることである。生体運動機能の各要素がどのように機能しているのかを理解することで，生体運動機能のすべての側面における包括的な適応に重点を置いたトレーニングプログラムを組むことができるようになる。そしてそれがパフォーマンス向上に活用されるのである。

（岡本　香織）

第3章

運動系の発達パターン

　アスリート育成プログラムの主たる目的は，適切な時期にアスリートのパフォーマンスにかかわる潜在能力を最大限に引き出すことである。アスリートのパフォーマンスは，目標とする大会（オリンピック，国内大会，個人の挑戦など）で発揮できるようにすることが重要であり，チームスポーツにおいては，数週間，数ヵ月以上続くシーズンを通したコンディションの維持にかかわってくる。現実的には，目標とする大会にベストなコンディションで臨めるように，適切な時期に運動系を向上させる的確なトレーニングプログラムの実施が必要である。

　BompaとHaff[1]は，トレーニングプログラムの計画過程における重要なポイントは，運動系のすべての要素を同時に優先順位を高くトレーニングすることはできないことであるとした。例えば，パワーの向上のためには，筋力を高めることが先決であり，パワーはスピードの向上に必要不可欠な要素である。したがって，スピードの向上には，まずスポーツ特性を反映した筋機能の向上に取り組む必要がある[2]。同様に，有酸素パワーの向上には，より多くの血液を送り出せるよう（心拍出量の増大）心機能を適応させるため，複数の有酸素性トレーニングを行わなければならない。無酸素性トレーニングは，間欠的高強度運動からの疲労回復を経験することで有酸素作業能力が向上しうるが，一方で有酸素性トレーニングは，必ずしも無酸素作業能力の向上につながるわけではない。

　筋力，パワー，持久力に関する生理学的側面は異なるため，実際にそれぞれのトレーニングに対する適応は一律ではない。したがって，効果的なトレーニングプログラムを立案するために重要なことは，どのような体力要素（筋力，パワー，持久力）を，どの段階で重視するかを決め，そして適切な順序で取り組むことができるかを検討することである。このような方法は，競技レベルの高いアスリートのパフォーマンスや子どもの運動能力の向上にかぎられるものではない。あらゆる年代のアスリート，経験やパフォーマンスレベルの異なるアスリートに携わっている指導者は理解しておく必要がある。

　また，トレーニングプログラムの立案は，長期的な体力の向上を目指し，適切な順序で体力要素（筋力，パワー，持久力）の向上に取り組むことが目的となるため，指導者のみならずアスリートにとっても重要である。このようなトレーニングプログラムを実施することで，アスリートの生活全体を通して段階的な移行が可能となる（例えば，幼稚園から小学校，高校から大学，運動に無縁だった人が運動をはじめるなど）。そして，健全な発育・発達を促すためには，子どもの生理学や解剖学の知識が必須である。子どもが体育（遊びや運動）を経験し，後の本格的なトレーニングに取り組める段階に達しているかぎり[2]，特定のトレーニングに適応できる準備が整っていると判断できるだろう。

若年アスリートの育成

　若年アスリートは独特の集団であり，練習や試合日程は成長過程において起こる生理学的・心理学的変化を考慮すべきである。筋力，スピード，持久力，可動性，そしてこれらの組み合わせ，あるいは関連

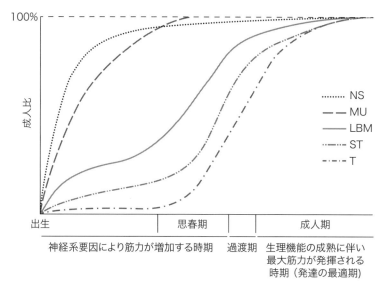

図3.1 男子の発育に伴う筋力発揮と生理機能の発達理論
T：成熟に伴うテストステロン濃度の変化，LBM：成熟による除脂肪体重の変化，NS：神経系の成熟の変化，MU：運動単位の動員の変化，ST：最大筋力の発揮水準の変化。

K. Pierce, C. Brewer, M. Ramsey, R. Bird, W.A. Sands, M.E. Stone, and M.H. Stone, 2008, "Opinion paper and literature review: Youth resistance training," UKSCA's Professional Strength and Conditioning Journal July: 9-22.より許可を得て転載。

する体力要素は，すべての成長段階の子どもにおいて向上させることができる。しかしながら，**図3.1**に示したように，運動系の発達速度は一定ではない。運動系の発達の特徴を考慮することで，アスリート育成プログラムの作成にかかわる2つの重要な要因が明確になる。

第一に，運動系がどのように発達するかを知ることで，方法，運動量または強度の観点から，プログラムの実施に伴う生理学的制約がわかる。第二に，運動系の発達を最大限引き出すためのトレーニングプログラム立案のための骨子が得られる。この発達の敏感期の考え方をもつことは，最適な指導につながる[3]。動作スキルの構成要素の多くは，瞬時に多方向への力を発揮するアスリートの能力（筋機能，スピード，姿勢制御）に依存しているため，神経系および筋骨格系の発達が，アスリート育成の要となる。ゆえに，筋力，パワー，動作スキルは，主要な指導項目である[4]。

この考え方は，動作スキルにとって特に重要である。ボート漕，長距離サイクリングや長距離走（一般的にエンジンスポーツと呼ばれるもの）など高い持久力が求められるスポーツで求められるスキルは相対的に低い。持久力は成人期にかけて最大に達するため，多くのアスリートは，他のスポーツで活躍した後にエンジンスポーツ（エリートレベル）へと移行する。このようにエンジンスポーツのエリートレベルに移行できるアスリートは，適切な時期である成長期に運動効率を高め大きな力発揮ができるからである（第8章，第10章参照）。したがって，持久力は一般的に若年アスリートの育成プログラムにおいて優先項目とされていない。とはいえ，健全な発育・発達や外傷・障害予防の観点から，若年アスリートは早い段階で競技を絞るべきではないため，持久力を無視すべきではない。多くのプログラムにおいて，持久力が優先項目でなかったとしても，体力の構成要素の1つとして向上させるべきである。以上より，本章では，持久的な身体活動を含め，成長期を通じて指導者が考慮すべき事項を示す。

すべてのアスリートにおける運動系の発達

アスリートの育成理論を理解することは，若年層のアスリートとかかわらない指導者にとっても重要であ

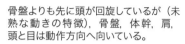

短く素早い腕の振りを保持し，対側の腕と脚は身体の前方に位置する。

身体の重心を動作方向へ傾ける。

身体の重心を下げ（バランスのとれた姿勢），加速するために支持基底面の外側に移動させる。

骨盤よりも先に頭が回旋しているが（未熟な動きの特徴），骨盤，体幹，肩，頭と目は動作方向へ向いている。

動作方向とは逆方向に蹴り出す。

図3.2 遊びの場でのゲームによって5歳の子どもが走行や方向転換にかかわるスキルを習得できるようになる。

る．アスリートの育成においては，長期的かつ適切な時期に適切なトレーニングを行うために，育成過程におけるトレーニングの組み立てや質について理解する必要がある．最終的な目標は，アスリート主体で，個別に教育的に接し，そして長期的な視点からアスリートの能力を引き出すことである．したがって，指導対象が成人の場合，これまで積み重ねてきたアスリートの経験を理解する必要がある．同様に，このような成人アスリートが応用的な練習メニューに取り組み，また適応できるように，これまで経験していないことも知っておくべきである．

指導者は，運動系がどのように発達するか，どのようなトレーニングや練習経験が向上を促すのかを理解することが必要である．これらに関する知識をもつことで，いずれの年齢のアスリートに対してもそのトレーニング年齢に応じたプログラムを作成することができるようになる．

これらのことを考慮して，神経筋系，筋骨格系，生体エネルギー系の発達パターンを，幼児期（0〜6歳），児童期（6〜9歳），成長期前期（9〜12歳），成長期中期（12〜16歳），成長期後期（16〜18歳）に分けて検討する．これらは，純粋に生物学的（身体的）発達段階によって期分けしており，心理社会的発達理論とは一致しない可能性がある．第1章で触れた点を思い出してほしい．ある生物学的発達段階の子どもに適している運動であっても，特に運動量の観点からトレーニング年齢によってどのような運動を行う準備ができているかを決定しなければならない．

幼 児 期

幼児期では，多くの形式的な指導や練習は必要ではないが，走動作や跳躍動作といった基本的な動作スキルの獲得のための機会が必要である（図3.2）．この時期に，家庭や学校において運動学習の機会に恵まれることが重要である．運動は，初歩的な動作と基礎的な動作スキルの習得，そして身体運動の楽しさを体感させることを目的にすべきである[5]．

この時期は，精神運動機能と身体運動機能の向上が大いに関係している時期である．子どもの成長には自信と意欲が必要である．子どもにはさまざまな環境を経験し，難しい課題に挑戦させるように仕向ける．これらの課題には，基本的な動作スキル（走る，跳ぶ，登る）を組み合わせたり，両側肢で行うスキル（両手で行ったり，片手で行ったりする）運動を含むべきである．

重要なことは，子どもたちにすべての活動に常に全力で取り組ませることである．このような実践方法は，ホスファゲン系と有酸素系の生体エネルギー供給能力の向上を促す．発達のこの段階では，移動動作，姿勢制御（安定性），操作能力を発達させる活動に重点を置くべきである．5〜6歳までに，これらのスキルを統合し，すべての動作が行えるようになるべきであり，もし円滑に行うことができるようになれば（遊び運動や練習を通じて），個々のスキルを結びつけることでパフォーマンスの向上のための基礎となる．この時期には，正確さよりも距離を伸ばすスキルの向上に重点を置くべきである．ボールを目標に当てることよりも，どのぐらい遠くまでボールを蹴ったり，投げたりできるかのほうが，より有用な能力である．これにより，運動系の発達が促され，児童期におけるトレーナビリティと筋力が向上する．

児 童 期

児童期では，遊びのなかで幅広い基礎的スキルを向上させる学習環境を提供することに重点を置く．基礎的スキルの習得は，初歩的な運動能力と自信を築き，スポーツとのかかわりと後の高度なスキルの習得に重要な役割を果たす．実際，スキル向上の多くのモデルにおいて，この初歩的段階は基本的スキル期に分類されている[6]．

6〜9歳では，スポーツ特有のスキルの前に，運動，安定性，操作性（対象物の制御）にかかわる能力を磨き，習得すべきである．ゲーム形式のアプローチにより，これらのスキルを楽しく習得させることで，将来の競技の成果に大きく貢献する．そのため，多くのスポーツや身体活動に参加すべきである．動作スキルの習得を重視することで，長期的なスポーツ特異的なトレーナビリティが高まり，将来性のあるアスリートの育成につながる．実際，アメリカの大学では，1つのスポーツを専門としたアスリートよりも複数のスポーツを経験したアスリートを募集する傾向にある．しかしながら，マルチスポーツ教育の重要性は，多くの文化において十分に浸透していない．

ほとんどのスポーツでは，スポーツ特異的なスキルが求められるが，エリートパフォーマンスは，多くの基本的なスキル（走る，跳ぶ，アジリティスキル，投げる，捕る，蹴る）とそのスポーツに特有のスキルの応用（サッカーボールを蹴る vs. アメリカンフットボールを蹴る，野球のボールを打つ vs. ラケットボールを打つ）とが組み合わさって生み出された結果である．基本的なスキルの習得の重要性は，1つのスポーツを極めたエリートアスリートが，他のスポーツで十分に活躍できていないことからも理解できる．同様に，多くの優れたアスリートは，さまざまなスポーツ経験から，協調性，タイミング，操作性に長けているため，レクリエーションでのゴルフでもうまくプレーする．

対照的に，早い段階で専門のスポーツを決めたアスリートについて考えてみる．これらのアスリートは，スポーツ特有の同じような動作を繰り返すことになり，筋の不均衡や外傷・障害につながる可能性がある．また，このようなアスリートは高いレベルへ移行するための運動学習をほとんど経験していないため，結果的にスキルを他のスポーツに応用する能力に劣る傾向がある．また，その他の問題として，バーンアウト（燃えつき）がある．かぎられた練習や試合を長期にわたって繰り返し続けることは，そのスポーツに参加するモチベーションが低下する可能性がある．そのため，思春期を通して複数のスポーツを経験することは，高い応用能力や動作スキルを向上させるために推奨される．

内耳の平衡バランスを司る機構は，発達年齢の早期から徐々に成熟する．子どもは運動感覚が発達するにつれて，スピード，アジリティ，バランス，協調性に関連する基礎的な運動パターンが向上し洗練される．この過程では，運動感覚や協調性に焦点をあてた運動やゲーム形式の活動によって発達が促される．また，体操や他の身体制御が必要な運動は，この目的のために有用である（図3.3）．

同様に，大筋群（大腿四頭筋，ハムストリングス，殿筋など）と細かな動作に関与しない大きな運動単位は，小筋群（肩甲帯を支える棘上筋，棘下筋，小円

図3.3　一定の形式をもたせた練習やアジリティ，バランス，協調性の課題を含む遊びや活動は，基礎的な運動パターンを洗練させる。

筋，大円筋など）に比べ発達しやすい。細かな動きを制御する筋の発達が遅いということは，子どもの視覚制御が完全に発達していないことから説明できる。眼球運動を司る小さな筋群の活動を制御する神経系の機能は，一般的に10歳ごろまでに成熟する。つまり，子どもは大きな筋が動員される全身運動のほうが得意である。

　正確性や協調性が伴う動作は，小筋群と運動単位の相互作用を促進するが，熟練度の低い動作と比較してうまくいかないことが多い。できるだけ多くの運動単位を動員させる能力は，後の競技生活においてスポーツパフォーマンスの成功を左右する重要な要因であり，この能力は向上させることができる。したがって，運動単位を最大に動員させるために，爆発的でスピードをもとにした活動を強調する必要がある。スピードとアジリティ能力の向上には，身体感覚（一般的に目と手の協応，もしくは目と足の協応と表現される）が十分に発達するまで，協調性をもとにした課題とは別にプログラムすべきである。具体的には，打つ，捕る，登る，乗り越えるといった器具を操る動きや障害物などを乗り越える動きによって達成される。

　また，走る，跳ぶ，投げる動作に関連づけられるス

図 3.4 アジリティ・コースとリレーによって，子どもの神経系の発達を促進しながら，楽しく基礎的な動作スキルが獲得できる．

ポーツ活動は，動作スキルと神経筋系の発達の観点からも重視されている．児童期の子どもにとって，1～5秒程度の爆発的，高速の運動が理想的である．子どもは神経筋系に関与するプライオメトリクスと高速の運動（図3.4）によって，運動能力の向上が促進されることが明らかになっている[7]．

同様に，広範囲に及ぶ多面的な運動では，神経筋系（運動単位）の動員によって筋力の向上が促進される．メディシンボール・スロー，自重エクササイズ，押す・引く，振る，登る，組技，動的バランス，体重移動などの課題は，骨や結合組織の発達によい影響を与える．全可動範囲を使用した全身運動は，姿勢の保持能力，柔軟性，可動性も向上させる．しかし，骨端が成長し続けている長管骨に過度の負荷と繰り返しの負荷がかかることを避けるために，指導者は少ない回数で実施することに重点を置くべきである．

これらの活動は，この時期の子どもの心理的発達にも深くかかわっている．一般的に，子どもは長時間じっとしたり，言うことを聞いたりすることができず，動きまわって遊び出ることを望む．注意力が持続しないため，絶え間なく変化させることが必要である．実際，体育教師は，子どもの注意力が持続する時間は年齢＋3分と考えている．したがって，活動は短く，多種多様であることが望ましく，短い簡単な理解しやす

い指示を効果的に提供するよう配慮すべきである．

この時期では，さらに手続き的，感情的知識が発達する．運動皮質では，スキルの習得と実行に関するプログラムが作成される．したがって，運動実施の際には，運動の反復（慣れる）と変化（基礎的なスキルを新しい課題に適応する）のバランスが重要になる．これらの考え方については，学習カリキュラムの計画について解説する第7章で詳細に述べる．

幼児期の間では，相対的にみると身体セグメント（体節）の比率が変わる．もとの大きさに比べ，頭部は2倍，体幹部は3倍，上肢は4倍，下肢は5倍程度まで成長する[8]．この変化は，子どもの運動の協調性に影響を与える．発育・発達が進むにつれ，頭部に対する上肢と下肢の相対的な位置が変化する．児童期では男女間に構造的・生理的に大きな相違はなく，一緒に運動を行うことが推奨される．骨格での主な成長部位は四肢であり，思春期を通じて成長する．したがって，三次元（運動面）での運動を通して四肢が成長し，これにより空間認知や感覚能力が発達する．

子どもの骨はこの年齢で骨化が進んでおり，骨端は大部分が軟骨で構成されているため，大きな負荷や圧力が加わると外傷・障害を起こしやすい．そして，関節を支える靱帯は，より高密度になり強くなってくる．神経系の動員を促進する運動は重要であるが，ホ

ップ，スキップ（高さと距離），自重で行う筋力トレーニング，メディシンボールを使用した爆発的なエクササイズは，ゆっくりと進めるべきである。反復回数は，比較的少なめに設定する。

　子どもはもともと柔軟性が高く，関節可動域も広い。したがって，体操など過度な関節の可動性が求められるスポーツを行わないかぎり，柔軟性を高めることに焦点をあてる必要はない。関節には，特定の筋による支持なしに可動する範囲が存在するため，動的な運動によって潜在的に負担が加わる可能性があることを認識しておく。筋制御下における全可動範囲を使った運動を実践させることで，子どもの柔軟性や可動性を最大限引き出し，筋力が向上するように働きかける。実際，可動性は神経筋系の活性化と関係なく向上することはなく，単純に受動的ストレッチのみでも向上しない。子どもが成熟し，筋骨格系が成長していくうえで大切なことは，もともと備わっている柔軟性をいかに維持するかである。思春期でも全可動域を使った筋力トレーニングを継続すべきであり，特定の関節まわりの可動性を高めるために，筋制御下におけるストレッチ要素を含んだ運動（ピラティスやヨガなど）を取り入れるべきである。

　これらのエクササイズに必要な技術については，さまざまな段階のアスリートに合わせて適応するためのポイントを含め，本書の後半で紹介する。しかし，接地時のつま先の背屈，空中におけるつま先の背屈（第8章参照），高さや距離を伸ばすためのカウンタームーブメント・ジャンプ（第9章参照）など，「走る」や「跳ぶ」動作やそれに関する身体部位のふるまいは，楽しいゲーム形式の活動として子どもに経験させるべきである。動作における身体のふるまいは，矢状面と水平面での動きが含まれるアジリティゲームの体験によって，向上させることができる。

　子どもは成人よりも燃費（運動効率）が悪い[9]。これは，子どもの四肢の長さと筋とのバランスがとれておらず，バイオメカニクス的に非効率なためである。実際，子どもの筋の割合は体重の約28％であり，青年や若年成人の約35〜40％以上に比べて少ない[10]。この時期の子どもの小さな体型（四肢の長さや筋骨格

表3.1　8歳児の1週間の運動計画

曜日	運　動
月曜日	体育（60分），水泳（45分）
火曜日	体操（60分）
水曜日	—
木曜日	体育（60分），バスケットボール（60分）
金曜日	サッカー（60分）
土曜日	陸上（60分）
日曜日	アメリカンフットボール（60分）

系に依存する力の発揮能力）は，より大きな子どもや成人ではそれほど厳しい要求とはならない課題でも運動効率の観点からバイオメカニクス的に不利である。この欠点は，同じ運動量をこなす青年や若年成人と比較して，酸素需要量が多くなることにつながる。

　ゲームやゲーム形式の練習では，約5〜7秒の短い時間で高強度，高スピードの運動をすすめるべきで，その後，個別に休息・リカバリー時間を設定することが望ましい。これらの活動により，個々の持久力の範囲のなかで生体エネルギー機構が発達する。活発に運動させることは，子どもの健康にとって重要であるが，この時期の子どもの競技力向上のために，高スピード，高強度，方向転換を経験させることが理想的である。水泳やボート漕のような持久力に依存する活動を行っている子どもは，多くの量の持久的活動を行うのではなく，短い技術練習を繰り返すことで運動量が増加する。

　表3.1に，特定の競技に属していないが，基礎的動作とスポーツスキルの習得を目指す活発な8歳児の1週間の運動プログラムを示した。

　それぞれの競技に対するコーチングプログラムを作成する場合，各競技に特化した動作スキル向上に重点を置く。表3.2に，陸上競技場での練習メニューの一例を示したが，これは，表3.1に記載した競技に適用可能である。

　年間を通じてこのような運動メニューをこなすことで，動作スキルの幅が広がり，後の競技生活で競技に特化した動作スキルを習得するための基礎となりうるのである。

表3.2　8歳児のためのスキル練習例

時間（分）	活　動
0～10分	フォロー・ザ・リーダー：パートナーと2人1組で実施する。リーダーがさまざまな動きを行い，他方はその動きを模倣する。
10～20分	ターン・ザ・コーン・オーバー：2つのグループ（チーム1とチーム2）に分ける。16～30個のコーン半分をひっくり返した状態で地面に配置する。「ゴー」の合図の後，チーム1は3分間でできるだけ多くのコーンをひっくり返す。チーム2は反対にコーンをもとにもどす。制限時間内に多くのコーンをひっくり返したチームの勝ち。交替で行う。
20～30分	アジリティ・コース：走る，跳ぶ，登る，跳び越える，くぐるなどの動作が伴うようにコースをレイアウトし，1分以内にできるだけ多くの対象物に関連した動きを行う。オフ・グラウンド・タグ（障害物が設置されたエリア内での追いかけっこ）のような運動に発展させていくこともできる。
30～40分	スキルと動作活動 スピード・バウンス：10～20 cm（高さは能力に応じて設定）のソフトハードルを用い，両足ラテラル・ジャンプを行う。20秒間で跳び越えたハードルの数を記録する。 マルチプル・スロー・チャレンジ：立位から開始し，基本的な4種類のメディシンボール・スロー（チェスト・パス，オーバーヘッド・スロー，左右のローテーション・スロー）を行う。ボールを投げた後，その距離を測る。その後，スプリントしてボールを拾い，スタートラインにもどる。子どもがスプリントした時点からボールを拾い，スタートにもどってくるまでの時間を測定する。各メディシンボール・スローごとに休憩を挟む。この課題では，各メディシンボール・スローの距離（m）の合計とボールを拾いもどってくるまでの時間を組み合わせたものを記録とする。
40～50分	ゲームタイム・アクティビティ・リレー：3人1組で，リレー形式で行う（または交互に交替する）。設定された距離で，ホップ，スプリント，バトンの受け渡し，スキップをしながらロープを飛び越える運動をリレー（または交互に交替する）形式で行う。運動の内容は，必要に応じて変更する。

成長期前期

アスリートとして成功するためには，成長期前期から専門的に取り組む必要があると考えられているスポーツがある。テニスや水泳のような種目では競技特有のスキルの習得が必要であり，体操では筋力や大きな可動性が求められる。成長期前期でのスポーツの専門化は必ずしも排他性を意味するものではない。子どもには自分が焦点をあてているスポーツ以外のさまざまなスポーツに参加するよう奨励すべきである。

早い段階から専門のスポーツに焦点をあてている人を除いて，9～12歳の子どもは，多くのスポーツを行うことによって基礎的なスポーツスキルを向上させ，能力と自信を培うことが推奨される。特に，関連動作の課題（リンクスキル）や環境に応じた課題（複数のスポーツ経験によるスポーツ固有の状況における）を設定することが，運動プログラムを進めるうえで重要になる。このような活動には，基礎的な動作の質を高め，スキルをいつ，どこで発揮すべきかを判断できるようになるために，刺激とその認知を伴う課題を取り入れるべきである。

成長期前期では，個人差が明らかになりはじめる時期のため，運動プログラムの作成の際には暦年齢よりも生物学的年齢を考慮すべきである。実際，男女間でも差がみられ，生物学的には女子は男子に比べ約1年程度身体の発達が早い。また，骨格（主に四肢）はゆっくり着実に成長し，一般的に身長は1年で3～5 cm伸びる。

成長期前期でも，大筋群は小筋群に比べより発達する。そのため指導者は，力強い動きに関与する大筋群が，関節の安定性を制御している小筋群（姿勢制御にかかわる筋群を含む）の活動により引き起こされる代償動作を認識する必要がある。走る，跳ぶ，投げる，打つなどのさまざまな運動を適切な関節位置で行うことで代償動作を修正し，防ぐことができる。実際の動作を反映した動的ウォームアップの実施により，動的バランスが維持され，適切な関節位置から効率よく筋力を発揮できるようになる。したがって，ウォームアップを単に次に続く運動のための準備という位置づけではなく，練習の一環として捉えるべきである。ウォームアップの詳細な実例は第11章で紹介する。

ニューロンの軸索のまわりの髄鞘（ミエリン）の形

成過程は，神経細胞の増殖と呼ばれ，成長期前期の終盤に終わる。第1章で述べたように，髄鞘形成は筋力，スピード，パワー発揮の刺激に応じて運動単位が発達することを示す。したがって，アスリートのコンディション調整のためには，継続的に複数の運動面における爆発的なスピード活動を取り入れるべきである。

走る，跳ぶ，ホップ，スキップなどを4～5秒間高強度で行うことは，基礎的な段階におけるスキル習得のために理想的である。神経系の発達や機能向上に伴い，加速度トレーニングやアジリティトレーニングに反応（単純な刺激応答）課題を適切に設定することによって，反応時間の向上が見込まれる。さらに，この神経系の発達や機能向上により，「目と手」，「目と足」の協応が生物学的年齢の12歳ごろまでに確立される。

この時期には，適切なトレーニングや練習により，筋力が増大する。実際，思春期前の相対的な筋力の増大は，思春期後よりも著しい[11]。この時期における筋力の増大は，筋線維単位の形態的変化によるものではなく，神経系の発達によるものである。適切な身体運動によって，筋力や結合組織を改善するだけでなく，姿勢保持（制御）能力も向上する。

推奨される運動には，体操や筋発揮を伴うバランス動作（プッシュアップや逆立ちなど），登る動作（ロープ，肋木，懸垂など），段階的なプライオメトリクスがある（第9章参照）。この年代には両足ジャンプ，リーピング（片足または両足で跳び，対側足または両足で着地），基本的なバウンディング（走動作に伴う左右への繰り返しの体重移動），3段階の爆発的能力向上モデル（第8章参照）が特に推奨される。これらの具体的な技術的指導方法は，本書の後半で詳述する。

メディシンボールは，最大オーバーヘッド・スローやチェストパスのようなバリスティック（爆発的パワー）エクササイズやレジスタンストレーニングとして外的負荷を加えたスクワットや多方向ランジにも使用できる。このような運動を行う場合には，骨端（骨化が進んでいる状態）の損傷を避けるために，回数を少なくして行う。

骨の損傷の可能性は，必ずしも運動強度によるものではなく，繰り返しのスキルの量によっても生じる点に注意が必要である。実際，骨の成長は力学的な負荷が加わることによって促進される。一般的に，ヒトの組織は圧力に反応しようとするため，レジスタンストレーニングは骨格や神経筋系のためのプログラムに組み入れるのがよい。グラップリング（組み技），つかむ，押す，引くなどの運動は，最小限の器具で行え，子どもたちの興味を短時間で惹きつけることができる双方向性の活動である。

指導者は，すべての活動において正しい動きのメカニクスを伝え続ける必要がある。体操や動的に身体を制御する活動は，姿勢制御や筋力の向上のほか，子どもたちにバイオメカニクス的に重要な動きの原理を教えることができる（アニマルウォークや筋発揮を伴うバランスなどのような身体を操作する運動の実例は第10章で述べる）。これら運動に関するより詳細な原則については，第4章と第5章で触れる。動きのメカニクスにかかわる重要な原則をまとめると下記のようになる。

1. 力に対して抵抗する時や力を伝える時は，直線（水平方向）が最も強い。
2. 力は，大筋群から小筋群の順に生成される。
3. 遅い動きは他からの力の作用を受けないかぎり速い動きに発達する。
4. 偏心した力は，回転を引き起こす。
5. 直進（並進）運動を行うためには，回転運動を制御する必要がある。
6. 短いレバーアームは長いレバーアームより速く動く。
7. 力が作用する時は必ず，大きさが等しく逆方向に働く反作用の力が存在する。

上記の原則は，後の章で紹介するすべての動作を理解するうえで，非常に重要である。アスリートは，これらの原則を理解する必要はないが，特に新しい課題が出された場合には，動きのなかでこのことを実証で

きるような指導を受けるべきである。

例えば，高速で回転運動の反復を求められた場合，子どもは，腕を曲げて回転運動を加速させる。子どもは，速く動くために四肢を曲げてレバーアームを短くするという上記6番目の原則に則って実践しているわけではなく，単純に過去の経験をもとに行っているのである。

この時期は，神経筋系の発達過程において，運動系のスキルの習得が著しいことから，スキル・ハングリー期（積極的スキル習得期）と呼ばれている。この段階では，プログラムの中心となるスピード，アジリティ，プライオメトリクスを補うものとして，ウエイトトレーニングのスキルを教えるのに最適な時期である。全可動域でのスクワット（ランジやシングルレッグ・スクワットを含む），床から頭上に向かって引き上げる動作，そしてそれらの派生的な動作は，パフォーマンス・トレーニングプログラムにおいて，重要な筋力トレーニング方法となる（第10章参照）。したがって，この段階で技術を学ぶことは，後の筋力向上を目的としたプログラムの前段階として，アスリートとしての成長過程において重要なステップとなる。

重視すべきことは，「技術・スキルの向上」と「協調運動の習得」であるが，これらが発達するにつれて，徐々に練習（運動）に「負荷」を加えることができる。実際，このような活動は，全可動範囲で爆発的に動くことが求められ，筋力と可動性の向上が期待される。

全可動範囲にわたって力強く動くことで，スキルの幅が広がると同時に，結合組織の長さを維持でき，外傷・障害予防につながることを子どもたち自身に理解させる必要がある。また，これらの活動によって身体の一部や一部の関節の動きのみでは得られない，運動連鎖を介した姿勢保持能力も向上する。この原則は，本書を通して，動作スキルの向上のための練習の基礎となるものである。

スポーツのためのトレーニングを含め，レジスタンストレーニングを実践する子どもや思春期のアスリートが増加している。骨端線（成長板）の損傷が懸念されるが，レジスタンストレーニングの実践には肯定的である。実際，管理下で行われるレジスタンストレーニングは，パフォーマンスの向上や，成長期前期を含めたあらゆる年代の子どもの外傷・障害の可能性を減らし，健康の維持・増進に効果があることが科学的に示されている[12]。

小学校に入学する子どもは，基礎代謝が高く，持久力が低いと考えられている。循環器系は発達段階ではあるが，子ども特有のバイオメカニクス的に不利な状態は続いており，作業負荷に対する酸素需要量は増加する。この状況は，末梢循環によってさらに悪化し，活動している筋への酸素の供給が少なくなる。

人体における体温調節の手段の1つは，発汗などにより水分が蒸発する皮膚に血液が熱エネルギーを送ることである。しかし，子どもの体表面は小さく，大人に比べ血液量が少ないため，放熱機能には限界がある。さらに，思春期前の子どもは，主要な代謝酵素がないため，嫌気性解糖によりATPをつくり出すことができない（嫌気性の適応については章の後半で述べる）。嫌気性エネルギー産生は，その副産物である酸により筋細胞内の酸性度が高まり（疲労のメカニズム），筋の収縮機能が低下し，筋に灼熱感を引き起こす。疲労の生理学的観点における重要な機能は，過剰な活動による筋損傷を防ぐことである。

この疲労のシステムがなければ，子どもはチーム練習や個別トレーニングにおいて，熱中症や脱水症に陥りやすくなる。子どもはうまく放熱できないため，特に暑熱環境下における高強度運動や長時間の運動，トレーニングを実施する際には，追い込みすぎないように注意する必要がある。

成長期中期

成長期中期は，アスリートとして成長するために最も重要な段階である。この数年間でトレーニングプログラムによって身体能力を完全に引き出すことができる。この時期に適切なトレーニングを実施できなければ，アスリートとしての能力向上の機会が損なわれるため，最大限の能力を引き出すことが難しくなる。競技生活の後の段階でアスリートとして能力が伸びない

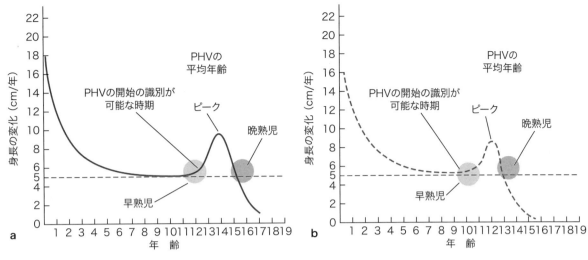

図 3.5 一般的な男子（a）と女子（b）の身長の発育

P. Rieser and L.E. Underwood, 2002, Growing children: A parent's guide, 5th ed. (SanFrancisco: Genentech).より許可を得て引用。

理由は，アスリートとしての能力開発にとって重要なこの時期に試合に向けた練習やトレーニングに重点を置きすぎたためであると考えられている[3]。

成長期中期のアスリートには思春期前後の特徴がみられる。思春期とは，子どもから大人への成熟過程として生殖器の発達によって起こる身体的（身体計測的）・生理的変化を指す。思春期は，成長期と混同されやすい。成長期は，幼児期と成人期の間の心理学的および社会的移行の期間とみなされ，その大部分が思春期と重なるが，実際のところ，成長期と思春期の境界は明確にされていない。

思春期は，脳の視床下部から生殖腺（女性の卵巣，男性の精巣）へのホルモン信号を介してはじまる。これらの信号は，子どものパフォーマンスの向上に大きく影響する筋骨格系，神経筋系および生体エネルギー系の成長，機能，形成を促進し，さまざまなホルモン（男性のテストステロン，女性のエストラジオール）を高濃度で持続的に放出するように働きかける。男子と女子の生殖機能の進化に応答し，体格や体型が変化するにつれて，からだつきの違いも顕著になる。

思春期は，一般的に思春期成長スパート（急激な身長の伸び）として知られている身長の伸びのピーク（peak height velocity：PHV）の開始タイミングに関連しており，指導現場では，発達に応じた運動プログラムの作成に活用されている。この時期の子どもは2年間で身長が15 cm前後高くなる（図3.5）。身長は，一般的に女子は10〜12歳の間，男子は12〜14歳の間で顕著に伸びるが，通常よりも早い場合も遅い場合もある。実際，暦年齢が12〜15歳のアスリートには，生物学的年齢では11〜18歳のアスリートが混在している可能性がある。一般的に同じ年代のグループ内において±3年の変動があるため，U14のサッカーチームの指導者は，トレーニング年齢は同じであっても生物学的に11〜17歳の選手を指導することになる（図3.6）。

この年代の骨格の大きさによるバイメカニクス的な違いは，運動中のエネルギーコストや効率にかかわり，パフォーマンスに影響を与える。このような状況から，アスリートが指導を受ける方法と指導者による子どもの競技能力を特定する方法に関連した2つの問題が生じる。

成長スパートが早いアスリートは，トレーニングやスキルの習得に集中しなくても同年代のアスリートと比べて優位な状況にある。しかしながら，10代の後半になると成長スパートが遅い仲間が追いつき，スキルの向上とゲーム戦術の理解がより重要になると，早期に成熟したアスリートは，打ち負かされることに慣れていないため，スポーツから脱落しやすい。

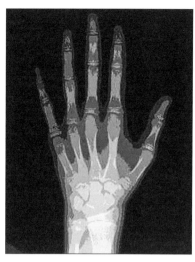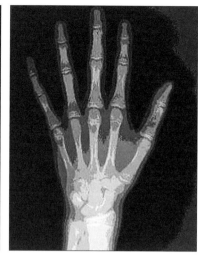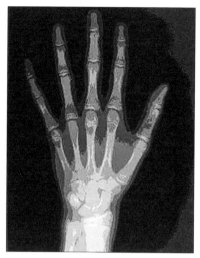

図3.6 同じ暦年齢の子どもX線写真。骨密度や成長板の違いで示されるように，生物学的年齢は異なる。
Viswanath B. Unnithan and John Iga のご好意による。

同様に，成長スパートが遅いアスリートの多く（最終的には同等の身体能力に達している可能性がある）は，スポーツ開始時から仲間に圧倒され，諦めを感じ，そのスポーツに向いていないと信じてしまう場合もある。

したがって，正規分布の両端に位置するアスリート（成長スパートが早いアスリートと遅いアスリート）に対しては，スキルの習熟とより個別化，または差別化したプログラムによって指導する必要がある。スポーツにおける相対的年齢効果に関する研究では，この点が認められている。早熟者，または同じ年の前半に生まれた者は，後半に生まれた者と比べて，高いパフォーマンスを発揮する傾向がある。このような状況では，晩熟者はスポーツ参加への熱意を失いかねず，身体の発達過程を通して得られた運動能力を十分に発揮できない可能性があるためスポーツの人材確保の幅を狭めると考えられている。

保護者と密接に連携できる指導者は，子どもがいつPHVがはじまるのかやPHVが終わるのかを特定しやすい。この段階では，保護者たちが毎月（PHV前），毎週または2週間隔（PHV後）で子どもの身長を正確かつ一貫した方法で測定するとよい。思春期を迎え骨格の成長パターンが変化しはじめたら，指導者や保護者がより正確に成長度を把握するために，立位の高さ（身長）ではなく，座位の高さ（座高）による増加を確認する（現在では，主な成長部位は脚でなはく，体幹とされているため）。

PHVの間，子どもの身体は成長のために多くのエネルギーを使用する。そのため，この期間中はトレーニングの量や負荷を減らすことを考慮し，身体の変化による空間認識の変化に神経系を適応させるためのスキルの習得に重点を置くべきである。

体型の変化は，女子アスリートを指導する者にとって大きな懸念要因となりうる。成長に伴って股関節が広がることで大腿骨との角度が急角度になり，結果的にランニングや着地技術（ランニング時に外側に向かって蹴り出したり，着地時に膝が内側に変位するなど，図3.7参照）が変化する可能性がある。第5章では，体型の変化によってさまざまな外傷・障害が引き起こされる可能性について述べる。図3.7に示したように，膝関節外反位では，膝関節の内旋を引き起こす力のベクトル（第4章参照）が働く。

股関節の位置の変化により，大腿四頭筋とハムストリングスの間で非協調的な活動が引き起こされる傾向があり，その結果，筋力が外側方向に伝わることになる。非協調的な活動は，膝の不安定性に影響を及ぼすだけでなく，膝蓋骨が側方へ移動し，膝内側側副靱帯，膝前十字靱帯，膝蓋骨自体に影響を与える可能性

がある。

例えば，膝蓋骨軟化症では，膝蓋骨下にある軟骨が異常に軟化するが（特に膝蓋骨の内側の部分），大腿四頭筋やハムストリングスをストレッチしたり強化することによって症状が緩和する。指導者は，運動効率を高め外傷・障害を減らすために，思春期や思春期以降，走る，ホップ，ジャンプ時における正しい着地のメカニズムを繰り返し指導する必要がある。本書の後半では，主にこの考え方を中心に述べる。

股関節の広がりや体幹の成長により，重心の位置が変わる。女子では股関節の広がりに伴い重心の位置が低くなり，より身体のバランスがとれて安定する。一方，男子は重心の位置が高くなる傾向があるため，相対的に不安定になりやすい。重心を低くすることは，バランスや安定性が求められる活動において有利に働く。しかし，いずれの方向へも加速できるように，重心を支持基底面の外側に移動させなければならない。指導者は，体型の比率が変化するなかで，効果的に重心の移動ができるようになるための戦略の習得に子どもとともに取り組む必要がある。

成長が急速な時期（大きなエネルギーが必要とされる時期）において単純に消費エネルギーを抑えるという理由（必要以上にエネルギーを消費してしまうためなど）でトレーニング量を減らすことは推奨できない。骨に対する筋や外的負荷（牽引力）は骨の成長を刺激し，骨密度を増加させる。しかしながら，この時期における繰り返しの負荷は，筋が骨につながる筋腱構造を損傷させる可能性がある。腱の骨端（骨の外側の関節突起）への完全な融合は，12～20歳のさまざまな年齢で，さまざまな場所で起こるため，牽引損傷が引き起こされる可能性もある。

代表的な例として，若年サッカー選手，ランナーや跳躍選手の脛骨粗面にみられるオスグッド・シュラッター病（12～16歳）や，若年水泳選手，ランナー，跳躍選手の踵骨にみられるシーバー病（10～13歳）があげられる。14～17歳の特に投てき，投球，グラッピング，ハードルなどの体幹の回旋が伴う競技を実施しているアスリートでは，股関節上部の腸骨稜の骨端炎（骨突起の骨表面の炎症）に罹患しやすい。同様

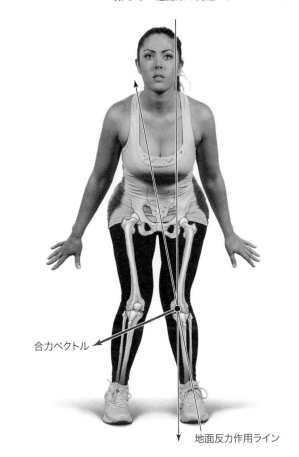

図3.7 Qアングルの増大は，思春期後の女子の着地技術の強化が必要なことを意味する。

合力ベクトル

地面反力作用ライン

の骨端炎は，若年投手，水泳選手，投てき選手の肩や上腕にも起こる。クレッシェンド痛（痛みが次第に強まる，間欠的な波状の痛み）が伴う牽引ストレスは，特に高反復のトレーニングによって生じる[13]。

PHVの終了後，筋腱組織はより発達し，損傷しにくくなる。また，この段階では男性ホルモン（主にテストステロン）の分泌量が最大になるため，筋力とスピード筋力を最大限引き出すためのトレーニングを行うのに理想的な時期である。最大筋力（最大の力を発揮できる能力）とパワーとは相関があることが実証されている。

思春期がはじまると，子どものときとホルモン環境が大きく変化する。また，筋力，スピード，持久力も変化する。長期的に力を発揮できる可能性は，長期的に力を産生する能力に大きく依存していることから，アスリートは，レジスタンストレーニングと高負荷ト

レーニングによって，力を発揮する最良の機会を与えられるべきである。

　この取り組みは，タンパク同化ホルモン濃度が高い成長期中期のアスリートにおいて，特に重要である。このことから，筋力トレーニング，プライオメトリクス，スピードなどの活動によって，神経学的および形態学的なトレーニングの効果を引き出すことができる。

　このようなトレーニング方法により，骨の発達や筋肥大（筋線維のサイズの増大），成長期早期の段階における筋容積の増加（細胞または筋線維数の増加）にかかわるタンパク質の合成が促進される。これらの変化により，筋力を発揮する能力と密接に関連している筋横断面積が増大する。筋横断面積の増大は，スポーツの種類に関係なく，理想的な身体適応である。一般的に，思春期になると子どもは特定のスポーツを志すようになる。すべてのスポーツが大筋群の働きを必要とするわけではないが，第4章で説明するように，すべてのスポーツは，力を発揮することと力に抗することが求められる。この能力は，主に中枢神経系を介した運動単位の動員によるが，運動単位が動員されると，運動単位中の全筋線維が収縮し（筋フィラメントの滑走），筋収縮力が発生する。したがって，すべてのアスリートがボディビルダーのようである必要はないが，筋横断面積の増加は，すべてのアスリートにとって有益である。

　それぞれのスポーツにおいて必要とされる筋横断面積（各部位）の違いを理解することは，アスリートのトレーニングメニューに直結するため，非常に重要である。高運動量，最大下レジスタンストレーニング（ボディビルエクササイズ，または10回以上繰り返すサーキット・ウエイトトレーニング）は，非収縮性タンパク質と筋形質を増加させる。筋形質とは，筋線維の収縮要素を取り囲む液状物質である。これは収縮性タンパク質に直接的な影響を及ぼさないことから力発揮にほとんど影響を与えないため，必ずしもアスリートに有益に働くわけではない。

　反対に，最大努力に近いレジスタンストレーニング（オリンピック形式のウエイトリフティング，低反復・高負荷のレジスタンストレーニング，プライオメトリクス）は，サルコメア（筋節）の肥大をもたらす。サルコメアは，筋の機能的な収縮の最小単位であり（第4章で詳細に解説），大きさ，数，配列は，適切なトレーニングによって増加する。高スピードトレーニングによって，サルコメアの数（連結）が増加し，筋収縮速度が向上する。高負荷レジスタンストレーニングでは，サルコメアが並行して増加することで筋線維密度が高まる。このことにより収縮性タンパク質の密度が高まり，収縮性タンパク質間の結合数が増え，より大きな力を発揮することができる。三段跳びの世界記録保持者であるジョナサン・エドワーズは（記録18.3 m），筋量は少なかったが，下肢筋の横断面積が大きく，密度が高かった。彼は，自身の体重（68 kg）の2.23倍の重さをクリーンで挙上できた（クリーンの実施方法は第10章で解説）。

　クリーンなどのウエイトトレーニングを段階的にバランスよく運動プログラムに取り入れることで，筋の構造だけでなく結合組織の強度も向上する。アスリートがスポーツ特性を反映したトレーニングを行う際に，適切でない筋量の増加に重点を置くと，結合組織の損傷を招く可能性がある。トレーニングは，スポーツパフォーマンスの向上を目的に行うものであり，筋量の増加を目標に取り組むと適切なトレーニング効果が得られない。

　筋収縮に関与する神経系要因が刺激に反応するため，いずれの年代でも筋力を向上させることができる。しかしながら，思春期に起こるホルモンの変化は筋構造を変化させ，筋力を最大限向上させる。思春期にこのような形態的利点を最大活用するために，適切な高負荷と高スピード形式のトレーニングを取り入れるべきである。

　筋力の向上は，同時に力発揮能力の向上を意味する。トレーニング効果をスポーツ場面での動く能力に生かすためには，力発揮に関して2つの点を押さえなければならない。第一に，最大の力発揮のためのトレーニングは，スポーツ特有の動作を行うよう素早く力を発揮させるトレーニングと組み合わせるべきである（第4章，第10章参照）。第二に，短期的・長

期的な外傷・障害の危険性を減らすため，常にメカニクス的に効率的な姿勢を保持するよう心がける。

これら2つの点から，地面に大きな力を伝えることができるようになり，脚が伸び，走行時のストライド長が増加する。結果として，スピードやアジリティのトレーニングプログラムに技術的要素を取り入れなくても速く走れるようになる。しかし，指導者たちは，速く走ることに加えパワーを発揮する能力を最大限引き出そうとする。身体の発達と多面的な動作のための技術練習を適切に組み合わせることによって，設定されたトレーニングプログラムの目的により，効果的にスピードやアジリティ能力を向上させることができる。

この段階におけるスピードの向上には，直線走行における接地技術と接地時の力の伝え方に着目すべきである。第8章で詳述するが，加速と最大走速度は，短時間の接地時間内で十分な力積（第4章参照）を生み出すことができるかに依存する。アスリートは，アキレス腱の可塑性および神経筋系における伸張反射機構の弾性特性を効率的に利用するための最適な技術を身につける必要がある。この技術は，効率的な動作技術の習得のため，パワートレーニングプログラムの軸となる複合的かつ強度の高いプライオメトリクスと，身体的－力学的特性を活かした接地の技術練習によって向上する。

さまざまな方向への方向転換動作も，伸張反射機構の身体的－力学的特性を利用する。スポーツ場面において効果的に力強く方向転換するために強い反力を活用する能力は，アスリートにとって不可欠なスキルである。方向転換の技術は重要であるが，前述した通り，これらの技術は成長期前のスキル・ハングリーの時期に習得していることが理想である。そして，成長期中期には，アジリティスキルを構成する技術を実行することによって反応，意思決定，爆発的パワーの応用に取り組むべきである（第8章を参照）。

思春期には，生体エネルギー供給系にとって重要な生理学的変化が起こる。テストステロンは，嫌気性代謝の発達を刺激し，好気性代謝の能力を促進する。血清テストステロン値が高くなると，酸素を運ぶ赤血球

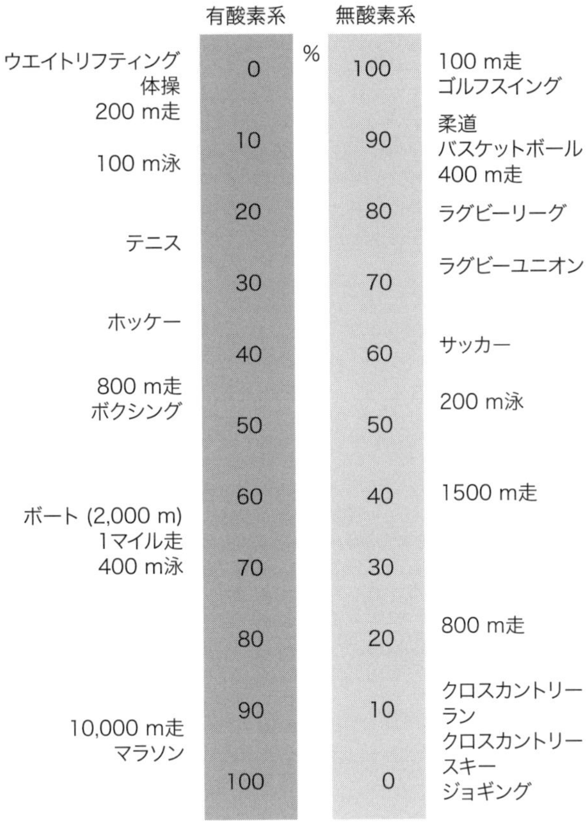

有酸素系	%	無酸素系
ウエイトリフティング 体操 200 m走	0 / 100	100 m走 ゴルフスイング
100 m泳	10 / 90	柔道 バスケットボール 400 m走
	20 / 80	ラグビーリーグ
テニス	30 / 70	ラグビーユニオン
ホッケー	40 / 60	サッカー
800 m走 ボクシング	50 / 50	200 m泳
	60 / 40	1500 m走
ボート (2,000 m) 1マイル走 400 m泳	70 / 30	
	80 / 20	800 m走
	90 / 10	クロスカントリーラン クロスカントリースキー
10,000 m走 マラソン	100 / 0	ジョギング

図3.8 さまざまなスポーツパフォーマンスにかかわる生体エネルギー供給機構

Strength and Conditioning for Sport: A Practical Guide for Coaches, by Clive Brewer (2013), with kind permission of The National Coaching Foundation (brand name sports coach UK). All rights reserved. sports coach UK subscription and membership services provide a range of benefits to coaches, including insurance and information services. For further details, please ring 0113-290 7612 or visit www.sportscoachuk.org.より許可を得て引用。

の産生が増加する。したがって，有酸素性トレーニングは，PHVの開始と同時期に起こるテストステロンの増加に伴い，優先的に取り入れてもよい。しかし，特に高い有酸素能力が求められるスポーツ（長距離走，ローイング，長距離サイクリング，中・長距離水泳）を専門としないアスリートにおいては，筋力，スキル，スピード能力の向上を目的としたトレーニングを優先して行うべきである。ボクシングやテニスなどの間欠的かつ高強度スポーツには，高い有酸素能力が必要であると一般的に考えられているが，これらのスポーツは90分以上行われることが多いため，有酸素能力に大きく左右されるわけではない（**図3.8**）。

攻守が入れ替わるスポーツや格闘技における成功の

ためには，長時間にわたり高強度かつ力強いパフォーマンスを発揮し続ける能力が必要になる。これらスポーツのアスリートは，タイプIIaおよびタイプIIx筋線維の運動単位の動員を促進するトレーニングと，高い無酸素性パワーおよびその能力と循環器ネットワークを発達させる必要がある。この段階でのトレーニングの優先項目は，できるだけ力強く速く動けるよう，神経筋系と筋骨格系を最大限発達させることである。このようなトレーニングは，アスリートが後の競技生活においてより高いパフォーマンスを発揮するための基礎となる。

トレーニングは，神経筋系の発達を促す運動を視野に入れたメニューがこなせるよう，負荷の軽い運動（有酸素運動など）から準備することである。生体エネルギー系を無視すべきではないが，高強度，低トレーニング量のスポーツに特化した練習では，一般的に運動能力の向上とともに持久力が向上するため，スポーツにおいて求められる持久力を獲得することができる。

図3.8に示したように，高いレベルの有酸素能力の重要性は，多くのスポーツにおいて過大評価されている。しかし，チームスポーツまたは攻守が入れ替わるスポーツの多くでは，高強度（速いスピードで力強く）での運動や素早いリカバリーが求められる。長時間の活動はできる（持久力はある）が，十分な運動能力を有していない（速くない，機敏でない，力強く動けない）アスリートは，より高いレベルのパフォーマンスへ移行できない可能性がある。

図3.9に示したように，ラグビーリーグのようなエリートレベルの間欠的スポーツでは，選手は80分間に7km以上を走る必要がある。また，毎秒8mを超える最高速度に到達することが必要であり，60回以上の接触（タックルをする，または受ける）に関与し，他の高強度のプレーに移行できるように迅速にリカバリーすることが求められる。図3.9aは，試合中の61.5%で心拍数が160拍/分を超えていることを示している（通常では，無酸素性代謝閾値を越える）。図3.9bは，スピードの負荷に対する心拍数を示した。図3.9は，戦術的な必要性から繰り返し試合に参加できるように，高強度の活動から迅速にリカバリーできる能力が重要であることを示唆している。

成長期中期の段階で特定のスポーツや種目を専門とすべきではないが，この時期の早い段階でスポーツを選択することもある。このことは，まちがいなくアスリートのスポーツに対する好みの選択範囲を狭めることになるだろう。しかし，アスリートのすべてのエネルギー供給機構は十分に発達していなければならない。どのようなスポーツにおいても，スピード，アジリティ，パワーが求められる。短時間インターバルトレーニング（例えば，最大有酸素能力の100〜120%での10秒間の高強度間欠的ランニング）によって，PHV前の最大酸素摂取と最大下作業時の有酸素能力にかかわる無酸素性と有酸素性代謝系が発達する[14]。

思春期後には，グルコースからATPへの変換を調節する酵素（ホスホフルクトキナーゼ：PFK）の増加により，無酸素性代謝系と解糖系がより発達し，無酸素性エネルギー供給機構が機能するようになる。無酸素性のエネルギー供給は血中への乳酸の蓄積をもたらし，筋細胞内を酸性化させる。この酸性化は疲労のメカニズムとして作用するため，成長期中期のアスリートは，スポーツパフォーマンスの特徴である高強度での運動に耐えられるようトレーニングする必要がある。適切なトレーニングとは，コンディショニングやスポーツに特化した練習だけではなく，高強度，長時間のインターバルトレーニングを取り入れたものである。この種のトレーニングは，マルチスプリントスポーツ（サッカーなどの間欠的持久力が求められるスポーツ）を視野に入れたアスリートと持久力が求められるアスリートに要求されることを明確化することができる。短い間隔で行うインターバルトレーニングは，持久力に関係する有酸素能力が高まるだけでなく，主に形態学的な適応ではなく神経学的な適応に起因する下肢の爆発的筋力などの向上も期待できる[14]。

16歳のアスリートを対象にした，スポーツ特性の異なる3つの持久的トレーニングプログラム例を以下に示す。

陸上短距離への専門化に向けたスピード持久力の向

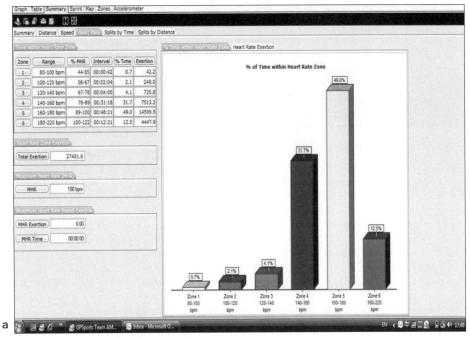

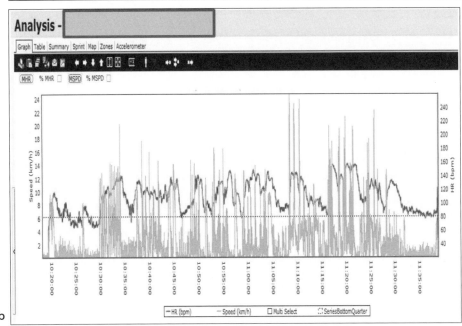

図3.9 GPSを使用したエリートラグビーリーグ選手の活動分析から，チームのパフォーマンスのために高強度間欠的走行能力の重要性が明らかにされた。

上を目標にしたプログラム

- 技術ドリルに進むための動的ウォームアップと可動性のドリル
- スピード持久力にかかわる単純な低強度トレーニングを取り入れた技術ドリル：
  - 90％以上の努力下で150 m走×2；反復の間は歩いてもどる
- 5分間のリカバリー
- 90％以上の努力下で120 m走×2；反復の間は歩いてもどる
- 5分間のリカバリー
- 90％以上の努力下で90 m走×4；反復の間は歩いてもどる
- クールダウン

持久性トラック競技への専門化に向けた無酸素性作業能力の向上を目標にしたプログラム

- 技術ドリルに進むための動的ウォームアップと可動性ドリル
- 無酸素性作業能力にかかわる単純な低強度トレーニングを取り入れた技術ドリル：
  - 85％の努力下での300 mタイムトライアル 300 m走×3×3セット
  - 反復間3分間のリカバリー，セット間8分間のリカバリー
- クールダウン

サッカー選手のランニングのための無酸素性作業能力の向上を目標にしたプログラム

- 可動性ドリルと動作スキルドリルを組み合わせた動的ウォームアップ
- 最大速度の85％以上での100 m走×3×4セット，反復間は30秒間のリカバリー（リカバリー中はジョギング），セット間は4分間のリカバリー，30秒以内で200 m走×5；反復間は歩いてもどる
- クールダウン

持久力を向上させるためのミニゲーム形式のトレーニングを，特に持久力とゲームの実施に重点を置く成長期中期のサッカー選手に対して実施する。この種のトレーニングの具体例は第11章で紹介する。指導者は，スキルレベルとアスリートの選択によってトレーニング強度を制限できることを認識し，このようなトレーニングから得られる利点とのバランスをとる必要がある。運動強度なしに無酸素性持久力の向上は見込めない。走る，またはグラッピング，ボート漕やサイクリングなどの持久的トレーニングでは，強度によって生体エネルギー系の向上が達成される。

成長期中期のアスリートは個人差が大きいため，指導者は個別に作成したプログラムによって能力とスキル（動作スキルやスポーツ特有のスキル）の向上に取り組むことが大切である。トレーニングは，成熟度とトレーニング年齢に基づいて実施すべきであり，成熟の程度（早熟，平均，晩熟）に応じて，トレーニングで重視する点を変える。

プログラムを個別化する考え方には，現在の考え方からの劇的な変化が必要である。現在のコーチング方法の多くでは，トレーニング年齢や個々の成熟度を考慮せず，暦年齢に基づいてトレーニングが行われている。個々のスキルは，誰にとっても有効なわけではない。この考え方は，「個別化」として知られており，長い間，教育プログラムの中心テーマになっている。個別化された学習方法では，情報の処理方法，解決策の構築方法，考え方の理解の方法など，セッション内容を習得するさまざまな手段をアスリート（生徒）に与える。実践現場では，個々の能力や体格にかかわらず，すべてのアスリート（生徒）が効果的に学習できるように練習を構築し，またはトレーニングプログラムや機器を提供する必要がある。この考え方については，第7章で具体例とともに詳細に説明する。

重要なことは，指導者がそれぞれのアスリートの技術やスキルをさらに高める方法を検討することである。技術的に才能のある若年アスリートは，一般的なアスリートよりも速くスキルを習得することができる。指導者たちは，トレーニングにおいて，スピードと筋力，スピードとアジリティなどの相互依存性のあるすべての動作能力を確実に実践させる必要がある。トレーニングの生理学的効果は互いに補完し合い，決して打ち消し合うことはない。さらに，個々のスキルは知覚能力に依存し，知的能力にも依存する可能性がある。また，個々のスキルトレーニングに対する動機づけは，トレーニングがどれほど複雑であるか，またどれほど実際的であるかにも依存する。

試合中，アスリートは勝つためにベストを尽くしているが，練習の目的は競技成績に重点を置くのではなく，フィールドでの実践的な動き，スポーツ特有のスキルや戦術を学ぶことである。トレーニングと競技性のバランスをとる必要がある。競技性を重視しすぎると貴重なトレーニング時間の浪費となる可能性があるが，一定の競技性を保つことで楽しさにつながる。

スキルの向上と身体の発達は，競技結果より優先し

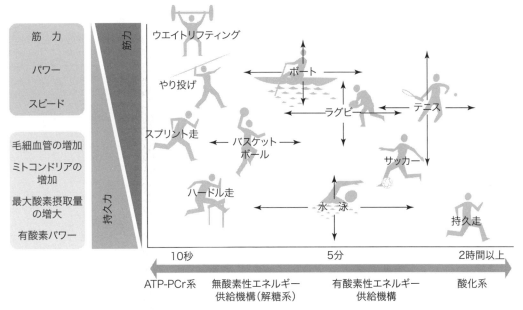

図 3.10 トレーニングの優先順位の決定：筋力トレーニング，持久力トレーニングの優先度の違い

D. French, 2014, "Programming and adaptation implications for concurrent training: Optimising divergent physiology in strength/power sports." Presented at UKSCA's 10th Annual Conference, July 2014.より許可を得て引用。

なければならない。この考え方を踏襲し，実践するアスリートは，単に競技成績に焦点をあわせているアスリートよりも，短期的・長期的に効率よく試合に向けた取り組みができるだろう。

成長期後期

思春期直後に生理学的に成熟する。女子では骨格的にも成熟するが，男子では21〜22歳頃までは成熟が続く。成長期後期におけるトレーニングでは，長期的な発達の必要性からではなく，スポーツ特有の試合でのパフォーマンスを向上させるために，個々のスキルの向上と身体的な発達に取り組むことが重要である。この段階では，アスリートは，スポーツに特化したプログラムで高いパフォーマンスを発揮するために，生体運動機能を最適化し，最大化する方法を学習する。

成長期後期におけるトレーニングは，2つの要因に依存する。まずはじめに，特定のスポーツにおける成功を決定する身体的パフォーマンスの条件を見極めることである。

- どのような力発揮能力が必要か：単純に大きな力を発揮する能力か，大きな力－速度関係か，速い速度－力関係にかかわる能力か
- どのような動作能力が必要か：直線での最大速度か，多方向での速度か，さまざまな運動面におけるアジリティが基本か
- どのような持久的能力が必要か：無酸素パワーか，ATP-PCr系か，解糖系か，有酸素パワーか，酸化系か
- どのような可動性が必要か：立位での過可動性か，特定の関節の過可動性か，全動作範囲に及ぶ可動性か

指導者は，これらの問いの答えを得ることで，アスリートのキャリアにおけるこの時点でのトレーニングの内容や目標を設定することができる。この文脈では，いくつかのトレーニングの優先事項は補完的なものであり，トレーニングの目的は，生理学的な背景によって異なる[15]。**図 3.10**を参照のこと。

個々のアスリートが理想的なパフォーマンスを発揮

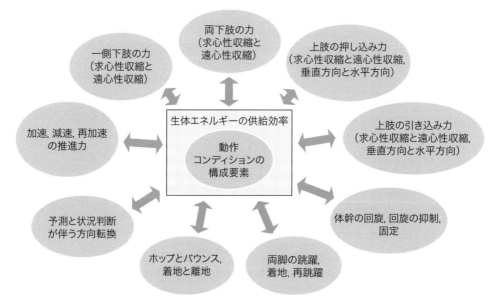

図3.11 一般的な動作スキル向上プログラムの構成要素

するために，どのようなトレーニングを実施すべきか，が次の問いである。この問いへの回答には，アスリートのトレーニング年齢，トレーニング経験，解剖学的特徴を理解する必要がある。例えば，アスリートの身長や四肢の長さをトレーニングによって伸ばすことはほとんどできない。アスリートの解剖学的特徴に基づいて，筋力，パワー，スピード，アジリティなどを最大限引き出すために指導者たちは何をすべきか。いくつかの解剖学的制限は一時的なものであるが，姿勢制御や動作スキルが未熟なためによる場合もある。第5章と第6章では，これらが引き起こされる要因，これらの向上への取り組み，プログラムでどのように矯正するかを明らかにする。

トレーニング年齢は，最も重視すべき事項である。スポーツに特化した指導者の多くは，そのスポーツにおけるパフォーマンスの決定要因を素早く特定し，これらの要因を向上させるトレーニングを実施する。しかし，特定の複雑な運動への移行は，一般的な動作スキルを十分に有していないアスリートの場合，パフォーマンスが低下したり，外傷・障害の危険性が高くなる結果となる。アスリートの年齢にかかわらず，指導者はそのスポーツで求められる特有の動作を指導するのではなく，アスリートの能力と準備状態に合わせ，動作を実行できるトレーニングを指導すべきである。第7章では，運動能力をもとにした取り組みについて解説するが，これは第8章から第10章で述べる動作特有のスキル形成の基本となる。アスリートのトレーニング年齢と動作スキルに基づいて，プログラムを個別化することは，指導者たちにとって必要不可欠なことである。

これらの理論は，若年アスリートにのみ適用されるものではない。特定のスポーツを実施するために，アスリートは求められるトレーニング量をこなし，十分な経験と能力を有している必要がある。このような前提条件なしにトレーニングプログラムに取り組むと，結果としてアスリートのパフォーマンスが制限され，外傷・障害の危険性が高まる。

成人アスリートを指導する指導者たちも同様に，運動能力が向上する過程を理解し，指導に取り組むべきである。構造物の安定には，強固な基盤が必要であり，アスリートにおいても同様である。指導者たちは，アスリートのトレーニングと前提条件となる身体の発達を理解し，アスリートが選択した運動において成功するために必要な経験を特定できる必要がある。アスリートのニーズを分析することで，アスリートの強みと改善すべき点を特定することができる。その後

のプログラムの目標は，この分析に基づいて行う。トレーニング年齢，経験，病歴から，個々のアスリートのスポーツに求められる運動上の課題を決定する必要がある。

身体がどのように発達し，どのような活動が発達を促進するのかを理解している指導者は，トレーニングを個別化した適切なトレーニングの介入方法を提案することができる。

スポーツにかかわらず，スキルを効果的に発揮するために必要な動作スキルや身体的−力学的能力は，スポーツに特化した段階においてトレーニングの一部として取り組むべきである。動作スキル向上のためのトレーニングプログラムの構成要素を**図**3.11にまとめた。それぞれの構成要素を処方し，進めるための具体的なトレーニング指針や技術的詳細については，第8章から第11章で紹介する。

熟練した指導者たちは，若年アスリートの生理学的発達に関する知識と，特定の身体的特徴が前提条件であることを理解することによって，トレーニング内容や進行度を考慮することができる。この知識の応用例を**表**3.3に示した。身体的な発達を考慮したサッカー選手のための段階的な応用例である。**表**3.3は，**図**1.4に示した動作スキルと身体のコンディショニングに焦点をあてたトレーニングプログラムである。

まとめ

競技能力向上プログラムは，アスリートの年齢にかかわらず，アスリートの発達段階に合わせて進める必要がある。アスリートのレベルは，主に生物学的発達度に左右される。またアスリートが特定の競技に臨める状態はトレーニング年齢によって決まる。

指導者は，子どもの解剖学的および生理学的発達段階に合わせたトレーニングプログラムを作成および管理するために必要な知識とスキルを備えることで，アスリートの能力を最大限引き出すことができる。本章では，運動系の発達にとって重要な側面とコーチングの実践方法について検討した。若年アスリートにおける取り組みでは，神経筋系を発達させることが主な目的になる。アスリートのキャリアのあらゆる段階においても，運動パフォーマンスにかかわるスキルを最大限発揮できるように，適切な姿勢で，筋力，パワー，スピードの向上に重点を置くべきである。

（干場　拓真）

表 3.3 サッカー選手の動作スキルと身体コンディショニングのための成長と発達に応じたカリキュラム

動きの学習	スキルの学習	ゲームの学習	試合参加，パフォーマンスの向上
児童期	児童期後期から成長期早期	成長期早期から成長期後期	成長期後期から成人期早期
発育と発達に関して考慮すべき点			
基本的な動作スキルと一般的な身体能力の向上を重視する（多方向への動作，操作，捕る，投げる，回避する，姿勢の制御，支持スキル）。 安定性，制御，移動にかかわる能力を磨く。 スピード向上のための中枢神経系の発達（反応性アジリティと俊敏性）。	スキル・ハングリー期：総合的なスポーツスキルとサッカーに特化したスキルの習得に重点を置く（多方向への動作，投げる，捕る，蹴る（ダイレクトパスと遠距離パス），回避支持スキルなど）。 女子のほうが男子より成熟が早い。 技術と動作スキルの向上のために，筋力とスピードに重点を置く。	初期段階では中枢神経系の発達を促す。そのため，思春期前には，常に多様で複雑な動き，筋力，スピードのトレーニングを実施する。「実践しなければ上達しない」のである。 プライオメトリクス，スピード，アジリティによる神経系のトレーニングを優先する。 ホルモン濃度が上昇し，形態学的および神経学的側面から筋力を向上させる時期。女子では，PHV の終わりと初潮を迎える。 男子では，女子より 12～18 ヵ月遅れて PHV が終わる。 成長スパート（PHV）がはじまる。一般的に，女子では 11～13 歳，男子では 13～16 歳。晩熟選手を考慮し，成熟度によりトレーニング効果に差がつくことを避けるため，指導を個別化する。 PHV 後，無酸素性作業能力の向上に取り組む。同様に，乳酸性作業能力の向上（短時間と短距離，長時間のリカバリー）に取り組む。 PHV のはじまりから，ゲームをもとにした間欠的高強度運動によって有酸素性作業能力を向上させる。	トレーニングの進行度は，チームスケジュール内における個別化されたプログラムに基づく：生理学的最適化，パワーの最大化（力-速度関係および速度-力関係），加速，多方向におけるスピード，トップ-エンドスピード（ポジション別），技術，柔軟性など。 筋力と筋量の増加に伴って適切に姿勢を保持する。 女子の身体が成熟する。 男子は 21 歳頃まで骨格の発達が続く。

第3章 運動系の発達パターン 55

表3.3 つづき

動きの学習	スキルの学習	ゲームの学習	試合参加，パフォーマンスの向上
児童期後期	児童期後期から成長期早期	成長期早期から成長期後期	成長期後期から成人期早期
動作スキルの習得			
安定性，用具操作系スキル，移動スキルを重視。	ゲーム形式の活動を通しての学習（動きを理解する）。	支持基底面，運動のスピード，運動面，レバーアームの長さ，重心の位置の変更などによる姿勢保持能力の向上。	すべてのトレーニングや遊び運動の前には，神経筋系の準備のために，ウォーミングアップ（スピード，アジリティ，バランス，協調性）を行う。
ゲーム形式のアジリティと自重エクササイズの実施。	適切な神経筋の動員パターンを発達させるための体操や身体制御の運動の実施（動的バランスを取り入れる）。	女子の骨盤，肩甲帯，膝関節の動きを追うことに焦点をあてる。	機能的姿勢や筋動員のためのエクササイズは，個別のトレーニングに完全に取り入れる。
一般的な動き，操作と安定性スキル：静的運動から動的運動へ。	「走る」「跳ぶ」「投げる」などのスキルを重視し，ゲーム形式の練習と関連づけて，それらのメカニクス，姿勢，身体を認識させる。	体型の変化による協調性の向上のための協調性や技術ドリルの実施。	力を発揮する技術（筋力トレーニング，ウォームアップ，体操，グラッピング）は，技術的課題に転移する。常に力が発揮できる体勢や力に抗する体勢を保持する。
さまざまなスキルによる活動を通じた協調性，制御，知覚（運動感覚）の向上。	適切な資格と経験を有する人によるグラッピング，回転，足の接地などの指導から競技活動の向上。	姿勢保持のための機能的トレーニング（走る，跳ぶ，押す，もち上げる，まわる，動きに抗する）では，最終的にトレーニングに完全に組み込めるように展開する。	
サッカー環境での体育と遊び運動の実施。	跳躍やプライオメトリクススキルにより神経系の発達を促す。	全身運動による，サッカーに必要な姿勢，機能的筋力，パワーの向上。プログラムでは高強度での力−速度の関係を考慮する。	選手，生理学者，S&Cコーチが円滑にコミュニケーションを図る（すべてのトレーニングや試合の後）ことで，パフォーマンス分析と動的評価からすべての筋群が適切な順序で動員されていることを確認する。
	この段階を通して意思決定の関与が増すような，アジリティのメカニクスを適用したクローズドな環境で限定的な動作に基づいたアジリティトレーニング。	身体能力の向上のために，神経筋系を対象にする（高強度，低トレーニング量，低疲労のプログラムによる正しい技術の素早い伝達）。	固有感覚，バランス，協調性を最大限高めるために個別化されたプログラムを実施する。
		小筋群が，より発達する。プログラムでは，小筋群の制御（関節を適切な位置に置く）に重点を置く。	戦術に基づき，刺激を判断し，反応する練習を行う。
		神経筋系が発達するにつれて，素早い方向転換能力と力学的観点からの効率的な方向転換動作が重要になる。	オープンな環境での反応する動作に基づいたアジリティトレーニングの実施。
			フットワークのパターンやスキルは，意思決定，ポジション，ゲーム形式の活動と関係する。

表3.3 つづき

動きの学習	スキルの学習	ゲームの学習	試合参加,パフォーマンスの向上
児童期	児童期から成長期早期	成長期早期から成長期後期	成長期後期から成人期早期
<td colspan="4">フィジカルコンディショニングの発展方法</td>
楽しければ,子どもは積極的に取り組む。	筋力とスピードに重点を置く:技術と動作スキルの向上。	すべての身体パフォーマンスの長所と短所を分析・評価する。基本原則は,選手がパフォーマンス向上プログラムを定期的に進めるなかで,より正確に選手個々を観察することである。	トレーニング過程はパワーの最大化を基本にする(力-速度と速度-力関係);加速の最大化,多方向へのスピード;無酸素性能力とパワーの最適化による有酸素系の向上;柔軟性の向上。
身体能力を向上させるために,0〜10 m間で行う複数の運動(0〜5秒間)とリカバリー時間を挟む練習を奨励する。	身体能力を向上させるために,0〜20 m間で行う運動(0〜5秒間)を練習に取り入れる。	セッションの目的に応じて,課題の質と量の適切なバランスをとる。	
ランニングメカニクス;直進方向,横方向,多方向への動作のあるゲームを行う。	走る,跳ぶ,投げる動作のために,基本的な動作のメカニクスを強化する。	動きのメカニクスを最適化し,反応と動作の強度を強調する;反応,意思決定,加速,原則,方向転換,再加速,ポジション特有のトップエンドスピードの向上。	筋力と筋量の増加に伴い,完全な姿勢保持に重点を置く。
筋力やパワーの向上のため,より速く,より高く,より強く(跳ぶ,投げる,蹴る,掴む,登る,引く)取り組むために,ゲーム形式で,楽しく個人がチャレンジできるアプローチをする。	走ると跳ぶ(片足と両足)動きを強化する。	プライオメトリック・ジャンプスキルの強度を向上させる(筋力の向上が伴う)。強い力発揮と接地時間の短縮を心がける。	個別のプログラムとポジション別プログラムを,年単位および週単位のトレーニングプログラムに統合する。
	加速;直進,横,多方向へ行う。	資格を有する指導者のもと,ウエイトリフティングプログラムを個別化する。完全な姿勢と運動連鎖を考慮し,多関節と多くの筋群がかかわる運動を重視するこのような活動から,神経系・身体構造の発達および協調性が促進される。	筋力,パワー,持久力の向上のために,高度なトレーニング方法を用いる。
過度なあるいは繰り返す負担を避けるため,反復回数を少なくする。	ウォームアップとゲームの実践によって,動きのメカニクスを提示する。		
	メディシンボール,ホップ,自重エクササイズ,押す,引く,振る,登る,レスリングゲーム,綱引きなどによって筋力を向上させ,身体のメカニクスを改善する。	トレーニング記録の観察により導き出された個々のレベルに合わせ,漸進的な過負荷の原則を導入する。	筋骨格のスクリーニング,選手を監視する技術や診断ツールを用いて,トレーニングやゲームにおける強みや弱点,身体的パフォーマンスにかかわる要因を分析する。
ミニゲームや一般的な遊びを通して,持久力の向上に取り組む。	ゲーム形式の活動と個々の課題によって,持久力の向上に取り組む。	ショート・インターバルを基盤とした持久的トレーニング(5〜15秒の運動と1〜3分のアクティブリカバリー)を実施する。活動は,ゲーム形式でもリレー形式でもよい。	
	トレーニングを形式化せず,ゲーム形式の活動やミニゲーム,遊びを継続的に実施する。	持久的トレーニングは,この段階から実施する。	インターバルトレーニングの強度を高めることは,スピード-持久力の向上のために重要である。運動:休息比が重要。
スキルの習得に向け,動作範囲を理解する。	早熟選手および年長の選手では,最大10秒程度の反復,短期間,高強度のインターバル活動を導入する。例えば,ゲームやレスリング,スキルをもとにした活動やランニングなどが当てはまる。	PHV後は,中強度でより長く,緊張感のあるゲーム形式のインターバルトレーニングを導入する。コンディショニングは,適切な人選によるミニゲームで調整する。	
子どもがさまざまな動作スキルの向上に取り組み,進歩していることを確認する。	楽しく動的な活動を通して,ウォーミングアップとクールダウンを習慣づける。	動的エクササイズや静的ストレッチによって柔軟性を向上させる(急速に骨格が成長するため,成熟段階にある選手にとって重要である)。	柔軟性の向上を重視する。
	スキル向上および外傷・障害予防における可動範囲の重要性を認識する。	動的かつ競技に即したウォームアップと包括的かつ全身のクールダウンは,競技能力向上のために必要な構成要素である。	個別の必要性,チームトレーニングやプレーの要求に合わせて個々のトレーニング方法を最適化する。
	個々の達成度を観察するコンピテンスアプローチを用いる;どのくらい高いか,どのくらいの距離か,どのくらい速いか。	個別のストレッチは,トレーニング環境から離れた場所で行わせる。	

第4章

効率的な力の制御：動作の力学的機能

　適切に実行された運動パターンは，多くのスポーツ場面での問題の解決策となる．本書の核となる原則は，運動制御が筋の活性パターン，すなわち筋が活動している時期と活動していない時期に関与することである．効果的な動作には安定性が確保され，効果的に力や負荷が伝達されるような筋活動の調整が必要となる．本章では，巧みなスポーツの運動パターンにおいて，なぜアスリートが力を継続的かつ一貫して発揮し続けることができる姿勢が必要なのかについて説明する．第4章と第5章を読んだ後には，実践的な技術の根拠となる理論（第8章〜第10章）について理解でき，どのようにアスリートの運動制御能力（第11章で述べる）を向上させるか，その科学的原則について理解できるようになる．

　アスリートの身体で生じた力の特徴は，関節のアライメントや関節を取り巻く環境との相互作用に依存する．第5章では，神経筋による正しい姿勢に焦点をあてた．残りの章の多くでは，これらの原則を，スポーツにおいて最も効果的かつ効率的な方法で運動連鎖を使用した巧みな動作の運動パターンを開発するために適用する．本章では，スポーツ動作において観察可能な成果を決定する力の重要性に焦点をあてた．

運動の3法則

　バイオメカニクス（生体力学）とは，身体に作用する内力および外力と，パフォーマンスに対するこれらの力の効果を研究することである．動作のメカニズムは，1687年に出版された「Philosophiæ Naturalis Principia Mathematica」でアイザック・ニュートンによって確認された3つの基本的な運動の法則によって決定される．指導者がバイオメカニクスの原理とその応用を理解することによって，アスリートの潜在能力を引き出す最良の機会が与えられることになる．同様に，スポーツにおける外傷・障害は，力学的な要因によることが多い[1]．それゆえに，スポーツでどのように身体が作用するかを理解することで，アスリートがプログラム中に損傷を受ける確率を減らすことになる．

慣性の法則

　最初の法則は慣性の法則であり，惰性の法則とも呼ばれる．静止している物体と動いている物体は，慣性の法則の2つの例である．物体は外力が働かないかぎり静止状態か一様の運動（等速直線運動）をし続ける．例えば，真空空間に投げたボールは，同じ方向，同じスピードで無限に動き続けるであろう．地球上でボールを投げると，動いているボールに対する重力と空気抵抗（摩擦）による作用のために，速度が落ちて最終的に静止する．

　この法則によって，蹴ったサッカーボールや打ったゴルフボール，投げた槍の放物線の飛行経路を説明できる．プールにダイブした水泳選手が，なぜ入水後にスピードが落ちるのかも説明できる．なぜなら，水泳選手の身体の推進力が水の摩擦抵抗により減速するからである．

図4.1 2つのスポーツにおける力のベクトル：(a) 走り幅跳び, (b) バスケットボールのレイアップ

運動の法則

2つ目の法則は運動の法則である。外部から加わった力により一様の動きや静止に変化が生じる。動きの変化（運動量）は物体に作用する力に比例し，物体の質量に反比例し，その力と同じ方向に作用する。この法則は力 ＝ 質量 × 加速度（F = MA）という古典的な公式のもととなる。簡単に言うと，物体の質量が大きいほどそれを動かすためにより大きな力が必要となり〔つまり，それを加速させる（速度を変化させる）ためにより大きな力が必要となり〕，一度動くと（つまり，いくらかの運動量をもつ），それを減速，停止させるためにより大きな力が必要となる。

スポーツにおいて物体の質量はほとんど変化しないことを考えると，物体がより速く加速や減速をしなければならない（動作速度を変化させる）場合，アスリートはより大きな力を生み出す能力をもたなければならない。この最良の例は，テニスのサーブである。双方のテニス選手におけるボールの質量は一定である。しかし，世界ランキングや個々の試合の分析では，サーブ時にボールを素早く加速させるために，ラケットのヘッドからより大きな力を加えることができる選手がおり，このことでより速いサーブスピードを獲得することができる。

スポーツにおいては，1つ以上の力が身体に作用しているため，考慮すべき力は複数ある。物体（アスリートの身体，またはボールなどの物体）は，常に重力（常に 9.81 m/秒 × アスリートまたは物体の質量），摩擦力（地面または空気による），外部の物体の運動量から適応される力（道具や接触する相手選手など），内部の力（骨を引っぱる筋によって発揮される力）の影響を受けている。その合力は一度に身体に作用するすべての力のベクトルの総和である。図4.1に示したように，ベクトルは方向と大きさ（サイズ）をもっているので定量化が可能であり，その合成作用の方向と距離の両方を決定する。

図4.1aにおいて，支持脚に適応されるベクトル力は走り幅跳びにおいて最適な移動距離を獲得するために，約20〜22°の離地角度で重心を前方へ推進させるような大きな垂直成分をもって，主に水平方向を向いている（重心を前方に加速する）。図4.1bでは，バス

ケットボール選手がレイアップを行っている。選手がバックボードに近づくと，運動量を得るために十分なスピードが必要となる。最後のストライドで適応される力のベクトルは，ランニングにより集められた運動量を垂直ジャンプに転移する（つまり，身体の動きを前方から上向きに変換しなければならない）。離地時の足の接地，垂直の身体角度，支持足の蹴り出しと跳躍する脚の鋭いもち上げにより，バスケットリングに対して身体を直角にする。床にかかる力の大きさがジャンプの高さを決定する。またジャンプの頂点でボールにかかる力の大きさは，ボールが接触するバックボードがどれくらいの高さにあるかで決まる。

同じようなことは，ゴルフのクラブ選択とショットの実行にも当てはまる。ボールにかかるベクトル力は，ボールを打つクラブヘッドの角度の作用である。この角度は選択するクラブによって決まる（ドライバーはより水平な力を得るためにクラブヘッドがフラットであり，ショートアイアンやウェッジはより垂直力を得るために，クラブヘッドにより大きな角度がついている）。同様に，本章で詳細に説明するが，ドライバーは長いシャフトと大きなレバーアームをもつことでスピードを倍増させる（つまりクラブヘッドがより大きな運動量をもってボールに接触し，より大きな衝撃を伝える）。一方，より小さいアイアンは，コントロールをよくするためにレバーアームは短い。その結果，ゆっくりしたスイングでクラブヘッドの速度はよりゆっくりとなる（ボールへの衝撃は小さくなる）。これらのすべてのことが，ボールにかかる力の大きさに影響する。スイングの角度もまた，最終的なベクトルに影響を与える。ドライブの長く，平らなスイングは，より大きな水平力に貢献する。つまり，より短いチョッピングスイングはボールに対して大きな垂直成分を与える。

スポーツの場合，アスリートは一般的に運動量（質量と速度の積）を変化させようとする。この考えは，ゴルフのショットやバスケットボールのレイアップと同様に，相手の前進する運動量を止めようとするアメリカンフットボールのタックルにも適応される。衝撃は物体に与えられる（身体，ボール，地面など）。衝撃は作用している時間と関連して，身体に作用する力の統合として定義される。多くの物理の教科書では，長い時間にかかる小さな力は，短時間で大きな力がかかるような運動量と同じ変化を生み出すと説明している。なぜなら適用される力の時間と大きさの力積が重要であるためである。力積は運動量の変化と等しい。このことは力積−運動量の関係として知られている。

しかしスポーツでは，アスリートは一般的に力を発揮するために長い時間を必要としない。アスリートはかなり短い時間で衝撃に適応する必要がある。例えば，スプリントの接地時間はアスリートの能力にもよるが，0.08〜0.12秒である。十分にトレーニングされたアスリートでは，力のピークの達成にかかる時間は0.6〜0.8秒である。しかし，地面や物体（ラケットに当たるテニスボールなど）との接触がなくなった後には，力が運動量の変化に作用することはない。比較的爆発力のない動作（サイクリングやローイングなど）であっても，パフォーマンスは通常，力を素早く産生し，その結果によって重要な衝撃の出力をつくり出している。その結果，プロのアスリートを育成する主な問題は，大きな衝撃，すなわち最小の時間で大きな力を生み出すこと，さらには短期間で大きな運動量の変化を引き起こすように指導することである。

アスリートは，運動量を変化させることによって，状況に応じて加速または減速する。加速する能力はほとんどのスポーツで成功するかどうかの重要な因子である[2]。要するに，アスリートが重要な場面（例えば，ランニングの支持期，ジャンプの離地や野球で打つ時のボールの接触時間）で発揮することができる力が大きいほど，達成できる加速度は大きく，より速く，より高くなり，よりよい結果に結びつく。動作中に速度の増加なしに方向転換が生じたとき，アスリートは加速しているとみなすことができる。なぜなら加速はベクトル量であり，それは大きさと方向をもつためである。この概念は高速走行と，方向転換のメカニズムを理解するうえで重要である（第8章）。

スポーツにおいて，パワーのあるアスリートは優れているとみなされるが，パワーがあるとは何を意味するのだろうか。パワーは，エネルギーの消費を，仕事

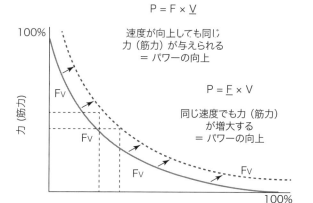

図4.2 トレーニングの目的は，アスリートのパワーを向上させることである

を達成するためにかかった時間で割ることによって得られる仕事の尺度である。

$$パワー ＝ エネルギー ÷ 時間$$

ある作業に要するエネルギーは，力が発揮された方向へ移動した距離と力を掛け合わせることによって決定できる。

$$パワー ＝ （力 × 距離）÷ 時間$$

速度は物体の移動量（開始地点と終了地点の距離）をその距離にかかった時間で割ることで計算できる。

$$速度 ＝ 移動量（距離）÷ 時間$$

この考え方により，言い換えると論理的結論は次のようになる。

$$パワー ＝ 力 × 速度$$

力と速度の関係性は，長い期間のトレーニング計画において注意深く考慮しなければならない。この関係性は一般的に力−速度曲線によって説明できる。力−速度曲線は，単一筋線維の活性化に関する研究に由来するが[3]，同じ曲線関係が全身の動作にも適応され

る。図4.2を参考にすると，ある時間内で，パワーは力 × 速度として表わすことができる（どちらかの変数の入力を変えることでパワー供給の性質を変える）。しかし，力−速度曲線の勾配は一定である。パワーのラインを右方向へシフトさせる（アスリートをより力強くさせる）ためには，コーチは力の産生能力と速度の産生能力の両方を改善しなければならない。

いくつかのスポーツでは，より大きな最大出力産生の能力が要求される。例えば，ボブスレーでは大きな外部抵抗を動かさなければならないし，アメリカンフットボールのオフェンスラインマンはラッシュしてきた選手をブロックしなければならない。また，他のスポーツでは，より速度特異的な動作に依存する。例えば，テニスでは，パワーはラケットヘッドのスピードの産生に必要である。スポーツの性質に関係なく，プログラムの速度の要素に比例してアスリートの最大強度を増加するようにプログラムを調整すべきである。この提案は，必ずしもすべてのアスリートが，それぞれの目的を達成するために同じ程度の時間を費やすということではない。あるアスリートは最大筋力がより必要かもしれないし，他のアスリートは速度がより必要かもしれない。しかし，曲線が移動するためには，曲線の各セクションの向上にある程度の時間を費やさなければならない。それによってアスリートのパワー供給能力が増加する。

アスリートのコーチングプログラムにおけるそれぞれの段階における目的は，コーチが採用する手段の範囲で決定する。カーブにおける力の産生成分を改善するために，多くの筋が作用するスクワットやデッドリフト，押し引きのような運動を選択するかもしれない（第10章）。カーブにおける速度の産生成分を向上させるためには，第9章で詳細に述べるプライオメトリックエクササイズのような，力の供給は小さいが，速いスピードを必要とする動作を選ぶべきである。

実際的な意味合いは，アスリートのトレーニングの基本的な目的は，動作中の力の調整や動作のパワーを向上させることである（図4.3）。この考えは，すべてのバイオモーター（生体内運動）の質に適用される。バイオエナジー（生体エネルギー）能力でさえ，

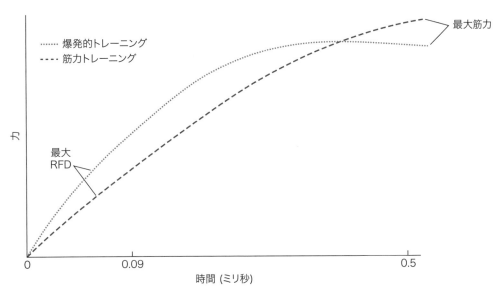

図4.3 トレーニングの結果としての力の産生の特性

より効率的な動作で向上する（同じ仕事を少ないエネルギーで行え，より多い仕事を同じエネルギー消費で行える）．この点は力学的な効率の考えに関連しており，第8章のハイスピードランニングによって明らかにする．

スポーツにおけるパワー出力の増加とは，力の立ち上がり率（rate of force development：RFD）の向上を意味する．つまり，短時間に短い距離でより大きな力積を発生させる能力であり，生じた力を熟練した動作に適応させることである．それゆえに，爆発力の応用は，スポーツにおける筋力トレーニングの基礎となる．アスリートの機能的な筋力は，スキルを強制的に実行すること（力を加えることのできる期間），物体（または身体）の速度または加速という観点でのみ表わすことができる．この考えを図4.4に示したが，力積（力と接触時間の積）は各力−速度曲線の下に表されている．力−速度曲線はRFD（力が現われるまでに要する時間）を強化することで増大できる．

アスリートが発生できる最大の力（すなわち，動作のために必要な接触時間中に発揮できる力）と発生できる有用な力の差は，爆発的な力の不足（explosive strength deficit：ESD）として知られている（図4.5）．力の発生に利用できる時間がかぎられているのなら（例えば走り幅跳びでの接地時間），アスリートAはより大きな力を産生できる（すなわち，より強い）．しかし，時間の制約がない場合は（最大重量挙上のように），アスリートBはより強い（すなわち，より力を産生することができる）．

強力な加速の産生（力発生の高い割合，高い力積を可能にすること）は，多くの機能的アスリート育成プログラムの目標である．この基本的な物理学の理解を無視したトレーニングプログラムは基本的に危険である[4]．アスリートの育成プログラムの目的は前進することである．簡単に言うと，大きな力を発生させることからはじまり，素早く大きな力を発生させる，正しい時間で正しい方向に力を発揮するようにする．この力積とタイミングの関係は，動作スキルに関連した，動作制御の中心的な考えである．この関係は，コーチはアスリートの力と速度の特性を発達させるという，トレーニングの種類や方法に影響を与える．

作用−反作用の法則

ニュートンの第3法則は一般的に作用−反作用の法則と呼ばれ，「運動のあらゆる作用には，等しい反作用力がある」というものである．言い換えれば，物体に対して及んでいるすべての力は等しく，反対方向に同じ力が働いている．物体に力をかけた時，返ってくる力を待つことはなく，それは同時に起こっている．

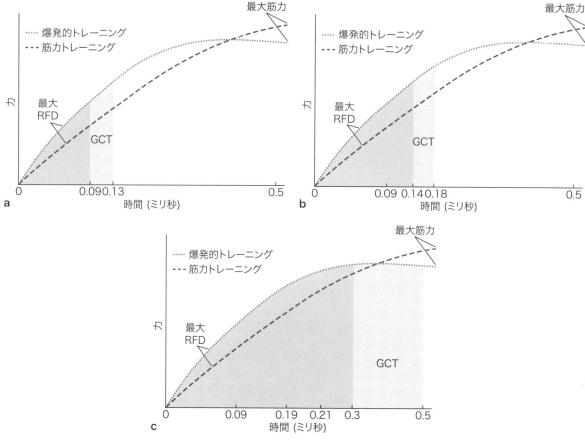

図 4.4 爆発的パフォーマンスにおける力積の要件：(a) スプリント, (b) 垂直跳び, (c) ラグビースクラム。GCT：接地時間。

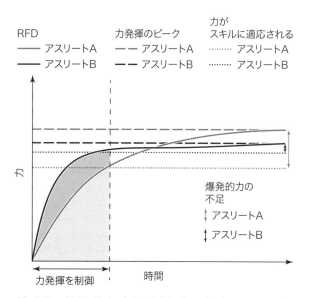

図 4.5 爆発的な力の不足（explosive strength deficit：ESD）

例えば，ランニングで加速する際，アスリートは地面を足で押す。地面の反作用力は同じ力で同時に起こる。ニュートンのはじめの2つの法則は，加速するために大きな力を最小限の時間でかける必要性を説明している。必要な接地時間にかかる力が大きいほど，より大きな加速が得られる。ニュートンの第3法則は，運動における技術の重要性を示している。なぜなら技術が合力の方向を決定し，それゆえスキルの成功を決定するからである。

この法則の重要性は，直線走中，加速期から移行期にかけて，そして高速（最大速度）での直線ランニング中に発生すべき力のパターンを分析することで理解することができる。この時間中に，下肢をもとの姿勢にもどす（この点については，第8章で述べる技術モデルによって説明する）のと水平力（すなわち，風の抵抗と地面からの摩擦力）を克服するために，十分

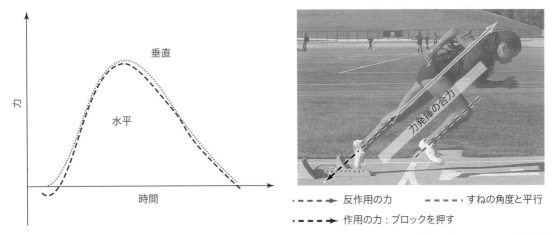

図4.6 スプリントでの加速時のすねの角度は，反作用力の方向を決定する。すねの角度が適切であれば，遊脚側のすねは同時に地面に接地する準備を行う。

な時間でアスリートが遊脚（つまり，足が接地していないストライドサイクルの遊脚相を獲得するために重力に対して作用している）にもどすように力積を発生させる必要がある。

ランニングの加速期の間，アスリートは地面への力を発生させて支持基底面の前に重心を保とうとする。地面反力は身体を前に押し出す。後面の筋（殿筋，ハムストリングス）は股関節を伸展させ，大腿四頭筋は膝を伸展させ，腓腹筋は十分に地面を押し出すために足関節を底屈させる。地面反力はその方向に沿って重心を前方に加速させる。

この作用は，**図4.6** に示したように，アスリートを十分な伸展（体幹，股関節，膝関節，足関節）の姿勢にする。もう片方の脚は，押す力がすねの角度と同じ方向になるように，次の接地にむけて下肢の3関節が屈曲肢位（トリプルフレクション）になる。この動きの効果と腕の作用については，回旋力を考慮に入れて本章の最後で言及する。

加速中は最高速度でのランニング時に比べて接地時間がより長くなる。つまりピークの力に達するまでにより長い時間が必要になる。この力の大きい成分は，重要な水平力の発生に寄与する（**図4.6** の反作用力）。重心は推進力を得るために各ステップとともに前方へ加速する。このことは陸上競技での加速時や他のスポーツにおける直線加速において重要である。

加速期において，重心の傾斜角は減少し，遊脚相は短いために，鉛直力はトップスピードでのランニングよりも小さい。第8章で説明する加速期技術ドリルであるウォール・スプリントをアスリートが実施しているとしよう。このドリルの目的は，片脚が十分に屈曲し，もう片脚が十分に伸展する時に，両下肢のすねが同じ角度になるように足をかく動作を身につけることである。両すねが違う角度の時に，地面反力の鉛直要素は水平力の要素より大きくなる。この最適とはいえない姿勢での動作をすると，アスリートがウォール・スプリント中に壁に向かっていく要因となる（すなわち，増加した鉛直力によって両足はそれぞれの連続した動作でより近づいて動く）。走動作において，アスリートはあまりにも早く直立姿勢をとってしまうと，水平方向の運動量が減り，最適な技術とはかけ離れてしまうことになる。

最大速度期に向かって速度は速くなる。この局面で，重心は身体を前進させる大きい水平方向への推進力をもつ。最大速度で，姿勢はより直立して地面反力は大部分は垂直である（**図4.7**）。アスリートは非常に短い接地時間で（エリートスプリンターで0.08秒以下），そしてすべての力の産生は下向きの重力に打ち勝つために使われる。それゆえにアスリートは重心を高く保つことができ，そして片足が接地したポイントの重心ともう片方の足が接地したポイントの重心間の距離であるストライドの長さが最大になる。

より速いスプリンターは，より短い接地期の間に，

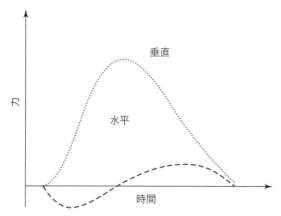

図4.7 垂直力はランニング時の最大速度を左右する。

より高いピーク力を適応することで，このことを行っている（すなわち，同じ合計となる力積をより短い時間で発生させる）。この局面では前脚は接地しておらず，足関節は蹴り出さない。なぜなら重心は接地時に足の上になくてはならないからである。これらの動作のいずれかを行おうとすることによってオーバーストライドになる。そしてこのことによって，足があまりにも前方に接地することになるため重心の水平速度が減少する。それゆえにストライドの長さは鉛直方向への力積（ニュートンの第2，第3法則の実際的な適応）を発生させるアスリートの能力と，脚の長さによって決定される。

例えば，ウサイン・ボルトが100 mの世界記録（9.58秒）を破った時の平均ストライド長は1ステップ2.47 mで，重心を前進させるために十分な鉛直方向の地面反力を発生させるために必要な時間以上にストライド長を増やすことなく，接地時間を最大にすることができた（ボルトは体重93 kg，身長1.96 mで，スプリンターとしては重く背が高い）。この平均ストライド長によって効果的な最大ストライド長がわかりにくくなる。彼がそのレースで走った41歩の中で，加速期に取られたストライド（0〜10 mは1.43 m，10〜20 mは2.38 m）は，レースの後半の段階（80〜90 mは2.94 m）より小さい。レースを通してボルトは1秒に平均4.23歩のステップ（歩調）で走った[5]。2.94 mの彼の最大ストライド長は，長い下肢と接地時の高い鉛直方向への推進力を発生させる能力によって生み出されたのである。

多方向動作のコーチング

ニュートンの第3法則はまた，多方向動作のコーチングを理解するためにも必要である。身体の動きの方向は，地面に向かっている力の角度によって決定される。両足接地スタンスから一方向に急速に加速するためには，片足の内側ともう片足の外側を使って押し出せることが必要である。この能力は，アスリートが学習することができる重要なスキルの1つである。

例えば，**図4.8a**では，ゴールキーパーはセーブするために右方向へ加速するために左足の内側と右脚の外側で押し出す（蹴り出す）必要がある。速く動いている時におけるこのスキルは，力強くかつ急激に片足支持から方向転換しなくてはならないためにより複雑である。実際，習得すべき最も難しいスキルの1つはインサイドのカッティング動作，または足の外側を使った横方向への蹴り出しである（**図4.8b**）。

安定性・可動性と重心の関係

重心については何回も言及してきた。Centre of mass（質量中心）という単語とcentre of gravity（重心）という単語は，スポーツにおいて物体や外力，トルクへの身体の反応を説明するために使われうるシステム（この場合，ヒトの身体）の，特定の点を表現するために置き換え可能であるためよく使われてきた。

図 4.8 足部の異なる部分で地面に力を加える：(a) 両足スタンス，(b) 片足スタンス。

硬い物体の重心は変えることができず固定されているが，ヒトの身体は複雑なだけでなく姿勢を変えながら連続的に変化している。

体幹に対する四肢の位置が変化すると（器具の重さや負荷量も考慮される），重心の位置も同様に変化する。図 4.9a に示したように，立位時の重心は一般的に仙骨の上部 1/3 の高さで，わずかに身体の前方にある。しかし体幹の位置は，四肢の位置に関係し，その位置が変化するときは重心も変化する。コーチやアスリートは，与えられたスキル課題を達成するための技術を選択し実行するためにこの重心の変化を利用することができる。

例えば，大腿骨が長く脊柱が長い身長の高いアスリートは，力学的に効果的なスクワット姿勢（詳細については第 6 章，第 10 章で述べる）をとるには苦労するだろう。しかし，首の後ろにバーを置く代わりに頭の上にバーを位置させると，重心は殿部に対して上にあがる（図 4.9b）。この技術によって体幹をよりまっすぐに維持することができる。

また，重心は技術的な優位性を得るために身体の外側へも動く。このことのよく知られた例は，走り高跳びの背面跳びである（図 4.9c）。重力はすべての体節に影響を与える。しかし全身運動という観点からは，重力は重心を通して作用する。そのため，垂直跳びの高さは，アスリートがどれほど高く重心を上げられるかによって決まる。離地した後では，より大きな力を発揮しても高さをつくり出すことはできない。

背面跳びでは，アスリートの身体は背臥位で，バーに対して 90°，頭と肩は体幹や脚よりも先にバーを越える。これにより背面跳びの特徴的な「バー上の仰向け姿勢」がつくられる。跳んでいる間，アスリートは身体のできるだけ多くの部分をバーの下方にあるようにしながら，ローリング動作で次第に肩，背中，脚に漸進的にアーチをつくる。図 4.9c に示したように，この方法では，重心を身体の外側，実にバーの下に位置させている。そうすることで身体をバーよりずっと高く移動させることができるようになる。この方法を上手に実行するアスリートは，重心をバーの下 20 cm くらいに保ちながらバーをクリアする。

ヒトの身体，円盤，キックされたボールなどの物体の重心は，リリースや離地した後に放物線の軌道を描く。重力は床方向への力を物体に作用させる。また空気抵抗によって物体のスピードは遅くなる。物体が大きければ大きいほど，空気抵抗の影響が増す。物体をどれだけ遠くに行かせることができるかは，主に物体に与えられる力の大きさ（力と速度の産物）に影響さ

図4.9 身体の姿勢の変化による重心の位置の変化：(a) 標準的な立位，(b) スクワットにおけるバーの位置の違い，(c) 走り高跳びでの背面跳び。

れ，離地やリリース時の角度は力の方向を決定する。

いくつかの競技動作，例えば投動作では，リリース時の重心の高さもまた重要な考慮すべき事項である。このため，エリート投手は一般的に身長が高い。つまりリリースポイントが高いということは，投げられた物体が放物線の飛行軌跡を伸ばしながら，地面のより遠くに落ちることを意味する。

アスリートが接地しているときは，どのような時でも身体の安定を決定づけるのは重心の位置である。確かに，重心が支持基底面にあるかぎり，物体は平衡を保とうとする。そのため，身体（あるいはどんな物体でも）がより安定すれば，身体を加速させることがより難しくなる。したがって，スポーツパフォーマンスにおいては，固定するのか安定するのか，可動するのか（図4.10.a），急速に方向転換をする必要があるのかどうか（図4.10.b）によって，支持基底面（重心に対して）を調節できる必要がある。

支持基底面の大きさは身体の安定性に直接の影響を及ぼすが（図4.11），多くのバイオメカニクス的原則が作用する（表4.1）。これらの原則は，アスリートをより安定させるだけでなく，より不安定にもなるように適応することを知る必要がある。安定性は動きをより容易に達成させることができる。身体の動作に注意を向けると，安定性と可動性の間に概して逆の関係が作用する。

外 力

加えられた力は，アスリートの動きや，アスリートがコントロールする道具に影響する。コーチはこれらの力を考慮（計画）しなければならず，少なくともアスリートの動きに対する影響に気づいていなければならない。常に多くの力がアスリートの身体に同時に働いている。効率的かつ効果的な動作のために，これらの力をコントロールし管理しなければならない。

第5章で述べるように，効率的な動きのために考慮すべき重要な点は，重力に抵抗するためにいつも最適に調整された姿勢を動的にとることである。姿勢を制御できないことによって，筋骨格系に作用するさら

図4.10 支持基底面が変わると動作の安定性に影響する：(a, b) 安定性と可動性の状態にあるディフェンスの姿勢，(c, d) 垂直力のかかるバランス。

なるストレスを引き起こす．つまり，身体にかかる力学的負荷や，そのための仕事量の増加である．コーチは重力の効果やその影響に関する知識を利用することができる．もし重心が支持基底面の外側にあれば，重心は重力によって決定されるので地面方向に加速する．

アップ・トール・アンド・フォールのようなドリル（第8章）によって，アスリートは支持面が移動した後に，加速を制御しながら進まなくてはならない姿勢になる（すなわち，コーチは身体に教えるために重力を使っている）．この状況では，もしアスリートが支持がなくなった時に姿勢の制御を失えば，コーチもアスリートも即座にフィードバックを得る．もし正しいまっすぐな身体のアライメントを保てなければ，アスリートは前につまずく．代わりに，もしはじめの1歩が大きすぎれば，重心は支持基底面内にもどされ，身体は加速するよりむしろ止まってしまう．最適な姿勢を保ち，小さいステップを踏むことによって，重力によって身体を前方へ加速することができる．アスリートはストライド数を増やし重心の水平移動を高める

図 4.11 両足を開いたランジ（a）は，インライン・ランジ（b）よりも支持基底面が広いため横断面と矢状面における動作の神経筋コントロールを必要としない。

表 4.1 安定性の原則

原則	例
重心が低ければ低いほど，安定性は高くなる	ジャンプ動作で着地するとき，衝撃を吸収するために膝を曲げ，重心を低くして安定性を高めバランスをとる。 衝突する時（ラグビーやアメフトのタックルで），衝突時の安定性を増すために股関節を曲げる。
力線の方向で支持基底面を広くすると，より大きい支持が得られる	ボクサーがパンチをするとき，後ろ足から前足に力線で体重を移動できるように足幅を広くずらしたスタンスで立つ。 インライン・ランジは矢状面で狭い支持基底面となる。そのため，両足が腰幅の広さとなる通常のランジよりも不安定となる。 前方に押された時に転倒を遅らせるために，自動的に大きな1歩を前に踏み出し，移動方向の支持基底面の中央に重心をもどし転倒を予防する。
最大の安定性を得るために，重力線は動きを起こす力の方向で，最大の動きの範囲を可能にするあるポイントで支持基底面と交差する	アスレティック・ポジション（第8章参照）で，テニス選手は相手がボールを打ち返した時にバランスを失わずにどの方向にも重心を移動できるように重力線を中央にする。 綱を引っぱる指示の時に，引き手は相手が前方に引くことを予期して後方に倒れる。 スプリントで最大の加速を達成するために，不安定な状態にするために支持基底面の前方に重心を動かさなければならない。
物体の質量が大きければ大きいほど，安定性は高くなる	この原則はニュートンの第2法則に関係する。物体の質量が大きければ大きいほど，それにかかる重力は大きくなり，動かすためにより大きな力が必要になる。 コンタクトスポーツでは，効果的な衝突と抵抗に耐えるための能力が求められる。つまり，より重く，より体格のよい選手は軽い選手よりもよりバランスが保てる。このため，アメフトのデフェンシブラインマンは一般的に127 kg以上ある。
サーフェスと身体の部分との間の摩擦が大きければ大きいほど，身体はより安定を増す	床と接する3点による力強さのバランス（第10章参照）は，2点のみの接触よりもより安定する。 フラットラバーの靴底のトレーニングシューズは，摩擦力が大きい。そのことは，バスケットボールやバドミントンのようなコートスポーツにおいてより速く，より爆発的な動きの間での静的な移動における安定性に役立つ。
立位（垂直アライメント）で最も安定した姿勢は，重心が支持基底面の中心にあるか，回旋を生じうる中心から離れた力のバランスがとれている姿勢である	バーに負荷をかけたオーバーヘッド・スクワットで，体幹は直立すべきで体重はまっすぐ足の中心に置くべきである。もし体重がこの姿勢よりも前または後ろにあれば，バーの重さで前または後ろに倒れてしまう。 逆立ちは体幹が直立した時にだけ保持することができる。

ためにこの動作を用いる。

摩擦は，固体表面，液体の層，物質要素が，互いに滑りあう動きに関係する抵抗力である。ヒトの動きでは，摩擦は主として接地した足の前後・左右の運動や身体の動き，空気中や水中に投げられた物体の動きに関係する。通常，摩擦は器具のデザインやその選択にとって，ヒトの動きよりもずっと重大な考慮すべき事項である（例えば，プレーするサーフェス上で何のシューズを履くべきかということ）。一般的に摩擦は，最大速度で走る時の摩擦による引きずり抗力や，ブレーキを最小限にしようと試みる際の動きのスキルを発展させるためだけに重要だと考えられる。流体抵抗は，水泳のような特定の環境下において影響がある。

コリジョンスポーツでは，外的物体（主に相手からの衝撃）は無視できない。プレーする衣服にGPSユニットが入った加速度計を装備している最新のテクノロジーによって，衝撃の強度と衝撃からの累積負荷のストレスを測定することが非常に容易になった。実際，国際ラグビーリーグでは，体重の16倍を超えるレベルのタックルによる衝撃が記録されている。このような衝撃における重要な点は，アスリートは衝突時に相手の運動量によって発生する力に十分に抵抗するために，姿勢的に強くなくてはならないということである。安全の観点からいえば，ユースのコーチはタックルの後の地面との衝突は衝撃の力が超過しうるということを意識しなければならない。なぜならば，転倒時には重力とタックルされた選手にしばしば相手選手が乗ることで加速するからである。

内 力

熟練した動きは，正しい時間，正しい技法による力強い適応の結果である。外力を制御することに加えて，アスリートは筋の滑走説によって説明される[6]筋と筋腱複合体の作用を通して（**図4.12**），内力を制御

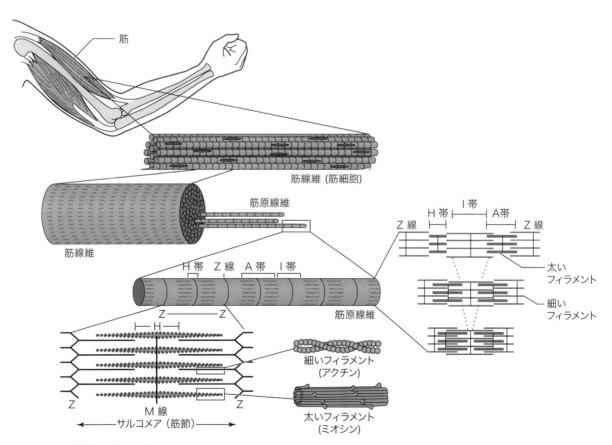

図4.12 骨格筋における筋フィラメント

短縮性活動

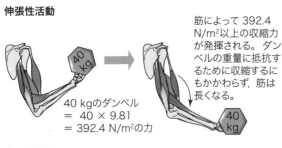

肩関節
上腕二頭筋
肘関節
手関節

筋によって196.2 N/m²未満の収縮力が発揮される。収縮の間筋は短縮する。

20 kgのダンベル = 20 × 9.81 = 196.2 N/m²の力

伸張性活動

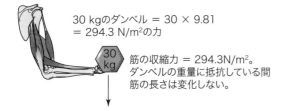

筋によって 392.4 N/m²以上の収縮力が発揮される。ダンベルの重量に抵抗するために収縮するにもかかわらず、筋は長くなる。

40 kgのダンベル = 40 × 9.81 = 392.4 N/m²の力

等尺性活動

30 kgのダンベル = 30 × 9.81 = 294.3 N/m²の力

筋の収縮力 = 294.3N/m²。ダンベルの重量に抵抗している間筋の長さは変化しない。

図4.13 短縮性・伸張性・等尺性筋活動

し、つくり出す必要がある。指導者は、筋が力を発揮するためにどのように作用するかを概念化するために筋収縮のメカニズムを理解する必要がある。第2章で述べたように、筋内の運動単位は、運動神経からの刺激に応答して収縮する。これらの運動単位は筋を収縮しているか、収縮していないかのいずれかの状態となる（全か無かの法則）。

より多くの運動単位が活性するほど、筋の長さにしたがってより大きな力が発生する。つまり筋が付着する骨を引っぱる。この引っぱりが骨の質量よりも大きければ（図4.13の例ではおもりを持つ手の前腕である）、骨は動くことになる。運動能力を向上させる専門家の役割は、筋のうまい共活性化を確保し、それによって望んだ作用を達成するために必要な数の運動単位をタイミングよく活性化させる技術を開発することである。タイミングとコーディネーションの能力は、

ある状況下で発揮する技術、意思決定の側面と分離させることはできない。

必ずしもすべての筋力が筋を短縮することで引き起こされるわけではない。実際、スポーツにおける最も重要な筋作用は、多くは緊張下で筋を伸張することによってもたらされる。これらの筋の遠心性収縮（筋の長さが収縮または短縮しないため、実際は収縮ではない）は、第2章で述べた伸張−短縮、つまりプライオメトリック作用を通して、大きな力、高速度を用いて、すべての減速動作、運動制御を実施するのに不可欠である。

図4.13に示したように、筋は意識下で自動的に伸張させることができないため、遠心性作用は、反作用力によってのみ引き起こされる。図4.13では、ダンベルに作用する重力の反作用力は、肘の屈曲に関与する上腕二頭筋と他の補助筋による抵抗より大きい。負荷は筋原線維レベルの筋構造によって依然として抵抗されている（すなわち、積極的に収縮しようとしている）が、筋は重力の作用に抗する十分な内力を産生することができない。筋が強く作用する以上に、このタイプの遠心性負荷によって筋組織により大きなダメージを与える。この損傷は、ミオシンフィラメントの頭部がタンパク質連鎖によって付着する前にアクチンフィラメントを引き離すためである（求心性収縮では、これらは筋が漸進的に短縮するように付着と再付着を行う）。この過程は、負荷の位置がもはや低下しなくなる（すなわち腕が完全に伸びる）まで続く。剥離と再付着の過程は、遅発性筋痛（delayed onset muscle soreness：DOMS）として経験され、タンパク質フィラメントの炎症と腫脹が引き起こされる。この痛みは、激しい運動の後にしばしば感じられるうずくような痛みであり、しばしば（誤って）筋中の乳酸に起因する。

遠心性作用は、筋の最大収縮能力よりも大きな外部質量が筋を伸張する場合にのみ起こるわけではないことをコーチは知っておくべきである。確かに、強い遠心性収縮を行えることは、スポーツで必要とされる動きを制御することと同じように重要である。トレーニングの観点からこれを最初に検討する。スクワットと

等尺性　　　伸張性　　　短縮性

図 4.14　筋活動：シングルレッグ・スクワット

して知られる基本的な動作パターンでは，立位姿勢にもどる前に，股関節が膝の下に位置するまで身体を下げる。一般的には，このエクササイズは背中に外部荷重をつけて行うが，シングルレッグ・スクワット（**図4.14**）は，筋を過負荷させるための外部質量を必ずしも必要としない（小さい支持基底面，片脚で体重を支える）。

　スクワットは，アスリートの機能的筋力とコントロールの評価（第6章）と段階的負荷（第10章）の両方において重要な動作パターンである。あらゆる抵抗運動の場合と同様に，この運動には下降と上昇の作用が含まれる。上昇（立位にもどる）は，膝と股関節の伸筋群の短縮性収縮によって達成され，床（作用）への力を発揮するように収縮し，そのことは結果として，重力を克服する反作用力となる。足を下げていく（下降）局面中，股関節と膝関節の屈曲運動は重力によって補助され，そして股関節伸展を引き起こすように収縮する筋によって抵抗（あるいは抑制）される必要がある。これらの筋は遠心性に作用する。つまりこの作用は最大ではないが，緊張下で伸張する。またこの動きの間に，中殿筋は等尺性に収縮し，骨盤の位置を水平に維持することに注意してほしい。

図 4.15　減速

　遠心性制御機能は，スポーツにおける動的な動きを制御するうえで非常に重要である。実際，減速して方向転換をするアスリートは，関節作用に反する筋では遠心性に強い必要がある。例えば**図4.15**では，テニス選手の右足は，前方運動量をブレーキ（減速）する

ように作用している。この作用は大腿四頭筋，ハムストリング，大殿筋，腓腹筋の遠心性収縮を伴い，股関節および膝関節の屈曲位置を低く保ち，体幹を前方に支持した足を越えようとする推進力を抑止する。

どのような減速位置においても同様の筋のメカニクスが必要になる。もしアスリートが加速状態から移動して停止または減速する必要がある場合，これらの筋はこの作用が起こるように遠心性に作用する必要がある。減速は筋に及ぼされる力に抵抗するので，筋が過度に損傷するのを防ぐために大きな力を必要とする。

遠心性作用は，異なるトレーニング目標を達成するためにさまざまな方法で使用される。最大下での負荷によってゆっくりと上げたり下げたりしてもよい。このアプローチは，受傷後に筋が萎縮した場合や，腱障害の治療など，結合組織の強度を高めることが目的となるリハビリテーションにおけるトレーニングの観点から非常に有用である。ゆっくりとした下降によって，組織に張力がかかった状態の時間が増え，その結果，筋肥大を刺激すると考えられる。

しかし，ゆっくりとした動作でのトレーニングは，ゆっくりとした動作速度になってしまうため，アスリートの神経筋系に負の影響を与えてしまう。機能的な観点から（第10章を参照），遠心性筋力の向上は，トレーニングプログラムの全体的なバランスに応じて，過最大負荷の抵抗を用いるか，またはプライオメトリック活動（第9章）を行うことで，よりよく達成することができる。

伸張反射ではまた弾性エネルギーを貯蔵し，それを強力な反射的な収縮に転移するのに，高い遠心性筋力が必要になる。スポーツを通じた多くの効果的な運動パターンは，効率的に動くために伸張反射メカニズムをつくり出して，貯蔵された弾性エネルギーを効率的に使用することが必要である。この概念は，反応的なジャンプ動作で説明することができる。準備中，足関節の背屈（つま先を膝の方に向かって引っぱる）をして腓腹筋を事前に伸張させ，緊張下におく。この作用はまた，アキレス腱に緊張を生じさせ，足関節が背屈したままなので，緊張は維持されるであろう。この緊張と付随する潜在的なエネルギーの蓄積は，第9章で詳述するように，反応性ジャンプの特徴である足関節の剛性の大部分を担っている。

アスリートが実際に床面と接地しているとき，重力は股関節・膝関節・足関節を通して大きな垂直力を及ぼし，足関節伸筋（下腿三頭筋）が迅速かつ遠心性に働くことで，これらの関節の剛性を維持するために膝関節（大腿四頭筋），股関節（大殿筋，ハムストリング）の同時収縮によって抵抗する。重力は，体重の数倍に相当する力を発揮する（大きさは高さまたはジャンプした距離に依存する）。

重力の垂直力は力に抵抗する筋を伸張する。つまり，筋紡錘を活性化して，逆方向の強い反射収縮を開始する。遠心性筋力が強いほど，この応答がより早く起こる。同時にまたは実際には神経筋応答よりも早くアキレス腱は反動する。腱は弾力性がなく，足関節の背屈のためにすでに伸張し緊張している。遠心性に強くないアスリートでは，ゴルジ腱器官も活性化し，保護メカニズムとして遠心性の筋作用を効果的に抑制する，つまり強制的な反射作用は起こらない。

第9章では，プライオメトリクスとして知られている専門的ストレングストレーニングについて詳述している。プライオメトリクスは，神経筋系の反応力を発達させ，腱の非弾性反跳能力を強化・最大化し，筋紡錘の応答を最大にし，筋組織の弾性特性を最大にするゴルジ腱器官の抑制を補助する。

神経筋系の最終的な筋作用は，等尺性作用である。等尺性収縮は，筋の力が加えられるが，筋の長さに変化が生じない場合（すなわち，筋によって生じる力がそれに抵抗する反対の質量に等しい場合）に生じる。したがって，付着している筋の関節角度に変化は生じない。スポーツパフォーマンスでは，静的な姿勢を保つ必要性は比較的少ない。典型的な例は体操で，つり輪の十字懸垂や平均台での逆立ちなどの技でみられる。

静的な姿勢保持はスポーツではまれであるが，コーチは等尺性筋作用の重要性を過小評価してはならない。なぜならこれらは姿勢保持の鍵であるからである。アスリートの姿勢を保持することの重要性は，第5章で詳細に検討している。運動中の等尺性筋作用の

重要性は，走っている時の骨盤の分析によって説明できる（**図**4.16参照）。第8章で述べているように，走運動において，骨盤は前方傾斜，後方傾斜，または横方向のあらゆる方向にずれ（すなわち左右の揺れ）てはならない。これらのずれは，足を前方に進める際に生じる地面反力や下肢のスイングをうまくするために水平位置に大腿部を上げる際の股関節の可動性の不足，腕振り作用のために生じる体幹の回旋に起因する可能性がある。地面の反作用による回旋は，反対側の腕の作用によってバランスがとられ，股関節は脚を十分に上げられるほどに可動できなければならない。しかし骨盤が力を伝達できる安定したプラットフォームとして機能する場合，体幹は安定した立位姿勢を保持しなければならない。肋骨，脊柱，骨盤の配列は，体幹（外腹斜筋，腹直筋），骨盤筋（腹横筋，多裂筋）と股関節（主に中殿筋）の等尺性作用によって保持されなければならない。

等張性運動（運動範囲にわたって一定の張力）また

図4.16 ランニング時に骨盤から地面反力と回旋力によって刺激される時，体幹を安定させる等尺性筋活動によって脊椎と骨盤のアライメントを維持する。

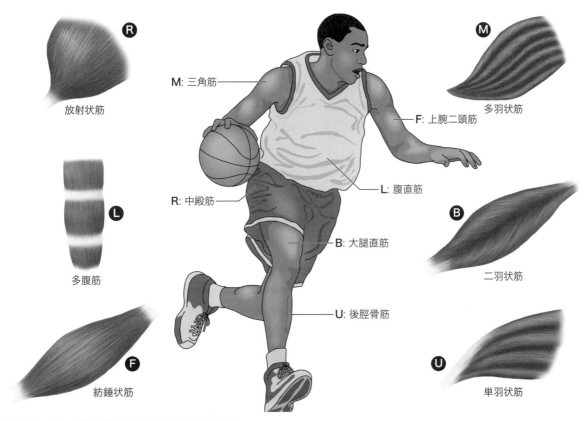

図4.17 筋の形状が異なると力産生能力も異なる。

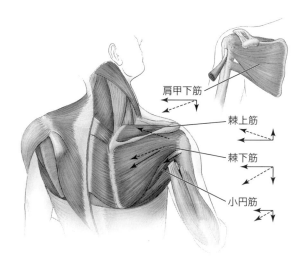

図 4.18 回旋筋腱板の力の作用線

は等速性運動（筋短縮の一定速度）のような他のタイプの筋作用について聞いたことがある者もいるかもしれない。これらの用語は，さまざまなタイプのマシンを使った運動プロトコルのためにしばしば用いられる。もしこれらの収縮マシンでのみ達成され，この本質的な収縮はスポーツにおいては起こらないとすれば，なぜコーチはそれらをルーティンに組み入れたいのであろうか。

筋の構造と力の産生

図 4.17 に示したように，筋線維の形やサイズはさまざまである。一般的に，より大きな筋横断面積をもつ大きい筋（例えば大胸筋）はより大きな力を生み出す。逆に，長い筋（例えば大腿直筋）は筋の短縮時により高い速度をつくり出す。それらの筋線維の起止はトレーニングの目的と実施内容の両方の機能によって変わる。

外力と同じように，筋から生み出される内力はベクトルである。つまりそれらは大きさと方向性をもつ。筋力の作用線は線維の起止や筋腱移行部の位置によって決まる。第 5 章でみるように，重要な目標は，各関節における安定性を維持するために，前後の筋と姿勢の平衡性の間の運動連鎖を通した力ベクトルのバランスをとることである。

このよい例は回旋筋腱板（ローテーターカフ）でみられる（図 4.18，表 4.2）。回旋筋腱板は，肩甲骨の浅い関節窩に上腕骨頭を保つことによって肩関節を安定させる筋群である。収縮中に筋の作用線は，生じるであろう力の方向を示唆する。このことから，筋の機能が決められる。

棘上筋の機能と筋の作用線が，回旋筋腱板の他の筋と比較して少し異なることを考えてみる。組み合わされた回旋筋腱板の作用によって，他の筋が腕の力強い動作（テニスのサーブや野球の投球など）を生み出すことができる安定した肩の位置をとることができる。それらの筋の1つに過度の緊張がみられると，筋の力線に反して動作の範囲が制限されてしまう。筋の弱さは，筋作用の方向に生じる力を制限することを意味する。緊張が弱いということは，腕を振りあげる投動作やテニスのサーブのようなオーバーヘッド動作中のように腕が身体を横切るときに，肩関節を安定させることができないことを意味する。

力が動きを引き起こす。一般的に，常にアスリートの動きに影響を及ぼす合力は，外力（反力，衝撃力，空気抵抗など）や内力（筋）によって産生されるいくつかの力の合計である。ヒトの動作は，ほぼすべて関節軸のまわりの身体部分の回転を伴うため，スポーツにおけるヒトの動きを理解するうえで角運動の基本を理解することが重要である。例えば，前腕は屈伸動作

表 4.2 回旋筋腱板とその機能

筋	機　能
棘上筋	外転（身体に向かって引っぱる），関節窩で上腕骨頭を安定させながら，肩関節を外旋させる
肩甲下筋	関節窩で上腕骨頭を安定させながら，肩関節を内旋させる
棘下筋	関節窩で上腕骨頭を安定させながら，肩関節を外旋させる
小円筋	肩関節を外旋させる，肩甲上腕関節の動作中に関節窩で上腕骨頭を安定させる

図4.19 一般的動作：回転動作によって移動が生じる。

で肘のまわりを回転する。図4.19に大腿と下腿，足部の回転動作がスプリント中の身体にどのように転換（直線運動）されるのかを示した。

回転力

　回転運動，つまりトルクは，偏心した力や回転軸を通過しない力によって引き起こされる。回転軸を通らなくても，片側でバランスのとれた力は平衡状態にあるため回転を起こさないであろう。子どもたちは，この考えを容易に理解する。子どもはより重い人のほうがシーソーの片端を上げ，バランスがとれることを認識している。身体の動きに関連するトルクの概念は，第5章の姿勢とレバーシステムに関する議論のなかでより詳細に探究されている。実際に，力，レバー，動きの概念は，容易に分離できない。しかし，力に関する章は，力学的運動の法則が角運動や回転運動をどのように適応しているのか説明することなしに完結できない。

　一見すると，角運動と直線運動の原理は同様にみえ，あるものは他のものと直接的に置き換えることができる。例えば，慣性の法則では，「回転体は外的トルクに作用されないかぎり，均一の角運動の状態で継続する」と述べている。慣性は速度の変化に対する身体の抵抗である。つまり直線運動において，このことは物体の質量に関係する。角運動では質量に相当するのは慣性モーメントであり，角運動の変化に対して物体（または身体）の抵抗を表わす。慣性モーメントは身体の質量だけでなく，回転軸に関する質量の分布にも依存する。移動体では，多くの回転軸を有し，したがって質量の複雑な分布を有し，慣性モーメントは身体の位置を変えることによって変えることができる。例えば，宙返りを行う板飛び込みの選手は，横軸のまわりを回転している。彼らは，タック（膝の抱え込み）動作を身体にぴったりと頭を膝に引きつけることでより速く回転することができる。タックがぴったりとなればなるほど，質量の分布は回転軸により近づく。したがって，慣性モーメントが減少し，より速く回転を達成する。

　アスリートが踵を可能なかぎり殿部に近づけるスプリントのスイング期を考えてみてほしい。この動作は回転軸（股関節）に関連した下肢の慣性モーメントを減少させる。このことは，下肢の回復がより速いことを意味する。アスリートがこの能力を実践する能力はより高いスプリントスピードに貢献する。アスリートは望んだ動きを達成するために，股関節に十分な可動性がなければならない。

　外部トルクは，物体の角加速度または減速度を産生

する。それはトルク方向のトルクに比例し，慣性モーメント（ニュートンの第2法則）に反比例する。直線モーメントの運動量の概念と同様に，この原理は角運動量の概念を生じさせ，物体の角運動量の指標となる。角運動量は，外力が適応されないかぎり，システム内で一定のままである。重力が物体に加えられる唯一の外力（例えば，離地後の発射運動）である場合，角運動量は地面反力が勢いを急速に減速させる着陸まで飛行中は一定のままである。角運動量は一定であるため，アスリートは，離地後，角運動量の保存の原理から，物体の角速度を増加させるために物体の慣性モーメントを変更することができることを知っている。

　この概念を説明するには体操が適している。体操選手が跳馬を行うとき，角運動量は離地後も一定である。しかし，体操選手が宙返りで膝を抱え込むと，慣性モーメントが減少し，回転軸まわりの質量分布が変化することで角加速度が増加する。体操選手が抱え込みの姿勢を終え，身体が開くと慣性モーメントが増加し，着地の準備に入ると角加速度が減少する。陸上競技では，よいハンマー投げの技術はこの原理を応用している。ハンマーの質量は一定である。最初のスイングで運動量が生じた後，角運動量を保存するために腕を伸ばして回転する。ハンマーの質量は変化しないので，アームのレバーを最大にすることによって，慣性モーメントが最大となる。

　作用−反作用の法則は，あらゆるスポーツ状況において全身動作を制御しようとするアスリートにとっても不可欠である。ニュートンの第3法則は，「他人が身体に及ぼしたすべてのトルクに対して，前者の身体が後者に及ぼしたトルクに等しく，かつ反対向きのトルクがある」と述べている。この法則は2つの身体の衝突だけではなく，一方の身体部分が他人に関係していることを表わしている。例えば，ピットに着地する準備のために脚を前方にもってくる走り幅跳びの選手は，より下肢のトルクを生み出す。これに等しく，かつ反対への作用は，前方に傾く体幹と前方に出ている腕にみることができる。

　この例は特定のスポーツスキルに関するものだが，コーチが考慮しなければならないより一般的な例はランニング動作技術に関係する。脚をつま先離地から前方に動かす時，地面反力は前方および上方に大腿を進め，そして回転軸は股関節を通る。この強力な運動は，重心の並進運動（前方運動）を損なうトルクを防止するために，下半身に角運動量を発生させる必要がある。腕の後方推進作用（肩を通る回転軸）によって，上半身を通る逆回転運動を下半身の反対または等しく対向するように設定する。そのため，正しい腕の動きで走ると，一般的に腕を使わずに走るよりもより速い脚の動きを生む。

まとめ

　本章では，複雑だが基本的な物理学の要素をいくつか紹介した。一見すると，これらの話題は重要ではないようにみられる。しかし，力が動作と技術の力強い表現に影響する理屈を把握することは，コーチにとって不可欠である。確かに，熟練した運動は，十分に調整された神経筋活動および効果的な筋骨格位置によって，内外の力を調整するアスリートの能力の結果である。一般的に，コーチは解剖学の詳細な知識をもつ必要はないが，筋の構造と筋が力を産生する方法は理解しておくことが重要である。この知識によって，走ったり，ジャンプしたり，相手をよけたりするのに，挑戦的で迅速な力を十分に生み出す力強さをもつアスリートに育てることができる。この知識はまた，コーチが第8章〜第10章で提示した実践的技法が，全体的な運動開発計画にどのように貢献するかを評価するのに役立つ。同様に，コーチは骨格筋が骨格に付着する筋の走行よって決定する力線を有することを理解すべきである。さらにコーチは，スキルを実行する際に関節の位置に集中することができ，機能的に正しい筋作用によって動作パターンを支えることができる。この知識は，運動技能の実行に不可欠な動的な姿勢制御を維持するためにアスリートを訓練するのに重要である。この話題については，次章で焦点をあてる。

（福田　崇）

第5章

競技動作における姿勢の重要性

　運動能力開発プログラムの目標は，アスリートの運動効率と対称性を向上させ，競技特有の動作（技術）におけるメカニクスをよりよく発揮し，パフォーマンスを向上させることである。これまでの章で述べた通り，運動効率の概念は，身体が力を生み出し，それを制御する能力と関連している。アスリートは，パフォーマンス要件を満たすために，神経筋系および骨格系の機能を用いて，身体各部位の位置を制御し，最良の位置（または姿勢）を意図的に，また常にとることができなくてはならない。

　本章では，この概念について詳しく説明する。効果的な身体の位置と，さまざまな筋群の機能を最適化できる位置を学ぶ。これは運動能力開発プログラムにおける，段階的なファンクショナルトレーニングの最初の目標である。

動きの面

　これまでの章で，人体はどのような体勢であっても多面的な力を受けていることについて説明した。指導者は，動きが三次元で起こる（そして制御される必要がある）ことを理解しておかなければならない。これは当然のことで，常識のように思われるが，実際には，アスリートに対してそのような指導が行われているわけではない。例えば，サッカー選手に直線スプリントを行わせることで足は速くなるかもしれないが，その選手が横への運動のメカニズムを習得していなかったり，水平面と前額面（図5.1）で

力を発揮したり制御する筋が弱い場合には，結果的に動きのパターンが非効率的になり，障害を引き起こす可能性がある。

　さらに簡単に言うと，レジスタンストレーニングマシンを使うとき，運動中のおもりやアスリートの動きは1つの運動面上で制御されている。これは日常動作に必要なことを再現しているわけでも，運動パターンを通して3つの運動面での身体の位置を制御するための学習を行っているわけでもない。この原則は，競技動作に必要なスキルを獲得するために

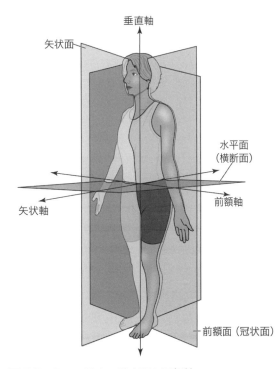

図5.1　3つの動きの基本面と回転軸

図 5.2 スプリンターの矢状面，前額軸での動き

図 5.3 体操選手の前額面，矢状軸あるいは水平軸での動き

ファンクショナルトレーニングを用いる理由の1つであり，その概念については第10章で詳述する。

動きをよりよく理解したり，動きを表わしたりするために普遍的なシステムが用いられている。これは互いに直角に存在し，重心で横断する3つの運動面がその基礎となっている（**図 5.1**）。身体の一部分や身体全体の動きは，これらの特定の平面内，または面と平行して起こると説明されている。この区別は重要である。なぜなら，基本面上の動きでは，その運動面が重心を通過する必要があるが，ほとんどの身体部位の動きにおいてそのようにはなっていないからである。

例えば，スプリント中のアスリートで考えてみる（**図 5.2**）。大腿，下腿の動きは矢状面上の動きで，重心は矢状面と平行に移動する。直線スプリント動作における個々の関節および全身の動きは，矢状面で起こっている。腕（肩関節の屈曲と伸展），大腿（股関節の屈曲と伸展），下肢（膝関節の屈曲と伸展）の動きは，関節の前額軸での回転により起こる矢状面での運動である。つま先が接地した時点での身体全体の動きを説明するとき，回転軸が身体の外部にあることに注意しなくてはならない。

体操選手がつり輪を行うとき（**図 5.3**），肩の外転は矢状（前後）軸を中心に前額面上の動きとなる。そして股関節と膝関節を同時に矢状面で伸ばすことにより，運動の難易度が増す。

図 5.4 は，テニス選手がフォアハンドで打つときの全身の動きが，矢状面の前方にあることを示している。しかし，肩と体幹は水平面で移動し，肩の水平内転は水平面上で垂直軸を中心に起こる。同じ動作中に，体幹は矢状（前後）軸を中心に水平面上で内に回転している。

特定の平面内の動作は特定の回転軸をもち，この回転軸は運動面に対して垂直（90°の角度）である。これらの回転軸は，内部（関節中心を通る）にあることも，重心を通ることも，または身体の外部にあることもある。指導者はスポーツ動作中におけるこれらの異なる運動パターンやさまざまな身体部分の動きを理解し，説明することができなければならない。何らかの方法（例えば，動画を使っての評価など）でコーチングまたは動作の解析を行う場合，その特定の動作面の垂直方向から見るのが最も見やすい。例えば，矢状面における動きの観察は側面から行うとよい。

スポーツにおける真の動きは，通常，3つの面で同時に発生する（**図 5.5**）。野球の投球では，投球側の

第 5 章　競技動作における姿勢の重要性　79

図 5.4　テニス選手の水平面，垂直軸での動き

図 5.5　多くのスポーツ動作は 3 つすべての面で同時に起こっている。

図 5.6　サイド・プランクで運動面を増やすと動きの制御が必要となり難易度が上がる。

腕は，矢状面で伸展，屈曲を行い，同時に前額面で外転，内転を行う。また投げるときには前額面で体幹を側屈（横に傾く）させる。水平面で体幹を外旋位から内旋させてボールを投げる。股関節と膝関節は矢状面で屈曲，伸展する。

　コーチやトレーニングプログラム作成者は，アスリートが 3 つのすべての面での運動が行えるように指導しなくてはならない。実際に，アスリートが動く運動面が増えると，エクササイズの難易度が増す（図5.6）。

　サッカーやバスケットボールなどの多方向に動く必要のあるスポーツでは，カッティング動作を行うために，力強く，かつ安定するように股関節周囲筋の力を発揮しなくてはならないため，この考え方が重要である。側方（前額面）の動きにおいて，股関節の内転に関与するのは，中殿筋，縫工筋，恥骨筋，大内転筋，

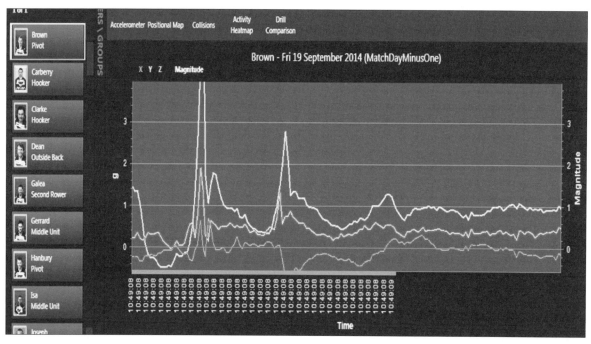

図 5.7 GPS を用いて測定したラグビーリーグ選手のプレー中のカッティング動作における垂直方向（重力と床反力），横方向（左右），前方−後方（前後）の力

薄筋，短内転筋，長内転筋である．水平面における股関節および体幹の回旋を制御するために，中殿筋，内腹斜筋，外腹斜筋，腹横筋が収縮する．矢状面で股関節を強く伸展するためには，大殿筋，大腿二頭筋，半腱様筋，そして半膜様筋が収縮し，サッカーやラグビーなどのスポーツの特徴である，素早く力強い動きを生み出す．

トレーニング指導者は，各動作にかかわる主要な筋群を覚える必要はないが，スポーツ中の力強く高速な動きのなかで効率的な動作を行うためには，同時に複数の面において複数の筋の動きを調整する必要があることを理解しなくてはならない．適切に筋を動員し，関節周囲の複数の筋群を介して多面的な力を生み出す（1 つの動作には他の複数の関節も関与する）能力は，熟練した動きの修得に必要な要素であり，これについては第 8 章から第 10 章で紹介する．効果的な動作の指導には，これまで用いられてきた速度や重量による負荷を段階的かける古典的な方法ではない方法が必要である．

現代の技術では，動作中の各面に対する力のかかり方をリアルタイムで測定することができる．床に組み込まれたフォースプレート（プラットフォーム）の上で走ったり，ジャンプしたり，またはもち上げたりすることで測定が可能である．また，このように動きが制御できない活動であるチームスポーツにおいては，トレーニングや試合中にアスリートが着用する GPS 内にある加速度計を使用して，多面的な力を測定することができる（もし着用がルールによって認められているのであれば）．そのような情報は，パフォーマンス発揮に必要なことや外傷・障害の発生，さまざまなサーフェス（例えば天然芝と人工芝）の影響など，パフォーマンスや運動の準備にかかわる要因を理解するために役立つ．

図 5.7 を見ると，パフォーマンス発揮のためには，三次元で力を制御することが重要であることがわかる．アスリート（この例ではラグビーリーグの選手）は，利用可能なスペースを活用するためにダブルカットアクションを行うが，その際，運動連鎖内のすべての筋を，重力（垂直に加わる力の主要因）に加えて，左右および前後の加速と減速に対応させなくてはならない．より多面的なコントロールが可能となればなるほど，より効率的な動作となり，逆にパフォーマンス

要件への要求は少なくなる。

実際，トレーニング指導者は，パフォーマンス中に受ける横方向や前後方向への力を確認することで，スポーツ活動中のアスリートの動作の運動効率（質と耐久性を向上させるという観点から）を分析することができる。より力学的に効率的であればあるほど，そのアスリートは外力へ抗する力も高く，かつエネルギーコストを抑えて内力を生み出すことができる。そのため，慢性的（繰り返しによる）に強い力や予期しない過度の力を受けても損傷を受ける可能性は低くなるだろう。

効果的な姿勢

第1章で，筋骨格系はどのような状況の課題にも反応できることを説明した。トレーニングプログラムの目的は，身体の運動系の構成要素に影響を及ぼす力学的な解決策を使用して，与えられた環境ストレス要因に積極的に応答する一連の教育（トレーニングは学習に等しい）を行うことである。この目的を達成するには，適切な姿勢力学，すなわち関節の位置，筋のアライメント，筋の動員，および生み出された力が調整，統合されなくてはならい。伝統的に，コーチはアスリートのトレーニングドリルで「何を」しているのかに焦点をあてがちだが，適切な姿勢力学を身につけるためには，アスリートが「どのように」動きや技術を実行しているかが重要である。

1947年，米国整形外科学会の姿勢委員会[1]は，良好な姿勢について以下のように定義し，長年コーチやセラピストに提示してきた。

> 通常，姿勢は身体部位の相対的な配置として定義される。良好な姿勢とは，筋が働いているか休んでいるか，どのような体勢（立位，臥位，座位，中腰など）であるかにかかわらず，身体の支持構造を障害または進行性の変形から保護する，筋と骨格のバランスがとれている状態である。このような条件下では，筋が最も効率的に機能し，胸部および腹部の器官は最適な位置にある。不良姿勢では，身体のさまざまな部分の位置関係が悪くなるため，支持構造に大きな負担がかかり，身体がその支持基底面上でバランスを崩してしまう[1]。

この定義は，動きのなかで各関節が相対的に正しい位置関係にある姿勢の完全性を強調し，その重要性を説いている。第一に，理想の姿勢では，関節の位置が筋骨格系の生体力学的な効率を最適化するため，効率的な動きの基礎となる。人体は基本的に圧迫（骨，軟骨）および牽引（腱，筋，靭帯）の力に耐えるように設計された構造の組み合わせである。第2章で，関節の位置が筋機能を決定することを説明した。この章では，この概念を詳細に説明し，動作中の筋の長さ，緊張および速度の関係の重要性に着目し，動作訓練のすべての側面にわたって正しい関節の位置づけ（技術）を強調することが重要である理由を説明する。

関節位置が正しければ，関節への圧縮力を最小限に抑え，支持基底面を最適化し，神経筋系の効率を最大化することができ，安定性とバランスの改善につながる。また，正しい関節位置では，関節周囲の筋のバランスを維持し，筋内および筋間の協調性および運動器官の固有受容要素が強化される。

第二に，アスリートが最適ではない姿勢を身につけてしまうと，筋骨格系の障害につながりやすくなる。これは，姿勢によるパフォーマンス向上と機能的な関連がある。位置関係が悪いことで，関節の安定にかかわる靭帯への負荷や，筋と骨との間の筋腱結合部への張力が増加し，関節内に剪断力が生じ，関節損傷のリスクが高まる。これらの障害は，慢性（長期）的にも，または急性（1回の出来事が要因となる）的にも発生する可能性がある。正しい関節位置と動作の力学に重点を置いて指導することで，アスリートの動きが生体力学的に効率がよくなり，障害のリスクも低下し，よりよいパフォーマンスで，より多くの練習ができる。実際，けがからのリハビリテーションの基本は，力学的に効率のよい姿勢や単関節周囲の位置を習得させ，固有受容器を発展的に再教育していくことである。そのため，外傷・障害予防のために，この原則

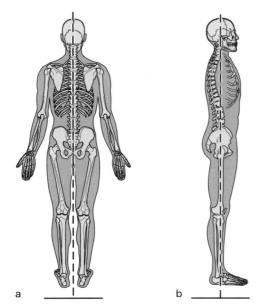

図 5.8 立位での理想的な姿勢：(a) 前額面（後ろから），(b) 矢状面（横から）。

図 5.9 前面と後面の運動連鎖

を踏まえたトレーニングを日々行うべきである。

　アスリートの一般的な動作能力は，運動時に最も効率的かつ効果的な姿勢に適応し，それを無理なく迅速に行う能力と関連している。つまり，姿勢は可動性の概念とあまり変わらないのである。スポーツ特有の動作パターン，つまり各スポーツに特有の技術や動作に関連する姿勢は，一般的な運動能力に基づいており，そのスポーツにおける力の伝達を最適にする。ほとんどのスポーツにおいて走る，跳ぶ，方向転換を行うなど，多くの一般的な動きが必要であるが，各スポーツにおける特有の動作については第 11 章で述べる。

　姿勢制御（可動範囲内で機能的に安定した姿勢を維持する能力）は，動作をする際に不可欠である。したがって，第 6 章で説明するように，静的評価では人の姿勢を完全に評価することはできない。しかし立位での姿勢評価は，姿勢評価の第一段階としてはよいポイントである。しかも，立位での姿勢評価は比較的簡単に実施できる。唯一必要な道具は，直立しているアスリートの隣に吊り下げることができるおもりのついた糸（鉛直線）のみである（**図 5.8**）。

　後ろから見てアスリートの身体は左右対称で，肩と股関節は水平でなくてはならない。体重は両足に均等に荷重し，この均衡を維持するためにいずれかの筋が過度に緊張してはならない。つま先はやや外を向いていても（**図 5.8a**），足の開き具合は両足均等でなくてはならない。

　側面から見ると，顔を正面に向けた状態で，耳たぶ，脊柱，股関節，膝関節，足関節が一直線上になくてはならない（**図 5.8b**）。この仮想の線は，前方と後方の筋の運動連鎖を分けるために使われる（**図 5.9**）。スポーツにおいて，前方の筋はアスリートが毎日目にして意識しやすいためミラーマッスル（鏡に映る筋）と呼ばれることもある。結果的にこれらの筋に対して集中的に筋力トレーニングを行いがちになり，姿勢の問題を引き起こすことにつながる。後面（背面）の筋を鍛えることで，力強く前に進む力が得られるようになるとアスリートに教えることが，指導の際のよい動機づけとなる。

　姿勢をチェーンに置き換えて，想像させるという方法もある。天井から吊るしたチェーンの 1 つの輪の位置を変えると，その上下の輪の向きが変わることがわかる。この考え方は，脊柱の関係性にも用いることができる。重力に抵抗するために，脊椎には頸椎（首），胸椎（背中）および腰椎（腰）の領域に一連の曲線が進化的に形成された。最も重要なことの 1 つ

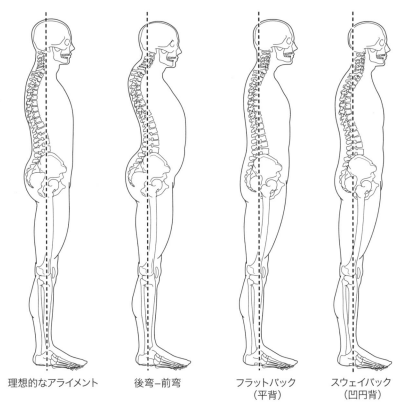

理想的なアライメント　　後弯−前弯　　フラットバック　　スウェイバック
　　　　　　　　　　　　　　　　　　　　（平背）　　　　（凹円背）

図 5.10　理想的な姿勢と後弯−前弯，フラットバック，スウェイバックの比較

は，腰椎がニュートラル（中間位）の位置にあるとき，理想としては，垂直の鉛直線が肩の中央を通り，肩甲骨が胸椎に対して平らになっている。しかし，肩甲骨，頭部，頸部，または腰椎の位置が変化すると，他の脊柱の曲線に代償が生じ，姿勢位置の不適応が起こる。

活動的な世代において，これらの不良姿勢は，立ったり座ったり動いたりする時の，好ましくない習慣により引き起こされることがある。これらは一般に筋骨格系の誤用（骨格の構造上の欠陥に起因するものではない）によるものである。図 5.10 と表 5.1 に示したように，不良姿勢は体幹および股関節のまわりの筋，ならびに運動連鎖全体の他の筋の機能に影響を及ぼす。不良姿勢は，アスリートの運動効率（すなわち，筋が適時に最適な力を発揮する能力）に影響を及ぼすだけでなく，剪断力および圧縮力により関節構造が損傷を受けやすくなる。

体幹（コア）ではなく姿勢

神経筋系および筋骨格系は複雑な構造をしている。指導者たちは，この複雑さを完全に理解できていなくても，このことを正しく認識している必要がある。個々の筋群に着目しそれを学ぶより，アスリートのすべての動きを通じて，肩甲帯，腰椎，骨盤，股関節，膝関節および足関節の正しい位置を把握することが，指導者にとってより効果的な手法であろう。これらが正しい位置関係にあるとき，アスリートは適切な筋を動員して力をより強く効率的に発揮したり，吸収したりすることができる。

指導者は単に特定の筋に焦点をあてるのではなく，アスリートの動きを鍛えるべきであるということは，まさにこの本の根底にある考え方である。なぜなら，動作中の関節を正しく配置することによって，筋が正しい動作を行うことができるからである。実際，プログラムに動作スキルの構成要素を含む運動動作を模倣したエクササイズを組み入れると効果的である。動作

表 5.1 立位の不良姿勢

	スウェイバック姿勢	フラットバック姿勢	後弯-前弯姿勢
説　明	骨盤後傾により，正常な腰椎前弯を減少させ腰部が平坦になる。胸椎は後弯を強め，通常，頸椎は伸展する。この姿勢では背部が後傾し，頭部がやや前方に位置する傾向がある。	骨盤後傾により，正常な腰椎前弯を減少させる。下部胸椎も同様に平坦になるが，上部胸椎は屈曲が増大する。この姿勢では頸椎が伸展し，頭部が前方に位置する。	骨盤前傾。股関節の屈曲が起こり，腰椎前弯，胸椎後弯が起こる。頸椎は過伸展する。
脊柱起立筋	腰部の筋は非常に強くなるが，背部の伸筋は伸張され弱い。	脊柱起立筋は伸張するが，腰椎前弯を増加させる動きが弱いとはかぎらない。	頸部伸筋は短縮し強く，屈筋は弱い。腰部の筋は短縮，もしくは緊張することもある。
腹筋群	腹筋群，特に外腹斜筋は伸張し，弱い。	腹筋群が不均衡に強くなり，腰椎屈曲が増大する。	胸椎後弯の程度に応じ，腹筋群は引き伸ばされ弱い。
股関節伸筋群	ハムストリングスは緊張し，不均衡に強い。	ハムストリングスは緊張し，不均衡に強い。	ハムストリングスは伸張する。
股関節屈筋群	腸骨筋と腸腰筋は伸張し，股関節伸筋群と比べ弱い。	腸骨筋と腸腰筋は伸張し，股関節伸筋群と比べ弱い。	股関節屈筋群は緊張し，股関節伸筋群と比べ不均衡に強い。

図 5.11　良好な立位姿勢での骨盤の中間位の特定

課題や，それを実行する際の関節の位置に応じて，必要とされる機能的な神経筋活動パターンは変化しうるからである。

　スタビライゼーションエクササイズ（安定化運動）とは，脊椎や他の関節に過度な（異常な）負荷をかけずに，重心のバランスのとれた動的な位置を維持する運動パターンを繰り返すエクササイズである[2]。不安定だと姿勢を維持するために労力を費やさなくてはならず，最適に素早く力を生み出すことができないためアスリートにとって安定性は重要である。例えば，中間位では，骨盤と腰椎の位置関係は，良好な姿勢の維持において非常に重要である。この中間位を解剖学的に定義するのは難しいが，この位置では腰椎は自然な弯曲となる。骨盤前傾（骨盤上端が前方に傾く）が観察される場合，脊柱前弯（腰椎の過度の前弯）も起こっているはずである（図 5.10）。通常，腰椎前弯は骨盤後面（股関節伸筋群）の伸張，骨盤前面（腸腰筋など股関節屈筋群）のタイトネスがみられる。ここでの因果関係を理解しておくことは重要である。骨盤の位置が悪いことで筋が短縮することがある。例えば，股関節屈筋群に重点を置いた偏ったトレーニング負荷により，筋が過度に発達し，骨盤が前方に傾くことになる。骨盤後傾（骨盤上端が後方に傾く）では，背骨が平らになり腰部の弯曲が消失する（図 5.10）。

　骨盤を中間位に維持することは，単に立位だけでなく，スポーツにおけるほとんどの動きにおいて重要である。骨盤の中間位は，筋の長さ-張力関係が機能的に働く最適な位置であり，効果的に股関節，体幹，鼠径部の周囲筋群の力が発揮できる肢位である。動いているときに，理想とする中間位のアライメントが維持できているかどうかをアスリート自身が判断することは難しい。しかし，骨盤の位置が体幹の位置に影響を及ぼす（もしくは影響を受ける）ことを理解し，解剖学的なランドマークを用いることで，スキル発揮の際にアスリートが中間位を維持できていたかを判定する

図5.12 スクワット動作のような垂直方向の動的な動きにおける椎間板の圧縮と骨盤位置：(a) 正しいスクワット，(b) 不適切なスクワット。

ことができる。

　アスリートが良好な姿勢で立っているとき，指導者は，臍（へそ）と胸骨の基部の剣状突起との間の距離を特定することができる（図5.11）。良好な姿勢で立ったときの距離をもとに，動作中の臍と剣状突起との距離を一定に保つことができるアスリートは，骨盤を中間位に保っていることになる。これらのランドマーク間の距離は，骨盤後傾では短縮し，骨盤前傾では伸長する。

　運動中に骨盤の位置を維持することは，筋機能に影響を与えることに加えて，図5.12のように，特にスクワット動作での腰椎椎間板にかかる圧の影響を減らすためにも重要である。スクワット（もしくは類似した動き）を行うときに，骨盤が正しいアライメントを維持できなければ，骨盤の先端にある腰椎が位置を調整することになる。この調整は通常，骨盤を後傾させ，腰椎を平らにする。骨盤後傾は筋の動員に関係し，特に脊椎に長軸上におもりの圧が加わっているときに，椎間板に影響を及ぼす。

　通常のスクワット動作では，動作中は脊椎を水平に保ち，負荷された圧縮力は椎間関節を形成する椎間板に均等に分散する。しかし骨盤後傾位では，椎間板の前方が上下の椎骨により押しつぶされ，後方は引き伸ばされる。立ち上がり動作を行うときは，これとは逆のストレスが加わる。このような負荷が繰り返し加わることで椎間板壁が損傷し，椎間板が膨隆，突出しヘルニア状態となるリスクが高まる。

　過去10年間，身体のコンディショニングトレーニングは，神話的に体幹の安定性に基づいた姿勢制御に注目が集まっていた。これは体幹深部の特定の筋を使うことで骨盤の位置をコントロールする能力を身につけさせることに重きを置いていた（図5.13，表5.2）。そして多くの場合，アスリートの全身の姿勢の完全性や，多裂筋や腹横筋（腹部の深層筋でこれまで体幹安定性の強化に着目されてきた）は単独で働くのではなく，実際には段階的に働くということはあまり教えられていない。特定の筋の後や，他の筋の前に収縮すると効果的に働く。この活性パターンは，あらゆる一連の機能的な動作獲得において重要である。

　確かに，指導対象が健常である場合，特定の動作中に腹横筋が身体の前面にある他の筋よりも先に活性化するということは重要なことではない。これは単に，腹横筋は一連の流れにおいて最初に活性化する筋であるということにすぎない。このことはよくリハビリテーション（神経筋系における筋の再教育を行う）を学び，その考えをコンディショニングや動作獲得に取り入れようとしたときに議論の対象となる。

　あらゆるスポーツ動作において，動きの安定性を保

第 5 章　競技動作における姿勢の重要性

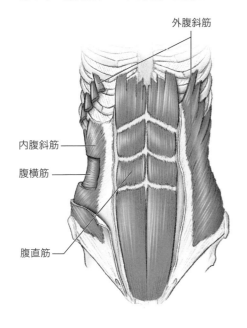

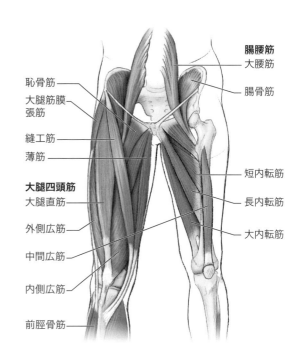

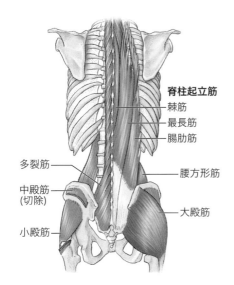

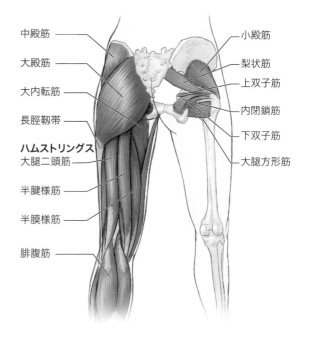

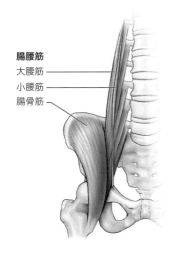

図 5.13　姿勢とパワーに関連する体幹・大腿部の筋

表5.2 パワーと姿勢にかかわる体幹部の筋

筋	主な機能
腹横筋	外側に位置する3つの腹筋のなかでは最も深部にある。腹壁に圧をかけ，腹部組織の安定化や他の体幹筋の活動を補助する。特に，強制的な呼気に重要である。
内腹斜筋	左右両側が同時に働くと脊椎を屈曲，骨盤を前傾させ，体幹に近づける。外腹斜筋とともに片側のみが作用したとき，脊柱を側屈，回旋させる。
外腹斜筋	左右両側が同時に働くと，腰椎屈曲，骨盤後傾を起こす。内腹斜筋とともに片側のみが作用したとき，脊柱を側屈，回旋させる。
多裂筋	脊椎を伸展させ，反対側に回旋させる。
中殿筋	股関節の外転，内旋により，膝伸展位での安定化を補助する。歩行動作時には，小殿筋とともに骨盤の高さを水平に保ち，脚が前方に振り出されるようにする。また，股関節の屈曲，伸展を補助する。
小殿筋	股関節外転，内旋，屈曲の補助。
腹直筋	脊柱屈曲。骨盤が固定されている場合，体幹は前に動き，体幹が固定されている場合は，骨盤は体幹に向かって動く。腹部の圧迫にも重要。
脊柱起立筋	腸肋筋，最長筋，棘筋の3つの筋からなる。腰椎，下位胸椎の伸展，脊椎の側屈，回旋，強制的な吸気を補助する。
腸腰筋（大腰筋，腸骨筋）	骨盤に固定されている場合，歩行時に脚を前に振り出すように，大腿骨を体幹部へ近づけ股関節の屈曲や股関節外旋，外転の補助を行う。大腿部が固定されている場合，体幹を大腿部に近づけるように股関節屈曲を行う。この状況下で両側を同時に使うと腰椎前弯が増強する。また片側のみを使うと同側への側屈を補助する。
大腿直筋	外側広筋，内側広筋，中間広筋とともに，大腿四頭筋として膝関節伸展を行う。大腿直筋は大腿を体幹部に近づけるように，股関節屈曲を行う。
縫工筋	股関節の屈曲，外旋，外転を行い，屈曲，内旋の補助，屈曲後の膝の屈曲，内旋の補助を行う。歩行やランニングの遊脚期に，脚を前に振り出す動作を行う。
大殿筋	股関節の強制的な伸展，外旋で働き，膝伸展位での安定化のみに使われる。
大腿二頭筋	ハムストリングを構成する3つの筋の1つ。膝関節の屈曲，外旋。長頭は股関節伸展を行い，股関節外旋を補助する。歩行時に前に振り出した大腿部を減速させ，体幹の屈曲を防ぐ。
半腱様筋，半膜様筋	大腿二頭筋とともに，ハムストリングを構成する。膝関節の屈曲，内旋，股関節伸展，内旋を補助する。

つには運動制御（モーターコントロール）が必要であるが，特定の筋を分離し強化することはスポーツではあまり重要ではなく，むしろ多くの場合，安定性と機能を損なう可能性がある[3]。筋は通常，孤立して働くのではなく，一連の流れに沿って作用する。リハビリテーションでは運動制御を教えるために，単独の筋の再教育に特化しがちであるが，トレーニング指導者はそれを確立し，かつ可動性や安定性の獲得のために必要な，巧みに協調する各筋群の一連の筋活動を，習得させなくてはならない。したがって指導者は，動作中の姿勢制御を向上させることを考えなくてはならない。

これまでの章では，筋の作用と筋力発揮の仕組みに焦点をあててきた。これは，運動時の脊椎，骨盤，股関節の安定性と可動性にかかわる筋の役割を確認する際に大変重要である（表5.2）。指導者は，体幹の安定や運動に作用する筋を理解することで，適切にこれらの筋の発達を促すトレーニング動作を組み込んだプログラムを処方することができる。結局，これらの動きは筋の発達にとって重要である。体幹部の姿勢保持に関与する筋（内腹斜筋，外腹斜筋，腹横筋）は等尺的に働き，腹腔内圧を高める。腹部領域には脊柱を支持する基盤がなく，これらの筋の作用に依存している。

この姿勢保持に関与する筋の重要性から，これらの筋が姿勢を支えているという考え方につながっている[4]。もしアスリートが運動をはじめる前に腹筋群をしっかりと締め（筋で体幹を固定する），息を吸い込むと，腹部の筋による締めつけに加え横隔膜が平らになり，この組み合わせにより，腹腔内圧が著しく増加する。この腹腔内圧により運動時の脊椎は安定する。一方，息を吐き締め付けを緩めることで腹腔内圧

は開放され,もし脊柱に負荷がかかる状況でこのように弛緩させてしまうと,腰部は一気に脆弱になる。

骨盤と腰椎の安定性が高まると「パワーマッスル」は,体幹屈曲や伸展(腹直筋もしくは脊柱起立筋),股関節(大腿直筋,腸腰筋,大殿筋,ハムストリングス)のいずれかを介して,原動力となる主動筋として,あるいは相乗効果をもたらす協働筋(補助)として,力強い運動を可能とする。スポーツの場面では,これらの動きはしばしば回転動作または横方向の動作を伴うため,関連する筋の関与がより複雑になる。しかし,基本的な前提を確認すると,姿勢筋は,他の筋が関節を動かしたり,大きな力を発揮させたりする際に,それと協働して安定した土台を提供している。

理想的な動作は,可動性と安定性のもとに行われることが望ましい。もし,いずれかの筋群に代償動作がみられると,アスリートの動きが損なわれ腰椎–骨盤周囲筋も何らかの形で代償が起こる。

高強度のランニング・インターバルトレーニングを行う10代のアスリートには,疲労による腰部の痛みを訴える例がよくみられる。多くの場合,これは骨盤の位置を,腹直筋で代償して維持しているために起こっている。高強度での呼吸の補助などに腹直筋が関与しはじめると,骨盤の位置を維持できなくなり,骨盤が前傾–後傾の動きを強める。この骨盤の傾斜により運動効率は低下し,腰椎に痛みを引き起こす。

他にも股関節周囲にもよくみられる代償動作がある。股関節屈筋群や大腿四頭筋を過度に使用して運動を行うと,その結果,殿筋を適切に使用できない。これは,股関節周囲の筋の不均衡や,柔軟性の欠如が要因であることが多い。慢性的な問題は長年かけて習慣化した動作パターンにより発生し,筋の不均衡や柔軟性の欠如が改善されないかぎり,悪化する一方である。しかし経験的に,パフォーマンスレベルが高いアスリートほど,動作の代償をうまく行うことができる。これは理想的な話ではなく,多くの場合,問題をさらに複雑にしてしまう。

正しい動作力学は,安定した基盤とそれに根ざした全可動域を通して力を発揮し続けられる能力によって機能する。誤った力学では,可動性,安定性ともに低く,非効率(同じ仕事量でエネルギーコストが増加する)につながり,そのすべてがアスリートのパフォーマンスに悪影響を与える。

また,動作中の関節の位置(アライメント)は,障害を考えるうえで重要な要素である。図5.8に示したように,通常,立位では股関節は水平であり,膝とつま先の向きはそろっている。この位置関係も,運動時には重要である。表5.3に示したように,膝関節は蝶番関節で屈曲,伸展はするが,回旋はわずかしか起こらない。実際,膝関節の靱帯構造は,矢状面での動きに特化した構造となっている。前額面での動きは,内側側副靱帯,外側側副靱帯が損傷する可能性があり,水平面での動きは,前十字靱帯,後十字靱帯が損傷する可能性がある。

膝関節では,大腿骨と脛骨の複雑な関節運動が起こり,ここで発生する回旋や横への動き(直達外力による損傷の場合を除く)は,概ね大腿骨のアライメント不良がみられる股関節か,脛骨のアライメント不良がみられる足関節による動作の結果である。この回旋,もしくは横方向への動きは,不適切な運動面で生じる大きな力が剪断力をもたらし,膝関節内の構造の一部,もしくはすべてを傷つけることとなり,アスリートにとって致命的な結果をもたらす可能性がある。

殿筋のパワーを認識する

通常,アスリートを観察するときは,股関節,膝関節,足関節のそれぞれのアライメントや,位置関係の観察に焦点をあてなくてはならない。しかし,運動時の観察では,関節位置や関節の安定化のために,協働する筋の活性を確認することが重要である。このことを踏まえ,指導者はアスリートの身体で最も重要な筋群の1つである殿筋の作用を理解しておかなくてはならない。指導者はしばしば殿筋を軽視しがちで,実際に,アスリートは殿筋を十分に使えていないというエビデンスもある。

例えば,片脚着地では,殿筋が機能することで,股関節はつま先の方向へ屈曲できる。大腿四頭筋とハムストリングスは同時に作用し,膝関節を安定させる。

表5.3 主要関節の動作

関節	関節を構成する骨	分類	運動自由度	可能な動き
肩：肩甲上腕関節	上腕骨骨頭，肩甲骨関節窩	球関節	3	屈曲，伸展（矢状面）；外転，内転（水平面，前額面）
肩：胸鎖関節	鎖骨，胸骨，第1肋骨	軟骨性連結関節	3	特定の筋の作用による直接的な影響は受けないが，肩甲骨のすべての動きに伴い胸鎖関節も動きが生じる
肩：肩鎖関節	肩甲骨の肩峰，鎖骨	平面関節	3	外転（前突）；内転（後退）；上方回旋，下方回旋
脊柱	脊椎	半関節–軟骨性連結	3	屈曲，伸展（矢状面，前額面）；左右への回旋；頸椎の一部による分まわし運動
肘関節	上腕骨，前腕の橈骨と尺骨	蝶番関節	1	屈曲，伸展（矢状面）
手関節	前腕の橈骨と手根骨（手にある8つの手根骨）	楕円関節	5	屈曲，伸展，分まわし運動，外転，内転
股関節	大腿骨骨頭，骨盤の関節窩	球関節	3	屈曲，伸展（矢状面）；外転，内転（水平面，前額面）；内旋，外旋
膝関節	大腿骨と下腿の脛骨	蝶番関節	1(2)	屈曲，伸展；膝関節90°屈曲位でのわずかな内外旋
足関節	下腿の脛骨，腓骨と足部の距骨	蝶番関節	1	底屈，背屈（矢状面）

横方向や回旋動作に抗して，力強い膝関節の屈伸運動を行うことができる。両筋群が協働しなければ，膝関節が損傷してしまう。後に図示するように，この一連の筋の発火パターンの協調の欠如は，連動を考慮していない効果の低い運動プログラムのせいである。もしくは，股関節と膝関節の位置の不良により，これらの関節をまたぐ筋が順次発火できていないことにより引き起こされていることが要因かもしれない。

関節の位置と筋の機能

関節は骨同士の接合により形成され，関節の位置と運動は動作の重要な要素を担うため，アスリートの動作分析においても重要である。関節は構造と機能により分類される。構造的分類は骨が互いにどのように接しているかにより決まり，機能的分類は関節における運動自由度により分類される[6]。

姿勢における関節位置は重要である。なぜなら，運

図5.14 関節位置の重要性を確認する：(a) 前腕回外位でのアームカール，(b) 前腕回内位でのアームカール。

動時の姿勢を決定するのは関節位置であり，力が身体を通してどのように伝達されるかだけでなく，筋がどのように機能するかを決定づけるからである。この動作時の関節の位置関係により，筋の動員順が決まる。アスリートにこの概念を理解してもらうには，以下の実践的な課題を試してみるとよい（図5.14）。

- 左手を右手の上腕二頭筋に当て，手のひらと指で筋腹を覆う。
- 右手の手のひらを上に向けた状態（前腕回外位）で，アームカールを全力で5回行うと，左手で上腕二頭筋の収縮を感じることができるだろう。
- 5回終えたら，今度は右手の手のひらを下に向けた状態（前腕回内位）とする。左手は右腕の筋腹に触れたままにする。
- 前腕回内位で同様に5回アームカールを行ってみる。肘の屈曲時に左手で上腕二頭筋の収縮を感じてみる。
- そして，「筋収縮に違いを感じたか？」を尋ねてみる。

答えは「違いを感じた」でなくてはならない。前腕回外位で肩関節を特定の位置にとどめた状態では，上腕二頭筋の長頭も短頭も肘関節屈曲の主動筋となり，前腕を上腕骨のほうへ引き寄せる。上腕筋も同様に，主動筋として作用している。しかし，前腕回内位にすると，橈尺関節で橈骨が尺骨と交差し上腕二頭筋は橈骨に付着しているため，特に上腕二頭筋短頭の活動が低下する。上腕筋は尺骨に付着するためあまり影響を受けないが，前腕回内位では腕橈骨筋が肘関節屈曲，特に中間角度でより顕著に働く。

ここまで，筋の機能が関節位置により影響を受けることを説明してきた。第8章から第10章では，この概念に沿った実践的な技術を紹介しているが，機能（競技結果）を決定づける「フォーム」（姿勢や技術）に重点を置いている。同様に，図5.10には筋機能に起因するさまざまな姿勢の長期的な影響について示した。これは動作技術やスキルを指導する際の重要なポイントを示している。つまり，関節を正しい位置に置くことを重視（最良の姿勢をとる）すれば，それにより筋の動員は勝手に，かつ適切に行われることになる。

指導者は，運動時のアスリートの関節運動を観察し，運動効率を高めるためにフィードバックを行うべきである。多くの場合，アスリートがどのように動くかは，どのように行うか（時間，距離など）より重要である。実際，私はサイドラインに立ち，試合の流れよりも，アスリートたちがどのように動いているのかに注目して，しばしば試合の重要な局面を見逃している。それが，動作改善を行う指導者の役割である。

筋の動員と長さ−張力関係

指導者は動きを説明するとき，姿勢を運動連鎖（頭からつま先までつながる，神経筋や結合組織の相互接続）と呼ぶことがある。一連のつながりにより結合構造をなすチェーンの連結構造と同様に，チェーンの弱点となる部分によって構造の機能的能力が制限されてしまう。特定の時間に加わる負荷とチェーンの形状が，チェーンの性能を決める。動作中，関節運動は絶えず変化し，各関節の角度は同時，かつ相互的に変化する。

第2章では筋がどのように関節をまたいで骨に付着しているかについて説明した。関節が動かされ，骨が他方の骨に対して位置を変化させると，筋の付着部（起始部）と他方の付着部（停止部）の距離が長くなり筋が引き伸ばされる。この筋の長さの変化は，筋力発揮と収縮速度に影響を及ぼす。

この変化は，筋内のアクチンフィラメントとミオシンフィラメントの間に，どれだけの利用可能なクロスブリッジがあるかよる。筋が短い状態では，アクチンフィラメントがサルコメア内のミオシンフィラメントを越えて遠くに引っぱられるにもかかわらず，多くのクロスブリッジがいつもと同じ付着部位を探している。実際，クロスブリッジは相互に干渉し，筋内に生じる張力を減らし，それにより筋の力が生成される。逆に筋が伸ばされると，ミオシン頭部の付着部位間の距離が最大になり，部位があまりにも離れているため

に架橋結合がほとんど達成されないことを意味する。これはまた，筋の張力が高いときにはサルコメアが力を発揮する能力がほとんどないことを意味する[3]。

しかし，**図5.15**に示したように，最適なサルコメア長では，クロスブリッジによる連結点が多くあり，最適な筋張力と力発揮能力が得られる。この現象は，筋全体および骨格筋系ならびに単一の筋や筋線維にも当てはまる[5]。

前述のアームカールの例では，前腕回内位では上腕二頭筋と腕橈骨筋の相対的な長さが変化し，アームカールの際に神経筋系の最も効果的な長さ-張力関係を変化させた。つまり，関節の位置は筋の動員パターンに影響を与えるということである。

筋の動員は，筋が対抗する負荷（抵抗力）によっても影響を受ける。単一の筋線維による収縮の力-速度関係は双曲線として描かれ（**図5.15**），その曲率は筋の張力と負荷される抵抗力により異なる。この単一筋線維における筋収縮速度と力発揮能力は，そのままとはいわないまでも，全身の動きに反映される。筋により筋線維のタイプや長さは異なるが（タイプⅡxはタイプⅠより収縮速度が速く，より強い力を発揮することができる），力-速度曲線の関係は変わらず同じ形で描かれる。

このことは2つの理由から重要である。まず，速い速度では強い力を発揮することはできない。そのため，急速な初動においては弱い力しか発揮されず，その後の動きでそれを補うことはできない。運動の初期段階で大きな力を発揮し，続いてより速い動きに移行する投動作やウエイトトレーニングでの挙上動作の際にはこれに注意する必要がある。例えば，クリーンを行うとき，初期動作（ファーストプル）では，その後の動作（勢いよく，バーを所定の位置に引き上げる）と比べると，比較的遅い速度で大きな力を発揮させる。移行期に生じる伸張-短縮作用に続き，セカンドプルでは高速，かつ強い力発揮が行われる。クリーンの動作と，各ステージにおける相対的なバーの速度については第10章で説明する。

この概念を理解することが重要な2つ目の理由は，双曲線の勾配を決める方程式は，ヒトの動作によって

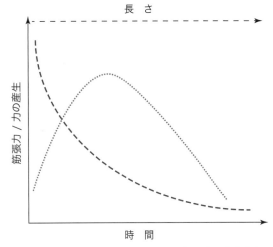

図5.15 単一筋線維の長さ-張力関係と力-速度関係

合理的に規定されているということである。したがって，カーブの中央の範囲で与えられた負荷に対する速度発揮能力を高めるためには，アスリートはまず最大筋力を発揮させる能力を高めなくてはならない。そうすることで，すべての範囲で力-速度関係が上昇し，曲線の勾配は変わらないものの，アスリートはより広い範囲で力を発揮できるようになる。発展的な筋力強化については，第10章で説明する。

筋の長さ-張力，および速度の関係は，すべて単一の筋線維での研究から得られた例である。しかしわれわれは，多関節，多くの筋群の組み合わせによりスポーツを行っている。それでも同様の原理が適用され，熟練した運動パターンは，筋の最大張力（またはその必要とされる割合）を実現できる最適な位置に関節が置かれた結果であるといえる。したがって，対応する筋出力（つまり筋力）と四肢の収縮速度は，多数のサルコメアの長さと，骨を用いた身体のレバーシステム（てこの原理）による相互作用による機能であるといえる[5]。

人体のてこの原理

てこは，トルクの原理にしたがって作動する機械ともいわれている。人々は日常生活のあらゆる場面で，作業を簡単に行うためにてこの作用を用いている。例

同じ時間で、aはbよりもはるかに長い距離を移動している。つまり、より速いスピードで動いている。

図5.16 打球のスピードを増加させるてこの仕組み

えば、バールで物体を上げるように、少ない力で大きな抵抗に抗するためや、ラケットでテニスボールを打ったり、バットでボールを打つなど、物体を動かすための速度や可動範囲を広げたりする時に用いている（図5.16）。

人体には、力学的利点を最適に用いて巧みな動きを行うときに、一緒に作用する複雑なてこのシステムが備わっている。力学的な利点とは、てこの作用を用いて作業を行った結果に生じる力の尺度、もしくは速度の乗算と考えられる。これは、作業を行うためエネルギーコスト（または実際にはシステムの能力）に対して増加する、仕事の尺度である[7]。

筋は、骨格により形成される強固なてこを動かす力をもつ。トルクとは、物体が軸または支点を中心に回転するときに発生する回転またはねじれの力のことである。トルク（もしくはモーメント）は、支点もしくはレバーの端に加えられる力と距離の積である。人体において、骨はてこにおける堅いレバーアームと考えることができる。骨は長さや力点がそれぞれ異なる可能性があるが、運動時には骨の位置関係が変化するため、相対的な長さやレバーアームも変化する可能性がある。関節を支点にレバーアームを動かすための筋力や負荷量は、その仕事を行うために必要な要求により決まる。例えば、床反力、外部から加わる重量、重力、または相手との衝突、そしてシステムの重量（つまり体重や、動かしている身体部位の重さ）、および外部負荷や抵抗力などである。

アームの長さの変化は、抵抗に抗するために必要な力の大きさを変える。例として、バールを用いて考えてみる。これは論理的な話に思われるが、われわれの動きに当てはめるとどのような場面だろうか。「骨の長さは変わらないのに、なぜ動作はいつも同じではないのか？」この疑問については、アームカールの例で説明できる（この運動は、ファンクショナルトレーニングとして頻繁に行われるわけではないが、身体的–力学的な概念の説明にはとても便利な例である）。ほとんどの四肢の動きと同様に、この例は第3のてこである（表5.4）。

アームカールでダンベルを上げるとき、モーメントアームの長さ（支点と尺骨の上腕二頭筋の停止の距離）が変化する。挙上中、おもりを上げるために必要な筋力（トルク）が変化し、仕事量も変化する。これは、関節角度と筋が発揮するトルクには関係があるということになる（図5.17）。そのため、指導者は技術を教えるときに、最適に筋線維が力–速度を発揮できるということだけではなく、てこの仕組みを踏まえて

表5.4 人体におけるてこの作用

分類	定義	利点	例
第1のてこ	支点が力点と荷重点（作用点）の間にある（例：シーソー）	てことして機能し、支点の位置に応じて、力学的利点と速度の利点のどちらももち合わせる。	前腕回内位での肘関節伸展
第2のてこ	力点と荷重点（作用点）が支点と同じ方向にあり、抵抗質量は抵抗力と支点の間にある（例：手押し車）	力学的な利点があり、小さな力で、大きなものを動かすことができる。	足関節底屈
第3のてこ	筋と抵抗力は支点と同じ側にあり、抵抗力は抵抗質量と支点の間にある（例：ピンセット）	力学的な利点はないが、速度の利点がある。力を使うが、速度と可動範囲を大きくする。	肘関節屈曲

効果的に筋力発揮が行える関節位置を強調すべきである。

てこを使って速度の利点を得るためには，比較的大きな筋力発揮が必要となるため，てこの仕組みを使う動作では，外傷・障害の発生率も高くなる。人体におけるてこの仕組みを理解することは，エクササイズの選択やパフォーマンス向上の可能性の説明に役立つ。この概念の説明は，グッドモーニング・エクササイズとスティフレッグ（もしくはルーマニアン）・デッドリフトを比較してみるとわかりやすい。どちらもハムストリングスの強化に用いられ，遠心性の強度を高めるのに効果的である。

図5.18に示したように，これらのエクササイズにおける体幹部の動きは似ており，いずれも負荷がない状態では，体幹の屈曲に抗して腰部を伸展させるためにハムストリングが働いている。実際，外部負荷を考慮しなければ，筋力発揮のモーメントアームはどちらの動きも第3のてこの応用となる。しかし抵抗のモーメントアームによって運動が著しく異なるものになる。

もし，グッドモーニング・エクササイズで肩におもりを担ぐと，抵抗レバーアームは大幅に増加する。これはアスリートにとって2つのマイナスの側面がある。第一に，力学的に不利なシステムであるため，身

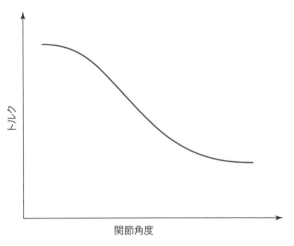

図5.17 関節角度とトルクの関係

体を起こすにつれて，体幹の伸展を保つためにハムストリングがより強く働かなくてはならない。この例では，大きな抵抗アームに対し，小さな筋力アームとなり，身体にとっては力学的にとても不利な位置となる。これはトレーニング面では利点であるかもしれないが，ハムストリングに急激な過負荷が加わると，腰部の筋（例えば体幹伸展を補助する脊柱起立筋）を主動筋として使うことになり，これが損傷の危険性につながる。

しかしながらより大きな懸念は，そのような大きな（長い）抵抗を受ける動作を行うことによって加わる

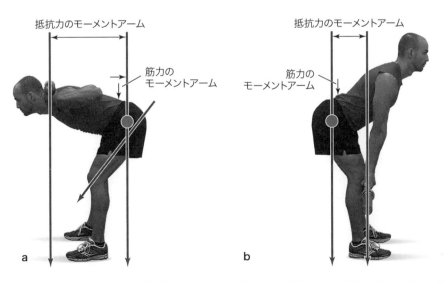

図5.18 抵抗力のモーメントアーム：(a) グッドモーニング・エクササイズ，(b) スティフレッグ（ルーマニアン）・デッドリフト

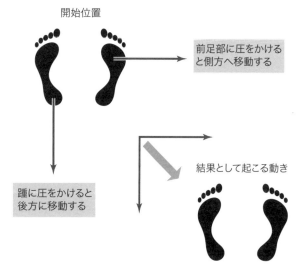

図 5.19 足部の異なる位置に圧をかけることで、バックペダルの角度がつく

ーを落とせばよい。しかし、グッドモーニング・エクササイズでは、肩にかけた重りを落とすには首を通過させなければならないため、容易ではない。

姿勢と圧力中心

まだ力、特に衝撃力や床反力がどのように分配されるかということについて説明していないが、これは競技動作における重要な概念である。これは力の大きさを、力が分布する領域で割って計算する、圧力の概念に関連している[8]。動きの指導時には、圧力の量ではなく、力がかかる領域が重視される。この領域を圧力中心とみなす。アスリートがどこに圧力をかけたり感じたりしているかによって、結果的にどのような動作パターンとなるかが決まるため、このコーチングの概念は非常に重要である。圧力中心は、運動指導時にアスリートが正しい動きをしているかを確認するときにも使用できる重要なコーチングのポイントでもある。

この力の分布は、方向転換で用いられる（この力とはベクトルの質であることを思い出してほしい）。この考えを**図 5.19**に示したが、アスリートがバックペダル（角度をつけながら後向きに走る）を行っているとする。第8章のコーチングの発展的段階について

腰椎への剪断ストレスである。つまり、より短い抵抗モーメントアームで行うスティフレッグ・デッドリフトのほうが、ハムストリングスの筋力向上のためのエクササイズとしては、まちがいなく安全で効果的である。他にも、この2つのエクササイズのどちらを選択するかについて、より実際的な理由がある。スティフレッグ・デッドリフトでは、アスリートが挙上に失敗して立位姿勢まで上げられなかった場合は、単にバ

図 5.20 圧力中心の違いが垂直跳びの動作に与える影響：「指先で床を強く押すように」と指示した場合。

第 5 章　競技動作における姿勢の重要性　　95

図5.21　圧力中心の違いが垂直跳びの動作に与える影響：「つま先が床から離れる前に，股関節（殿部）をしっかり力強く伸ばすように」と指示した場合。

図5.22　両脚着地での圧力分布：(a) 前方荷重，(b) 中足部荷重，(c) 後方荷重。

述べている通り，このスキルは前を見ながら，後方や側方に動かなくてはならないアスリートたちによく使われている。このスキルは，足底のどの位置で地面を踏むかにより，結果的に生じる動きのパターンの習得も含まれる。

　アスリートが45°後方へ移動する場合でも，足，腰，上半身は前向き（正面を向いたまま）とする。この体勢は，アスリートが必要に応じて反応し，特定の足底部位で地面を押すことで，方向転換が可能となる。腰が前を向いていなければ，アスリートは必要な方向転換に素早く対応できず，相手が（身体が離れたほうに）カバーをはずしてかわす機会を与えてしまうことになる。

　走る，跳ぶ，方向転換（カッティング動作）などの動作スキルの中で，圧力中心とその姿勢を調整，または適応させるという概念は重要である。これに関しては，以下のような実践的な方法で説明できる。

　ラインにつま先を合わせて立った位置から，「指先

図5.23 床反力が姿勢を介して順に伝わる

で床を強く押すように」とジャンプを指示する（指導時の指示は具体的に行う，図5.20）。足を通して得た圧力は，アスリートの身体を上方かつやや前方に動かす力となる（アスリートの身体は開始地点のラインよりも前に着地する）。もう一度，開始位置にもどり，「つま先が床から離れる前に，股関節（殿部）をしっかり力強く伸ばすように」と指示する（図5.21）。得られたベクトルは上向き，かつわずかに後向きとなり，アスリートは開始地点よりも少し後ろに着地する。

垂直跳びからの着地も，圧力中心が重要な1つの例である。これを応用することで，連続ジャンプの段階を上げる際のコーチングの基礎となる。中足部に体重を均等に分散させることで（図5.22），荷重の分散を最適化し，伸張反射を使い力強くジャンプ動作を行える肢位をとることができるようになる（第9章参照）。

アスリートのランニング時のストライド分析は，歩行分析ともいわれている。指導者は通常，アスリートがどのように走るか（例えば，踵からつま先を使っているか，もしくは中足部を使っているか），そして，速度や強度の変化によりどのように動作が変化するかをみている。しかし理学療法士やアスレティックトレーナーは，誰かが歩いたり，走ったりするときの圧力中心にも着目している。荷重位置の偏り，特に内側荷重（回内足とも呼ばれ，荷重時に過度に内側に傾いてしまう）や外側荷重（足部外転）は，運動連鎖により遠く離れた関節や筋の動きにも影響を及ぼす。これらの偏りは，長期的には足底腱膜炎（疼痛を伴う足部の腱膜の炎症）や膝関節，股関節，腰部などの慢性疾患の要因となりうる。

まとめ

熟練したスポーツ動作の発揮は，所定の時間内に起こるさまざまな要因に依存する。動的な姿勢制御は，巧みな動作における不可欠な要素である。機能的，かつ実践的なスポーツ動作は1つの運動面上で起こるわけではないため，複数の運動面に対してコントロールされた動きが必要である。アスリートが（矢状面で）前方へ動くとき，回旋や前額面，水平面に作用している力への対応も必要である。すべての全身運動は多くの動作および（アスリートがどのように，ある姿勢に入るかという）姿勢の組み合わせであり，そのスキルの遂行に必要な可動性（与えられた動作内での）と安定性の融合が達成のための必要要件である。

指導者の目的は，特定のスポーツ，もしくは複数のスポーツで必要とされる動作能力をアスリートに獲得させることである。例えば，サッカーのようなチームスポーツでは，多くの行動や作戦は，最大の力や速度，加えて高い精度と目的のもとに遂行される。試合で最も成功した行動は，正確性，スピードおよび力を最大限に発揮した独創性のある動きにみられるだろう。

一般に，アスリートが運動中に経験する力は，内部（筋力）および外部（反力，衝撃力，空気抵抗など）により生み出される力の総和である。動作の開始から運動中にかけて，身体部位をいかにうまく使うかにより生み出される力は異なる。図5.23に示したように，各関節運動による力は，動作中に大筋群から小筋

第5章 競技動作における姿勢の重要性　97

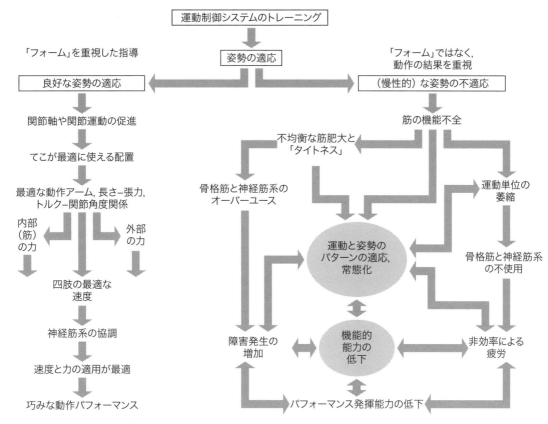

図5.24　効率的な運動能力獲得のための良姿勢での適応の重要性

群に伝達される力の加算である。

　円盤投げでは，股関節や下肢の大筋群から運動が開始される。床反力は足関節，膝関節，股関節を順に上へ伝わっていく。床反力から身体の中心で生み出された力は，股関節から脊椎へ，そして腕を伝って用具（円盤）に伝達される。大きな筋で力は生み出され，調整されながらより小さな筋へ伝達されていく。

　これらの力が適切な時に，適切な方向に加えられるためには，力の伝達の連続性やタイミングが最適で，また総力を発揮できる安定した支持基底面がなくてはならない。この力の伝達は，動作遂行に必要な関節を適切に使う，熟練したタイミングによって生じる。例えば，タイミングのよい砲丸投げのリリースでは，脚の加速を止めると同時に腰が加速しはじめ，腰が減速しはじめると，肩の動きがはじまる。

　しかし，砲丸投げのように強い力が必要な競技でも，巧みな動作の遂行には，単に筋力発揮だけではなく，動作速度も関与してくる。人体では，身体部位の

遠位（足，手，頭）の速度は，関節のレバーシステム（てこの作用）によりつくられる。身体遠位部の線速度は，それぞれのレバー（下肢，大腿部など）の長さおよび角速度による。それぞれの身体部分の相対的な角速度は，それぞれの筋群（膝関節伸筋，足関節背屈筋など）を介して生成され，関節は筋力のモーメントアームを最適位置に有する正しい位置になくてはならない。力と同様に，速度も身体の中心から四肢へ，姿勢や運動連鎖を介して連動する。関与するすべての筋群は，（求められている動作が伸張性，もしくは短縮性であるかにかかわらず）筋の伸張反射による能力を最大限に活用するため，最大伸張位から収縮をはじめる[9]。

　したがって，どのような動作スキルにおいても，身体のいくつかのレバーシステムが最終的な力の適用や，それにより起こる動作速度に寄与している。アスリートは，複数の筋や関節が関与した複雑な動作の結果であるパフォーマンスを可能にするパターンと動作

の一貫性を習得しなくてはならない。筋は，効率的な動作パターンによって多面的な力を生成することができる安定した構造をつくり出すために，互いに協働しなければならない。しかし，**図 5.24** に示したように，動作スキルを強化するのではなく，パフォーマンスの結果を強調すると，アスリートは短期間で成果を達成したと感じるが，動作や姿勢のパターンが獲得されていなければ，結果的にはパフォーマンスが制限され，外傷・障害発生の可能性を高めることになる。

次の章では，動作スキル時の力学的に正しい姿勢獲得を補助する，姿勢分析や姿勢矯正エクササイズの概念を紹介することで，さらに姿勢の重要性について探求する。

〔吉田　早織〕

第6章

姿勢評価

　これまで述べてきたように，アスリートの動きの効率化は，効果的な姿勢の維持によって力をコントロールし生み出す能力に基づいている．第5章で述べたように，アスリートの身体の前後（前方連鎖と後方連鎖）あるいは左右のバランスの悪さと非対称性は，いずれも動きの非効率性を招き，スポーツ動作における問題を解決するためのアスリートの動きの選択の幅が制限されてしまうことになる．コンタクトスポーツにおける不良姿勢と外傷・障害の発生には強い関連があるというエビデンスがある[1]．したがって，指導者たちは，アスリートの潜在的な欠点を理解し，さらに重要なことは，見つけた欠点にどう対処し，いかに正していくかという方略を生み出すために，アスリートの不良姿勢による制限を評価する必要がある．本章では，アスリートの姿勢制御の評価と定量化について，基本的な原則といくつかの方略について述べた．

　コーチングの過程において，問題発見のための核となる技術は視覚的分析である．指導者は，その問題を定量化する必要があり（例えば，データ収集），記録しアスリートが可能なこともしくは不可能なことを理解することが必要である．そのようなデータは，ただ単にアスリートのトレーニング状態を定量化するだけではなく，その記録によってアスリートに情報を与え，アスリートに最大の利益をもたらすための処方のガイドとなるよう構成すべきである．この方法によって，一定の時間が経過した後でアスリートの改善状態を再評価するときに，介入の効果が評価できる．介入の基本は，身体構造の改善とそれに伴うパフォーマンスの向上および障害のリスクの低下にある．したがって，プログラムの成功の程度を把握することが重要である．

　定量化とは，常に具体的な数値がテストに付随することを意味するわけではない．経験は，特に姿勢の評価を記録し観察することにおいて，ほかのスコアリングシステムと同じように重要である．実際，姿勢評価を点数化するために多くの姿勢評価ツールが利用できるようになっているが，それらのテストの根底にあるのは主観的なものである．スポーツ現場で用いられるテストにおける1とか2という点数づけは，アスリートが客観的基準を満たしたかどうかによっている．いくつかのテストは，動きのコントロールの状態を客観的なモニタリングによって示しているが（例えば，ゴニオメーターによる関節まわりの可動域の測定），姿勢制御のモニタリングにおける観察の重要性を過小評価してはならない．スポーツ現場での経験が豊かな人々は，アスリートの姿勢制御を分析するための評価プロトコルを必要としない．彼らは毎日のアスリートの動きを観察することによって，姿勢の欠点を特定することができるのである．

　姿勢あるいは特定の関節の動きに対するスコアリングシステムやモニタリングシステムによるアプローチは，多くの人にとって何が正常であるかということよりも，そのアスリートにとって何が最適であるかという考え方に注意を向ける．関節可動域の基準値が多くの研究者によって発表されてきたが，これらのデータはある特定の人々には当てはまらない場合が多い．例えば，高跳び（図6.1）に必要な1つの関節あるいは脊柱のような一連の関節の動きの範

図6.1 スポーツにおける特定の技術で要求される脊椎の動き（例えば走り高跳びでの背面跳び）の範囲は，正常と考えられている範囲をはるかに超える。

しの最大スプリントをする際に問題となる。ハムストリングスの肉ばなれのバイオメカニクスは，一般的にスプリントの遊脚相の最終局面において大きな膝伸展モーメントが起こり，それがハムストリングスに対する伸張性負荷を引き起こすことに起因する[2]（第8章参照）。もし大腿四頭筋によって発生した伸展モーメントが，ハムストリングスの伸張性収縮の能力を超えた場合に，ハムストリングスの肉ばなれが起きる。

姿勢評価の役割

近年，アスリートの機能的な動きを評価するための多くの方法が提案されている。これらのモデルでは，関節の動き，姿勢制御といったアスリートの潜在的な動きの能力についての情報をもとに，さまざまな観点から評価できる。しかし発表されている文献では，特にテストがスポーツの身体的要求，障害歴，トレーニング歴，バックグラウンドなどが他のプログラムで個別に考慮されて実行された場合，実施したテストの一貫性やその目的が達せられたかどうかについてはほとんどわかっていない。膨大なデータを得ることはできるが，分析が不十分になり，さまざまな背景で成功するためのプログラムの立案は期待できないであろう。

一連のテストをプログラムに統合する指導者は，フィットネス，心理学あるいは生活様式などいずれの側面を評価する場合でも，基本的な目的をもっていなければならない。その目的は，妥当で信頼性が高く，解釈可能なデータを収集することであり，最も重要なことは，観察し介入するための基盤をつくることである。多くのコーチやスポーツ科学者は，自身がかかわっているアスリートの多くのデータを集めることができるが，そのデータがプログラムに反映できないものであることが多い。

アスリート育成に成功しているプログラムはすべて，情報に基づいた意思決定，つまり十分なエビデンスに基づいた意思決定がなされている。単純に聞こえるかもしれないが，テストデータや観察データが，介入プログラムを計画するためのベースラインとなる必要がある。継続的な観察やタイミングのよい再テスト

囲（図6.2）について考えたとき，正常な脊柱の動きの範囲とされているものと比べると，その正常の概念は，必ずしも当てはまらない。指導者たちから「アスリートが実施するスポーツにおいて，何が最適で，何が要求されるのか？」そして「そのアスリートは完全な動きの範囲のなかで十分な運動制御（筋の賦活連鎖，力発揮）ができているか？」と質問される。これらの質問は，アスリートのスクリーニングにおいて考慮することが重要である。なぜなら，運動制御を促進するために必要な筋活動なしで，関節が全可動域に達することは障害の前兆としてみられているからである。

本書での姿勢についての議論では，身体の区分と運動連鎖を通して，アスリートの動きを促進する神経筋系との関係性の重要性を明らかにしていく。アスリートの運動連鎖の非効率的な部分を明らかにしていくことで，弱点の補強，つまり運動連鎖における他の部分の代償動作を減らすことができる。

この考えは，動的な姿勢制御が欠如すると下肢の障害が発生しやすいことで実証することができる。ハムストリングのタイトネスと脆弱性は，さまざまなスポーツのアスリートにとって，特に単発あるいは繰り返

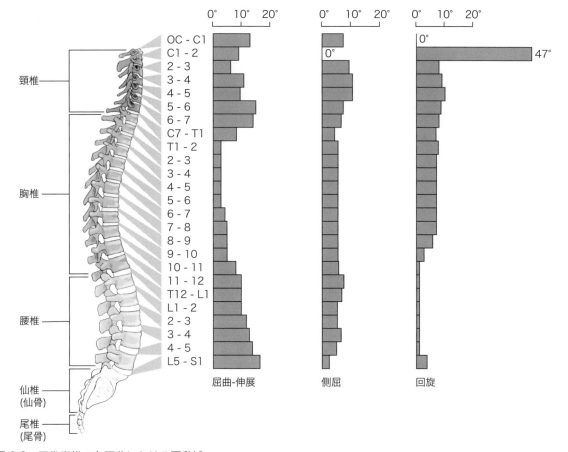

図 6.2 正常脊椎の各区分における可動域

によって，介入の成功が決定できる．常識的には，分析データを集める場合，それらはプログラム計画に影響を与える意味のあるものでなければならない．不幸なことに，一般的には効果的でないテスト（ムーブメントスクリーンを含め）が行われている．これではアスリートの時間とプログラムの無駄である．いずれのレベルであれ多くのアスリートは，どうやって，いつ，そしてなぜデータを収集するのかということが明らかであれば，喜んでテストに参加してくれる．

テストが有効であるためには，そのテストで目的としているものを測定しなければならない．例えば，インライン・ランジの評価では，基本的動作パターンで潜在的な左右の非対称性を明らかにできる可能性がある．インラインでの動きは（図 6.3），支持基底面を狭くすることで，可動性を必要とする全可動範囲の動きを通したバランスを試している．対側の股関節の屈曲と伸展では骨盤の安定性の維持が必要で，そのため体幹のアライメントの維持にもつながる．

肩甲骨を内転させて肩の後ろを横切るように，ほうきの柄やダボを保持する（図 6.3a）．棒を持つ手は肩幅よりも少し広めで，オーバーハンド・グリップで棒を握る．アスリートの両脚の間の床に直線状にテープを貼る．前足の踵は床につけ，後ろ脚の膝が前足の踵に当たる程度の広さにする（図 6.3b）．後ろ足のつま先はテープの上に保ったままにする．体幹をまっすぐにし，バランスを保った状態（両肩が水平の状態）で，足部を動かさずに膝関節と股関節の屈曲・伸展を繰り返す．

運動能力を発達させる指導者にとって最初の役割は動きのコーチになることである．そのためには，アスリートの動きの質を評価すべきである．しかし，インライン・ランジの際に条件が異なる位置[3]（例えば，脊柱に垂直に沿わせた状態；図 6.4）に棒を置いて行えば，結果的に動きが異なり，そのため観察と介入の

図 6.3 肩の後ろで棒を保持して行うインライン・ランジ：(a) 後ろからみた開始姿勢，(b) 横からみたランジ姿勢。

図 6.4 条件が異なる方法によるインライン・ランジ：(a) 後ろからみた開始姿勢，(b) 横からみたランジ姿勢。

可能性も変わるであろう。この方法では，動きは股関節や下肢の可動性もしくは制御能力よりも，肩関節や胸椎の可動性によって制限を受ける可能性がある。この図は，テストあるいは観察の有効性を示すために，干渉や軽減によって制限される原因を探るものではなく，単にテスト方法を示すものである。

同様に，観察はスポーツ現場で働く人々にとっても有効であるべきである。機能的動作を評価するために考案された一連のテストのエクササイズは一般化されるべき（すなわち，特定のスポーツだけでなくすべてのスポーツに一般化できるべき）であると論じられることがあるが，特定のアスリートでは，ある種のテストを実施できないこともある。例えば，一般的に用いられている肩の静的柔軟性のテストでは，背中で片方の手は高く，もう一方の手は低い位置でオーバーハンド・グリップで棒を持つ必要がある（**図 6.5**）。その手と手の間の距離が肩の可動性を測る指標となる（距離が近いほど，肩の可動性が高い）。

このようなテストによってアスリートの肩の可動性は評価できるが，同時に肩の安定性が評価できないこのようなテストの妥当性については，機能性の観点から疑問の余地がある。可動性はあるが安定性のない関節は，特に捕る，投げる，引くなどの動作で大きな負荷がかかる時に障害が発生する傾向がある。逆に，安定性はあるが可動性のないアスリートは，ある面での動きのときに制限が起こる。このことは，すべてのア

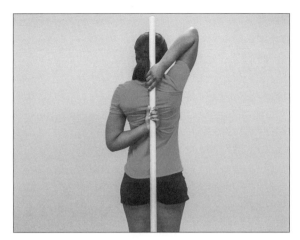

図6.5 肩関節の静的柔軟性テスト

スリートにとってどれだけ重要であろうか。興味深いことに，ダボなしでテストを行うと運動制御を評価していることになり，肩の可動域の評価は少し異なったものとなる。

例えば，ラグビーやアメリカンフットボールのようなコンタクトスポーツのアスリートは，関節を通して伝わる衝撃力（体重の15倍以上もの力）に対する防御メカニズムである肩関節まわりの筋が大きいだけでなく，驚異的な安定性（筋力とコントロール）をもっている。可動域制限があると肩の障害のリスクが増大することが示されているが，これらのスポーツのアスリートにおける内旋可動域は50°を超えた程度であり，90〜100°もの内旋可動域は必要ではない[3]。このような可動域は，問題になっているアスリートにとって特別の考慮がなされていれば，一般的な可動性と安定性のテストによって評価することができる。アスリートには安定性（筋力とコントロール）と可動性（可動域）の適切なバランスと競技特有の考慮は必要ではないという意見もある。

姿勢評価のための重要な原則

どのテストが利用できるかを検討するときは，一連のテストの根拠となる原則を決めなくてはならない。そのテストで「なに（What）を」評価するのかと「なぜ（Why）」評価するのかを理解している人は，その点を各プログラムに組み入れたり適応させることができるであろう。

優れたスポーツ理学療法士であるAndrew McDonough[4]は，意思決定の過程の基盤として，静的姿勢の徹底的な評価の重要性を常に提唱している。第5章で述べた理にかなった姿勢の基準を使えば，アスリートの立位姿勢についての観察結果を記録できる（図6.6）[5]。効果的な動きのメカニズムに対する後弯や前弯などの状態が明らかに識別され，その影響が記されている。

指導者は，身体の左右の対称性を確認すべきである。対称性を認識するために，立位姿勢で重要な解剖学的マーカーである肩関節，股関節，膝関節を観察すべきである。いくつかの点ではバランスが微妙なこともある。例えば，片足に体重をかけた状態での観察は簡単であるが，体重を両足にかけた状態（足部全体に体重をかけている状態）での観察は簡単ではない場合

姿勢			
肩　左右それぞれマークする	1. 大きな違い	3. わずかな違い	5. 正常
胸椎	1. 大きな違い	3. わずかな違い	5. 正常
腰椎	1. 大きな違い	3. わずかな違い	5. 正常
下肢　左右それぞれマークする	1. 大きな違い	3. わずかな違い	5. 正常
足部　左右それぞれマークする	1. 大きな違い	3. わずかな違い	5. 正常

図6.6 立位姿勢のチェックリスト

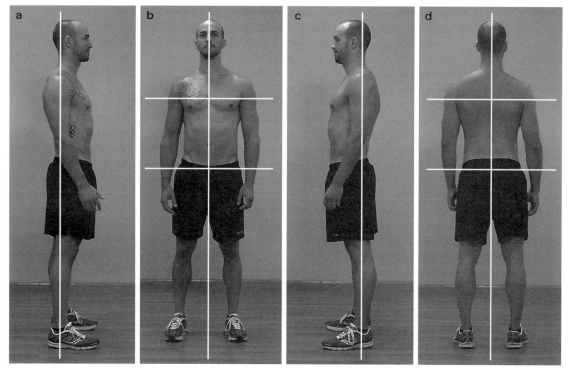

図6.7 姿勢評価の写真はアスリートの立位姿勢を記録する手段となる：(a) 右側，(b) 前面，(c) 左側，(d) 後面。

もある。

第5章で述べた姿勢の基準を使用すれば，アスリートの立位姿勢の観察結果を記録することができる。この単純な評価は，動的な動きにおける腰椎の前弯と下肢の障害の関係性[1]にも関連している。

アスリートの姿勢評価の写真（図6.7）は，立位姿勢を記録し評価するための一般的なツールである。前後左右からの写真を撮ることで，アスリートの体型や立位姿勢が簡単に評価でき，写真が残ることでアスリートの進歩や後退などの変化を永続的に記録することができる。

この評価を行うときは，裸足で行うべきである。アスリートが適切にバランスをとっているか，足部に同等に体重がかけられているか，あるいは無意識にどちらかに体重をかけていないか，足部や母趾を使って身体の直立を保とうとしていないかを，評価する人が理解しやすくするためである。これらの代償動作は，足部の内側アーチの破たんや，足部の内反，固有受容器あるいは運動制御が不十分であることを示唆している。

立位において正しい荷重配分がされているかを見分けるには，観察者がアスリートの母趾をもち上げてみるとよい。過度の抵抗がない立位状態では，母趾は床から容易にもち上げられ，動かせるはずである。母趾がもち上げにくい場合は，アキレス腱，後脛骨筋腱炎やシンスプリントのような下肢の障害につながる可能性がある。というのも，それらは走りや歩きのメカニズムに影響しているからである。

膝関節の回旋可動域は少ない（約15°）ので，片脚の膝関節の内側（外反）や外側（内反）への動きは，どちらかの下肢の障害の可能性を示唆している。過度な外側への膝の動きは，特に股関節が支持脚から離れてみえるような場合，殿筋の脆弱化と関連している可能性がある。また，アスリートが静的姿勢を保つために足関節の動きで調節する場合，足部の固有受容覚が低下していることがある。

動的姿勢評価

静的姿勢の評価は有用である。しかし，動的姿勢の

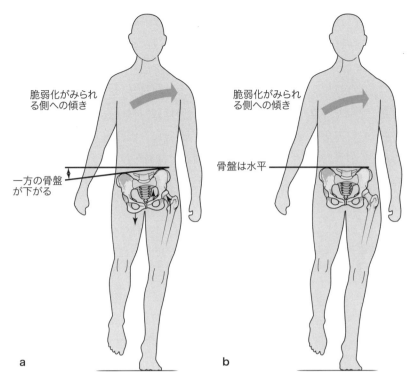

図6.8 歩行評価：外転筋群の脆弱化によるトレンデレンブルク歩行（a）と股関節痛歩行（b）。

評価は，動作中の筋力や固有受容器など多くの点を評価できるため，特に障害を予測するうえにおいて，静的姿勢の評価より信頼性が高いと考えられている。これらの動きの質はすべての動作スキルを支えるものであり，これらの動きの質の悪化は，動きの非効率性や機能障害，スポーツで好発する障害と関係がある。

最初に評価するのは歩容である。足病の専門家は，通常の歩行中に足部が過回内（足が過度に外側へ揺れる）か過回外（足が過度に内側へ揺れる）かをみて，足の構造を評価することができる。

歩行中の股関節の位置は，特別な診断ツールを必要としない動きの1つであり，観察だけで十分である。片足から他方の足に体重を移動する際に，股関節の位置は同じであるべきである。外転筋群（中殿筋，小殿筋）が脆弱化していると，歩行の立脚期において遊脚側の骨盤が下がるトレンデレンブルク歩行（**図6.8a**）がみられる。歩行中，この傾きのバランスをとるために骨盤の位置を保とうとして，体幹が外転筋群の脆弱化している側に傾く。同様の代償動作が，股関節痛歩行（**図6.8b**）にもみられるが，この場合，過度に体幹を立脚側に移動するため，逆側の股関節の落ち込みはみられない。

単純な自重スクワット（**図6.9**）によって，アスリートの全可動域にわたる動的姿勢の制御について多くのことを知ることができる。この重要なストレングスエクササイズにおけるコーチングの進め方については第10章で述べるが，姿勢制御を評価するという点に関して，この基本的な動きを分析することで多くのことを学ぶことができる。

動作中は腰椎の自然な曲線を保持しなければならない。正しい曲線は深く沈んだ位置（ボトムポジション）ではっきりとわかる。胸を張り，腰仙椎あるいは胸腰椎に過度な曲線がみられてはならない（**図6.9a**）。基本的に，骨盤が腰椎（腰部）の曲線をコントロールしている。骨盤が前傾しすぎると，腰椎の前弯は大きくなる（**図6.9b**）。骨盤の後傾（しばしばスクワットのボトムポジションでみられる）が大きいと腰部の曲線はなくなることが多い（**図6.9c**）。

トレーニングでは，スクワットの深さが重要になる。股関節を膝より下まで落とすと（この動きの深さ

図6.9 自重スクワット：(a) 自然な腰椎の曲線，(b) 骨盤の前傾，(c) 骨盤の後傾。

の理由については第10章で述べる），腰椎の必要な曲線を保つことが急に難しくなる。したがって，一般的にいわれるスクワットで殿部を床に近づける動きは，最も柔軟性のあるアスリート以外は現実的ではないかもしれない。結論としては，可動性はスクワット中に通常の腰椎の前弯を保てる能力によって決まる。最低限必要な可動性は，大腿骨でつくったライン（大腿骨頭と膝関節を結んだ線）と床のラインが平行以下になることである。

スクワット動作中の上下への動きで，段階的に反復して骨盤の前傾，後傾の動きをすると椎間板を圧迫することになる。その圧迫と剪断力によって椎間板ヘルニアのリスクが増大する。

腰椎に障害のない場合は，以下に示す4つの理由がスクワット時の不良姿勢の原因となっている可能性がある（スクワットの一番下の姿勢での骨盤の後傾が最も一般的である）。

1. ハムストリングスが短縮あるいは緊張している可能性がある。スクワットの一番下のポジションになるにしたがって，ハムストリングが伸ばされる。もしハムストリングの可動性が制限されていれば，ハムストリングの起始が坐骨結節に付着しているので骨盤の後傾を引き起こす。
2. 股関節と膝関節を同時に屈曲しはじめることができなければ，骨盤は前傾し，動きはじめのときにハムストリングを引き伸ばしてしまう。よくこの動きを故意に教えられることがある。その結果，ハムストリングはスクワットの際に骨盤を落とすことでよりストレッチされ，ハムストリングが伸縮性能力を一番下のポジションで失い，結果として骨盤の後傾を生み出す。
3. 運動中に殿筋群を賦活できないために，体幹の腹圧を維持できない可能性がある。踵の外側を押しながら背筋群と腹圧を維持することを教えることで，これを修正することができる場合がある。
4. 初心者の場合，筋の運動感覚機能が正しい動きのパターンに十分にトレーニングされていないために，誤った姿勢での動きに適応していることに気づいていないことがある。単純に正しい動きの指導を行い，アスリートの気づきを増やすことで代償動作が修正できる。コーチはアスリートが骨盤を傾けることができ，また負荷のないスクワット中に骨盤と腰椎の動きの違いを知っているかを確認しなければならない。

アスリートの膝は第2趾の延長線上にあるべきである。動作中によくみられる誤りは，膝を内に入れることで外反位になり，膝靱帯損傷のリスクを増やすこ

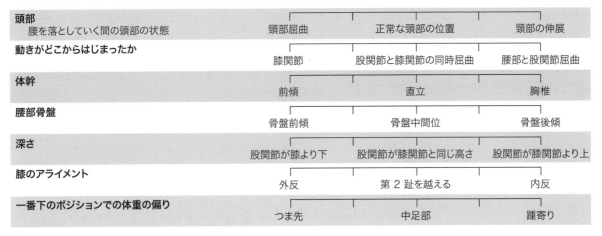

図 6.10 スクワットのチェックリスト

とである。この膝が内に入りやすい動きは、外転筋の弱化が原因といわれている。この状態では、アスリートは足の裏全体で力を発揮するというよりは、むしろ足部の内側を使っている。これが運動制御の問題であれば、これを解決するには腰を落とす際に膝を意識して外側に押し返すようにし、踵を外側に押し返すことを強制する（殿筋群の動きを増やすことで股関節の外旋を促す）。特定の殿筋群のエクササイズは本章の後半で紹介する。

基本となる動きでは、足部が床面についているように、体重は踵にのせるようにする。アスリートが骨盤を落としていくにしたがって、体重は踵から中足部へと移動する。足部の位置と体重のかかっている場所の関係は重要である。アスリートの重心が足部の中心の真上に維持されていれば（体幹の直立姿勢によって促される）、足部に体重のかかる割合を修正できる。しかし、骨盤を落としていく過程、もしくは一番下のポジションで過度な股関節の屈曲あるいは胸椎の過度な屈曲によって体幹が前方に傾いていると、体重は足部の前方に移動する。この体幹の前傾が原因でアスリートの踵がスクワット中に床から浮くことがよくみられる（踵が浮くことは結果で、体幹の前傾が原因である）。

アスリートの解剖を理解することは、スクワットの動きを分析するために重要である。どんな動きであっ たか分析したりスクリーニングしたことは正確に覚えておく。重要な動きのなかでアスリートがどんな、そしてなぜそのような動きになったかを理解することである。

膝関節、足関節、股関節の矢状面での動きの評価に集中するが、スクワット中は水平面上での股関節の動きも重要である。股関節の外旋筋群（梨状筋、上双子筋、内閉鎖筋、下双子筋、大腿方形筋、外閉鎖筋と大殿筋下部線維）を使うことで、股関節内で大腿骨を回旋させることができる。この回旋で支持基底面内で殿部を少し前方へ動かすことで重心を移動し、安定したバランスのとれた姿勢を維持できるようになる。スクワットで腰を落としていく動作で、踵を外側に押し返すようにアドバイスすることですぐにできるようになる。このアドバイスは、スクワットで腰を落としていくときに膝の外反（大腿骨が内旋する）がみられるアスリートに対して有効である。

スクワットの評価のための点数化を用いる際に2つのことが推奨されている。1つは、チェックリスト（図6.10）で、指導者たちが一連の動きを点数化する際にどこを観察するかがわかる。指導者たちの動きの観察の技能を洗練させるうえで点数化することが特に重要となる。スライディング・スケール法も動きの何がまちがっているかを記録することができ、基準が構築できる。それによって動きを修正するために介入し

たこと，その介入による点数の変化を見直すこともできる。それらのことによって技術の進歩を記録し，促進することができる。特定の問題がある可能性のある動きはこの方法で見出すことができる。例えば，スクワットで腰を落としていく際に骨盤の前傾が少しみられる場合の点数はスケールの中心に近くになり，骨盤の前傾が顕著にみられる場合の点数は左端に近くなる。

技術をさまざまな視点からみると同時に，それぞれの点数間の相互作用をみることも重要である。例えば，アスリートが骨盤や体幹を前傾させないと腰を大腿骨と床面が平行になるまで落とせない場合は，点数に記録された情報と観察結果とを相互に参照することで特定できる。測定者は，アスリートが動くまで，例えば正常な骨盤の位置（正常な腰椎の曲線）を保てない箇所まで観察し，そのときの腰の深さを記録する。

スライディング・スケール法は，定量的ではなく主観的な評価によるものであるという批判もある。しかし，点数を記録する動きのスクリーニングテストも，動きを質的に評価する観察者の技術によって点数が決まるのである。この方法はまさしく主観的であるが，観察したものがこうであったということを正確に永遠に残る記録として残すことができる。

いくつかの動作評価では，スライディング・スケール法を大きな問題，小さな問題，問題なしと分けるために用いている。このスケールは，観察したアスリートの動きにどの程度の問題があるのかを評価した人が記録することができる。例えば，ある研究では競技特性あるいは練習によって，テニス選手のラケットを使用する側の肩関節内旋の平均が43.8°，外旋が89.1°，対側は内旋が60.8°，外旋が81.2°であることが示されている[6]。同様に野球選手でもこのような非対称な肩関節の動きがみられている[7]。エリートラグビー選手では，内旋可動域制限（60°以下）があると内旋運動の際に伸張性収縮が減少し，肩関節の損傷につながると報告されている[4]。

動きの破綻のそれぞれの典型例の分析に基づくスコアリングシステム（スクワットで使用されているもの）は，一連のスクリーニングで運動を各箇所で点数化するシステムとして好まれている。例えば，Cook[3]は，インライン・ランジで5/5の点数をつけるためには，以下の5つの項目が達成されていなければならないとした。

● 足部が床に貼ったテープの線に接していなければならない。
● 前足の踵が床に接していなければならない。
● 後ろ足の膝が前足の膝のすぐ後ろに位置していなければならない。
● 体幹が股関節あるいは胸椎から屈曲してはならない。
● バランスが保たれていなければならない（ダボが下がってはならない）。

個々の基準に沿っていなければそれぞれ1点引かれる。この点数化は，プログラムを発展させていくために有益ではあるが，何が原因で点数が引かれたという観察の記録が付随していなければならない。例えば，アスリートがバランスを崩してテープから踵を浮かした時のことを考えてみる。この場合，ダボも下がる可能性があるだろう（そのため点数は2）。点数が記されているのみで，他に観察の結果が記録されていなければ，バランストレーニングと下肢の可動性への介入がすすめられるだろう。アスリートの体幹が前傾し，重心が前に移動したために踵が床から浮いたとすれば，再テストの際に点数が3となるだろう。この点数は時間の経過で改善したようにみられ，動きの破綻も同じようにみられるが，それぞれのテストでみられた問題点は異なる。点数の違いは，総じてアスリートの動きが改善したと捉えられるが，それが機能的動作の改善の違いと捉えられるかどうかは別である。

まれではあるが，アスリートの踵が床から離れるもう1つの理由は，足関節の可動性の低下である。これはさらなるフォローアップテストによって確認されるであろう。このことは通常のスクリーニングの方法を使う理由の1つである。見出された姿勢の不良がある箇所に対して，より特定の介入が必要かを判断するために，さらに特別なテストが要求される。例え

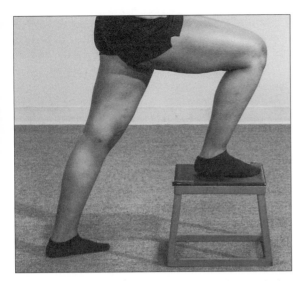

図6.11 足関節可動性テスト。足を台に載せ，膝がつま先を越えるように曲げる。踵に体重を乗せたまま膝がつま先を越えるまで曲げられれば，足関節の可動性が原因でスクワット動作が制限されることはない。

図6.12 膝と壁の距離テスト（knee-to-wall distance test）

ば，単純なフォローアップテストによって，ランジの姿勢が崩れた原因が，低下した足関節の可動性によるものかどうかを特定することができる。図6.11に示したように，足を台（20〜40 cm）に載せ，足部を台につけたまま前脚を突き出してつま先に体重を乗せた際に，踵が床についた状態を維持できれば，足関節の可動性が原因ではないため，介入の優先順位は低い。

しかし，踵を浮かせなければこの動きができなければ，足関節の可動性に問題がある可能性を除外できない。このような場合，一般的にはさらなるフォローアップテストが必要となる。足関節の可動性を測る一般的な方法は，膝と壁の距離テスト（knee-to-wall distance test）である。

膝と壁の距離テストは簡単で素早く準備ができ，アスリートを定期的に観察する方法として用いられている。定規あるいは測定用の棒の0 cmを壁に合わせてセットする。靴を脱ぎ，踵を床面につけた状態のまま足部を床に平らにして立つ。膝は壁につけたまま，膝関節と股関節のアライメントを維持し，膝が第2趾上を通るように曲げる。膝が壁に接した状態を保ったまま，踵が床から離れるまで徐々に足部を後に動かす（図6.12）。その踵が床面から離れたときの第1趾から壁までの距離を測る。研究によれば，6〜10 cmが

図6.13 シングルレッグ・スクワット

標準とされているが，この値が機能的に必要な可動域であるというエビデンスはない。距離の長さよりも左右差がないことが重要である。

シングルレッグ・スクワット（図6.13）は，片脚の筋力を示すため，自重スクワットのフォローアップエクササイズとして役立つ。観察するポイントは，通常のスクワットと同じである。支持基底面が狭くなり，重心が定まりづらくなることで，腰を落としていくにしたがって，骨盤の位置を左右等しく維持するこ

図6.14 シングルレッグ・スクワットでよくみられる誤った動き：(a) 水平面上での肩の回旋，(b) 腰を落としていく間のコントロール不良とそれに伴う下肢のアライメント不良。

とに重点が置かれる。

　腰を落としていく動きの際，殿部，膝，第2趾を結んだアライメントと脊柱のアライメントを維持しながら，骨盤の前傾あるいは腰椎を伸展させてはならない。立っているほうの足はバランスを保ち，スクワット中に過回内や過回外を起こしてはならない。

　動きは滑らかであるべきである。アスリートは動きをコントロールしなくてはならない。第4章で述べたように，中心から外れた力は身体全体を回転させる。この力は，中殿筋や小殿筋，外腹斜筋によって打ち消す必要があり，骨盤と殿部の高さ，そして膝と第2趾を結んだアライメントを維持する。同様に肩も同じ高さに維持しなければならない。水平面上での肩の回旋（**図6.14a**）は，殿部あるいは下肢での回旋を代償し同時にバランスを保つための姿勢である。アスリートが下肢の回旋によってバランスを保とうとすれば，膝の外反がみられる。

　測定者は股関節と膝のアライメントをみるべきである。その際，股関節，肩関節は同じ高さを維持し，水平面上での回旋をしてはならない。正しいアライメントの維持，あるいは動きをコントロールできない場合，測定者はその動きの起きた深さを記録し，みられた代償動作を記録する。大腿骨の線はこの深さを記録するのによいマーカーとなる。立位での角度を0°と

し，そこから60°，90°，120°，あるいはそれ以上とすることで深さの指標となる。

　このスクワットの動きでバランスを維持するためにアスリートが示す動作スキルも興味深い。片足（そして狭い）で床へ接地することで，支持基底面は小さくなり重心の位置を保つことが難しくなる。バランスを保つためには，支持基底面上に重心を維持するように動かなければならない。その際，膝を最初に動かしてしまうことで，足関節の過度な背屈と膝がつま先よりも前に出てしまうことになる（**図6.14b**）。結局のところ，足関節の柔軟性が原因なのではなく，アスリートが採用した動作スキルが動作を制限しているのである。同様に，股関節を後ろに引く動きで「膝を沈める」運動を行おうとするアスリートは，重心を支持基底面より後方に素早く移動させる。バランスを保つために股関節の屈曲を大きくしたり，肩を丸めたり，胸椎を屈曲させることで体幹を前傾させる。これらの代償動作は，バランスを保つために通常のスクワットでもみられる。

　このような代償動作を記録することの重要な役割は，コーチングの際の情報が得られることである。運動連鎖において，解剖学的な制限は動作を制限しないことがある。アスリートがこれらの動きがどのように行われるかを理解していないことが影響することが多

図6.15　両足着地でのドロップ・ジャンプ：(a) 開始姿勢，(b) 安定した足裏全体での着地。

い。私が最後に携わったプロのラグビーリーグチームで，35人以上の選手を評価した過程では，股関節屈曲のための解剖学的制限を有していたのが2人，肩関節に制限を有していたのが1人のみであった。優秀なコーチたちはこの意味することを理解し，動きを向上させるための戦略を採用して，アスリートの動きをよりよいものに近づけるために指導している。このような観察の結果を記録することで，動きの制限や代償動作をみつけるだけでなく，よい指導戦略へと導いてくれる。スクワットの動きの深さだけをみつけるようなスクリーニング方法では，このようなアプローチはできない。

第9章で述べるように，着地の際に股関節，膝と足部のアライメント（膝が第2趾上にあること）を維持する能力は，特に減速や多方向への動きがスポーツパフォーマンスの中心となる場合は重要である。このため，両脚や片脚でのボックスからの着地動作のように単純な動作を観察することによって，アスリートの潜在的な頑強性（つまり障害の回避）に関しての重要な情報が得られる。

ドロップ・ジャンプやステップ・ダウンの着地は，20～40 cmの高さのボックスを用いて観察する。安定したボックスやプラットフォームから踏み出すようにして降りるべきである（図6.15a）。ジャンプをす

図6.16　片足着地でのドロップ・ジャンプ

ると垂直軸での重心の動きが大きくなり，着地時の床反力が大きくなる。また，安定して静かに着地するために，足の裏全体でしっかりと着地することを心掛ける（図6.15b）。測定者は，着時時に体幹がまっすぐで安定しているかどうか，そして腰が左右同じ高さに維持されているか（片方の腰が下がっていないか）どうかに着目すべきである。股関節，膝関節，足関節のアライメントは重要で，衝撃吸収のために膝関節と股関節が落ちてはならない。また，着地後もしっかりと安定した姿勢を維持するように指示する。

足裏全体での着地を促すために，足関節の底屈から

図6.17 連続タック・ジャンプ：(a) カウンタームーブメント動作，(b) ジャンプとタック。

背屈への移行（つまり足裏が床面と平行になる）がしやすいように，降りる際に前に出した足のつま先を膝に向けて上げるように指導すべきである。

両足着地で常に姿勢のコントロールができるようになったら片足着地に進む（**図6.16**）。片足着地は，両足着地より支持基底面が狭くなるためより難しくなる。アスリートが降りる高さに関しては，注意が必要である。アスリートの能力によって，最初は通常の高さの半分の10〜20 cmで行うべきである。支持基底面が狭くなることによって，水平面上で股関節のアライメントをコントロールすること（腰の高さを同じにするなど）が難しくなる。そのため，この動きは中殿筋，小殿筋の弱さを顕著に表わす。膝が内に入ったり，膝関節の外反がみられたら，この筋群が弱化していることを示す。

このスクリーニングは，特に身長の伸びのピークの最中あるいはピーク直後の女子アスリートに重要である。なぜなら一般的にQアングルの増加は，着地時の膝の内側への負荷を増加させる可能性があるからである。この身体の解剖学的構造の変化が，女子アスリートのハムストリングスと大腿四頭筋の非同期的な筋発揮を招き，速い動作や高い負荷での動きの際の膝関節の不安定性につながる。

アスリートの動きの能力をより完全に分析するためには，足が地面に接しているような運動だけでなく，より高次の身体機能を示す洗練された動きを繰り返す動的運動をスクリーニング動作として組み込むべきである。動的スクリーニングは，アスリートの筋力，スキルおよびさまざまな障害の原因や脆弱性に影響を与える運動能力を測定するものである。そのためゆっくりした動作あるいは静的スクリーニングではなく，この種のスクリーニングを実施することが重要である。

下肢の筋パワーに着目したエクササイズとして，連続タック・ジャンプがジャンプと着地における筋神経機能を評価する定性的テストとして用いられている[8]。アスリートは垂直軸への力を最大限に発揮するために，足を腰幅に開いた立位姿勢をとる。ジャンプ動作は，最大限の垂直跳びに先行する素早いカウンタームーブメント動作（股関節，膝関節，足関節を屈曲させ上腕を後ろへ伸ばす）から開始する（**図6.17a**）。ジャンプし，腕が最高位（前方）に達し，足が床を離れたら膝を最大限高く引き上げる（**図6.17b**）。ジャンプは，大腿部が床面と平行になり，重心が垂直軸の最大限の高さまで上がるように意識して行う。図6.18に

連続タック・ジャンプ

項目			
着地時の膝の位置	外反	一直線	内反
接地のタイミング	左足が先	同時に着地	右足が先
接地の質	速すぎる	最適	遅く重い
接地	前足部で着地	動的扁平足	踵で接地
着地時のスタンス	狭い	腰幅	広い
着地時の足の位置	左足が前	左右同じ	右足が前
空中での大腿の位置	左下肢が高い	左右同じ	右下肢が高い
最高点での大腿	平行にできない	平行	平行が崩れる
腕の動作	開始時または最高点で左腕が上がる	左右同じ	開始時または最高点で右腕が上がる
腕の軌道	範囲が不十分	ジャンプの頂点で最大範囲	過度の範囲
動きの持続性 10回	質が悪化	質を維持	質が向上

図6.18 連続タック・ジャンプのチェックリスト

連続タック・ジャンプを評価する際のチェックリストを示した。

アスリートはつま先立ちでなく足裏全体で，膝が第2趾上に沿うように着地する。体重は足部の中央に荷重する。アスリートは着地と同時に次のタック・ジャンプを開始し最大10秒間この動作を続ける。ジャンプは垂直で平行移動は最小限か，あるいはなくジャンプすべきである。もしアスリートが着地姿勢をコントロールできない場合は，指導者はアスリートの動きを止めるべきである。．

前や横へ跳び越すためのハードルなど外部の障害物を用いることで，ジャンプの際の離地，空中での軌道，着地の際の動きのコントロールなどの課題を加えることができる。40 cm以下の低いハードルを使用する。ハードルを使うことで，水平面や垂直前方への力発揮をしたジャンプ後の着地のコントロールが必要になる。アスリートは決められた距離からジャンプ（両脚での離地）（図6.19）あるいはホップ（片脚での離地）（図6.20）でハードルを越え，コントロールされ，バランスのとれた着地をしなければならない。

離地する距離は，ハードルの高さとアスリートの能力に合っていなければならない。観察の際の重要な点は，必ずしもジャンプの高さや跳ぶ距離ではなく，アスリートがどのようにジャンプしたか，特にどのように着地をしたかである。ハードルを使うことで，観察中に一定の高さをジャンプさせることが可能になる。観察者は，複数回のジャンプを観察することで，どのような離地，跳び方，着地であったかを確認することができる。このようなジャンプの段階の上げ方については第9章で述べる。

両足での着地から片足での着地へ移行することで，離地の際の足の数を変えること以上に，アスリートの運動制御に関する問題が明らかになる。

片足での離地の力発揮が十分かどうかを確かめるためには，立っている脚で力を発揮して地面を押し，ハードルを越える際に大腿が床と平行の高さまで上げられているかどうかを観察することである。代わりの方法としては，この動作が確実に行われるようにハードルの高さを調整することである。

ほとんどのスポーツの動作（特に足を使う動きが必要なスポーツ）では，矢状面と水平面上の可動域が必要である。例えば，着地やカッティング動作における姿勢評価で特定された問題のために，身体コントロールに焦点をあてた分析では，垂直，前後，左右での力をコントロールする能力に重点を置いて，ジャンプの離地や着地に関するテストをすべきである。ハード

図6.19 ハードル・ジャンプ（両脚）：(a) 離地，(b) 着地。

図6.20 ハードル・ホップ・アンド・ホールド（片脚）：(a) 離地，(b) 着地。

ル・ジャンプやハードル・ホップをちょっと変えることで，「垂直から前へ」から「垂直から横へ」とジャンプの方向を変えられ，動作が前後から左右へのものとなる。アスリートに対しては同じような段階的な課題を与えることができる。アスリートはジャンプをしてハードルを越え着地しなければならないが，同時に横へもジャンプしなければならない（図6.21，図6.22）。

コーチは離地と着地の際に股関節，膝関節，足関節の正しいアライメントが維持されているかに着目すべきである。アスリートは動きをよくコントロールすべきで，着地の際に回転を制御するために腕や体幹を使

いすぎる必要はない。側方への着地をコントロールする能力を分析するための段階的アプローチも推奨されている。例えば，両足離地から片足離地に変えての両足着地がある。片足離地からの両足着地ができた後（図6.22b），段階を上げるために片足離地から片足着地を行う（図6.22c）。

段階的分析方法としては，1回の最大限のシングルレッグ・ホップよりもトリプル・ホップ・ディスタンス・テストがすすめられる（図6.23）。特にアスリートが3回目の着地の際に，バランスを維持して安定するまでの時間を秒単位で測定するように修正された方法は，下肢の筋力，パワー，バランスのテストとし

図 6.21　ラテラル・ハードル・ジャンプ（両足）：(a) 離地，(b) 着地。

図 6.22　ラテラル・ハードル・ホップ（片足）：(a) 離地，(b) 両足着地，(c) 片足着地。

て信頼性，妥当性があることが報告されている[9]。この修正によって，バランス能力の欠陥を予測することにおいて，静的テストより信頼性のあるテストであるとされている。したがって，トリプル・ホップ・ディスタンス・テストは，姿勢制御とバランス能力の欠陥を示唆するテストとして有用である。

このテストは単純で，簡単に実施することができる。アスリートは，スタートラインから片脚でできるだけ遠くへ跳ぶように3回ホップを行う（離地と着地は同じ足）。3回ホップした後に着地し，安定してバランスを保った場所までの距離（cm）と時間（秒）を測定する（例えば，1秒でバランスを保ち，安定し

図 6.23　トリプル・ホップ・ディスタンス・テスト

表 6.1　トリプル・ホップ・ディスタンス・テストの評価

	距離 (cm)	安定するまでの時間 (秒)	膝の外反 (正常，軽度，中等度，重度)	膝関節の屈曲角度 (正常，軽度，中等度，重度)
左足				
右足				

C. Brewer, 2017, Athletic movement skills (Champaign, IL: Human Kinetics).

た場合は，3秒かかった場合よりも好ましい）。観察者は**表6.1**のようなチェックリストを使って結果とコメントを記録する。

　このテストでは，距離に関する量的評価に加えて，アスリートの動きの質も観察する。例えば，着地の際に膝関節の屈曲が少なく，外反が大きい傾向にある場合は前十字靱帯（ACL）に対する負荷が増加し，ACL損傷へつながる可能性がある。できればこれらの動きはビデオ撮影して記録し分析すべきである。着地の際に膝が内側に入っているかどうかについては「正常，軽度，中等度，重度」などと記録する。もし，運動学的分析が可能であれば，角度，距離，あるいは膝の動きが次の介入によって改善されているかを評価するために，より詳細に継時的に定量的に測定する。

　本章で述べているほとんどの動作観察分析課題は，全身の運動連鎖の分析に基づいていて，多関節を考慮している。なぜなら，ほとんどの動きのスキルは地面との関係があり，さらにアスリートの姿勢制御能力によるものであるからである。しかし肩は特別で，詳細に調べなければならない部位である。肩関節は4つの関節（胸鎖関節，肩鎖関節，肩甲上腕関節，肩甲胸郭関節）からできている。肩は，上肢を使ったスポーツ動作においてきわめて重要な役割を果たす。実際，コンタクトスポーツでの衝突，投球動作，打つ動作など，肩関節がかかわる動きは繰り返しが多く，速度の速い，負荷の大きいものになる傾向がある。このような動きのあるスポーツにかかわる人々は，アスリートのニーズ分析をする際に，この複雑な構造の機能的評価をすべきである。

　本章で紹介したテストのいくつかは，潜在的にアスリートの制限となっている姿勢や動作不良を比較的簡単に素早くみつけられるが，これらのテストが唯一のものというわけではない。例えば，スクリーニングプロトコルに肩関節複合体，体幹筋力，体幹筋持久力を含むべきであるという議論がある[10]。より重要なことは，スクリーニングによって改善の必要のある部位に目標を定めたトレーニング介入をするために，記録を残すことができるということである。

アスリートにとって必要な部分の対処法

　動作や筋力発達の段階的な改善方法については以降の章で紹介している。パフォーマンスを高める段階的トレーニングは，基本的に問題点を修正するというトレーニングと似ている。違いは，そのアスリートが基礎段階にあるのか上級の段階にあるのかに基づいて進行を変えるということである。

　本章では，アスリートの動作スキルに関係する股関節（例えば，殿筋群の活動が不十分）と足部，足関節の矯正方法を紹介した。コレクティブエクササイズは，これらの部位の機能不全を識別し，他のプログラムに付け加えやすく，どのような環境でも実施しやすいエクササイズである。

　これらのエクササイズを探求することで，指導者は，いつこれらのエクササイズを実施するか，なぜ有益なのかなど，エクササイズの目的を理解するために，運動処方と運動指導の概念を学ぶことになる。これらのエクササイズを実施するにあたって，以下の原則を守らなければならない。すなわち，もし正しいフ

図6.24 クラム：(a) 開始姿勢，(b) 膝を上げた状態。

ォームで実施しなければ代償動作が助長されてしまうため，指導者はアスリートがエクササイズ中に正しい姿勢で，正しい順序で行っているかを観察しなければならないということである。

関節の位置が機能を決定する。動きを正しく行うことで神経筋系が発達する。アスリートは動きを感じる必要がある。正しい動きはどのようにすべきかという，いわゆる筋の記憶を確立するために，感覚神経，運動神経を使う必要がある。エクササイズを行うことは簡単である。しかし，動きを感じるということは，みた目のエクササイズは同じであっても概念的には異なる。動きの質は常に必要とされ，アスリートと指導者の双方からの関与が必要な概念である。この概念を強調する例は，本書のあらゆるところで示す。

殿筋の活性化

多くのスポーツ動作では，パワーは骨盤が中間位で腰椎の弯曲が正常に保たれた状態における股関節の力強い伸展によって発揮される。この動きは，大殿筋と共同筋である中殿筋，小殿筋の共同収縮が必要になる。しばしば忘れられることであるが，多くのスポー

ツ動作，トレーニングの動きは矢状面上で行う。一方，多くの全身の動きは水平面上で行うが，これはあまりトレーニングに移行されていない。このアプローチは，しばしばトレーニングで殿筋群の不適切な筋発揮を招き，パワーを出せなかったり，代償動作によって大腿四頭筋，股関節屈筋群，腰方形筋，大腿筋膜張筋など他の筋のオーバーユースにつながる。

クラム

指導者によっては，観察された動きのパターンを修正するために，筋動員の問題を修正しようとする。トレーニングとしてクラム・エクササイズがよく指示される。クラムは側臥位になり，膝関節を約90°，股関節を約135°に曲げた姿勢から開始する（図6.24a）。足関節，膝関節，股関節はつけた状態にする。この姿勢から，上側の膝を殿部の外旋筋群（中殿筋）をコントロールしながらゆっくり上げ下げする（図6.24b）。アスリートには，この筋が機能しているのを感じるよう指導する。

この基本的なエクササイズは，バンドを使用して股関節外転に抵抗を加えたり，脚を伸ばして下肢のレバーアームを長くすることによって段階を上げることが

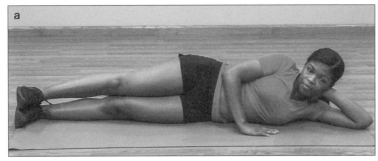

図6.25 側臥位での股関節外転：(a) 開始姿勢，(b) 脚を上げた状態。

できる。このエクササイズの段階を上げたものに側臥位での股関節の外転運動がある（**図6.25**）。このエクササイズは側臥位になり，膝関節は完全伸展，足関節背屈の姿勢（つま先を膝に向ける）からはじめ，上の足を上げられるところまで上げる。

正しい動きを促すコーチングのポイントとしては，「踵骨から動きをはじめるように」あるいは「足を高いところまで上げたときに，つま先で水を注ごうとしていると想像して」といった伝え方がある。この動きでは，脚を上げる際，股関節まわりの可動域を広げるために大腿骨が外旋していないことを確認する。この単純な代償動作によって，股関節の外転運動が股関節外旋運動へと変わってしまう。足部が固定されていなかったり（床に接していないなど）抵抗がないことで，中殿筋，小殿筋からの動きが外旋筋群優位の運動パターンになってしまう。

クラブ・ウォーク（横歩き）

クラムと側臥位での股関節外転は，一般的に治療のためのエクササイズとして処方される。しかし多くの指導者は，側臥位で筋の発揮を促すトレーニングをする根拠に疑問を抱いている。この疑問には，これら2つの異なる状況における機能的あるいはトレーニング効果の転移の問題が含まれる。この機能的運動の問題については，第10章で包括的に述べる。

関節の動きと位置に関する原則は，クラブ・ウォークとして知られているエクササイズに応用できる（**図6.26**）。これらのエクササイズは，一般的にバンドを使用して行う。この方法は，抵抗を簡単に増やすことができるため有用である（より張力の強いバンドを使う）。動きの範囲が広がるにつれて，負荷を克服するためにより力が必要になる。アスリートは，実際に筋の動きや活動を感じることができる。

クラブ・ウォークは前額面上で行う。両足で立ち，膝を少し曲げて横に動く準備をする。抵抗バンドは輪にして足首まわりに引っ掛ける。一般的なコーチングポイントは，「足関節の骨で動きをリードするように」ということである。膝と股関節を少し曲げることで，殿筋群が動員され安定性が増す（**図6.26a**）。この姿勢から動かすほうの脚を外転させ少しもち上げてその方向に進む（**図6.26b**）。この動きは，中殿筋，小殿筋を使って大腿部を外転させて身体から遠ざけるよう

第6章 姿勢評価　119

図6.26　クラブ・ウォーク：(a) 開始姿勢，(b) 横へステップ。

な動きを引き起こす。次に対側の股関節を内転させこの動きを終える。

　クラブ・ウォークによって，アスリートが動くための筋動員のために刺激を与えられるが，このエクササイズがスポーツ動作にとって必要なものかどうかについては，議論が続いている。動きの方向と効率は，ニュートン物理学の法則に依存する。スポーツパフォーマンス中の左へのステップは，左足がリードして動かしているわけではない。もしそうであれば，減速が起こる。第一に，望む方向へ重心を動かすための横方向への押圧がない。第二に，左に動くことで支持基底面が広がり，安定性が向上するが，動きの能力を狭めることにもなる。

　したがって，左へ動くためには（ニュートンの運動の第2法則による），右足で床を押し込んで力のベクトルを床に伝え，身体の重心を左へ移動させるようにする。アスリートは床との接触を維持するように，足の内側で床面を押す。横へ動きはじめるためには，左足の外側で地面を押し，足関節の骨によって動きをリードし，左大腿骨を股関節において内転させる。右足の踏み込みが慣性を超えることによって横への力強い動きが生まれ，推進力が左足へ移行する。このような方法でクラブ・ウォークを行うことでよりダイナミックになるが，殿筋群の動員という観点から学習効果を得るためには，バンドの抵抗を増やす必要がある。治療的介入のために殿筋群の使い方を教える必要のあるアスリートにとって実用的で建設的な教え方としては，左足からはじめて左方向へ移動する方法から開始するのがよいだろう。神経筋の動員が効率的になり，効果的な筋の使い方を学習するにしたがって，動きはより力強く機能的な段階へ上げられる（右足を押すことで左へ移動する）。

　クラブ・ウォークは，矢状面上の動きを含むことで段階を上げられる（図6.27）。アスリートは，前進しながら斜めの方向へ足を動かす。つま先は前あるいは少し内側を向かせ，動きの焦点を股関節外転の維持にあわせる。そうしないと，モーメントが股関節の屈曲に抵抗し，外旋となる可能性がある。実際，スプリント動作における中殿筋，小殿筋の重要な機能は，股関節の位置を維持することである。なぜなら，（支持のない）足のスイングで股関節の回旋を制御するからである（第8章で述べる）。

殿筋ブリッジ

　段階的なエクササイズの多くは，大殿筋の股関節伸展機能を発達させるために用いられる。最も単純なのは，床での殿筋ブリッジである。

　足を腰幅に開き，膝関節を90°に曲げた状態で仰臥位になる（図6.28a）。最も容易にこのエクササイズをはじめるには，腕を床につけて支持基底面を広げ，

図 6.27 矢状面上の動きを加えたクラブ・ウォーク：(a) 開始姿勢，(b) 斜め前方への踏み込み。

図 6.28 殿筋ブリッジ：(a) 開始姿勢，(b) ヒップ・リフト。

安定性を高めて行うとよい。また，床から腕を上げることでエクササイズの難度を上げることができる。体幹に力を入れ，踵の外側で床を押して殿筋群を使い，骨盤を床から上げる。足部をついたまま，足の外側で押すことによって，中殿筋を共同筋として賦活し，骨盤の側方の安定性が維持される。肩，骨盤，膝が一直線になるところまで骨盤を上げる。一番上まで上げて安定した状態（**図 6.28b**）を 10〜15 秒維持し，骨盤を下ろす動作を繰り返す。

一般的に，この動作中にハムストリングスや腰部に痛みや不快感があるアスリートは，骨盤伸展を促すために殿筋群を使用していない。この動きをはじめるにあたって，動きと言葉での指示は重要である。アスリートが骨盤を上げることに焦点をあてると，結果としてこの動きは腰椎の過伸展となり，まったく異なる運動となる。アスリートには殿部からこの運動をはじめるということを教える必要がある。

このエクササイズの段階を上げる方法として，バーベルやおもりを腰のまわりに巻いて外部からの負荷を加えようとすることが多い。加えたおもりによって股関節伸筋群の動員が増すかもしれないが，それはただ質的条件が加わったにすぎない。より適切に段階を上げるには，片脚での殿筋ブリッジを行うとよい（**図 6.29**）。動きは両脚の場合と同じであり，アスリートの能力によって腕を床につけて行っても，上げて行ってもよい。この段階を上げる方法（漸進法）は，運動制御の観点からも正しい。第一に，同じ体重を片脚で上げるため，負荷は 2 倍になる。支持基底面が狭まり，重心が定まらないので，股関節を伸展した際に，骨盤を安定させるために中殿筋，小殿筋，体幹筋群を

図 6.29　片脚殿筋ブリッジ

使うようになる。誤って行うと，伸展した際に骨盤が落ち込む結果となる。

　上げている脚の膝関節と股関節の屈曲角度を変えることによって，このエクササイズを簡単にすることも難しくすることもできる。上げている脚を曲げれば（レバーアームが短い），上げている脚を伸展させている状態（レバーアームが長い）よりも必要とする力が少なくなる。

ハイボックス・ステップアップ

　エクササイズの利点をトレーニングへ移行する原則にしたがえば，殿筋ブリッジの利点はハイボックス・ステップアップやシングルレッグ・スクワットのような片脚での運動によって立位での運動に移行できる。

　ハイボックス・ステップアップを行う際に重要な点は，正しい高さのボックスを選ぶことである。大殿筋が主動筋として働くためには，開始姿勢で股関節が膝関節よりも少し下の位置になければならない（図6.30a）。ボックスが低すぎると，大腿四頭筋優位の動作パターンでステップアップすることになり，股関節伸展においてハムストリングが大きな役割を担うことになる。膝関節の屈曲によってこの動きをリードしないように，高いボックスを使用する。

　支持脚をボックスの上に載せ，足部全体を平らにし，踵が浮かない状態にする。逆足で動きを先導しないようにする。このような力学的に不利な姿勢では，支持脚とは逆の腓腹筋の爆発的な収縮によって足関節を底屈させ，身体を上げるようなステップアップを行う。逆足を最初から足関節底屈位（逆足でつま先立ちした状態）にして行えばこのような動きはできない。

　支持脚の踵で力強くボックスを押し，股関節を伸展させるに十分な力を発揮させて身体を上げる動きを開始する（図6.30b）。アスリートはこの力学的に不利な姿勢で，殿筋群を力強く収縮させなくてはならない。後ろ脚の膝を曲げて身体を上げようとしているアスリートに注意する必要がある。このような動きをするアスリートは，後ろ足のつま先を膝のほうへ上げるようにすることで身体の直立が保てる。踵が床面についていることで，後ろ足で垂直の動きを開始することがかなり難しくなる。この動きの間，体幹は直立を保つ。よくみられる代償動作は，体幹を前傾させ，重心を支持基底面よりも前にすることで前方へ移動することである。また，特に身体を沈めていくときの腰椎にも着目し，腰椎の正しい弯曲が維持されていることを確かめる必要がある。

　両足がボックスの上（図6.30c）あるいは股関節を屈曲させ支持脚と逆の足が身体の前にある片脚立位の姿勢（図6.30d）で，完全に直立位になるまでこの動作を続ける。片脚立位では支持基底面が小さくなるため不安定になる。この状態では股関節の高さを保つために中殿筋が活動しなければならない。このエクササイズの難度を高める方法については後で述べるが，その原則はこのエクササイズや他のエクササイズに簡単に適用できる。それぞれの足で10回の反復を2〜3

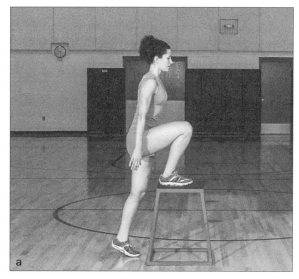

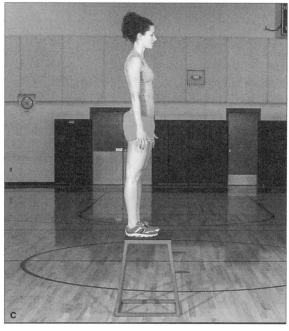
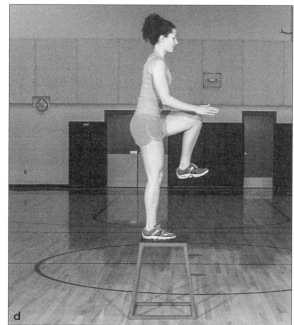

図 6.30 ハイボックス・ステップアップ：(a) 開始姿勢，(b) ステップアップ，(c) 両足がボックス上，(d) 片脚立位で逆足を身体の前へ。

セット行い，セット間にリカバリー時間を挟むことで，確実に段階を上げることができる。

シングルレッグ・スクワット

シングルレッグ・スクワットには，求められる結果とアスリートの動きの能力によっていくつかのバリエーションがある。

ラテラル・シングルレッグ・スクワット（図 6.31）は，大殿筋の伸展機能と，スポーツ動作中の中殿筋，小殿筋の重要な役割〔支持のないとき（足が床についていないとき）に腰が下がるのを防ぐ〕の 2 つを対象としている。

はじめは 10～20 cm の高さのボックス上に立つ。片脚は足部を平らにした状態でボックスに載せ，逆足は宙に浮かせた状態で保つ（図 6.31a）。ボックスに立っているほうの脚の股関節と膝関節を同時に屈曲させ，宙に浮かせている足の踵（つま先を膝に向けた状態を保ち）が床に着くまで降ろす（図 6.31b）。この

第 6 章 姿勢評価 123

 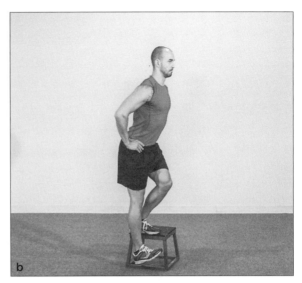

図 6.31 ラテラル・シングルレッグ・スクワット：(a) 開始姿勢，(b) スクワット。

図 6.32 ピストル・スクワット：(a) 開始姿勢，(b) スクワット。

エクササイズは，股関節の高さを保った状態で行う。10回反復を2～3セット，それぞれの脚で行う。このエクササイズは，バランスと体幹の位置を保つためにダボを使ったり，オリンピックバーを使って負荷を加えて行うこともできる。動きに負荷を加える前に，ボックスの高さを高くしてスクワットに必要な動きの範囲を増やしていくという段階の上げ方も可能である。

シングルレッグ・スクワットは，股関節筋群を強化するために理想的なエクササイズである。すべてのエクササイズの段階の上げ方と同様に，エクササイズの難しさは，アスリートの動きの能力に合っていなければならない。もしエクササイズが難しすぎて，正しく実施できなければ，代償動作が起こる。適切なシングルレッグ・スクワットの段階の上げ方は第10章で紹介する。

フルのシングルレッグ・スクワット，いわゆるピストル・スクワット（図6.32）は，難易度が高く最終

段階のエクササイズである．後の章でさまざまな姿勢に外部負荷を加えることによって，この動きをどのように難しくあるいは簡単にできるかということを紹介している．第10章で紹介するように，このエクササイズを全可動域にわたって実施すると，殿筋群だけでなく，股関節や鼠径部周囲の筋群のテストになる．ピストル・スクワットは一番下の位置で骨盤を後方に移動できなければ，フルの深さで行うことはほとんど不可能であるということに注意してほしい．腰椎椎間板への剪断力を促す軸圧は生まれないため，アスリートがこのエクササイズができないことを懸念する必要はない．特定の動きを強化するために負荷を使う場合，推奨されるアプローチは可動域については妥協して，腰椎の正常な弯曲を確実にすることである．

足関節の安定性

下肢の一方の端は足関節であり，動きのコントロール不良に関連している可能性がある．アスリートがまず練習しなければならないことは，足の位置を決めることである．立位で姿勢を保ち，最初は両足で，続いて片足で内側のアーチを中間位に保つようにする．この動きはつま先で地面をつかむようにすることが必要であるが，強すぎても強調しすぎてもよくない．

長腓骨筋と前脛骨筋の共同収縮によって，安定性とコントロールが増す．アスリートが安定してバランスのとれた姿勢をとることができた後，外乱を加える．単にアスリートの腕や体幹を動かして，重心の位置を変えることで難しくすることができる．動いているダボの先端を触わったり，高さやスピードを変えて投げられた重さの違うボールをキャッチしたりする．アスリートの視野を塞ぐこともバランスを維持するための固有受容器や神経筋系を高めることにつながる．

難易度を上げるための方法として，クッションや枕のような適度に不安定な場所で行うことを取り入れることがあげられる．不安定な場所で行うことによって筋力強化にはつながらないが（第10章で説明する），このような運動によって足関節の固有受容覚を高めることができる．膝を沈めるような複雑な動きを加えることによって，この運動を強化することができる．

まとめ

運動プログラムの質を高めるためには，アスリートの客観的データが必要である．多くの客観的指標はスクリーニングによって確認すべきである．多くのスクリーニングが利用可能であるが，本章ではアスリートが静的，動的な姿勢のコントロールをどのように可能にしているかを示している実用的で簡単に行えるものを紹介した．これらのテストの客観的指標によって，プログラムの展開を方向づけることができる．

ほとんどの姿勢制御不良は，代償動作につながり，それらは姿勢に影響を与えている．例えば，ハムストリングや股関節屈筋群の硬さがあると，大腿四頭筋優位のランニングにつながり，それが殿筋群を使えないことにもつながっている．基本的なコレクティブエクササイズによって，段階的にこれらの問題への対処方法をプログラムに取り入れることができる．次章では，コーチがプログラムを効率的に発展させ応用することができるような原則について述べる．

（安藤　豪章）

第7章

段階的カリキュラムの計画：動作スキル学習と身体的-力学的トレーニングに関する検討

運動スキルを身につけるためのプログラムは，アスリート，特に子どもたちが，スポーツと生涯にわたる身体活動の両面を支える基礎的なスキルを十分に得ることができるよう包括的なプロセスに基づいて構成する必要がある。そのプロセスは，アスリートにとって即時的な効果を得るためではなく，むしろ長期的な成長のなかで適切な時に適切なことを行えるよう，動作教育プログラムを系統的にスポーツに特化したプログラムと結びつけて統合させるべきである。アスリートにとって重要なことは，「何ができない，またはすべきでない」ということよりも，むしろ「何ができるか」ということに焦点をあてるべきである。

卓越したパフォーマンスとは，スポーツによって多種多様であるが，突き詰めていくとアスリートがその時に得られる情報に基づいて最良の判断ができることである[1]。したがって，競技スキルを向上させるためのプログラムの目的は，アスリートがスポーツの状況下で生じる問題に対し，最善の解決策を遂行できる身体能力を身につけさせることである。

この点において，プログラムとはアスリートの運動パターンに絶え間なく変化を教え込ませるものである。そのため，トレーニングや練習は，常に学習と同じでなければならない。スキルの習得とは，練習を通して新しいスキルを身につけるプロセスであり，スキルの維持とは，時間をかけて獲得したスキルを保持するために発達したアスリートの能力である。動作スキルの維持には，運動系への段階的な高負荷（第1章，第2章），アスリートのニーズに対する考慮（第3章），核となる動作スキルの活用（第8章〜第10章）が必要であることに加え，専門的レベルが高くなるに従ってスポーツに特化した知識（第11章）が必要になる。

競技能力を向上させるためのプログラムを立案する指導者は，特定のスポーツで要求される核となるスキルを向上させるために，計画したカリキュラムをどのように提供すべきかを理解する必要がある。適切な練習方法を提供するためには，アスリートのニーズにおいて重要な以下の3点を理解しなければならない。

1. 課題：スポーツに必要な動作を理解し，これらと最適な技術や戦術に関する原則を関連づける
2. 個人：アスリートがどのようにして学び，そして生物学的，心理学的，社会的にどのように成長するかを理解する
3. 環境：コーチングの実践，プログラムの構築，

関係者やできれば親のサポートを通して学習環境を確立させる

これらの3つの要素と以降の章で紹介するスポーツにおける特定の動作と姿勢を強化するためのスキルに関する専門的情報を組み合わせることで、アスリートのパフォーマンスレベルにかかわらず、動作スキルを高めるための段階的な運動プログラムを構築することができる。本章では、スキルを向上させるための練習内容やコーチングにおける基本的概念を紹介するが、その多くは体育教育の成功事例に基づいている。

動作スキルとは、正確性や精度および意図をもって実行される、観察可能なパフォーマンスに組み込まれた一連の動きと考えられている。この動作スキルは、ランニングやジャンプのような一般的な動きを指すこともあれば、足の外側でボールを切り返すような高度で特殊な動きを指すこともある。熟練した指導者は、アスリートが基本的な動作からより高度な動作に進めるかどうかを判断し、その際に特殊なスキルを学習させ、スポーツの状況に適応させる方法を把握している。この内容については、これまでの章における身体能力に関する考え方で説明した。プログラム（またはカリキュラム）とは、単語のブロックを積み上げて文章、段落、そして物語をつくり出すように、必要な環境に応じて情報を処理または伝達できるようにすることである。

総体的カリキュラムの構築

プログラムを立案する者の多くは、アスリートが現在実施しているスポーツで要求される動きを特定することで、そのスポーツの観点から動作の教育をはじめる。このアプローチは、しばしば個人の段階的な向上を阻害し、トレーニングに偏りをもたらす可能性がある。実際、この特殊なアプローチの大きな問題点は、指導者がスポーツ特有の動作を支える基礎となる一般的な身体能力を過小評価してしまうことである。その一方で、アスリートが他のスポーツや学校で体育教育を受けたかもしれないということで、一般的な動作能力を過大評価してしまう場合もある。西欧社会の多くでは、基礎的な動作スキルと姿勢制御を強調した専門的な体育教育は廃止され、よりスポーツに特化したプログラムが実施されてきた。したがって、子どもたちに対して、競技に必要なABCs（アジリティ、バランス、コーディネーション、スピード）、運動の基礎（ランニング、ジャンプ、投動作）、スポーツスキルの基礎（身体意識、滑ること、捕ること、当てること）に関する指導は、計画的に行われていない。多くの場合、動作スキルの差は、学校教育以外で競技力を向上させるためのプログラムによって埋める必要があり、それは身体能力と基礎的スキルの向上よりも、むしろスポーツ別に必要なスキルに焦点をあてたスポーツに特化した指導が必要とされる。

ただし、早期からスポーツ特有の動作に特化すると、特定の部位の過度な発達やある特定の神経筋群の過度な疲労、他の筋群の発育不全（運動ニューロン動員や力発揮、持久性能力不足）にいたる反復的な運動パターンと筋活動にさらされることを考慮すべきである。つまり、この教育システムでは、アスリートのパフォーマンス能力を制限させてしまう可能性がある。共同筋群における筋動員のアンバランスは、筋の硬さや筋動員の不適切なパターンを招くおそれがある。その結果、特定のスポーツ集団の若年者においては、繰り返される高負荷および高速度の動きに関連して多くの障害が発生する可能性がある。そのような障害には、踵への繰り返される負荷や腱を介した過剰な牽引力が踵骨（踵の骨）に炎症を生じさせるシーバー病がある。同様に若年者では、大腿四頭筋の収縮による反復ストレスが膝蓋腱を介して未成熟な脛骨粗面に伝わり、腱の炎症に伴い複数の裂離骨折を引き起こし、脛骨粗面が過剰に骨成長して強い痛みを伴うこぶを形成する障害が好発している[2]。この障害は、オスグッド・シュラッター病として知られているが、スポーツをしている若年者の21％に生じていると報告されている（スポーツをしていない若年者では4.5％）[3]。

卓越したパフォーマンスとは、プレッシャーがかかるなかで最良の技術が発揮できることである。つまり、ハイレベルなスポーツを行っている者は、神経筋

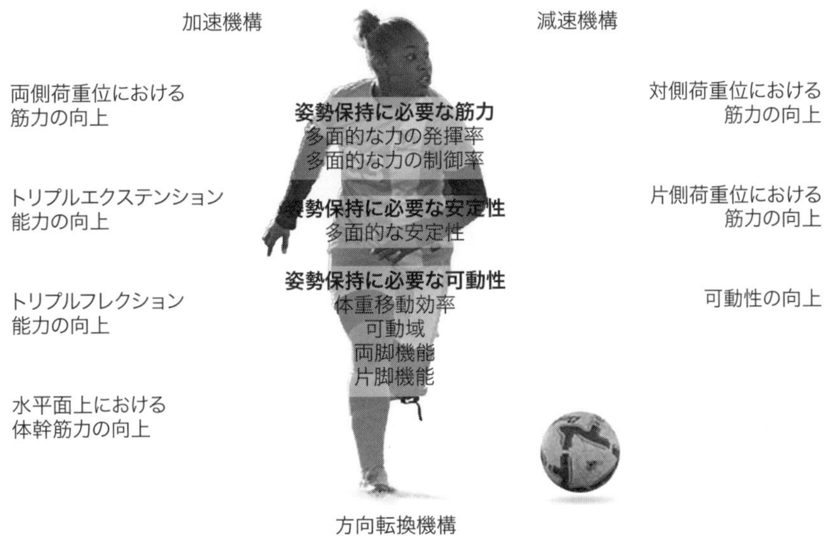

図 7.1 多方面（状況に応じて）にかかわる動作カリキュラムの検討事項：求められるトレーニング結果と必要とされるトレーニング入力

系や筋骨格系の完全なそして調和のとれた発達が必要であり，それによってランニング，ジャンプ，投動作，蹴り動作，捻り動作における加速や減速に必要な力を得ることができる。なお，これらの特定の動きとスポーツ特有のスキルを効率のよい動作（技術）として，パフォーマンス発揮の際に正確に再現できるように徹底的に身につける必要がある。優れた競技動作を身につけるために必要なカリキュラムとは，スポーツ特有の技術や高いスキルを効率よく発揮するために要求される身体的機能（筋力，スピード，持久力など）をアスリートが身につけるために，バランスのとれたアプローチを提供することである。アプローチの焦点は，パフォーマンス能力に必要な身体機能にあてられ，これらが支える動作能力にはあてられていないことが多い。

この考えを実情にあてはめるためには，若年（思春期）のサッカー選手が試合でランニング，ジャンプ，スローイング，キックを繰り返さなければならないことを考えるとよい。各動作は，技術そのものと，その技術を試合状況に適応させるための身体機能の両方を身につける必要がある。例えば，ジャンプしてボールをヘディングする場合，片脚または両脚でジャンプする必要があるだけでなく，前方や後方への動きから方向転換をしてジャンプしなけらばならない場合もある。また他の選手から時間的，空間的プレッシャーをかけられたなかで空中のボールを競る場合もある。さらに，試合中に必要とされるヘディングスキルには，異なった身体能力が要求される。例えば，ディフェンダーがクリアする時のヘディングは，距離（体幹と頸部によって力を増幅）が必要であり，直接シュートする時のヘディングは，頸部を介した側方への力発揮，ヘディングでのパス（守備の場面でゴールキーパーにヘディングでボールをもどすときなど）には，運動連鎖を介してボールの力を吸収することが必要になる。

サッカーのように相手陣内に侵入して点を取る競技では，多くのスキルが動員されるが，どのスキルが必要とされるかは，ボールの動きや他の選手，マッチアップしている選手の反応によって変わる。動作には多くの種類が存在し，各動作スキルには関連性がある（例えば，ランニングとジャンプ，着地と加速，減速と加速）。つまり，状況に応じた動きを発揮するためには，アスリートがこれらのスキルを学習し，運動場面や特定のスポーツ課題に効率よく適応できるように，カリキュラムに組み込むための広い考え方（**図 7.1** に示したように）が必要である。

図 7.1 に示したように，各領域のトレーニング方法

は，実践することが可能である．例えば，直線的加速を反復的に練習することで，加速機構を発達させ（第8章），機能的な筋力トレーニングは，姿勢制御にかかわる筋や下肢の屈筋群および伸筋群の筋力を向上させる（第10章）．そしてプライオメトリックトレーニングは，下肢3関節の伸展および屈曲の力の立ち上がり率（rate of force development：RFD）を高めることができる（第9章）．各トレーニングを単独で行った場合，状況に応じた能力を短期間のうちに変化させ，適応力が高まるかもしれない．しかし，このような方法では，どのような状況下でもアスリートの運動能力に制限がかかる疲労が短期間に誘発され，その回復が遅くなる恐れがある．疲労は，その後のトレーニングで得られる効果を妨げるだけでなく，トレーニングを安全に行うことができなくなる場合もある．

効果的なプログラムを作成するにあたって，単純にトレーニング方法を理解し，それを提供するだけになってはならない．明確な目的がないエクササイズを提供することは，効果的なトレーニングセッションとはならず，同じようなトレーニングセッションを続けることも効果的なプログラムにはならない．つまり，明確な目標を確認し，その目標を達成するために効果的な方法を用いるという戦略が必要である．また，このこと以上に効果的なプログラムとは，トレーニング個々の要素を発展させる前に，その方法が有効かつ安全であることが前提でなければならない．

図7.1にもどると，戦略的に重要なことは，状況に応じた能力を瞬時に発揮させることである．この能力を得るために必要な機能は，姿勢制御のための筋力，安定性，可動性である．これらの機能を向上させることで洗練させることができる技術的（力学的）能力には，加速，減速，方向転換能力がある．力学的に表現できる身体特性には，特に股関節，膝関節，足関節の屈筋群および伸筋群によって姿勢を制御するために重要な遠心性や求心性の力を発揮する能力がある．獲得された技術において力の立ち上がり率の基盤にあるものは，伸張-短縮サイクル（SSC）であり，プライオメトリクスを用いることで最も高めることができる．

指導者は，アスリートのニーズや能力に基づいて目標を明確にしたうえで（加速機構など），それを達成させるための具体的なセッションを設定し，実行可能かを判断する必要がある．なお，トレーニング方法の大部分は，アスリート個々のニーズや能力によって決まるため，他の身体機能（姿勢制御にかかわる筋力，片脚機能，力の立ち上がり率など）を向上させるために，異なるセッションや同じセッション内で異なるトレーニング方法を展開することが必要である．そして，トレーニングセッションは疲労の蓄積やトレーニングによる弊害が最小になるように，週やまとまった時間で行う必要がある．その例は，第11章で述べる．

同様に，具体的な目標にアスリートを導く際に，トレーニング方法が実際に有効であることを確実にするためには，身体的，技術的に必要な前提条件（次章で紹介）を適切に順位づけする必要がある．前進するためには時に後退する必要があるように，正しい動作能力が発揮されていることを確認するために，時々スキルを構成する要素を見直す必要がある．

指導者は，このプロセスに従うと同時に，生理学的な運動機能と第1章〜第3章で述べた発達機能の原則に常に立ち返る必要がある．効果的なプログラムの作成のためには，トレーニングを通してヒトとしての姿やその機能を理解する必要がある．そのため指導者は，生理学に基づいた動作の仕組みや運動能力を発揮し機能させる方法，また誘発し産出する方法，そして身体における力学的本質とそれら遂行に合わせた適応の原理を理解する必要がある．

さらに，プログラムの作成過程では，発育段階，トレーニング年齢やチームでの立場などのアスリートの背景に応じてトレーニング内容を決定していくことが重要である．ただし，同じプログラムを子どもと成人に同じように適応することはできない．25歳の元大学生アスリートが，週に3回，1回20分ゆっくり自転車に乗る35歳の会社員と同じ方法でトレーニングをしても効果が期待できないのと同じである．

身体能力は，スポーツ状況下に効果的に移行できた

表7.1 短距離走選手に対する筋力およびスピード向上のための中期的なプログラムの概要

	ブロック1：力発揮	ブロック2：適用	ブロック3：実現
筋力重視	多関節および多くの筋による力強い動き	筋力およびスピード重視；高い発揮率；乳酸性パワー	スピードと筋力重視；反応力；非乳酸性パワー
技術重視	加速および最大速度機構	加速への移行；最大速度への移行	最大スピード
コンディショニング	リン酸の代謝活性を高める不完全なリカバリーインターバル		

場合，最高のパフォーマンスを支えることができる。スポーツ特有のスキルの向上がいつ，どのように統合されるかを把握せずに身体能力を向上させることは根本的に困難である。アスリートは，このようなプロセスの中心に存在すべきである。競技能力を向上させることができる専門家は，「これを行うためには，アスリートにとってどのような身体能力が必要か，そしてその能力をどのようにして最大に発揮させることができるか」を問うことによってより優れたアスリートに育てている。

体重に対して適したパワーがないと評価された短距離走者を例に考えてみる。このような選手は，各ストライドにおいて重心を前方へ移動させるための力を地面へ十分に伝えることができず，ランニング中に加速したり，最大速度を維持することができないことが多い。このような選手には，力の発揮能力を高め，ランニング技術でスピードを向上させることを可能にするプログラムを組む必要がある。しかし，直線的加速に移行できない筋力トレーニングは，かえって走速度を遅くしてしまう可能性がある。表7.1にどのようにすればこの目標が達成できるかを示した。動作と力の向上に関する考えは後の章で説明する。

総体的（ホリスティック）なプログラムは，スポーツ経験を積むことで本人の身体能力を向上させられる可能性のある若年アスリートを育成することを目的としている。若年アスリートは，パフォーマンスという観点からみると，広い範囲の問題を解決するための身体的能力がある。つまり，アスリートは継続して身体的に学習できなければならず，それによって身体的に適応できばければならい。新たな問題に対し，常に同じ解決策ばかりを得ようとする者（つまり身体的に適応できない）は，パフォーマンスを向上させることはできない。このことは，発育過程の早期の段階で，専門的なトレーニングだけを行っているアスリートに生じることが多い。

実際，多種多様の競技を経験することは，技術的，戦術的な側面だけでなく，競技パフォーマンスも高められることを支持したエビデンスが多くみられる。例えば，パフォーマンスに必要な要素は，パフォーマンスを決定するために環境からの情報をアスリート自身がどう解釈するかに基づいている。このスキルは，さまざまな環境で習得することが可能である。例えば，サッカーやバスケットボールでは，空間認識と相手の動きを把握する能力が必要である。サッカーの指導者の多くは，ディフェンダーにこの能力を身につけさせるために，バスケットボールにおける攻撃から守備への素早い切り替えを考える。この考えのもととなる要素は，成果を得るためのルールや戦略にとらわれず，状況に応じたアスリートの戦術的な判断に委ねられる。

トレーニングの進め方における基本的原則は，統合されたプログラム開発を行うということである。この考え方をより詳細にみていく前に，グループを対象に指導する環境でさえ，アスリート個々のニーズがこのプログラム作成において重要であることを認識しなければならない。プログラムの提供には，常に個人的，教育的アプローチに基づき，アスリートを中心とし，アスリートを長期的に変化させたいという想いに基づくべきである。またこれらの目標は，プログラムの計画，実施，評価に反映させるべきである。

能力に基づいたスキルを向上させるためのアプローチ

卓越したパフォーマンスは，いかなる状況下においても最終的には動きの制御や基礎的技術に基づいている。この基礎は，築き上げるのに何年もかかり，最終的に多くの異なる環境に置かれることによって築かれる。成長と動作スキルの向上の過程は，子どもたちがより高いレベルの能力を発揮するに従って，普遍的な原則と結果として起こる発達の観点から合理的に予測できる。子どもと成人の両方でコーチングを成功させるための鍵は，適切な進め方をプログラムし，適切な方法を用い，参加者が上達していくことに興味をもち続けられるように楽しく，想像力豊かな方法を用いることである。

スキルを長期的に向上させるためには，あらかじめ決められた時間で特定のトレーニング効果を最適化するためのトレーニング要素を論理的かつ系統的に順位づけすることが必要である[4]。この過程では，向上した結果を検証する作業が重要になる。身体コンディショニングのあらゆる側面に関するプログラム展開の基本的な部分は，指導者が成し遂げようとする目標によって，プログラムの内容や要素が決められることである。つまり，結果を得るための最善の方法を選択しなければならない。

段階的負荷（漸進性）

能力とは，一般的に難易度の低い課題から高い課題に移行するうえで必要な基礎を形成するための力を指し，プログラム開発における主要なテーマとなる。例えば，第9章で説明するように，さまざまな着地動作における姿勢制御の能力と課題遂行に必要な筋力が得られるまで，高強度のプライオメトリックトレーニングを行うべきではない。動作能力は経験によって向上する。そしてこの能力は，さまざまなスポーツ状況下で発揮する必要があるため，アスリートは学び，それを実施するために多くの状況下でさまざまな運動課題を練習する必要がある。さらに，アスリートは状況に応じて必要な動作を判断し，与えられた状況下で最も効果的な動き（つまり，運動応答）を発揮するための手段（技術）を習得する必要がある。

この考え方は，ウエイトリフティングにおけるクリーン動作を上達させるための指導で説明できる。ウエイトリフティングは，クローズドスキルとみなされ，意図した動作を行う際は，完全にアスリート自身のコントロール下にあり，天気，対戦相手，移動する対象物など外部からの影響がない。完全に停止した開始姿勢から大きな力を素早く発揮させる必要があり，複数の関節および筋群を動員させるクリーンは，第10章で述べている機能的な筋力トレーニングプログラムにおける基本的エクササイズとみなすことができる。

クリーンはクローズドスキルであるが，全身的な動作を行うための関節運動の順序と筋の協調運動は複雑である。バーベルを挙上するときの姿勢やさまざまな動作速度の調整は，簡単には習得できない。そのため，技術を指導する際，決まった正しい方法というものはない。しかし，習得させる動作を分解し，動作を構成する基本動作に分けて（基礎となる姿勢や位置を1つの動作とする），段階的にスキルを指導することが合理的な戦略である。

この過程を**図7.2**に示した。バーを床から膝上まで挙げた後（ファーストプル・デッドリフト），膝から大腿部まで挙げる（スティフレッグ・デッドリフト）。次に大腿部から肩までバーを引き上げた後，素早く頭上に挙げ，キャッチ（フロント・スクワット）から立位になる，という一連の動作が必要になる。これら各局面における動作自体，妥当なトレーニング動作であるため，アスリートは学習しながらトレーニングを行うことになる。各動作を完全に習得すると，各動作が相互に結びつき，さらなる課題が動作のレパートリーに加えられる。

次の段階では，大腿部からシュラッグしながらのプルとスクワットをつなげて，大腿部からのクリーンを行い，複合した動作や減速を素早く行ってバーをキャッチするフロント・スクワット姿勢の練習に挑んでもらう。スティフレッグ・デッドリフトと大腿部からのプルは，ハングからのプルへつながる。そして，床からのリフトを習得し，最初のプル・デッドリフトを通

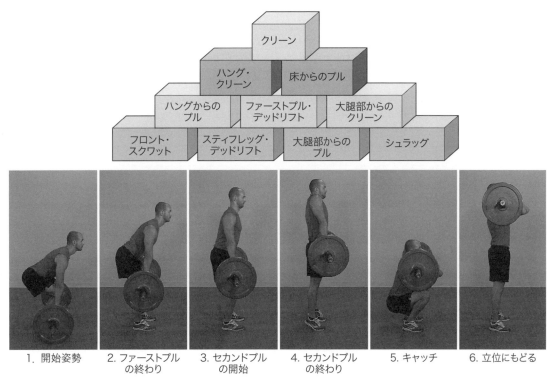

図 7.2 単純動作を習熟することでより複雑な動作の学習に進むことができる。動作能力の向上に基づくクリーンの学習戦略の例。

じてはじめてプルの練習になる（バーが挙がるのは膝上まで）。

個別性

すべてのアスリートが一様に上達することはない。すぐに基礎動作（レベル1）（**図7.2**のピラミッドの最下層）を習得するアスリートもいるが、動作の流れと、挙上時に股関節が伸展することで素早く膝が反応するため、大腿部からのクリーンがハングからのプルよりずっと簡単であることに気づく者もいる。レベル1とレベル2（**図7.2**のピラミッドの最下層から1つ上の層）で上達を加速させるだろうが、バーを床から最も高い位置まで素早く上げる（床から引き上げる）ことに悪戦苦闘するアスリートもいるだろう。求められる動作やコーディネーションによっては、アスリートによって上達するスピードが異なる。

そのため指導者は、すべてのカリキュラムの進行において、たとえ対象が複数からなる場合でも、個々の学習度合と能力レベルに合わせて調整できなければならない。つまり、学校教育における体育で用いられる「個別性（子どもの学力に応じたアプローチ）」の原則は、非常に重要なものといえる。すべての人が同じ練習を行っていても、個別化された数多くのバリエーションが、それぞれの人に適切に適用され、全員が同じレベルの課題を受けられるようにする。本章で説明し、第8章〜第10章で詳細に解説するように、すべての練習はプログラムを通してアスリートにとってより必要な能力をもたらす手段となる。

個別性の原則は、さまざまな方法や異なった環境に適用することができる。**表7.2**、**表7.3**は、エリート女子サッカーチームに対するウエイトトレーニングプログラムの例である。この例では、選手の能力に応じて筋力トレーニングをどのように用いているかを示した。多くのチームでは、おそらく時間の制約（例えば1週間のうちの決まったトレーニングセッションだけトレーニングルームに立ち寄るというチームの場合）により、全選手に対するプログラムの個別化は不可能かもしれない。しかし指導者は、その女子サッカー選

表7.2 セッション1：基礎的な技術，股関節・膝関節伸筋群

チーム計画								
				負荷				
エクササイズ	回数	セット数	メモ	1	2	3	4	5
フロントフット・レイズド・ダンベル・スプリット・スクワット	5	3	各下肢					
バンジー・アシスティッド・レイザー・カール	8	3						
高いボックスを用いたダンベル・ステップアップ	5	3	各下肢					
大腿部からのクリーン・プル	5	3						
バーティカル・レッグショット	10	2						

実施者1：指示されたセッション内で多くの伸展運動を行い，優れた技術を遂行できる経験を積んだ選手

				負荷				
エクササイズ	回数	セット数	メモ	1	2	3	4	5
フロントフット・レイズド・ハイバー・バーベル・スプリット・スクワット	5	3	各下肢					
レイザー・カール	8	3						
ハイバー・バーベル・ステップアップ	5	3	各下肢					
ハングからのクリーン・プル	5	3						
キャンドルスティック	10	2						

実施者2：指示されたセッション内で基礎的技術を発揮させ，動作を単純化して取り組みながら，筋力トレーニングをする経験の少ない若年選手

				負荷				
エクササイズ	回数	セット数	メモ	1	2	3	4	5
ダンベル・スプリット・スクワット	5	3	各下肢					
バンジー・アシスティッド・パーシャル・レイザー・カール	8	3	質は反復回数と動作範囲に影響する					
高いボックスを用いたアンローディッド・ステップアップ	5	3	各下肢					
大腿部からのクリーン・プル	5	3						
リバース・カール	10	2						

手が達成可能な，すべての運動に対して個別化された課題を提供しなければならない。

トレーニング年齢や筋力トレーニングの経験が異なる選手たちで構成される女子サッカーチームでの方針は，運動連鎖を介した機能的な股関節筋力と姿勢制御能力の強化に取り組むことである。また，コーチと医療スタッフが重要視していることは，スポーツに特化した動作で選手が動的に膝をコントロールし安定させる能力を長期的に向上させることである。例えば，20名の選手に提供するプログラム（長期プログラムの開始から1週間）では，そのプログラムの中核をなす目標とするエクササイズを特定し，選手に対する課題を増減できるエクササイズのバリエーションを含む必要がある。この考え方については第10章でより詳細に説明する。そこでは，基礎動作にもどったり，動作の難易度（重心に関係するバーの位置，動作速度，動作範囲，含まれる関節など）を上げることによって課題を増やしたりできる案も示す。なお，エクササイズのバリエーションとしては，動作における抵抗負荷を大きくすることによって，個々のレベルに合わせた設定ができる。

基礎と応用動作の考え方は，社会的適性の概念に基づいている。チーム環境にいるアスリートは，簡単な課題を与えられることを望まず，すぐに最も難しい課題に進みたがることが多い。しかし，「一段階もどる」ように計画されたプログラムを提供すると，同じようには受け取られない。ただし，全員が同じエクササイズでトレーニングに取り組むというチーム環境では，

表7.3 セッション2:基礎的な技術,股関節・膝関節伸筋群

チーム計画								
				負荷				
エクササイズ	回数	セット数	メモ	1	2	3	4	5
ダンベル・リバース・ランジ	5	3	各下肢					
シングルレッグ・ホップ・アンド・ホールド	4	3	各下肢					
ビハインド・ネック・プッシュプレス	5	3						
スプリング・ボック	8	3						
ロール・アウト	10	2						
実施者1:指示されたセッション内で多くの伸展運動を行い,優れた技術を遂行できる経験を積んだ選手								
				負荷				
エクササイズ	回数	セット数	メモ	1	2	3	4	5
バーベル・リバース・ランジ	5	3	各下肢					
シングルレッグ・バーティカル・ドロップ・ランド・アンド・ホールド	4	3	各下肢					
ビハインド・ネック・プッシュプレス	5	3						
オーバーヘッド・スプリング・ボック	8	3						
オンフィート・ロールアウト	10	2						
実施者2:指示されたセッション内で基礎的技術を発揮させ,動作を単純化して取り組みながら,筋力トレーニングをする経験の少ない若年選手								
				負荷				
エクササイズ	回数	セット数	メモ	1	2	3	4	5
オーバーヘッド・リバース・ランジ	5	3	各下肢					
ダブルレッグ・ジャンプ・アンド・ホールド	4	3	各下肢					
ダンベル・プッシュプレス	5	3						
リバース・スプリング・ボック	8	3						
ヒップ・ロールアウト	10	2						

　アスリート個々の動作能力と筋力に応じた個別化を容易に素早く提供することができる。そのため,応用課題の範囲を越えて早期に上達したアスリートには,プログラムが発展するに従って能力に見合った新しい動作課題を提供することができる。その点において,応用課題であったエクササイズはすぐに基礎的なレベルの課題になってしまう。

　同様に個別化したトレーニングは,すべての動作やスポーツに特化したスキルにも適用することができる。幼い子どもがテニスボールでオーバースローの練習をしているグループコーチングの環境を考えてみる(投動作は基本的な動作スキルである。そのため,投げる能力における適性や自信があることは,他のスポーツの選択肢や能力の幅を広げる)。練習課題の1つとして,子どもを壁の前に整列させ,ボールが頭より上へもどってくるように壁に向かってボールを投げさせ,それが1分間に何回だったかを確認させる。この練習方法は,子どもにボールをより強く投げるためにはどのように投球動作を行えばよいかを考えさせるものである。第3章で説明したように,子どものスキル学習の早期段階における投げることや蹴るという課題では,細かい運動制御に要する筋群より,大筋群における神経筋系の発達が早いため,筋力は巧緻性よりも発達しやすい。

　全選手を整列させ,同じ壁に向かって同じ方向にボールを投げさせることはよい練習になる。まず,投げたボールに当たらないように子どもたち同士が十分に距離をとる。アスリートAは,自身のスキルレベル,

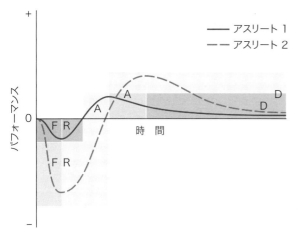

図7.3 同じトレーニングでもそれに対する反応は、個人のトレーニング状況によって異なる。F：疲労、R：リカバリー、A：適応、D：トレーニング終了。

筋力、協調性に合わせて、壁から6m離れたスタートラインに立つ。アスリートBは、より身体的に成熟しており、発達したスキルをもっているため腕が前にくるときに素早く股関節を回旋させ、体重を後方から前方に移動させることで、投球動作に入ることができる。また、アスリートBは投球動作の際に回旋しやすくするために、非投球側の腕も用いることができる。そのため、アスリートBは壁からより離れたところに立つことで、与えられた課題を自身の能力に合わせたものに変えている。一方アスリートCは、投球能力に制限はないが（アスリートAと同等）、ボールをキャッチしたりすることができない。もし、アスリートCが頭上に来るボールを補球できず、ボールを拾うことに時間がかかるようであれば、60秒の休憩時間を割いて課題に当てることになり、目的としたスキル向上につながらない。そのため、アスリートCには他のアスリートよりも多くのテニスボールを与え、課題動作に取り組むための機会が同等に得られるようにすべきである。ただし、キャッチングのスキルも軽視できない。プログラムではこの動作に取り組むため、キャッチ動作に関係する他の練習を提供する必要がある。

すべてのアスリートに対して与えられた状況下で、特定の技術やスキルを伸ばすためには、適切なレベルの課題を提供する必要がある。優れた指導者は、すべての参加者が運動パターンを強化し、十分な成果が上げられたことで自信が得られるように、適切なレベルの課題を提供できなければならない。適切なレベルで課題を提供するには、学習を強化し発展させるために必要な課題にバリエーションを加え、バランスをとらなければならない。しかし、失敗（または非競争）を経験することも必要である。失敗により多くのスポーツ（そしてスポーツ以外の）において学習力と向上力が刺激される。

個別性の原則は、個々のトレーニング状況に応じた身体刺激に適用される。個人の学習プログラムを計画することと同様に、グループ内のアスリート1人ひとりに個別化したトレーニングを提供することが重要である。トレーニング刺激に対する超回復モデル[5]に基づいて、同じトレーニングセッションにおける2人のアスリートの反応を**図7.3**に示した。図に示したように、アスリート1は恒常性（習慣レベル）にほとんど影響がみられないが、アスリート2は大きく影響を受けている。そのため、アスリート2は、オーバートレーニングを避けるために、次のトレーニングを行うまでの間に長いリカバリー期間が必要になる。この例によって、トレーニングの負荷をなぜ個別化させる必要があるかが理解できる。あるアスリートには強い影響を与える（オーバーリーチ）トレーニング負荷（動作の難易度、運動強度、運動量）であっても、他のアスリートの身体的能力にはまったく影響を与えないこともある。

トレーニング状況は、トレーニングプログラムで課された負荷に適応していくに従って時間とともに変化する。そのため、トレーニングセッションの最初では、負荷が刺激となっていたものが、トレーニングが進んだ後は適度なウォームアップ程度の負荷になっている場合もある。この変化は、適応という生理学的な仕組みによって生じ、一定の（同じ）環境刺激に対するアスリートの反応が時間の経過とともにに小さくなる。したがって、パフォーマンスを向上させるために必要な過負荷にするには、トレーニングによる刺激の変化が重要である。

動作スキルを向上させるための長期的アプローチ

動作スキルを向上させるためのプロセスは、子どもたちにアジリティ、バランス、協調性、スピードなどの基礎的な運動スキルにつながる正確な動作を身につけさせることからはじまる。これらの動きには、動作における基礎的要素が含まれるが、スキルの組み合わせや1つの動作スキルから次のスキルへの移行は含まれない。一般的にプログラムを作成する場合、基礎的スキルはどちらかといえば独立したものと考えられている。

子どもたちを対象としたプログラムを立案する場合の最も重要な戦略は、あるスポーツ特有の能力に焦点をあてる前に、万能なアスリートとして育成することであり、できるだけ高いレベルのパフォーマンスを発揮できるようにアプローチすべきである。子どもたちは、これらの基礎動作スキルを向上させるだけでなく、自身の能力に対して肯定的な視点をもち、自身の能力を知るべきである。

基礎動作スキル

基礎動作スキルとは、誕生前からはじまり、人生を通して続く連続する動きの一部である。幼児たちは練習、指導、見本により動きを経験していくことで、時間の経過とともに基礎動作スキルを学びはじめる。小学校低学年の時に基礎動作スキルを習得した子どもは、活発でさまざまなレクリエーションやスポーツ活動を楽しむ傾向がある。一方、その時期に十分な動作スキルが獲得できなかった子どもは、同級生同士で組織的に遊ぶことがなく、早期における運動習慣の挫折から活動性を欠いた生活を送る傾向が長い間定着してしまう[6]。

一般的に基礎動作は、発育年齢の5～7歳前後に成熟すると考えられている。成熟とは、スキルの遂行がはっきりと捉えられることを意味する。例えば、速いよちよち歩きの代わりに意図的に走ったり歩くことができる場合、この2つの活動の違いは明らかである。子どもはスポーツで用いられる走る、跳ぶ、投げる、バランスをとるなどの動きがまだ洗練されていなくても、これらの動きを用いることができるという感覚をもっている。

運動スキルを効果的に向上させることができるプログラムは、基礎的な段階で達成された能力と確実性に基づいて、高いレベルの動作スキルに進めることができる。しかし、学習の基礎段階は、子どもだけに適用されるものではない。新たなスキルを習得しようとする誰もがこの学習の基礎段階を経験する。例えば、新しいスポーツをはじめようとする人は、そのスポーツに関連するすべてのスキルに関して学習の基礎段階にいることになる。同様に、経験を積んだアスリートは、自身のパフォーマンスを向上させ続けるために新しい技術を身につけることを要求される。このような人は基礎レベルのアスリートではないが、新たなスキルに関してはまだ学習の基礎段階にいると捉えることができる。この概念は、学習を最大化するために用いるべき指導方法やドリル、トレーニングセッションの構築にアスリートのスキル学習のレベルが影響するため重要である。

スキル学習の基礎段階では、実演してみせることが重要である（「質の高いデモンストレーションを提供する」を参照）。この段階のアスリートが新たなスキルや技術に遭遇した場合、自身の動作を理解できるように、卓越したパフォーマンスとはどのように見えるかを模範として示す必要がある[7]。

スキル学習の基礎段階にあるアスリートを指導する場合、まずスキルよりも動作技術を教え、最初にこれらの技術をできるだけクローズドスキルとして身につけさせる。この際、スキルと技術を区別することが重要である。技術とは、あらゆるスポーツや事象における基本的な動作であり、例えば100 m走のブロックスタートやテニスのネット際でのボレーは技術である。また技術は、テニスのサーブやボレー、三段跳びの走る-ホップ-ステップ-ジャンプのように、明らかに異なる動作パターンを組み合わせることができる。一方、スキルとは、必要な時に、正確に、規則的にそして適量の力によって正しい技術を選択して実施できるアスリートの能力である。スキルは習得するもので

質の高いデモンストレーションを提供する

- すべてのアスリートが見られるように最適な位置取りをする。
- 見る者が完全なイメージを得られるように，さまざまな角度からデモンストレーションを行う。大規模な集団では，デモンストレーションを行う者は，多くの場合，1つのグループよりもより容易に動くことができる。
- 可能であれば，どのような状況においてもアスリートが集中できるようにアスリートを位置づける必要がある。
- 言葉によるキュー（合図）を用いて，重視すべき技術の重要な側面（毎回1つか2つのコーチングポイント）にアスリートの注意を向けさせる。
- アスリートがもつ可能性のあるすべての学習スタイルに対応するために，コーチングキューを示す。例えば，プライオメトリック動作では「着地の際，足底がどのような音を立てているかを聴いてください」というような聴覚的キューや「熱い石炭の上に着地するところを想像してください」というような運動感覚的キューを用いてフォローアップし，アスリートが感覚的にイメージしやすいようにする。
- アスリートの経験が豊富であるほど，より正確で高度なコーチングポイントが必要になる。例えば，初心者に対しては，「足をボールの上に乗せ，できるだけ早く離しなさい。熱い石炭の上に着地しているところを想像してみて」と言ったり，中級のアスリートに対しては，「体重は足部の中央にかけ，踵は床からわずかに浮いたまま着地して。素早くリバウンドする際，足関節を硬いばねのように使っているように感じてみて」と言ったり，上級のアスリートに対しては，「足底接地しても，足関節を安定させて。踵と地面の間にクレジットカードが1枚入る程度に踵を浮かせて。（前に倒れて）自分が床に倒れる直前に床を蹴って」と言ったりする。

あり，学習しなければならないものである。

ほとんどのスポーツスキルは，オープンスキルとクローズドスキルの連続からなる。どの程度オープンスキルであるかは，「スキルが発揮される状況」と「スキルを発揮する目的」の2つによって決まる。一方，完全なクローズドスキルは，不変的な状況下で行われ，スキルを形成する動作がスキルを発揮する目的になる。例えば，体操は屋内の固定された器具を用いて行われ，スキルを発揮するタイミングは常にリハーサルされ，完全にアスリートのコントロール下にあるため，これはクローズドスキルである。個々の動作をいかにうまく実施するかによってパフォーマンスの成功が決まる。一方，サッカー，アメリカンフットボール，テニス，バスケットボール，野球など，点を取り合うスポーツは，体操と比較すると選手同士（チームメイトや対戦相手）が相互に作用しながら絶えず変化し試合をつくっている。同様に，パフォーマンスにおけるスキル動作は目的を達成するための手段であり，試合の結果は，動作自体よりも環境の影響を受ける。

学習の初期段階では，技術はできるだけクローズドスキルによって向上させるべきである。運動プログラムを展開するなかで，アスリートが自身の動作パターンを構築し，技術を習得するためには，神経筋伝導路の活性化が重要となる。ただし，不適切な技術が身について学習習慣になってしまう前に，適切なフィードバックを与えたり修正を加えなければならない。練習をできるだけクローズドスキルにすることによって，練習環境による影響を受けることなく技術そのものに焦点をあてることができる。

学習の初期段階では，スキルパフォーマンスの発達に一貫性がなく，急激に発達する場合もあることが特徴である。したがって，学習の認知段階にあるうちは，学び手には必要な情報，修正のための助言，そして良好な動作パターンを構築する時間を与えるべきである。コーチングでは，動作のスピードや強度ではなく，むしろ動作の質に重点を置くべきである。学習し

表 7.4 バスケットボールのポイントガードに必要なアジリティに関する技術

開始	直線	方向転換	移行動作
アスレティック・ポジション	直線的加速	インサイド・フット・カット	バックペダル
ランニングからの移行	直線的減速	アウトサイド・フット・カット	クロス・ステップ
ジャンプ着地からの移行		急に向きを変える	サイド・シャッフル
		45〜135°ターン	
		180°ターン	

表 7.5 アジリティを向上させるための段階的技術ドリル

	レベル1	レベル2	レベル3	レベル4	レベル5
直線的加速	ウォール・ドリル,アップヒル・ランニング	アドバンスド・ウォール・ドリル,パートナー・レジステッド・マーチ,15m加速	アップ・トール・アンド・フォールからの15m加速,フェイス・アンド・チェイス	直線的加速に向けた移行動作（コーン・ドリル）	方向転換と直線的加速に向けた移行動作（競争するミラー・ドリル）
移行動作	バックペダル,サイド・ステップ,クロスオーバー・ステップ	ボックス・ドリル	2人組でのミラー・ドリル	2人組でのミラー・ドリル	
方向転換	コーンに対する切り返しドリル（ゆっくり）	静止した選手に対する切り返しドリル（ゆっくり）	動く選手に対する切り返しドリル（速く）	方向転換に向けた直線的加速（2人組でのダッシュと切り返し）	

はじめたばかりの人は失敗することもあるが，これを奨励する必要がある．失敗や建設的なコーチングがなければ学習は妨げられる．

アジリティを向上させるための進め方の例

技術を身につけ，スキルとしてこの技術を発揮させるために練習環境を操作する考えは，アジリティを向上させるためのある側面に目を向けることによって理解できる．優れたバスケットボールのポイントガードになるために必要な技術を表7.4に示した．

表7.4に示したそれぞれの技術は，アスリートがその技術を習得し，徐々にオープンになっていく段階的な練習によって向上させていくことができる．表7.5にはこのプロセスをどのような時間経過で達成できるか，そして技術を身につけた後で，アジリティスキルを向上させるための技術練習を組みわせていく例を示した．

レベル1では，できるだけ難易度の低い技術ものを行う．ドリルは単純で，自分のペースで行うことができ，技術間での移行はない．

レベル2では，レベル1のドリルに似ているが，課題の難易度が増す要素が追加されている．アスリートは異なる力学的モデル間で技術を移行する必要があるため，相手を増やしたり，動作速度を速くすることもある．

アスリートの学習段階が発達段階やそれに近い段階の場合，技術を習得するためにより難易度の高い方法を見出す必要がある．次の段階では，他者の動きに対する反応と判断する能力が加わる．この段階では，アスリートが焦点をあてるポイントが変化する．例えば，ミラー・ドリルでパートナーに勝つためにアスリートの注意をそらすなど有効な手段を用いる．指導者は，アスリートの注意を練習の結果よりも，どのように動くかということに向けさせるために，効果的なフィードバックと質問を用いる必要がある．このような練習では，動作スピードを徐々に上げていくことで，アスリートの思考時間が短くなるため，意思決定や反応だけでなく動作能力も向上する．

レベル1ドリル：直線的加速

ウォール・ドリル

第8章参照。

アップヒル・ランニング

3〜8°の勾配の坂を10〜20 m，5〜6セット加速して走る（反復間に完全にリカバリーさせる）ことで，アスリートの推進力を向上させる。

レベル1ドリル：移行動作

6〜10 m離れた2つのコーンの間でバックペダル，サイド・ステップ，クロスオーバー・ステップを行う（**図7.4**）。

図7.4 レベル1 移行ドリル：（a）バックペダル，（b）サイド・ステップ，（c）クロスオーバー・ステップ。

レベル1ドリル：方向転換

コーンに対する切り返しドリル（ゆっくり）

最初は3〜5 m離れたコーンに向かってジョギングする（技術が向上してきたら速度を速める）。コーンのところで切り返す（**図7.5**）。切り返す方向を交互に変えて行う（第8章での技術の説明に従う）。

図7.5 コーンに対する切り返しドリル（ゆっくり）

レベル2ドリル：直線的加速

アドバンスド・ウォール・ドリル
ウォール・ドリルとその発展型については第8章に記載する。

パートナー・レジステッド・マーチ
マーチング・ドリルについては第8章に記載する。

15 m加速
静止またはローリング・スタートから最大加速する。

レベル2ドリル：移行動作

ボックス・ドリル
10 × 10 mの正方形の周囲をスタート地点から前方にダッシュし，サイド・ステップ，バックペダルに移行し，その後，サイド・ステップでスタート地点にもどる（**図7.6**）。コーンに到達するたびに次の動作へ瞬時に移行することが重要である。

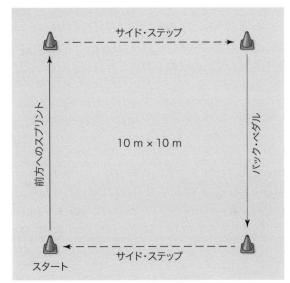

図7.6 ボックス・ドリル

レベル2ドリル：方向転換

静止した選手に対する切り返しドリル（ゆっくり）
最初は3〜5 m離れた相手に向かってジョギング（技術が向上してきたら速度を速くする）する。静止している相手の位置で切り返しを効果的に行える距離かどうかを判断する。切り返す方向を交互に変えて行う（第8章での技術の説明に従う）。

そのため，アスリートの能力に応じて，異なるレベルの段階的なプログラムが必要になる場合もある。

表7.5は単純化した段階的プログラムである。適切な時に異なるトレーニング刺激が与えられるように，ドリルの構成要素を組み合わせる必要がある。例えば，直線的加速は（場合によっては，最初はアップ・トール・アンド・フォールスタートから教える），コーン間のサイド・シャッフルと組み合わせることで，横方向の動きから直線方向への動作へ移行できるようになる。このドリルは，より高いレベルで加速を行

レベル3ドリル：直線的加速

アップ・トール・アンド・フォールからの15m加速
このドリルについては第8章に記載する。

フェイス・アンド・チェイス
このドリルについては第8章に記載する。

レベル3ドリル：移行動作

2人組でのミラー・ドリル
2m離れた位置で向かい合って立つ。アスリートAがリードし，アスリートBがミラーとなる。ミラーはリード側の動きに対して正反対の動きを維持し続ける（図7.7）。リード側は前後左右に動いてよい。

図7.7 2人組でのミラー・ドリル

レベル3ドリル：方向転換

動いている選手に対する切り返しドリル（速く）
最初は3～5m離れて動いている選手に向かって加速する（技術が向上してきたら速度を速くする）。相手は動作を徐々に速くして，学習する側が能力を発揮できるように適切にプレッシャーをかける。

い，より速い速度で切り返しができるように，コーンを用いた基本的な切り返しを走動作に組み込むことができる。ただし，バリエーションの数を減らすことで，ドリルが成功する確率は高くなる。加速，減速，ターン，片脚でのピボット動作を組み合わせることによって，同じような進め方ができる。

表7.5に示した練習内容は，必要とされる能力が複雑になるため，必要とする用具が少なく，かなり単純なスキルである。これらの導入段階では，方向転換の技術はコーンやマーカーを用いたり，アスリートが動ける空間を狭くすることによって習得できる可能性がある。しかし，プログラムでは，コーンやドリルを用いたプロセスによって得られた技術以上に上達させなければならない。目的は，アスリートが与えられた課題を解決しながら動作の仕組みを学び，それを発揮するために最も効果的な方法を見つけることである。このアプローチは，徐々に小さくしていく円に多くのコーンを置くという，より複雑な方法をとるだけでも異

レベル4ドリル：直線的加速に向けた移行動作

コーン・ドリル

コーン1からスタートする。コーン2にサイド・シャッフルで移動した後，コーン3に向かってスプリントし，コーン1にサイド・シャッフルでもどる（**図7.8**）。コーチがコーンの番号を言い，アスリートはその番号のコーンまで加速する。

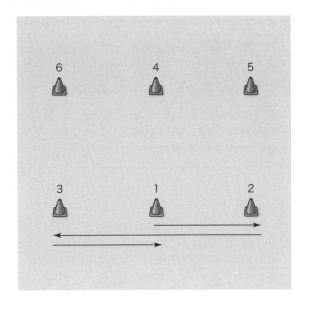

図7.8 コーン・ドリル

レベル4ドリル：移行動作

2人組でのミラー・ドリル

レベル4のミラー・ドリルは，2人以外の人がアスリートが動く方向を腕で指示し，必要に応じて腕を変えることによって動く方向を決定する。1人目のアスリートは指示（自身で決めた方向ではない）に反応し，2人目のアスリートは1人目の動作に反応する。

レベル4ドリル：方向転換に向けた直線的加速

2人組でのダッシュと切り返し

20m離れて向かい合う。コーチの「Go」という合図で，前方の10m地点に向かって直線ダッシュし，180°方向転換して全速力でもどってくる。互いが対面した時に相手をかわして，必要に応じて右か左に行く（**図7.9**）。当初は，相手をかわす方向をあらかじめ決めてもよいが，これを反射的に行い，素早く意思決定する必要がある。

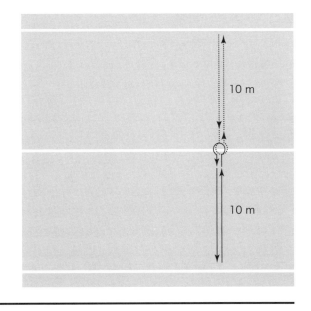

図7.9 2人組でのダッシュと切り返し

レベル5ドリル：方向転換と直線的加速に向けた移行動作

競争するミラー・ドリル

2m離れて向かい合う。アスリートAはアスリートBに向かい合い，いずれの方向にも動くことができる。アスリートBはアスリートAの動きを模倣しながら，2mの距離を維持しなければならない。例えば，アスリートAが前進したらアスリートBは後退する。アスリートBはどの時点でも「Go」と言ってよい。「Go」と同時にアスリートBは方向を変えて加速してアスリートAを抜き終了地点まで行く。アスリートAは，アスリートBに反応し，方向転換し，終了地点までアスリートBを追う。

なってくる。

プログラムがレベル5に達し，すべての技術がオープン・アジリティドリルに統合されるまでに，アスリートは自律するか学習段階を適応させておく必要がある。ドリルは意識して考えて行うのではなく，自動的にできるようになるべきである。効果的な方法とスキル向上の仕組みを理解しつつ，想像力を働かせれば，このようなドリルをスポーツ特有のアジリティを発揮させる練習にすることは簡単である。この項では，アジリティに焦点をあてているが，アジリティスキルを支える身体能力を最大限引き出すための筋力やパワーの向上にも同時にアプローチすべきである。

反復練習とバリエーション

特定の技術を身につける時は，学習プログラムで提供される反復練習とバリエーションの多さが重要になる[8]。実際に，バリエーションは質の高いプログラムが時間の経過とともにどのようにして形づくられたかを知るために重要な検討事項である。反復練習とバリエーションの2つのバランスをどのようにとるかは，学習プログラムを計画する者にとって興味深い課題である。

卓越した動作に要する協調的な筋活動に順位づけをするための運動プログラムをつくるためには，中枢神経系を活性化させることが必要であり，そのためには反復したトレーニングが重要である。しかし，過度な反復練習は，アスリートの学習効率（あらゆる状況下での上達の度合い）を停滞させる。同様に，身につけた動作パターンを新たな状況や課題に移行させることもできない。バリエーションが多すぎると，最適な学習効率が得られず，反復練習が過度になるとさまざまな状況において学んだ技術が移行できなくなる。

一般的に，動作技術を上達させるための練習は，ブロック練習法で行うか，時間をかけてあらゆるパターンを練習するかに分かれる（練習パターンは予測できないもの，または自発的なものではなく，あらかじめ決められているものであるが，ランダムな練習と呼ばれることが多い）。バリエーションの量を増やすこの方法は，トレーニングセッション内およびセッション間の両方に用いることができるため，時間の経過とともに変化を生み出すことができる[9]。

これまで，ブロック練習法は短期的に動きを変化させる場合には効果的であることが示されてきた一方で，ランダム練習法はより長期的な学習効果（半永久的な動作の変化）が示されてきた。ランダム練習法では，蓄えられている長期的記憶から，動作における運動プログラムを引き出す必要がある。ただし，これは一定の時間内で同じ動作パターンを繰り返すのではなく，時間の経過とともに異なる動作パターンを適応させなければならないことから，この2つの練習法が生まれたと考えられている[8]。初心者に新しい技術を指導する場合，ブロック練習法のほうが効果的と思われるかもしれないが，ランダム法のほうが，より向上する場合がある。

表7.6，表7.7に，この2つの練習法に関して，若年テニス選手に対する動作向上プログラム（そして練

表7.6 テニスプログラムにおける動作スキル向上のためのブロックアプローチ

セッション1：方向転換	
ドリル	解説
Zパターン・ラン	コーンを2m離してジグザグに置く。一連のコーンの間を走り，各コーンにおいてインサイドフットで切り返すことを交互に繰り返す。
プロ・アジリティ・ドリル（20m）	10m離れた2つのコーンの中央から開始する。正面を向いて立つ。1つのコーンに向かってダッシュし，コーンのある場所で床をタッチする。方向転換してもう1つのコーンに向かってダッシュし，コーンのある場所で床をタッチして再度方向転換し，スタート地点にもどる。
スライドボードを用いた方向転換	スライドボードの中央から開始する。ボードの幅分，横方向にスライドさせる。端でバランスを崩さないように素早く止まる。逆方向も行う。
オーバーヘッド・レトリバー（頭上を越えて投げられたテニスボール）	サーブする人に向かって準備姿勢で立つ（第8章参照）。サーブする人が頭上を越えるようにテニスボールを投げる。背後でボールが跳ねる音を聞いたら，ヒップ・ターン（または他の適切な動き）を行い，ボールを捕る。
セッション2：俊敏性	
アルティメット・フリスビー（変法）	小さな面での2チームによるゲーム。選手同士でフリスビーを投げる。静止している時にパスをし，ピッチ上に落ちないようにパスを受ける（または妨害する）ために素早く空いているところに移動する。
クレイジーボール21	クレイジーボール（または予測できないバウンドをするもの）を空中に投げる。各バウンドを追い，ボールが転がる前に取ることで1得点となる。最初に21点獲得した人が勝ち。
ニー・ボクシング	相手から腕の長さ分，離れたところで準備姿勢で立つ。フットワークを使って自分の膝が打たれるのを避けながら相手の膝の内側を手で打つ。
コンパス・レース	直径10mの円の中心に対戦相手と一緒に立つ。円周上に8個のコーンを立てる。方向が指示されたら対戦相手と競争してコーンを先に取る。
セッション3：片脚立ち	
リニア・ホップ・アンド・ホールド	直線上をできるだけ遠くへホップする。次のホップをする前にバランスをとって静止姿勢で着地する。各脚5〜8回繰り返す。
シングルレッグ・シャッフル（アジリティ・ラダー使用）	ラダーの1つ目の枠の横からスタートする。ラダーへホップした後，反対側の斜め前方に跳び，2つ目の枠に横に跳んでもどる。
シングルレッグ・メディシンボール・リバウンド・スロー	壁から1〜3m離れたところで片脚で膝を少し曲げた姿勢で立つ。壁に向かってできるだけ強くメディシンボールを投げる。安定した姿勢を保ちながらそのボールを捕る。脚を変えて行う。
ケーブル・サポーテッド・シングルレッグ・スクワット	ケーブルマシーンで適切な抵抗を用い，動作に対してカウンターバランスになる負荷を利用してシングルレッグ・スクワットを行う。

習法をつくり出すための選択肢）におけるいくつかの要素を示した。テニスはコート上で多くの動作が要求される。ラリーの際は，45〜180°の範囲での方向転換を数多く行う必要がある。また，片脚または両脚スタンスでの基本姿勢からショットを打つまでの間，理想的な姿勢アライメントを維持しなければならない。さらに，動いているボールに反応し，さまざまな姿勢から素早く3ステップ動作を行わなければならないため，若年選手はテニスプログラムにおいて俊敏性を習得しなければならない。特定の競技に必要な条件とは，個々の技術またはそれらの技術に関連する身体的ー力学的特性をつくり出すための動作として学習の初期段階で分離できることである。学習の後期段階では，これらの技術に磨きをかけコート上における特有の動きを反映したスポーツにより特化した動作パターンを身につけることができる。

表7.6，表7.7に示したドリルは，経時的にバリエーションが増える可能性がある。次章では，スピード，パワー，筋力に関するドリルでどのようにこれらを向上させていくか具体例を示す。腰椎ー骨盤帯と腹部の姿勢制御能力を向上させるために，体幹の安定性を得るためのエクササイズをトレーニングセッションの最後に無作為に加えることもできる。ただし，姿勢制御にかかわる筋を強化する際の身体的特性として，

表7.7 テニスプログラムにおける動作スキル向上のためのランダムアプローチ

ドリル	解説
セッション1	
Zパターン・ラン	コーンを2m離してジグザグに置く。一連のコーンの間を走り，各コーンにおいてインサイドフットで切り返す。交互に繰り返す。
シングルレッグ・シャッフル（アジリティ・ラダー使用）	ラダーの1つ目の枠の横からスタートする。ラダーへホップした後，反対側の斜め前方に跳び，2つ目の枠に横に跳んでもどる。
クレイジーボール21	クレイジーボール（または予測できないバウンドをするもの）を空中に投げる。各バウンドを追って，ボールが転がる前に取ることで1得点となる。最初に21点獲得した人が勝ち。
ダブルフット・ブリッジ（第10章）	
セッション2	
アルティメット・フリスビー（変法）	小さな面での2チームによるゲーム。選手同士でフリスビーを投げる。静止している時にパスをし，ピッチ上に落ちないようにパスを受ける（または妨害する）ために素早く空いているところに移動する。
プロ・アジリティ・ドリル（20m）	10m離れた2つのコーンの中央から開始する。正面を向いて立つ。1つのコーンに向かってダッシュし，コーンのある場所で床をタッチする。方向転換してもう1つのコーンに向かってダッシュし，コーンのある場所で床をタッチして再度方向転換し，スタート地点にもどる。
シングルレッグ・メディシンボール・リバウンド・スロー	壁から1～3m離れたところで片脚で膝を少し曲げた姿勢で立つ。壁に向かってできるだけ強くメディシンボールを投げる。安定した姿勢を保ちながらそのボールを捕る。脚を変えて行う。
スリーポイント・スーパーマン（第10章）	
セッション3	
リニアホップ・アンド・ホールド	直線上をできるだけ遠くにホップする。次のホップをする前にバランスをとって静止姿勢で着地する。各脚5～8回繰り返す。
ニー・ボクシング	相手から腕の長さ分，離れたところで準備姿勢で立つ。フットワークを使って自身の膝が打たれるのを避けながら相手の膝の内側を手で打つ。
オーバーヘッド・レトリバー（頭上を越えて投げられたテニスボール）	サーブする人に向かって準備姿勢で立つ（第8章参照）。サーブする人が頭上を越えるようにテニスボールを投げる。背後でボールが跳ねる音を聞いたら，ヒップ・ターン（または他の適切な動き）を行い，ボールを捕る。
ステア・ザ・ポット（第10章）	
セッション4	
スライドボードを用いた方向転換	スライドボードの中央から開始する。ボードの幅の分，横方向にスライドさせる。端でバランスを崩さないように素早く止まる。逆方向も行う。
コンパス・レース	直径10mの円の中心に対戦相手と一緒に立つ。円周上に8個のコーンを立てる。方向が指示されたら対戦相手と競争してコーンを先に取る。
ケーブル・サポーテッド・シングルレッグ・スクワット	ケーブルマシーンで適切な抵抗を用い，動作に対してカウンターバランスになる負荷を利用してシングルレッグ・スクワットを行う。
ケーブル・ウッドチョッパー（第10章）	

特に初心者の場合，誘発された疲労によって動作パターンが悪化し，不良な運動パターンになるため，1つの機能だけに着目した単一のトレーニングセッションには適していない。

学習段階における練習期への移行

アスリートが基礎的な技術を身につけ，個別の技術を習得するための効果的な運動プログラムを取り入れるようになると，動作の統合，つまり発達の学習段階に移行する[8]。この段階は，動作スキルをよりスポーツ特有の動作パターンに組み合わせるための能力を向上させる学習段階における練習期として知られている。

ここで用いている「期」とは，代表的な用語であることに留意しなければならない。このプロセスには，上達を示すランドマークはなく，むしろ移り変わり

表 7.8 動作スキル練習においてバリエーションを得るための方法

	動作の難易度	動作の強度
力強い動き	動作に関与する関節の数を増やす 静的要素から動的要素への移行 関与する動作の面の数を増やす（バーベルに不均等な負荷をつけるなど）	負荷を高くする 荷重位エクササイズでレバーアームを長くする 動きの速度を速くする（ドロップ・スナッチでバーの下に素早く潜り込むなど）
ジャンプ動作	接地時間を短くする 多方向へのジャンプ動作を含める 一緒に協調させる器具を加える（ハードルなど）	ジャンプと下降の高さを高くする 着地速度を速くする 両脚着地から片脚着地に変える
スピードとアジリティドリル	動作間の移行を加える 反応速度の要求を高くするか動作をいつはじめるかを判断する数を増やす 動作時間にプレッシャーを加える（時間を短くする，空間を狭くする） 動作の選択肢を増やす（対戦相手のまわりで方向転換するための手段など）	動作速度を速くする（動作速度は競争によって最も速くなる）

（移行）として定義されている。初心者は能力を発揮するにつれてさらに上達していくか，学習における認知段階の特徴をわずかしか示せなくなるかのいずれかをたどる。そのため，動作スキルの評価は，姿勢制御の評価（第6章の例を参照）と同じようにできるため，指導者は以降の章に示す技術モデルに基づいて，動作と筋力の上達状態を評価するためのツールを開発すべきである。

この学習段階ではまだ，スピード，アジリティ，着地，ジャンプ，機能的筋力など，特定の能力の核となる動作パターンに焦点があてられている。しかし，必要に応じて，動作の異なる側面間での移行や，それらを組み合わせることについて，試し発展させることもできる。例えば，離地，着地，加速のパターンの後にジャンプしてからの方向転換への移行，あるいは方向転換してからのジャンプへの移行など，自身の判断で展開させることができる。

環境の変化による影響を受けるに従って，練習はよりオープンスキルに移行するようになる。オープンスキルでは，ウエイトルームなど従来のクローズドスキルの環境では考えられない多くの検討事項が含まれる。例えば，片側性の姿勢において，基本動作であるスプリット・スクワットを十分に習熟した後，動的動作（ランジなど）を加えて複雑にしたり，オーバーヘッド・スプリット・スクワットやスクワットにオーバーヘッド・プレス動作を加え，運動の連鎖をより長くすることができる。

動作スキルの向上において，計画したバリエーションがどのように達成されたかという例を表7.8に詳しく示した。また，後の章では上達における要点をより詳細に解説する。

学習段階における練習期では，アスリートは基礎的技術を獲得し，さらにトレーニングを積むことでそれらを自動的に発揮することができる。この段階では，アスリートの意識はどのようなスキルを使うか，それらをいつ実行するか，そして特定のスキルとどのようにして結びつけるかということに向かう。そして，可能であれば練習の構成内容は，よりオープンなものにし，さらなる学習のためにより競争的なものにすべきである。

ゲームに基づいたアプローチの実際

特定の技術をいつ用いるべきかを理解するためには，ドリルによってだけではなく，さまざまな選択肢からアスリート自身の意思で決定し，選択することが要求されるゲームに基づくアプローチを用いるとよい。1980年代初期からコーチングや教育の分野では，学習アプローチの理解のためにゲームを用いることに関する研究が行われてきた[10]。ゲームに基づいた練習が生まれた要因は，技術は複数の手段によって効率よく発揮されること，より高度なパフォーマンスは，技術と切り離した状態で得られるという2つの考えが

あげられる。加えて，もう1つの中心となる重要な考え方としては，ドリルに基づいたアプローチでは，通常，技術を引き出すにあたり必要とされる「意思決定」と「問題解決」が伴わないことである。しかし，動作スキルをスポーツの状況下で用いる場合，この「意思決定」と「問題解決」ができる能力は，競技で結果を出すための柱となる。

ゲームを用いて動作スキルを理解し，向上させることは，アスリートが抱く「スキルとは何か，そしてそれはどのように引き出すのか」という疑問からアスリートの関心を逸らし，正しい動作パターンよりも活発な動作（楽しくなるかもしれない！）を行うことに重きが置かれる。しかし，このアプローチは，技術の指導を軽視しているわけではない。アスリートは，このアプローチによってどのような技術が機能し，それがなぜ機能するのか，そして同じように重要なこととして技術がなぜ機能しないかを特定する必要がある。この目的を達成するためには，自分自身で意思決定しなければならない状況にアスリートを置く必要がある。

ブル・ラッシュゲーム（シャークやミノウと呼ばれることもある）は，アジリティスキルが学習の発達段階にあるアスリートに用いることができるゲームである。ブル・ラッシュは，表7.6，表7.7で示したドリルをさらに発展させるために補足として用いてもよい。ブル・ラッシュでは，まず「マタドール」がコートの中央に立つ。マタドールは，「ブル」のグループから1人を特定し，捕まえなければならないが，ブルはマタドールに捕まらないように安全な場所へ駆け抜けなければならない。ブルを捕まえるためには，マタドールは片手または両手でタッチする。一般的に，ブル・ラッシュは，約20×10 mのコートで行うが，その大きさはアスリートの年齢と人数に応じて調整したほうがよい。ブルが逃げ切りに成功したら，すべてのブルはコート上を動きまわり，マタドールは再度ブルを1人捕まえなければならない。捕まったブルはマタドールになるため，時間の経過とともにブルが動けるスペースが減り，残ったスペースを使うためにより高度な空間認識能力，スピード，アジリティスキルが必要になる。多くの人数でこのゲームを行う場合，ゲームに参加できる機会を増やすために，小さく分けたゲームを多く行ったほうがよい。

この単純なゲームは，状況に応じてスピードに変化をつけることで，焦点を変えるための条件が追加できる。例えば，交差する領域にスコアリングゾーンを設け，マタドールがこの場所を通ったらブルに追加点（例えば「ライフ」）が入るようにする。このような条件を追加することで，アスリートの注意をコート上のすべてのスペースに向けさせ，より注意を向けるべきスペースを特定することに焦点をあてることができる。

同じような条件のつけ方として，マタドールがブルと違う方向を向きながらどのブルを狙うか無作為に言うことで，戦術や意思決定力を求めることができる。マタドールが他の方向を向いている間に，ブルたちはセーフゾーンのどこにでも居ることができる。そのため，マタドールが振り返った時に，狙っていたブルの開始位置に向かって反応しなければならない。マタドールが複数いる場合，ブルが勝つためには戦術的な位置決めとコミュニケーションが重要になる。またこの練習は，スポーツに特化したスキルにも結びつけることができる。例えば，マタドールがボールを持ってマタドール同士でパスをする場合などである。マタドールはブルにボールでタッチしないといけないことにし，パスはマタドールが止まっているときにできることにする。この状況では，スポーツ特有の加速，減速，パス，キャッチおよび再加速に重点を置くことができる。

他のバリエーションとしては，ブルが走るスペースを狭くすることがある。ブルはマタドールと対面した場合，逃げる必要がある。スペースが広いとブルは立ち位置と能力次第でマタドールから簡単に逃げることができる。この練習における重要な考えは，ゲームに課された条件が，プログラムによって要求される特定の結果を生み出すということである。各ゲームは一定時間でストップさせ，アスリートが自身の動きをよく検討し，学習を強化できるように質問する必要がある。

以上より，ドリルによるアプローチ（学習プロセス

の中心に技術が置かれるもの）およびゲームを通して理解を深めるアプローチ（学習プロセスの中心に状況判断が置かれるもの）は，ともに有用な方法である。プログラム展開の実際としては，この両アプローチには相対的なメリットがあり，あらゆるスキル学習の初期段階に含める必要がある。そして，この混合的なアプローチによって，アスリートが個々に技術のバリエーションを形づくりはじめ，どのようにして，それをいつ使うことが最善かを理解させることができる。

ガイデッド・ディスカバリー（答えを引き出す）

ドリルとゲームを組み合わせるコーチング方法は，ガイデッド・ディスカバリー方式という。指導者は，この方法を用いてドリルや練習パターンを確立し，質問によって学習へと導くことで，その後のパフォーマンス発揮に影響を与えなければならない。その際，効果的な質問をすることによって，卓越したパフォーマンスにおける特定の側面，意思決定のプロセスや特定の動作における技術やスキルを発揮する方法などにアスリートの焦点を向けさせることができる。

この学習段階では，指導者はアスリートにフィードバックする方法も変える必要がある。一般的にアスリートが能力を向上させるに従って，フィードバックの頻度は少なくなる。そのため，指導およびフィードバックには高い精度が必要となる。アスリートにとって自身のパフォーマンスに焦点を向けさせるための質問は非常に有効である。例えば，ゲームによってジャンプやアジリティスキルを向上させる場合，セッションを計画した指導者は，効果的な質問を用いて動きや動

効果的な質問をする

動作に対する認識を高めるために効果的な質問をする。最初に質問するのは以下のことである。

- 今回は何を行ったのですか？
- その動きで何を感じたか教えてください。

以下の点を探る質問を行う。
- どこから動き出すか決める際にどこに気をつけましたか？
- 降下する際，いつ踵が床から離れたと感じましたか？
- ジャンプするためにどのくらいの力を使って床を押していると思いますか？

さらなる調査のために質問を進める。
- クリーン・プルの際，足にかかる荷重がどのように変化したか詳しく教えてください。
- 体重が踵よりも前方に移動したと感じた時，バーがどこにあったか正確に説明してください。

初心者に対しては，特定の焦点に注意を向けさせることになる。その際，アスリートに指導した注意点とフィードバックとを関連づけなければならない。

経験豊富なアスリートに対しては，アスリートの興味のあることに焦点をあて，それに従う。経験豊富なアスリートは，指導者が評価できなかった，または気がつかなかった点について気づかせてくれることがある。例えば，「それは力強いとは感じない」とか，「左脚で着地した時に右脚よりも不安定感を感じる」と言うかもしれない。

アスリートが自己評価をしないように決まった言葉やイメージによる評価尺度を用いる必要がある。例えば，「1がまったく押していない，10が爆発的に押したとした場合，今回の床を押す力はどのくらいか判断してください」と質問する。

耳を傾け，同じくように目も使う。内容だけではなく，真意も聴く。

アスリートが質問に慣れてきたら，答える時間を与えるようにする。アスリートに答えを与えるよりも，質問に対する答えに到達するための他のスキルを与えることを考えてみよう。

きに対する考え方を刺激し，アスリートに対して学習をすすめ，スキルを形づくる必要がある。

スキル学習における自律期

学習ピラミッドにおける頂点は，アスリートがスキルを発揮させる際に意識的に考えることなく，自動的に発揮できる自律期とされる[9]。実際，上級のアスリートでは，パフォーマンス中にスキルをどのように発揮するか意識して動いていると，すでに高いレベルにあるスキルの発揮を妨げる可能性がある。

それにもかかわらず，多くのアスリートは練習段階を見直し，意識的に特定の技術に磨きをかけ，再修正し改善することでより高度なスキルを得ようとする。例えば，プライオメトリクス（第9章参照）の学習カリキュラムを進めるに従ってドリルの難易度が増すと，着地の仕方を再構築する必要が生じる場合がある。以降の章で説明するように，スキル学習の自律期は，経験豊富なアスリートには関係しない。単純な動作スキルでは，この自律段階に早く進むことができるからである。しかし，技術の難易度が増すと，アスリートはその特定の動きで能力を獲得するまで学習段階の前の段階にもどるであろう。

学習プロセスにおけるこの上級段階では，アスリートは一般的に特定のスキルや技術を発揮する方法について，指導者からのフィードバックをほとんど必要としない。そのため，フィードバックは，アスリートの動作に意味のある変化をもたらすための正確でかつ方向性を示すものでなければならない。例えば，ウエイトルームでは安全で段階的な筋力トレーニングを実施しているアスリートのために，このフィードバックはバーの負荷を上げることによって影響を受ける可能性がある関節運動のタイミングに関するものであるかもしれない。

実際，この段階では，コーチがパフォーマンス向上のための必要条件を具体的に特定することに役立っている。コーチは，パフォーマンス向上に影響するアスリート自身の知識を活用する必要がある。この学習段階では，アスリートへの質問に対する答えについて議論することはコーチング過程において重要である。

表7.9に示したように，サッカー選手におけるスピードとアジリティに関しては，ドリルは実施できる動作に基づくべきであり，試合の状況下でパフォーマンスを高めるための特定の技術を用いなければならない。そのため，アスリートは，オープンな練習環境で対戦する前に，必要な技術を自動化しておくべきである。そうすることで技術自体よりもむしろ特定の環境が技術の発揮にどのように影響するかということに焦点をあてることができる。

特にアスリートはスキルの発揮に関連する自身の判断に対して，最終的に影響を及ぼす3つの環境刺激に対応しなければならない。

1. 位置刺激：対戦相手，チームメイト，ボールの位置
2. 速度刺激：選手やボールが動いている速度
3. 加速刺激：速度の変化率とそのボールの動きや利用できるスペースの変化が与える影響

このようなスキルを効率よく向上させ，最終的に用いる能力は，オープンスキルを用いたゲームに基づく練習を通してしか発達させることができない。

スポーツで高度な動作能力を養うには，スポーツに特化したオープンスキルを用いた練習が必要である。競技力を向上させる専門家が，いかにして競技力を向上させるかに焦点をあてるように，テクニカルスタッフはいかにして技術を向上させるかに焦点をあてる（例えば，アスリートはどのように動いているか）。練習は高度に組み合わされ，スポーツ特有のものにすることができる。難易度の高さが適切なバリエーションは，ドリルを広範かつランダムに提供する必要がある練習に取り入れることができる。

通常，バリエーションは，もともと動作特有のスキルトレーニングの中心であった技術練習をウォームアップまたは準備運動に移行することで行われる。例えば，機能的な筋力トレーニングセッションでのオーバーヘッド・スクワットは，運動連鎖を通して機能的な姿勢制御を向上させるために効果的なエクササイズである。それが習慣化され簡単に行えるようになると，

表 7.9 サッカーにおけるオープンスキルを向上させるために必要な動作パターン

目的	動作パターン	特に必要な動作技術	練習例	観察分析とフィードバック
開始	前方へスタート 側方へスタート 後方へスタート 方向転換	以下の項目からの加速パターン： アスレティック・ポジション クロス・ステップ，ヒップ・ターン ドロップ・ステップ 45〜180°ターン カット	マークから逃げる：ディフェンダーは静止したスタートから，ゾーン内ではアタッカーを常にマークし続ける。アタッカーはこのゾーン内でボールに反応する。	動作を開始するために適切な技術を選択していたか？ 選手は適切な技術を用いていたか？
移行	ジョッキング 後方に動く 減速 対角線に追う	ヒップターンを伴うサイド・シャッフル バックペダル アスレティック・ポジションへの制動動作によるストライド長の短縮 クロスステップ，ダイアゴナル・バックペダル	3対2，2対1のゲーム：ハーフラインから開始し，アタッカーがボールをゴールラインに運んだら得点となるが，その前に1〜3回パスが通らなければならない。	選手のポジショニングは相手に対して適切であったか？ 選手はどこへ，いつ動くか，合図に反応したか？ 選手は適切な技術を用いたか？
実現化	加速 最大速度	さまざまな開始姿勢からの加速パターン 加速からの移行	攻撃の動作ドリル：ボールはアタッカーに与える。アタッカーは，20〜30 mの対角線上にパススピードを加速させパスを出す前にディフェンダーをはずす。アタッカーはボールをコントロールし，ウィングにパスを出し，クロスに備えてペナルティエリアへ再度加速する。ディフェンダーはアタッカーの動きに反応しなければならないが守備エリアを離れることはできない。	選手はボールの動きに正確に反応していたか？ 加速させる手順は正しかったか？ 最大速度を引き出す手順は正しかったか？

オーバーヘッド・スクワットは機能的な筋力トレーニングセッション内で他の（負荷のかかる）運動のためのウォームアップとして用いられるようになり，全可動範囲における神経筋の活性化が期待できる優れた強化エクササイズになる。同様に，最大速度ランニングの技術ドリルを用いて，あらゆる種類のトレーニングセッションの準備として，共同の筋組織を活性化し動員させることができる。

トレーニングの原則

本章の大部分では，動作スキルを向上させるためにスキルの段階的な学習に焦点をあてている。このことは，カリキュラムの主要な部分であるが，卓越した動作に発展させるため身体的-力学的特性をもとに，プログラムは身体がトレーニング刺激に適応することができるトレーニングの原則に従わなければならない。

トレーニングは，パフォーマンスにつながる身体能力およびスキル習得を高めるために系統的に行われる一連の動きやエクササイズに基づいている[5]。すべてのトレーニング効果は，さまざまなレベルでの生物における運動誘導性変化に基づいており，その各変化は具体的には運動の種類，強度そして持続時間に依存する。

本書は，一貫してトレーニングと学習は同じであるという考え方に焦点をあてている。このことは，プログラムを計画する際に覚えておくべき重要な概念である。すべての練習は，アスリートにとって学習する機会である。そして，アスリートの生理学的能力（スキル学習または認知機能の神経ネットワークとは対照的に，戦術的発達に関連する）は，発達を促すために何らかのかたちで過負荷をかける必要がある。この過負荷の本質は，対象とするアスリートに応じて段階的に強度を上げるトレーニング刺激に左右される。

神経筋系と各細胞組織は特殊な方法で適応するが，トレーニング負荷（量-強度の相互作用）によって神経筋系と各細胞組織に課される要求（適応的ストレ

ス）にのみ適応する。この特定の生理学的メカニズムがストレスにどのように反応するかは，本書の最初の章で検討した。また，このプロセスにおいて，より包括的で詳細な説明は，Stone, Stone and Sands (2007) の報告[5]を参照するとよい。

まとめ

これまでの章では，ヒトの身体はどのようにして競技動作を生み出すようにつくられているかに焦点をあてた。プログラムを開始するためのベースラインを提供するための姿勢評価の概念について第6章で詳しく説明した。以降の章では，アスリートの競技動作を段階的に向上させたり，最大限にまでもっていくためのトレーニングの方法論について触れる。しかし，競技動作プログラムの成功の鍵は，プログラム内に何があるかだけでなく，学習と適応のプロセスを最適化するためにプログラム内でどのようにしてトレーニング方法が構築され順序づけられたかにある。

本章では，アスリートの学習段階とトレーニング段階に合わせるよう，トレーニングを個別化するプログラムを計画するにあたり重要なポイントを紹介してきた。この概念は，アスリートと1対1で取り組むときだけでなく，チームで行うときにも重要である。実際，競技力を向上させる専門家は，チームに取り組む場合もあるが，アスリートが身体的に向上するためにはは，個人に対して取り組む必要があると考えなければならない。

さらに，単一の技術をプレッシャーがかかるなかでスポーツに特化したスキルを効果的に向上させるためには，練習環境の操作が重要となる。この操作は，スキルをオープンスキルにする（外部の影響を受ける条件に従う）こと，または戦術的意識や技術に関する理解を高めることができるゲームの概念を取り入れることによって達成できる。

能力は，いつ向上させるか，次なる技術にいつに挑ませるか決定するための鍵となる。さらに能力は，動作を1人ひとりのアスリートの才能に合わせて難易度や強度を上げたり下げたりできるようにするものであり，競技動作をコントロールさせるための指導において重要な要素であるとともに，以降の章でその方法を明らかにするための重要なテーマになる。

（馬越　博久）

第8章

ランニングスピードとアジリティスキルの向上

　競技が形式化され，トレーニング方法が確立されたことにより，アスリートはさらなる高みを目指すことが可能になった。これに伴い，スポーツパフォーマンスは絶え間なく進化を続けている。実際，多くのスポーツはより躍動的になった。競技の成功は，アスリートが達成できる動作の強度によって決定づけられる。

　ランニングスピードとアジリティ動作は，試合の強度に影響を及ぼす2つのパフォーマンス特性である[1]。ランニングは，多くのスポーツにおける基本的な動作であるため，基礎動作スキルとして捉えられる*。ランニングは片脚支持期（足部が接地している間）と浮遊期（足部離地から対側の支持期開始の間）の2つの周期が交互に連続して起こるバリスティックな運動である（次ページの「ランニング周期」を参照）。一方で，歩行時は片脚支持期と両脚支持期が交互に起こり，常にどちらかの足が接地している。したがって，歩行はノンバリスティックな運動として捉えることができる。

　スピードおよびアジリティの向上において，技術とスキルは機能的に相互関係にある。アスリートのランニングスピードは直線運動であり，高速度運動を達成するうえで必要なスキルおよび生理学的，力学的能力がこのスピードを決定づける[2]。アジリティは，1つまたは複数の刺激に反応して，爆発的に運動方向，速度または動作達成に必要な技術を変化させる能力と捉えられる[3]。

　基本的には，スピードとアジリティはアスリートの力を生み出す能力，もしくは力に拮抗する能力によって決定づけられる神経筋機能であり，これらスピードとアジリティは，アスリートの機能的筋力の現われである。機能的筋力は，フィールド上でのスポーツ特有の動作に転化する。この機能的筋力は，適切なコーチングによって向上する。スピードとアジリティスキル向上のプログラムを構築するうえで，動作，パフォーマンス，およびアスリートの習熟度によって動作がどのように変化するかを理解することが必要である。

　本章の目的は以下の3点である。まず，ランニングスピードとアジリティのバイオメカニクス理論の理解を促し，アスリートの動作速度を上げるうえで必須となる要因を把握する。次に，アスリートの動作スキルを分析し，向上させるうえで活用できる基礎的な技術モデルをいくつか紹介する。最後に，これら必須の技術モデルを達成するうえで利用できるエクササイズの例をいくつか示す。

　スピード[4]とアジリティ[5]を向上させるためのエクササイズを提供することに重点を置いている書籍など情報資源は多い。しかし，理論を理解していないと，単に書籍にしたがってエクササイズを行うだけとなり，エクササイズの強度や難易度の上げ下げなど，効果的にエクササイズを処方することができな

---

*第3章で述べた通り，基礎動作スキルの習得はスポーツ特有の動作スキル習得に先立つものである。逆にいうと，基礎的運動機能の欠如は競技スポーツに参加しない，もしくは競技スポーツを辞める主な理由とされている。

ランニング周期

ランニング周期において，脚のスピードは腕の動きに影響される。

周期的かつリズミカルな動きには3つの期が含まれる。

1. ドライブ期：片足が地面を押し，対側の膝が前方へ移動する。
2. 浮遊期：どちらの足も地面に接していない。
3. 接地期：前方に位置する足が接地する。

対側の脚が身体の下方および後方で伸展するに伴い，膝が前方へ移動する。足関節は身体の下方を通り前方へ移動するとともに殿部に近づく。浮遊期および接地期の間，足関節は背屈位（つま先が上がった状態）にある。

ストライド長（片足の離地から対側の接地までの距離）は地面を押す力によって決まる。スプリント（**図8.1**）では質量中心（重心）を接地点の上方または前方に維持することが目的である。

ランニングスピードはランニングの技術に影響する。スプリント（**図8.1**）は低速のランニング（ジョギング）（**図8.2**）とは異なる。スプリントでは，踵は地面に接しない。前足部が接地し，つま先は膝の方向へ引き上げられている。一般的にジョギングでは，足底部で接地することが効率的かつ省エネルギーな走り方と考えられているが，走り方には個人差がある。踵から接地するランナーが多くみられる。

図8.1 スプリント周期：(a) 支持，(b) 離地，(c) 浮遊，(d) 接地。
Loren Seagrave のご好意による。

図8.2 ジョギング周期：(a) 支持，(b) 離地，(c) 浮遊，(d) 接地。

い。アスリートの運動機能向上を達成するためには，包括的なアプローチが必要である。

スピードとアジリティの バイオメカニクス

　動作スピードとアジリティを理解するうえで，アスリートの技術だけでなく，そのスキルの目的も把握しなければならない。これらの技術およびスキルの目的は，力の管理が基盤にあることで成立している。したがって，第4章で取り上げた力積，運動量，速度，加速および減速の概念を理解する必要がある。アスリートの姿勢制御機能（第5章）は，支持基底面に対して重心を適切に位置させるうえで必須である。また，姿勢制御機能は関節の位置に影響を与え，筋の長さ，速度および張力関係を最適化するうえで不可欠である。

　姿勢制御機能は安定性を維持する助けをし，加速初期に脚を完全伸展させるといった特定の動作を実行しながら加速および減速することを容易にする。異なる姿勢から加速するうえで，安定性と可動性の負の関係性を理解することが重要である。

　ランニングは，身体を推進させるストライドの連続によって構成される周期的な運動である。ランニングスピードは，一定時間内にアスリートが移動する距離の相対的な概念である。したがって，スポーツ特有のランニングスピードに必要な要素を分析することは，運動の相対的強度を分析することである。例えば，42.195 kmを一番速く走ったマラソンランナーがその大会で優勝する。同様に，野球でボールより先に一塁に到達した選手はセーフとなり，ボールより遅ればアウトとなる。

154　第8章　ランニングスピードとアジリティスキルの向上

図8.3　スポーツ特有のスピードは，動作速度とアジリティの結果である。

　求められる運動強度が高まるに伴い，高速の動作が要求され，地面に対してより爆発的に力を発揮する必要がある。ランニングの強度は，スプリント（最大運動）と最大下運動に区別される。通常，スプリントでは，短距離かつ短時間に最大限の加速および最大スピードを達成することが要求される。本章では，この特定のランニングスキルに必要な要素に焦点をあてる。

　陸上競技を除き，スポーツに特異的なスピードの大部分は，運動速度の変化および運動の方向性によって決まり，カオス的スピードの概念（繰り返しスプリントする能力および不必要に減速することなく方向転換をする能力）を生み出す。時間，動作，アスリートのパフォーマンステストの分析や，ラグビー，フィールドホッケー，サッカー，アメリカンフットボールといったスポーツのコーチング分析によって示されているように，カオス的スピードは，スポーツパフォーマンス成功の決定因子である[3]。

　したがって，カオス的動作，もしくはアジリティは，最大スピードと同じように重要な運動能力である。実際，テニスやバレーボールといったコートスポーツにおいて，アジリティは重要である。要求されるアジリティは，スポーツによって異なる（**図8.3**）。例えば，ラグビーやサッカー，アメリカンフットボールといったスポーツでは，（タックルしにいく状況で）

敵に支配されているスペースへと加速していく能力が重要である。同様に，(空いているスペースに侵入して攻撃を展開するうえで)敵陣に加速していく能力が不可欠となる。一方で，テニスやバレーボールといったスポーツにおいて必要となるアジリティは少し異なる。これらのコートスポーツでは，ボールの落下地点に素早く到達し，そこから身体の安定性を獲得し，ボールを打ち返すために減速する。

多くのアスリートは最適なスピード（鍵となるスポーツ特有のスキルを実行しながら維持できる最大スピード）を獲得する必要がある。例えば，幅跳びの選手にとって必須のスピードは，助走を開始した地点から離地までの間で到達できる最大のスピードではなく，その選手が重心をコントロールし続け，効果的に地面に力を加え，最後の3歩で重心の軌道を変化させること（ジャンプ）ができるスピードである。最適な離地速度が秒速7mの選手に対して，秒速10mに到達させるために多くの練習時間を割くことは，効果的なトレーニングとはいえないかもしれない。最大スピードの閾値を上げることによって，最適なスピードの幅が広がる可能性があるため，最大スピードを上げることを目的としたトレーニングをすべきではないといっているわけではない。ただ，アスリートのトレーニングプログラム内で最大スピード向上にどの程度の重点を置くか，そしてトレーニング計画全体のなかで最大スピード向上がどこにあてはまるかを考慮することが必要である。

スプリント専門のコーチである Percy Duncan は，ランニングとスプリントの違いを「地面を走るのがランニングで，地面の"上"を走るのがスプリント」であると説明している。アスリートが地面を足で押して加速するにつれて，重心の速度は上がり接地時間は減少する。トレーニングを積んでいる多くのアスリートは，最大の力を生み出すのに0.6秒が必要であるが，ランニング（最大下運動）における接地時間は0.2秒で，最大スプリントでの接地時間は0.1秒以下である。力積とパワーは重要なトレーニング要素であり，結果として生じる運動量の変化は，生み出される力とその作用時間の積である。

Plisk[2]は，これらの変数がそれぞれどのようにパフォーマンスに影響を及ぼすかを考慮してランニングの力学を分析する必要があると述べた。特定の質量（例えば，アスリートの身体）をより高速に加速および減速させるためにはより大きな「力」が必要であり，設定時間内（例えば，相手選手との間のスペースへ向かって加速する際のかぎられた時間）により大きな運動量を達成するためには，より多くの「力積」が求められる。同様に，特定の抵抗（例えば，アスリートの体重）に抗してより高速に動くためには，より大きな「パワー」が必要である。

より高速な動作を達成するためには，パワー発揮および筋活動を通じて，力を加える技術が必要となる。これらのパワー発揮および筋活動は，アスリートのトレーニングプログラム全体を通して向上させる必要がある。力の立ち上がり率（RFD）の大部分は，爆発的力発揮の基礎となる伸張-短縮サイクルによって生み出される（第9章参照）。ランニング動作において，関節剛性（特に足関節の剛性）は下肢の筋（第5章で解説したように，特に後部運動連鎖の一部である股関節伸筋群）のプライオメトリック応答を最大限にするうえで重要である。体重の何倍以上もある力が片脚支持期に伝達される[6]。したがって，障害を予防するために，トレーニングプログラムにおいてアスリートの技術と機能的筋力の両方に同時にアプローチする必要がある。

加速能力の向上は，トレーニングにおける唯一の考慮事項ではない。例えば，減速する際，慣性を効果的かつ素早く相殺し，障害を引き起こすことなくアスリートの身体の前方への運動量を減少させるために，筋（特に膝伸筋群）の遠心性筋力が重要となる（ニュートンの第1法則）。大きなパワー（高速かつ大きな力）を生み出す能力は，ラグビーやアメリカンフットボールといった相手選手の体重を減速させたり（ディフェンスの動きやタックル），加速させる（オフェンス時の相手選手との接触）コリジョンスポーツにおいて特に重要である。

動作効率は，代謝活動を抑える身体の力学的動作によるものである。これは，アスリートの姿勢制御，特

図8.4 可動性，安定性と速度変化の関係：(a) 加速では不安定性が要求される，(b) 減速では安定性が要求される。

に重心と支持基底面の関係に依存する。第1章で示した通り，安定性（外力によって引き起こされる動きへの抵抗）は，可動性（動く能力）と対立関係にある。この理論は異なる姿勢から加速する原理を理解するうえで重要である。

静止している状態から加速，もしくは動いている状態から方向転換をするためには，重心を支持基底面の外に動かさなければならない（より不安定な姿勢へと移行する）。これとは反対に，減速をするためには重心を支持基底面内にもどし，安定性を獲得する必要がある。図8.4に示したように，減速するためにはストライド長を短くし，ストライド頻度（足が地面に接触する回数）を増やし，地面に接触する足部の表面積（摩擦力）を大きくする必要がある。体幹部が直立するに伴い，重心の位置を下げること（重心を低くすること）によって，身体の重心は支持基底面内にもどる。

加速時（図8.4a）には不安定性が要求される。重心は支持基底面の外側および動作の方向に位置しなければならない。一方で，減速時（図8.4b）には安定性が必要となる。重心は広い支持基底面内にもどり，前方への運動量を減少させるために摩擦力が必要となる。

スポーツ特有のランニングにおける必須要素

100 m走における最大速度ランニングについては，当然ながらよく説明されている。スポーツ競技におけるスプリントパフォーマンスを期分けする技術モデルは100 m走に基づいている。しかし，競技スポーツにおけるスピードは一直線のトラックレースのスピードとは大きく異なる。さまざまなスポーツにおけるアスリートのトレーニングプログラムを構築するうえで，この違いを考慮することが重要である。

特定のスポーツ競技のコーチは，スポーツ競技の分析に精通しているべきである。多くの研究論文によって，加速の数，最大スプリント，動作転換の数やこれらの動きの流れ，距離やパターンに関するエビデンスが提供されている。それぞれの動作によって要求される技術は異なるため，これらのパターンを理解しておくことが重要である。同様に，スムーズかつ効果的，効率的な動作の移行も重要である。

表8.1に100 mスプリントにおける動作パターンの期分けを示した。この理論は，相対距離でレースの期分けを説明するために簡略化されているが，実際には時間に対して相対的にみるべきである（例えば，アスリートは最大加速を2秒以内に達成すべきであるなど）。これにより，アスリートごとの個別な分析が

表 8.1　2009 年ベルリン世界陸上競技選手権大会の男子 100 m 決勝の分析

スタート	加速期		移行期		最大速度期				スピード維持期		
			一般的に 20〜40 m		第 1 期： 40〜60 m		第 2 期： 60〜80 m		80〜100 m		
	反応 時間 (秒)	20 m (秒)	0〜20 の速度 (m/秒)	40 m (秒)	20〜40 m の速度 (m/秒)	60 m (秒)	40〜60 m の速度 (m/秒)	80 m (秒)	60〜80 m の速度 (m/秒)	100 m (秒)	80〜100 m の速度 (m/秒)
Bolt	0.146	2.88	6.94	4.64	11.36	6.31	11.98	7.92	12.42	9.58	12.05
Gay	0.144	2.92	6.85	4.70	11.24	6.39	11.83	8.02	12.27	9.71	11.83
Powell	0.134	2.91	6.87	4.71	11.11	6.42	11.70	8.10	11.90	9.84	11.49
Bailey	0.129	2.92	6.85	4.73	11.05	6.48	11.43	8.18	11.76	9.93	11.43
Thompson	0.119	2.90	6.90	4.71	11.05	6.45	11.49	8.17	11.63	9.93	11.36
Chambers	0.123	2.93	6.83	4.75	10.99	6.50	11.43	8.22	11.63	10.00	11.24
Burns	0.165	2.94	6.80	4.76	10.99	6.52	11.36	8.24	11.63	10.00	11.36
Patton	0.149	2.93	6.76	4.85	10.58	6.65	11.11	8.42	11.30	10.34	10.42

レースの各期の長さは本文に記載されている通りである。それぞれの選手のデータは相対的距離ではなく，時間に基づいて分析されている。

可能になる。

- **反応時間**：この期は刺激（例えば，スタートガンが鳴る）からアスリートと最初の動作反応（この場合，スタートブロックのセンサーが反応）が起きた間の時間（遅延）を示す。100 m スプリントなどの一直線上のスプリント運動においては，この期と最終的なレースのタイムに恐らく関係性はない。この反応時間は特別トレーニングできるものではないことと[7]，反応時間は反射かつ爆発的な筋力トレーニング（第 9 章で述べるプライオメトリクス）によって向上する神経筋系の興奮によって産み出される反応能力とは異なるということを知っておく必要がある。後述するが，アジリティにおける反応時間のトレーニングは異なるものであり，優れたアジリティ能力において，反応時間は重要な要素である。

- **加速期**：この期では，立位スタートから最大限の加速度を達成するまでの間に慣性を超える力を生み出す必要がある。この期は，だいたい 8〜10 ストライドもしくは 15〜20 m である。陸上選手はこの期の後も加速を続ける（速度を上げる）が，表 8.1 に示したように加速度は下がる。

- **移行期**：この期は通常 2〜2.5 秒続くが，加速と最大速度ランニングの間の神経-筋のつながりと各期の異なる技術要素の移行を表わす。国際陸上競技連盟の編集者でありコーチとしても有名な Loren Seagrave は，加速のメカニクスを長時間維持してしまうアスリートや最大速度ランニングのメカニクスに早く移行してしまうアスリートはまれではなく，コーチにとって移行期は最も難しい期であると述べた。

- **最大速度期**：スプリントコーチはこの期を 2 つに分ける。第 1 期では優秀なスプリンターは 40〜60 m で最大速度に到達し，この速度を約 20 m 持続する。第 2 期（60〜80 m）ではこの最大速度を維持しようとするものの，速度が若干低下する（女子選手は男子選手に比べてこの速度を維持する能力に欠ける[7]）。スプリンターはより早く最大速度に到達する（60 m 以上の屋内世界大会のようなレースでは）。しかし，100 m 走で最大速度にあまりにも早く到達してしまう選手は，この速度を長時間維持できずに，望ましいタイムが得られない。表 8.1 には，ウサイン・ボルトが世界記録を達成したレースで 60〜80 m の間に最大速度（秒速 12.42 m）に到達していることを示した。

- **スピード維持期**：解説者は，100 m 走におけるレース最後の 20 m で，ある選手が他の選手を引き離していることを話したりするが，実際には，これは加速によって起こっているわけではない。レース中のこの期においては，最大速度を維持できないために減速する。他の選手を引き離しているようにみえる選手は，実際には他の選手よりも減速の度合いが小さいだ

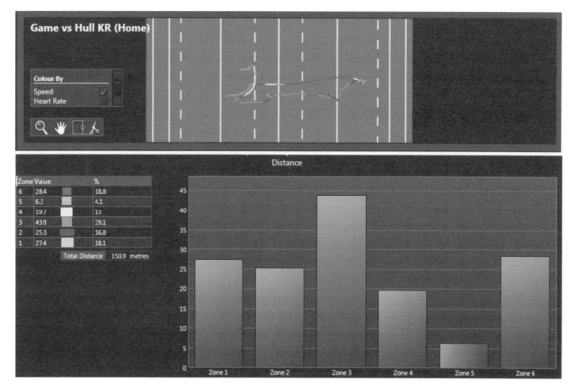

図8.5　エリートラグビーリーグ選手の試合における動作スピードのプロフィール

けである（**表8.1**参照）。一方で，他のスポーツにおける運動分析では，加速，減速，最大速度は異なるパターンを示す。これらの異なるスポーツにおける加速，減速，最大速度は，アスリートがプレーするポジションおよびフィールド上で動作を実施できるタイミングによって決定づけられる。**図8.5**に示したように，アスリートの動きを追跡する技術の進歩によって，それぞれのアスリートの動作プロフィールを確立することが可能になった。これらの分析によって，フィールドスポーツ（陸上以外のスポーツ）のアスリートは，一般的に10～30mもしくは2～3秒スプリントしていることが示された。このことは，フィールドスポーツのアスリートは，陸上選手よりも早く最高速度に到達する必要がある（ただし，最高速度自体は陸上選手より遅く，最高速度持続時間も短い）ことを意味する。

したがって，スポーツにおける高速動作の特徴として，アスリートが試合中に直面する時空間的状況をコントロールすることを可能にする動作の連続があげられる。この動作の連続は，スペースを利用して相手選手をコントロールし，技術的利益（理想的な動作を達成するうえで，よりよいポジショニング）を獲得するための加速から減速への移行および方向転換に代表される。スポーツ特有のスピードは以下のように説明できる。

- **加速**：最初の動作反応は加速である。多くの場合は，歩行や最大下走行，もしくはジャンプからの着地といった，すでに動いている状態からの加速である。
- **減速**：フィールドスポーツにおける多くの動作の流れでは，スペースがかぎられているため，急激な加速の数メートルもしくは数秒後に急激な減速が続くことが多い。減速によって方向転換などの他の動作を行ううえで有利な身体位置をとることが可能になる。また，相手選手の動きに反応して，相手選手との間にスペースを生み出したり，相手のディフェンスを困惑させるといった相手選手に対するポジショニングを好

転させる。

- **方向転換**：相手選手のポジションもしくはプレーの方向変化に応じて、方向転換をする。
- **再加速**：達成可能な加速率が高ければ高いほど、より多くのスペースもしくは時間を利用することができる。
- **最大速度**：多くの選手は10〜30 mの間に最大速度に到達する。スペースが空くと（例えば、ディフェンスラインが崩れた瞬間）、多くのアスリートは直線方向に走る。これは、自分がいる位置から目標位置（ゴールや得点ゾーン）に最も早く到達する手段であるからである。

これらの流れを理解することが必要である。アジリティ動作の性質は、スポーツにおける特定のタイミングの特定の状況によって決定づけられる。アスリートはどのような状況にも対応できるように、さまざまな動作を身につけている必要がある（これらの動作を身につけるうえで考慮すべき特定の技術は本章の後半で述べる）。練習がよりスポーツに特異的になるにしたがって、一連の動作開始時に反応刺激を導入すべきである。

動作を効果的に開始できるかどうかは後に続く動作の成功を決定づけるため、スポーツ動作の開始は考慮すべき重要な要素の1つである。したがって、意思決定を開始姿勢と動作のメカニクスに関連させることが重要である。熟練したアジリティ動作反応は非常に特有であり、この動作反応を引き起こす知覚および認知要素を無視することはできない。トレーニング内容に応じて、多くの反応および意思決定の状況をスキルの上達を目的とした練習に組み込むことができる[8]。

アスリートがスキルの実行を完全に決定するクローズドスキル（外的要因に左右されない状況下で発揮される技能）には、単純な条件（空間的、時間的不確実性ではない条件）が適用される。例として、平均台を歩くといった習慣となっている動作があげられる。

時間的状況下（空間的不確実性ではなく、時間的不確実性）において、アスリートはどこへ動くべきかは理解しているが、いつ反応すべきかは理解していない。わかりやすい例として、単一の刺激（スタートの合図）に反応して動作を開始するスプリントのスタートがあげられる。

空間的状況下（時間的不確実性ではなく、空間的不確実性）においては、アスリートはいつ動作を開始するかは理解しているが、どこへ動くべきかは理解していない。例として、サッカーのゴールキーパーがペナルティキックで動きに反応することがあげられる。ゴールキーパーはいつ動作を開始するかはわかっているが、どちらの方向へどの程度の高さに飛び込むかはわかっていない。テニスでは、サーブを受ける側の選手はいつボールが到達するかはわかっているが、サーブする選手によってスピード、方向および高さは変えられる。

時間的および空間的状況下（時間的不確実性および空間的不確実性）は、競技スポーツにおいて最も一般的である。相手選手のポジショニングや連続して起こるプレーは、選手がどこへいつ動くかを決定づける。攻撃側と守備側の選手の相対的な動きは、プレーが展開されている時の所有者（ポゼッションを保持している選手）の意思決定に依存する。他の選手の相対的なポジショニングはスペースおよび特定の動きのタイミングに影響を及ぼす。

スポーツ特有のランニングスキルのための技術モデル

静止状態からの加速、最大下ランニングから動作移行後の加速、50〜60 mで最大速度に到達、10〜30 mで最大速度に到達するかにかかわらず、これらのスキルに適用される技術モデルはどのアスリートにおいても共通である。"正しい技術"は、必ずしもすべてのアスリートにおいて同じには見えないことを覚えておくべきである。経験豊富なコーチは、望ましい動作を達成するために、各選手の体格や身体的−力学的性質に合わせて、技術モデル（理想的な技術の説明）を変化させる必要がある。

洗練された技術は、アスリートが効率的に走りはじめ、最適なスピードを達成するうえでの必須要素であ

図 8.6 7歳の子どもの成熟したランニング動作におけるドライブ期

る。技術モデルは，物理法則およびヒトの運動システムの力学的性質に従い，目的とした動作を達成するための最適な姿勢を習得することに基づく。スキルは単に技術に依存するわけではなく，アスリートの運動機能，特に RFD（力の立ち上がり率）に関連する神経筋機能と本質的にかかわりがある。トレーニングプログラムでは，最適な能力の向上を確実なものとするために，これらの機能と並行して技術を発達させるべきである。

ランニング：スキルの重要な特徴

ランニングは単なる基礎動作スキルではない。遊んでいる子どもたちを観察すると，通常，ランニングは子どもが2点間を移動するうえで好ましい手段であることがわかる。

運動パターンのすべての構成要素が協調され，正確かつ効率のよい動きに統合された時，基礎動作スキルは成熟したものとして特徴づけられる[9]。効果的なトレーニングプログラムは，基礎的な運動パターンを洗練させ発展を促す。

通常，7歳（生物学的年齢）になるまでランニング動作は成熟したものとはみなされない。この段階では，神経筋系（したがって，運動協調性）が著しく発達する。にもかかわらず，この年齢の子どもの基礎的ランニング動作は自然で，熟練したアスリートの技術モデルの特徴と変わらない。

このランニング動作は，ジョギングをしている人，マラソンランナーもしくは急激な動作変化が関与していない時にフィールドを動いているアスリートに見受けられる動作である。

この項では，ランニングの熟練した動作（基礎技術の特徴）を紹介する。この熟練した動作は，幼児期の後期に代表されるため，ここで説明する一般的な誤りの多くは，子どもが発達するにつれてよくみられるようになる。本章の後半では，より高度で高速なランニングの加速期および最大速度期に関連する技術を考慮するうえでの特有な技術の詳細について述べる。

成熟したランニング動作

子どもの成熟したランニング動作のドライブ期（図8.6）では，直立でわずかに前傾した姿勢を示す。この前傾姿勢は，股関節を曲げて上半身のみ前傾してい

子どものランニング動作成熟（発達）過程においてよくみられる誤り

猫背（背部が丸い姿勢）。
腕の動きと脚の動きの協調性がない。
腕を身体を横切って振り，回旋運動を引き起こす。
腕の振りが肩からではなく，肘から起こる。
膝が前へ動くのではなく，高く動く。

足関節が殿部から下方へ延びる延長線上ではなく，横を通る。
オーバーストライド（重心から離れた位置に接地）。
つま先が常に下がった状態で走り，つま先が最初に接地する。

る状態ではなく，全身が前傾している。運動初期において，加速が速いほど，より前傾姿勢をとる。頭は上がった状態を保ち，目線を前に維持する。これにより，望ましい姿勢を維持した状態で，動きながら周囲の状況を確認することができる。頭の動き，特に横方向への動きは，運動方向をみる能力および身体全体の前方推進力を低下させる。

腕の動きはランニングにおいて非常に重要である。対側の動き（対側の腕と脚が同時に前方へ移動すること）によって股関節と体幹部の回旋を防ぐ。したがって，脚の動きのスピードは，腕の動きのスピードに影響される。この脚と腕の動きの関係性は，以下の活動を実施することで説明できる。

1. アスリートはその場で，腕を身体の横に維持したままジョギングをする。
2. 合図とともに，腕を身体の横に維持した状態を保ったまま可能なかぎり速く足を動かす。
3. 3〜5秒後，2回目の合図をする（この時に，アスリートは足と同時に腕も動かす）。この時，腕が動作に関与しているため，脚の回転率が上がることを感じる。

肘を約90°近くに曲げた状態で，身体の横のできるだけ近い位置で動かす。腕は体幹の回旋を伴うことなく，肩から後方へと振る。腕の後方への動きの量に伴い，肘が若干伸展することもある。この腕の後方への振りは，上腕二頭筋および肩前部の伸張反射を引き起こし，（能動的もしくは自発的ではなく）強制的に腕を前方へと動かす。この腕の動きがより力強くなるにつれて，アスリートはこの動作を身につけられる。この一連の動作は必ずしも子どもの頃に教えられるべきものではない。腕の動きでよくみられる誤りとしては，身体を横切るように腕を前方へ振り，水平面上での体幹部の望ましくない回旋動作を引き起こすことがあげられる。同様に，肩から腕を後方へ振ることができない（肩の屈曲–伸展が起こらない）場合，肘のみが屈曲–伸展する。この動作では，力強く，効果的な走りにはならない。

ランニング周期

ランニング動作は周期的でリズミカルである。ドライブ期では，膝が前方移動するとともに，対側の足で地面を押す。対側の脚が身体の下方および後方で伸展するに伴い，膝が前方へ移動する。膝を前方に移動させる際，足関節は背屈位を保ち，できるだけ殿部に近い位置を通し，前方へ移動させる。これによって，回転軸（股関節）と足関節の間のモーメントアームが短くなり，角運動量が保たれ，脚の回転速度が速くなる。また，動作に必要となるエネルギーを節約し，より効率のよい動作が可能になる。浮遊期では，どちらの足も地面に接していない。接地期は接地からドライブ期がはじまるまでの期間である。

ストライド長（離地から逆足が接地するまでの距離）は，地面を押す力によって決定づけられる。一般的に，ストライド長はアスリートの筋力と脚長の積である。子どもは成長するに伴い，脚長は体幹長に相対して変化する。このことは，成長に伴いストライドのパターンが変化することを意味する。体幹に対する脚の長さは，アスリートにとって最適なランニングポジションを決定する。例えば，世界陸上，オリンピック200 mおよび400 m走の王者のMichael Johnsonは，脚に対する体幹の長さが理由で，一般的な技術モデルとは異なる技術を用いて走った。

トレーニングプログラムにおけるランニング技術の向上

ランニング技術向上を目的としたトレーニングプログラムにおいて，ストライド長を向上させることを試みることはない。この理由として，ストライド長を向上させようとすると，多くの場合，オーバーストライド（ランニング動作の発達過程でよくみられる誤りの1つ）を引き起こしてしまうことがあげられる。ストライド長を広げようとすると，脚を前方へ大きく伸ばし，重心から遠く離れた位置に接地することになる。この動作は，アスリートを減速させる。効率的な最大速度ランニングを達成するためには，重心と接地位置の水平距離を可能なかぎり短くしなければならない。

ストライド長の向上を試みる代わりに，適切な技術を通じた神経筋機能向上に焦点をあてることによって，そのアスリートにとって最適なストライド長を確立することができる。コーチは，アスリートが身体の下で接地しながら走ることを促す幅広いエクササイズを見出すべきである。本章の後半で，エクササイズの例を紹介する。

動作スピードは，アスリートが実施する適切な技術に影響を及ぼす。例えば，加速時に重心を支持基底面（足部）の前方に維持するために前傾姿勢をとる必要がある。これによって生み出される力のベクトルによって身体が前方へ加速する。高速ランニングまたはスプリント時にこの姿勢を維持することは不可能であるが，重心を接地点上にできるだけ保つことが目的となる。スプリントに比べて運動速度がかなり遅い長距離走では，この前傾姿勢はラストスパートを除いて必ずしも重要な要素ではない。エネルギー消費を抑えるペースでは，より直立な走行姿勢をとる傾向にある。

同様に，動作スピードは接地にも影響を及ぼす。スプリントでは，踵が接地することなく接地する足部の面積をできるだけ広くする必要がある（床反力を生み出す表面積を広くする）。技術向上のプログラムを実践する場合，若いアスリートにどのようにキューを与えるかを意識すべきである。例えば，「つま先に体重を乗せる」や「母指球に体重を乗せる」といったコーチングは一般的に用いられる。しかし実際，どちらのキューイングも子どもが足部の接地面積を狭くして走ることを促してしまい，力強い接地を達成する可能性が少なくなってしまう。「踵と地面の間にクレジットカードがちょうど入る程度の隙間を保って走る」といったキューイングのほうが接地の技術を向上させるうえでより適切かもしれない。

低速のランニング（心肺機能ではなく，スピードという観点で最大下努力）では，接地はスプリントとは異なり，歩行動作に似たかたちとなる。通常，踵から接地し，ミッドスタンス期に足部回内，そして離地に近づき前足部へ重心が移動する。この踵接地からつま先離地の動作によって床反力をより吸収し，エネルギー消費を抑えることが可能になる。これは接地が多く起こる長距離走において重要である。

例えば，成人の歩行から走行への移行は，運動をより効率よくするために，一般的に秒速2.3 mあたりで起こる。秒速2.5 mでは，浮遊期がより顕著になり，ストライド頻度は歩行時に比べて44％上昇し，ストライド長は15％上昇する。膝関節および股関節の屈曲が大きくなり，動作が速くなるにしたがってこの屈曲は大きくなり続ける[10]。

一般的な誤りとして，殿部を後方へ突き出し，体幹部のみ前傾姿勢をとることがあげられる。この姿勢は，速度の変化に伴ってより顕著に現われる。股関節の伸展が制限され，身体が一直線上にないため力が効果的に伝達されないため，床反力は最適でない。同様に，若年アスリートにおいて肩が丸まった状態で前傾姿勢をとる例がよくみられる。この姿勢は，矢状面上で肩から適切に腕を振ることができないため，改善すべきである。この姿勢を改善するには，オーバーヘッド・メディシンボール・マーチやオーバーヘッド・スティック・ランなどのエクササイズ（図8.7）が効果的である。

脚の動きと協調した細かく素早い対側の腕の動きを維持すべきである。腕の動きと脚の動きに協調性がないと，水平面上での回旋動作を伴う，ぎこちなく非効率的な動作につながる。脚が前方へ移動するにつれて，足部の離地とともに膝を前方へ移動させるべきである。同時に足関節を背屈させ，つま先に向けて膝を引き上げる。ランニングスピードが速くなるにつれ，身体の下で脚を高速回転させるために足関節は殿部により近づく。このリアサイドメカニクス（身体の後方で起こる脚の動き。立脚中期から離地，そして身体の下を通り脚が前方へ移動）からフロントサイドメカニクス（身体の前方で起こる脚の動き。地面に向けて脚を伸展し接地）への移行はスムーズに行うべきである。また，浮遊期を通じて脚間の能動的な体重移動をすべきである。浮遊期，接地準備期，接地期を通じて，足関節は常に背屈位にある。

若年アスリートがこの動作を行う際，膝関節と足関節に誤りが起こりやすい。例えば，接地準備期につま先が地面を向いている（底屈位にある）ことがあげら

図 8.7 オーバーヘッド・メディシンボール・マーチ（a），オーバーヘッド・スティック・ラン（b）などのエクササイズは，正しいランニング姿勢を促す優れた手段である。

れる。これにより，つま先が接地し，動作が非効率になる。同時に，大殿筋および下腿三頭筋の筋活動が抑制される。

　同様に，膝の前方運動は重要である。足関節を殿部に向けて引き上げながら，膝は上方ではなく，前方へ動かすべきである。一般的に，膝の上方運動によって，直立もしくは後傾姿勢が引き起こされる。特に，この姿勢の変化はハムストリングの柔軟性が低下している場合や，股関節屈筋群の過活動を有する場合に顕著に現われる。バット・キック（butt kicks）やハイ・ニー（high knee）などの伝統的なエクササイズは，不適切な膝の動きを引き起こし，高速ランニングにおいてよい影響を与えない。これらのエクササイズは動的ストレッチとして有効と考えられているが，これ以外の手段を用いることで不適切なランニング動作を引き起こすことなく，同じ目的のストレッチを達成することができる。

動作を成熟させるためのランニング活動

　子どもの動作が成熟するに伴って，浮遊期が顕著に現われる，ストライド長がより均一になる，離地に続く脚の伸展が確立される，といったいくつかの段階を踏む。子どもがさまざまな走り方を試し，異なるスピードおよび方向性で効率的かつ効果的に走る方法を模索することを促す遊びを用いることによって，上述の段階を通して発達を促すことができる。これらの活動には，ゲーム形式や特定のスポーツの状況にランニングを組み込むことができる。

　スモール・トール・ハイ・ロー・ファスト・スローゲーム（次ページ参照）は，ランニングスキルが異なる発達段階にいる子どもで構成される中規模のグループに適したエクササイズである。このエクササイズの目的は，ランニング動作やスピードの変化によって，ランニング技術がどのような影響を受けるかを子どもが認識することである。また，この活動によって，空

スモール・トール・ハイ・ロー・ファスト・スローゲーム

コーチングのポイント
- 動くスピードが技術に影響を与える。
- 頭を水平に保ちなさい。
- 直立姿勢を保ちなさい。
- 肘を90°に曲げ，身体の横で素早く，細かい腕の動きを維持しなさい。
- 地面を押しつけるように，足を後下方へ動かしなさい。

用具
フィールドの境界を定めるためにコーンを配置する。フィールドの広さは子どもの数によって異なるが，8〜10人の場合，縦15m，幅6mくらいが適している。

ルール
子どもはフィールド上に広がる（フィールドは互いにぶつかり合うことなく，走るスピードを制限することなく走りまわれる大きさにすべき）。子どもは周囲にいる人の位置を把握しながら，フィールド内をジョギングする。つまり，頭を上げた状態を維持して走る。常にスペースに向かって走り，他の子どもとの接触を避ける。

子どもが走りまわっている間，コーチは5〜6秒おきに以下のように異なる走り方をするように指示する。

- 「高く走る」：直立姿勢を維持した状態で走る。
- 「低く走る」：身をかがめた状態で走る。
- 「速く走る」：フィールド上でできるだけ速く走る。
- 「ゆっくり走る」：歩くことなくゆっくりと走る。
- 「大股で走る」：可能なかぎり大きなストライドで走る。
- 「小股で走る」：可能なかぎり小さいストライドで走る（できるだけ多く地面に接地する）。

コーチは身体に負担が大きいランニング動作とそれほど負担の大きくない動作を交互に入れる。30〜45秒後，短時間の休憩を入れる。この休憩中に，子どもたちに自分がどのように動いたかを振り返り，考えることを促す。

間認知能力やスタミナが向上する。

子どもが自身の動作を技術に結びつけるうえで，姿勢に影響を与える異なる身体部位（母指球，体幹，頭，腕を含む）について，子ども自身に考えさせることを促す必要がある。「教えて」「実際にやってみせて」といった質問をすることは，子どもが動作のスピードの変化とともに身体のどの部位が変化したか，またそれらの変化がランニング能力向上において効果的かどうかを考えさせるうえで役に立つ。

ランニングは，この活動における主な目的であるが，スペースを変化させることによって空間認知能力を向上させることもできる。最大スピードで走ることができるだけのスペースが必要ではあるが，広すぎて子どもが他者との接触を避けることを意識しなくなってはならない。視覚障害のある子どもでも，視力が正常な子とパートナーを組み，ひもなどで互いがつながった状態にすることでこの活動に参加できる。

質が高く，高速な動作をつくり出すとともに，持久力を向上させるためには，数回の長距離のスプリントより，短いスプリントを繰り返し行い，スプリント間

ラッツ・アンド・ラビッツ

コーチングのポイント
- 周囲の状況を把握するために頭を上げた状態を維持しなさい。
- スペースへ向かって前傾して加速しなさい。上体だけを前傾させるのではなく，腹部を固め，全身の前傾を保ちなさい。
- ストライドは小さくし，母指球で地面を押して加速しなさい。
- 減速の際は，身体を後傾させ，小さいストライドで足部全体もしくは踵で地面を押しなさい。

用具
- 領域を決定するためのコーン。
- 安全な環境を確保するためのマットなど。
- 2つのチームを区別するためのビブスもしくはシャツ。

ルール
　コーンを用いて，フィールドを設定する。子どもはこのフィールド内にとどまらなければならない。制限なく動き，走りまわれるだけのスペースを確保する。と同時に，他の子どもとぶつからないように素早く身をこなすことを促すようにスペースをある程度小さくする。フィールド内に安全地帯を設置する。この安全地帯の広さは利用可能なスペースと参加人数によって変える。この安全地帯はそれぞれウサギとネズミの巣とする。ウサギとネズミの2チームをつくる。

　子どもはフィールドに均等に広がる。コーチは，子どもに好きに動きまわるように伝え，ゲームを開始する。子どもは走ったり，歩いたり，スキップ，ホップしたりとバリエーションを加えてもよい。

　コーチはネズミもしくはウサギのどちらかを呼ぶ。ネズミが呼ばれた場合，ウサギは安全地帯（巣穴）に向かって走り，ネズミはウサギをタッチして捕まえる。同様に，ウサギが呼ばれた場合，ネズミは巣に向かって走り，ウサギはネズミを捕まえる。安全地帯に入れる人数を制限（例えば，1〜2人だけ安全地帯に入れるなど）することによって，難易度を上げることができる。このような制限を設けることによって，子どもがどのような選択肢があるかを判断し，素早く動くことが必要になる。

　捕まることなく安全地帯に入ることができた子ども1人につき1点を与える。反対に，捕まった子ども1人につき，相手チームに1点を与える。最初に20点獲得したチームが勝利（この点数は参加している子どもの数によって変えてもよい）。

で素早くリカバリーすることを促すことのほうが効果的である。

　遊び場で行える単純なゲーム形式の活動は，動作が成熟している子どもの特定の状況下におけるスピードとアジリティを向上させるうえで効果的な手段である。スポーツにおける多方向のランニングは，どこへ動くか，スペースに向かって加速，減速，方向転換，そして再加速といった意思決定の要素を含む。ラッツ・アンド・ラビッツなどのゲーム形式の活動は，子どもたちが楽しみながら最大強度でこれらのスキルを実践し，能力の向上を促す。結局のところ，誰かとレースをしたり，誰かに追いかけられることによって，

子どもは自然とより速く動いたり，素早い方向転換を行う。

これらの活動において，コーチがゲームの結果（誰が得点したか，何点獲得したか，誰が勝ったかなど）に焦点をあててしまい，子どもは得点を稼ぐための戦術に集中してしまうことがよくみられる。子どもがどこへ動いた，いつ動いたということよりも，どのように動いたかに焦点をあてるべきである。効果的に加速，減速するためにどのように動いたかを子どもたちに考えさせるために，コーチは子どもに効果的な質問をしなくてはならない。2つのグループを平行に並べ，5つのコーンを均等にウサギのグループから20 m離れた位置に並べる。同様に，ネズミのグループから20 m離れた位置にも5つのコーンを並べる。これらの領域は，ウサギの巣穴とネズミの巣となる。このセットアップでは，直線上のスピードを促し，反射的な意思決定の要素は少ない。素早く身をかわすことや，多方向のスピード，意思決定の向上よりも，ランニングスピードとランニングのメカニクスの向上を狙った練習である。

専門的なランニング動作の向上

ランニングスピードは，パワーと神経筋の協調性による産物として捉えることができる。第1章および第2章で述べたように，力を生み出し，伝達するための適切な姿勢を確立させる神経筋系と筋骨格系の相互関係は，技術として考えられる。したがって，アスリートの動作向上プログラムにおいて，スピードの向上は単に優れたランニングメカニクスを確立させるだけではない。技術は大きな力を生み出し，短時間でその力を適切な方向に適用する能力に結びつけなくてはならない。したがって，技術の発達は，力の立ち上がり率（RFD）の向上と並行して考慮しなければならない。

すべてのトレーニングと同様に，子どもが成熟したスキルを獲得してから高度なアスリートのパフォーマンスを特徴づけるさらにレベルの高い技術へと発達させるためには，長期的な計画が必要である。トレーニングプログラムは，構造化された遊びから意図的な練習へ移行し，特定の運動能力を発達させるための技術的能力に関連する体力要素の漸進的な発展を構築しなければならない。

加速技術の向上

他の高度なスキルと同様に，アスリートの加速動作は基礎的スキル（成熟した動作の技術モデルの項で述べた通り）から，応用モデルの優れた技術へと発展させることができる。この発展を達成するためには，練習環境が整っているべきである。また，アスリートは力強く，スキルの伴った動作を実行するための適切な身体能力を有しており，技術向上のために練習をする意欲がなくてはならない。加速のメカニクスが習得されるにつれて確認される典型的な発展の順序を**表**8.2に示した。

世界レベルの100 m走の分析によると，エリートスプリンターは20 m地点に到達するまでに最大速度の80％以上のスピードを達成する。前述の通り，多くのチームスポーツのアスリートは短時間および短い距離で最大速度に到達する必要がある。

加速のメカニクスは，動いているにもかかわらず，アスリートは慣性に打ち勝ち，パワー出力およびスピードを上げるために水平面上での推進力を高める必要があるということを認識することで最も理解できる（**図**8.8）。アスリートは，地面を高頻度に力強く押すことができる姿勢に適応する必要がある。これによって，床反力がアスリートを前方へ動かす。この動作は，接地時間が長く，ストライド頻度が多いことを意味する。加速時の最初の数ステップに対する効果的なコーチングの1つとして，「地面を押すことだけを意識する」といった指導があげられる。

第4章では，物理学的な観点から加速技術について述べた。慣性に打ち勝ち，水平面上の運動量を生み出すうえで，地面に対して水平方向および垂直方向の両方へ均等に力を加える必要がある。このため，典型的な加速時において，顕著な前傾姿勢で姿勢の低い位置から加速を開始し，最大速度へ到達するにしたがって姿勢が少しずつ高くなる。多くのスポーツでは，直

第8章 ランニングスピードとアジリティスキルの向上

表8.2 高度な加速能力獲得の段階：アスリート発達モデル

段階的な発達の指標									
成熟			発達			洗練		
反応する準備が整った姿勢：スタッガースタンス（足を前後に開いた状態），低重心，身体を前傾させる	足で地面を押す能力（後下方へ）	重力による加速の支持を受けながら，身体をまっすぐに保ち，効果的な倒れこみからスタート	さまざまなスタートの合図に素早く反応して加速	クラウチングスタートから適切な姿勢を維持して加速：前方の膝は90°，後方の膝は120～140°屈曲	短く力強いストライドでスプリントスタートからバランスを保ち，徐々にストライドを伸ばす	後ろ足を素早く（前足部の接触を伴って）動かし，第2のストライドを開始する	前足と後ろ足の両方で地面を押す
利き足を前方に位置させ，後ろ足を肩幅に広げ，利き足と対側の腕を前方へ位置させる	さまざまな静止状態（立位，臥位，膝立ち位など）から素早く加速	後ろ足を低くしてドライブする	効果的なスリーポイントスタートから姿勢を維持し，加速	ドライブ期に身体の適切な前傾姿勢を保ちながら，後ろ脚を素早く前方に動かす	開始姿勢から蹴り出しながら低姿勢を保つ	最初の5～8ストライドでピストン様の動作で足を低く保ち蹴り出す	なめらかなスタートからドライブ期へ移行し，最終的に浮遊期へ
単純なスタートの合図に反応する	バランスとコントロールを維持しながら基本的な（浅い角度で）倒れこみからのスタート					スムーズな移行で第7もしくは第8ストライドから徐々に状態を起こし，第14～17ストライドにかけて直立姿勢	

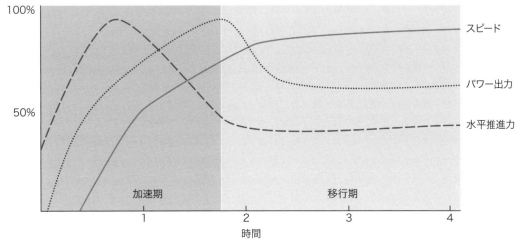

図8.8 スプリント初期における推進力，パワー出力とスピードの関係

立の状態やかがみ込んだ姿勢（アメリカンフットボールのラインバッカーのスリーポイント・スタンス，スプリンターのブロックからのスタート）といった異なる開始姿勢から加速をすることが必要になる。これらのスタート姿勢からのスピード向上を意図した練習で重要なことは，最初の3歩のストライドをとるうえで適切なポジションにアスリートを位置させることである。

スタートおよびドライブ初期のメカニクスは，重要となる以下の2つのポジションにアスリートを位置させなければならない。まず，アスリートの重心は支持基底面の前方へ位置させなくてはならない。次に，股関節は片脚を力強く前方へ動かし，対側の脚を力強く伸展することができる位置になければならない。これによって，地面もしくはスタートブロックに最初の力積を加える。

168　第8章　ランニングスピードとアジリティスキルの向上

図 8.9　クラウチング・スタートからのスタートメカニクス：(a) 適切な準備姿勢，(b) 体重の前方移動からの適切な開始姿勢，(c) 最初のストライドの準備段階における手および肩の挙上，(d) 後ろ脚の力強く素早い蹴り出し，(e) 後ろ脚の蹴り出しから股関節の最大伸展。

　図8.9，図8.10に示したように，異なるスタンスであっても，アスリートの肩は手の真上もしくは前方へ位置させる。股関節を肩より高い位置へ上げ，体幹の前傾姿勢をつくることで，スリーポイント・スタンスをとる。このスタンスでは，すべての体重は手にかかっており，前方へ動く準備が整っているように感じる。アスリートの重心は支持基底面の外にあるため，安定性は低下している。アスリートが前方へ動き出しはじめるとともに，後方の脚で地面を力強く押しながら，短いストライドで素早く前方へ動く。これにより，後ろ脚が身体の前方へ素早く移動し，母指球が接地する。これと同時に，前脚で長時間，地面を押し，次の接地前に最大伸展を獲得する。

　ゲーム形式のスポーツに参加しているアスリートは，アスレティック・スタンス（**図8.11**）などの直立姿勢から加速をはじめる。このアスレティック・スタンスは静止状態の場合も，そうでない場合もある。アスレティック・スタンスは，多くのスポーツにおいて，どの方向にも動く準備ができているスタンスとされている。両足に均等に体重を乗せ，股関節と肩を水平な位置に置き，どの方向にも動く準備が整っている。このような姿勢では，進行方向へ不安定性（例えば，重心を支持基底面の前方へ位置させる前傾姿勢）をつくり出すことが困難である。この前傾姿勢をつくり出すために，股関節から前傾しようとするアスリートがいるが，この試みは最も効果的に床反力を伝達す

図 8.10　スリーポイント・スタンスのポジショニング：(a) 膝と対側の足の甲が平行な状態での直立片膝立ち，(b) 股関節を垂直に上げる，(c) 前傾して体重を指に乗せ，肩を手より前方へ位置させる。

図 8.11　競技動作開始の準備状態（アスレティック・スタンス）

る直線上の姿勢（図8.12）を崩してしまう。このようなアスリートは，股関節から推進力を生み出す前に体幹が前傾してしまう。運動の原理は変わらないが，アスリートが動くための準備をどのようにしているかによって，結果として生じる動作は若干異なってみえるかもしれない。前方へ加速する場合は，接地は常に重心の後方で起こらなければならない。接地が重心の垂直方向の作用線に近いほど，接地によって生み出される垂直方向の力は大きくなる。

アスリートは，短時間に大きな推進力を生み出し，重心の慣性に打ち勝つ大きな力積を引き起こすことを目指している。これを達成するためには，殿筋およびハムストリングなどの大きな股関節伸筋群の短縮性収縮が必要であり，大腿四頭筋による膝伸展が股関節伸展に続く。この期におけるストライド長は，接地時に加わる力の大きさ，力の方向，力が加わる時間の長さによって決定される。第4章で述べた通り，アスリートのすねの角度が最初の数ステップにおける角度と

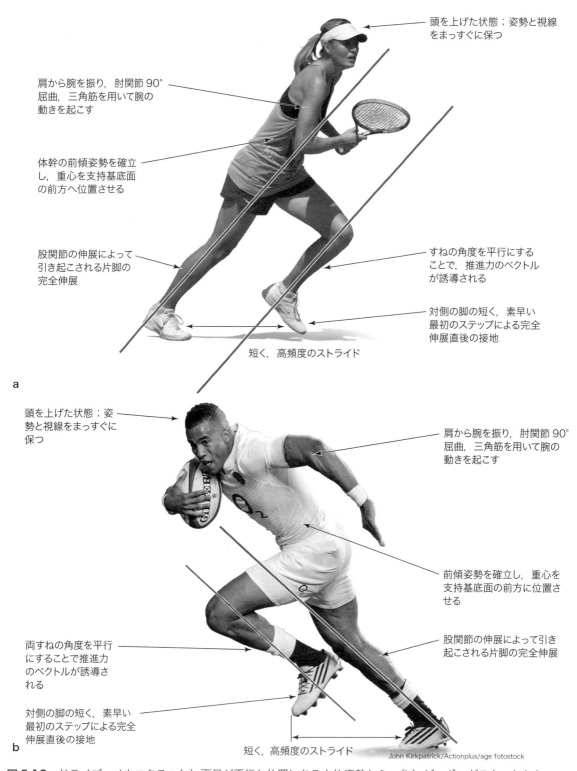

図 8.12 ドライブ・メカニクス：(a) 両足が平行な位置にある立位姿勢から，(b) ジョギングスタートから。

同じでないと，ニュートンの第3法則，作用反作用の法則の結果，接地時に必要以上の垂直方向への力が生み出される。アスリートの身体のポジショニングが力の作用線を決定する。アスリートの身体があまりにも直立していると，接地時に生み出される床反力がより垂直方向となり，水平方向の推進力が低下する。反対に，アスリートがバランスを失い，過度に前傾していると，地面と足の接触は大きな力を生み出すには不十分である。脚を蹴り出した後の（地面に水平な）足と，膝関節，股関節および肩関節を可能なかぎり一直線上に保った状態で前傾姿勢を確立することによって，水平推進力を最大化するパワーラインがつくり出される。一般的に，最初の数ストライドでは，45°近くまで前傾するが，20 m地点に到達するまでに，ストライド長が伸び，直立姿勢になる。

　加速時の接地時間は，最大速度走行時の接地時間よりは長い。しかし，この動作の段階ではより大きな力積を達成する必要があるため，接地時間自体は短い（エリートスプリンターの最初のストライドにおける接地時間は0.2秒である）。アスリートの脚は効果的かつ力強く，素早く後方へ伸展させなければならない。床反力は股関節，膝関節および足関節におけるトリプルフレクションの反応を引き起こし，足の位置を再調整して再び接地する。回復期では，足裏全体で接地する（アクティブ・フラット・フット）（第9章で説明する）ための適切な足の位置を確保するために，足関節は背屈位にしなければならない。足関節が底屈位で接地した場合，接地面は小さく，結果として生まれる床反力は身体を加速するためには効果的でない。

　股関節から膝関節，足関節そして地面へと伝わる推進力は，接地を通じて蹴り出す脚のトリプルエクステンションを引き起こす。アスリートの身体が前傾しているため，多くの脚動作はアスリートの背後で起こり，フロントサイドメカニクスはほとんど考慮する必要がない。一般的に，接地時間が妨げられないかぎり，加速時の接地頻度が上がるにつれて，アスリートはより大きな力積を生み出さなければならない。アスリートの背後でピストン様の脚の動き（トリプルフレクション，トリプルエクステンション）が必要となる。つまり，回復期における蹴り出した脚の踵は，先行する脚の膝より低い位置で移動する。

　アスリートが全可動域を通じて理想的に股関節と膝関節を伸展させ，推進力が適切に伝達されると仮定すると，加速期のストライド長は段階的に増加する。アスリートのストライド長が伸びるにしたがって，すねの角度が地面に対して垂直方向へ近づき，姿勢がより直立し，最大速度走行のメカニクスへと導かれる。

加速メカニクスの向上

　加速のメカニクスは技術ドリルによって最も発達するのか，加速するパフォーマンス環境を変化させることによって最も向上するのかに関する議論が続いている。トレーニングの方法論に関する多くの疑問と同様に，この疑問に対する決定的な答えはない。最良のトレーニングプログラムは，加速の向上のためのバランスのとれたアプローチをするために，この2つの理論を包括し，機能的筋力とパワー向上の両方を組み合わせる。技術的な能力を高めるスピードトレーニングと運動能力向上を目的としたプライオメトリクス，多筋，多関節の高重量エクササイズ（スクワットやクリーン）を組み合わせることが重要であり，このことはアスリートの爆発的な能力を高めるうえで過小評価してはならない。

　抵抗下での加速は重力を用いるか（例えば坂道や階段を駆け上がる）もしくは負荷を加えることで達成可能である。アスリートは加速のメカニクスの向上を目的としているのか，最大速度のメカニクス（次項で述べる）の向上を目指しているのかによって，さまざまな様式のスピードトレーニングを用いることができる。最大速度のメカニクスに負荷をかける場合は，より慎重なアプローチが必要となるが，加速のメカニクスの利点を過大評価すべきではない。

　例えば，3〜8°の傾斜の坂道を10〜20 m加速することによって，アスリートの推進力を生み出す能力が向上する。このエクササイズにおける各ステップは，前の接地位置より相対的に高い位置に接地しなければならないので，より大きな力を地面へ伝える必要がある。これによって，アスリートは前方へ動くために，

図8.13 ウォール・スプリント・パワーポジション

脚を後方へ力強く押し，地面に力を加える必要性を感じる。

　傾斜の度合いによって，すねの角度を適切にすることで，望ましい方向へ力を生み出すことが促進される。したがって，コーチやトレーニングではなく，トレーニング環境自体がアスリートの適切なポジションを生み出す。坂道では，アスリートが回復期において踵を低く保ちながら膝を素早く前方へ動かすことになる。このトレーニングによって，アスリートが平地で走るときやパフォーマンスを発揮する通常の環境にもどった際に，ストライド長およびストライド頻度に効果がみられる。

　典型的な坂道スプリントのセッションは，倒れこみ（フォーリング）スタートから20 mを5セット，倒れこみスタートから25 mを5セット，そして腕立て伏せから（プッシュアップ）スタートを20 mを5セットといったかたちで，総走行距離を325 mとし，すべての反復を最大強度で行い，反復の間は完全なリカバリーに十分な時間を設ける。

　スレッド（ソリ）やコードをハーネスに取りつけたり，グループでトレーニングをする場合には，パートナーに抵抗を加えてもらったり，外部からの負荷をかけることもできる。外部からの負荷を用いて，動作開始時の前傾姿勢を確立することを支持することもできる。実際，加速初期の前傾姿勢に慣れることが必要なアスリートにとって，この方法は低姿勢から加速し，姿勢を上げる助けとなる。

　単に前傾姿勢をとることによって前方運動を開始することができることを理解しているアスリートもいる。前傾は必要な運動プログラムの一部ではあるが，脚のドライブ動作と協調しないかぎり，爆発的な前方運動にはつながらない。外部からの負荷を用いるということは，単純に重心を身体の前方へ移すだけでは前方運動にはつながらないため，アスリートは総質量（アスリートの身体と外部からの負荷）の慣性に打ち勝つために爆発的な脚の蹴り出しに焦点をあてる必要があることを意味する。このため，最大速度のメカニクスとは対照的に，加速においては比較的大きな抵抗（体重の25%など）を用いることでトレーニング効果が生まれる。アスリートは，ドライブ動作における洗練されたメカニクスの必要性を強調するため，一貫して適切な開始姿勢から動作を開始する必要がある。

　ウォール・スプリントは，加速メカニクスを発展させるうえで効果的な手段として第4章で紹介した。このドリルは導入しやすく，能力に応じて難易度を変化させることができる。最初に発達させる必要がある項目として，適切な姿勢を確立し，それを維持する能力があげられる。足関節背屈位で足部全面が接地している状態で，腕をまっすぐ伸ばし，体幹を約45°前傾させる。

　足関節が底屈位にあると，アスリートの体重は母指球（またはつま先）に乗り，地面と足部の接触面積が狭くなり，その結果，床反力が低下するため，足関節の位置は重要である。このドリルを実施する際には，コーチはアスリートにクレジットカードルール（踵と地面の間にクレジットカードがちょうど入る程度の隙間を保つ）を守るように指示すべきである。肩から骨盤（体幹を固定し，中間位を保つ），膝関節，足関節を直線上に置く。アスリートがこの姿勢を維持できるようになったら，パワーポジション（図8.13）へと動作を発展させる準備ができたことになる。前の膝を前方へ動かす（一般的な誤りとして，膝を前方ではな

く，上方へ動かすことがあげられる）。足関節を背屈し，足底部が地面と平行になるようにする。つま先は膝の後方へ位置させ，すねの角度を身体の前傾の角度および対側の脚の角度と平行にする（両すねが平行）。地面と接触している側の足関節は背屈位を保つ。

　アスリートが適切な動作および姿勢を"感じる"まで，コーチは修正を続ける必要がある。すねの角度を修正するように指示されたアスリートは，下を向き，すねの角度を確認するかもしれない。これによって頭と体幹部の位置が変化してしまう。すねの角度は技術的必須要素ではあるが，必ずしも適切な指導対象ではない。

　開始姿勢とパワーポジションを確立し，静的にこの姿勢を維持できた後に，このドリルに動作を加えてスピードや難易度を段階的に高める。ウォールドリルは，片脚支持と両脚支持の一連の動作を変化させたり，地面に向かって後方へ蹴り出す脚を右左入れ替えるといった方法で発展させる。最初の段階では，動作のスピードは重要ではない。難易度やスピードを上げる前に，適切な身体位置を保つことと，動作を一貫して実施できるようになる必要がある。このドリルは，アスリートの上達度およびスピードと難易度が上がっても，両脚の伸展メカニクスを一貫して維持できる能力に基づいて発展させる。

　股関節と膝関節の伸展から屈曲への移行中の姿勢のメカニクスは，一貫して強調する必要がある。膝が前方へ動く際に，腰椎－骨盤のアライメントを中間位に保つことができないアスリートがいる（特に，股関節屈筋群を過剰に用いている場合）。この場合，パワーポジションにおける骨盤の後傾がより顕著になる。動作のスピードを遅くするか，反復間のテンポを調整し，一貫したメカニクスを保てるようにするなどの修正を加える必要がある。第5章で述べたように，胸骨とへその距離に注意する（そして，この距離が一定であることを確保する）ことは，アスリートにこのドリルを実施させるうえで助けとなる。

　脚は完全伸展した状態で接地しなければならない。このドリルの難易度が上がるにつれて，地面に向けて脚を力強く完全伸展させることを忘れてしまうことがある。これによって，接地位置が理想的な位置から離れ，壁に近い位置で接地することになる。この接地位置では，（接地時におけるすねの角度変化によって）床反力の作用線が変化し，前傾姿勢でなくなってしまう。

ウォール・ドリルの段階的プログラム

ウォール・スプリント・シングルレッグ・マーチ

　パワーポジションから，支持脚の足を地面と平行に保ち（踵を地面から若干離す），身体をまっすぐに保ち，対側の脚を完全伸展させる。支持脚の真横に接地し，足関節を背屈させる。最初は，スピードは重要ではない。技術が向上するにつれて，自然とスピードは高まる。このエクササイズにおいて重要なポイントは，適切な姿勢を維持することである。姿勢をもどし，同じ動作を各脚で繰り返す。

ウォール・スプリント・シングルレッグ・ドライブ

　両脚支持の姿勢から，身体をまっすぐに保ち，片膝を前方へ（壁に向けて）引き上げ，パワーポジションをとる。足関節は背屈位にし，すねと身体の前傾が同じ角度で，つま先を膝より後ろに位置させる。膝が上がりきった位置から，殿筋群を収縮させ，脚を地面へ向けて伸展させ，足を開始位置にもどす（足関節は背屈位を保つ）。技術が向上するにつれて，動作のスピードを上げる。

ウォール・スプリント・ツーステップ

　パワーポジションから，屈曲位にある脚を地面へ向けて伸展させる。これと同時に，対側の膝を前方へ引き上げる。この動作を通じて，適切な技術をすべて保つ。技術の向上とともに，ステップの数を3回，4回と増やしていく。

アスリートがこれらのドリルをうまく行えるようになったら，エクササイズの反復回数を増やしてもよい。これによって，アスリートが適切な姿勢を保ち，体幹の前傾を変化させることなく，力強く脚を伸展させ，地面を蹴り出すことと，力強い反射的な膝の前方移動の両方に集中することを強いる。

アップ・トール・アンド・フォールによって，加速パターンを開始するための前傾姿勢を身につけることを促すことができる。また，このドリルは加速と減速を向上させるうえでの重心と支持基底面の関係の重要性を強調する。ウォールドリルのパワーポジションにおいて強調されたすべての技術のポイントは，このドリルにおいても適用される。パートナーによる支持がなくなった際に，片足で前方へ大きくステップすることで，支持基底面が広がり，重心を支持基底面の中心へ移動する。これによって安定性が高まる。

アップ・トール・アンド・フォール

コーチングのポイント

- 頭，肩，股関節，膝，足関節をまっすぐに保ち，前傾する。足底部の大部分を接地させる必要がある（クレジットカードルールを適用）。
- もし，身体をまっすぐに保てない場合（コーチは，アスリートの頭が上がって前方を見ているか，身体がまっすぐになっているかを常にチェックする），おそらく重力が原因で，バランスを失い，不安定な状態にある。
- 最初の加速のステップは短く，かつ力強くなければならない。そして各ストライドで，素早い完全伸展を達成する必要がある。

用 具

用具は必要ない。

手 順

足を揃えた状態で，パートナーに向かって前傾する。パートナーは，前傾するアスリートの体重を支える。足関節は背屈位に保ち，踵と床面の間をクレジットカードの厚さに保ったまっすぐな姿勢をドライブポジションと呼ぶ（図8.14a）。パートナーはアスリートの全体重を支えた後，横へ1歩ずれる。これによって，アスリートは前方へ倒れはじめる（図8.14b）（もしパートナーがいない場合，適切な姿勢を保った状態でバランスを失う直前まで自ら前方へ倒れこむ）。支持がなくなり，前方へ倒れはじめたらすぐに前方へ加速する（図8.14c）。

図8.14 アップ・トール・アンド・フォールドリル：(a) 開始姿勢，(b) ドライブ・メカニクスへ移行，(c) 安定したポジションへ移行。

最初の数ストライドで加速をするためには，重心を支持基底面の前方へ維持しなければならない。したがって，前方推進力を補助するために，最初のストライドは短く，かつ力強い必要がある。足の動きなしでも，重力の支持があるため，加速することができる。しかし，この加速は地面に向かっての加速である。つまり，アスリートはバランスを失い，結果として倒れてしまう可能性がある。まっすぐの姿勢を失った際も（例えば，アスリートが下を見て頭が下がっている場合や股関節が曲がっている場合），力が適切に伝達されないため，同様のことが起こる。

重力を用い，アスリートに脚を後方へ伸展させ，地面を押すことを強調しながら（「プッシュ，プッシュ，プッシュ」といったコーチング），効果的な加速のメカニクスを促すことは，技術を身につけるうえで有効な手段である。支持しているパートナーは，横へ1歩ずれる際に，アスリートを後方へ押してはならない。減速の力を加えることなく，単純に支持をはずす。このドリルは，パートナーなしで行うこともできる。単純に，姿勢をまっすぐに保った状態で，前方へ倒れこみ，バランスを失いはじめる直前で足を素早く，力強く動かすことで効果的に加速をする。ウォールドリルでは腕の動きが制限されていたため，このドリルを実施する際には加速において腕の動きが重要であることも強調する。脚の前方への振りは，後方への力強い腕の振りによる反動が必要となる。特に，最初の数ストライドにおいてより重要となる。

地面に対して脚を後方へ伸展させ，抵抗を動かすレジステッド・ハイパワー・マーチング・ドリルを発展させる際に，このアップ・トール・アンド・フォールの開始姿勢を用いることもできる。パートナーはアスリートと向かい合った状態で抵抗を加えることも，ハーネスなどを用いて後方から抵抗を加えることもできる。後方から抵抗を加える場合，必ずしも動作が力強くなるわけではないが，よりリズミカルな動作を生み出すうえでの自由度が高まる。この両方のアプローチを組み合わせることは，アスリートが生み出す力と動作のリズムを強調するうえで効果的である。

最初にマーチや走行時に抵抗を加えて，ドリルの中盤で抵抗をはずす（パートナーが抵抗を加えることを止める，もしくはハーネスを離す）といった方法でこれらのドリルを行うこともできる。これらのドリルを行う際に抵抗を加える目的で太いゴムひも（バンジー）を用いるべきではない。バンジーの張力が高まることによる反動によって深刻な障害が起こる可能性がある。過度の反動を引き起こすことなく，ハーネスの張力を解放することができるスペシャリスト・リリースコードがある。

これらのドリルは，適切なメカニクスを有するアスリートにとって非常に効果的である。抵抗下でエクササイズを行うことにより，中枢神経がより多くの運動単位を活性化させ，各脚の神経筋系の力を高め，より大きな力を地面に加えられる。この抵抗が突然取り除かれると，同じ運動単位が働き続け，同じ力を生み出し続ける。これによって，接地ごとにより大きな力積と運動量が生み出される。

多くのアスリートは，加速の練習において地面に対して最大限の力を発揮するために，追加の刺激が必要である。1つの手段として，競争の要素をドリルに加えることがある。このアプローチの詳細は，アジリティと方向転換（通常，加速は方向転換に付随する）の項目で述べるが，直線上の加速ドリルに関して述べているため，この概念をここで紹介する。競争の要素を加える簡単な手段として，レースを行うことがあげられる。これを実施するうえで，コーチは適切な動作のメカニクスを無視し，パフォーマンスの強度に重きを置いてはならない。最終的には，最大限のスピードで加速ドリルを実施しないかぎり速くならないが，最大努力で加速を試みる前に，適切なメカニクスを習得しなくてはならない。

どのように競争の要素を導入するかが重要である。例えば，2人のアスリートがアップ・トール・アンド・フォールの開始姿勢で支持されている状態から，スタートの合図とともに支持がはずされた場合，重力を使用して適切なメカニクスに移行する代わりに，身体をごまかしてこのメカニクスへとつなげようとする。一方で，フェイス・アンド・チェイスといったドリルは，適切なメカニクスを促進するようにデザイン

されたスタートの練習から，短距離で競争することを促す。

アスリートの方向転換のメカニクスが向上するにしたがって，フェイス・アンド・チェイスは，グループで楽しみながら挑戦できるようになる。例えば，2人のアスリートが5 m離れた位置で，互い向かい合った状態でスタートする。それぞれのアスリートの15 m後方にゴールラインを引くことでこのドリルは単純にできる。スタートの合図とともに，1人が前方にあるラインに向かって走る。もう1人は，相手との間にある5 mのゾーンでターンし，同じラインに向かって加速し，競争する。

加速努力（加速のメカニクスに焦点をあてたドリルに対して）は，それぞれのスポーツにおける加速を開始する位置，およびそのスポーツにおいて加速することが予想されるさまざまな距離（一般的に20 mを超えるものは，加速のみに重点が置かれていないと考えられる）の要素を反映させる必要がある。反復回数は最大強度で実施し，加速間で最大限のリカバリーができる回数とする。これによって，疲労が動作の質に影響を与えないようにする。

チームスポーツのアスリートの典型的な加速ドリルのセッションは，25 mのレジステッド・スレッドを4回，25 mを抵抗なしで1回のサイクルを2～3セット実施する。その後に，15 mを4回×1～2セット実施し，反復の間はアクティブリカバリーとする（セッションの総距離 = 310～495 m）。

どのようにスプリントを開始するかを考慮することに加えて，アスリート（陸上選手を除く）は異なるスピードで動きを変えることを習得しなければならない。例えば，サッカーのようなスポーツでは，選手は長い距離を歩いたり走ったりするが，スプリントの数はかぎられている（**表8.3**）（時速25.2 kmを超える走行をスプリントとして定義）。戦術もしくはポジションに対する要求によって，この異なるスピードでの動作変換能力がどのように試合に影響を与えるかが決ま

フェイス・アンド・チェイス

コーチングのポイント

- 頭，肩，股関節，膝関節，足関節を一直線に保ち，前傾する。足底部の大部分を接地させる必要がある（クレジットカードルールを適用）。
- もし，身体を一直線に保てない場合（コーチは，アスリートの頭が上がって前方を見ているか，身体が一直線になっているかを常にチェックする），おそらく重力が原因で，アスリートはバランスを失い，不安定な状態にある。
- 最初の加速のステップは短く，かつ力強くなければならない。そして，各ストライドで，素早い完全伸展を達成する必要がある。
- ドライブ期および加速期における力強いステップによってストライド長が広がる。
- ターンのメカニクスは，後のドリルで焦点をあて紹介する。

用 具

用具は必要ない。

手 順

2人のアスリートは5 m離れた位置で，互い向かい合った状態からスタートする。それぞれのアスリートの15 m後方にゴールラインを引く。スタートの合図（聴覚刺激もしくは視覚刺激）で，1人が前方にあるラインに向かって走る。もう1人は，相手との間にある5 mのゾーンでターンし，同じラインに向かって加速し，競争する。

表8.3 2014年のサッカー・プレミアリーグの試合における走行距離

選手	走行距離（km）	総スプリント数*	最大スプリント速度（m/秒）
ミッドフィルダー1	12.62	39	8.8
ミッドフィルダー2	12.19	55	8.9
ウインガー	11.79	45	9.1
ウインガー	11.61	53	8.8
ミッドフィルダー3	9.81	26	9.0
サイドバック	9.69	41	9.4
センターバック1	9.44	25	8.5
センターバック2	9.24	12	7.4

*サッカーでは秒速7m（時速25.2km）以上がスプリントとしてみなされる。

る。しかし、フィールド上のスペースを最大限に広げ、優位に立つためには、選手は異なる動作スピードで、効果的かつ効率よく動作を移行（加速や減速など）させる必要がある。

ハロウ・スプリントのようなドリルは、加速と低強度のランニングの移行を促すためにデザインされており、アスリートは身体位置とストライドパターンに焦点をあてる。ペースの変化において、アスリートは重心をより低くし、前傾姿勢を獲得するために、身体位置を変化させなくてはならない。各加速期の後、最大速度に達するにつれて、姿勢はより直立になり、この重心が高い位置を無理なく維持することができる。しかし、アスリートはそれぞれの加速期に達するたびに、適切な加速メカニクスを準備し、実施しなければならない。

これらのドリルは20mの間隔で区切った100mを走るアスリートの動作に基づいている。開始姿勢から、最初の20mをスプリントし、次の20mをゆっくりと走る（減速は能動的というよりも受動的）。同様に、20mのスプリント、20mのジョグ、そして最後の20mをスプリントする。反復の間は、アクティブリカバリーで完全にリカバリーする。このドリルを最大努力で行う場合、4〜6分かけてスタート地点まで歩いてもどることが必要になる。この最大努力でのドリルは、計画したトレーニング量にしたがい、4〜8回の反復を1〜2セット行う。

30mのコースを10mと20mもしくは15mと15mの2つの区間に区切ることで、疲労度を軽減させて同じようなドリルを行うこともできる。アスリートは決められた区間内（10mもしくは15m）で50%から最大加速へと移行し、30m地点までスプリントする。このドリルを6〜8回、1〜2セット、最大強度かつトレーニングの質を最大限に保って実施することは、直線上の最大下走行から加速能力を向上させるために適している。

アスリートの発達段階において、前方加速を開始するうえでドロップ・ステップを用いることがどの程度適切であるかについて多くの議論が行われている。ドロップ・ステップは、アスレティック・スタンスからスプリントの姿勢へ移行し前方加速する技術である。

片足を後方へ動かして前方へ加速することは直感に反しているようにみえるが、この観察は、アスリートの直感的な運動反応が何であるかを誤って解釈している。「正しく行えていない」、「後方運動は支持基底面を広げて、重心を後方へ動かす」、「前方加速を妨げスピードを低下させる」といったコメントをしばしば耳にする。しかし、ドロップ・ステップ（もしくは、スプリット・ステップ）は非常に短く、かつ素早い動作で、重心を支持基底面の前方へ位置させる前傾姿勢に付随すべきである。適切に実施された場合、このカウンタームーブメントの反動動作は下肢筋群の伸張−短縮サイクルを引き起こす。特に、足関節が背屈位にあり、剛性が高まっている状態では、股関節、膝関節および足関節の伸筋群のより力強い収縮を可能にする。後方の脚は地面を蹴り出し、前方へ素早く加速する。一方で、前方の足は地面を強く押し完全伸展する。

この技術が前方加速を向上させるうえで有効であるかどうかに関する合意は得られていない。合理的な前提として，この技術を自然と利用しているアスリートは，コーチングによって，非常に素早くかつ力強く実施される必要のある動作の有効性を高めることができる。しかしドロップ・ステップは，この動作を自然と行えないアスリートには教えるべき技術ではない。また，ドロップ・ステップに挑戦したものの，適切にこの技術を実行できない場合にはすすめられない。

最大速度ランニング

コート上や水中で行われるスポーツを除き，多くのスポーツにおいて，最大スプリント速度は重要な要素である。サッカー，アメリカンフットボール，ラグビー，野球などのスポーツにおいて，試合での優位性を獲得するために，素早く最大スプリント速度に到達し，このスピードを短い間維持することが求められる。アスリートが素早く最大速度に到達できるほど，敵を回避したり，フィールド上にスペースを生み出すことができるため，これらのスポーツにおいて効果的である。

下肢の加速メカニクスは，身体を前方に動かすピストン動作に最も関連している。身体の前方および後方で対側運動が起こるため，最大速度の下肢のメカニクスはより周期的になる。多くのスポーツ動作と同様に，正しい技術を習得することはアスリートが効果的に走りはじめ，最適な技術を向上させるための必須条件である。

最大速度は，スポーツの性質によって決定される。エリートスプリンターは，空間要素およびチームスポーツのアスリートに影響を及ぼしうる外的要因による制約がない状況下における最大努力で最大秒速 12 m のスピードに到達することが要求される。ラグビーでは秒速 6 m，サッカーでは 7 m 以上の走行がスプリントとして考えられる。これらのスポーツにおける最大速度は，短い持続時間で秒速 10.5 m にまで達する。スプリンターは，実際の競技で要求される走行距離を超えた距離に取り組む必要はない。当然のことながら，アスリートはより速くなり，技術の習熟度も高まる。しかし，スプリントを繰り返すアスリートに比べて，これらのアスリートは，身体的耐久性に劣る。

最大速度を達成する際は，体幹は直立で，肩は股関節の延長線上に位置させる。第 4 章で説明した通り，この時点での床反力の大部分は垂直方向であり，この垂直方向の床反力を伝導し，重力の下方向への力に打ち勝つために，アスリートの姿勢は直立で安定していなくてはならない。したがって，自然な腰椎–骨盤のカーブを維持した状態で，アスリートの体幹は固定されていなければならない。

最大速度におけるスプリントのメカニクスの目標は，最適なストライド長で，ストライド頻度を高めることである。垂直方向の力積を最小限にし，より大きな水平方向の推進力を生み出すことができるようになることが目的である。これには，股関節，膝関節，および足関節周囲筋群に特定の神経筋系の性質を要求する。また，浮遊期に重心の負の垂直方向への変位（下方変位）を防ぐストライドパターンを用いることが重要である。

アスリートの能力向上に従事する専門家は，この理論を注意して考慮する必要がある。加速メカニクスの目標を水平方向の推進力を最大化することに置いた場合，「最大速度ランニングの身体的–力学的性質と同じであるべきではないのか？」「水平方向のスピードは望ましい結果ではないのか？」この答えは，スプリントのバイオメカニクスを理解することで明らかにできる。スプリントのバイオメカニクスは，最大速度ランニングのメカニクスの技術モデルに根拠を与え，これらの性質を発展させるために用いられるドリルを支持する。

最大速度に到達した後（それ以上加速できなくなった時点），アスリートの重心は相当な水平方向の運動量を有し，身体を前方へ推進させる。最大速度で走行中，身体はより直立にある。これによって股関節の可動性が最適化され，大腿部の動作の幅を最大化する。この直立姿勢によって，床反力の大部分は垂直方向である。アスリートはより短い接地期間で，より大きな力を加えなくてはならない（例えば生み出される総力

図 8.15 最大速度でのスプリント技術：(a) 接地，(b) 推進，(c) 回復期，(d) 接地準備期。
Loren Seagrave のご好意による。

積は同じであるが，短時間で生み出される。エリートスプリンターでは，この時間は 0.09 秒未満である）。また，生み出される力はすべて重力に打ち勝つために用いられる。アスリートは重心を高く維持することができるため，ストライド長（片足の接地点の重心と対側の足の接地点の重心の位置との間の距離）を最大化することができる。

　図 8.15 に示したように，能動的な接地を達成し，接地期を通してこの接地を維持するために，接地時の足関節は背屈位にすべきである。支持期（接地）では，支持脚の剛性は高まった状態にあり，股関節，膝関節および足関節を屈曲させるべきではない。アスリートが接地とともに地面を強く蹴り出すためには，足関節の剛性が不可欠である。したがって，スプリントにおいては片脚で大きな力を発揮できる必要がある。

　接地位置は身体重心の真下にある。足関節は背屈し，能動的な接地（第 9 章で詳細に説明する）を達成する。このため，脚を身体の前方へ伸ばすべきではない。脚を身体の前方へ伸ばすことによって，重心から前方へ離れた位置に接地することになり（オーバーストライド），接地とともに身体が減速してしまう。実際には，「トラックを引き裂け」（コーチ Loren Seagrave が気に入っているキューである）と促されるように，常に能動的な接地が身体の中心線から若干前方で起こるようにすべきである。足部が接地する際，すねの角度は垂直に近く，(回復期にある) 対側の脚は素早く前方へ動かす。接地する際，両膝は平行な位置にすべきである。

　接地の推進期において，足関節は能動的に底屈させるべきではない。ミッドスタンスに続き，地面を蹴り出すが，脚の伸展は股関節伸筋群から生み出され，剛性が高まった脚によって力が伝達される。特に，股関節周囲は力学的に優位なレバーアームを有しているため，ハムストリングおよび殿筋群は，この動作において必要不可欠である。したがって，アスリートはこれらの筋群の機能的筋力を有している必要がある（第 9 章，第 10 章で詳細を述べる）。

　接地早期に大きな力が加えられる場合，アスリートは地面にとどまり，離地時に大きな力を地面に加える必要がなくなる。接地の際は，脚の剛性が高まった状態を維持しなければならない。また，加速メカニクスとは異なり，推進期終盤でつま先が離地した際，脚は完全伸展しない。実際に図 8.15 に示した通り，最大速度ランニングにおける離地時の足関節と股関節の水平距離は，加速の際と比べて顕著ではない。能動的に足関節で地面を押してみると，運動連鎖が崩れ，必然的にオーバーストライドを引き起こし，軟部組織の障害のリスクを高める。ストライド長はアスリートの垂直方向の力積を生み出す能力（ニュートンの第 2，第 3 法則の実用），アスリートの下肢長によって決定づけられる。ストライド長は一般的にコーチングが必要なものではない。

　実際，足の速いアスリートは，遅いアスリートに比べてストライド長が長いが，これはより短い接地時間

によって達成される．最大速度でより効果的に走ることができるようになるほど，より短い時間でより大きな力を生み出すことができる．このため，最大速度は主に接地時間を最小限にしながら，神経筋系の伸張−短縮サイクルのメカニズムを用いて大きな力を生み出す能力によって制御される．接地時間を短くし，パワーの出力を高めることが最大速度ランニングのトレーニングプログラムの目的であることを示唆している．

　トー・オフ（離地）に続いて踵が上がるに伴い，大腿部はすぐに前方への加速を開始する．足関節は背屈位を保ち，つま先は膝に向かって上げる．体幹部を直立に維持し，骨盤の中間位を確立することによって，膝が上方ではなく前方へ加速し，足関節が対側の膝より高い位置へ移動する際の股関節の可動域を最大限に広げる．この動作時に，足関節が殿部に近づくことによって，モーメントアームが短くなり，股関節における大腿部の角運動量が保存され，股関節屈筋群による大腿部の前方加速がより効果的になる．

　膝が身体の前方へ移動し，大腿部が水平に近づくにつれて，股関節および膝関節伸展筋群（主に，ハムストリング）の伸張性収縮は大腿部の前方移動を抑え，接地準備として大腿部を地面方向へ加速させる．これが起こるとともに，足関節背屈位で下腿は膝の前方へ動く．そして，力強く大腿部を能動的に後方へ動かす動作が起こる（足部を地面に向かい下後方へ加速）．接地の直前に，アスリートが背屈位にある足部を（地面をつかむように）地面に向けて加速させるとともに，ハムストリングと大腿四頭筋の共収縮によって膝を安定させなければならない．

　ハムストリングの筋力や機能が劣ると，一般的にこの期で最も外傷・障害を起こしやすい．このため，第10章で述べるように，膝関節140°屈曲位でのハムストリングの伸張性および等尺性の筋力トレーニングは，ハムストリングの外傷・障害予防，およびアスリートのパフォーマンス向上の両方に効果的な可能性がある．

　練習および前提条件にある身体能力が高まることによって最大速度メカニクスの技術が向上し，アスリートは表8.4に示したような多数の段階的な進歩を経験する．

最大速度メカニクスの向上

　幅広いドリルを用いることで，直立ランニング時の周期動作を発展させることができる．これらのドリルは動作の鍵となる接地準備期，接地期，効果的な回復期の3つの周期からなる．回復期のメカニクスを向上させることは，動作の効率を高めることによって，その時間を短くすることではない．最大速度スプリントにおいて，適切な接地準備の補助を受け，より力強く素早い接地によって接地時間を短縮する．

　これらのドリルは，最大速度ランニングのメカニクスを必要とするアスリートにかぎるべきではなく，直立ランニング姿勢の効率を高める必要がある中距離および長距離ランナーにおいても重要である．これら1つひとつのドリルの習熟度が高まるにつれて，ランニング技術に及ぼす力学的利益にかかわらず，より要求の高い神経筋系および協調性を提供するためにこれらのドリルを組み合わせることができる．

　本書の目的は，アスリートの発達の段階的プログラムに組み込むことのできるすべてのエクササイズを紹介することではない．しかし，専門家たちは，本書で紹介する代表的なドリルによる身体的−力学的な効果を理解することで，それを適用することができる．また，この理解および科学的理論に基づき，これらのドリルを段階的に発展させ，有益な漸増の流れをつくることができる．

　多くのドリルの進行と同様に，静的な（動きが少ない）もので，エクササイズの複雑さやスピードなどの強度を段階的に発展させることができるものが導入のドリルとして最も適している（例えばスキップからバウンディングなど）．

接地準備のドリル

　接地準備のドリルは，脚が地面に向かって加速する直立動作の特徴を強調する．重心の少し前方で接地をするために，脚を地面に向かって後方へ加速させることに重点を置く．膝の剛性は高めるべきであり（膝屈筋群および伸筋群の共収縮で関節を安定化させる），

表8.4 高度な最大速度スプリント技術習得のためのアスリート発達モデル

段階的発達の指標	成熟			発達			洗練	
	頭を上げ，肩に力を入れず，股関節を高い位置に保って歩く	肩に力を入れず，腕を股関節から唇に向けて動かし，股関節を高い位置に保ち，直立姿勢でバランスを維持してジョグおよびスキップ	肩に力を入れず，適切な腕の動きを維持し，股関節を高い位置に保ち，直立姿勢を保って走る	バランスのとれた動作で肩に力を入れず，適切な腕の動きを維持し，股関節を高い位置に保ち，直立姿勢でスピードを上げて走る。素早く，力強く，後方への振りを強調した腕の動作（リラックスした状態）を保つ	スピードが上がった状態で視覚的に緊張のない，リラックスした状態での走行技術を維持する	さまざまな競争の要素が高まり，プレッシャーが高まった状況かつスピードも上がった状況で技術の質を保つ	加速から最大速度ランニングへの効果的な移行	効率よく，力強い動作で，爆発的ドライブから加速期，徐々に最大速度のメカニクスへとスムーズに移行
		膝を引き上げ，踵を殿部の真下に近づけ，足関節を背屈位に保って歩くまたはマーチ	膝を引き上げ，踵を殿部の真下に近づけ，足関節を背屈位に保ってジョグまたはスキップ	膝を引き上げ，踵を殿部の真下に近づけ，足関節を背屈位に保って走る	膝を引き上げる（大腿部が地面と平行）ことは，フロントサイドメカニクスにおける効果的なスイング期を可能にする	地面に向かって力強い後下方への脚の動作に続く，能動的な足部全面での接地	適切な姿勢と直立した直線上の動作を維持する（前方運動量を減少させる回旋要素がない状態）	直線スピードを低下させる回旋動作および姿勢の崩れがない
			脚の動きに応じて身体を後傾させずに直立姿勢を保ち，適切な技術でジョグおよびスキップ	直立姿勢を保ち，適切な技術で走る	フロントサイドメカニクスにおいて能動的かつ素早い後下方の動作			
				踵接地をすることなく，前足部で能動的な接地	支持期からリアサイドメカニクスにかけて，力強い支持脚（股関節および膝関節が落ちこまない）	片側（左または右）および交互動作の技術ドリルを実行	複雑な動作を組み込んだ，高度な技術ドリルを実行	最大速度およびそのメカニクスを150mまで維持する能力
			視覚的・聴覚的キューに反応して，スタート，ストップおよびスピードを変化させる	身体制御機能および協調性を失うことなく，スピードを変化させながら，もしくはジグザグに走る	スムーズかつ制御されたスピードおよび走行角度の変化			自身の技術に対する高いレベルの自己認識

足関節も同様に剛性を高め，背屈位にすべきである。

接地

接地のメカニクスを強調するドリルは，能動的な接地を通じて剛性の高まった足関節を維持する必要性に基づいている。これによって，足関節の神経筋系の弾性を用い，股関節伸筋群が生み出した力を床反力へと移す。一般的にこれらのドリルは，第9章で述べる低強度かつ複雑なプライオメトリックドリルをもとに，発展させることができる。

これらのドリルを実施するうえで，非常に素早い足裏全体での接地（アクティブ・フラット・フット）が

ファスト・グラブ

コーチングのポイント

- 膝を前方へ引き上げ，大腿部を水平にした状態から開始する。
- 動作を通じて，足関節を背屈位に保つ。
- 地面に向かって大腿部を加速させ，重心を動かすことなく，重心の下で接地する。
- 支持脚の剛性が高まった状態を保つ。

手　順

　この静的ドリルはアスリートの接地準備メカニクスを促進し，背屈位にあり，剛性が高まった足関節で地面をつかむことの重要性を強調する。アスリートは壁の横に立ち，手を壁にあて支持する。支持脚の剛性を高く保ち，直立姿勢を維持する（**図8.16a**）。支持脚の踵を若干地面から離す。対側の脚の大腿部を地面と平行にし，足関節を背屈位で膝の下に位置させる。この位置から大腿部を地面に向けて加速させ，重心の前方で母指球を地面に接触させる（**図8.16b**）。足を地面にこするように後方へ引き，開始位置にもどす。開始位置にもどった際，その姿勢を保持し，同じ動作を繰り返す。

図8.16　ファスト・グラブ

ストレートレッグ・スキップ

コーチングのポイント
- このドリルは脚をまっすぐに伸ばした状態で行い，（ランニングのように）対側の腕と脚が同じ動作をするパターンを維持する。
- ドリルを通じて，足関節を背屈位に保つ。
- 足裏全体で接地（アクティブ・フラット・フット）。
- ハムストリングを用い，脚を地面へ向けて加速させ，リズミカルな前方へのスキップ動作を実施する。

手　順

このドリルは30〜60mの直線上で行う。直立姿勢を維持し，まっすぐに伸ばした脚を前方へ動かす（つま先を膝の方向へ引き上げる）。同時に対側の腕を前方へ振る（図8.17）。そして，股関節伸筋群を用い，足を地面へ向けて後方に加速させる。ストレートレッグ・スキップはアクティブ・フット・コンタクトの技術モデルを再現する。脚を地面に向かって後方へ加速させる。クレジットカードルール（踵が地面から若干離れる）を適用して，足裏全体で重心の真下に接地する。この動作によって左右リズミカルなスキップ動作が引き起こされ，身体を前方へ加速する。

アスリートがハムストリングの筋力を十分に有している場合，このドリルはよりダイナミックかつ力強いプライオメトリック・ストレートレッグ・バウンドへと発展させることができる（第9章参照）。このプライオメトリック・ストレートレッグ・バウンドは，連続する接地によって身体を前方へ加速させる。

図8.17　ストレートレッグ・スキップ

リーチ・アンド・グラブ・グラス

コーチングのポイント
- 足を地面に向けて加速させる。
- アクティブ・フラット・フット（踵を少し地面から離し，足関節は背屈位）で重心の若干前方に接地する。
- 直立姿勢を保ち，（ランニングのように）対側の腕と脚で同じ動作をする。
- 一連の動作の協調性を高めるため，ドリルを実施している際「膝を上げ，脚を遠くへ伸ばし，地面をつかむ」ことを意識する。

手　順

このドリルは40〜60mの直線上で行う。立位姿勢から，片膝を前方へ引き上げる。膝をで

きるだけ前方へ到達させた際（体幹の直立を保つ），下腿を前方へ伸展させる（図8.18）。膝を伸展させるにしたがって，ハムストリングがこの動作を減速し，地面を足でかくように動かし，アクティブ・フラット・フットで重心の真下に接地する（地面・芝生をつかむ）。各接地時に能動的かつ力強く重心の真下に接地することを強調する。これによって，アスリートは前方へマーチする。このドリルを行ううえで，対側の腕と脚が同じ動作をするパターンを維持する。

図8.18 リーチ・アンド・グラブ・グラス

ダブルフット・アンクル・ジャンプ

コーチングのポイント

- 直立姿勢を保ち，接地時に股関節と膝関節を曲げない。
- アクティブ・フラット・フットで接地。足関節は背屈位を保ち，接地に備える。
- 地面に接する時間をできるだけ短くすることを目的とする。「熱した石炭の上に着地することをイメージする」といったコーチングが有用である。

手　順

（高さや距離に重きは置かずに）繰り返しアクティブ・フラット・フットで跳び上がることで，適切な着地技術が促進され，接地ごとに大きな垂直方向の力積が生み出される。短い距離でより高頻度にこの動作を繰り返すことができるほどよい。運動量を生み出すために，アスリートは直立姿勢を保ち，股関節と膝関節を曲げない（図8.19）。この動作は，足関節周囲にある下腿三頭筋およびアキレス腱の弾性のみによって生み出すべきである。このドリルは10mから20mへと距離を伸ばし，発展させることができる（設定された距離の範囲で，より多くの素早い接地を促す）。

図8.19 ダブルフット・アンクル・ジャンプ

デッドレッグス

コーチングのポイント
- 直立姿勢を保ち，接地時に股関節と膝関節を曲げない。
- アクティブ・フラット・フットで接地する。足関節は背屈位に保ち，接地に備える。
- リズミカルに対側の腕と脚は同じ動作をする。
- 地面に接地する時間をできるだけ短くすることを目的とする。「熱した石炭の上に着地することをイメージする」といったコーチングが有用である。

シングルフット・デッドレッグス

このドリルは，ダブルフット・アンクル・ジャンプの脚を交互に入れ替える（スキップ）パターンである。デッドレッグスのドリルでは，直立姿勢を保ち，股関節と膝関節の剛性を高め，つま先は前方へ向ける。剛性が高まった足関節でリズミカルに接地し，対側の腕と足は同じ動作をする（図8.20）。短い距離でより高頻度にこの動作を繰り返せるほどよい。このドリルを実施する際，股関節屈筋群の柔軟性に乏しいアスリートは，特に股関節を外旋し，重心の真下ではなく，外前方に接地する傾向がある。このドリルは距離を20 mへと伸ばし，発展させることができる（設定された距離の範囲で，より多くの素早い接地を促す）。

デッドレッグスのドリルでは，片脚でデッドレッグス（股関節と膝関節の剛性が高まり，足関節は背屈位，アクティブ・フラット・フットで接地し，クレジットカードルールを適用）の動きを行い，対側の脚でAスキップ，Bスキップもしくはストレート・レッグ・スキップといった他のエクササイズを行うこともできる。

図8.20 シングルフット・デッドレッグス

シングルフット・デッドレッグス・ウィズ・ハイ・アンクル

接地に続き，片脚の足関節を対側の膝関節の高さまでもち上げる（図8.21）。床反力を利用し，足関節をもち上げ，同時に膝を前方へ引き上げることが目的である。対側の脚は，シングルレッグ・デッドレッグの動作（膝関節と足関節の剛性が高まった状態で，アクティブ・フラット・フットで接地）を続ける。

このドリルは一定の距離を片脚のドリルとして行うこともできる（片脚はデッドレッグの動作を行い，対側は接地の度にハイ・アンクル（足関節を膝の高さまでもち上げる動作）を行う）。また，この動作の流れのなかで，動きを交互にさせることもできる（左脚でハイ・アンクルを3回，右脚で3回）。「左–右–右–左–右」といったかたちでより複雑にすることも可能である。

図8.21 シングルフット・デッドレッグス・ウィズ・ハイ・アンクル

シングルフット・デッドレッグス・ウィズ・ハードル

このドリルは，10～20 mのコース上に小さいハードルを三足長（アスリートの靴の踵からつま先までの距離の3倍）の距離で設置し，実施する。ハードルの外側に立ち，外側の脚でデッドレッグの動作を行い，対側の脚がハードルを越えるたびに接地する（図8.22）。内側の脚はハードルをまたぐ。ミニハードルを導入することによって，感覚的に素早い接地に続き足関節を高く上げることを促す（姿勢のメカニクスを変化させるため，アスリートは下を向いてはならない）。また，ハードルを用いることによって，素早い接地を促す。接地時間が長すぎると，ハードルに接触してしまう。

図8.22 シングルフット・デッドレッグス・ウィズ・ハードルズ

求められる（踵は地面に接すべきではない。常にクレジットカードが踵の下に入るくらい上げる）。

回復期のメカニクス

ここで紹介するドリルの目的は，アスリートが大腿を身体の後方から前方へと加速させ，接地準備期から地面に向けた加速の移行に備えるパターンを確立することである。足関節を背屈位にし，対側の膝の上を通過させることがこの動作の特徴である。これらのポイントは継続して修正すべきである。特に，導入初期の段階では，継続的な指導と修正が必要となる。

上級レベルのアスリートは，片脚でこれらの回復期のドリルを行い，対側の脚でデッドレッグの動作を行うこともできる（接地準備メカニクスを確立）。

力学的ドリルが最大速度ランニングを向上させる唯一の手段ではない。また，これらのドリルは，最大速度ランニングを必要とするスポーツの唯一の領域ではない。テニスやバスケットボールなどのスポーツでは，加速および動作スピードが，最大速度ランニングより優位にある。これらさまざまなドリルを実施するうえで要求される神経筋系の協調性のレベルは，これらのスポーツにおける動作スキル向上にとって理想的である。これらのドリルは可動性を高め，筋活性の要求を高めるため，これらの直立走行は，ランニングが関与する練習のセッションもしくは試合のためのウォームアップに導入することに適している。

これらのドリルは，技術を向上させるうえで有効である。しかし，技術がスキルとなる最大速度ランニングのセッションを実施しないかぎり，効果的なトップスピードのメカニクスを達成することはない。これらのセッションは，アスリートの経験および実施しているスポーツの特徴によって異なる（例えば，200 mのランナーは100 mのランナーより高いレベルのスピード持久力が必要となる。また，チームスポーツを

行うアスリートは，一般的に陸上選手が走るようなスピードもしくはスプリントの距離にはいたらない。したがって，セッションの構成は異なる）。最大速度ランニングのセッションは，以下の例に基づいて構成することができる。セッションの距離は，アスリートが参加するスポーツやポジションの要求を満たすように変化させる。最大強度のセッションを最大努力で実施する。このため，毎回，最大のリカバリーが必要となる。ガイドラインとして，10 m のスプリントにつき，約1分間の休憩が必要である。

例1：30 m × 4 の最大スプリントを4セット。各セット，異なる開始姿勢から走る（セッションの合計走距離 = 480 m）

例2：40 m × 4, 50 m × 3, 60 m × 2, 70 m × 1（セッションの合計走距離 = 500 m）

例3：50 m のコースを25 m に区切る。最大速度の50％のスピードで走りはじめ，25 m 地点までに最大速度に達するように，ストライドごとにスピードを

ロング・バックワード・ストライズ

コーチングのポイント
- 脚を後方に伸ばす際，踵は殿部の近くを通す。
- 足関節が背屈位にあるため，つま先から接地する。
- 体幹部を直立に保ち，肩と股関節は水平を維持し，体幹部を固める。

手　順
このドリルは，回復期のメカニクスと接地の両方に重点を置く。目的は，後方に動きながら適切なスプリントメカニクスを実行することである

図8.23 ロング・バックワード・ストライズ

（図8.23）。接地パターンは，後方推進力の必要性と相まって地面に対して力を生み出すため，股関節屈筋群の爆発的筋力を用いる重要性を強調する。

サイドライング・リカバリーとスタンディング・リカバリー

コーチングのポイント
- 側臥位になった状態で，スプリントの回復期の動作を行う。足関節は重心の後方へ動かし，膝関節は前方へ動かす。
- 動作を行っている側の足関節は背屈位を保つ。
- 体幹部はまっすぐに，腰椎-骨盤を中間位で安定させることで，効果的な脚の動作が可能になる。

手　順
サイドライング・リカバリーとスタンディング・リカバリーによって，股関節，膝関節および足関節の協調したトリプルフレクションで回復期の動作を練習することができる。体幹部をまっすぐに保ち，足関節背屈位で側臥位になる（図8.24）。側臥位になることによって，重力に

よる抵抗が取り除かれ，素早い回復期のメカニクスに集中することができる。この開始姿勢から，上の脚の足関節を力強く後方へ引く。そして，膝は前方へ動かし，足関節は殿部にできるだけ近い位置を通し，回復期の動作のサイクルパターンを行う。このドリルは，膝をできるだけ前方へ動かし，足関節が殿部に近づいた時点で終了する。このパターンが確立された後，この動作は静止的なスタート位置から爆発的に起こり，スタート位置へもどる。それぞれの脚で，10回を数セット行う。

図8.24 サイドライング・リカバリー

このドリルを立位で実施すると，重力による抵抗があり，姿勢の制御が要求されるため，スキルの観点からはより現実的である。片脚で立ち（ドリルの際に，壁を用い体幹部の安定性を支持することも可能である），サイドライングの際と同じ動作を行う。

A–スキップとオルタネイト・A–スキップ

コーチングのポイント

- 流れるようなリズミカルな動作をする。
- 大腿部を前方へ動かし，足関節を上方にもち上げ殿部に近づける。足関節は背屈位を保つ。
- 素早い回復期の動作をする。
- 支持脚は小さなスキップ動作を行い，対側の脚は地面に向かって加速する。
- 体幹部の直立を維持し，対側の腕と脚は同じ動作を行い，（余分な）回旋を防ぐ。

手　順

A–スキップは，ハイ・アンクルドリルに似ている（**図8.25**）。しかし，最大速度技術ドリルであるため，強調される点が接地から回復期のメカニクスの股関節，膝関節および足関節のトリプルフレクションへと変わる。これは，足関節が殿部にかぎりなく近く，高く上がるに伴い，膝が前方へ動くことを意味する。ドリルを通じて，体幹部の直立を維持する。A–スキップドリルは対側の動作とともに行ってもよい。接地を強調するために片脚でデッドレッグのドリルを行っている最中に脚

図8.25 A–スキップ

を入れ替える。

　上級レベルのアスリートは，このドリルをストレートレッグ・スキップと組み合わせて行ってもよい。片脚で接地準備のトレーニングを行い，対側の脚は回復期のメカニクスに焦点をあてる。この動作の一連の流れは，それぞれのアスリートのレベルに合わせて調整することができる。アスリートの上達度が十分になる前に，このような複雑なドリルを導入しないように注意する必要がある。

<h2 style="text-align:center">B−スキップ</h2>

コーチングのポイント
- 地面に向けて足を加速させる。
- アクティブ・フラット・フットで重心の少し前方で接地する（踵は地面から少し離し，足関節は背屈位）。
- 体幹部は直立を保ち，対側の腕と脚は同じ動作をする。
- 動作の協調性を高めるために，「膝を上げ，脚を伸ばし，地面をつかむ」ことを意識する。

手　順
　リズミカルかつ周期的に行うB−スキップの動作は（**図8.26**），回復期および移行メカニクスを接地準備に移行することを強調するためにデザインされている。前述のリーチ・アンド・グラブ・グラスのドリルでは，B−スキップの動作をマーチング・ドリルとして示した。B−スキップは，膝を前方にもち上げるとともに，支持脚で小さく跳ねることによって，リーチ・アンド・グラブ・グラスを発展させたかたちである。このパターンは前方に動きながら，離地に続き膝を伸展させ，大腿部を前方へ動かすことによって膝を高くかつ前方に動かすといった，基礎的な回復期の動作のパターンを強調する（対側スキップの役割）。膝をできるだけ前方の離れた位置に到達させた際（体幹部の直立を維持），下腿も前方へ伸展させる。膝が伸展するにつれて，ハムストリングがこの動作を減速し，地面を足でかくように動かし，アクティブ・フラット・フットで重心の真下に接地する。リズミカルなスキップで前方へ加速し続けることを可能にするために，重心の真下で能動的かつ力強く接地することを強調する。対側の腕と脚は同じ動作をする。

図8.26　B−スキップ

ステップオーバー・ラン

コーチングのポイント

- 直立姿勢を維持しながら,足関節はできるだけ殿部に近い位置を通す。地面に向けて足を加速させる。
- 踵を地面から少し離したアクティブ・フラット・フットで重心の真下で接地する。
- 走行に移行するにつれて,流れるようなリズミカルな動作を行う。

手 順

　ステップオーバー・ランは,姿勢制御を維持しながら適切な回復期のメカニクスを促す。さまざまなドリル(ストレート・レッグ・スキップやオルタネイト・シングルレッグ・B–スキップなど)からステップオーバー・ランに移行することができる。ステップオーバー・ラン自体はランニング動作を誇張した動作である。20～40 m を走っている間,(膝を前方へ動かし,ハイ・アンクルの動作を達成するために)足関節をもち上げ,小さなハードルをまたぐように動く。

　脚によって生み出された回旋に抵抗する腕の動きを制限し,直立姿勢および体幹部が前方を向いた状態を維持することを要求するために,ステップオーバー・ランはさまざまな状況下で実施することができる(メディシンボールを頭上に保持したり,胸の前に抱えた状態など)。

上げる。そして,残りの 25 m では,このスピードを維持する。これを 4 回,3 セット実施(セッションの合計走距離 = 600 m)

アシステッド・ランニング

　アシステッド・ランニングのドリルは,アスリートの最大速度ランニングを向上させるうえで効果的であると考えられている。神経筋系に焦点をあて,最大速度の向上および維持を助けるための多くの技術が紹介されている。これらの技術は,与えられた距離で達成可能なストライド頻度を増加させることによって,極限のスピードで走ることを可能にする。

　例えば,ダウンヒル・ランニング(下り坂を走る)はしばしば有益なドリルとして考えられている。このドリルは重力を利用して坂道を走ることでスピードを上げるためのコストが掛からない。アスリートが降下する傾斜は,このタイプのトレーニングの成功を決める重要な要素である。専門家の間でこの傾斜の角度に関するコンセンサスは得られていないが,推奨される傾斜は 2～7°とされている[2]。

　このタイプのトレーニングの有効性を決める要因は,オーバーストライドをすることなく,適切なリズムで足のスピードを維持するアスリートの能力であると考えられる(ストライド頻度をわずかに変化もしくはまったく変化させることなく)。もし,オーバーストライドが起こると(通常,坂道の傾斜が急すぎると起こる),最大速度ランニングではなく,減速を促す伸張性収縮によるブレーキ動作という望んでいたトレーニング効果と逆の効果が生まれてしまう。

　電動トレッドミル上で最大スピード以上のスピードに設定してアスリートを走らせるというトレーニングを行うコーチがいる。これは,トレッドミル上に身体を維持するために走行リズムを高めることを強制することで,前述の斜面の傾斜によって引き起こされるトレーニングの逆効果を防ぐことを試みている。このタイプのトレーニングは,ランニング動作という点からは望ましい効果を生み出すが,この動作が受動的な接地で生み出されるということは(アスリートが地面の上を動くのに対して,地面がアスリートの下を動く),動作の質および筋の動員の観点でまったく異なるた

め，ランニング・エコノミーおよび神経筋系にもたらす効果には疑問の余地がある。接地準備から接地にかけて最大速度で後方へ脚をかく動作の必要がほとんどないため，後方連鎖の股関節伸筋群および膝関節屈筋群（特にハムストリング）の動員パターンおよびこれら筋群に対する要求が著しく低下する。

　オーバースピードのトレーニングをトレーニングプログラムに導入するにあたり，パートナーもしくはバンジーコードによる牽引は，より実践的かつ効果的である。このタイプのエクササイズの狙いは，立位の開始姿勢からアスリートを加速させ，必須のランニング技術が変化することなく最大上スピードに移行することである。バランスを崩すことなく直立姿勢を維持しながら走行するためには，適切な接地とともにストライド頻度を多くしなければならない。

　これらの技術によって，加速メカニクスから最大速度ランニングへと自然に移行できるようになる。したがって，自然な漸進的動作が達成される。ただし，最大上速度ランニングの身体的−力学的要求によってアスリートが疲労し，オーバーストライドやブレーキを引き起こすため，このようなドリルを30～40 m以上の距離で実施することは避ける。ドリルの要求が高すぎる場合（オーバースピードの要求がアスリートの能力を超える場合），同様の結果が起こる。スピードの要求の2～5％程度の上昇が，このトレーニングに必要なため，牽引するパートナー（もしくはバンジーコードの張力）を注意深く選択する必要がある。

レジステッド（抵抗下）最大速度ランニング

　多くのトレーニング手法と同様に，最大速度ランニングで抵抗を用いることは，専門家の間で活発に議論されており，決定的な答えは見出されていない。しかし，エクササイズの効果および誤ったエクササイズの処方によって引き起こされる結果を理解することによって，十分な情報に基づいて，いつどのようにこれらのドリルをプログラムに組み込むかに関する判断をくだすことができる。

　外的負荷を利用することで，ドリルを実施するために随意的神経刺激によって神経筋系が通常動員される運動単位より多くの運動単位を動員することを促す。しかし，これによってもたらされる効果がある反面，外的負荷によって逆効果（直立姿勢を崩す，もしくは自然なストライド長を妨げることによって最大速度ランニングを妨害する）が引き起こされることも認識する必要がある。

　この技術の成功の鍵として，アスリートに負荷をかけるうえで最適な抵抗を選択することがあげられる。アスリートが外的負荷で最大速度を達成（および短期間持続）することが目的である。したがって，負荷が大きすぎてスピードが低下してはならない。また，前傾姿勢を促す加速メカニクスとは異なり，この最大速度ランニングのドリルでは，抵抗負荷によって前傾姿勢になってはならない（股関節が屈曲して体幹部のみが前傾するのはさらに不適切である）。アスリートの能力を超えた負荷を用いる場合，これらの不適応がみられる。

　したがって，これらのドリルにおいては，抵抗負荷（体重）の2～5％の負荷を加えることが適切であると考えられる。ただし，これらの負荷は，アスリートの反射筋力およびサーフェスの摩擦度（例えば，人工芝上ではスレッドはハードコートより効率的に滑る）によって変化する。通常のランニング技術に適用された運動単位動員の増加から最大限の効果を得るために，レジステッドもしくはアシステッド・ランニングのいかなる形式においても，ある種のコントラストを組み込む必要があることを覚えておく必要がある。負荷がかかった繰り返しの後に負荷がかかっていない反復が続くことによって，増加した運動単位の活動をパフォーマンスに適用することを習得する。したがって，セッションは抵抗下でのランニングを3回と無抵抗でのランニングを1回，40～50 mの距離で4セット実施する。各走行間で完全なリカバリーをし，セット間ではより長い休憩をとる。

アジリティ

　アジリティは，アスリートの運動能力および認知能力のあらゆる側面が含まれる身体特性である。スポー

図 8.27 スポーツによってアジリティの要求は大きく異なる

ツにおいて，アジリティはアスリートの知覚および意思決定の質，ならびに協調的かつ強力な運動速度の質を表わす。アジリティを向上させることは，他の運動スキルの多くの側面に比べてよりスポーツに特異的でありながら，より総合的な身体的活動である。例えば，方向転換のメカニクスは，多くのドリルを通じて教えることができる。しかし，もしアスリートが方向転換から加速するための反射筋力の身体的−力学的性質，もしくは方向転換に先行するモーメントを減速するうえで十分な伸張性筋力を有していない場合，技術は機能的にスキルとして適用することができない。同様に，レベルの高いスポーツでは，プレーを読む能力に優れているため，身体特性にかかわらず，常に相手の1m前方にポジションをとれるアスリートや，常にボールを力強くもどすことのできるポジションにいるアスリートの例が多くみられる。

　方向転換のスピードには，運動の方向を変えるために事前に計画された動作が含まれる。一方で，アジリティは知覚および意思決定のスキル，方向転換に求められる技術と刺激に対する反応を効果的な動作へと転換させるうえで必要となる身体特性が含まれる[11]。

　スポーツに特異的なスピードは，通常，方向転換を伴った複数の短い距離で高いスピードを生み出す能力として定義される。スポーツにおいてアスリートが達成する必要のある身体位置，身体方向および運動スピードの変化は，スポーツの運動要求に基づいている（図8.27）。

　これらのさまざまな要求は，アジリティがスポーツ特有の状況内でのみ訓練される，もしくは訓練されるべきであるということを意味しているわけではない。どのツールが課題をこなすうえで最も適切かを決める以前に，アスリートは幅広いツールを巧みに使いこなすことができる必要がある。アスリートの能力向上を目的としたプログラムの役割は，どのような動作においても適用することができる動作のツールを与えることである。これらの動作ツールを効果的に用いるうえで，身体特性は動作ツールの支えとなる。この考えは，スポーツ特異的に応用することができる動作スキルへと発展する基礎的動作技術を説明した第1章でも紹介した。

　本章では，方向転換のメカニクスに関連したさまざまな運動課題に着目し，これらの動作が巧みに実施されること，およびこの動作が特異的な練習およびドリルを通じてどのように向上するかを分析し，第7章で紹介した漸増の原理の例を示す。特定のアジリティドリルに焦点をあてるのではなく，アジリティのメカニクスをトレーニングするうえでの原理を説明することを目的とする。コーチは，アスリートの動作の習熟

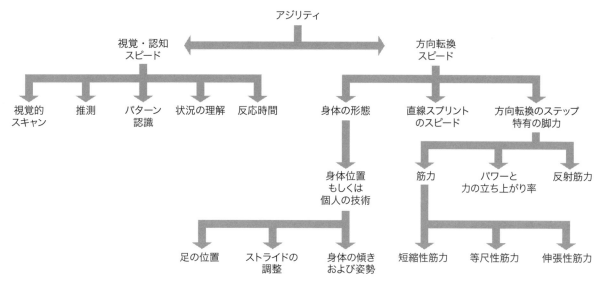

図8.28 アジリティの決定論的モデル

S. Nimphius, 2014, Increasing agility. In High-performance training for sports, edited by D. Joyce and D. Lewindon (Champaign, IL: Human Kinetics), 187. Adapted from W.B. Young, R. James, and I. Montgomery, 2002, "Is muscle power related to running speed with changes of direction?" Journal of Sports Medicine and Physical Fitness, 42(3): 282-288; and J.M. Sheppard and W.B. Young, 2006, "Agility literature review: Classifications, training and testing", Journal of Sports Sciences, 24(9): 919-932.より許可を得て引用。

度を向上させるためにドリルをどのように区別するかを理解せずに，さまざまなドリルを真似するのではなく，これらの原理を自身のドリルに適用し，メカニクスを分析し，発展させるべきである。

実際，多くの書籍[5]は，幅広い知識をもつコーチがアスリートの間で要求される動作結果を理解した後に，おのおので分析し，発展させるさまざまなドリルやスポーツ特有の動作のトレーニングを紹介している。

近年の研究[3]は，多くのアスリートはさまざまな時間の枠で最大スピードへと加速する能力を有する必要があるものの，直線スピードと方向転換能力の関連性は高くないことを示している。したがって，方向転換スピードおよびアジリティのトレーニングには，スポーツ特有の要求に組み込むことのできる方向転換スキルを向上させる特異的なトレーニングが含まれなければならない。アジリティの決定論的モデルは，アスリートのアジリティプログラムを組み立てるうえで考慮すべき要因を示している。

図8.28に示した通り，知覚および意思決定のスキル並びに身体特性は重要な役割を果たし，技術は発展することが可能な1つの構成要素である。アスリートの能力を向上させる専門家は，カリキュラムを組み立てるうえでの理論的および実践的考慮と組み合わせ（第7章），知覚および意思決定スキルを高めるスポーツに特化した練習に発展させる前に，方向転換スピードに関連する幅広い技術的および身体的特性に焦点をあてることがすすめられる。これらの質は，アスリートのプログラムのスポーツ特異性のなかで同時に向上されるため，これらに焦点をあてていないわけではない。

子どもを対象とした多くのアジリティゲームには，意思決定と環境適応の側面を組み込むべきである。楽しくかつ競争性が高く，方向転換を要求し，方向転換をどのように向上させるかを（戦略的かつ身体的に）理解させることを促すゲームは，アスリート教育プログラムの早期において重要な基礎となる活動である。前述した，ラッツ・アンド・ラビッツやキャット・アンド・マウス・タグはこの活動の例である。

スポーツ特有のさまざまなスキルを伴うアジリティ動作に基づく動作の用語（第1章，第2章）は，速度の変化（加速もしくは減速），動作方向の変化（後方，側方，前方）そして特定の方向転換スキル（例えば，さまざまな角度からターン，カッティング，旋

キャット・アンド・マウス・タグ

コーチングのポイント
- 素早く，確実な判断をする。
- 低い姿勢で方向転換をする。
- 片足で接地し，素早く方向転換をする。足部全体で進行方向と対側の方向へ押す。
- 方向転換の後，加速する。

用具
- 異なる色のビブス。
- 自由に動け，方向転換を強制するフィールドの大きさを決めるためのマーカー，コーンもしくはそれに適した用具。

ルール
適切な数のネコを選択し（理想的には，ネコとネズミの割合は1：4），それぞれのネコにネズミと異なる色のビブスを与える。グループの残りはネズミとなる。ネコをフィールドの中心に位置させ，ネズミはフィールドの外側に位置させる。合図とともに，ネズミはネコに捕まらないように逃げ，ネコはネズミを捕まえるために追いかける。もしネコに捕まった場合，ネズミはその場で静止する。ネコに捕まっていないネズミは，すでに捕まったネズミのまわりをネコに捕まることなく1周（基礎レベル）もしくは2周（応用レベル）走ることによって，そのネズミを解放できる。ネコがすべてのネズミを捕まえることがこのゲームのゴールである。コーチはこのゲームを1〜3分の間で設定し，設定時間になったら休憩をさせる。

回）に関連した特定の原理に基づく必要がある。

第1章で述べた通り，可動性と安定性の対比する関係は，アスリートの姿勢，重心の位置そして支持基底面に対する重心（および支持基底面の広さ）の関係性によって築かれる。また，関節および体幹部の位置は，姿勢を通じて地面からの力を適切に伝導する体幹部の能力を決定するため重要となる。特に，関節および体幹部の位置は最適な力を生み出す筋活動を支配する（股関節から膝関節，足関節そして地面）。

図8.29はこの考えをよく表わしている。安定していない相対的に静止した位置から動作がはじまる（左側の写真は，相手のサーブを受けるために両足に体重をかけて姿勢を確立する前に，アスレティック・スタンスから小さなジャンプ動作を行っている状況である）。この選手は，踵は地面に接触させず，前足部に体重がかかっている。接地面が大きいほど，安定性は高い。

動作がはじまる前に，足を股関節の幅に広げ，体幹部を直立させ，膝関節と股関節を屈曲させることにより，股関節および膝伸筋群の伸張反射を最大化するために適切な角度に位置することになる。重心は相対的に高い位置にある（これは安定性を低下させる）。しかし，重心は支持基底面の中心にある（これは重心を動かすために外部からの力を必要とすることを意味する）。支持基底面が広いほど，重心は低くなり，アスリートの安定性は高まる。これによって，反射能力は低下する。

相手のショットに反応する際に，方向転換およびその進行方向への推進力を最適にすることを促すいくつかのことが起こる。先行する脚の股関節は外旋し，足が進行方向を向く。アスリートは股関節とともに頭と肩も回旋させる。また，頭と肩を股関節の前方へ移動させ，素早く重心を支持基底面の外側へ動かし，力のベクトルを進行方向に向けられるようにする。この動

図 8.29 アジリティの身体的−力学的理論の適用

作は，先行する脚の股関節が推進力を生み出し，完全伸展することを可能にすることで，股関節から膝関節，足関節，足部そして地面への力の伝導を最適化する。身体を一直線にすることで，床反力を進行方向へ効果的に伝導することが可能になる。

アジリティ動作は一般的に動作の開始，方向転換と回避もしくは動作スキルの移行，方向転換に続くべき直線加速と最大速度の重要なつながりに関連した4つの大きな目的を達成する。アスリートの運動能力におけるこれらの側面を探ることで，特定の練習を通じて向上できる特異的なベースラインとなる運動スキルを特定することができる。アジリティは反応の質である。したがって，素早く方向転換スキルを発揮するには，身体位置を爆発的かつ効果的に変化させるために，伸張性の力を制御し，反射的な短縮性収縮を生み出す高いレベルの反射筋力およびプライオメトリック能力（第9章）が要求される。

減 速

スポーツにおいて減速するのには多くの理由がある。完全に停止する場合もあるが，方向転換をするために減速する場合や，多くの場合は単に1つの動作スピードから異なるスピードへと効率よく移行するために減速する（例えば，サッカーにおいてスプリントからジョグもしくは歩行へと移行）。方向転換に伴うあらゆる減速は脚および股関節を通じた非対称的な動作を含む。したがって，アスリートの姿勢による回旋力の制御が要求される。

理論的には，停止までの直線上の減速のメカニクスは，直線上の加速のメカニクスと真逆である。アスリートの重心の前方運動量を減速させるために，地面に力を加えるための姿勢を確立することが重要になる。本質的には，アスリートは重心を支持基底面内にもどし，安定した姿勢を達成しようとしている。効率的に停止するためには，適切な技術に加え，後方連鎖を介した大きな床反力そして伸張性の筋活動が関与する。

図8.30　減速

特に，より高速で動いている場合には，これらが重要となる（アスリートの質量と加速の積に等しい力が必要となる）。したがって，効果的な動作を生み出しながらも急性の外傷のリスクを最小化するために，身体的に強靭でなければならない。

アスリートが減速を開始するとともに（図8.30），踵の接地に備えて下腿を介してあらかじめ張力を高めるために足関節を背屈する。接地は重心の前方で起こり，前方運動量を減速し，重心を支持基底面に近づける。この接地位置によって，踵を介して水平面上の制動力が加えられるようになる。ブレーキ動作を補助する摩擦力を生み出すために，アスリートが素早く前足部に体重を乗せるとともに，この制動力は，膝関節および股関節によって吸収される。

アスリートの速度に応じて，バランスのとれた姿勢を維持しながら安全に減速するためには，通常，短い走行サイクルが必要となる。この一連の動作で，アスリートは重心を低くし，支持基底面を広げる。加速と同様に，接地を高頻度に行うことで，身体と地面の相互作用が増加し，アスリートの運動量を減速させるために必要な大きな力を吸収する助けをする。

スキルが効果的にスポーツの状況へ転換される場合，アスリートは股関節と肩を水平に，かつ頭部と体幹を直立に維持しながら，この動作を実行する必要がある。これによって，アスリートはあらゆる方向へのいかなる動作パターンにも素早く移行することができる。減速に伴い，股関節と肩を水平に保てないアスリートは，この減速に続く再加速が制限される。

直線上の減速は，一般的にアスリートの意思決定が少ないものから，徐々に外的要因によって影響される

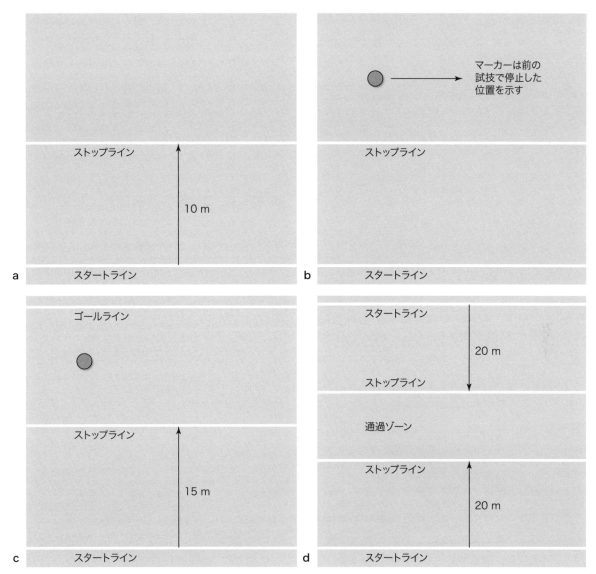

図 8.31 直線減速から再加速移行の段階的プログラクの例：(a) 直線減速，(b) マーカーを用いた直線減速，(c) 完全停止から再加速，(d) 相手の動作に反応して再加速。

難易度の高い意思決定が必要なものへと段階を上げることができる。この段階的プログラムを**図 8.31** に示した。アスリートは，静止位置から 10〜20 m 先に設定したストップラインに向けてできるだけ素早く加速する。この距離はアスリートの加速能力および伸張性筋力によって変えてもよい。ストップラインでの速度が高いほど，前方運動量を減速させるより大きな伸張性収縮が要求される。

ストップラインを越えた瞬間，アスリートはできるだけ素早く減速する必要がある。通常，このドリルの早期試技ではアスリートは最大限に加速できないた

め，減速および停止は容易である。このアプローチは，ドリルに慣れることを促すが，必要とされる技術モデルは向上しない。コーチは，アスリートがストップラインでできるだけ速く走っていること，およびこの線を越えるとともに減速しはじめることを確実にする必要がある。誰が最初に線を越えるかをみるために，スピード・ゲートを使用したり競争の要素を取り入れることは，ドリルの全体的な目的（最大速度で線を越え，線をまたぐとともにできるだけ素早く止まる）を損なわないかぎり，最大努力を促す。

停止するまでの距離を短くすることによって，ドリ

ルの難易度を上げる。アスリートが完全停止した位置にマーカーを置き（図8.31b），次の試技で加速を緩めることなくこのマーカーより手前に止まるように指示する。試技の結果（アスリートがマーカーより手前に停止できたかどうかなど）とアスリートが用いた技術に関してフィードバックを与える。アスリートが一般的なレベルの運動能力を示し，効果的に停止できるようになった後，これらのドリルの難易度を上げでもよい。

難易度を上げる1つの選択肢として，ストップラインを取り除き，視覚的もしくは聴覚的のキューに反応して停止する形式に変えてもよい。この手法は，いつ減速および停止するかに関するアスリートの意思決定を外的要因に依存させることができる。しかし，この手法はそれ以上難易度を上げることが難しくなるうえ，アスリートの進展度を客観的に評価することが困難である。この代替として，完全停止すると同時に再加速することを要求することで難易度を上げてもよい（図8.31c）。この手法は，ドリルの反射要素が取り除かれるが，アスリートは再加速する前に適切な姿勢で停止することと，適切な技術を維持することに焦点をあてることができる。

このドリルにおいては，最大加速を強調すべきであるのと同様に，再加速をする前に完全に停止しなくてはならない（単に減速するのではなく）。効果的に姿勢を制御できず，安定した姿勢で停止できないアスリートは，効果的に再加速することができない。再加速の最初の数ステップで重心を再度前方へ移動する前に，減速から停止にかけて重心を支持基底面内にもどすために，高い姿勢から低い姿勢へと移行する際に，バランスを失うことがある。

一般的にこれらのドリルは，アスリートが相手の動作に反応して加速，減速，停止および再加速をするオープンな形式へと発展させる（図8.31d）。アスリートが必須のスキルをすべて遂行する能力を有している場合，再加速中に対戦相手を追い抜くための回避スキルを含める。スポーツにおいて，必ずしも減速から毎回完全停止にいたるわけではないことを理解しておく必要がある。しかし，アスリートが減速から完全停止することを習得した場合，再加速をする前に減速するといった変化を実践に組み込むことができる。

非直線的な減速は，ラグビーやサッカーのように敵の陣地に侵入していく要素が含まれるすべてのスポーツでよくみられる。実際，この減速は直線上での減速より一般的である。これらの動作は非常に複雑で，状況に応じて異なる。この動作の多くは，片脚支持を通じて大きな伸張性筋力を生み出すことが要求され，上肢の動作は下肢の要求に関連しないことが多い。例えば，テニスにおいて，上肢がラケットを振り，ボールを打っている間に下肢は減速動作を行っている場合がある。

したがって，回旋力の制御および多方向の力の吸収パターンは，すべてのスポーツを通じて共通ではない。実際，多くの減速動作および姿勢は，減速後の動作によって決定づけられる。詳細は本章で後述する。ただし，減速の理論・原理は変わらない。アスリートは地面に向かって姿勢を低くし，支持基底面を広げ，できるだけ重心を支持基底面の中心に維持する必要がある。地面と足の接触面が大きいほど，前方運動量を減速する摩擦力が大きくなる。体幹および上肢に加わる回旋力（もしくは，相手選手との接触）をコントロールしながら，片脚もしくは両脚支持を通じて大きな伸張性収縮の力を生み出すために後方連鎖を強く保つ必要がある。

移行動作

スポーツでは，動作パターンを効率よくかつ効果的に移行するために動作を開始する必要がある。例えば，サッカーにおいてディフェンダーはマークしている選手に向かってスプリントをしたり，予想していたパスが行われなかった場合に減速をしたり，ヘディングでボールをクリアするために前方へ加速する前にスペースに向かって横方向へステップする，などである。前方，側方および後方への動作をつなげる能力は，競争上のアドバンテージを与え，周囲の状況およびプレーを把握しながら，効率的かつエネルギーを過剰に浪費することなくフィールドを動きまわる手段となる。

図 8.32　バックペダル

　あらゆる移行動作における開始地点は，アスリートが動く準備ができていることである。反応もしくは動くうえで意思決定をする刺激がなくてはならない。同様に，アスリートはどの方向へも動くことができる最適な姿勢をとらなければならない。このため，あらゆるスポーツにおいてアスレティック・スタンスは欠かすことができない。

　バックペダル（図8.32）は，後方動作において最も一般的なスキルである。バックペダルは直線上もしくは角度のある非直線上で実施する。このスキルを正しく実行する際に重要な点は，常に股関節と肩を水平に保ち，任意の進行方向へ股関節を向ける能力があげられる。足関節を背屈位に保ち，後方へ脚を伸ばし，つま先で接地する。この技術により，体重が踵に移る際に，足全体を用いて後方へ蹴り出すことが可能になる。体重が身体の後方に位置する支持脚へ移るにつれて，前方の足関節が背屈位にあれば，その推進力によって前足が地面から離れる。したがって，体重が後方へ移るにつれて，アスリートは足底面を前方へ向けるように促されるべきである。

　バックペダルは，足底面を介して地面に加える力を変化させることで，角度のついた動作に適合させることができる。目的の進行方向に合わせて，足部の内側もしくは外側に側方の力を加えることによって，後方かつ側方へ動くことができる。股関節と肩が水平にあるかぎり，このスキルによって，あらゆる変化にも効果的に反応することができる。もし股関節が前方以外の方向に向いている場合，要求される方向変化に素早く反応することができず，相手選手が背後を通過してしまう。

　側方動作も多くのスポーツにおいて重要である。あらゆる方向へ方向転換する準備を保ったまま，短い距離を側方へ移動する最もシンプルなスキルとしてラテラル・シャッフルがある（図8.33）。この動作は，片足の内側部と反対側の足の外側部を用いて横方向に蹴り出し，側方動作を達成する。

　この"蹴り出して，動く"理論は，側方動作を達成するうえで，"伸ばして，引き寄せる"（進行方向へ脚を側方に伸ばし，内転筋を用いて身体を引き寄せる。これと同時に対側の足で地面を押す）アプローチより効果的である。一般的に，この"伸ばして，引き寄せる"アプローチは，単に動作が遅く，大きな力を生み出せないだけではなく，動作を開始する際に支持基底面を広げるため，アスリートの可動性が低下する。蹴り出す動作は，アスリートの足を地面の近くかつ股関節の下に維持するため，アスレティック・スタンスに近い状態へと移行することができる。

　これらの動作スキルを向上させるためには，単純でクローズドなトレーニングを確立し，そこからアスリートが身体位置を失うことなく，外的要因（よりスポーツ特異的）に反応することを要求する開放的かつダイナミックな状況へと発展させることができる。例え

図8.33 ラテラル・シャッフル

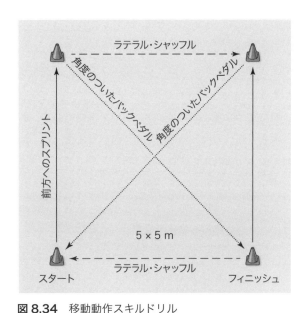

図8.34 移動動作スキルドリル

ば，10 mを側方に最も素早く移動する手段は，サイド・シャッフルではなく，ターンしてスプリントすることであるということは多くの人が正しく提案しているが，これらの動作を発展させる段階的アプローチはスポーツ特有のものではなく，アスリートがおのおののパフォーマンスに適用することのできる動作ツールを発展させることであるということを覚えておく必要がある。

スポーツに特有の状況では，シャッフルもしくはバックペダルを1ステップもしくは2ステップのみ実施する必要があるかもしれないが，アスリートはこの動作を発揮する能力（動作ツール）を有しているであろう。

このようなドリルを計画するうえでの必要事項として，質を高く保つことと，このドリルがコンディショニングドリルとならないように適切な休息を設けることである。例えば，図8.34に示したドリルを10×10 mのグリッドで実施した場合，70 mの多方向エクササイズを行う必要があり，これはかなりの疲労を引き起こす。この代替として，この一連の流れを3つのコーンのドリルにし，質を維持するための量へ変えることができる。どちらの方向にも適切なスキルが発揮できるようにするため，動作の方向を変える。

方向転換の練習は，反応や意思決定に関与し，ミラー・ドリルに大きく関連するため（第7章参照），アジリティのトレーニングに近づくことに気づくだろう。ドリルは試技間に完全休息を設けた，5～6秒の質の高い活動にすべきである。ドリルがより複雑になったり，もしくは反応要素が多く取り入れられるほど，動作の移行時に股関節を水平に保つ要求が高まる。ミラー・ドリルにおいて，"今"という叫び声の外的合図に反応して前方へスプリントすることによって，この状況を実際に利用することができる。代替として，アスリートAが，アスリートBが不利な位置にいることに気づき，アスリートBをスプリントで回避した際にドリルが終了となるといった形式をとることもできる。この課題は，反応および意思決定とい

図 8.35　ピボット・ステップ

う点でより競争的かつ要求の高いものとなる。

方向転換

　本章を通じて，加速，最大速度および動作移行を最適化する鍵として，地面に力を加えることを強調してきた。同様の原理は方向転換にも適用できる。加速するためには，適切な方向へ十分な力を発揮する必要があるだけである。これらの動作はスポーツの状況に非常に特有であり，股関節および膝関節から地面に対して素早く大きな力を発揮する，アスリートの適切な技術を実行する能力に依存する。

　アスリートは静止状態もしくは動きながら方向転換することが要求される。このスキルは，敵を回避してスペースに侵入，もしくはスペースを生み出すために使う。また，インターセプトするために動く際にも利用される（例えば，テニスにおいてアスレティック・スタンスから前後に動くことや，野球で外野手が打たれたボールを追いかける際）。水平面上での動作は，アスリートが運動連鎖を介して制御する必要のあるトルクを生み出す。これは，第9章，第10章で述べる機能的筋力および力の立ち上がり率向上の理論・概念と関連する。もし，力発揮を矢状面上のみでトレーニングした場合，アスリートは運動の非効率性を有し，水平面もしくは前額面上で力を発揮することが要求された場合，障害が起こる可能性がある。

　静止位置からの方向転換は，さまざまな角度でのターンと加速に代表される。角度が浅いほど，アスリートが利用可能な技術の幅が広がる。これらの技術がうまく実施された場合，いくつかの共通した特徴が現われる。まず，重心が下がり，進行方向に向かって移動

図 8.36 クロスオーバー・ステップ

する。この動作は頭と肩が先導し，回旋動作は進行方向に対する力強く，素早い腕の動きによって促進される。直線上の加速に関しては，前述した通り，アスリートが加速の体勢へと移行するとともに，重心は離地の際に前足の前方に位置させる必要がある。そして，離地に際して後脚は完全伸展させ，力の作用線は姿勢を通して直線上になくてはならない。

例えば，ピボット・ステップ（図 8.35）は，アスリートが重心を下げ，対側の脚の伸筋群に負荷をかけながら，進行方向へ先行する脚を外旋することが特徴である。同時に，対側の腕は身体を交差するように振り，体幹を進行方向へ回旋させる。脚が最大伸展するとともに，身体は動作の全域で回旋し，直線上のスプリントへと加速する。

同様に，クロスオーバー・ステップ（図 8.36）は，両脚から片脚へと体重を移動する。体幹はよりまっすぐな状態を保ち，ピボット・ステップのような体幹部の前傾は起こらない。身体の近くで素早く腕を振ることで，先行する脚の外旋（ピボットとして働く）と同時に（単に，下肢だけではなく）体幹部を回旋させる。ピボット・ステップとは異なり，後続する脚は離地の直前に内旋する。先行する脚は地面との接触を維持し，後方への力強い腕の振りとともに対側の脚は身体の前で交差し，前方へ加速する姿勢へと移行する。これら2つの技術の異なる股関節の動作（完全には異ならないものの）は，クロスオーバー・ステップにおける直線加速の最初のステップを短くし，後続するスプリント動作の初期段階におけるストライド頻度を高める。

90°以上の角度での方向転換は，スポーツにおいて

図8.37 静止状態から180°のターン

よくみられる。例えば，サッカーにおいてボールがクリアされて選手の頭上を越える場合や，バスケットボールにおいて守備から攻撃へと移行することがあげられる。このような動作は，静止している状態，もしくは動きながら実行される。いずれの形にせよ，原理・原則は同じで，どちらの形式にも共通に適用される。

最初の必須事項として，意図する進行方向へ動作を開始することがある。アスリートは，力強い反射的な収縮を生み出し，ターンの速度を上げるために，股関節および股関節伸筋群に負荷をかけることで，筋の伸張−短縮反射を利用する。静止状態（**図8.37**）からは，この負荷をかける動作は，動作に先立つ素早く小さなスクワット動作によって達成されることがある。このスクワット動作は，重心を支持基底面の後方へ動かすことを促す。これによって，重心がすでに進行方向へ動いている状況をつくり出す。直線加速と同様に，この動作は地面および進行方向に向かって加えられる水平方向の推進力を最適化する。

このターンを前方加速から効果的に実施する場合（**図8.38**），アスリートは前方運動量を減速しターンへと移行するために，最初の数ステップを調整する必要がある。このステップは短く，踵からつま先にかけて接地することで接地時間は長くなる。この時点で，アスリートは重心の前方運動量に打ち勝つために，筋の伸張性収縮によって生み出される大きな力に依存している。ターン動作に移るにあたり，重心を低くし，ターンの方向へ後傾することに着目する。この動作は，重心の前に接地し，前方運動量を軽減するのを補助する。

ターンの早期開始は，素早いターン動作を達成する

図 8.38 動いている状態から 180°のターン

助けにもなる。この動作は，最後のステップを調整する際に，股関節および下肢を進行方向へ回旋することによって達成される。この準備動作によって，動作の次の段階における回旋の要求が軽減する。実際，接地時にすべてのターン動作を実施することは余分な時間がかかり，方向転換先に加速する前に余分なステップをとる必要さえ出てくる。

　回旋の慣性（すなわち，姿勢の変化に対する抵抗）に打ち勝つことは，効果的なターン動作の達成を左右する。特に，静止状態からターンする際に重要となる。この動作をより効率的にする（慣性の影響を軽減する）ためには，腕と脚を身体の近くで動かすべきである（身体が回転する際の半径を短くする）。肩および力発揮に優位な位置にある股関節の回旋に先行し，頭を早期に回旋することは，この動作を助ける。環境の変化を確認し，それに反応するための余分な時間を稼ぐことができるため，頭を早期に回旋することは多くのスポーツで優位に働く。

　動いている状態からターン動作を実施する場合は，減速動作において，進行方向に反して大きなトルク（回旋力）を生み出すために，方向転換前の最後の接地が回旋軸（対側の足）から離れた位置で起こる。この動作は，方向転換直後に起こる加速のステップを向上させる筋の伸張–短縮反射を素早く引き起こす。

　アスリートが方向転換後，ターンした地点から素早く加速する必要があると仮定すると，次のステップでは，離地する足と重心の水平距離を最大化するために，顕著な前傾姿勢がとられると考えられる。これによって，蹴り出す脚の最大伸展が起こり，水平方向の推進力を最大化する。

第 8 章 ランニングスピードとアジリティスキルの向上　205

図 8.39　アウトサイド・フット・カット（パワー・カット）

　スポーツの状況によっては，ボールをキャッチするためにターンからジャンプ，ターンからサイド・ステップもしくはバックペダルすることが要求される場合がある（例えば，クォーターバックが相手選手の手前に投げたパスをワイドレシーバーがキャッチするためにカッティングする状況）。このような動作は，ターンの後に異なる姿勢をとることが必要になる。例えば，より垂直方向への推進力が必要な場合（例えば，ジャンプ），身体はより垂直になり，ジャンプする足と重心の距離が短くなる必要がある。バックペダルやラテラル・シャッフルにおいても同様の姿勢が必要となる。したがって，さまざまなシナリオに基づいたスキルの練習をすることによって，ターン動作後の動きのパターンを増やすことができる。

回避スキル

　スポーツパフォーマンスの進化を通じて，方向転換，加速もしくは相手選手周囲のスペースを活用するうえで用いることのできるさまざまな手段が紹介されている。これらの手段には，フェイントをかけて反対に動くことで相手選手のバランスを崩すことを目的としたスポーツ特有のスキルが含まれる。他のスキルとして，ディフェンダーに接近する際に意図的に減速し，ディフェンダーがオフェンスの速度に対して身体位置を調整し，ディフェンダーの安定性が高まるとともに急速に加速することによってディフェンダーを回避することがある。相手選手に向かって加速，もしくは加速して相手選手を回避しながら，速度およびランニングメカニクスを維持する能力は重要である。この

アウトサイド・フット・カット（パワー・カット）

空間認知能力は重要である。接近しすぎると，人や物に衝突し，遠すぎると相手選手に対応する時間を与えてしまう。

アウトサイド・フット・カットを実施する最適な姿勢は，相手の身体の中心線上に接地し，重心は進行方向の外側で接地側の膝は足部の内側に位置させる。相手の肩から遠く離れた位置に接地すると，相手に向かって加速することになる。逆に，ディフェンダーに接近する際に方向転換先に近寄りすぎている場合，ディフェンダーはそのスペースを埋めてしまう。

股関節および膝関節伸展とともに重心が加速しはじめると，外側の足は進行方向へ向かって外旋し，重心の後方に接地し，進行方向へ力強く加速し続けることができる位置に足を置く。方向転換によってスペースがつくり出され，利用されると，アスリートは生み出された力を用い，方向転換をしたステップから加速しなければならない。

能力を備えていないと，競争上の優位性が著しく低下する。

さまざまな回避技術が利用されるが，これら技術の多くは内側の脚もしくは外側の脚による力強い方向転換に関連する基礎的なスキルに基づく。これらの動作は，内側の足もしくは外側の足によるカッティングのバリエーションによって代表される。

カッティング動作は，アスリートが接地から効果的に再加速すること（状況によって約0.2秒で減速，方向転換，そして再加速を実施する）の重要性を強調する。

外側の足でカッティング（アウトサイド・フット・カット）

アウトサイド・フット・カット（パワー・カット）（**図8.39**）は，急な角度で力強く方向転換をするうえで最適な技術と考えられる。アスリートは方向転換から加速する前に，足の位置を最適化し，神経筋系にあらかじめ負荷をかけるために若干減速する必要がある。この動作を実施するためのアプローチとして，重心の外側に接地し，接地側の膝は足部の内側へ位置させる。すねが垂直にある場合（膝がつま先の上にある），アスリートはこの動作を実行するために必要な外側への力を生み出すことができない。

足部全体が地面に接し，接地時間は比較的長い。ターンへと移行する際に重心を下げることに加え，この比較的長時間にわたる足部全体での接地は，股関節および膝関節伸筋群にあらかじめ適切に負荷をかけ，方向転換先に力強く伸展することを促す。また接地時間を比較的長くすることによって，前方かつ外側へ動くために，伸張－収縮サイクルを用い，足部前内側部を通じて効果的に大きなパワーを生み出すことができる。この動作は，体幹部が進行方向へと傾くことによって補助される。

インサイド・フット・カット

インサイド・フット・カットでは，より内側に接地し（より股関節の延長線上に近い位置），股関節の位置を最適化させ，垂直方向の推進力を保ちながら体幹部を進行方向へ傾けることができる。

また，体幹部の傾きは，離地する前に接地側の脚の最大伸展を可能にしながら，身体の前方を横切るように動かされた脚の回復期に適したポジションを促す。

脚が身体の前方を横切るように動くとともに，この脚は重心の下で接地するように地面方向へと動く。

図8.40 インサイド・フット・カット

インサイド・フット・カット

インサイド・フット・カット（**図8.40**）は，高速でうまく実施できた場合，運動量はほとんど減少しない。この動作は，ディフェンダーの足の外側へ接地するために内側の足をディフェンダーの身体を横切るように動かし，ディフェンダーの内側に接地した外側の足でピボット動作を実施することが必要になる。これはオフェンスとして加速をするうえで優位なポジションである。しかし，この動作を実行すること，および外側の足で力強い方向転換を行う必要条件によって，実施することがきわめて難しい動作スキルである。

通常，これらの回避スキルはクローズドな状況で習得し，よりオープンな状態で向上し，意思決定および環境の変化に応じてこのスキルを適用することが成功の鍵となる練習（ドリル）を通じてアジリティスキルとして洗練される。

まとめ

地上速度および異なる方向に加速する能力は，トッププレベルのアスリートの特徴である。高速動作を発達させるために，アスリートは効果的にこれらの技術を実施するための幅広い技術および適切な身体的–力学的能力を有していなければならない。

スピードは，高速動作を構成するものを理解し，段階的なプログラムによってこれらの質（能力）を高め

る手段を理解しているコーチによって向上されるスキルである。加速，最大速度，そして方向転換のメカニクスは，アスリートの重心を制御する能力，および床反力を最適化する姿勢をとる能力に依存する。コーチは，アスリートのスピードおよび方向転換能力を最大化する安定性と可動性の関係性および力の制御を理解しなくてはならない。

　同様に，アジリティは認知能力と身体的‐力学的スキルを組み合わせた運動能力である。コーチは，機能的筋力，プライオメトリック能力，技術の実施および意思決定をつなげるプログラムに，包括的かつ多面的なアプローチを用いるべきである。方向転換スキルは，最初にスキルを確立し，高速動作を組み込むために複雑さを増すべきである。動作の知覚および反応の要素は，スポーツ特有のトレーニングを通じて向上させるべきである。

　スピードおよびアジリティのトレーニングは，スピードおよび動作の質を保つために，短くかつ強度を高くする必要がある。スピードは質の高い動作であり，質は完全な機能である（最大のパーセンテージである強度とは対照的である）。したがって，強度は高く，量は少なくし，休憩時間は比較的長くする必要がある。

　通常，セッション全体の量は，技術および神経筋系の両方への質の高い適応が促進かつ持続される程度にすべきである。セット間の休息時間は長く，セッション内での総反復回数は少なくすべきである。

（飯田　聡）

第9章

ジャンプ動作とプライオメトリックスキルの構築

　ジャンプ動作は基本的な運動スキルの1つで，多くのスポーツに特有のスキルや競技動作の基盤となるものである。ジャンプ動作を行う際に，アスリートは片足または両足で地面（離地面）に対して力を発揮し，浮遊期を経て着地動作を行う。この場合の浮遊期は，一般的にランニング動作よりも長い。このような動作は，スポーツにおいて多くの形があり，その構成要素となる助走，離地，空中動作，着地などは，優れた運動能力の発揮と特異的なトレーニングによって培われた動作によるものである。ここでの特異的なトレーニングとは，筋骨格系の身体的-力学的性質を最大化し，最適なパワー発揮とその動作に関連する外傷・障害のリスクを軽減するものを指す。これらの動作は，プライオメトリクスとして知られ，どのようなアスリート育成カリキュラムにおいても中心となっている。

　本章では，スポーツ中にみられるジャンプ動作に求められる特異的な要求と，ジャンプ動作が競技力向上プログラムになぜ必要か，およびそれらをどう組み込んでいくのかの理解を深めてもらうことに焦点をあてる。これらを理解することで，プライオメトリックトレーニングの方法やその活用方法に関する幅広い分析が可能となり，アスリートの伸張-短縮サイクルのメカニズムにおける潜在的な力学的能力を引き出すために，一般的または競技特異的を問わず，そのトレーニング計画にジャンプ動作を組み込むべき理由が明らかになる。

ジャンプ動作

　多くの分類方法では，ジャンプ動作は浮遊期の直前または浮遊期から続く足の運びの観点から分類される。これらの動作の多くは，動的刺激（スペース，相手やボール）に対する反応が求められる攻防一体型のスポーツでみられるが，いくつかのスポーツ（陸上など）ではジャンプ動作の必要条件が厳密に定義されている。実際，一般的に知られるジャンプ動作時の足の運びのバリエーションは，ホップ，ステップ（リープ），ジャンプとして，すべて三段跳びに含まれている。

　ジャンプ動作とは通常，両足での離地または着地を行う動作とされる。多くのスポーツ，例えばサッカーのディフェンダーによるヘディングやバレーボールのブロックなどでは両足で離地するが，テニスのサーブなどでは片足で着地する。また，ジャンプ動作は元来スプリット・スタンスから派生したものであったのかもしれない。指導者は，両足での離地は，必ずしも足が揃っていなければならないわけではないことを知っておく必要がある。

　初級の段階では，リーピングやバウンディングは片足からもう一方の足への体重移動と定義される。驚くべきことに，スポーツに関する幅広い分析では，

この動作スキルをスポーツ特有のスキルとしている競技はほとんどないとされている。同様に，多くのスポーツでは，片足で踏み切り，同じ足で着地（ホッピング）する能力は，スキルとしてはみられていない。しかし，片足での離地および着地を調整するといった運動制御能力の質は，多方向への方向転換を伴う攻防一体型のスポーツにおいて欠かすことのできないものである。そして，それらのスポーツでは，強い力や速い速度での片脚動作を行う能力と，身体がその位置から動かないように維持する，または別の動作へと動きを移行させる能力が競技力の特徴としてみられる。着地動作のような身体制御能力は，特に接触や衝突を伴わない状況で膝が外反および屈曲して起こる前十字靭帯損傷など，アスリートによくみられる傷害発生と関連がある。

同様に重要な能力として，片足接地によって重心を加速（離地）または減速（着地）させる地面反力によって十分な力積を発揮できる能力は，競技力の質に大きくかかわっている。ジャンプ動作における力発揮は，運動スキルにとってきわめて重要な構成要素であり，その強さとタイミングは，アスリートの重心の方向を変えるために重要である。ジャンプに必要なベクトルは，できるだけ高く跳ぶ，できるだけ遠くに跳ぶ，あるいはバスケットボールや野球の打球のように移動している対象をインターセプトしたり捕球するために適した高さまで跳ぶといったジャンプの目的によって決まる。第4章で述べたように，空中でのアスリートの重心の軌跡は，離地時に発揮された水平および垂直方向への力積によって決まる。

力発揮において重要となるこの力積が決定される瞬間は，主に離地時の重心の速度，跳び出し角度，重心の高さなど，さまざまな変数の影響を受ける。これらの変数の相対的な重要度は状況によって変わる。例えば，最大努力での垂直方向へのジャンプでは，離地時の重心の高さが跳躍高に関する変数の40〜44％を占める[1]。この重心の高さはアスリートの体格（変化させることができない）や離地時の姿勢の影響を受ける。

スポーツでは，ジャンプ直後や走っている状態からジャンプをするといった動的な離地のほうが静的な離地よりも頻繁にみられる。このような動的離地では，離地直前または離地中のアスリートの動作が，離地時の速度と跳び出し角度に大きな影響を与える。これは，第8章で述べた適切な速度に関する概念と関係している。実際，Hayら[1]による幅跳びの分析では，離地直前の3〜4歩前における水平方向への離地速度が，跳躍距離に影響を与える最も重要な因子であることが示された。この因子はアスリートの重心の高さにも影響してくるので，技術的な向上において最も重要な考慮事項とされている。実際，離地時の重心の相対的な高さは，跳躍距離における第二の重要な因子であり，ジャンプスキルの向上において姿勢制御と接地技術が重要であることを意味している。

アスリートは片足または両足での離地技術に基づく力強い力発揮，空中での適切な姿勢制御，そしてほとんどのスポーツで欠かすことのできない着地技術をジャンプの状況に合わせて移行することを練習し，習得する必要がある。ここでの「習得する」とは，最大のジャンプを行うこと（例えば，幅跳びの場合，身体と床面との最後の接触がそのジャンプの跳躍距離を決める），または続く動作に効率的につなげていくことが可能となるジャンプができることを意味する。

プライオメトリクス

スポーツでみられる力強い動きと同様に，ジャンプ動作は筋の弾性特性を最適化するために伸張反射に依存している。第2章で述べたように，伸張反射は神経筋系の防御機構の働きを抑えることで力強い反射動作を生み出したり，力強いパフォーマンスに貢献する弾性エネルギーを筋腱組織や筋膜組織の直列弾性要素内に蓄えたりすることができる。筋の伸張反射（伸張–短縮サイクル）の防御機構の必要性は，例えば高い所から地面に向かって落ちる際，重力により加速するにしたがって運動量が蓄積されるという考えに起因するものである。ジャンプからの着地の際には，空中での軌道や跳躍時間，重心の移動速度などによって変わるが，体重の3〜14倍以上の地面反力を制御する必

要がある．この非常に高い力を，場合によっては片脚接地でも制御することが求められる．

　これらのことから，ジャンプ動作のトレーニングを進めるにあたって最初に着目すべき点は，着地時の地面反力を制御するために必要な姿勢をとれることと，その姿勢の安定性を維持するために十分な身体の強さをもっていることである．しかし，この身体の強さは，必ずしも骨格筋による純粋な力発揮能力と捉える必要はない．なぜなら，それらに求められる力発揮は，通常，随意的に発揮できる速度よりも速いからである．

　トレーニングに対するこのような要求は，着地動作やリバウンド・ジャンプ動作における最大パワー発揮の機能的要求に対して，筋の構造に関する特徴よりも神経動員の特性を変化させるプライオメトリクスとして知られる専門性の高い特別なトレーニング方法の発展へとつながった．この「プライオメトリクス」という言葉は，ギリシャ語の「plethyein（増大させる）」と「isometric（筋活動との関係）」に由来し，1960年代から1970年代にかけてアメリカ人のFred Wiltの著書により多くの人に知られるようになった[3]．

　用語を理解することは，現場での指導者が各トレーニングの方法論を理解することに役立つ．この分野における研究の多くは，1960年代前半，旧ソ連の科学者で陸上競技のコーチでもあったYuri Verkoshansky博士によるものである．これは，アスリートの身体と床面との衝突により衝撃（ショック）を起こす（最も純粋な形のプライオメトリクスはショックトレーニングともいえる）という考えに基づくものであった．高い所から床面に向かって加速すると，身体には運動エネルギーが蓄積される．着地時には，身体の移動方向に対する外的な抵抗（地面など）により，短時間で急激に伸張性の筋張力が生じる．この筋張力の増加が筋紡錘の線維を刺激し，筋の弾性能力を用いた反射性の収縮を起こすことで床反力に対する強力で不随意な反応を引き起こす．

　筋活動の伸張期と収縮期の素早い移行の間を償却期という．本章で説明するが，この償却期の長さは，着地方法によって決まる．床反力（接地時）による筋張力の急速な増加によって筋が刺激され，離地の際の高い力積が生まれる．一連の刺激において運動エネルギーが十分な働きをするためには，償却期は可能なかぎり速く行わなければならない．つまり，着地技術は，接地時間を可能なかぎり短くし，床反力を最大化しなければならない．これら2つの動作の結果の相反関係のバランスをとることは，トレーニング計画やコーチングのスキルであり，トレーニングにプライオメトリクスを効果的に導入するために押さえておく必要がある．

　ここで，デプス・ジャンプとドロップ・ジャンプという2つのリバウンド・ジャンプの方法を分析してみる．これらのトレーニングエクササイズの目的はそれぞれ異なる．デプス・ジャンプ（**図9.1**）の目的は，垂直方向へできるだけ高くジャンプすることである．一方，ドロップ・ジャンプ（**図9.2**）は，できるだけ高くジャンプすることを目的としているが，接地時間を最小にすること（ジャンプの高さよりも接地時間の短さに焦点をあわせる）に重点を置いている．

　時間的な制限がなく，より強い力発揮を求められる活動（デプス・ジャンプのような）では，一般的により高い位置からのジャンプによって，落下局面においてより大きな垂直方向への変位量が得られる．より高い位置からの落下は，その距離によって身体が加速し，より大きな運動エネルギーを蓄えることができる．しかしながら，最大限の垂直方向への力積と床反力によって，重力に反し身体を垂直方向へ加速させる力を得るためには，より長い接地時間が必要である．力の適用が長ければ長いほど（筋骨格系ネットワーク内に蓄えられた運動エネルギーが使用できるにもかかわらず），そのリバウンド動作はより大きくなる．したがって，デプス・ジャンプを指導する際には，適切な接地時間に対する考え方をアスリートにしっかりと伝える必要がある．ドロップ・ジャンプでは，接地時間を短くするという考え方を用いる．ドロップ・ジャンプでは，アスリートがもつ着地動作のコントロールおよび反力の発揮に関係する能力が落下の高さを決める重要な要素となる．

　この原則は，潜在的な運動能力の発達を適切に進め

図9.1 デプス・ジャンプ：(a) 開始姿勢，(b) 床面への着地，(c) やや長い接地時間の後の離地，(d) 垂直方向への最大跳躍高。

ていくことを可能にするために重要である。例えば，もし垂直方向へのパワー発揮を最大化することが目的であれば，アスリートは頭上にゴールがあるようなリバウンド・ジャンプ（例えば，最大到達高を目指す）を行うべきである。一方，接地時間を短くしてパワーを向上させたいのであれば，跳び越えるハードルを低くすることを考える。これらの動作の質はプログラム全体を通して構築していくべきであるということに留意してほしい。力積（第4章で述べたように）を生む能力を向上させることが目的であれば，加速開始局面（慣性を凌ぐ必要があるため接地時間は長くなる）での動作において適切な接地時間による力発揮は大きな意味をもつ。ここまでの内容と最大速度でのランニングとを比較してみると，水平方向への速度を得るためには，ドロップ・ジャンプのような運動によって向上する最小限の接地時間で適切な力が加えられなけれ

図9.2 ドロップ・ジャンプ：(a) 開始姿勢，(b) 床面への着地，(c) 最小限の接地時間の後の離地，(d) 垂直方向への最大跳躍高．

ばならないことを意味する．

　伸張反射を起こすためには，適切な着地やリバウンドの技術が必要である．効果的な接地技術によって，最適な反力の発揮が可能となる．これらのことから，通常，着地技術はプライオメトリクスやジャンプスキルの段階的プログラムにおいて最初に指導するスキルである．助走や踏切，着地技術の際の足の位置が適切であれば，伸張反射によって引き起こされる増強作用（神経筋系における収縮要素の収縮性や興奮性を増加させる）を発現させることができる（**表9.1**）．着地に近づくにしたがって，足関節を背屈させることでつま先が膝に向かって引き上げられ，足裏全体（アクティブ・フラット・フット）で着地することができる．したがって，腓腹筋，ヒラメ筋，アキレス腱は，着地の際に予備伸張が起きている．接地の直前には，足関節を強く底屈させることで着地面に対してしっかりと足裏を当てることができる．この動作自体は下腿後面の筋群の予備緊張を減少させるようにみえるが，実際には力強い着地およびリバウンド動作が可能になる．

表9.1　下肢の伸張–反射動作が向上する着地の力学

	伸張期	償却期	短縮期
含まれる動作	主働筋が伸張される。	動作を効果的に行うためには，短縮期と伸張期の移行期はできるだけ短くすべきである。	主働筋の筋線維は短縮される。
動作の結果	筋内および結合組織に位置エネルギーが蓄積される。筋内の伸張受容器が刺激される。	伸張抑制器は中枢神経系にシグナルを送り，拮抗筋の短縮性収縮を刺激する。	筋と結合組織から基礎エネルギーが放出される。主働筋が刺激され，力強い短縮性収縮を起こす。

接地時に底屈動作を行うことで，足部の大部分を使って接地することになる（踵は床面には接していない）。わかりやすく伝えるために，接地時にクレジットカードが通る分だけ踵を浮かせる，クレジットカードルールを用いるとよい。体重は，踵を床面につけた場合のように足部後方にかけるのではなく，中足部に均等に分散させる。足裏の広い面で接地することで，接地面がより広くなり，床面に対して大きな反力を与えることが可能となる。

接地直前に力強い底屈をし接地のタイミングを適切にとることにより，足関節の予備緊張効果の喪失を防ぐことができる。実際，時間的制約のある活動では，足が床面と接する時間を短くするためにこれらのことを行わなければならない。重力の働きや垂直方向となる下方への運動量は，接地時に腓腹筋ヒラメ筋複合体（ふくらはぎの筋群）の伸張性収縮を起こし，それによって筋の直列弾性要素内にエネルギーが蓄えられるとともに筋群内の筋紡錘が刺激される。実際，底屈を行うことで，結果的に接地時の下肢筋群における伸張が増加する。そのことにより，その筋群の伸張率と続いて起こるリバウンド動作における伸張反射の効果が増加する[4]。

トレーニング経験の少ない人では，筋腱接合部にあるゴルジ腱器官も刺激されることになり，外部負荷（例えば，筋に体重の数倍の負荷がかかる）に対する収縮反応が抑制される。この防御反応は，関連する刺激が繰り返し加わることで，抑制することが可能であり，これは，トレーニングプログラムに高負荷かつ高速度で行うリバウンド・ジャンプを組み込む理由でもある。

償却期とは，伸張性の活動から反射による短縮性の活動への移行を表わす。この期は，プライオメトリック動作を最大化するためにできるだけ短い時間にすることが必要である。もしこの償却期が長いと，直列弾性要素内に蓄えられた弾性エネルギーが熱として放散されるだけでなく，続いて起こる動作の短縮性収縮期における筋活動の増大に対する伸張短縮反射も効果的ではなくなってしまう[5]。これらのことから，ジャンプ動作における償却期は最も重要であり，アスリートへの指導の際に重点を置く必要がある。

反応性の短縮性筋活動は，ジャンプの踏み込み局面を通して起こり，この間，その動作に主に関与する主働筋の収縮は，通常の随意運動中にみられるものよりも活性化される。この反応は筋内に貯蔵されたエネルギーの放出によって支えられ，その結果，床反力がジャンプ動作に効果的に移行される。しかし，このような効率性は，力とエネルギーの適切な移行を確実に行うための協調をすべての動作において可能とする最適な技術があってこそ達成できる。

プライオメトリック反応は，スポーツでみられる多くの力強い動きに貢献している。したがって，アスリートの運動能力向上プログラムにジャンプやリバウンド動作を適切に導入することによって，この反応を向上させる必要がある。これらの動作をうまく調整できるということは，運動パフォーマンスの観点から重要である。この過程を身につけることはどんなスポーツのアスリートにとっても有益である。

ジャンプ動作のバイオメカニクス

ジャンプ動作の力学は，接地時における身体の位置の影響を受ける。例えば，両足を静止させた状態での

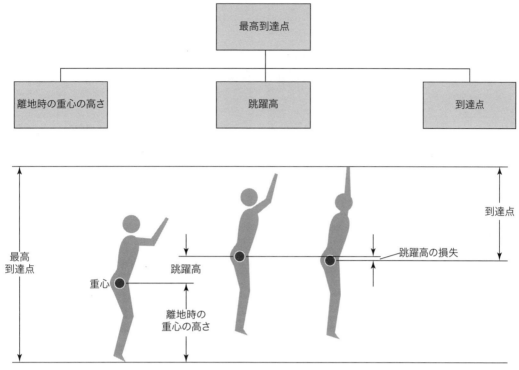

図 9.3 カウンタームーブメント・ジャンプの最高到達点に影響を与える要因

離地から最大跳躍高を達成することが目的のカウンタームーブメント・ジャンプを行う際には，両肩の位置はカウンタームーブメントの最下点での両膝の位置と同一線上にあるべきである（図9.3）。このアライメントでは，体幹がまっすぐになると同時に重心が足の中央にくることで，床面をできるだけ強く，長く押すことが可能となり，垂直方向への力を最大限に発揮できる。このことは，重力と反対方向へ移動する際に重要である。

最大努力でのカウンタームーブメント・ジャンプの分析では[6]，全体としての跳躍高や重心の高さに影響する主な要因として体格，スキル，神経筋系のパワーの3つが示唆された（図9.3）。離地時の重心の高さは跳躍高の44％を占め，その跳躍高はアスリートの体格に大きく依存する。指導者やコーチは，体格や最高到達点に向かう腕の長さに対してほとんど影響を与えることはできない。

しかしながら，本質であるスキルの要素はトレーニングすることができる。適切なタイミングをとることで，足が床から離れる時に体幹部をまっすぐにすることができ，重心位置が最高点に達した時に腕を前方に移動することで最大跳躍高に達することが可能になる。実際，腕を伸ばした高さ，つまり垂直方向への最大跳躍時の指先と重心の間の距離は，跳躍高全体の42％程度を占める。したがって，腕の動作が非常に重要になる。カウンタームーブメントの準備段階として，しゃがみ込む動作によるゆっくりとした伸張-短縮サイクルを開始し，筋の直列弾性要素にエネルギーを蓄える際には，両腕を股関節の後方に引く。股関節および膝関節を伸展させる際には，両腕を前方へ移動させる。熟練した動作になると，体重が中足部にかかる時に両腕は最も低い位置になる。前足部への体重の移動が早すぎると，床反力が発生する時間が短縮したり，力を伝える接地面積が減少し，離地動作の際の推進力に大きな影響を与える。押す力が前足部に向かって伝わり，足関節が底屈する間，両腕の前方への移動は継続する。両腕によって得られた推進力は，身体が床面から離れる際の上方への推進力に貢献し，浮遊期においても継続する。

股関節，膝関節，足関節，肩関節が一体となった伸

図9.4 片脚での水平方向へのジャンプ動作の離地（a）と垂直方向へのジャンプ動作の離地（b）

展動作による力は，離地時における重心の垂直方向への速度を決める主要な要素である。この力によって，体重にかかる重力の作用による跳躍高の喪失が抑えられ，ジャンプ動作の浮遊期における重心の速度の変化の程度を決める要素となる。ジャンプ動作時におけるバイオメカニクスを構築するうえで，これらの筋群をトレーニングし，動作を協調させることによって大きな力を素早く発揮することが重要である。

垂直ジャンプ中は，体幹部の姿勢制御筋群も重要な役割を担っている。離地時には体幹がまっすぐかつ安定していないかぎり，重心の高さが最大化されず，床反力の移行が安定して機能しない。このことによって，垂直方向への力積および浮遊期での身体の運動量が有意に減少する。動作を通して安定した姿勢を保つことは，競技力向上プログラムにおいて他の進展内容を移行するために重要である（第10章）。

アスリートは片脚での動作によって水平方向への運動量を発揮することが多いため，通常，スポーツでの水平方向へのジャンプとそれらに関するプライオメトリックトレーニングには，片足での離地が含まれる。片脚での離地では，両腕と支持脚ではない脚（非離地脚）は，力が相殺された時に発生する回転力に抗する役割を担う（身体の片側の動きを通して）。

さまざまなスポーツでみられる片脚での水平方向へのジャンプ動作は，一般的に主に4つの構成要素（助走，離地，空中，着地）に分けることができる。すべてのジャンプ動作において，着地動作は非常に重要である。そのため砂場への着地（走り幅跳び）やマットへの背中での着地（走り高跳びや棒高跳び）など競技特有の技術であっても，着地動作はジャンプ動作の段階的指導の初期に詳細に説明される必要がある。

助走では水平方向への速い速度で，離地が行える適切な位置へ利き足を置くために，通常，助走の最後の1歩で距離を調節する。最適な離地の位置は，ジャンプの状況によって異なる。例えば，走り幅跳びであれば，離地の最適な位置は決まっており，アスリートの得意な踏み切り足があるので，それらが助走時のストライドパターンに影響する。しかしながら，バスケットボールのレイアップの際の離地位置は，アスリートの速度やバックボードからの距離によって決まる。このような状況は多くのスポーツで繰り返しみられ，左右どちらかの足で，そして短い助走によってジャンプすることになる（例えば，サッカー選手はゴールを狙うヘディングの際には2〜6歩の助走でジャンプする）。

空中での重心の放物線は離地時に決まる。走り幅跳

びのように，水平方向への最大限の移動が目的の場合，水平方向への速度の損失を最小限に抑えて身体をもち上げ（垂直方向への速度）なければならない。これは，踏み切り足による後下方への強い踏み込み（図9.4）によって可能となり，その後に足関節，膝関節，股関節を十分に伸展させる。踏み切り脚で地面を捉えた時に，反対側の脚を殿部の下へ移動させることで，踏み切り脚が床面から離れる直前に素早く水平方向へと引き上げることができる。この振り脚の膝が向く方向が，ジャンプでの移動方向に影響する。第8章で述べたスプリント動作と同じように，脚の動作による下肢から上肢へと伝わる回転運動を抑えるために，振り脚を引き上げたと同時に反対側の腕を前方へ移動させる。

　垂直方向へのジャンプの高さが目的であれば，助走動作はやや遅くする必要がある。離地時の水平方向への速度が遅くなれば，踏み込み足はより長い接地時間を得ることができ，垂直方向への力積を接地面に与えることができる。床面への踏み込みが最も強くなる時に股関節を踏み込み足の真上に位置させることによって，水平方向へのジャンプでの後下方への踏み込みではなく，足裏全体（アクティブ・フラット・フット）で床面に対して下方への力を加えることが可能になる。腕の動作も異なり，水平方向へのジャンプのように前方に振るのではなく，垂直ジャンプでは上方へ振る。

　片脚での離地動作では，踏み込み脚と反対の脚の動作も重要である。バスケットボールのコーチは，ゴールに向かってレイアップシュートを行うときは，外側の膝を曲げて上方へ引き上げると同時に内側の腕を上方へ伸ばすように指導する。その他のスポーツでの片脚動作も同様である。踏み込み脚の足関節，膝関節，股関節は，対側の大腿部を足関節と膝関節の屈曲に伴って振り上げると同時に最大限に伸展させる。反対側の腕もまた，脚部の動作によって起こる体幹部の回転を抑えるために前方へ振り上げる。

　離地動作（図9.4）は，スキルを発揮するのに十分な空中での時間および動きのパターンを伴った重心の移動を可能にし，最適な着地姿勢をとるために重要な役割を担う。例えば，走り高跳びでは，垂直方向への速度を最大化するとともにフロップテクニックによってバーを越えるために回転運動を開始する。サッカーでは，ディフェンダーは相手アタッカーよりも高く跳んでボールをヘディングでクリアするために，垂直方向への速度を最大化する必要があるが，身体が回転してしまうことは避けなければならない。これらに対し，水平方向への跳び出しが重要な走り幅跳びでは，重心の高さが最大になるようにして離地動作を行うことが目的であるが，ジャンプ動作の助走局面で得た水平方向への速度の喪失を最小限に抑える必要がある。

　ジャンプエクササイズのプログラムの段階を安全に上げるためには，離地動作よりもジャンプからの着地動作を学ぶほうがより重要である。着地では，重力によって加速された速度（秒速9.81 m）で床面に向かって移動している身体を減速させる必要がある。安全な着地とは，支持基底面に応じて重心の位置を設定し，負荷を吸収するために各関節が適切な位置関係となる姿勢をとることである。

　多くのスポーツでは，ジャンプからの着地は慎重に行うべきスキルであるだけでなく，リバウンド・ジャンプや着地後の疾走，カッティングなどその他の動作へとつなぐ移行スキルでもある。第5章では，足関節，膝関節，股関節が不適切なアライメントのまま急激な減速を行うと高い負荷がかかり，膝関節が損傷する可能性について述べた。膝関節における急性外傷は，着地の際の重要な懸案事項であるが，着地が何度も繰り返される状況も慢性的な障害のリスクとなる。慢性障害を予防するために，アスリートは動作スキルと筋力を向上させる必要がある。

　図9.5に示したように，異なる動作で求められる着地技術は多くの類似点はあるものの細かな違いもあり，その違いをアスリートの学習の各段階に反映させる必要がある。どのような状況でも，肩関節と膝関節は一直線にして重心を支持基底面の上に置くようにする。また，安定した状態を保ち，前方へバランスを失うことを少なくする。床反力による衝撃力を吸収するために，足関節，膝関節，股関節を屈曲させる。膝関節の内旋は絶対に避ける。強い衝撃を受けたときの膝

図9.5 適切な着地技術：(a) 減速と停止，(b) 着地と再離地。

関節の外反（膝が内側に崩れる）は，多くのスポーツにおける膝の障害の前兆である。したがって，着地時には膝はつま先の延長線上になければならない。

停止と再加速における動作の大きな違いは，床反力に反応して行う関節の屈曲動作の程度と足部への体重の配分に関連がある。図9.5に示した通り，着地時には，床反力を吸収，分散させるために膝関節と股関節は屈曲させる。それができない場合は，筋骨格連鎖を通ってその力が身体上方へ伝わる。逆にリバウンド・ジャンプでは，伸張反射が起こるように足関節と膝関節の剛性を保つことが必要であり，適切な接地時間にすることが重要である。

指導の面では，足裏全体で着地し（足関節は背屈させ，その剛性をもって床からの衝撃に備える），しっかりと床面を踏むことを意識させるべきである。接地直前に力強く足関節を底屈させ，腓腹筋，ヒラメ筋，アキレス腱の緊張を高める。接地時に積極的に底屈させることによって，結果的にパフォーマンスが向上する。

自動的な筋収縮は床反力による抵抗を受け，それに伴い局所的に神経筋系の緊張が急激に上昇することで伸張反射の速度が速まり，より効果的に活用できる。タイミングをとることで各部が適切に協調できるようになると，その他のよい結果として，踵を上げた状態で足裏を広く使った接地ができるようになり，より広い面での力発揮が可能になる。

接地の際の技術は同じであったとしても，リバウンド・ジャンプの目的によって接地時間は異なる（表9.2）。これらの接地時間は，目的とするリバウンド・ジャンプの相対的な高さと接地準備における足関節と膝関節の剛性の影響を受ける。短い接地時間における素早い伸張−短縮反射の構築が目的であれば，ドロップ・ジャンプ，連続スティフレッグ・リバウンド・ジャンプ，連続タック・ジャンプなどが理想的なトレーニングといえる。一方，速い力の立ち上がり率による強い力発揮が目的であれば，連続スクワット・ジャンプやデプス・ジャンプが推奨される。本章では，これ

表9.2 ジャンプの種類とその一般的な接地時間

ジャンプの種類	接地時間（ミリ秒）
タック・ジャンプ	150〜200
ドロップ・ジャンプ	200
デプス・ジャンプ	500
反復スクワット・ジャンプ	300〜400
スティフレッグ・リバウンド・ジャンプ	150〜200

らのエクササイズの具体的なコーチングポイントと段階的プログラムの構築の仕方について解説する。ここで理解しておくべき重要なことは，競技力向上のための段階的プログラムにおいて，長い接地時間および短い接地時間を伴うエクササイズの両方を向上させる枠組みを考慮することである。

経験豊富なコーチは，動作をみることで接地動作の質を評価できるが，そのためには時間と実践が必要である。コーチングにおける観察には，鈍い音やドタバタする着地ではなく，はっきりとした接地音を聞くということも含まれる。接地時間は，実験室において高価で精密なフォースプレートやジャンプマットを用いて計測できる。これらの機器は，足が床面に着いた時から足が床面を離れた時までの時間を正確に測定することができる。これらの測定データはすぐにアスリートにフィードバックでき，例えば，より速い接地を目的とした場合，すぐに修正のための介入ができる。

プライオメトリック動作は素早い動作であり，特に学習の初期段階の場合，よい接地とそうでない接地の区別がつかないアスリートもいる。そのような場合，接地時間に関するフィードバックはとても有益であり，効果的なモニターツールであるとともに学習過程でも活用できる。フィードバックは，指導者が動きの質を監視するセッションで，疲労によりその質が低下した時に用いると特に効果的である。セッション中やセット中に接地動作（またはスキル発揮におけるその他の側面）の質が下がってきたら，その動作の目的を確実にするために運動を中止したり，休憩時間を変更したりすることを考慮する。

水平方向へのジャンプ動作における成熟モデル

スキルの発達において，水平方向へのジャンプ動作における成熟モデルは，幼児期の初期から発達させることができ，9歳前後ではっきりとみられるようになる。水平方向へのジャンプ動作のスキルは，片足または両足での踏み切りからの跳躍距離と関係しており，多くの場合，ランニングや障害物を跳び越えることと関連する。

水平方向へのジャンプ動作の基本的な技術モデルは，静止した姿勢で水平方向への運動量のない状態から動き出す際に，身体をもち上げるために必要なパワーを発揮する伸張–反射のメカニズムの影響を受ける。

成熟したスキルには，いくつかの重要な特徴があり，それらをスキル向上プログラムに組み込むべきある。まずはじめにバランスのとれた開始姿勢をとることであり，それによって動作を行うための床反力による力発揮を最大限に移行（推進力の産生）することが

両足での水平ジャンプ動作のスキル成熟のための基本的技術モデル

- 直立し，前方を見る。足は腰幅に開き，よい姿勢から開始する。
- 膝関節，股関節を曲げ，腕は伸ばした状態を維持する。肩関節から腕を後方に振ることで離地のためのカウンタームーブメントを起こす。重心を前へ動かしはじめるために体幹を前傾させる。
- 両足で均等に床を押す。膝関節と股関節を伸展させることで力を産生し，足関節を底屈させて足部で床を押し込む。
- 両腕は力発揮を伴って振り，前方および上方へ伸ばす。股関節と膝関節は足が床面から離れる際に最大限に伸展させる。体幹部は前傾させる。
- 高さが最大となる地点で，股関節と膝関節を屈曲させ，大腿部が床面と平行になるように前方へ動かす。
- 同時に，体幹部を前傾させ，身体はジャックナイフ姿勢となる。
- 母指球から着地し，足裏全体で着地を完了する。足関節，膝関節，股関節を屈曲させ，着地時の衝撃を吸収する。両腕は前方へ伸ばす。重心は足部の上を通って前方へ移動させる（潰れるような着地となる）。

できる。

　カウンタームーブメント・ジャンプは，両腕を身体の後方から前方に移動させると同時に足関節，膝関節，股関節の強い伸展を行うことで開始する。若年アスリートによくみられる誤りとして，カウンタームーブメントを行う際のディッピング（沈み込み）が浅すぎたり，遅すぎたりすることがある。これにより，バリスティックな動作によって得られる蓄積された弾性エネルギーおよび伸張反射の恩恵を最大限に得ることができなくなる。カウンタームーブメントの際に，体幹の後方に腕を引く動作では高く上げるようにする。両腕を前方へ移動させる動作は，指導場面で疎かにされることが多いが，スキルにおいて重要な部分である。この動作の協調を学習することは，練習の進展の一環に含まれる。したがって，未成熟な動作の場合，この協調の発現は不安定なものとなる。実際，バランスを保つために両腕を左右や下方，後方や上方に動かすことがみられるが，これでは前方への運動量を付加することができない。

　身体を十分に伸展させることによって，前方への運動量のための最大限の力積を得るために，力をできるだけ長く床面に伝えることが可能になる。伸展動作は，床面から離れる際にしっかりと体幹部を前傾（可能なかぎり45°程度）させて終わる。顔を上げ，視線は前へ向ける。離地時には，脚部伸展とともに最も高い位置に達したら，両腕はできるだけ前方へ伸ばすように振る。ジャンプ中は腕を高い位置に保つ。空中で股関節と膝関節を屈曲させ，着地動作に入る前に脚を身体の下方を通す。空中では，大腿部は床と平行に保つ。脚をたたむのが早すぎると前方への運動量が働くことを妨げることになる。これは多くのアスリートによくみられる誤った動作である。

　着地に向けて，両脚は身体の前方に向かって伸ばしておく。下肢は垂直にして着地する。前方への動きの程度はジャンプの目的（最大跳躍距離か，あるいは特定の場所への着地かなど）によって決まる。着地は軽やかに行うべきで，着地時の力は股関節と膝関節の屈曲によって吸収する。両足での着地は片足での着地よりも安定しており，足裏全体での着地はつま先での着地よりも安定している。これら不安定な着地動作は，よくみられる誤った動作である。

スキップ動作の成熟モデル

　一見すると，スキップ動作はジャンプ動作に関連するものとして考えるには少し変わったスキルにみえる。しかしながら，スキップ動作は移行動作であり，多くはスポーツにおいてホップ，ジャンプ，あるいは

図9.6　バウンディングはパワー向上において非常に効果的なプライオメトリック様式のスキルである。

スキップ動作の成熟したスキルのための基本的技術モデル

- 身体はまっすぐにする。両足は肩幅に開く。
- 重心を前方へ移動させ，片方の足に乗るように1歩踏み出す。下肢は屈曲を保持する。腕は脚と反対の動作をする。
- 支持脚に体重を乗せ，小さく弾むようなホップを行い，母指球で床面を押し，母指球から着地する。
- ホップと同時に，非支持脚の膝を前方にもってくる。この時，つま先は膝に向かってに引きつける。
- もう一方の足を前方に踏み出し，体重を前方に移動させる。脚は屈曲させたままにする。
- 滑らかな移行を行う。頭は上げて体幹部はまっすぐにし，肩関節や股関節を回転させない。

ランの後に左右交互にステップを踏むリズミカルな動作スキルである。スキップは成熟したスキルレベルにおいては，左右の身体動作を交互に行う協調性を含む両側性の複雑な動作である。スキップ動作は，片脚での離地と着地により力強い水平方向への移動を行うバウンディング動作として知られる特種なプライオメトリック運動のために前もって習得しておくべき必要なスキルでもある（図9.6）。

スキップ動作中は，体幹部はまっすぐにし，足は腰幅に開く。バランスのとれた立位姿勢から，後ろの脚による力強い踏み込み動作により体重を前方へ移動させ，前方へステップする。前の脚は前方へ動かす際に屈曲させ，腕は脚と反対の動作となるように動かす。腕と脚の相反する動作はとても重要である。例えば，膝を前方に上げるときには，対側の腕は肩関節の後方へ動かす。両腕の動作はリズミカルに行うべきであるが，両足の間で体重移動が起こる局面では腕の動きは減少する。

最初のステップの後，非支持脚の膝を高く上げ，引きつけるとともに，足関節を背屈させる（つま先を膝に向かって引きつけるように）。この脚が着地に向かうときには力強く接地する。着地時には，母指球でしっかりと地面を押す。より上級のアスリートになると，踵は浮いた状態でかつ足裏を広く使って（アクティブ・フラット・フット）の接地が可能になる。接地後は，さらに前方への身体移動を推進するために母指球でしっかりと床面を押し，跳ね上がるように跳ぶ。体重は右足と左足の間で交互に移動させる。跳ね上がりの頂点では垂直方向への引きつけ動作が少し起こる。目的は，各足において流れるようにスムーズな体重移動が繰り返して実施できるようにすることであり，前方への移動において体幹部を伸ばし，肩関節や股関節からの回転が起こらないようにする。

垂直方向へのジャンプの成熟モデル

垂直方向へのジャンプは協調動作であり，多くのスポーツや競技における爆発的パワーを測定するためのテストとして利用されている。

ジャンプ開始時にはしっかりとバランスをとり，体重は両足に均等にかける。バランスがとれていない状態では片足での踏み込みとなり，回転が起こることで不安定になり，足から床面への力の移行が減少する。繰り返すが，カウンタームーブメント動作は素早く，そして最大限の動作で行う。一般的に，予備動作としての膝関節の屈曲は60～80°とすることで適切な伸張反射が得られるが[7]，人によっては110°程度になることもある。

このような動作では，推奨される膝関節の屈曲角度には個人差があると考えられる。身体は個々の下肢の神経的−生理学的−力学的構造に対して伸張性の負荷を与えるために適した膝関節屈曲角度を直感的にとり，結果としてパワーの発揮を最大化する。

成熟した動作では，両腕を後方に引いた際に子どもの体幹部は垂直のままである。体幹を垂直に伸ばすことで，離地時に重心が足の中央に位置するようにな

図9.7 静止状態から両足で踏み切る上級者の垂直ジャンプは下肢の伸筋群のより効果的な伸張反射が含まれる。

り，床反力を通して垂直方向に身体を引き上げるために最適な姿勢になる。対照的に，**図9.7**に示したように，上級のアスリートでは離地時には同じ姿勢をとるが，その過程は少し異なる。上級のアスリートは膝関節を伸展させる際に股関節から屈曲し，ハムストリングスを伸ばし股関節を伸展させる際にそれらの筋の伸張反射を開始させる。このハムストリングスに負荷がかからない状態になることで，膝関節は体幹の下方で再屈曲することになる。離地直前に体幹はまっすぐになり，股関節，膝関節，そして最終的に足関節の伸筋群による最大の力で床面を押すことが可能になる。

ジャンプ動作は身体全体で，力強く行う必要がある。両腕を前上方に移動させると同時に体幹を伸ばす。これは垂直方向への身体の上昇中，協調性の高いかつ力強い動作として継続する。両腕をできるだけ高く引き上げ，ジャンプの頂点で最も高い位置にする。ジャンプの軌道の頂点で身体を最大限に伸ばすべきである。この姿勢により垂直方向への動作中における重心が最適な位置になる。離地時または空中で過剰な前傾姿勢をとると，空中で水平方向への変位を引き起こすことになり，垂直方向への上昇の妨げになる。

子どもたちのスキル発揮で多くみられる誤った動作は，腕の動作が原因である。腕と脚が協調されていない状態では，重心が上昇する際に腕を体側でバタバタさせたり，前上方ではなく後方に引いたりすることがある。頭の位置も空中姿勢を補助するという点で重要である。頭は動作を導くために上方へ向けるべきで，それによりジャンプの軌道の最高点で捉えようとしている目標物（ボール，バスケットゴールなど）に視線を集中させることができる。

バランスのとれた安定した着地は，子どもの成熟したジャンプ動作における重要な特徴である。ジャンプの目的が最大跳躍高を達成することであれば，着地位置は離地位置に近いところでなければならない。身体を通して床反力を吸収する柔らかく安定した着地を確立するために，子どもは着地動作の準備をしっかりと行う必要がある。適切な着地技術については，本章の後半でより詳細に説明する。

幼児たちにおける成熟したジャンプ動作の構築

基礎動作スキルのほとんどは，7歳までに成熟段階に達する。子どもは動作パターンのすべての構成要素

垂直ジャンプの成熟したスキルのための基本的技術モデル

- よい姿勢で立ち，腕は体側に着ける。
- 足は腰幅に開く。カウンタームーブメントを行う。股関節を後方へ引き，背中はまっすぐにしたまま肩関節を前方へ動かし，腕は身体の後方へ動かす。股関節を伸展させると同時にジャンプの準備として体幹部を垂直方向へ方向づけするように膝関節を身体の下で屈曲させる。腕は身体の後ろに位置させたままにする。
- 両足でしっかりと床面を押すことで膝関節，股関節，足関節を伸展させる。両足は同時に離地させる。空中では，両腕を上方へ振る。
- できるだけ長い間，身体と腕を高い所に届かせるようにする。
- 着地前に，つま先を膝に向かって引き上げる（足関節を屈曲させる）。
- 母指球が床面に着いたら，股関節と膝関節を屈曲させて，着地の衝撃を和らげる。母指球が床面と接した際，踵は実際には床面とは接していないが，足裏全体で着地したようにみえるようにする。
- 足は肩幅に開く。体幹部をまっすぐにすることで頭が上がり，よいバランスを保つことができる。
- 身体を丸めた姿勢で静かに着地し，衝撃力を吸収する。両足での着地は，片足での着地よりもより安定して行うことができる。
- 立位姿勢にもどり，終了する。

を協調性の高い，力学的に正しくかつ効率的な動作へ統合することができる[8]。子どもは高く跳ぶことから遠くへ跳ぶことまで基本的な身体的基礎をもっており，発達における後の段階でより専門的なスポーツ特有の動作へと発達させていく。

　幼い子どもたちを指導する者は，スキルに対する成熟した動作を子どものときに獲得できていないと，後の人生において基本的なスキルを獲得したり，応用したりする能力が制限されてしまうことを理解しなければならない[9]。指導者がこの点を理解していないと，スポーツパフォーマンスにとって不利益なだけでなく，おそらくもっと重要なことであるが，子どもたちが後の人生においてスポーツや身体活動への参加を選択することを制限してしまうことになる。専門的でより要求の高いジャンプ動作をみる前に，若年アスリートにおける成熟したスキルをどのようにして構築していくべきかについて述べる。

　子どもたちは，環境に合わせたジャンプやホッピングのスキル発揮が必要な活動やゲームによって，著しく発達することができる。例えば，学習の初期段階では，カエルのように跳ぶことや片足のみで接地するなど，特定の指示を与えたチームリレーに参加することによって，多様なジャンプやホップの方法を見出すことであろう。これらの基礎的なゲームは，ジャンプスキルの特定の側面（例えば水平方向あるいは垂直方向へのジャンプ）を練習することや，どのように腕と脚を動かすと高さのある，あるいは遠くまで跳べるジャンプ動作になるのかを知ることに着目した活動へと段階を上げることができる。「立ち幅跳び」でも述べたように，疑問をもたせることや難しいことに挑戦させることはコーチング戦略において重要な要素である。

　ジャンプ動作がより協調的に，より成熟したものになるにつれて，ジャンプ動作の専門的な要素を構築するためのトレーニングへと進展させていく。例えば，膝を曲げて腕の動作を用いずに行うジャンプ練習は脚部の推進力を高めることになる。

　子どもたちのスキルレベルが成熟段階に達したら，ホッピング，リーピング，ジャンピング動作の練習を継続できるような活動を行うことが必要であり，これらのスキルを多様な状況，例えば時間的，空間的，あるいはスポーツに特有の状況に応じて発揮できるようにすることが奨励される。「ホッピング・マッド」では，子どもたちは異なる強度でのホッピングをしている間や体重を片方の足からもう一方の足へ移動させる時に身体が安定した状態を維持することが求められる。

立ち幅跳び

コーチングのポイント
- まっすぐに立ち，前方を見る。足は腰幅に開き，よい姿勢から開始する。
- ジャンプの開始では素早い膝関節と股関節の屈曲を行う。
- 両足で均等に床面を強く押す。
- 両腕は後方に振り，前上方に向かって伸ばす。
- 高く遠くに跳ぶことを目指す。

用 具
ジャンプした距離の目安とするために子ども1人あたり4〜6個のコーン。

手 順
子どもを2人1組にする。同じくらいの体格またはスキルレベルで組ませる。それぞれの子どもに開始（離地）位置とジャンプした距離をマークするためにコーンを持たせる。

説明が終了したら，1人ずつ離地位置に立ちジャンプする。バリエーションを下記に示す。

- 離地時に脚を伸ばし，両腕は体側に置く。
- 離地時に脚を曲げ，両腕は体側に置く。
- 離地時に脚を曲げ，腕は前上方へ振る。
- 離地時に腕の動作を用いて脚を曲げ，背中はまっすぐにして，低く，遠くへ跳ぶ。
- 離地時に腕の動作を用いて脚を曲げ，背中をまっすぐにして，高く，遠くへ跳ぶ。

着地時には，跳んだ距離がわかるように踵が着地したところにコーンを置く。可能であれば，各ジャンプで異なる色を用いる。そうすることで，ジャンプした距離を記録できる。グループの全員がジャンプする機会を確保できるようにする。

一連のジャンプの後，離地時のどの組み合わせが最も遠くまで跳ぶことができたのか考え，やってみせてもらう。同様に各技術を用いたジャンプで跳べた距離について考えるよう促す。

得点形式の競争を行ってもよい。例えば，前のジャンプの記録を超えられたら得点をあげる（遠くに跳ぶためにどのようなことを行ったのかをしっかりと考えさせる）。

ホッピング・マッド

コーチングのポイント
- 力を吸収するために膝関節と股関節を屈曲した状態で，足裏全体で着地する。
- 頭を上げ，目の高さを保持し，バランスをとる。
- 体幹部をまっすぐにする。

用 具
エリアを区切るためのマーカー。

手 順
グループの人数に応じて調整したプレーエリアに子どもたちを散らばらせる。指導している

子どもたちのレベルにとって空間認識が重要な場合は，適切に利用できるスペースに制限する。2人組もしくは3人組に分ける。ペアまたはグループのなかでリーダーを1人選ぶ。リーダーは，短い一連のホップ動作（最大でも8回まで）を行い，それ以外の子どもはそのホップをまねる。ホップには以下のようなものを含む。

- 片方の脚で決められた数のホップを行ったら脚を入れ替える。
- ホップの高さを変える。
- ホップの速度を変えたり，ホップ間のタイミングを変える。
- 一連のホップ中に方向転換を行う。
- ホップごとに跳ぶ距離を変える。

適当な回数を行ったら，ペアまたはグループ内でリーダー役を交代する。一連の流れとして正しくホップができたら1点というように，競えるようにしてもよい。

専門的動作の発展：プライオメトリック技術の構築

伸張–短縮サイクルは，ランニングやジャンプ，方向転換の要素を含む競技スポーツのパフォーマンスを支える身体的–力学的現象である。したがって，スポーツ特有のパフォーマンスを向上させるために用いるどんな運動能力向上プログラムでも伸張–短縮サイクルの向上を目指すべきである。プライオメトリック運動の主な目的は，反応能力を向上させるために神経筋系の興奮性を高めることである。端的にいうと，プライオメトリックエクササイズは，運動様式の進展においてスピードと力をつなぐものである。

プライオメトリック能力を向上させるための段階的なアプローチは，力とその発揮能力を段階的にかつ適格に向上させることができ，さらに複雑性が増す動作に対応できるアスリートの能力に関連させていくことが必要である。基盤となるものは，反復するジャンプと着地のスキルで構成する。上半身の動作やメディシンボール・スローなど，他のパワー発揮動作がプライオメトリクスであるかどうかについては，多くの議論がある。これらは本当の意味での完全なプライオメトリクスではないが，運動能力向上カリキュラムのなかで当然のように取り扱われており，本章の後半で検証する。

プライオメトリックの強度を理解する

高いところからのジャンプや水平方向への速いスピードでの着地は，神経筋系に著しい反力と高いレベルのストレスを引き起こす。力の産生は発火する運動単位数および筋や筋群内の運動単位に届く活動電位の頻度によって調節されている。協調性の高い一連の動作にかかわる筋群の特異的な動員は，中枢神経と各関節の筋骨格系の両方に関連する機能である。関節の位置は，効果的な動作を起こすために，筋群が長さ–張力–速度関係の最適な位置に並んでいるかどうかを決める。指導者は，動作の実行における適切な技術（姿勢制御）とその技術に対して過負荷をかけるための段階的なアプローチをしなければならない。

プライオメトリックトレーニングは，神経筋系と筋骨格系構造に対する要求が大きい。したがって，指導者は，これらの非常に効果的なエクササイズにおいて能力に基づいた，段階的な処方の背景にある原則をしっかりと理解し，安全かつ正しいトレーニング処方をしなければならない。

プライオメトリック動作の強度は，最大努力で動作が行われるという仮定に基づいて，筋骨格系にかかるストレスの量によって決定される。アスリートの身体にかかるストレスは，体重，重心の速度，着地時の重心の高さであり，これらはすべて着地の際に受ける床反力に影響を与える。しかし，すべての人が定義された負荷（ここでは，床反力）に対して同じ反応をする

60 cm のボックス上へのジャンプ

コーチングのポイント
- 両足での離地および着地。
- カウンタームーブメントにより動作を開始する。
- ボックス上に着地するために股関節および膝関節を屈曲させる前に，最大限の伸展を行う必要がある。この動作によって垂直方向への最大の推進力を確実にできる。

用 具
表面が平らで滑らないもので，かつ安定した高さ60 cmのボックス。

注 意
ボックス上に着地できる十分な垂直方向への力発揮ができなければならない。ボックスの高さは個々の筋力に合わせて調節する。

手 順
ボックスから十分な距離（通常，50～70 cm）をあけて立つ。両足での離地によってボックス上にジャンプする（図9.8）。両足で均等に着地する。

図9.8 60 cm のボックス上へのジャンプ

活動にあたっての留意事項
重力に逆らうように加速し着地するため，着地動作の要求（反動的な力）は体重よりも小さく，着地動作の速度は遅くなる。そのため，このエクササイズは一般的に低強度のプライオメトリクスとされる。

60 cm のボックスから 1 m のボックス上へのジャンプ

コーチングのポイント
- 足関節を背屈させた状態でボックスから降下する。
- 足裏全体を用い，両足で着地する（アクティブ・フラット・フット）。
- 素早く力強い接地をする。
- 体幹部をまっすぐに保つ。

用具

表面が滑らない，安定した2つ（1 m と 60 cm）のボックス。

手順

アスリートの能力にもよるが，2つのボックスを1～2 m 離して置く。1つ目のボックス上から足関節を背屈させた状態で降下する。両足の足裏全体で，力強く同時に着地し（アクティブ・フラット・フット），それから2つ目のボックス上にジャンプし，両足で着地する（**図9.9**）。着地の際，立位姿勢にもどる。4～6回の反復を1セットとし，複数セット行う。

図9.9 60 cm のボックスから 1 m のボックス上へのジャンプ

活動に当たっての留意事項

このあまり複雑ではない両足での動作は，体重以上の外的負荷がかかることはない。しかし，比較的高い位置から降下するため，床面に向かって重力による加速（9.18 m/秒）が長い時間かかる。この運動では，動作を制御するために伸張性活動に対する要求が高く，60 cm のボックスから次のボックスへの着地を可能にする素早い反力発揮のために短縮性筋活動に対する要求も高い。

プログラム作成にあたって

3～5 回の反復で 4 セット＝接地回数 12～20 回。

このような高強度のエクササイズは，質の高い動作を行うために疲労していない状態で行う必要がある。疲労は協調性と力発揮能力を低下させる。セット内での反復回数が多いと（6 回以上）疲労してしまい，エクササイズの目的に対して逆効果となる。同様に，トレーニング週内で疲労が蓄積されていたり，多くのトレーニングセッションの後のほうでこのエクササイズを行う場合は注意が必要である。

アスリートについて

このエクササイズを行うには，1 m の高さからスクワット着地ができる技術的能力が必要である。着地動作を常に制御できない場合は，このエクササイズを行うべきではない。

このエクササイズでは，特に下肢の短縮性と伸張性の高いレベルの筋力を必要とする。したがって，主に考慮すべき点は股関節，膝関節，足関節にかかる体重の何倍もの床反力に耐える能力と一連の短縮性動作において重力に反して身体を最加速させるための力発揮能力を有しているかということである。このエクササイズを実施する際には，体重も考慮すべきである。体重が 120 kg を超えるアスリートは，このエクササイズを行う際には注意が必要である。また，体重は反復回数にも影響を与える。70 kg のアスリートが 5 回行うのと，100 kg のアスリートが 3 回行うのでは，その負荷量はまったく異なる。

このエクササイズは，短時間で反力を発揮できるような人に役立つ。したがって，自重の 1.5 倍の重さでのスクワットができない人は，このエクササイズを行うための十分な筋力がないといえる[10]。同様に，体重の 60% の負荷を加えた状態でスクワットが 5 回できないのであれば[11]，このエクササイズを行うにあたって十分な筋力がないといえる。

多方向へのハードル・ホップ

コーチングのポイント
- 足裏全体での力強い接地による片足着地を行う（アクティブ・フラット・フット）。
- 動作中は足関節は背屈状態を保つ。
- 動作中は股関節，膝関節，足関節のアラインメントを保つ。
- 一連の動作を通して，股関節，膝関節，足関節の伸展および背屈時の剛性を保つ。

用 具
ミニハードルを 4 つ。

手　順

4つのミニハードルを等間隔（間隔は運動の質に合わせる）で，四角形（図9.10）になるように置く。四角形の中央から開始する。ハードルを跳び越え，同じハードルを跳び越えて四角形の中央にもどる。4つのハードルを順番に連続したホップでまわる。この一連の動作は，前→後ろ→左→右という順でも，前→左→後ろ→右の順で行ってもよい。プログラムの目的に合わせて決定する。

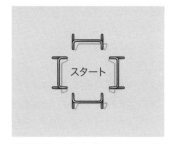

図9.10　多方向へのハードル・ホップ

活動に当たっての留意事項

多方向へのハードル・ホップは片足での複雑な動作である。片足での離地から着地の間で方向転換が必要なため，より高度な片足での着地および離地のスキルが要求される。各ジャンプの高さがそれほど高くないため，垂直方向への床反力はその他の動作に比べて相対的に低い。しかし，着地の際に制御すべき内外側方向および前後方向の力は相対的に大きくなる。水平面から矢状面への方向転換は力を再発揮するための長い接地時間なしに行わなければならないので，このドリルは難易度が高いといえる。動作の短縮性筋発揮を増加させたり，減少させたりするためにハードルの高さやハードル間の距離を変えて行ってもよい。

プログラム作成にあたって

3～5回の反復で4セット＝接地回数12～20回。

このような高度に複雑な片脚でのエクササイズは，質の高い動作を行うために疲労していない状態で行う必要がある。疲労は協調性と力発揮能力を低下させ，各ホップ間の接地時間を増加させる。セット内での反復回数が多くなると（6回以上）疲労してしまい，エクササイズの目的に対して逆効果となる。同様に，トレーニング週内で疲労が蓄積されていたり，多くのトレーニングセッションの後のほうでこのエクササイズを行う場合は注意が必要である。

アスリートについて

このエクササイズは伸張性の筋発揮の要求は低いため，体重はトレーニング年齢と同様に考慮すべき重要な因子ではない。この複雑なエクササイズは，プライメトリックエクササイズの経験とそれを行うに相応しい身体のコンディションをもつ中級レベルのアスリートのためのものである。

アスリートは異なる方向へのジャンプに続く片脚での着地を制御する能力および離地動作を行う能力が必要であり，それには視線から外れた位置へ跳ぶことも含まれる。矢状面と前額面での力発揮は，足関節，膝関節，股関節の安定性が強く要求される。アスリートは，矢状面および前額面の両動作面において片脚での安定した着地が可能であるだけでなく，低い高さからのドロップ・ジャンプもしっかりコントロールされた片脚着地ができる必要がある。上半身の不適切な回転動作により股関節で水平面での動作力が発生し，膝関節が損傷しやすくなる外反動作が起こることにつながるため，安定した姿勢が重要である。連続して片足でまっすぐに進むホップが行える能力と両足での多方向への動作を行える能力は欠かすことができない。こういった動作が含まれるが，このエクササイズをしっかりと行えるかどうかは，短い接地時間でスキル発揮ができる能力に左右される。

わけではない。個人の負荷に抗するあるいは打ち勝つ能力は、エクササイズの相対的な強度に影響を与える。

このように、指導者はトレーニングの段階を考える際に、意図する動作プログラム（量、落下の高さ、動作の複雑さ、補助の数、筋活動）に関連する（切り離すことはできない）アスリートの特徴（生物学的年齢やトレーニング年齢、筋力、技術的能力、体重、性別）を考慮すべきである。個別的であるが、プログラム内の特定のエクササイズを実施する準備ができているかどうか、またはそのエクササイズを実施することに注意が必要かどうかを判断するために、これら各事項の相対的な重要性を評価すべきである。エクササイズとその段階をより深く探究することで、この答えは明らかになるだろう。

プライオメトリックトレーニングの段階を上げるための調節因子として、動作による要求は負荷、補助、そして複雑さがある。力学的な負荷、あるいは身体的なストレス要因として、動作中の身体にかかる重力の影響による作用がある。プライオメトリックエクササイズは、荷重ベストやバーベルのような外的負荷を用いて行うこともあるため、さまざまな組織構造が駆使される。垂直ジャンプを行う場合は重力に抗しており、それによって身体の上昇が減速される。

対照的に、身体が床面に向かう場合は、重力によって1秒間に9.81 m加速される。アスリートが高いところから落下したときの着地では、体重の何倍もの力がかかる。プライオメトリックエクササイズによって必要なトレーニング効果を得るためには、この着地でかかる力に抗し、素早く反応しなければならない。空中での時間が長ければ長いほど重力の影響は大きくなる。したがって、反復のたびに筋骨格系にどの程度のストレスがかかっているか決定するには、加速パターン（落下の高さ、身体の速度、ジャンプ後空中にいる時間）が重要になる。例えば、ホップで離地し、ジャンプで着地する三段跳びの選手には接地時の片脚に体重の15倍以上のストレスがかかる。

着地時の伸張性活動の要求は、加速パターンと組織構造によって決まる。離地動作の目的が、エクササイズにおける筋の短縮性活動の要求を決定する。例えば、基本的なプライオメトリックエクササイズであるその場での縄跳びでは、身体の垂直方向への変位はわずかしか必要としない。落下する高さが低ければ、それに続くリバウンド・ジャンプは高くはならない。伸張性および短縮性の筋力の要求は、アスリートにとっては相対的に低い。ホップを繰り返して距離を進んでいく動作は、短縮性活動の要求が高い。これは、片脚で身体を前方へ進めなければならないからである。しかし、着地時の支持脚に対する伸張性活動の要求はかなり低い。なぜなら、相対的に加速落下は大きな影響を与えるものではないので、アスリートは同じ方向で減速し、再加速を行うことができるからである。減速と逆方向への再加速を行うデプス・ジャンプでは、この要求はかなり異なる。

これと比較すると、1 mのボックスから降下後に70 cmのハードルをジャンプした場合、伸張性の要求は高いが、短縮性の筋活動の要求はそれほど高くない。身体の15%の負荷（荷重ベストなど）を追加すると、伸張性活動の要求とともに短縮性活動の要求が増加する。多くの研究者[12]は、短い償却期を維持するために伸張性活動の要求が神経筋系の能力を超えてしまうため、1.2 mを超える高さからの落下はプライオメトリック反応を妨げるとしている。体重が100 kgを超えるアスリートの場合、この高さはより低くなり最大でも50 cmとされる。これらのガイドラインは、多くのアスリートに対して当てはまるものであるが、優れたパワー系アスリートでは、この設定以上でも実施可能である。ショック・プライオメトリクスで用いる落下高度の適切な計算方法については本章の後半で述べる。

プライオメトリックトレーニングの強度を高くしようと考えている指導者に対する批判として一般的なのは、どのようにしてトレーニングの目的を達成するのか、どのような影響があるのかを考慮せずに、トレーニングを進展させるためにハードルなどの用具を用いることである。例えば、ミニハードルを使用した両足ジャンプについて考えてみる。このドリルの目的は、股関節と膝関節の伸展を保ったまま、足関節の剛性を

利用してハードルを跳び越えることである。

　ハードルを置くことで，目標とする高さを提供することになり，ジャンプで越えるための垂直方向への力がより必要になる。しかしながら，若く経験の少ないアスリートの場合，技術的な点（つま先を引く，足関節を固める，股関節および膝関節を固めてまっすぐに伸ばす）にあまり注意を払わず，ハードルを越えることに意識を向け，ハードルを越えるために膝を曲げ，つま先を下に向けてしまい，効果的な接地の準備がうまくいかなくなってしまう。したがって，エクササイズの強度を上げていくには，提供する課題とアスリートの運動能力を一致させなければならない。課題のレベルは，その特定の目的を変えるものではないことにも注意してほしい。

　指導者は，アスリートの接地時間を短縮する必要があると認識した場合，よく似た誤りを犯す。ドロップ・ジャンプを行うことがこの目的を達成する方法であることは正しく認識している。しかし，その後トレーニングの段階を上げる際に，リバウンド・ジャンプで高いボックス上に着地する方法を導入することがある。この変更によってより大きな短縮性の力が要求され，そのためより長い接地時間が必要になってしまう。つまり，このエクササイズの選択は，接地時間を短縮するというアスリートのニーズにとっては逆効果である。

　多くの人は，両脚動作から片脚動作へと変更した場合，動作によって追加される要求を過小評価している。多くの場合，ほとんどの基本的なスポーツ動作はプライオメトリック動作であり，ランニングのような片脚での動作は，アスリートに対して大きな要求を課すものではないと考えられていた。同様に，ほとんどのアスリートにとってその場での連続ジャンプのような単純動作は，過度な要求なしに片脚ごとに交互に繰り返す動作へと容易に変更することができる。しかし，支持脚にかかる負荷は瞬間的に2倍となり，アスリートにかかる要求も2倍になる。いくつかのトレーニングにおいては，指導者は前のトレーニングと比較してちょうど2倍になる負荷をかけてしまうことになる。

　それでもこの種の漸進法は世界中のトレーニング分野では一般的である。例えば，子どもが連続する6つのミニハードルを両足ジャンプで跳び越えようとする。指導者が，アスリートにはこれをこなすための十分な能力があると考えた場合，次の段階として，まったく異なる要求であるにもかかわらず，同様のエクササイズを片脚で繰り返すことが多くみられる。床反力を伝達する面積は大きく減少し，さらに床反力を生むために用いることができる筋群も減少する。同様に，支持基底面が減少するということは，動作中のバランスを保つために股関節や腰椎-骨盤組織の働きをより強めなければならない。

　指導者は，プライオメトリック動作の段階を計画するにあたって，両脚での活動と片脚での活動を交互に進めていくことを考慮してもよい。片脚での動作は，両脚での動作の段階を上げたものではないが，むしろ運動能力の向上に伴って発達させるべき能力を含むエクササイズである。

　プライオメトリック動作の複雑性もまた，神経筋系および筋骨格系への要求という観点から，過小評価されていることが多い。トレーニングドリルへの機器の導入や方向転換動作を組み込んでいくことは，そのトレーニングの相対的強度を急激に上げることになる。単純な動作パターンやその場で，あるいは一方向で行うドリルは，経験の少ないアスリートやトレーニング年齢の低い，つまりトレーニングをはじめたばかりのようなアスリートにとっては理想的である。これらのエクササイズは，反復回数を増やす，垂直方向への高さを高くする，移動距離を長くするなどによって段階を上げることができ，それによりアスリートが1つの動作面上において，回転を制御したり，バランスを維持したりしながらさらなる動作に挑戦できるようになる。

　動作に方向転換を組み込んでいくことは，ボックスやハードル，バンジーコードといったさまざまなトレーニング機器の使用と同様に，トレーニングドリルの本質に大きな変化を与える。これらをドリルへ加えるには，意図した接地時の本質を大きく変化させることのないように，しっかりと考慮を重ねたうえで導入す

表9.3　1回のセッションにおけるプライオメトリックエクササイズの適切なトレーニング量

プライオメトリックエクササイズの経験	開始時の量（接地回数）
初心者（経験なし）	80～100
中級者（若干の経験）	100～120
上級者（豊富な経験）	120～140

D.H. Potach and D.A. Chu, 2008, Plyometric training. In Essentials of strength training and conditioning, 3rd ed., edited by T.R. Baechle and R.W. Earle for the National Strength and Conditioning Association (Champaign, IL: Human Kinetics), 421 より許可を得て引用。

べきである。ドリルが複雑になるほど，スキル発揮の質を保つためにより質の高いコーチングを行っていく必要がある。指導者は，ドリルの段階を上げるにあたって，接地時の本質が変化していないかを判断できる優れた観察能力をもつ必要がある。多くの方向転換や異なる刺激に対して反応するといったより複雑なドリルは十分に注意して実施する必要があり，反応性のプライオメトリックスキルが十分に発達した上級のアスリートに限定して行うべきである。

プライオメトリックトレーニングの量の測定

スポーツトレーニングでは，与えられた時間にかかる負荷を正確に評価するために，トレーニングの仕事量を定量化する必要がある。強度と量を定量化することで，エクササイズまたは一連のエクササイズでの負荷の量を決めることができる。プライオメトリック活動（またはスポーツ特有のジャンプ動作）では，トレーニングの量はドリルでの接地回数によって測定できる。例えば，10回の跳躍を4セット行った場合，接地回数は40回である。あまり一般的ではないが，負荷を定量化するこれ以外の方法として，ドリルで移動した距離を用いるものもある。例えば，アスリートの経験に応じてホップで10 m移動するのか40 m移動するのか距離で調節するものがある。

通常，ほとんどのトレーニングにおける量と強度は反比例の関係になる（例えば，多くの量をこなす場合，強度は低くなる。そうしないと，動作の質が低下する）。例えば，1マイル（1.6 km）を最も速く（ワールドクラスの男性で約3分55秒，女性で4分25秒）走るとしても，その走りの質は100 mを最も速く（ワールドクラスの男性で9.9秒以下，女性で11.2秒以下）走る際の走りの質とは比較できない。男性のマイルランナーは，1秒間に平均6.85 m走るのに対し，100 mの選手は1秒間に10.1 m走る。どちらの運動も最大強度であるが，スプリントでの活動の質を長距離で維持することはできない。

スピードを意識した活動と同様に，プライオメトリック活動では，活動の質が最も重要である。強度は最大値に対する割合であるが，質は完璧さに対する割合である。したがって，多量のトレーニングを行う際には，注意深く行う必要がある。指導者は常にその注意すべきことを理解しているわけではない。アスリートのトレーニングのために公表されている一般的なガイドラインを誤って理解していることもある（**表9.3**）。

これらのガイドラインは，アスリートの経験レベルが高くなると，与えられた負荷に耐えられる能力が上がり，過負荷を容易に与えられることで，プログラムに含まれるトレーニング量の増やすことができることを示している。つまり，活動の質を妨げる可能性のある疲労の限界に達する前により多くの活動ができるようになる。

初心者に対して処方できるプライオメトリクスの選択肢は，上級のアスリートの選択肢とは大きく異なるということはあまり認識されていない。低強度のプライオメトリックエクササイズである短縮性および伸張性活動の要求が少なく，加速落下を伴わない縄跳びやスキップのような単純なエクササイズは，初心者でも1回のセッションで100回以上行ったとしても有害な影響はない。30 cmのボックスからのドロップ・ジャンプは，**表9.3**の制限内である。

このジャンプを1.2 mの高さからのデプス・ジャンプと比べてみる。このデプス・ジャンプでかかる伸

張性活動の要求は初心者や中級者に課すべきものではなく，筋力レベル，現在のトレーニング状態および技術的な能力にもよるが，上級者にとっても慎重にアプローチする必要がある。このようなきついエクササイズでは，動作の質を維持し，運動系の耐性を超えた身体の疲れによる障害を予防するために，トレーニング量は3～8回の反復で3～5セット（接地回数9～40回）に制限する。一般的に，要求が高いエクササイズほど，経験豊富なアスリートであっても実施するトレーニング量（反復回数やセット数）は少なくなる。

　これらの注意点と関連して，セット間のリカバリーも重要である。質の高い動作を最大限効果的に行うためには，完全な休憩が必要である。エクササイズの相対的な強度や量にもよるが，セット間に1～5分のアクティブリカバリーが推奨される。最大強度で行うには，完全なリカバリーが必要である。セット間に疲労が残っていると感じたら，休憩の時間を適切に延長すべきである。アスリートのパワー発揮の向上において，動作の量を増やすことで動作の質を損なうべきではない。疲労下で力強い動作が必要なスポーツ（例えばバスケットボールやサッカー）でも，トレーニングスケジュールのどこかでパワー持久力を向上させる機会はある。指導者は，スピードや筋力，パワーに関して，最大能力が向上するにつれて，最大下での努力は相対的に容易（より効果的）なものとなることを覚えておく必要がある。したがって，常に動作の質が重要になる。

アスリートについて考慮すべきこと

　運動能力向上のためのカリキュラムにおいて，プライオメトリックトレーニングを処方する前にアスリートに関して考慮すべき要因がいくつかある。考慮すべき要因としては，アスリートの生物学的年齢，トレーニング年齢，性別，筋力，体重，技術的能力，指導が受けられる環境（coachability）などがある。

　レジスタンストレーニングと同様に，アスリートがプライオメトリックトレーニングをはじめるのに適切な生物学的年齢については数多く議論されている。その議論の多くは，プライオメトリックトレーニングを形式的，かつ体系的だったトレーニング活動と同一視するアプローチに由来する。パワー向上トレーニングでは，形式，構造，および負荷量を設定することが重要であるが，指導者はヒトの基本的動作の多くは，本質的にプライオメトリック活動であることを認識すべきである。プライオメトリック活動は楽しいものであり，子どもたちは自然と参加したいと感じている。子どもたちは，形式立った介入指導がなくても，走ったり，ホップしたり，スキップしたり，ジャンプしたりする。これらの活動が遊びとして安全だと考えられるのであれば，同じことを練習に適用することができる。

　初期の段階では，遊びや練習に対する考え方は，子ども時代にゲームや遊びをもとにした課題を通して成熟したスキルへと向上させることに重点を置くことと切り離すことができない。ジャンプおよび着地の技術と伸張反射の能力向上については，スポーツにおけるパフォーマンス向上や障害を減らすという観点から多くの潜在的な利益があり，いずれの子どもたちにとっても，体育の課程における主要な柱とすべきである。主な論点は，「子どもにプライオメトリクスを導入すべきか？」から「子どもたちに対するプライオメトリックトレーニングの体系化と進展をどれくらいの速さで行っていくか？」へと変化している。その答えは個々のレベルで多くの重要な変数の相互作用を考慮することで明らかにできる。

　この議論における2つの主要な変数は，子どもの筋力と技術的な能力に関することである。ジャンプやリバウンドエクササイズの安全性に関して考慮すべきことは，動作の着地の際の床反力を調節する能力であり，そのためには筋力と技術的な能力が必要なため，これらの観点は特に重要である。

　ここで考慮すべき点は，課せられた着地課題において，関節のアライメントを完全に維持し，力の要求に耐えることができる神経筋系の能力である。例えば，高いところから，あるいは水平方向へのジャンプからの高速度での着地局面で，膝がつま先上となる適切なアライメントが維持できず，外側や内側へずれている場合は，膝関節の機能を保つ4つの靱帯のいずれか

の深刻な損傷につながる可能性がある。このようなトレーニングプログラムを指導する者は，高い加速からの着地を含む動作を行う前に，アスリートが高い技術に習熟していることを確認する必要がある。

　股関節，膝関節，足関節の筋群を介して短縮性および伸張性の力を発揮させる能力は，着地や離地の力学に関する技術的な能力とともに向上させるべきである。このため，すべてを統合したプログラムとは，スピードトレーニング，ジャンプトレーニング，筋力トレーニングの刺激を備えたものになる。神経筋系が発達するにしたがって，技術的な能力が向上する。アスリートは，より多様な刺激を受けられるようになり，技術的および身体的な能力がさらに発達する。アスリートの技術的または身体的な耐性の限界を超える課題に直面すると，重大な障害のリスクが著しく増加する。プライオメトリクスなどの活動では，技術的および身体的な要因は本質的に関連しており，このことがエクササイズの強度に関して筋力のレベルが重要とされる理由である。

　よく計画された段階的プライオメトリクスにより，アスリートは正しい着地と接地，そして適切な償却期に続いて起こる協調性の高い短縮性筋力発揮を習得できるようになる。段階を上げる際には，強度や複雑さの連続した各段階ごとに学習結果や能力を実証できることが必須である。このアプローチによってトレーニング年齢を増やしていくことができ，プログラムを進行する際に必ず起こる強度と量の増加に対する神経筋系の活性度を向上させることができる。練習では，次の発展段階への移行のために，アスリートに適したものを行うべきである。以降の項では，指導者のための段階的プライオメトリック活動を多く紹介する。

　プライオメトリックトレーニングの目的が運動の学習を最大化することであれば，アスリートの技術習得に惜しみない時間と労力をかけることができる経験豊富で資格をもった指導者の指導を受けるべきである。プライオメトリックトレーニングの導入開始から，一貫して効果的に発揮できる技術を構築していかなければならない。

　成人と同じように子どもにおいても，トレーニング経験に応じて適切な反力を向上させるには，疲労による影響から守る必要がある。スピード活動と同じように，プライオメトリック活動は適切に体系化されたウォームアップの後に実施すべきであるが，身体的疲労や精神的疲労によって動作の質が妨げられることのないようにセッションの最初に行うべきである。

　比較的年齢の高い人に対してプライオメトリックエクササイズを実施する際は，相対的なトレーニング年齢や生物学的年齢を慎重に考慮すべきである。例えば，多くの人が活動的でない期間を過ごした後にレクリエーションスポーツや競技スポーツに復帰することがある。これらの週末にスポーツを楽しむ人たちは，活動復帰に向けた準備を行うことなく5対5でのサッカー，バスケットボール，ロードランニングといったバリスティックな爆発的な動作を伴う活動へと復帰してしまう。これらの人たちは，長年にわたって継続的にこの活動を行っている人のグループに入って定期的にトレーニングをする傾向にある。

　競技歴が長くなると，一般的に特定の障害を繰り返し，慢性的な状態になることが多い。外傷や障害は，どんなに準備をしていても，スポーツ活動へ参加する以上，避けることが難しい。関節に不安があるアスリート（手術が必要な損傷をしたことがある）にとっては，高強度のプライオメトリック活動は禁忌とすべきであり，その既往歴に合った活動を行うべきである。

　プライオメトリック活動自体は禁止すべきものではないということに注意してほしい。多くの医療の専門家も障害の予防対策として，あるいはリハビリテーションの一環としてプライオメトリック活動を用いることを考えている。例えば，反応性のドロップ・ジャンプや反復性のホップ・イントゥ・ホールドは，前十字靱帯断裂の既往歴をもつアスリートの慢性的な障害に対する高度なリハビリテーションや筋力トレーニングとして有益であると考えられている。

　マスターズに属するようなアスリートに対しては，関節の劣化や骨密度の低下に関連する身体状況にも注意を払う必要がある。これらの身体状況に対しては，プライオメトリクスを処方するに際してより慎重なアプローチが必要である。ほとんどの骨学的な状態は力

学的負荷に対してよい適応をみせるが，神経筋系の速い反応を伴う高速での床反力を扱うような活動は，低負荷のプライオメトリック活動以外の活動を排除する可能性がある。

発達段階や年齢にかかわらず，アスリートのトレーニングの状況は，実施すべきプライオメトリック活動のレベルを決める際に非常に重要である。筋力の重要性についてはすでに述べたが，バランスや協調性，反応速度など，その他一般的な運動能力の質もプライオメトリック活動によって向上させることができる。これらの能力の質は，アスリートにとって反応を伴う加速を含むプライオメトリック活動を行ったり，あるいはその活動から効果を得るために重要である。

特に片脚での動作や多方向への爆発的な動作では，狭い支持基底面上で重心の動的なバランスを保つことが強いられる。これを念頭に置いて，第6章で紹介した多くの動作能力の評価（ハードル・ホップ・アンド・ホップやシングルレッグ・スクワットなど）は，プライオメトリック活動を行うための準備状態に関する重要な指標となると考えられる。

同様に，リバウンド動作を適切に行ったり連続ジャンプによるトレーニング効果を最大限に得ようとするのであれば，反応性の運動の質は欠かすことができない。優れたアスリートの多くは，動的な力を発揮することができる質の高いバリスティック動作を行う能力を備えている。これらの動作の質は，最小限の時間で力を発揮するような速いプライオメトリクスに要求される反応の質とは異なる。もし，アスリートが高いレベルの反応性の力が発揮できないのであれば，指導者は別の能力を強調することとなるプライオメトリック活動（デプス・ジャンプ，多方向へのジャンプなど）よりも接地動作の技術能力による活動によって反応性の運動能力の質を向上させることに時間を費やすことを考えるべきである。

プライオメトリクスの技術を効果的に向上させるために，アスリートは指導を受けられる状態にあり，修正の要求に応えられる必要がある。求められる動作は非常に素早い。したがって，動作技術に関するフィードバックに応答するために感覚スキルを十分に備えておく必要がある。特に接地時の足や足関節の動作に関連する技術の変化は，小さな変化であっても，プライオメトリックエクササイズの結果には大きな違いとなって現われる。フィードバックによる指示に対して，素早く応えることができないアスリートは，それができるアスリートと同じようにプログラムを進めることはできない。

プライオメトリック活動の段階を上げるにあたって考慮すべき最後の事項は性別である。指導者は本書で提唱している性別によるアプローチを行うべきである。つまり，各個人は特定の対象に対する固定観念ではなく，運動能力によって評価すべきである。これは，男性および女性のアスリートともにプライオメトリックプログラムを計画するにあたって特別な対応が必要であることを示している。

思春期後の女子アスリートを指導する際に考慮すべき主な力学的事項として，思春期に骨盤幅が広くなることに起因してQアングルが大きくなることがあげられる。着地時に支持足に対して潜在的に大腿骨のアライメントが不良となるQアングルに関しては第3章，第5章で詳しく紹介した。驚くことではないが，過去数年間でNCAAに所属する女子バスケットボール選手における前十字靱帯断裂は，男子選手の6倍以上も発生しており[13]，ほとんどの膝関節障害は非接触の状況（着地，減速および切り返し）で発生していた。

女子アスリートに対するプライオメトリックプログラムでは，特に初期段階において，安定した着地ができる能力を向上させるために付加的要素が必要である。これは，適切な技術を備えさせるだけでなく，足と大腿骨のアライメントを保持し，膝関節の安定性を高め，中殿筋，ハムストリングス，大腿四頭筋の運動単位を高いレベルで活性化し，即座に発火させるための神経筋系のトレーニングを行うことも同様に強調させるということである。このことを目標にして適切に段階を上げたトレーニングによって，非接触場面での女子サッカー選手の前十字靱帯損傷が70％も減少したという報告もある[14]。

過去の研究[15]から得られたエビデンスによれば，

男性の下肢伸筋群は，女性より高い伸張性負荷に耐えられるとされる。これは，男性と女性は形態学的に異なるため，一般的に女性の絶対筋力のレベルは，男性と比べて低いことと関係がある。

この筋力の差は，パワー発揮にも影響する。爆発的なリフティングエクササイズにおける女性のパワー出力は男性の約63％であり，同様のことが最大垂直ジャンプや水平ジャンプでもみられる。力の向上に関しても一般的に男性よりも女性のほうが遅いが，ケーススタディでは，トレーニングによってこの差を埋めることができるとされる。実際，ジャンプ活動を行う女性アスリートは，男性アスリートよりもトレーニングによって筋線維内に蓄積された弾性エネルギーの多くを利用することができる。

女子アスリートは，主として思春期から続くエストロゲンなどのホルモン量の増加により関節の弛緩性が高いため，障害発生の影響を受けやすくなる。指導者は，高いパフォーマンスのために関節の剛性を必要とし，結果的に関節の不安定性を増大させてしまう可能性がある活動を処方することに関して注意が必要である。同様に，ホルモン調整を用いた避妊を行っていない女性において自然に起こるホルモンレベルの変化は，高速で高い力発揮を伴う動作を行う能力に影響を及ぼす。

プライオメトリック活動を行う際の安全性

指導者は，プライオメトリックエクササイズを開始する前に，多くの一般的な安全策を知り，理解する必要がある。これらで最も重要なことは，アスリートが着地する床面に関してである。床面が濡れていたり，滑りやすかったり，不安定であったりしてはならない。高速で移動するアスリートは，動作を行う面が一定であり，適切な着地技術から逸脱してしまうような状況が起こらないということを確信できる必要がある。

床面は一定であることに加えて，着地面の硬さも慎重に検討しなければならない。プライオメトリック活動は伸張–短縮サイクルを利用してパワーを発揮するので，反復動作における高いスキル発揮のためには償却期を短くすることが必須である。したがって，指導者は床面がどの程度の床反力を伝達し，動作における素早く自然な償却期を可能とするのかを注意深く考える必要がある。例えば，コンクリートやタイルなどの非常に硬い床面は避けるべきである。これらの床面は衝撃を吸収できず，結果的に衝撃が関節，特に下肢や腰部–骨盤領域にとって有害なものとなる可能性がある。逆に弾みすぎるような床面は，自然な床反力の伝達を阻害することになり，伸張–短縮サイクルに影響を与え，伸張反射を効果的に利用できなくなる。より適切な床面としては，表面が濡れてなく，土壌が乾き固まっていれば合成素材のタータントラックや天然の芝生がよい。これらの面は，伸張反射を弱めることなくわずかな衝撃吸収効果もある。

着地面に対する注意と関連して，アスリートのシューズも重要な検討事項である。靴底は滑らないものでなければならない。十分なクッション性のないシューズは床反力を分散させることができず，下肢の運動連鎖上の高位における障害を発生させてしまう可能性がある。逆に過剰なクッション性を備えたシューズは接地時の償却期の延長につながり，トレーニング効果を減少させてしまう。理想的なシューズは，足の中部および後部を支持し，着地時の足関節の安定性と剛性を得るための助けとなる。

セッション計画において，跳び乗ったり，跳び越えたりする用具を必要とする場合，その用具はアスリートが課題を遂行するために十分な強度がなければならない。また，用具は適切に備えつけなければならない。アスリートが跳び乗るボックスは，挑戦的な高さで設置する必要がある。挑戦的な高さとすることで，アスリートがその課題に臨むことに集中できるが，適切なボックス・ジャンプができないアスリートは，打ち身やすねの切り傷などが発生してしまうことを念頭に置く必要がある。さらに，ボックスの端に引っかかり，ボックスから落ちてしまう場合に備えて，ボックスの後ろにスペースを確保し，可能であれば緩衝用マットを置いておくことがすすめられる。

使用するボックスは，どんな状況でも安定しており，アスリートがその上に着地することに耐えられる

だけの強さと十分な広さの面を備えている必要がある。ボックスやプラットフォームの表面も滑らないものであるべきである。ハードルが正しい向きで置かれているかなど，細かい部分に配慮することでドリルの安全性に大きな差が生じる。ハードルを用いるほぼすべてのエクササイズにおいて，ハードルの足はアスリートが進む方向と反対の方向に向ける。そうすることで，ハードルにぶつかった場合，ハードルが簡単に倒れ，けがをしにくくなる。

　用具の間のスペースの取り方も十分に考慮する必要がある。用具は跳び乗ったり跳び越えたりするので，ハードルやボックスの間のスペースの取り方や高さによって，各ジャンプの空中における軌道の水平方向および垂直方向の要素が決まる。高い目標物を狭いスペースで並べた場合，垂直方向への要求がより強まり，低い目標物をスペースを広くして並べた場合には水平方向への加速が促進される。エクササイズの目的とアスリートの能力によって，用具をどう配置するかが決まる。もし疑問が生じた場合には，最初の設定では慎重に行い，必要に応じて適正に展開していくとよい。セッションの進捗状況を正確に記録することで，ドリルで達成できた目標物の高さやスペースを確認することができる。

　スペースはプライオメトリック活動の際に考慮すべき重要な事項である。例えば，高速度で左右交互の脚でバウンドする運動へと移行，あるいはバウンドから他の運動へと移行する場合には，バウンドをするいずれかの方向に加速や減速のために30～100 mの走路が必要となる。同様に，垂直方向のスペースも無視してはならない。ボックス上へのジャンプのために広い床面積は必要ないが，最も高いボックスに立った状態で少なくとも頭上1.5 mは何もないスペースが必要である。メディシンボール・スローなどその他のバリスティックな活動では，ボールの重さとアスリートの力発揮能力によって異なるが，十分な天井の高さが必要である。メディシンボールが落ちる際にトレーニング中の別のアスリートの上に落ちることのないよう，フロアのスペースも十分に確保しておくべきである。

着地技術および接地技術の構築

　着地動作に関する適切な技術モデルについては本章の前半で述べた。多くのドリルを段階的に活用することで，正しい着地のメカニクスの習得を促進することができる。各トレーニングドリルやそのバリエーションによって，水平方向への速い速度や垂直方向の高い衝撃力をアスリートに課すことができる。トレーニングで片足着地へ移行する前に，完全な技術で両足着地ができる必要がある。低強度のプライオメトリック・ジャンプでの着地のための準備までには，能力の向上に応じたいくつかの個別の段階が含まれる。図9.11に示したように，関連した各スキルにはそれぞれ独自の段階があるが，いくつか事前に習得すべき能力が達成できた後に一斉に導入することも可能である。

　着地動作の段階を上げる際に考慮すべき重要な事項は，アスリートが腰椎−骨盤アライメント，体重の配分，および股関節−膝関節−つま先のアライメントが，各エクササイズの段階で維持できるかどうかということである。着地ドリルの各段階では，運動強度の増加（水平方向への速度や垂直方向への高さの増加など）もしくは動作の複雑性の増加を確認する。例えば，後ろ向きの両足ジャンプの着地では，視界から離れた面で動作を行う必要があり，着地動作を制御するために固有受容器の働きが必要になる。このようなエクササイズでは，跳んだ距離よりも着地動作を制御することのほうがはるかに重要である。同様に，空中で180°ターンを行うことは比較的複雑さは低いが，ターンをすることで着地の準備のための時間が著しく減少する。したがって，着地位置を素早く，そして効果的にみつける必要がある。

　移行ドリルとは，着地のみから着地−離地−着地の一連の反復動作までの重要な点を適切に強調するものである。これらのエクササイズの中心となるテーマは，他の活動へと移る前に適切かつ確実な着地動作を行うことである。この段階的なエクササイズでは，床面からのリバウンディングや他の動作への素早い移行に焦点をあてるのではなく，別の動作に向かって再加速する前に正しい着地動作を行うことに重きを置く。着地動作よりもその後の動作を強調することは，学習

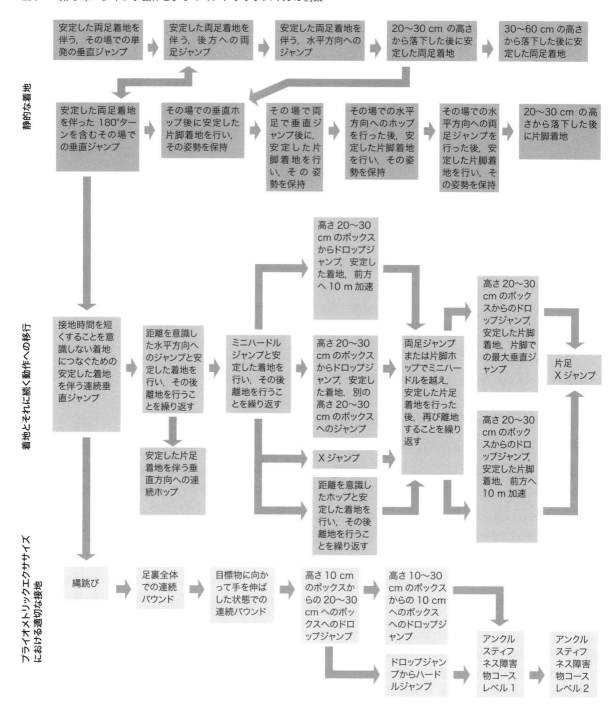

図9.11 着地および接地技術の向上のための段階的プログラム

の妨げとなる可能性がある。適切な着地なしには別の動作へと移行するための適切な姿勢をとることができないことを，テーマに反映させるべきである。アスリートは，着地姿勢を保持し，立位からその後に続く動作へと移行するのではなく，カウンタームーブメントを行い，続くジャンプにつなげていくことが推奨され

る。着地技術の完全性が保たれていれば，着地とその後に続く動作の間の時間を徐々に短くすることができる。

プライオメトリックの接地技術を向上させるエクササイズでは，多くの技術的因子と動作の質を強調する必要がある。**図9.11**に示したように，この目的で行

うすべてのエクササイズは，縄跳びから足裏全体での連続バウンドまで，足関節，膝関節，股関節の剛性を保った状態で行うべきである。考え方としては，足関節は剛性を保持し，着地の直前にだけ床面を叩くように踏む。空中では，つま先を膝関節に向け，足関節を背屈させる（上向きにする）。

段階的プログラムのすべての段階において，接地の際の正しい姿勢のアライメントを維持し強調すべきである。姿勢が崩れはじめた場合，姿勢制御を維持できるようにドリルの段階をもどすべきである。その他に対処すべき動作の質としては，素早く，軽やかな接地があげられる。トレーニングドリルの難易度がアスリートの能力を超え，素早い接地（0.2秒未満）ができないのであれば，素早い接地が維持できる段階までドリルの段階を下げるべきである。指導者は，疲労によって動作の質が悪化しないようにする必要がある。あくまでも動作の質に重点を置くべきである。これらの動作を学習するすべての段階において，完全にリカバリーすることと反復回数を少なくすることが重要である。

特に段階的プログラムの初期では，過剰な高さとなるリバウンド・ジャンプは避けるべきである。初期段階において，さまざまなハードルやボックスを導入したくなるが，この変更によって動作が着地技術重視から垂直方向への力発揮重視へと変わってしまい，そのことで一般的に長い接地時間が必要になってしまう。反応様式のジャンプにおける跳躍高は目標とはなるが，このエクササイズが適切に行えているかどうかはそういったもので決められるものではない。

焦点は，軽やかで優れた反応性の接地にあてるべきである。プライオメトリクスでは，力強い動作を行うために伸張の大きさよりも伸張率のほうが重要である。このことを知っていれば，アスリートが跳躍高ではなく接地の質に焦点をあててエクササイズを行うことに役立つ。

両腕を伸ばした状態での連続バウンドのようなエクササイズでは，足裏全体でしっかりと接地を行う（アクティブ・フラット・フット）こと（素早い離地を行うために足裏の大部分を用いて力発揮を行う）が強調される。動作を通して両腕を伸ばした姿勢を保つことで，上方へ跳び上がる際に上方への運動量に対する両腕の貢献を防ぐことができる。同様に，股関節および膝関節の剛性を維持した状態で，上方への動きに貢献できる可能性がある関節は足関節のみであり，床面に母指球を当てて踏み込む時である。壁にブロックなどを用いて目標点を設定すると，強く床面を踏み込み垂直方向への素早い力発揮を促すことができ，手が届いた位置により定量化することができる。

指導者は，このような動作の浮遊期においても足関節を背屈した状態を保つことの重要性を強調すべきである。ボックスから降りる動作の段階は，最初のステップ動作からはじまる。図9.11に示したように，接地時にしっかりと床を踏める適切な着地位置に足を置くことができるように，ブロックから降りる際にはつま先を膝に向かって引き上げなければならない。低いボックスから降りる動作からはじめることで，最初の衝撃力を減らせるだけでなく，落下時間も減らせ，接地前に正しい足の姿勢を意識することができる。ジャンプマットを用いることで，接地時間とその強化のために意識すべき目標に関して，即時のフィードバックができる。

次に複数の障害を使用した課題へ段階を上げるが，これらの活動は低強度のプライオメトリック活動である。接地に重点を置くということは，落下高度はそれほど高くないものになる。ミニハードルやリバウンドボックスは床面からの高さは相対的に低い。障害物コース上にボックスとミニハードルを交互に置くこと（図9.12，障害物コースレベル1）でジャンプごとに足の動きを再調整でき，適切な接地を行う機会を確保できる。初期の段階において連続して跳ぶハードルの数が多すぎると，コースを進むにつれて正しい接地をする機会を失っていくことになり，各ハードルにおける接地時間が徐々に長くなる。アスリートの能力およびプライオメトリック活動に対するコンディションが向上するにつれて，ボックスに代えてハードルをより多く置いてもよい（図9.13に示した障害物コースレベル2参照）。

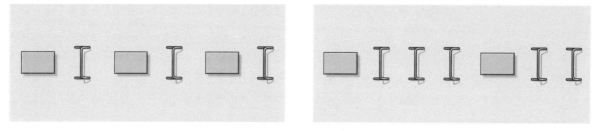

図9.12 アンクル・スティフネス障害物コースレベル1

図9.13 アンクル・スティフネス障害物コースレベル2

表9.4 プライオメトリック動作の分類

分類	説明	ドリルの例
ジャンプ	動作は両足で開始し，両足で終了する	スプリット・スクワット × 8 ボックス・ジャンプ × 5 スプリット・スタンス・カウンタームーブメント × 8
ホップ	片足で離地し，同じ足で着地する	ラテラル・ミニハードル・ホップ × 6 スピード・ホップ × 40 m
バウンド	片足で離地し，もう一方の足で着地する	距離を意識したスタンディング・トリプル・ジャンプ × 2〜4セット スピード・バウンド × 60 m
ショック	高強度プライメトリクス；高いところからの加速落下を行い，そこからリバウンド・ジャンプ動作を行う	デプス・ジャンプからのボックス・ジャンプ × 3 デプス・ジャンプからの連続ハードル・ジャンプ × 5

段階的プライオメトリックトレーニング

プライオメトリクスは，一般的にジャンプ，ホップ，バウンド，ショック動作の4つのうちのいずれかに分類される（表9.4）。この分類は，動作の本質を表現するのに役立ち，段階を決定するための大枠を提供してくれる。しかし，例えばいくつかのジャンプはホップよりもプライオメトリクスに関する要求はより高いものとなる。また，すべての動作が単純に分類できるわけではない。例えば，立位からの三段跳びは実際にはバウンドではないが（表9.4の定義による），ホップに続いて片脚離地によるバウンドが起こり，両足での着地へのジャンプが含まれる複合動作である。しかし，この動作はバウンドとみなされるほど十分に複雑であり，さらに片足からもう一方の足への体重移動も伴う。

指導者は，単にプライオメトリクスの分類だけでなく，各プライオメトリクスの段階について考慮することが推奨される。また，プライオメトリック活動の強度に影響を与える因子についても適切に考慮すべきである。トレーニングは，単純な動作から複雑な動作，単一面の動作から方向転換を伴う動作，両脚での動作から片脚での動作，低インパクトの要求（低強度の伸張性活動）から高インパクトの要求（高強度の伸張性活動）というように段階を上げるべきである。技術面を重視するエクササイズは，障害物を伴うもの，ショック様式を伴うもの，デプス・ジャンプを含むエクササイズよりも先に行うべきである。どのようなコーチング状況でも，疲労やアスリートの能力を超えて段階を上げたことでプライオメトリック動作の質が下がりはじめた時は，そのセッションを終了すべきである。

ジャンプ

ジャンプ動作における適切な技術の原則をつなぎ合わせることができる想像力豊かな指導者たちによって，数多くのタイプのジャンプ動作を段階的カリキュラムに組み込むことができる。アスリートがカウンタームーブメントによって必要なレベルの短縮性の力を発揮できるかぎり，ジャンプして対象物の上に乗ることはその場で同じ高さまでジャンプすることよりも要

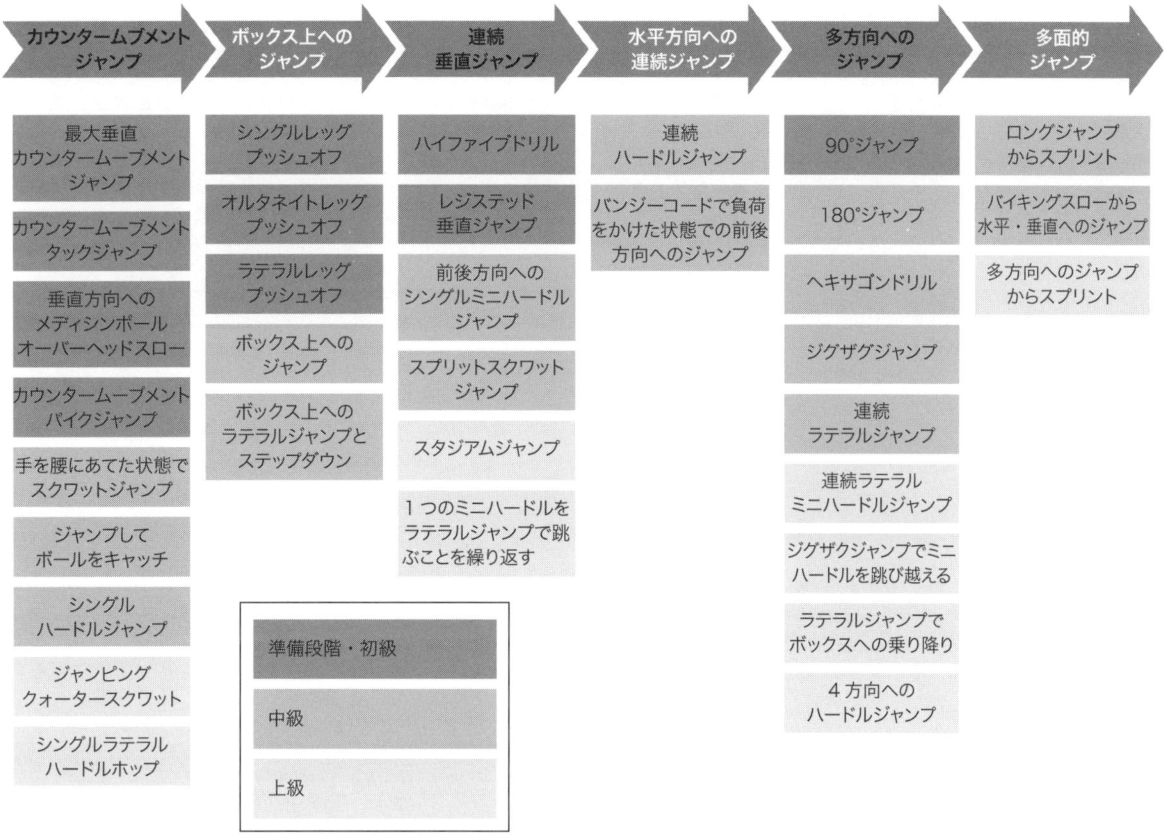

第9章　ジャンプ動作とそのプライオメトリックスキルの構築

カウンタームーブメントジャンプ →	ボックス上へのジャンプ →	連続垂直ジャンプ →	水平方向への連続ジャンプ →	多方向へのジャンプ →	多面的ジャンプ →
最大垂直カウンタームーブメントジャンプ	シングルレッグプッシュオフ	ハイファイブドリル	連続ハードルジャンプ	90°ジャンプ	ロングジャンプからスプリント
カウンタームーブメントタックジャンプ	オルタネイトレッグプッシュオフ	レジステッド垂直ジャンプ	バンジーコードで負荷をかけた状態での前後方向へのジャンプ	180°ジャンプ	バイキングスローから水平・垂直へのジャンプ
垂直方向へのメディシンボールオーバーヘッドスロー	ラテラルレッグプッシュオフ	前後方向へのシングルミニハードルジャンプ		ヘキサゴンドリル	多方向へのジャンプからスプリント
カウンタームーブメントパイクジャンプ	ボックス上へのジャンプ	スプリットスクワットジャンプ		ジグザグジャンプ	
手を腰にあてた状態でスクワットジャンプ	ボックス上へのラテラルジャンプとステップダウン	スタジアムジャンプ		連続ラテラルジャンプ	
ジャンプしてボールをキャッチ		1つのミニハードルをラテラルジャンプで跳ぶことを繰り返す		連続ラテラルミニハードルジャンプ	
シングルハードルジャンプ				ジグザグジャンプでミニハードルを跳び越える	
ジャンピングクォータースクワット				ラテラルジャンプでボックスへの乗り降り	
シングルラテラルハードルホップ				4方向へのハードルジャンプ	

凡例：準備段階・初級／中級／上級

その場でのカウンタームーブメント・ジャンプ

準備段階・初級

最大垂直カウンタームーブメント・ジャンプ：素早いクォーター・スクワットでカウンタームーブメント動作を行い，できるだけ高くジャンプする。

カウンタームーブメント・タック・ジャンプ：素早いクォーター・スクワットでカウンタームーブメント動作を行い，できるだけ高くジャンプし，空中で膝を胸のほうに近づけるようにし，両足で着地する。

垂直方向へのメディシンボール・オーバーヘッド・スロー：メディシンボールを両手でアンダーハンドで持ち，カウンタームーブメント動作によって頭上に向かってできるだけ高く投げる。

カウンタームーブメント・パイク・ジャンプ：素早いクォーター・スクワットでカウンタームーブメント動作を行い，できるだけ高くジャンプする。この時に空中でヒップ・ヒンジを行い，両足での着地の前に脚をまっすぐにして手のほうへ上げる。

中級

手を腰に当てた状態でスクワット・ジャンプ：手を腰に当て，体幹はまっすぐにした状態で太ももが床と平行になるまでスクワット姿勢で下がり，1秒間その姿勢を保持してから，できるだけ高くジャンプする。

ジャンプしてボールをキャッチする：垂直ジャンプを行い，頭上に投げられたボールを最も高い地点でキャッチする。

シングル・ハードル・ジャンプ：ハードルの前に立ち，カウンタームーブメント・ジャンプを行い，ジャンプでハードルを越えた後，両足で着地する。

上級

ジャンピング・クォーター・スクワット：バック・スクワットの姿勢から開始する。足は腰幅に開き，素早いカウンタームーブメント動作によるクォーター・スクワットからできるだけ高くジャンプする。この時にバーが肩から離れないようにする。

シングル・ラテラル・ハードル・ジャンプ：ハードルの横に立ち，横方向へカウンタームーブメント・ジャンプを行い，ハードルを越える。着地は両足で行う。

図9.14　さまざまなスポーツへの移行が可能なジャンプスキル構築のための段階的プログラム

ボックス上へのジャンプ

準備段階・初級		
シングルレッグ・プッシュオフ：踵を少し上げて片足でボックスの前に立ち，空中に浮かせた足はボックスの真上で足関節を背屈させた状態にする。ボックスの上に足を素早く下ろし，できるだけ高く跳び，足は入れ替えないで同じ足でボックスと床に着地する。	**オルタネイトレッグ・プッシュオフ**：踵を少し上げて片足でボックスの前に立ち，空中に浮かせた足はボックスの真上で足関節を背屈させた状態にする。ボックスの上に足を素早く下ろし，できるだけ高く跳び，空中で足を入れ替えてボックスと床に着地する。	**ラテラルレッグ・プッシュオフ**：ボックスと逆側の足の踵を少し上げてボックスの横に立ち，ボックス側の足は空中に浮かせてボックスの真上で足関節を背屈させた状態で立つ。ボックスの上に足を素早く下ろし，できるだけ高く跳び，離地時と反対側の足で床面に着地する。
中級		
ボックス上へのジャンプ：素早いカウンタームーブメント動作によるクォーター・スクワットからできるだけ高くジャンプし，両足でボックス上に着地する。		**ボックス上へのラテラル・ジャンプ・ウィズ・ステップ・ダウン**：ボックスの横で構え，素早いカウンタームーブメント動作によるクォーター・スクワットから横方向へジャンプし，ボックス上に両足で着地し，その後降りる。これを異なる方向で繰り返す。

連続垂直跳び

準備段階・初級	
ハイファイブ・ドリル：腕を頭の上に伸ばし，パートナーと向き合って連続して垂直ジャンプを行いながら，ジャンプの頂点でハイタッチをする。	**レジステッド・バーティカル・ジャンプ**：バンジーコードやレジスタンスバンドによる抵抗に抗して，最大垂直ジャンプをする。
中級	
前後方向へのシングル・ミニハードル・ジャンプ：連続してミニハードルを前後にジャンプで越える。	**スプリットスクワット・ジャンプ**：スプリット・スタンスからカウンタームーブメントによるジャンプを行い，できるだけ高く跳ぶ。この際，空中で脚を入れ替え，逆の組み合わせとなるスプリット・スタンスで着地する。
上級	
スタジアム・ジャンプ：スタジアムの階段を両足ジャンプで上がる。	**1つのミニハードルをラテラル・ジャンプで跳び越えることを繰り返す**：ミニハードルの横に立ち，ラテラル・ジャンプでハードルを跳び越える。

水平方向への連続ジャンプ

中級	
連続ハードル・ジャンプ：1〜2m間隔で並べたハードルを跳び越える。ジャンプごとの接地時間を最小限にし，重心の高さを最大限にする。	**バンジーコードで負荷をかけた状態での前後方向へのジャンプ**：背中につけたバンジーコードによる抵抗や補助を受けた状態で最大限の前後方向へのジャンプを行う。

図9.14 つづき

求が低い。これはおそらく，多くの対象物に跳び乗るようなジャンプは，ボックスから降りる際にリカバリーができる程度の単発での努力しか必要ではないためである。このジャンプ動作は，接地時間を最小限にし，反復間にリカバリーができない複数回の連続するその他のジャンプ動作とは対照的である。

接地を伴うエクササイズとして紹介したもののいくつかは，明らかなジャンプである。これらのエクササイズと本項で紹介したいくつかのエクササイズ（**図9.14**）の主な違いは，その目的である。**図9.11**で紹介したエクササイズの主な成果は，すべてのジャンプ動作に移行できる効率的で効果的な接地技術である。対照的に，他のジャンプ動作の目的は水平方向または垂直方向への力発揮から跳躍高や跳躍距離を最大化することへ移行するため，この技術が基礎として必要になる。

図9.14に示した通り，カリキュラムには多くのジャンプエクササイズが含まれている。ジャンプスキル

多方向へのジャンプ

準備段階・初級			
90°ジャンプ：最大努力でのカウンタームーブメント・ジャンプを行い，ジャンプ中にターンし，離地時の向きから90°の位置に着地する。これを連続して行う。			
中級			
180°ジャンプ：最大努力でのカウンタームーブメント・ジャンプを行い，ジャンプ中にターンし，離地時から180°回転して着地する。これを連続して行う。	**ヘキサゴン・ドリル**：床面に描いた五角形（直径は約1 m）の中央で構え，両足ジャンプにより五角形の辺の外に出た後，再度ジャンプして内側にもどる。これを五角形を1周するように行うが，顔の向きは一方向に保つ。	**ジグザグ・ジャンプ**：斜め方向（斜め前方）へ両足でジャンプする。10～20 mの長さの線の左右を交互に跳びながら進む。	**連続ラテラル・ジャンプ**：描いた線を跳び越えるように，連続してラテラル・ジャンプを行う。接地時間を最小限にする。
上級			
連続ラテラル・ミニハードル・ジャンプ：連続ラテラル・ジャンプでミニハードルを越える。接地時間を最小限にする。	**ジグザグ・ジャンプ・オーバー・ミニハードル**：ミニハードルを用いた10～20 mの長さのコースを斜め方向（斜め前方）への両足ジャンプを行いながら進む。	**ラテラル・ジャンプによるボックスからの乗り降り**：ボックスの横に立ち，横方向へのジャンプでボックス上に着地し，その後，横方向へのジャンプでボックスから降りる。	**4方向へのハードル・ジャンプ**：4つのミニハードルを四角形に並べた中央に立ち，前方へジャンプし，着地後すぐに再度ジャンプして四角形の中央にもどる。これを四角形の各辺を1周するように行うが，顔の向きは一方向に保つ。

多面的ジャンプ

中級	
ロング・ジャンプからのスプリント：最大努力での水平方向へのジャンプを行い，着地後すぐに前方へスプリントを行う。	**バイキング・スローからのロング・ジャンプまたはハイ・ジャンプ**：メディシンボールを両手でアンダーハンドで持ち，カウンタームーブメント・ジャンプでボールをできるだけ高い位置で投げた後，水平方向へのジャンプ（前方へ投げた場合）または垂直方向へのジャンプ（後方へ投げた場合）を行う。
上級	
多方向へのジャンプからのスプリント：コーチが方向を指示するまで線やハードルでつくったコース上で連続ジャンプを行い，コーチが方向を指示したら，着地から最大努力で指示された方向へスプリントを行う。	

図9.14　つづき

を高めるプライオメトリクスのカリキュラム構築に適用できる難易度に注意してほしい。図9.14に示したように，ジャンプの異なる分類間でトレーニングの段階を上げる。水平方向への転位の少ないその場でのジャンプは，一般的に抗重力動作（上方へのジャンプ）の後，そして離地と着地が同じ高さで起こる動作よりも先行して行われる。次の段階は，高い位置からの重力加速による落下を用いるもので，ショック・ジャンプを説明する本章の後半で紹介する。多面的なジャンプは複数の動作を合わせ，スキルを統合するため複雑さが増す。したがって，一般的に高いレベルのエクササイズとなる。

しかしながら，この観点からジャンプの段階をみていくことは，過度に単純化するものである。外的要因，前額面あるいは複数の動作面での動作要求，またはより高いレベルの短縮性の力発揮の要求といったものを含むことで，指導者はジャンプの各分類による違いを処方に含めたり，個別化を図ったりすることができる。プログラムにさまざまなタイプのジャンプ動作を含んで計画することで，個人にとって最適なレベルの難易度となる練習にバリエーションをつけていくことができる。

この考え方についてより詳しく説明するために，その場でのカウンタームーブメント・ジャンプを例に分

図 9.15 目的が異なる場合の最大努力でのメディシンボール・スローの投げ出し動作は異なる：(a) 上方への高さと前方への距離を最大にすることを目的とする投げ出し，(b) 上方への高さを最大にすることを目的とする投げ出し．

析してみる．各ジャンプ動作における離地の力学はよく似ている．カウンタームーブメントは股関節，膝関節，足関節の伸展という一連の流れで力強く床を押すための爆発的な垂直方向への動きを補助するために伸張反射を開始する．また，腕の挙上動作は上方への推進力の補助となる．この上方への力発揮および上方への腕の動作は，垂直方向へのメディシンボール・スローのような活動によって強調することができる．**図 9.15** に示したように，垂直方向への床反力を最大とするためのアスリートに対する指示としては，ボールを最大の高さまで投げるというような内容（「5 kg のボールを天井にぶつけることができるか？」）にする必要がある．必然的に多少の水平方向への変位も起こるが（通常は後方へ），この動きは最大限の高さや水平距離を達成するという目的の投動作中に発生するものと比べると非常に小さなものである．このような動作は，水平方向へのジャンプや走りながらのジャンプ，あるいは前方へ投げるなどの動作を合わせた動作の前動作として用いられる．

スクワット・ジャンプは，より高度なジャンプ・スクワット（**図 9.16**）とは異なる．スクワット・ジャンプは下肢伸筋群の垂直方向への最大力積を測定するために用いられることが多い．一般的には，スクワット・ジャンプの開始は，筋が伸張反射を起こす最適な長さ－張力関係を越える姿勢をとる．また，その姿勢をとる際はゆっくりと行い，姿勢がとれたらその位置で止まる〔これは，ジャンプ・スクワットにみられる非常に速いカウンタームーブメントのしゃがみ込み（ディップ）と起き上がり（ドライブ）に比べた場合である．ジャンプ・スクワットでは，その動作はクォーター・スクワットになる〕．この場合，筋の伸張反射の効果はない．単に速度が遅すぎるのである．しかし，少しではあるが筋線維内には弾性エネルギーが蓄積されており，それが垂直方向への推進力を補助する．

スクワット・ジャンプ，ジャンプ・スクワットともに手を腰にあてるかバーを持つことで腕の動作が妨げられる．しかし，ジャンプ・スクワットでは，外的な負荷が重心から離れて位置しているため，ジャンプ動作時により大きな短縮性の力と姿勢制御が必要となるという特徴がある．同様に，ジャンプ・スクワットからの着地動作では，大きな伸張性の力を制御する必要があり，これらの力を素早く制動し，伸張反射を用いることで反復して動作を行う．

ジャンプ・スクワットにおけるスクワットの深さとバーにかける負荷（おもり）は，アスリートやトレーニングの目的によって異なる．反復する高速度での動作では，リバウンド動作は伸張反射のメカニズムによ

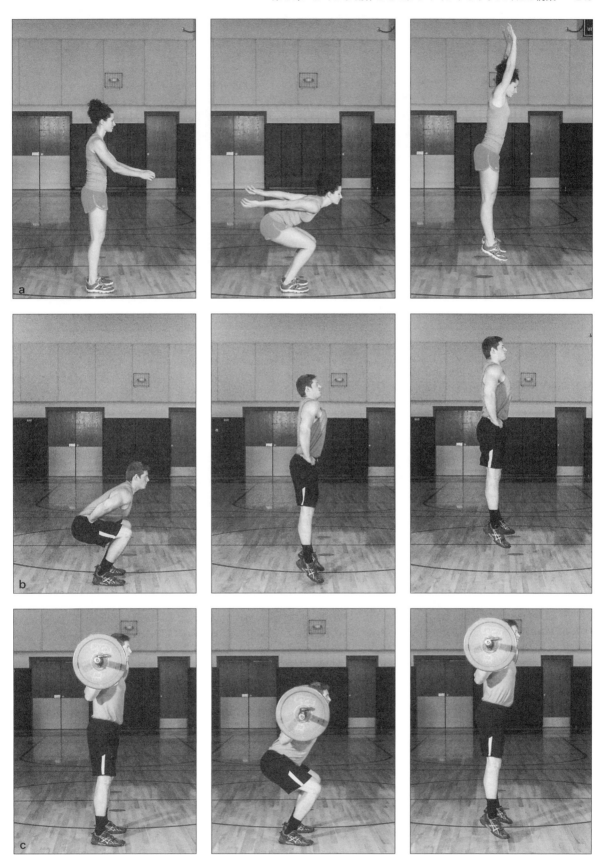

図9.16 （a）カウタームーブメント・ジャンプ，（b）スクワット・ジャンプ，（c）ジャンプ・スクワット。

るものである。したがって，スクワットの深さは比較的浅く，かかる外部負荷は一般的に軽い。全体的な負荷の量（アスリートの体重＋バーの重さ）を計算するために用いる正確な計算式は，研究者の間でも議論が続いており，バーにかける負荷は最大となる負荷の0～70%とされている[17]。高い力発揮を目的とするのであれば，スクワットの深さはより深くなり，負荷はより重いものになるが，プライオメトリック効果は少なくなる。これは，着地しスクワット姿勢になるための下降局面に続く償却期が長くなってしまうためであり，このような動作は連続的にではなく単発で行われることが多い。

　外部の対象物と協調性をとることも，進歩の特徴である。例えば，投げられたボールをジャンプして繰り返し受けるような動作は，最大努力での垂直跳びの延長にある。ここでのアスリートに対する指導として，繰り返し行うジャンプ動作が遅くならないように頻繁に声をかけることが必要である。アスリートはできるだけジャンプの最高点でボールを受けるようにしなければならない。そうすることで，バレーボールのアタック，バスケットボールのリバウンド，サッカーのゴールキーパーがクロスボールを処理する場面など，スポーツ特有の状況に対する優れたスキルの移行を行うことができる。

　1回のハードル・ジャンプを行う際のハードルの高さは，垂直方向への力発揮能力によって決まる。ハードルの高さは，アスリートにとって挑戦的となるよう十分な高さでなければならない。ドリルは，タック・ジャンプで越えられるようなハードルの高さではなく，全身をしっかりと伸展させてジャンプできるように設定する必要がある。エクササイズが前方ではなく側方への動作となるのであれば，より難易度が高くなり（したがって，上級の動作と分類される），ハードルの高さを低く設定する。

　片脚でのボックス・ジャンプを行う場合，単純にジャンプ時の力発揮を向上させるための基本的な手段としてだけではなく，ホップやバウンドへの準備としても活用できる。ボックスの高さは，踵をボックスの端に置いて足裏全体をボックスに乗せた時に，ボックス上の膝関節が股関節と同じ高さとなるようにすべきである。この姿勢をとることで，バリスティック動作においてすべての下肢の伸筋群を最適化することができる。

　離地時と同じ位置に着地するにしても，空中で足を入れ替えたり，ボックスに対して横向きに着地したりしても，ボックスをしっかりと踏み込み，最大限の跳躍高を目指すという目的は同じである。側方への動作は，各ジャンプ間で脚を入れ替えられるように側方への移動が必要となる分，より難しいものとなる。最大の垂直方向へ力発揮を達成することが目的なので，これらの接地時間は一般的に長くなる。したがって，この動作は必ずしもプライオメトリックではなく，バリスティックなものであると考えられる。

　跳び乗るボックスの高さは，アスリートのカウンタームーブメント・ジャンプの能力によって決まる。その他の無視できない要因としては，アスリートがボックスの側面にすねをぶつけることなくジャンプができるという自信をもっていることである。これらの動作では高さを増やしていくという段階的アプローチが不可欠である。

　動作自体は制御しやすいため，水平方向へのジャンプの前に連続した垂直ジャンプを導入することがよくある。スタジアム・ジャンプがこの原則をよく表わしている。アスリートは継続して重力に抗して加速しており，大きな短縮性の力発揮が要求される。しかし，連続しての着地はより高いレベルの動作なので伸張性の要求は低くなる。したがって，アスリートはショック動作の繰り返し（例えば，連続ボックス・ジャンプ）を含む伸張性の力発揮が要求されない短い償却期を通して，着地の力学および垂直方向への力を素早く発揮することに集中できる。

　通常，いずれの方法においても，ジャンプ動作を行うハードルの高さとその動きの動作面の数によって，動作の相対的な難易度が決まる。抵抗負荷の質がジャンプ動作の実行に影響を与えるため，抵抗負荷を追加していく原則は，このようなトレーニングを進めていくうえで有用である。例えば，おもりをつけたベストを着るといった負荷の追加により，アスリートの重量

が増えることになり，重力に抗して加速するための短縮性の力がより強く要求される。重量は変わらないため，着地時にはより大きな負荷となって床面に向かって加速されるので，より高い伸張性の力発揮の能力が必要になる。繰り返しジャンプを行う場合，接地時間は長くなる可能性がある。これらの戦略を用いる指導者は，力発揮能力の向上を目指しているのか，プライオメトリック反応を最大化するために短い接地時間による爆発的な力発揮の向上を目指しているのかをしっかりと理解する必要がある。

可変抵抗は，ジャンプの各段階を通して異なる負荷を与えることができる。例えば，単純な負荷としてバンジーコードを腰に巻いた場合，それが伸びるにつれて抵抗が増加する。この方法は，ジャンプ動作において加速度が最大のときに抵抗が最も小さいため，加速力を向上させるには必ずしも有用ではない（床面から加速するときは，バンジーコードが最も伸びていない）。垂直方向への推進力が最も低くなる点（ジャンプの頂点）では，抵抗負荷が最も大きくなる。しかし，この種の負荷のかかり方は床面に向かっての加速を助けるものとなり，接地動作や着地技術に焦点をあてることが目的であれば，有効な戦略となる可能性がある。バーティマックス（Vertimax）のような抵抗を調整できる機器があれば，離地時の抵抗を減少させることで，この現象を制御することができる。

しっかりと保持されたバンジーコードは水平方向へのジャンプに対する抵抗となり，より多くの運動単位を動員させることができる（連続水平ジャンプ，図9.11）。スタート地点から異なる角度の方向に置いたコーンに向かって水平方向へのジャンプをした場合，そのドリルは多方向へのジャンプとなり，ある方向に対しては抵抗がかかるが，反対の方向に対しては助力となる。この方法は，一般的に後方へジャンプする際にかかる力は少なくなるため，スタート地点にもどるようにジャンプを行う際に有用である。いくつかの負荷（例えば，4方向）に対して交互に抗することは，抵抗がかかっていない力発揮において神経筋系が強化される（自発的に可能な運動単位の動員よりも多くなる）。

このようなドリルでは，最初は番号順にコーンのまわりをジャンプするように指示するが，エクササイズの段階を上げるために，コーチが指示した色や番号順にジャンプするように変更してもよい。この方法によって，アスリートは動きながら考え，意思決定をしなければならなくなる。しかし，コーチが反応性のドリル（例えば，ドリルを行う際に，一連のジャンプを指示する）を行おうとするのであれば，口頭での指示を受け，反応し，意思決定をしている時間により接地時間が長くなってはならない。なぜなら，その遅れによって活動の一連の流れが遮断されてしまい，活動の性質が変わってしまうからである。

反復スプリット・ジャンプやサイクル・スプリット・ジャンプは，単純にみえるかもしれない。しかし，離地から空中で脚を入れ替えるスプリット・スタンスでの着地では協調性が求められるため，この動作を効果的に行うことはやや難易度が高くなる。1回のスプリット・ジャンプ動作をみるとスプリット・スタンスからジャンプし，そのスタンスで安定した着地を行う単純な方法で練習できる。しかしながら，反復動作の場合，短い接地時間で垂直方向への跳躍高を得るためには優れたプライオメトリックスキルが要求される。

一般的に両足での水平方向への連続ジャンプはなぜ段階的プライオメトリックプログラムに含まれないのか，ということを指導者からよく聞かれる。これらの動作では，着地時に足が床面と接する際に体幹の前方への回転を引き起こす前方への大きな推進力が起こる。ランニング動作やバウンディング動作では，これの回転は対側の腕や脚の動作によって打ち消される。これらの動作がないことによって水平方向への連続両足ジャンプを制御することが非常に難しくなるので，一般的には通常の段階的ジャンププログラムには含めない。しかしながら，ハードル系のトレーニングでは，動作の垂直方向への要素を増加させることになり，それによってジャンプの性質が大きく変わる。

多くのアスリートは，多方向へのジャンプを適切に繰り返しできる前に十分なジャンプ動作に関する背景を有している必要がある。ランニング中の方向転換と

図9.17 チューチュー・トレイン：(a) 後ろの人が脚を持つ，(b) 前の人が脚を持つ。

同様に，これらの動作では，特に障害物を越えるようなジャンプを行う際に足部の異なる部分での力発揮が必要であり，多くの場合，接地時間の延長につながる。これらのドリルをプログラムに組み入れることを計画しているのであれば，指導者はハードルの高さ，必要な方向転換の大きさ，および接地の完全性の維持のバランスをしっかりと考えておかなければならない。

方向転換の大きさが大きくなるほど，一般的にドリルの難易度は高くなる。しかし，ハードルを越えてジャンプし，向きを変えてジャンプすることを繰り返すような場合は，前方向へのジャンプを継続して行っていることになるため，この法則は当てはまらない。90°ジャンプや180°ジャンプのようなドリルによって，ジャンプ動作の一部としての水平面の回旋力を向上させたり，制御したりすることができるようになるが，一般的に前額面（側方）と矢状面（前後）の動作を交互に繰り返すとき，1つの方向に身体を向けている必要がある。

プログラムの目的が，トレーニングの効果を多方向への動作を含むスポーツへの移行を促進させることであれば，これらの動作をカリキュラムに含めることは重要である。矢状面での動作だけをトレーニングすることは，スポーツで水平面や前額面の動作をする場合，障害のリスクが高くなってしまう。特に，コンタクトスポーツや攻防一体型のスポーツでは，素早く力強い方向転換のために，股関節および足関節の周囲筋群の能力が必要である。

片脚での動作：ホップとバウンド

ほとんどのジャンプ動作は片脚ホップで行えるが，この動作は下肢や股関節周囲の筋群への負荷が倍増するために，強度は高くなることを忘れてはならない。支持基底面がずれたり，小さくなると，多くのアスリートにとって高強度のホップ動作はバランスや協調性の点で難易度の高いものとなり，多くの場合，接地時間が著しく増加する。

効果的な段階的プログラムにとって重要なことは，アスリートが効果的に片足接地ができる能力以上の課題（ハードルなど）の実施を避けることである。「過ぎたるは及ばざるがごとし」という原則は，これらのエクササイズにおける跳び越える高さや移動する距離を設定する際に当てはまる。多くのスポーツ動作は片脚でのパワー発揮が求められるため，ホップ動作はアスリートのための機能的なパワーエクササイズに重要な役割を果たす。

簡単で楽しく行える片脚動作のドリルとして，チューチュー・トレイン（**図9.17**）がある。このエクササイズはグループで行う活動として非常に優れている。このドリルは，後ろの人が右手で前の人の右足（または左足）を持ってつながっていく。その状態でチェーン（つながり）がバラバラにならないように20m移動する。後ろから脚をつかまれることで，ホッピング中に股関節を前方に押し出さなければならない。

通常，各接地でチェーンが遠くへ移動することはないので，着地の準備のために空中で足の位置を調整す

る時間は短い。アスリートは，着地の準備のために床面を強く押した後に素早く足関節をもとにもどす必要がある。次のセットではもう片方の足で行う。このようにアスリート同士が相互にかかわり，楽しく行えるドリルは，コミュニケーションや協力して活動を行うことを促進することができる。もしトレインが2つできれば，このドリルで競争してもよい。このようなドリルは，完全に機能的であることに加えて，プライオメトリックトレーニングの特徴である規則的で個別化されたトレーニングを行うなかでリフレッシュのための息抜きともなる。

　垂直方向へのパワー発揮のために重要なことは，ホップ動作における非支持脚による補助である。エクササイズを開始するためにカウンタームーブメント動作を行う際，非支持脚を後方に引きカウンターバランスをとるとともに股関節周囲筋群の伸張を増加させる。ここから，支持脚の関節が伸展する際に，非支持脚は両腕とともに前方へと動かす。この動作によって上方へ動く身体に質量が加わり，垂直方向への推進力が増す。床面に向かって加速が起こる際は，非支持脚は次の反復に備え下へ下げられる。最大努力での片脚タック・ジャンプのようなエクササイズは，この動作を発達させるので，初期のホップ動作プログラム（図9.18）に導入するのに理想的である。この時点では，片脚での着地技術のドリルを安定して行え，中級レベルのジャンプへと進んでいるべきである。

　図9.18に示したような段階を上げることによって活動はより要求の高いものとなるため，アスリートは高速でより効果的な接地が要求され，必要とされる身体能力やスキルは著しく高くなる。例えば，高さや距離を目的とした連続ホップは，片脚でのバウンディングエクササイズとみなされ，ストライド長を伸ばすこ

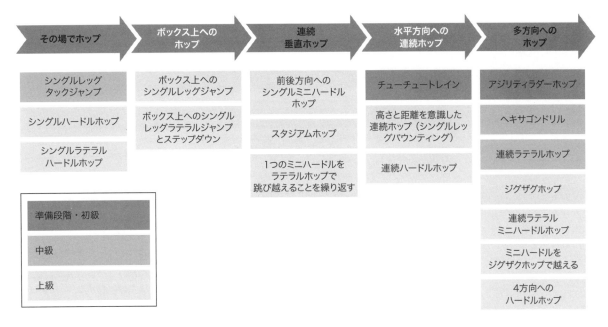

その場でのホップ

中級	
シングルレッグ・タック・ジャンプ：片脚を地面から浮かせた状態で，素早いカウンタームーブメント動作によるクォーター・スクワットからできるだけ高くホップし，空中で膝を胸のほうへ近づけ，両足で着地する。	
上級	
シングル・ハードル・ホップ：片脚でハードルの前に立ち，カウンタームーブメント動作からホップし，ハードルを跳び越える。	**シングル・ラテラル・ハードル・ホップ**：片脚でミニハードルの横に立ち，カウンタームーブメント動作からホップし，ハードルを跳び越え，同じ足で着地する。

図9.18 ホッピングの段階的プログラム

ボックス上へのホップ

上級	
ボックス上へのシングルレッグ・ジャンプ：片脚を地面から浮かせた状態で，素早いカウンタームーブメント動作によるクォーター・スクワットからできるだけ高くジャンプし，片足または両足でボックス上に着地する。	**ボックス上へのシングルレッグ・ラテラル・ジャンプとステップ・ダウン**：ボックスの横に立ち，素早いカウンタームーブメント動作によるクォーター・スクワットから片脚で離地し，できるだけ高く跳ぶ。片足または両足でボックス上に着地する。

垂直方向への連続ホップ

上級		
前後方向へのシングル・ミニハードル・ホップ：ホップでハードルを跳び越え，離地足と同じ足で着地し，その後，後ろむきにホップでハードルを跳び越え，開始位置にもどる。	**スタジアム・ホップ**：スタジアムの階段をホップで上がる。	**1つのミニハードルをラテラル・ホップで跳び越えることを繰り返す**：ハードルの横に立ち，片脚で爆発的にラテラル・ホップを行い，ハードルを跳び越える。この際の接地時間を最小限にする。

水平方向への連続ホップ

準備段階・初級	
チューチュー・トレイン：自分の後ろにいる人の右足を右手で持ち，電車のようにつながった状態をつくる。そこから，バラバラにならないように20 m進む。	

上級	
高さと距離を意識した連続ホップ（シングルレッグ・バウンディング）：接地時間を最小限にしたホップを連続して行う。その際，反対の脚と腕を用いて回転力に抗する。	**連続ハードル・ホップ**：1 m間隔の3～8個のハードルをホップで跳び越えていく。重心の上方への移動と接地時間を最小限にする。

多方向へのホップ

準備段階・初級	
アジリティ・ラダー・ホップ：アジリティ・ラダーの段をホップで順に跳び越えていく。	

中級	
ヘキサゴン・ドリル：床面に描いた五角形（直径は約1 m）の中央に立ち，ホップで五角形の辺の外に出た後，再度ジャンプして内側にもどる。これを五角形を1周するように行うが，顔の向きは一方向に保つ。	**連続ラテラル・ホップ**：10～20 mのコースを連続ラテラル・ホップで進む。

上級			
ジグザグ・ホップ：斜め前方へホップを行い，続くホップの進行方向を右左と交互に変える。	**連続ラテラル・ミニハードル・ホップ**：ミニハードルの横に片脚で立ち，カウンタームーブメント動作によるホップでハードルを跳び越え，その後すぐに開始位置にもどる。	**ジグザグ・ホップでミニハードルを越える**：10～20 mの長さに並べたミニハードルを斜め方向（斜め前方向）へのホップで跳び越える。	**4方向へのハードル・ホップ**：4つのミニハードルでつくった四角形の中央に立ち，顔は前方に向ける。前方のハードルをホップで跳び越え，着地後すぐに再度ホップで四角形の中央にもどる。これを四角形の各辺で行う。

図9.18 つづき

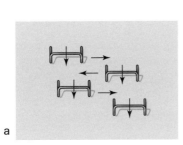  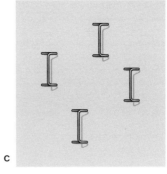

図9.19 シングルレッグ・ジグザグエクササイズ：(a) 進行方向に対して直角になるようにハードルを並べる，(b) ハードルの向きを90°変える，(c) バウンディングエクササイズのために各ハードルの距離を放して置く。

とを目的としている。この活動は，支持脚にとても大きな緊張を引き起こし，効果的に行うためには片脚での高いレベルでの反力が要求される。

　基本原則の適用と想像力によって，多方向へのホップ動作をさまざまなレベルのプログラムに組み込むことができる。例えば，アジリティ・ラダー・ホップやヘキサゴン・ドリルにより，片脚スタンスで足裏の異なる部分を用いて床面を押す動作を学習できる。あらかじめ跳び越える高さを設定しないのであれば，短縮性および伸張性の要求は低くなり，接地に集中できる。

　これについて，各接地時に方向転換を伴ってホップでハードルを跳び越えるトレーニング（例えば，4方向へのミニハードル・ホップ）と対比してみる。もし，アスリートのスキルや筋力に対してハードル間の距離が長すぎたり，ハードルが高すぎたりすると，各ジャンプ間の接地時間が長くなり，練習しているスキルの性質が変化してしまう。

　しかしながら，経験と注意深く計画を立てることによって，ジグザグ・ホップのような多方向へのエクササイズは，さまざまな強度となるように変更することができる。**図9.19**は，ホップでハードルを越えて方向転換を行うものである。上級アスリート以外では，ホップ時の方向転換に集中するため，垂直方向への力の要素を取り除くために，ハードルの代わりに床にディスクを置いてもよい。同様に，ミニハードルの高さやハードル間の距離を変更することも可能である。

　グループでトレーニングを行う場合，1つひとつのドリルの違いを識別できる能力は指導者にとって役に立つ。例えば，進行方向に対して直角にミニハードルを並べると（**図9.19a**），主な動作は矢状面上のままである。ここからミニハードルを90°回転させると（**図9.19b**），動作は主に前額面で起こるが難易度が増し，着地時に足関節および股関節に横方向への大きな安定性が必要になるだけでなく，離地時には横方向への大きな推進力が必要となる。これらの動作の中間段階となるのがバウンディング動作（**図9.19c**）であり，片足で離地し，もう一方の足で着地する。

　片足で離地し，もう一方の足での着地による体重移動は，ホッピングよりも日常生活で多くみられる動作である。実際，このようなプライオメトリクスの性質をもつ動作は，ランニング動作の延長上にある。したがって，合理的なアプローチとは，ホッピングエクササイズよりも多種多様なスキッピングのような基本的なバウンディングエクササイズを運動能力向上プログラムの初期の段階に組み込んでおくことである。一般的に，予備的なジャンプ練習は，交互プッシュオフやスプリット・スクワット・ジャンプなどのエクササイズで行われる。しかしながら，上級レベルのバウンドは速い動作で行われる。このエクササイズを安全に，そして効果的に行うためには，片脚での高いレベルの伸張性および短縮性の力発揮が必要となる。

　バウンディングエクササイズは主に水平方向への運動として用いられ，筋の反射を刺激するために十分な力発揮で行わなければならない。接地は，着地時の伸張性収縮と短縮性収縮の間の償却期が最小となるよう

表 9.5 25 m バウンディングの標準タイム

評価	タイム
非常に優れている	3.03 秒以下
優れている	3.04〜4.00 秒
普通	4.01〜5.07 秒
劣っている	5.08〜7.03 秒
非常に劣っている	7.04 秒以上

にする。アスリートは連続する各ストライドで加速しなければならないため、バウンディングドリルは一般的に、その他のプライオメトリックエクササイズよりも速い水平速度で行われる。動作の水平方向への要素、つまりそれによる地上でのスピードを強調するために、優れたバウンド動作の能力をもつアスリートに対しては、25 m のタイムがよく用いられる。**表 9.5** にテストにおけるアスリートのパフォーマンスを評価するための指標を示した。

図 9.20 に示したように、段階的バウンディングエクササイズプログラムは、一般的に単純なスキップのスキルから開始する。スキップの成熟したスキルを達成するには、子どもは片足で踏み切り、対側の腕あるいは対側の脚の動作を行いながらもう一方の足で着地することを学習する。ここでの浮遊期は、ランニングと動作自体は似ているものの誇張され、それよりも長く、高さがある。この基本的な動作は、徐々に力強い動作で膝が前に進み、それにより膝が 90°を超えてしっかりと上がった状態となる（パワースキップ）。スキルの協調性は、移動方向を変えたり後ろ向きにスキップさせることでみることができる。

通常、三段跳びはホップ動作と関連づけられているが、ダブルフット・スタンスから開始するとバウンディングの段階を上げた動作となる。両足での離地から片脚で着地（ホップの終了）し、ジャンプから両足着地までの最大距離を目指すための最後の離地の前に体重をもう一方の脚に移動（ステップ）する。この動作の能力が向上し、接地動作がより力強く素早いものとなるにつれて、アスリートの進歩を助けるために動作の各局面における目標を設定すべきである。また、水平方向への速度を増加させるためにスタートの方法を変えることで（例えば、最初の離地へのステップを歩行やジョギングで行うことや適切なホップから行うなど）、ドリルによる要求が著しく増加する。

これらのエクササイズにおける足の運びのパターンが、例えば左，左，右，左となっても指導者は心配すべきではない。厳密に言えば、これはバウンディングに関する教科書通りの定義ではなく、一方の足で力強く踏み切り、同じ足で着地したり、もう一方の足に効果的に体重を移動させる能力は、アスリートにとって重要なスキルである。段階を上げた動作は必ずしも教科書の定義と一致する必要はない。このことは、左，左，右，右，左，右というようなあらかじめ決められたものに合わせて接地するような高度なバウンディングのコンビネーションをみるとよくわかる。

バウンディング動作に入る際には、リード脚によって床面を強く蹴る必要がある。生じた力によりもう一方の足が前方に押し出される。そこから前方へ加速する。踵をしっかりと殿部に近づけることで大腿部が前方へ進み、リード脚が宙に浮く。

脚を交互に入れ替えてバウンディングする際の腕振りのパターンも変えることができる。この動作に慣れてきたら、ランニングにおける対側の腕の動作を導入する。後ろ脚を踏み込み、次のストライドを開始する際に、対側の腕を肩からの力強い後方への振りに続いて前方へ動かす（第 8 章参照）。両腕を振る動作により、両腕の質量が、床反力および前方への推進力の両方に貢献するため、水平方向への速度がより速くなり、ストライドをより長くすることができる。動作中は、両腕は走路に対して拳を打つように振ると考えることができる。床面に向かって下方向への力発揮を増加させることで、跳ね返るエネルギーが増幅され、動作におけるストライド長が増加する。

両腕動作に慣れるにはある程度の時間が必要である。空中では、リード脚が走路に向かって加速するにつれて、腕はまっすぐに伸ばした状態を維持しながら力強く前方に動くことで、動作における力を増幅させる役割を果たす。対照的に、ランニングでは腕を曲げた状態にすることで短い時間での腕振りが可能となるので速度を増加させることができる。バウンディング

スキップ	スタジアムラン	スタンディング トリプルジャンプ	オルタネイト レッグジグザグ	対側の腕の動作を伴う オルタネイトレッグ バウンディング
パワースキップ				両腕の動作を伴う オルタネイトレッグ バウンディング
後方へのスキップ				対側または両腕の動作 を伴うコンビネーション バウンディング

| 準備段階・初級 |
| 中級 |
| 上級 |

バウンディングエクササイズ

準備段階・初級		
スキップ：リード足を変えながら，20〜60 mのコースをリズミカルにスキップする。	**パワー・スキップ**：20〜60 mのコースをリズミカルにスキップする。各スキップでは，できるだけ高さと距離が出るようにする。	**スタンディング・トリプル・ジャンプ**：立位から開始し，ホップの後すぐにステップを行い，最後にジャンプを行う。両足で着地する。各動作時に最大跳躍高と距離が得られるようにする。
中級		
後方へのスキップ：リード足を変えながら，20〜60 mのコースをリズミカルに後ろ向きにスキップする。	**スタジアム・ラン**：スタジアムの階段を駆け上がる。各ステップではできるだけ素早く力強い踏み込みを行う。	**対側の腕の動作を伴うオルタネイト・バウンディング**：リード脚のすねを垂直にして思い切り床面を踏み込むような大きな動作でランニング動作を行う。高さと距離が得られるような力強いステップを行う。
上級		
オルタネイト・レッグ・ジグザグ：20〜40 mの長さのコース，または設定した接地回数となる距離を1歩ごとに斜め前方へ大きな動きで跳ぶ。	**両腕動作を伴うオルタネイト・バウンディング**：各接地時に両腕を前方に振る動作を伴うバウンディング動作を行う。	**対側または両腕の動作を伴うコンビネーション・バウンディング**：片脚で前方へ踏み出すたびに各動作を組み合わせながら，バウンディングを行う。リード脚は入れ替えない。

図9.20 バウンディングエクササイズ

の浮遊期は，スプリントやその他の動作と比べて長いことを考えればこの違いを受け入れることは難しくない。

ショック・プライオメトリクス

重力は高さのあるところから床面に向かって体重を加速させるので，ショック・プライオメトリクスは最も強度の高いプライオメトリック活動である。このカテゴリーでは，指導者は展開を進めたりもどしたりすることによって，アスリートの発達を区別することができる。区別するにあたって重要な変数は，落下する高さとその落下動作に続いて要求される動作に関連している。

落下高度が高くなれば床面への加速が増し，短い償却期によるプライオメトリックのリバウンドの質を維持するためにより強い伸張性の力発揮が必要となる。アスリートは，着地および伸張性様式で力を吸収する練習を行うことで，伸張性の力発揮を向上させることができる（図9.21）。アスリートにとって高すぎると

ショック動作

図9.21 ショック動作の段階的プログラム

中　級				
ボックスからの伸張性力発揮を伴うジャンプ着地：高さのあるボックスから落下し，安定した両足着地により減速した後，その姿勢を保持する。	**高さを意識したデプススクワット・ジャンプ**：ボックスから落下し，安定した両足着地後，スクワット姿勢まで下降し，その後素早くできるだけ高くジャンプする。	**反応速度を意識したドロップ・ジャンプ**：ボックスから降下し，その後できるだけ素早くジャンプする。接地時間を最小限にする。	**デプス・ジャンプからのロングジャンプ**：ボックスから落下し，両足着地後，できるだけ遠くにジャンプする。接地時間を最小限にする。	**ボックス上へのデプス・ジャンプ**：ボックスから落下し，両足着地後，1〜2m離れた2つ目のボックス上に素早くジャンプする。接地時間を最小限にする。

上　級				
高さを意識したデプス・ジャンプ：ボックスから落下し，安定した両足で着地した後，すぐにできるだけ高くジャンプする。	**デプス・ジャンプからの横方向への動き**：ボックスから落下し，両足着地により素早く減速した後，できるだけ素早く横方向へダッシュする。	**ボックス上へまたはハードルを越える連続デプス・ジャンプ**：ボックスまたはハードルをいくつか並べ，ボックス上からさらにボックス上に向かう，またはハードルを越えるようにデプス・ジャンプする。	**ラテラル・デプス・ジャンプ**：ボックス上の端から横方向に踏み出し，両足で着地する。その後，素早く横方向にできるだけ高く，遠くへジャンプする。	**連続ラテラル・デプス・ジャンプ**：並べたボックス上に，またはハードルを越えるように連続してラテラル・デプス・ジャンプを行う。

ころから落下することで，プライオメトリック動作の完全性を失わせてはならない。接地時間が長くなるほど償却期が長くなり，トレーニングに対する反応が少なくなる。ショック動作の目的を明確に理解する必要がある。接地を最小にすることが目的であれば，低い高さからのドロップ・ジャンプを用いるべきである。

垂直方向への力発揮が求められるのであれば，より長い時間にわたって大きな力を適用できるようにするため，接地時の反応時間は長くなる。この概念は，デプス・ジャンプからスクワット・ジャンプの動作（伸張性の力の吸収が長い，接地時間が長い，プライオメ

トリック効果が減少）と，股関節，膝関節，足関節による力の吸収が最小限で，接地時の反応時間が短い通常の跳躍高を意識したデプス・ジャンプを区別する際に役立つ（しかし，それでもその落下高度は適切な高さからのドロップ・ジャンプよりも高い）。本章で前述したように，高度な技術と基礎的筋力を備えていることが重要である。

ショックエクササイズは，着地技術に関する十分な能力をもった上級のアスリートにのみ用いるべきである。難易度がアスリートの適切な着地動作を行う能力を著しく上まわった場合，損傷のリスクが急激に高く

なる。また，アスリートは接地面に対する反力を発揮するために，しっかりと鍛えられたカウンタームーブメント動作の感覚をもつ必要がある。カウンタームーブメント・ジャンプで跳べる最大跳躍高によってショック・プライオメトリックを行う際の適切な高さが決まるため，この動作は重要である。

デプス・ジャンプの質とショック・プライメトリクスを行うための適切な高さの両方を決定する際に，指導者が観察すべき2つの重要な変数がある。1つ目はジャンプの高さで，2つ目は接地時間である。ジャンプマットやフォースプレートなどの適当な機材が利用可能であれば，これらの2つの変数に関する量的データを即座に用いることができる。このような機材がない場合，ジャンプの高さは腕を用いたリーチングテストや高さのわかっているボックスに跳び乗ったり，ハードルを跳び越えたりすることで簡単に測定できる。正確な科学とはいえないが，接地時間は経験豊富な指導者によって目で観察でき，また耳で聞くこともできる。

ビデオの利用は，この過程に非常に役立つ。特に，指導者がコーチとしての目を養っている段階であれば，高速動作を繰り返して見直す機会が得られ，有用である。アスリートにとっても，経験からの固有受容性のフィードバックを確かなものとしてくれる視覚的なフィードバックから利益を得ることができる。接地動作の質（時間の長さ，関節の剛性，足部への体重の配分など）は，その動作の目指すべき質が維持できているかが見えたり，聞こえたりするため重要である。軽やかで力強い足裏全体（アクティブ・フラット・フット）での接地音は，技術的に誤まった動作での着地で発生する音とは明らかに異なるため，その動作で発生する音は重要である。

重力加速による動作は筋の伸張性収縮に影響を与えるため，低い高さ（例えば10 cm）からのデプス・ジャンプに続くリバウンド・ジャンプは，単純なカウンタームーブメント・ジャンプよりも常に高い跳躍高が得られる。低いボックスからはじめ，アスリートのカウンタームーブメント・ジャンプ時の最大跳躍高を維持できなくなるまで，または接地時間が目に見えて

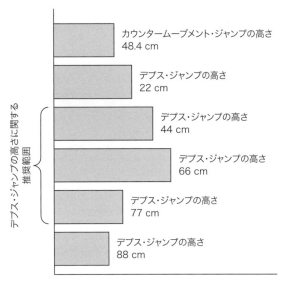

図9.22 デプス・ジャンプ動作における効果的な落下高の決定

長くなったり，接地の質が下がったりするまで，少しずつ落下の高さを増やしていく。

図9.22にこの概念を示したが，動作を開始するボックスの高さによって，反応ジャンプの高さがどのように変化するのかを表わしている。トレーニングの段階を上げるためにボックスの高さを変化させる場合は，目的とするトレーニングの結果が最大の反力または反応速度に基づくものかどうかや，それに続く動作の性質などの接地技術の質によるところが大きい。

前述の方法と同様に，動作の複雑性から，単発の着地は連続して行う着地よりも要求が低く，矢状面で起こる動作は前額面で起こる動作よりも要求が低い。複数回の反復動作を行う場合，一連のジャンプ動作にボックスを用いることで，ボックス上で最小限の接地を伴うしっかりとした足の位置を各回で再構築することができる。このことは，ハードルを連続して越えるようなジャンプ中ではできない。片脚でショック・ジャンプを行うことは可能であるが，指導者はアスリートにこのような動作を行わせる前に，動作の質が十分なレベルにあることを確信している必要がある。それに加えて，動作を行うボックスの高さは，両脚で動作を行う際に使用するものと比べてかなり低い（相対的に）ものとする。

図9.23　爆発的なプッシュアップ：(a) 開始姿勢，(b) 床に向かって身体を下ろす，(c) 爆発的なプッシュアップ。

関連するバリスティック動作

　指導者たちは，上半身のバリスティック動作を真の意味でのプライオメトリック活動として分類することのメリットについてさまざまな議論を行ってきた。同様の議論が，バリスティックなあるいは反応様式での投げ動作やジャンプ，キック動作を行う際にメディシンボールを用いることについてなされてきた。ここでの議論の中心は，短縮性の力発揮（反応様式で）を最大化するために，そのような動作の償却期が本当に最小化されているかどうかというものである。

　例えば，爆発的なプッシュアップ（図9.23）では，伸張性の負荷が肘関節と手関節の伸筋群だけでなく胸鎖関節の水平内転筋群にもかかり，その後，これらの筋群による力強い短縮性活動が続くことになるため，床面に向かっての加速が遅くなるという認識に基づいて，上半身のプライオメトリック動作の例としてあげられることが多い。これらが，本当にプライオメトリック活動なのかどうかを決定する要素は，償却期を分析することで見出すことができる。償却期が本当に最小化されているのであれば，重力下での肘の屈曲は，アスリートの手のひらが床面についた直後に止まる。

　しかしながら，図9.23に示したように，クラップ・プッシュアップの接地時の分析によれば，手が床面に接した後も肘関節の屈曲と胸鎖関節の内転は，長く続いている。この間は，神経筋系はまちがいなく後に続

図9.24 爆発的なプッシュアップのバリエーション：(a) オルタネイト・アーム・メディシンボール・プッシュアップ，(b) ドロップイン・プライオメトリック・プッシュアップ。

く短縮性活動に役立つ弾性エネルギーを蓄積しているが，接地時間は長く，償却期も長い。この議論はいくらか実際的ではないのかもしれない。なぜなら，これらの動作はおそらく本当の意味でのプライオメトリック活動ではないが，明らかにバリスティックであり，上半身の力－速度能力に対するトレーニングにおいて重要な機能を果たすからである。

ジャンプ動作とショック動作を区別するのと同様に，アスリートはオルタネイト・アーム・メディシンボール・プッシュアップ（図9.24a）のような多方向への動作へと段階を上げる前に，基本的な動作（クラップ・プッシュアップ）ができる能力を備えている必要がある。このオルタネイト・アーム・メディシンボール・プッシュアップでは，反復間で爆発的な動作によりボールを跨ぐように側方へと動き，そしてショック動作となるドロップイン・プライオメトリック・プッシュアップを行うもので，膝立ち位（上級アスリート）や立位（さらに上級なアスリート）姿勢から行い，身体を受け止め支えたり，爆発的なプッシュアップで身体を上げたりする際にとても大きな上半身の筋発揮が要求される（図9.24b）。

メディシンボールを用いた動的な動作（図9.25）は，厳密なプライオメトリック活動ではなくバリスティック動作に近いものと考えるべきである。これらのエクササイズは，幅広い年齢と経験に対応できる。念頭に置くべき重要な点は，メディシンボール・スローの強度は，プライオメトリック活動の強度とは大きく異なるということである。メディシンボールを用いたエクササイズでは，体重に対する一定の割合の重さのボールを加速させる。しかし，プライオメトリック活動では，一般的に自重の何倍もの重さを減速させたり，再加速させたりする。したがって，要求される筋力はまったく異なる。

動作が完全であると仮定すると，実施可能な動的なメディシンボールエクササイズの種類は，指導者の想像力によってのみ制限される。一般的に，これらのエクササイズは床面から運動連鎖を介して力を上方へ伝達するので，外的な対象物に対して床反力を伝達するというスポーツ特有の性質を模倣するものである。

メディシンボール・テニスのようなゲームは，運動能力向上のためのカリキュラムにバリエーションをもたすものとして取り入れることができる。この動作は，バイオメカニクス的にはテニスのフォアハンドと似ているが，メディシンボール・スローの力－速度関係の要素はテニスとは異なるため，テニス選手にとって，スポーツ特有のドリルとしては推奨できない。しかし，このゲームでは，素早く主働筋を伸ばすために身体を捻り，その反射収縮による短縮性の筋発揮を行って対象物をインターセプトするための動作が必要である。パワーは床面から運動連鎖を介して上方へと伝

図9.25 爆発的なメディシンボールエクササイズの例：(a) 股関節屈曲によるスロー（下半身），(b) ニーリング・オーバーヘッド・スロー（上半身），(c) メディシンボール・テニス（全身），(d) 体幹回旋からのボールスラム（全身）。

達され，それにより外的な対象物（ボール）に対して大きな力積を与えることができ，結果としてボールは遠くへ，そして速く飛んでいく。このゲームは楽しく，多方向へのパワー発揮を向上させるための手段として，アスリートのパワー向上のためのトレーニングに組み込む価値がある（ゲーム形式は，アスリートにとって，挑戦への欲求を増加させる）。

プログラム作成上の注意点

本章の前半でプライオメトリック活動のセッション前やセッション中における疲労を最小限に抑えるというプログラム作成上の重要な注意点について述べた。プライオメトリック活動のセッションは，一般的にトレーニング週のはじめ，あるいはアスリートが比較的新鮮な状態でトレーニングを迎えられるリカバリー日の翌日に行う。同様に，プライオメトリック活動は，通常，しっかりとしたウォームアップの後，疲労のない状態であるセッションの最初に行う。

爆発的な動作を支える神経筋の動員を向上させるために，いくつかのトレーニング戦略が示されている。これらの技術では，後に続く活動における急速なパワ

一発揮や力産生率，あるいはその両方を向上させるために活動後増強刺激を利用する[18]。ここでの基本的な前提は，高い力発揮刺激（例えば，3 RM スクワット）では，動作を行うにあたり，最大限の運動単位の動員をするために神経筋系の働きが要求されるということである。アスリートがバイオメカニクス的に同じ動作をする際（例えば，デプス・ジャンプからボックス・ジャンプ）には，アスリートが意識的に動員できるよりも多くの運動単位を動員できるよう神経筋系はすでに働きを強めている（準備している）状態になる。

　この原則は，スプリント動作にレジスタンス・スレッドを使用するなど，多くの運動技術に応用されている（第8章参照）。これはまた，高強度の力発揮を強化するために速度－力（高速度）動作が用いられる時のように，反対の状況でも用いられている。例としては，スナッチリフトに先行して最大限のカウンタームーブメント・ジャンプでボックス上に跳び乗ることがあげられる（第10章参照）。

　プライオメトリックトレーニングの効果を最大化するためにこの現象を最もよい形で利用するにあたって，よく知られる2つの戦略が上級のアスリートに対して用いられる。この2つの戦略の根拠となる重要な考慮事項は，動作の質を妨げる疲労を引き起こさずに，神経の動員を最大化する必要があるということである。

　複合トレーニングには，セットごとに高速度エクササイズと最大筋力発揮を伴うエクササイズを交互に行うことが含まれる（例えば，床からの高重量のクリーン・プルとオルタネイト・バウンドを交互に行う）。研究結果からは，最大の効果を得るにあたり，反応を活性化するために，最大筋力のエクササイズに用いる抵抗負荷を90% 1 RM以上としなければならないとされている[19]。高重量かつ爆発的なエクササイズの間には一般的に2～5分の休憩を設けなければならないが，この休憩の適切な長さは個人によって異なる。

　同じ理論に基づく同様の戦略として，複数セットの爆発的エクササイズを行う前に複数セットの最大筋力エクササイズを行う，あるいは高い力発揮を伴うリフトを行う前に爆発的なジャンプを行うようなコントラストトレーニングがある。例えば，ハードル・ジャンプとデプス・ジャンプを4回4セット行う前にクリーンを3回4セット行う，あるいはビハインド・ネック・プッシュ・ジャークを3回4セット行う前に最大の高さのボックス・ジャンプ4回3セット行うことがあげられる。

まとめ

　本章では，ジャンプ動作とそれに関連する動作は，多くのスポーツ活動でのパワーの向上を支える基本的な動作スキルであることを述べた。このような動作でのパワーの発揮を支える身体的－力学的メカニズムは，伸張反射，つまり伸張－短縮サイクルであり，それは本質的には，先行する動作によって急激にかつ強制的に伸張された筋線維内で力強い短縮性収縮を起こす防御作用である。プライオメトリック技術は，力強い動作を確立するにあたって，伸張反射を用いたリバウンド動作を鍛えるために開発された特殊なトレーニング方法である。

　ランニング，ジャンプ，ホップ，リーピング，バウンディングなど多くの基礎的な動作は，伸張反射活動に依存している。したがって，プライオメトリック活動は上級アスリートだけのものとみなすべきではない。個人のスキルレベルやトレーニングプログラムの要求に沿った目的を達成するために，さまざまな片脚あるいは両脚での活動が修正され，運動能力向上のプログラムに組み込まれている。足と床面との接地パターン（両足での接地，片足での接地，交互に接地），エクササイズに関連する要求，そして垂直方向への移動（上方へのジャンプ，同じ高さにとどまる，高いところからの落下）によってプログラムにバリエーションを加えることができる。

　プライオメトリック活動の段階を上げる際の適切な強度の決定にあたっては，運動能力に関連する多くの要因とアスリート個々の身体的特徴，エクササイズの難易度と身体的要求，そして安全な指導が可能となる環境について考慮しなければならない。

プライオメトリック活動は，どのようなトレーニングプログラムにおいても効果的なものである。しかしながら，エクササイズの要求がアスリートの能力，特に筋力や技術的能力を超えたものにならないよう配慮が必要である。多くのトレーニングの方法論と同様に，そのような状況に陥った場合は，下肢や腰椎−骨盤領域における損傷の発生が有意に増加する可能性がある。神経筋系の強化と同時に技術の構築を適切に強調することで，アスリートのスポーツ特有の能力を高める動作のスキルを著しく，そして持続的に向上させることが可能になる。

（大西　史晃）

第10章

ファンクショナルトレーニングの段階的プログラムを立案する

　筋力（strength）の概念は，物理的な力（force）を操ることに由来している．スポーツ場面では，筋力によって内力や外力を発揮したり，また抵抗することで加速や減速が生じる．一方で，運動の質（スキル）とは，プレッシャーのなかで技術を発揮する際に，姿勢を介して力の伝達を制御する能力である．

　本章では，運動スキルに関連する筋力トレーニングの概念を分析し，前章までに示された情報をまとめ，動作やスキルの土台となる基礎的能力の向上について概説し，数多くのエクササイズの段階的プログラムを紹介する．指導者は，これらの内容をより実践的なトレーニングプログラムとして発展させることができるだろう．

絶対筋力と相対筋力

　アスリートの筋力を評価する方法はさまざまである．最も一般的な方法は，多くの指導者が行うように，アスリートに「ベンチプレス，スクワット，クリーンなどでどれくらいの重量を挙上できるか？」と尋ねることである．この種の質問では絶対筋力，つまり挙上できる外的負荷の大きさを尋ねている．絶対筋力は体重に依存することから，体重により標準化することが多い．これが相対筋力の考え方であり，アスリートやグループ間での比較を可能にする．例えば，体重98 kgのアスリートが200 kgの重量をスクワットで挙上できる場合（体重98 kgとバーベルの重量200 kgの総計は298 kgとなり，これは体重の3.04倍に相当する），体重120 kgのアスリートが215 kgの重量をスクワットで挙上できる場合と比較して，相対筋力は大きいことになる．相手選手とぶつかる際の衝撃力に耐える能力はパフォーマンスを決定する重要な要素であるため，コリジョンスポーツにおいて絶対筋力は重要だろう．

　相対筋力は，挙上できる外的負荷の大きさに必ずしも関連していない．多くのスポーツで力を発揮するとき，走動作，跳動作，体操動作などでは，自分自身の体重のみを陸上や空中で移動させることを目的としている．この場合，体重における筋力の比率（または筋パワー対体重比）を考慮することが重要となる．

　相対筋力に関しては数多くの注意事項がある．体重は身体全体の質量を指すため，運動能力と関連しない部位（すなわち体脂肪）も含む．体脂肪量が減少することで，筋力自体が向上していなくても，相対筋力は増大する．同様に，除脂肪体重の増加は，筋量の増加によってもたらされる．これにより絶対筋力は確実に増大するが，相対筋力は大幅に増大しない可能性もある．ちなみに，トレーニングの全体的なバランスが維持されているかぎり，筋量の増大が筋力や実際のパフォーマンスに悪影響を及ぼすことはほとんどない．

　スポーツパフォーマンスに対する筋力の重要性を理解するためには，筋力をパフォーマンスにどうやって活かすか，という考えが必要となる．アスリートに対して「あなたの筋力はどれくらいか？」と尋

ねることはそれほど重要ではない。「スポーツ場面で，筋力をどれくらい発揮できるか？」という質問こそが重要である。第4章で説明したように，パワーは力と運動速度によって算出され，さらに加速度と関連する。単位時間あたりの筋出力が大きいほど，大きい加速度が生じる。加速度を産み出す能力は，おそらくスポーツパフォーマンスを決定する最大の要因である。つまり，体重あたりの筋パワー発揮は，スポーツ動作を評価するうえで重要な概念なのである。

指導者がこの考え方を理解すれば，「どれくらいの筋力があれば十分に強いといえるのか」という質問に，ほとんど意味がないことがわかるだろう。「このアスリートがスポーツ場面において最高のパワーを発揮するには，どれくらいの筋力が必要か」という観点からプログラムを計画すべきである。これは近年多くのマーケティングや商業目的で使用されている「ファンクショナル・ストレングス（機能的筋力）」という考え方につながる。トレーニングにおけるその他の側面と同様に，優れた指導者は，基礎となる科学的原則を振り返ることで，よい指導法なのか，単に優れたマーケティング手法なのかを区別することができる。

筋力トレーニングにファンクションを導入する

生物学において，ファンクション（機能）とは，生物が進化する過程において自然淘汰から生き残ることを通して得た発達と関係している。ファンクションを理解するには，目的や達成した結果との因果関係（もしこれができれば，あれができるようになるといったように，連続的に結果を引き起こす事象）を見据える必要がある。

スポーツでは，身体に対して外部から作用する力（外力）と体内で作用する力（内力）の相互作用に積極的に適応し，それらを強化する必要がある。重力と地面反力が外力としては最も大きいが，多くのスポーツでは衝撃力や推進力も作用する。筋力トレーニングの結果として，制御不能な回旋運動や代償動作によって力を消散させることなく，意図した方向に力を効果的に伝達できるようになることが重要である。適切なトレーニング刺激を与えることによってアスリートには最大の適応が促される。

ファンクション（機能）の概念の理解には工学系の研究が助けとなるだろう。工学系プロジェクトの必要条件は，製品に関する最も重要な性質の概要を示すことである。仕様書には必要条件を満たすための最適なプロセスや機能の詳細が記載されているが，ちょうど指導者もスポーツ場面において仕様書と同様の役割を果たす。指導者は，アスリートの要件（すなわち，パフォーマンスの必要条件）を見極めた後，特異的トレーニングを実施させ，適切な適応を促す。例えば，NFL（米国のアメリカンフットボールリーグ）において，コーナーバックは守備的なポジションのなかでおそらく最も万能なアスリートの集団である。NFLのデータベースから得たこのポジションの身体的パフォーマンスの記録を分析することにより，トレーニング時に目標とすべきパフォーマンスの基準を設定することが可能である。これらの記録によれば，NFLのドラフト候補のコーナーバックは，10ヤード（9.1 m）を1.45秒，40ヤード（36.6 m）を4.4秒で走り，36インチ（91 cm）以上の垂直跳びを記録し，4秒以内で5-10-5シャトルランを完走する必要がある。

工学の世界とは異なり，アスリートたちは機械のように同じではなく，個人個人が異なっている。各スポーツの最高レベルにいるアスリートの体型は自然に選択されている。例えば，走り高跳びの選手と水泳選手は身長が高い。これは，質量中心とてこの観点から，身長が高いほうがパフォーマンスを発揮するうえで有利だからである。しかし，各スポーツに理想的な体型がある一方で，さまざまな体型や大きさのアスリートが活躍している。テニスのセレナ・ウィリアムズとジャスティン・エナン，サッカーのワールドクラスのストライカーであるウェイン・ルーニーとクリスティアーノ・ロナウド，または野球の投手スティーブ・シセック（身長198 cm，体重100 kg）とティム・コリンズ（身長170 cm，体重77 kg）の違いを考えてみるとよいだろう。

スポーツにおいて自然に選択が生じるということ

は，ファンクションの概念がアスリートの身体構造と関連するということである。実際に，身体構造または体格とファンクションとの相関関係は，生物学および身体科学における中心的テーマの1つである。パフォーマンスに活かすという筋力トレーニングの目標を達成するためには，トレーニングプログラムに4つの重要な考え方が含まれる必要がある。

1. スポーツ場面で必要とされるファンクション（体格，力および速度特性，関節の動きおよび筋活動）は何か？
2. アスリートの形態的および身体的特徴は何か？
3. どのような身体的–力学的特性がこのアスリートに影響を与えるか？
4. このアスリートの体格に対してどのトレーニングが最もファンクションを向上させるか？

第1章から第5章までは，トレーニングプログラムの目的は広範囲にわたることを紹介した。まず，アスリートは強い力を発揮すること，そしてその能力を向上させる方法を学ぶ必要がある。アスリートは，次第に大きな力を素早く発揮できるようになり（すなわち，大きな力積を生み出すことができるようになり），最終的には，スポーツ特異的な動作において正しいタイミングで正しい方向にこの力積を生じさせる。トレーニングの段階的プログラムは，運動スキルにおいて力積を発揮するタイミングを向上させるという目的の達成のために，広範囲かつ特異的な方法を基礎として立案する。

トレーニングの目標は，トレーニングの優先順位を決定し，プログラムデザイン全体のバランスに影響を与えることを覚えておく。用いる方法のすべてが常に目的を達成することに焦点をあてているわけではない。この概念の詳細については本章の後半で，適用例は第11章で詳しく説明する。

スポーツにおいて必要な筋力要素

すべてのスポーツパフォーマンスにおける第一の必要条件は，地面反力を効果的に発揮し，重力を克服するために十分な姿勢保持能力を有することである。この能力がなければ，動きは効率的でも効果的でもなくなり，損傷発生のリスクが高まる。姿勢保持筋力は，この章で示す何よりも基本的な能力である。姿勢保持能力に加えて，あらゆるスポーツ場面において，競技パフォーマンスの成否を左右する基礎的筋力，筋パワーまたはスピードが必要である。第4章では，力と速度の関係性および特異的な能力を得るためのトレーニング方法について説明した。ラグビーやアメリカンフットボールなどのコンタクトスポーツでは，筋力の大きさよりもパワー（力と速度の積）への依存度が高い。ランニング，テニス，サッカーなどのスポーツでは，スピード（速度）の要素が強く関係する。

力を効率的に伝達するための姿勢保持筋力に加えて，長期的にパワーを生み出すための適切な土台を提供し，また損傷の発生を防ぐためには，筋力を十分に向上させる必要がある。**図10.1**に示したように，基本的な目的は，動的アライメント（すなわち正しい技術），機能的筋肥大（細胞内の筋小胞体内の水分量の増大ではなく[1]，筋の収縮タンパク質の成長および配置）および筋内の運動単位の動員過程に対して影響を与えることである。

トレーニング動作の機能性

ファンクショナルトレーニングには，目的とする適応を特異的に生じさせる内容が多く含まれていなければならない。ただし指導者は，そのエクササイズ，より正しくはトレーニングプログラムが機能的であるか否かという観点から考えてはならない。また，機能性の考え方が絶対的または決定的であるとみなすことも賢明ではない。いくつかのエクササイズは，他のエクササイズよりも機能的かもしれないというように，機能性を相対的に評価するとよい。この評価はエクササイズをどのように処方し，準備し，さらに実施するかによって決定される。

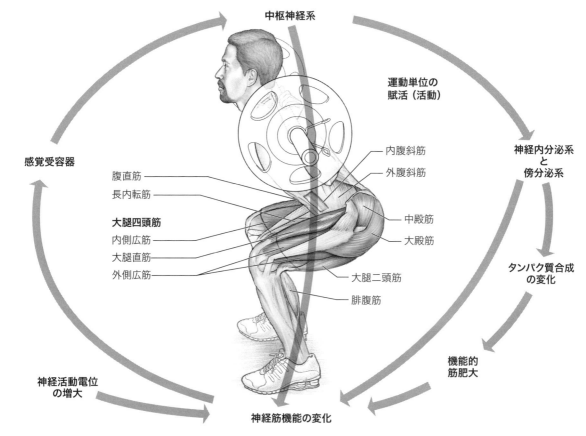

図 10.1　筋力トレーニングに対する身体的−力学的反応

第1の原則：
複数の運動面で動作を鍛える

　筋力トレーニングはすべての運動面での動作を含め，さらに複数の関節を同時に用いるべきである。これにより，複数筋群の協調や姿勢制御における重要な側面が強化される。アライメントが筋の動員とファンクションを決定するという原則は，ファンクショナル（機能的筋力）トレーニングの中心原理である。

　したがって，筋自体ではなく，全運動面上での動作に焦点をあてるべきである。適切な技術により正しい動作をトレーニングすることで，目的とする筋は発達する。この神経筋動員パターンは，適切に調整された筋活動を可能にし，スポーツまたは日常動作における筋活動に反映される。筋自体ではなく，動作をトレーニングすることが重要であることを説明するために，大腿四頭筋の役割とトレーニングの必要性を考えてみる。

　スポーツ動作において，大腿四頭筋は主要な膝伸筋である。しかし，大腿四頭筋が他の関節や筋から独立してこの機能を果たすことはほとんどない。股関節，膝関節，足関節のトリプルエクステンション（スポーツ活動時に最も力強い加速を発揮するための土台となる）を介して加速を生じさせる際，大腿四頭筋は股関節伸筋群（大殿筋やハムストリングス）および足関節底屈筋（下腿三頭筋）と同時に活動する。トリプルエクステンションは，サイクリングやローイング（ボート競技）での踏み込み動作，さらに走動作および跳動作を基本動作とするスポーツの根幹をなす動作である。着地動作では大腿四頭筋はハムストリングスと共同収縮することで膝関節を安定させる。

　同様に，キック動作において大腿四頭筋がボールと接触する前に収縮することで膝関節が伸展し，ボールとの接触時には膝関節および下腿が伸展する。キック動作は，（ハムストリングスおよび殿筋の収縮により）

股関節と膝関節が強く伸張した肢位から開始するが，これは大腿四頭筋に伸張反射を生じさせることに着目すべきである。さらに膝関節が伸展しはじめると股関節は減速し，膝関節は伸展動作を安定させながら（動作終了まで）減速する。これらのすべての動作は主にハムストリングスの機能であり，固有受容感覚によって制御されている。これらの共同収縮のパターンをトレーニング方法に反映させる必要がある。

　ボディビル競技のようにトレーニングの目的が筋肥大である場合，レッグ・エクステンションは適切なトレーニング刺激となる。しかし，この単関節運動（アイソレーションエクササイズ）には，矢状面での膝関節伸展における大腿四頭筋の短縮性収縮および膝関節屈曲時の伸張性抵抗が含まれるのみである。体幹と股関節アライメントを保持する筋活動を補う機器に座り，運動は単一平面上に限定されるため，アスリート自身が姿勢を制御する必要がない。実際，座位姿勢はほとんどのスポーツ場面でみられることはない。したがって，このエクササイズの機能性には議論の余地がある。

　レッグ・エクステンションの設定でもう1つの重要な論点は，膝関節支持が欠如していることである。股関節と大腿部が支持されているため，ハムストリングは活動する必要がない。支持されていない状態では膝関節は足部に加わる負荷と大腿四頭筋間の回転軸となる。つまり，これは膝蓋靭帯によってこの作用が非常に大きくなることを意味している。このこと膝関節周囲筋による安定化の欠如から，レッグ・エクステンションの適用性には疑問がある。

　レッグ・プレスは矢状面において股関節および膝関節の屈伸動作を行う多関節運動であるが，このエクササイズにおいても同様の議論がある。レッグ・プレス動作初期の股関節伸展では，殿筋およびハムストリングスの同時収縮が生じている。この際に足部の位置を変えることで筋活動を変化させることができる。足部をプレート（足を置いて踏み込む場所）の下部に位置させると膝関節動作が強調され，大腿四頭筋の筋活動が増大する。足部をプレートの上部に位置させると，股関節での動作が大きくなり，殿筋とハムストリングの筋活動が増大する。足部を骨盤幅よりも広くすると内転筋（長内転筋，大内転筋）への負荷が増大する。レッグ・プレスではアライメントを操作し，作用筋を変化させることができる。しかし，座位で体幹が支持された状態で実施することから姿勢制御を必要とせず，また単一運動面での動作であることに変わりはない。足部の位置は動作を通して一定であり，股関節屈曲は深屈曲位（ボトムポジション）では大きくなるが，股関節伸展角度は通常90°に制限される。このような動作は，屋内外のフィールドスポーツのいずれにおいても多くはみられない。

　リアリフト・スプリット・スクワットと比較してみよう（**図10.2**）。このエクササイズでは，強力な膝伸展動作が股関節伸展と同時に発揮される。運動は立位で実施するので，力は股関節において発揮された後，地面に向けて伝えられる。さらに姿勢制御が運動連鎖全体にわたって必要になる。主に矢状面での動作であるが，体幹や股関節の屈曲動作で生じる回旋動作（体幹では水平面上の，股関節では前額面上の回旋が生じる）を制御するために顕著な筋活動が生じる。基本原則として，この種のエクササイズで前方の足を挙上することは後方の運動連鎖（この場合は主に殿筋）を強調する。また，後方の足を挙上することは前方の運動連鎖を強調するため，大腿四頭筋の必要性が増大する。

　本章の後半では，異なる運動面の動作を追加することによって，エクササイズをより機能的にできるかどうかについて検討する。バーベルのバーは主に単一運動面上で動く。ただし，実際はすべての運動面での自由度を有するため，姿勢保持筋群の等尺性収縮による体幹安定化によりバーベルの前後左右方向への運動を制御している。同様に，これらのエクササイズは多関節動作であり，多くの筋がかかわる多平面の動作でもある。さらに，下肢の全可動域にわたる屈曲・伸展の関節運動を必要とする。運動連鎖全体にわたって，顕著な筋の協調と固有受容感覚による制御が必要である。

　プル（引き）動作，スクワット，ステップアップなどのように足部を地面（動かない物体）に固定して実

図10.2 後方の足部を挙上させて実施するリアリフト・スプリット・スクワット

施するエクササイズやプルアップやプッシュアップなどのように手部が固定されたエクササイズは，閉鎖性運動連鎖（クローズド・キネティック・チェーン：CKC）エクササイズとして知られている。レッグ・プレス，スプリット・スクワット，スレッド・プッシュおよびスレッド・ドラッグでは，圧縮力により筋力が発達する（つまり姿勢が重力と床面からの地面反力との間で圧縮力を受ける）。レッグ・エクステンションは開放性運動連鎖（オープン・キネティック・チェーン：OKC）エクササイズであり，足部は固定されていない。OKCエクササイズは，例えばレッグ・エクステンションの際に膝蓋骨を介して生じるような剪断力を大きくする傾向があるため，指導者はプログラム内で過度に実施させることに慎重でなければならない。

前後方向の踏み込み動作（ほとんどのスポーツで重要）は，地面上で実施する単一運動面の動作であり，安定した高重量の負荷によって筋力を向上させる。バーベルのプレートを載せたスレッド（そり）を低い位置から押すことにより，膝関節の伸展によって導かれる踏み込み動作が可能になり，その結果，前方運動連鎖（anterior kinetic chain）に含まれる大腿四頭筋が強化される。動作の際には，力は直線方向で最もよく伝わることを認識させることで，アスリートが脊柱を固定し腕の位置を直線に保ち，地面からスレッドへ力を最大限に伝達できるように促す。同様に，ハーネスを使用してスレッドを後方に引く動作は，主に膝関節伸展により大腿四頭筋の筋力を向上させるためのエクササイズである。しかし，これらの大きい力発揮を必要とする動作が他の運動と比べてどの程度の機能性を有するかについて，指導者は慎重に検討すべきである。

図10.1に示したように，身体の高次運動調整機能を有する脳の運動野にも焦点をあてるべきである。運動野は外部環境からの負荷に対応して神経系を調整する。このシステムは単一筋からではなく，多くの入力情報をもとに動作の反応を制御していることから，筋力トレーニングには多くの筋活動を含むべきである。それにより運動野は，スポーツ場面でみられる力強い動きを発揮するために必要なコーディネーションを発達させることができる。

CKCエクササイズは通常，自重エクササイズであるが，さらに負荷を追加することもできる。このエクササイズの機能性は高く，スポーツ場面でみられる重力，アスリート自身の身体，地面反力との間で生じる相互関係が再現される。複合動作では効率的で協調された動作を生み出すために，すべてのセグメント間での相互作用が求められる。

CKCエクササイズでは目的とする筋群への直接的

な負荷は小さくなるため，多くの人々が筋肥大は生じないと考えるかもしれない。その可能性は否定できないものの，特定の筋群における筋肥大の重要性は，上記のエクササイズが姿勢制御や神経筋の賦活およびコーディネーション能力にもたらす効果と比較して，慎重に判断する必要がある。

近年の研究では，筋肥大は必ずしも局所へのストレスに応じて生じるというわけではなく，むしろ細胞のシグナルメカニズムと関連した中枢神経系の調節プロセスに関連することが示されている[2]。このような概念は，当初がん研究において指摘されていた。この概念のもと，特定の流れで筋線維などの細胞を発達させるコンディションや遺伝的環境を同定する努力がなされている。

このようなシグナル（信号）はアナボリックホルモン（同化ホルモン）と同時に伝えられる。アナボリックホルモンとは，筋と結合組織の成長を刺激するホルモンであり，テストステロン，IGF-1 およびヒト成長ホルモンと同様に，筋力トレーニングに応答して分泌される。数多くの研究[1]において，これらのホルモンが小筋群に対してより小さい負荷で実施する単関節エクササイズではなく，スクワットやデッドリフトなどの多関節エクササイズや高負荷（ベンチプレスなど）のエクササイズ後により高い濃度で分泌されることが示されている。

さらに，筋力トレーニングはただ神経筋システムを刺激するだけではない。結合組織も同様に発達させ，筋が発揮する力に対して適応する。ストレスは構造上で最も脆弱な部分に影響を与える。例えば，一般的に腱損傷は筋内で生じた力が腱の負荷許容量を超えた際に生じる。筋肥大を目的にアナボリックステロイドを使用した結果，アスリートに損傷が生じることが多いが，これは急激な筋力の発達がそれを伝える腱の許容量を超えることによる。

同様に，特に膝や肩のように損傷が生じやすい関節のトレーニングプログラムを立案する際には，靱帯にも関節の安全を保つために過負荷を加える必要がある。これは他者からの衝突や，床反力からの大きな衝撃力を受ける着地動作などで，特に重要である。骨も

また筋力トレーニングによる力学的刺激に反応し発達する。より多方向のファンクショナルトレーニングプログラムであるほど，神経系ならびに筋骨格系のすべての側面において，パフォーマンスに必要とされる適切なトレーニング効果が得られる。

機能性の理解についての議論を，フリーウエイト（またはフリースタンディング）とマシントレーニングとの議論と混同してはならない。ここで大切なことは，すべての過程においてトレーニングの機能性レベルを考慮すべきであるということである。例えば，ケーブルマシンやジャマー（jammer）アクションを含む多くのマシンは機能的であると考えられる。これらのマシンの使用とファンクショナルエクササイズの例は，本章の後半で紹介する。

第2の原則：
運動連鎖全体を介して力を伝達する

さらにエクササイズの機能性のレベルを決定するために，動作を実施する際に力がどのように身体を介して伝達するのかを考える必要がある。第5章で示したように，スポーツにおけるほとんどの力は床からの地面反力により生じており，下肢，骨盤，体幹を介して伝達され，上肢での力発揮につながっている。運動連鎖を介した力の伝達は，ある関節での減速に続く（運動連鎖での）次の関節での加速といった形で特徴づけられ，この過程は中枢神経系および固有受容感覚によって調整されている。

スポーツ場面で素早く大きな力を発揮する時，効率的な動作を生み出すために複数の運動面において多くの筋活動を調整する必要がある。動作に関連する複数の関節周辺筋群によって多平面での力を発揮する能力（すなわち筋力）は，プログラムの段階を進める際に考慮すべきである。

さらに，力を効率的に伝達するためには，四肢が力を発揮する際の土台となる身体の主要部位，すなわち骨盤と肩甲帯の安定性が必要である。したがって，骨盤の制御や肩甲帯の安定性に対して負荷が大きいものが，より機能性の高いエクササイズといえるかもしれない。

表10.1　伝統的なオーバーヘッド・プレス動作

	マシン・ショルダー・プレス	シーテッド・ダンベル・ショルダー・プレス	ビハインドネック・スタンディング・プレス
肩甲帯の制御	ほとんど必要ない。マシンが動作の軌道を決定し逸脱することはない。体幹上部は背もたれ（バックシート）によって支持されている。	限定的である。腕が独立して動くため動作の複雑さが加わるものの，体幹上部は背もたれ（バックシート）によって支持されている。	重要である。体幹と上背部は支持されていない。肩の位置は動作を通してシャフトの垂直軌道を保つために，効率的な力伝達を発揮するために維持しなければならない。
骨盤の制御	体幹が背もたれ（バックシート）によって支持されているため，制御する必要はない。	体幹が背もたれ（バックシート）によって支持されているため，制御する必要はない。	重要である。骨盤は中間位が保たれ，また直立位を維持する必要がある。
力の伝達	マシンのてこを通した肩甲帯の単関節エクササイズ。	単関節エクササイズ。体幹は支持されており，背もたれ（バックシート）は肩からダンベルまでの力の伝達の基礎を提供している。	床からのすべての運動連鎖を介した多関節エクササイズである。支持基底面からできるだけ高いところまでバーベルを挙上する必要がある。
運動面	矢状面のみ。	主に矢状面における屈伸動作である。ただし，アスリートは水平面および前額面の運動を制御する必要がある。	主に矢状面である。しかしアスリートは股関節，体幹および肩における水平面上の回旋や前額面の運動を防ぐ必要がある。

　ここでいくつかの伝統的なオーバーヘッド・プレス動作をみてみよう（**表10.1**）。マシン・ショルダー・プレスとシーテッド・ダンベル・ショルダー・プレスは，両エクササイズとも座位でのアイソレーションエクササイズであり，運動連鎖において骨盤または肩関節を安定させるための神経筋活動はほとんど必要ない。実際に，このようなアイソレーションエクササイズは，意図的に運動連鎖を分断していると考えられる。ただし，これらのエクササイズではスポーツ活動で，手部に力を伝えるために用いられる多くの筋群は用いられない。なお，ダンベルを用いた場合，手部は独立して動くため，動作はアスリート自身が制御する。したがって，シーテッド・ダンベル・ショルダー・プレスは，軌道が固定されアスリート自身で変えることができないマシンプレスと比較して，やや機能的であると考えることができる。

　もしシーテッド・ダンベル・ショルダー・プレスをビハインドネック・プレスのように立位で実施するなら，機能性の高いエクササイズとして考えることができるだろう。アスリートが負荷を頭上に挙上させる際，それぞれのダンベルの軌道を維持するために姿勢制御が強いられるだろう。立位でのオーバーヘッド・プレス動作において，アスリートがしばしば胸腰椎を過伸展させる場合がある（明らかに脊柱下部の前弯を増強させている）。この動作により胸筋のかかわりを高め，体幹を保持する筋群および肩関節伸筋群（三角筋）の筋力不足を補っているのである。

　議論の余地はあるが，オーバヘッドプレス動作は，ジャーク動作という足部から力を伝える挙上を加えることで機能性を高めることができる。プッシュ・プレス（またはジャーク）はビハインドネック・プレスと同じポジション（場合によっては肩の前部に位置させることもある）から開始し，バーベルの挙上を開始する際に下肢の反動動作（素早い屈伸動作）を用いて床面から下肢，体幹を介して力を伝達させ，バーベルに対して運動量を与える。そのため，肩や腕からの押し動作の必要性は低くなる。足部からの力が加わるため，通常，使用する負荷は増大する。これにより運動連鎖全体を介して神経筋系への負荷が加わる。

　座位や体幹が支持されたエクササイズにおいては必要とされないが，立位でのエクササイズでは，バランスがとれた姿勢を維持するという負荷が加わるということも考慮する。ある活動が機能的であるためには，そこに動的バランスの要素，すなわち支持基底面に対する質量中心（重心）の平衡性を維持する要素が含まれなければならない。スポーツ場面では，動作時に可動性と安定性が継続的に作用しあって動的な平衡を保っている。アスリートは効率的な動作を生み出すため

図10.3 デッドリフト：(a) 開始姿勢，(b) 中間姿勢，(c) 立位姿勢。

にバランス保持の努力を継続しているのである。筋力トレーニングはこの目標を持続し，またプログラム内容に反映させるべきである。

第3の原則：
床面からの運動連鎖では，四肢より先に体幹への負荷が課せられる

ここまでは，運動や姿勢の連鎖全体を介した力の伝達の重要性について議論してきた。オーバーヘッド動作についていえば，重心位置が上方に移動し，支持基底面および負荷が加わる位置双方から重心までの距離が最大になることで，運動連鎖は伸長する。この場合，負荷に対する反応は主に単一運動面上で，重力と反対方向に向かって生じる。さらに動作によって課せられる負荷は，運動連鎖のつながりが最も弱い部分，つまり付属骨格と軸骨格の間をつなぐ主要な部位（すなわち骨盤または肩甲帯）に加わるだろう。

スポーツ場面において力は床面から運動連鎖を介して伝達されるため，ファンクショナル（機能的）エクササイズの必要条件は，同様の力伝達のパターンを有するCKCエクササイズということになる。例えば，デッドリフト（図10.3）は非常に高い筋力を必要とする動作であり，比較的高重量をできるだけ力強く床から引き上げる。床面への押し動作は股関節および膝関節の共同収縮により生じる。適切な股関節伸展のメカニクスで，挙上時のバーベル移動量が股関節および膝関節伸展の変化量と比例するように地面からバーベルに対して床反力を伝達させるためには，腰仙椎を最も安定した姿勢に保持することが必要とされる。同様に，バーベルのシャフトを握る腕を介して力を伝達するために，さらには肩甲帯の損傷を予防するために，肩甲骨を後退させ安定させた姿勢を維持する必要がある。

もしこれらの関節間でこの安定した関係性を保てない場合，力は効率的に伝達されず代償動作が生じる。万が一負荷を挙上できたとしても代償が伴う。正しい腰仙椎のアライメントが維持されない状態で挙上動作を行った場合，椎間板ヘルニアといった代償を払うこともある。アスリートは代償動作を生じさせないように，股関節の機能に応じた負荷（この場合はバーベルプレートの重量）を用いるべきであろう。この考え方は，高重量を使用する際だけではなく，異なるセグメントで異なる運動面の動作を行うような課題を実施する際にも当てはまる。

第4の原則：
連続的な筋活動により高い力発揮・高速動作が生じる

　ファンクショナルエクササイズの概念については論点を絞る必要がある。なぜならば，あらゆるトレーニング様式がファンクショナルトレーニングのプログラムに組み込まれ，統合されるべきであるからである。ファンクショナルトレーニングは，アスリートのルーティーンに組み込まれたエクササイズのすべての側面を補完すべきものである。これには動作時に生じる筋活動の連続性に焦点をあてることも意味する。

　身体においても最も力強い動作は筋内の伸張-短縮サイクル（SSC）を基礎としている。プライオメトリクスの例でいえば，主に速いSSCが用いられる。しかし，筋力トレーニング動作ではこの種の活動の特徴である0.02秒以内の動作を遂行することはできない。ただし，アスリートはより遅い筋活動時の伸張性筋活動によって蓄えられた弾性エネルギーも利用することができる。したがって，遅いSSCを向上させることは，爆発的動作の助けとなるだろう。

　多方向動作のスキルを遂行する場合，伸張性筋活動による減速は身体セグメント（例えば，キック動作においてハムストリングスは膝関節を減速させる）または全身（例えば，やり投げにおいて身体を回転させるために大殿筋，大腿四頭筋，腓腹筋は踏み込み側の足部を減速させる）の両方に生じる。伸張性筋活動は，熟練動作の必要条件にそれが含まれない唯一の競技である自転車競技という例外を除く，すべてのスポーツの筋力トレーニングプログラムにおいて，非常に重要な要素である。

　アスリートが筋力を競技に活かすためには，常に伸張性筋活動をトレーニングに組み込むべきである。また，運動スキルによっては，0.08～0.4秒で最大の力発揮を必要とするトレーニング様式やエクササイズを用いるべきである。第9章では，全体的な筋力トレーニングプログラムに組み込むべきプライオメトリクスを紹介した。同様に，機能性の高い筋力トレーニングエクササイズによってもアスリートがSSCを利用して素早く力を発揮し，高強度かつ素早い動作を生み出すことができるようになるだろう。

　伸張性筋活動によって動作を制御，減速させた後，爆発的な短縮性筋活動が生じるエクササイズ動作は，伸張性筋活動の前に短縮性筋活動が生じるエクササイズよりも競技パフォーマンスに活かされる部分が大きいと考えられる。伸張性筋活動の前に短縮性筋活動が生じるような収縮様式は，レッグ・エクステンションやバイセプス・カールのように，機能性が低いと考えられている動作でみられる。一方で，スクワットやランジ動作（この後説明するさまざまなバリエーションも含めて）ではまず，伸張性筋活動によって身体を制御しながら降下させ，脚の爆発的押し動作により開始姿勢にもどる。

　この原則を当てはめることで，筋力トレーニングプログラムにおいて伝統的に用いられる他の基本エクササイズを，より機能的にすることができるだろう（つまり，トレーニング効果をよりパフォーマンスに転移させることができる）。例えば，スティフレッグ・デッドリフト（またはルーマニアン・デッドリフトともいう）は一般的にハムストリングスの伸張性筋力を向上させるために用いられるが，さらに多くの方法があり，そのうちのいくつかは他の方法よりも機能的である。

　スティフレッグ・デッドリフトまたはルーマニアン・デッドリフトの目的は，負荷が加わった状態のまま股関節の屈伸（ヒンジ）動作で体幹を前屈することである。肩を引きつけ，体幹を固定させた姿勢で，重量を下降させるにつれてハムストリングスには伸張性の負荷が加わる。体幹とバーベルの下降はハムストリングスが"張る"（つまり負荷によりハムストリングスの伸張が最大に到達した時点）まで継続し，その地点から開始姿勢にもどる。**図10.4**に示したように，ある程度膝が伸展した姿勢から開始することが多く，膝関節と股関節アライメントを固定することが強調される。関節の位置が変化しない場合，ハムストリングスの真の伸張は起こりえず，したがって，ハムストリングスは能動的には伸張していない。しかしながら伸張性筋活動によってバーベルが下降することに抵抗している。

第10章 ファンクショナルトレーニングの段階的プログラムを立案する　271

図10.4 ルーマニアン・デッドリフトの方法1，伸張反射はみられない：(a) 脚伸展位で開始姿勢をとる，(b) 中間姿勢で膝関節と股関節角度に変化はみられない，(c) 膝関節と股関節角度は変化させず，開始姿勢にもどる。

図10.5 ルーマニアン・デッドリフトの方法2，伸張反射を利用している：(a) 開始姿勢，膝関節と股関節は屈曲位，(b) 中間姿勢，股関節が後上方に移動するにつれて膝を伸展，(c) 開始姿勢にもどる。股関節伸展はハムストリングスへの負荷を取り除く。また，伸張反射により膝が前方に押し出される。

バーベルがこれ以上下降しない地点に到達した時点で体幹は開始姿勢にもどる。多くの人はこの動作がハムストリングスによって行われていると考えるが，ハムストリングスの主動作は膝を屈曲させ，骨盤の前傾を通して股関節を伸展させることである[3]。下肢において股関節運動が生じない場合（したがってスティフレッグ・デッドリフトと呼ばれる），ハムストリングスの活動は制限され，代わりに脊柱起立筋がこの挙上動作において重要な役割を果たすことになる。

このエクササイズと図10.5に示した方法，つまり開始姿勢で膝関節と股関節をより屈曲させて行う方法とを比較してみる。最初の動作は股関節を後上方へ移

動させることである。この動作により即座にハムストリングスは伸張しはじめる。股関節の後上方への移動はバーベルのシャフトが大腿前部に降りるまで継続する。ここでは大殿筋も伸張する。指導の際には，アスリートに対して殿部を後方に押して，開き続けるドア（決して閉まることのないドア）を閉めるという動作を想像させるとよい。その他には，バーベルが下降し股関節が後方に移動するにつれて踵に荷重を感じるよう指示してもよいだろう。

　足部は床に固定されているため，股関節が屈曲するにつれて膝関節は他動的に伸展する。大腿骨の長さを変化させることはできないため，この動きは必ず生じる。荷重と伸張の組み合わせによって，アスリートはおそらく動作開始直後にハムストリングスの"張り"を感じるだろう。この時，体幹と床は平行になるべきではない。なぜなら，この姿勢では挙上時の主働筋が脊柱起立筋となる必要性が生じるため，動作のポイントが変化するからである。

　開始姿勢にもどるために，股関節は伸張された位置から力強く伸展し，ハムストリングスに加わる負荷を取り除く。ハムストリングスが力強く（伸張反射により）収縮するにつれて股関節は伸展し，膝関節は屈曲する。体幹は直立姿勢に，下肢はやや屈曲した姿勢にもどる。

　このバリエーションでは，ハムストリングスの短縮性収縮活動はおそらく小さくなる。しかしながら，股関節や膝関節のより自然な筋収縮のパターンを向上させることによって，より機能性の高いエクササイズとなると考えられる。特にこの挙上動作（デッドリフト）による真のトレーニング効果は，伸張性筋活動の位相で得られる。さらにこのバリエーションは，股関節，膝関節，腰椎の動作が重要となる動作を含むスポーツのアスリートにとってよいエクササイズとなる。

　クリーンやスナッチのプル動作の位相は，伸張反射を利用して挙上動作をより効果的にスポーツ動作へ転移させるエクササイズとなる。実際に1972年からウエイトリフティングとして競技化されている2つのオーバーヘッドリフト（クリーン後のジャーク動作を含めて）動作は，基礎的な動作を身につけ，さらに筋力トレーニングの経験を有しているアスリートが，さらに力の立ち上がり率（rate of force development：RFD）を向上させる方法を模索している指導者からの関心が高い。

　これらの全身の複雑な動作は短時間で大きな筋力を発揮するだけではなく，たとえ静止立位からであっても，多くの爆発的スポーツ動作（ランニング，キック動作，投動作）のように，反射と筋腱複合体の性質に頼ってパワーを発揮している。この反射は股関節，膝関節，足関節での素早くかつ協調された屈曲動作（伸張）によって引き出され，股関節，膝関節，足関節の協調された伸展動作（短縮性活動）を生じさせる。この動作をどのように行うかについては，総合的かつ技術的な指南書として，BrewerとFavreの書籍（2016）[4]を参照してほしい。以下の段落ではアスリートがしばしば誤って行うこの複雑な動作を，より機能的に実施するための正しい動的アライメント（正しい技術）について示す。

　伸張活動と短縮活動の間の償却期（切り返し）は，できるだけ短時間に素早く行うべきである。アスリートが適切な指導を経験し，正しいトレーニング方法を学べば，この能力を向上させることができる。筋腱複合体の特性を利用した筋力トレーニング動作では，筋腱複合体の弾性要素をあまり利用しない伝統的な筋力（力発揮）エクササイズよりも高い筋パワーを発揮することができるだろう。

　図10.6に示したように，ファーストプルはスナッチやそこから派生するエクササイズで実施される最初の動作である。ファーストプルはバーベルのプレートが床から離れる（離地局面）時点から，挙上者およびバーベルの重量が（支持足における荷重分布において）後上方に移動し，バーベルのシャフトが膝上まで上がるまでである。この時点では，バーベルが止まっていないことに留意すること。バーベルは引き続いて生じるリフティングの局面（移行期）を通して動き続けるが，この時点で動作の位相を分けることは，分析や指導の際に役立つ。

　ファーストプルの位相はリフティング動作全体の成功にとって大切である。まず，これは最も速度の遅い

図10.6 スナッチ：(a) 開始姿勢，(b) バーベルが膝上に達し，ファーストプルが終了，(c) ジャンプ姿勢ではバーベルのシャフトは鼠径部にある，(d) セカンドプルの終了，(e) バーベルの下に入り込み，(f) オーバーヘッド・スクワットの姿勢でバーベルをキャッチする，(g) 立位にもどり終了。

位相であるが，それはアスリートが静止位置からの慣性力を克服し，バーベルに運動量を与えなければならないからである。さらにファーストプルにおいて重要なことは，伸張反射を生じさせる姿勢をとることである。正しい姿勢をとることができなければ，ファーストプルの効果は大きく低下する。

バイオメカニクス的に効率的な姿勢をとることに加えて，この動作様式はてこによる力学的効率を向上させる[5]。この力学的効率の向上により，アスリートは過度にエネルギーを消費することなく挙上することができる。この技術により，アスリートは理想的な重心位置（centre of gravity：COG）をとり，かつその位置を保持することができるので[6]，動作時の腰部における筋張力の必要量は減少する。バランスの維持は質量中心（centre of mass：COM）と支持基底面（挙上者の足部）の関係性に依存するため，この基本姿勢をとることが最も重要である。そのためスナッチ動作（またはクリーンや類似したトレーニング動作）における挙上動作の成否の大部分は，正しいファーストプル動作を正確なメカニクスで着実に遂行することによって決定される。

ファーストプルにおいて準備された伸張反射は続く移行期で発揮され，セカンドプルの動作を増強する。セカンドプルではすべての下肢の伸筋群が収縮し，床を爆発的に押すことによって最大パワーと最大バーベル速度が生じる。このとき股関節，膝関節の伸展および足関節の底屈によってトリプルエクステンションが生じる。この動作を効果的に行うためには，ファーストプルからセカンドプルへのスムーズな移行が不可欠である。アスリートがセカンドプル動作において床を踏み込み，垂直にバーベルを引き上げることで，プル動作は完成する[6]。この国際的に認知されている用語にとっては皮肉なことであるが，この動作は重量を引きあげる（pull）のではなく，バーベルを挙上するために床を押す（push）動作なのである。

正確なファーストプル動作に付随して，バーベルのシャフトが膝の位置を越えて引き上げられるにつれてハムストリングスの張力が高まる。さらにバーベルが引き上げられ，股関節が上方に伸展するにつれて，張力は低下（アンローディング）する。股関節が固定された状態でハムストリングスが伸張され，続いて生じる張力低下の結果，ハムストリングスに反射的な収縮が生じ，膝関節はバーベルの下方に向かって前方に屈曲する。この筋活動はハムストリングスに加わった負

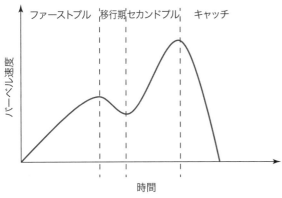

図10.7 バーベルの速度がクリーンの移行期において低下することでセカンドプルにおける加速が可能になる。

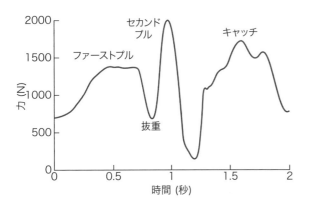

図10.8 セカンドプルにおける高い力発揮の準備のために、クリーン動作の移行期では力発揮が低下する。

A.L. Souza, S.D. Shimada, and A. Koontz, 2002, "Ground reaction forces during the power clean," Journal of Strength and Conditioning Research 16(3): 423-427.より許可を得て転載。

挙上動作のさまざまな位相におけるバーベル速度の分析によると、バーベルの垂直速度は移行期で遅くなることが繰り返し示されている（図10.7）。バーベル速度の減速に伴う事象は"抜重"である。アスリート自身が鉛直方向の力を発揮するための姿勢をとる際、筋出力は顕著に低下する（図10.8）。この一瞬の減速が、引き続いて生じるパフォーマンスを低下させることを示す確たる証拠はない。バーベル速度の低下は、挙上者がその後の力発揮やRFDのために有利な体勢に移動する移行期と対応している。実際、最終的なバーベル速度は移行期の結果としてさらに向上している可能性がある[7]。

ジャンプ（またはパワー）ポジションとして知られている姿勢となる時間は非常に短い（図10.6）。移行期における二重膝屈曲作用は、殿部における股関節伸展作用の開始に加えて、大腿四頭筋と腓腹筋がこの時点から急激に伸張されることを意味している。これは、アスリートの大腿部がシャフトに接触する時、より強い短縮性活動を生み出すことを可能にする。さらに、このシャフトとの接触は、アスリートに対しては、股関節動作からのジャンプまたは床を押す動作を最大限の力と速度で開始するための合図となる

パワーポジションの時点およびその直前に、生理学的および構造学的に理想的なアライメントをとった後、セカンドプルの間に最大力発揮、RFD、パワーおよびバーベル速度は最大値を示す（図10.7、図10.8）。セカンドプル期は移行期の最後から股関節と膝の完全伸展、足関節の底屈、肩甲骨の挙上（シュラッグ）までである。この動作はしばしばトリプルエクステンションと呼ばれる。

筋力トレーニング動作において、適切なアライメントと連続的動作の両方を確実に実施することで、伸張性筋活動や短縮性筋活動およびSSCの能力が向上する。このエクササイズは、進化の過程において力強いパフォーマンスを生み出すため、または損傷を減少させるために発達した力や姿勢を制御し、筋パワーを生み出すメカニズムを利用することにより、さらに機能的なものとなる。

荷による伸張が引き起こす反射である。しかし、これはデプス・ジャンプ（またはドロップ・ジャンプ）（第9章を参照）の場合と同様に、あらかじめ指示された動作により恣意的に引き起こされた反射である。この挙上動作の鍵となる姿勢は、適切に指導された結果習得できるものであり、指導者はアスリートが偶然に習得するものと考えるべきではない。

すべてのSSCと同様に、ハムストリングの伸張速度が速ければより素早い伸張反射が生じ、さらにより力強い筋収縮が生じる。したがって、移行期を短時間で実施させることがこのトレーニングプログラムの重要な目的となる。

第5の原則：
多様な動作と負荷設定を通してファンクショナルトレーニングプログラムを立案する

　スポーツパフォーマンスは，走動作，跳動作，投動作，着地動作，方向転換および回旋動作などのように，効率的な動作とスポーツに特異的なスキルの組み合わせが基礎となっている。多くの全身運動が単一の運動面（例えば，スプリント動作はすべて矢状面で起こる）で生じるが，異なるセグメントが連続的に関係する場合には，複数の運動面での動作の制御が必要になる。同様に，身体への衝突，着地後に跳躍動作に移る際やスポーツ特異的動作のある位相で加わる体重の何倍にも及ぶ負荷など，広範囲にわたるパターンの荷重が加わる。そのためトレーニングプログラムにおいて筋力トレーニングプログラムは，多様な動作と負荷設定によって計画すべきである。

　これらの取り組みは，通常自重エクササイズからはじめる。この準備段階として実施するエクササイズは不可欠というわけではないが，全可動範囲でのプル（引き）動作，プッシュ（押し）動作，スクワット，オーバヘッド動作，回旋動作により，神経系および筋骨格系が適応を得るために十分な負荷が加わっていることは確認すべきである。筋力トレーニングにおいてしばしば見逃されることであるが，前方および後方運動連鎖（posterior kinetic chain）動作のバランスも考慮する必要がある。多くのプログラムでは過負荷の原則に則り，高い負荷を加えたりさまざまな挙上回数を実施させたりしている。まちがいなく，それらは筋力トレーニングにおいて重要な部分であり，軽視はできない。しかしながら，それがトレーニングプログラムにおいて唯一焦点をあてるべき部分というわけではない。適切に期分けして負荷を増減させるトレーニングプログラムは重要であり，筋力の発達を促すが，多くは矢状面上の動作のみを対象としている。そのため，多くのアスリートは他の運動面において十分に発達していない。これはスポーツパフォーマンスを低下させるだけでなく，おそらくは複数の運動面で実施されるスポーツにおいて損傷発生の可能性を高めるだろう。

　重量負荷による筋力トレーニングとシングルレッグ（片脚），シングルアーム（片腕）の動作，片側の動作および複数の運動面で生じる動作を組み込んだ動作に対して負荷を与える筋力トレーニングの間でバランスをとる必要がある。このアプローチでは神経系の全範囲に対して適切に負荷を与え，運動連鎖を介して力を伝達させるために必要な筋膜連結を利用する。

　重量負荷を追加することなく，多様な方法によりエクササイズを機能的に，かつより難度を上げることが可能である。「エクササイズの難度を操作する：プッシュアップ」で説明しているように，自重エクササイズの負荷のバリエーション（この場合はプッシュアップ）は質量中心の位置や動作が生じる関節の位置，てこの長さ，支持点の数，動作の速さを変化させることによって，追加の重量を追加しなくても，変化を与えることができる。

　この段階的プログラムにおける重要な原則として，エクササイズの難度を変化させるために動作の指導ポイントとなる点を無視してはならない。プッシュアップ動作における典型的な代償は肩の内転と肘の屈曲により可動範囲を減少させ，股関節の位置を上昇させることである。これはてこの長さが短くなることによって活動筋への負荷を減少する。

エクササイズの難度を操作する：プッシュアップ

　図10.9に通常のプッシュアップを示した。足関節，膝関節，股関節，肩関節にいたるまで，身体が一直線になっていることに注目すること。手を肩幅に開き，母指を前方に向けることで肩甲骨を完全に内転させることができる。

　関節の位置関係を操作することで筋活動が変化する。手の位置を互いに近づけることで上腕三頭筋がより活動することになる（図10.10a）。手の位置を広げることで肩甲上腕関節の貢献が大きくなり，肘伸展の果たす役割は小さくなる（図10.10b）。つまり大胸筋

図 10.9　プッシュアップ：(a) 開始姿勢，(b) 最下点での姿勢。

図 10.10　プッシュアップの手の位置を変化させる：(a) 手を互いに近づける，(b) 手の幅を広げる。

図 10.11　床に膝を着いた状態でのプッシュアップ

の筋活動の必要性が増大し，上腕三頭筋の必要性は減少する。

　膝を床につくことでレバーアームの長さが減少する（図 10.11）。これにより下肢の重量が効果的に動作から取り除かれ，さらに質量中心の位置がわずかに上昇する。このてこ作用の減少により，必要とされる筋力が小さくなるため，通常のプッシュアップより筋に対する負荷は小さくなる。

　稼働関節（肩，肘，手）に対して質量中心の位置を上下させることでエクササイズの難度は大きく変化する。質量中心に対して体幹を上げることで上体に加わる負荷は動作の全可動域を通して小さくなり，エクササイズが容易になる（図 10.12a）。足部の位置を上げ

ることで質量中心は胸と腕の上に移動する（図 10.12b）。これにより肘関節屈伸の際に加わる負荷が増大する。足部を上げる高さは段階的に増大させることもできる。このバリエーションは大胸筋への負荷を変化させる。傾斜が大きいほど，大胸筋上部への負荷が増大する。逆立ち姿勢になった場合（図 10.12c），肩関節の屈伸が主要な動作となる。この時点で質量中心を通る線は腕の直上となり，手部のみで支持基底面を構成するため，エクササイズの難度は非常に高いものとなる。壁による支持なしで逆立ちの状態でのプッシュアップを実施することは，バランスよく安定したアライメントおよび姿勢を保持する筋群に対して，きわめて大きな負荷となる。

　片手でのプッシュアップ（図 10.13）では支持基底面が顕著に減少する。したがって，通常は足部を広げバランスを保持した状態で実施する。稼働側の腕への負荷はこの時点で倍増する。同時に，反対側の肩関節が固定のない状態で水平位置を保つことにより，姿勢保持に要する負荷が増大する。支持基底面を小さくして負荷を高める方法であまり注目されていないものに片脚挙上がある。これは質量中心をやや上昇させるが，プッシュアップ動作中に股関節を水平に保持するために多くの筋活動が必要となる。

　身体を最も下げた姿勢からサイド・プランクの姿勢

図 10.12 稼働する関節に対して重心位置を上下させるプッシュアップのバリエーション：(a) 体幹の挙上，(b) 足部の挙上，(c) 逆立ちプッシュアップ。

図 10.13 片手によるプッシュアップ

（図 10.14）をとるためには，最も低い姿勢から加速した後，バランスが崩れることを防ぐためにサイド・プランクの最終姿勢で肩関節周辺の動きを制御し減速する必要がある。アスリートがサイド・プランクの姿勢から続けて次のプッシュアップにもどる時，動作速度は増大するが，これは質量中心が2回目より大きい範囲で移動するからである。この動作は引き続いて実施する爆発的なプッシュアップ動作において制御する必要がある。

クラップ（手たたき）プッシュアップ（図 10.15）や他の爆発的動作のバリエーションは，動作の速度お

図 10.14 プッシュアップからサイド・プランク

よび重力に対してより大きな可動域にわたり質量中心を加速させるために必要な筋力が顕著に増大する。手をたたくことで，続く手の着地の前（準備段階）では手関節は伸展したままになる。このエクササイズ時に身体が一直線になっていないことがしばしばみられるが，それはアスリートが股関節を最初に上げることによって力学的に有利にしようと試みているからであ

図 10.15 台に手を載せて行うクラップ・プッシュアップ：(a) 開始姿勢，(b) ブロックの間に手を置く，(c) プッシュアップとクラップ。

図 10.16 フロント・プランクから手を伸ばした姿勢でのプッシュアップ

図 10.17 荷重プッシュアップ：(a) 開始姿勢，(b) 最下点。

る。大きな可動範囲でのプッシュアップ動作中に生じる質量中心の重力加速度を筋力により支えることができないアスリートでは，このエクササイズによって顔面を損傷する可能性があることに注意する。このエクササイズが有する爆発的特性は，踏み台（ブロック）上に手部を置いた状態で動作を開始することで増大する。これは踏み台が可動域を広げるため，下降時には重心の加速（重力による補助）が，上昇時には身体を素早く押し上げる必要がある高さ（重力による抵抗）が増大することによる。

同様に手を前方に伸ばしたフロント・プランクの姿勢からプッシュアップを実施する（**図 10.16**）。運動連鎖が伸張することで，最もてこの作用が大きくなり，肩甲帯での姿勢保持に強く焦点があてられる。この姿勢からプッシュアップの姿勢をとり，また開始姿勢にもどるためには，着地における力を制御するための伸張性筋力，垂直に身体を加速するための短縮性筋力，そして安定した肩甲帯の位置を素早く獲得するための姿勢保持筋力が必要になる。

外的負荷を追加すること（**図 10.17**）により質量中心に作用する負荷が増大すると力の必要量は増大する。典型的な外的負荷には，重量ベストを着用させる，重量プレートを上背部に載せる，ゴムバンドを使って肘伸展時に抵抗を加えるなどがある。これらのバリエーションは，ベンチプレスのような伝統的な背臥位エクササイズよりも，肩甲骨の安定性と体幹のコントロールを維持しながら肩と腕の伸筋群に過負荷を与えるという意味でより機能性が高いエクササイズといえる。

第6の原則：
得られた筋力をスポーツ動作で活かせるようにする

　トレーニング指導者の目的は，アスリートに特異的なスポーツ動作課題に対して必要な解決策を与えることである。アスリートが経験を重ねるにつれて，トレーニングはスポーツやアスリートのポジションの両方から特異的に求められる能力を得るために特化させる必要がある。身体能力の向上や動作学習に対する一般的なアプローチの必要性は，本書のはじめのほうの章で強調して説明した。また，カリキュラムの立案に関しては第7章で広く網羅されている。

　多くの指導者は特異性を（多く場合は誤って）最も重要なトレーニングの原則であると考えている。特異性という言葉を鵜呑みにするならば，すべてのトレーニングはスポーツの特定の場面における動作と直接結びつけるべきであるが，これにより多くの指導者が筋力トレーニングでスポーツ特異的動作を模倣するという誤りを犯している。あるスポーツでみられる典型的な動作の可動範囲を超えた筋力トレーニング動作を行う必要はないという考えを，そのスポーツの特異的動作に特徴的な物理学的必要量を示すことで正当化してきた。しかしながら，多くのスポーツ動作の分析結果を当てはめて考えてしまうと，筋力トレーニング時に股関節，膝関節，体幹の可動域が狭く限定されてしまうことになる。

　スターティングブロックからスプリント動作を行うランナーやスクリミッジラインで3点支持から爆発的動作を行うアメリカンフットボールのディフェンシブラインマンのように大きな可動域を要するスポーツ動作は存在するものの，多くの一般的なスポーツ動作においては，クォーター・スクワットより深い角度で実施する筋力トレーニング動作とパフォーマンスは関連しないということになってしまう。同様に，ほとんどのスポーツ動作は片側性であるか，または片脚で実施するため，筋力トレーニングでは片脚での動作を中心に実施すべきであるかもしれない。また，競技特異的な筋力を得るための最も単純な解決策は，スポーツ競技の動作（スプリント動作，ジャンプ動作，投動作）の実施ということになる。しかしながら，この方法を特異的な筋力向上の唯一の手段として捉えた場合には問題があり，これらの方法が機能するのは，指導者が特異性や向上させた筋力をパフォーマンスに転移させる能力について理解している場合にかぎられる。ここでの機能性が高いエクササイズとは動作の基礎をなす筋力向上を促すことであり，スポーツ特異的な動作を模倣するものではない。動作を通して発揮される筋力と関連して機能性を考える際は，筋力とは単一の性質を示しているのではなく，力と速度との積であることを覚えておこう。ニュートンの法則によると力は物質の状態の変化（すなわち動作を起こすこと）を決定するが，動作の速度は力（筋力）が与えられた時間により決定される。この概念はドロップ・ジャンプとデプス・ジャンプの跳躍高を比較することによって示される（第9章）。ドロップ・ジャンプの目的は短い接地時間での爆発的筋力の向上であるため，アスリートが地面に力を伝える時間は非常に短時間である。デプス・ジャンプではより高い高さに到達することが目的であるため，接地時間は長くなり，結果として地面に対してより強い力を伝えることになる。さらに，力積（力×力が作用している時間）を増加させた結果，重力に抵抗した身体の上方への加速度が増大する。

　ファンクショナルプログラミング（アスリートに課せられる負荷の幅）では，力と速度の範囲を設定する必要がある。このことから，ドロップ・ジャンプとデプス・ジャンプのジャンプ動作がトレーニングプログラムにとって必要である。同様のことがさまざまな筋力トレーニングに当てはまる。筋力の向上を目的とした負荷設定はより筋力を発達させ（力-速度曲線を上方に移動させる），速度の向上を目的とした負荷設定は，力-速度曲線を上方に左方向に移動させる。スポーツ特異的な筋力の必要条件に合致させることが大切である。つまり，（第4章で説明したように）筋力を伝える時間は非常に短いため，（地面，ラケット，相手との）一定の接触時間以上に力発揮に時間かかる場合，アスリートはその筋力を活かすことはできない。

　さらに，考慮すべきことは動作時間だけではない。筋力トレーニングとは反対に，スポーツ動作における

図10.18　ハイバーポジションでのバック・スクワット：(a) 開始姿勢，(b) 下降動作の制御，(c) ボトムポジション，(d) スティッキングポイントを越えてからの爆発的な挙上，(e) 終了姿勢。

　筋の可動範囲と程度についても考慮すべきである。つまり，指導者は必要とされる関節運動に必要な筋力を向上させる方法についても考えておかなければならない。例えば，主要な股関節伸筋である大殿筋を強化するためにすすめられる多くのエクササイズは，スポーツ動作で必要とされる股関節角度よりも深い角度で実施されている。

　可動域全体にわたって素早い力を発揮する能力は，スポーツパフォーマンスと外傷・障害予防の両方において不可欠である。指導者は，適切な刺激を与えることで特異的な適応を生じさせ，アスリートのパフォーマンスを向上させる必要がある。そのため，スポーツ動作に特異的な力やパワーの発揮特性や関節の可動範囲を考慮して，エクササイズを処方しなければならない。また，指導者は関節運動が筋の動員を決定するということを忘れてはならない。

　この原則は，スクワットを詳細に分析することによって説明することができる（図10.18）。スクワットをさまざまな角度で行うことで，異なる筋活動パターンや力−速度の関係性が確認できる。スクワットに関しては，どの程度の深さで行うべきか，さらにボトムポジション（最下点）で膝はつま先をどの程度越えて

もよいかという2点が議論されている。

　近年スクワットの深さについて，多くの対立する意見がみられる。ただし，多くの動的なスポーツ動作において，股関節伸展は爆発的動作の根幹であるため，筋活動と股関節の位置との関係性，特に強力な股関節伸筋群である大殿筋とハムストリングスとの関係性についての研究に基づいた意見交換が必要だろう。フル・スクワットでは，股関節の関節中心が膝関節中心を通過した時点で最低限の深さが得られているとみなされる（**図10.18**）。ここからさらに，正しい腰椎-骨盤アライメントを維持できる最下点まで股関節を屈曲し続けることができる。しかしながら，この最低限度以上の深さで屈曲した場合には，トレーニングで発揮できるパフォーマンスそのものは低くなる。関節中心を解剖学的ランドマークとすることは，他の一般的なランドマーク，例えば，大腿の長軸を通る直線と床との平行線との関係といったものと比較しても，より再現性の高い目安となることがわかっている。

　股関節中心が膝関節中心より低くなる時点で，膝関節が90°を越えて屈曲していることを意味している。ハムストリングスと殿筋群の力強く洗練された活動により股関節伸展動作を発揮するためには，この深さが非常に大切である。フル・スクワット時に股関節をより深く屈曲するほど，強力な股関節伸筋である大殿筋の活動は高まる[8]。このことは，特異的な力や筋パワーの向上を望む場合には，全可動域を通したスクワット動作が重要であることを示している。

　指導者は，パーシャル・スクワットを処方することが多いが，これには（パーシャル・スクワットの膝関節屈曲角度が）ランニング動作に特異的な膝角度であるという理論的背景がある。しかしながら，多くの場合，力とパワーの関係性は無視されている。また，走（スプリント）動作や跳動作に過負荷を与えるためには，パーシャル・スクワットで必要な負荷は相当な重量となる。同様に，このスクワットでは大腿四頭筋が主働筋となる。パーシャル・スクワットしか処方しない指導者は，多くの若いアスリートに典型的にみられる大腿四頭筋主導の筋収縮パターン，大殿筋活動低下およびハムストリングスのタイトネスという神経系の問題を増悪させる危険性がある。さまざまな深さのスクワットはプログラムにおいて一定の役割を有するが，フル・スクワット動作が可能になった後に，段階的プログラムの流れのなかで導入すべきである。パーシャル・スクワットの処方は，アスリートのトレーニング歴，荷重に対する体幹保持能力，スポーツ動作における力とパワー発揮の特徴を分析し，慎重に検討すべきである。このような思考の流れは，ある身体活動について適切なトレーニング負荷を与えるために不可欠であり，パーシャル・スクワットの負荷についての理解を確実にする。この時の負荷の大きさは，アスリートの能力を考慮したうえで，損傷の発生を避けながらもエクササイズが効果的に実行され，かつトレーニング効果がスポーツ場面に活かされるように設定されなければならない。

　最大深屈曲の位置（ボトムポジション）において，膝はつま先の方向に沿って屈曲していながらも，つま先より前に位置しているかもしれない。膝の損傷の既往のないアスリートについて，①適切なスクワットの下降パターンを有し，②ボトムポジションにおいて荷重が踵に加わる場合には，膝がつま先より前に出ることが問題となることを示唆する確たる根拠はない（第6章を参照）。もしこの2つの基準に合致するならば，おそらく膝の位置はアスリートの体型の影響を受けるため，指導者が変えることはできない。

　多くの人は，動作の範囲は関節や関節可動域からみて可能な屈曲・伸展の量だと考えている。また，動作の範囲は動的な特性を有しており，時間的な制限を受けると認識している人もいる。しかし，物体（用具またはアスリート）に求められる加速度と関連づける人はほとんどいない。アスリートは，物体に運動量を与え（ボールを投げるなど力積を与える），また重力のような一定の抵抗に対して水平方向（例えば走る動作）または上方に質量を加速させる（例えばバスケットボールでスラムダンクを行う）必要がある。アスリートが必要とする動的な可動域をみる場合，アメリカンフットボールで相手をタックルする，アイスホッケーで相手をチェックするなどのように外的な物体を減速させる動作も考える必要がある。ファンクショナル

トレーニングプログラムには，動作の可動域の考え方の一部として，加速度が異なるさまざまな運動が用意されている。この考え方は常識的にみえるが，一般的ではないだろう。

考えるべきことは，動作を複合的に実施することだけではない。意図した動作も必要不可欠である。ニュートンの第2法則では，質量を規定した場合，ある物体が最大に加速する時，最大の力が発揮されているとされている。つまり，フル・スクワットのような動的な活動では，重力は下降中にバーベルを床に向けて加速させ，上昇時には減速させる。したがって，指導の際には，下降時には速度を制御し正しい技術とフォームを維持させながら，挙上時には爆発的に力を発揮させるように指導することが重要である。

第6章では，スクワットを基本的なトレーニング動作として捉え，技術に関する主要なポイントについて議論した。図10.18に示したように，スティッキングポイントとは，挙上中に相対的な重量負荷が大きく最も動かしにくい点であり，それには筋長，動作速度，および筋張力の関係と，その位置でのてこが影響している。スクワットにおいて，スティッキングポイントは，挙上期において最下点（ボトムポジション）から1/3の時点で発生する。この最大下負荷のスクワット動作でスティッキングポイントを越えようとするとき，多くの代償動作が観察されることがある。

体幹の前傾姿勢は質量を股関節の前方に移動させ，股関節の伸展を可能にする。これにより，体幹のレバーアームを伸長させ，開始位置である直立姿勢にもどるために背筋群に対して負荷が加わる。このような方法は，力学的効率が低い脊柱の伸筋群に対してその能力以上の負荷を課してしまう可能性がある。そのため，積極的に推奨すべきではなく，むしろ適切な体幹姿勢を維持できるまで負荷を減少させる必要がある。

大内転筋が股関節伸筋（第4番目のハムストリングス）として作用すると，股関節の内転が生じ膝関節は内側に偏位する。これによりアスリートは姿勢を適切に維持しながら負荷を挙上できる（すなわち，筋力不足が補填される）。第6章では，下降中の膝の外反は，矯正すべき誤った動作パターンであるとみなした。膝外反（による崩れ）による損傷を避けるためには，抵抗負荷を減少させる必要がある。一方，挙上時にみられる同様の動作はそれほど危険なものではなく，負荷を減少させた場合，十分な負荷をかけることができなくなる。経験豊富な指導者は，この代償動作は誤りであると認識しつつも，修正せずに対処するかもしれない。

高重量（個々のアスリートにとって相対的に）のスクワット動作を成功させるための鍵は，最大努力で挙上するという意思の力である。この時神経系における運動単位の最大限の動員が必要であり，そのためには最大の随意努力と高重量が不可欠である。スクワット動作の下降時には，軸方向への高負荷に対する神経筋応答により多くの運動単位が活性化する。「穴の外」（膝が股関節より低い位置となるスクワットのボトムポジション）およびスティッキングポイントを通過する際に，意図的に発揮される爆発的な加速により，バーベルが最大に加速し運動量を得ることができる。バーベルが肩から離れるのを防ぐために，挙上の最終段階では加速度はやや減少する。

この原理は，筋活動によって物体や身体を飛び出させるような爆発的動作にも応用することができる。走る，跳ぶ，ボールなどを投げるといった動作の目的は，すべて最大速度で（既知で一定の質量をもつ）物体を爆発的に飛び出させることである。アスリートは，可動域全体にわたって力強く加速させるべきであり，それによって運動連鎖を介して力が伝わり，物体または身体が最大の力積で移動する。

クリーン，ジャーク，スナッチなどの爆発的動作に準じる動作（セミバリスティック動作）も同様であると考えられる。バーベルは実際には手部から離れないが，垂直に投じられるように最大加速度の時点まで加速する。バーベルは体幹上で垂直に移動する際に重力が直接作用し急速に減速する。そのため，動作を軽量の負荷で行わないかぎり，腕の力で能動的にバーベルを減速させる必要はない。

ファンクショナルトレーニングのプログラムを立案する際には，身体の各セグメントの力−速度の関係性，およびさまざまな加速パターンを向上させるた

め，全可動域で行う爆発的でない動作，バリスティック動作に準ずる動作（セミバリスティック動作），バリスティク動作のすべてを適切なタイミングで組み込むべきである。これらの動作自体は類似しているかもしれないが，負荷，意図およびリリース動作が異なる。

第7の原則：
目的に合致し，かつエビデンスに基づいたファンクショナルエクササイズを用いる

　頑強な構造は，強固な土台の上に構築されているという仮説は筋が通っている。「カヌーからは大砲を発射できない」という言いまわしがあるが，これは安定と可動性についての逆相関関係を表わしている。1つの方向に大きな力を発揮する際は，反対方向に加わる力に抵抗する強固な構造が必要となる（ニュートンの第3法則）。筋力トレーニングにも同じことがいえる。力を発揮するためには，姿勢は安定した地面に固定する必要がある。

　力は運動連鎖を介して下から上に伝達される。この地面反力を伝達するためには，安定した土台が必要である。つまり，筋力トレーニングは安定した環境で行う必要がある。この考え方は，バランスボール，BOSU，バランスピローなどの不安定な環境でトレーニングを実施させる「トレーニング業界」の一般的な傾向とは異なる。バランスボールをアスリートの背部に置き，スクワットなどの（安定した土台に両足を接地させて実施する）エクササイズの際に姿勢保持をサポートするのではなく，その上で立ったり，膝をついたりしてエクササイズを行う際の土台として使用している。不安定な環境で実施するエクササイズは，段階的トレーニングプログラムのある段階，特に関節を安定させるための固有受容感覚および筋活動が重要となるリハビリテーションの段階では用いる可能性がある。しかし，力を伝えて発揮する（すなわち，筋力トレーニング）ことにおいて，物理学的にはこの方法論を支持されていない。最近の研究[9]では，不安定な環境で低強度の負荷を用いたエクササイズを実施するよりも，安定した環境でより高強度のエクササイズを実施するほうが，活動筋の（運動単位の活動を反映する）筋電図活動がはるかに高くなることが示されている。

　不安定な土台をトレーニングで用いる方便として，芝生のようにサーフェスが変化する動的な環境でスポーツを行うから，と説明されることがある。しかしながら，この説明は妥当ではない（表面妥当性は保証されない）。なぜなら，ほとんどのサーフェスで200 kgのアスリートが上下に飛び跳ねたとしても，その表面はまったく歪まないからである。ほとんど変わらず安定したままであろう。

　現実には，芝生には泥がのったり，濡れた状態では滑りやすくなるかもしれない。その際，アスリートはバランスをとるための能力（固有受容感覚など）を必要とするかもしれない。しかし，これがトレーニング計画に影響を与えてはならない。筋力ではなくバランス向上をねらう場合，バランスを強化することを目的とした段階的トレーニングプログラムを計画すべきである。目的は方法を決定する。もし目的が筋力向上であるならば，力の発揮と伝達を向上させることを目的とした段階的トレーニングを計画し，その目的を第一としてエクササイズを行わなければならない。

　不安定な器具を用いたトレーニングは，不安定な土台でのトレーニングと同じではない。例えば，水である程度満たされた大きな樽のような形状で，アスリートが抱えている間，常に負荷が中で移動するというようなトレーニング用具がある。この場合，その用具内の質量分布が継続的に変化することで摂動（小さい外乱）が生じる。エクササイズを行う際は，神経系がこれらの摂動に適応しなければならない。このようなトレーニング方法は，相手アスリートを動かすといったように，動的な物体に力を加えなければならないコリジョンスポーツにおいて有効であろう。

　指導者がエクササイズをより機能的なものにしようとして，主目的を見失いやすいという点には注意が必要である。つまり，そのトレーニング刺激がアスリートの目的を達成するために適切な負荷や課題であるか，それとも目的を損なうものなのかという見極めが重要となる。この考え方をさらに説明するために，2

表10.2 さまざまなエクササイズでの筋パワー出力

エクササイズ	絶対パワー（ワット）	
	100 kgの男性	75 kgの女性
ベンチプレス	300	
スクワット	1,100	
デッドリフト	1,100	
スナッチ*	3,000	1,750
スナッチ，セカンドプル**	5,500	2,900
クリーン*	2,900	1,750
クリーン，セカンドプル**	5,500	2,650
ジャーク	5,400	2,600

*：一連のプル動作。最大バーベル速度が得られるまでの挙上。**：セカンドプル。最大バーベル速度が得られるまでの位相。

2つのエクササイズ，ウォーキング・ランジとシングルアーム・ケトルベル・キャリーの組み合わせを考えてみる。

本章の後半で詳細に説明するように，ウォーキング・ランジにはさまざまな難度の段階と，バリエーションがある。このエクササイズでは，長軸方向に負荷が加わる（すなわち，通常は脊柱を通して荷重を直接支持する）。また，片側性の下肢のエクササイズであり，目的に応じて後方または前方運動連鎖に関連する筋力向上に焦点をあてることができる。どのようなランジのバリエーションでも，体幹は動作時に直立姿勢を保持し続けながら，股関節と膝関節を屈曲・伸展することが鍵となる。

シングルアーム・ケトルベル・キャリーは片腕での歩行動作であり，等尺的に回旋筋腱板（棘下筋，肩甲下筋，棘下筋，小円筋）を強化するようにデザインされている。このエクササイズは，リハビリテーションの後期やトレーニングセッション前の準備（いわゆるプレパレーションエクササイズとして），またはウォームアップで使用される。このエクササイズによって，歩行中に肩甲帯筋群を用いて肩甲骨を安定させ，その位置を保持するよう学習させる。非対称な負荷が課せられるため，移動時に関節を適切な位置に安定させる活動に摂動が加わる。

ランジ動作には多数のバリエーションがあり，動的に全身をもち上げる動作を通して，神経系にさまざまな負荷を与えることができる。各バリエーションにおいて，股関節や膝関節屈曲への負荷と同時に，体幹保持に対する負荷が加わる。一般的な代償動作は，上昇時にみられる体幹の前傾である。シングルアーム・ケトルベル・キャリーでは，小さい重量を用いて，肩甲骨周辺の小筋群による等尺性の肩甲骨固定や，手関節および前腕は負荷による等尺性の手関節角度の制御作用に対して負荷を課す。腕を肩甲骨面で安定させるために必要な機能的条件を考えると，このエクササイズでは小さい負荷を用いることが重要である。

ウォーキング・ランジとシングルアーム・ケトルベル・キャリーの2つのエクササイズを組み合わせて実施すると，ランジ動作を単独で実施する場合と比較して身体の軸を通る負荷として十分ではない。反対に，ランジ動作では速度が遅く，運動連鎖を介して生じる摂動はかなり小さくなる。そのため，肩甲帯および前腕には同程度の負荷が加わらない。つまり，どちらのエクササイズの目的も達成されず，潜在的トレーニング効果は損なわれる。

筋力トレーニングの機能性を考える場合，反復回数および仕事量も重要な考慮事項である。定義によれば，筋力とは力の発揮である。スクワット，ベンチプレスまたはオーバーヘッド・プレスのような動的筋力トレーニング動作中に高い力を発揮するためには，神経系に比較的疲労がない状態で実施すべきである。アスリートは，通常，筋力向上のためには1～5回の反復回数でのセットを組む。ただし，ピリオダイゼーションの初期段階においては，1セットにつき10回の反復回数でセットを組んでもよい。

バリスティックおよびセミバリスティックエクササイズは，筋パワー向上に非常に適しており，それらの実施には質の高い動作が求められる。神経系が疲労すると動作の質が急速に低下する。したがって，そのようなエクササイズは疲労状態では実施できないと考えるべきである。**表10.2**に示したように，特にクリーン，スナッチ，ジャークのセカンドプル期においては非常に複雑な動作のなかでパワーが発揮される。この特徴からウエイトリフティング動作は質が高い動作として定義づけられており，さまざまなスポーツのトレ

ーニングプログラムに組み込まれる理由となっている。

これらのリフティング動作は，迅速かつ爆発的な多関節動作であり，かつ運動連鎖全体を通したコーディネーションを必要とすることから複雑な動作であるとみなされている。指導者や研究者は，長年にわたり疲労レベルと複雑なスキルを実行する能力との明らかな逆相関関係を認識してきた。この知見から，多くの指導者はスポーツ場面において疲労下でもスポーツスキルを発揮させるため，疲労下でこの複雑なスキル（すなわちリフティング動作）を練習することが合理的なアプローチであると考えている。このアプローチは実行可能かもしれないが，ハイパワーのスポーツとは明確には結びついていない。実際のスポーツにおいて，疲労下でそのような高い筋力や速度を発揮することが必要な場面はない。ウエイトリフティングの競技会でも，アスリートは試技前に2分の休憩をとるので，試技時間と休憩時間の比率はおおよそ1：120である。

第8章でスピード持久力について説明したように，筋力および筋パワートレーニングの目的は，動作時の力またはスピードを生み出す要素の最大値を向上させることである。このトレーニングにより，最大下の努力であってもより高い絶対筋力で，かつ効率的な動作が可能になる（例えば，体重が100 kgで150 kgのスクワット挙上が可能なアスリートにおいて，最大スクワット能力が160 kgに増加すると体重移動がより効率的になる）。同様に，1回の最大挙上重量が150 kgである場合，130 kgを5回程度は挙上することが可能であり，1回の挙上であれば比較的楽な負荷（85％1 RM）となると考えられる。

したがって，筋持久力・筋パワーの持久力のトレーニングは相対的なものとして捉えられる。筋力および筋パワーの最大値を向上させるためのトレーニング，さらに無酸素性および有酸素性エネルギー供給系を向上させるための適切なトレーニングを実施することにより，筋持久力を向上させることが可能である。ただし，高強度，高速度でのトレーニングを高回数実施することは逆効果である。まず，トレーニングの目的が

真逆のものを組み合わせた場合，トレーニング効果は失われる傾向があり，筋力トレーニングを実施する本来の目的である筋力や筋パワーの向上は確実に大きな影響を受ける。特に，トレーニング効果をスポーツ場面で活かすという点について，高反復回数で構成されたプログラムの有効性を明らかにした科学的トレーニング研究はみられない。それにもかかわらず，フィットネスの世界では，全体的な体力向上を目的としてほとんど根拠が示されていないこの考え方を取り入れはじめている。

第二に，より質の高い動作を反復する場合，現実的には使用する負荷を減らさなければならない可能性が高い。最大反復回数が1～5回のスナッチ（筋力トレーニングエクササイズにおいて，最も速い速度が必要となる動作）を行うために必要な能力は，最大下の負荷で30回反復するために必要な能力とは大きく異なる。このような反復回数が多いエクササイズは，しばしば不正確な連続動作やコーディネーション，誤ったバーベルの軌道や動作を生じさせ，損傷発生のリスクを増大させる可能性がある。

トレーニングの機能性には，エクササイズの技術や選択にとどまらず，プログラムデザインも関係する。「何回反復するか？」「何セットを行うか？」「動作間の休息時間はどれくらいとるか？」，さらにエクササイズの順序も重要となる。プログラムにとって肝となるエクササイズ（例えば，神経系への負担が大きいものや，疲労の影響が大きいもの）は補助エクササイズの前に実施すべきである。この場合の補助エクササイズとは，負担がより小さく，トレーニングの目的達成への貢献が小さいと考えられるものである。

エクササイズ，より適切にいうならば筋活動の仕組みが機能的であるとみなすためには，いくつかの要素を考慮する必要がある。筋力を発揮する能力は，筋力トレーニングプログラムを実施するうえで中心となる問題である。

● 筋力発揮における力−速度の関係に対して負荷を課すためには，さまざまな負荷および動作での実施が必要である。

- 筋力トレーニングエクササイズでは，可能なかぎり多くの運動連鎖を介すべきである。単関節運動はスポーツ場面でほとんどみられない。一方で，適切な動的姿勢を維持する能力はあらゆるスポーツ場面での基本となる。
- 結果として動作が単一の運動面だけで制御されていたとしても，複数の運動面で動くことができるようでなければならない。抵抗負荷は，アスリートが複数の運動面で制御するように課すべきである。
- 筋発揮の順序は重要である。力は大筋群の作用によって発揮され，運動連鎖を介して地面（土台）から上に向かい，小筋群を介して四肢に伝達されるべきである。
- 伸張性筋活動は短縮性筋活動と結びつけるべきである。これが，SSCによる力発揮を増大させる。爆発的な動作のようにSSCを可能にするほどは速くない（動的な）動作である場合，短縮性運動は伸張性運動によって貯蔵された弾性エネルギーの恩恵を受ける。
- 筋力とパワーを高めるためには，質の高い動作（ここでの質は完璧な動作と比較して考える）に焦点をあてるべきである。この場合，高い神経筋の関与や動作の精度が要求され，さらにコーディネーションとタイミングが強化される。
- 筋力トレーニングエクササイズにおける負荷の増大は，単に抵抗負荷を増加させるだけではなく，バリエーションをつけることで可能である。ただしプログラムの段階を進める，エクササイズを組み合わせるといった取り組みは，アスリートを飽きさせないためではなく，姿勢の安定や制御の強化につながるといったような妥当で明確な目的をもって行うべきである。

アスリート個人のニーズに基づく動作のカリキュラム

トレーニング動作の機能性の高低を判断するためにさまざまことを考慮することで，アスリートに何を伝えるべきなのだろうか。多くの書籍（やさまざまな情報）では，筋力を向上させるために多数のエクササイズを紹介している。一方本書の目的は，指導者が特定の技術を示すだけでなく，さまざまな状況にこれらの技術を応用し，アスリートに利益をもたらすためにエクササイズの難度を調整し，プログラムの段階を進めたりもどしたりすることができるようになることである。

エクササイズの実施に際しては，アスリートの到達度を常に考えること。「代償動作なしにその動作を必要な反復回数，継続して実行することができるか？」「そのエクササイズはまだアスリートに十分な負荷を与えているか？」「アスリートはすでにその負荷に適応しているか？」「適応しているならば，さらに強い負荷が必要か？」これらの質問に対する回答は，どの時点でさらに難度の高いエクササイズを実施させるかや，さらなる負荷を与えるかという判断の基準となる。

ファンクショナル・ストレングス（機能的筋力）の動作は，さまざまな方法で探索され分類されている。本章の残りの部分では，幼児のための基本的な遊びからはじまる一連の段階的プログラムについて検討する。それを皮切りに，スポーツにおける（数多くの）必要条件に合った筋力とパワーを発達させるための一連のプログラムと選択肢を，それを決定するためのガイドラインとともに示す。

- 地面上で実施する2軸荷重エクササイズ
- 片側スタンス
- 片脚動作
- オーバーヘッド動作
- 水平軸に対する体幹筋力
- 体幹回旋筋力
- プル（引き）動作

これはすべてを網羅しているわけではない。多くの人々が筋力トレーニングプログラムの基礎と考えるベンチプレスやそのバリエーションなど，主要な筋力トレーニングエクササイズのいくつかが含まれていな

い．ただし，本書の目的は，すべての筋力トレーニングエクササイズのための包括的なガイドを提供することではない．ファンクショナル・ストレングス（機能的筋力）を考える際には，指導者はさまざまな運動原理を探索し，ここで示す原則に反するものについては批判的に捉えるべきである．ベンチプレスのような基礎となるエクササイズは，前述したいくつかの動作，例えば荷重プッシュアップ（図10.17）に引き続いて実施するようになるかもしれない．しかし，ベンチプレスはさまざまなプッシュアップのバリエーションに置き換わるものではない．なぜならプッシュアップやそのバリエーションは，単に肩甲上腕関節水平内転筋群と肘伸筋の筋力向上を目的とするものではなく（ベンチプレスはまちがいなくこのための主要なエクササイズ），機能的にみて異なる質を有するからである．

引き続いて，基本的なプログラムデザインの考え方を示す．本書では，能力の到達度に合わせて，一連のエクササイズをどのように順序立てすれば，スナッチやクリーンのような複雑な（コンプレックス）エクササイズへ発展できるかを示す．

筋力トレーニングプログラム作成にあたって考慮すること

持久性トレーニングとは異なり，筋力トレーニングプログラム作成において禁忌となる事項はほとんどない．ただし，もう少しこのことについて明確にしておく必要がある．第3章で議論したように，思春期前の小児はホスホフルクトキナーゼ（PFK）を産生しない．PFKはグルコース分解律速酵素であり，エネルギー源であるアデノシン三リン酸（ATP）生成のために作用する．PFKがなければ，嫌気的解糖（有酸素的にATPを産生する能力を超えるエネルギー需要があるような，高強度の運動条件下でATPを生成するエネルギー経路）を行うことはできない．

対照的に，身体に加わる負荷が子どもの姿勢保持能力を超えるものでないかぎり，エクササイズおよび外的負荷によって神経系の発達や筋骨格系の発達は確実に刺激される．実際に，神経系は幼児期に急速に発達し，特に相対筋力の向上という形でトレーニング刺激に良好に応答する．2013年には，国際的にコンセンサスが得られた声明により，適切にプログラムされ，監督下であれば，青少年に対して筋力（レジスタンス）トレーニングを実施すべきであることが提唱された[10]．これは世界中の多くの研究機関によっても支持されている．

筋力トレーニングを適切に実施することで，思春期前に明らかな筋力の向上が生じる可能性がある．これらの向上は，主として筋線維の形態学的変化ではなく，運動単位内の神経系の向上によって生じる．筋骨格系によい刺激を与える運動は，適切な姿勢を促すとともに，筋力および結合組織の構造を改善する．仕事量の多いエクササイズを繰り返すことによって生じるストレスは骨端線を損傷する可能性があるため，少ない挙上回数でトレーニングを実施すべきである．

幼い子どもたちは，興味深く魅力的なゲームでの運動動作に最も興味を示す．また，自然のなかで見られるものに共感する．したがって，動物の動きを導入することで，子どもに対して早い時期に筋力を発達させる活動への参加を促すことができる．動物の歩行エクササイズとそのバリエーションの多くは全身の運動制御を促すエクササイズであり，幼児だけでなくあらゆる競技レベルのアスリートに対するプリパレーションとして，またはコレクティブエクササイズとして用いることができる．また，（他の動作と同様に）能力がある一定のレベルに到達した際には，このエクササイズは練習が必要な難易度の高いエクササイズからウォームアップのためのエクササイズとなる．したがって，必要な運動制御が維持できているかぎり，より上級レベルにあるアスリートがこれらのエクササイズを行うことも適切である．

すべてのアスリート，特に若い子どもたちにはエクササイズの目標を設定することや，何か難題を達成させるように仕向けることが有効である．動物歩行の負荷は，時間ベース（30秒でどれくらいまで進むことができるか），距離ベース（どれだけ少ない回数のジャンプで20mに到達するか），または回数ベース（前回より2回以上多いか）でさまざまに設定するこ

とができる。

幼児やトレーニング経験の少ないアスリートに対して，動物歩行のような動作を実施させる指導者は，身体が地面とどのように異なるやりとりをするか，手の位置，足部の位置，足部の幅などの変化にどのように姿勢が対応するのかという質問をするとよいだろう。

リザード・オン・ホット・サンド（熱い砂の上のトカゲ）

4点支持でつま先と手部のみを接地させ，膝は床面に触れない姿勢から動作を開始する。その際，腰と肩は水平にし，背中をまっすぐに保つ（図10.19a）。股関節，背部，肩関節は，動作全体を通してこの姿勢を保つ。

右手をもち上げて左足を地面から離し（図10.19b），3～5秒間この姿勢を保持する。股関節や肩のどちらも傾けたり，沈めたりしてはならない。ちょうど熱い砂の上のトカゲをイメージする。動きは小さく微妙であるが，非常にきつい動作である。可能なかぎり静かに腕と脚を床面にもどし，反対側で同様の動作を繰り返す。繰り返しになるが，身体の位置を制御し続けることが重要である。片側ずつ5～10回反復する。

アスリートが進歩するにつれて，動作の範囲を広げ，より高い負荷で難度を上げていく。身体の前に手部を挙上し，脚を身体の後方に伸ばすことで四肢のレバーアームが長くなり，コーディネーションの難度が高まる。

図10.19 リザード・オン・ホット・サンド：(a) 開始姿勢，(b) 右手と左脚を挙上した姿勢。

ベア・クロール（クマ歩き）

ベア・クロールは，リザード・オン・ホット・サンドから発展したエクササイズである。ベア・クロールは，さまざまな方向に移動するため，別次元での身体の制御能力を向上させる。

4点支持でつま先と手部のみで接地し，膝は地面に触れない姿勢をとる。手首を外側に開き，母指が前方を向くようにして肩の位置を安定させる（図10.20a）。足先は動作中，常に前方に向けておく。股関節と肩は水平にし，背中はまっすぐの姿勢を保つ。左手を挙上し，右足を地面から離すと同時に前進する（図10.20b）。股関節や肩を傾けたり，沈めたりしてはならない。姿勢を保ち，動作をコントロールしながら手足をどれだけ動かして前に進むことができるか試してみるとよい。前に動かす膝を支持腕に対して平行に動かすことで動作を最適に制御できることがわかるだろう。手足は同時に静かに離地すべきである。反対側でも同様に前方への動きを繰り返す。繰り返しになるが，身体の位置を制御し続けることが重要である。5～10回それぞれの側で反復する。このエクササイズは後ろ向きまたは横向きの方向に，反対側の手足を動かすパターンまたは同側の手足を動かすパターンのいずれを用いて移動させてもよい。

アスリートが進歩するに従い，難度を上げるために動作速度を上げてもよい。

図10.20 ベア・クロール：(a) 開始姿勢，(b) 左手と右足を挙上して，前方に進む。

ウォーキング・アリゲーター（ワニ歩き）

到達度に応じて，4点支持またはレバーアームを短くした6点支持のプランク姿勢のいずれかから開始する。動作中，肩，腰，膝，足首を一直線上に保つことを目標とする。股関節と肩を水平に保ちながら，右の腕と脚を同時に前方に動かし（**図10.21a**），その後，左の腕と脚を前方に動かす（**図10.21b**）。この動作は回数を決めて反復する（通常10回）。またこの動作を逆方向に行い，後方に移動してもよい。一直線の姿勢を崩さないようにして，股関節をもち上げないようにする。この動作を横方向に行ってもよい。

アスリートが進歩するに従い，難度を上げるために動作速度を上げてもよい。

図10.21 ウォーキング・アリゲーター：(a) 右手と右脚を前方に動かす，(b) 左手と左脚を前方に動かす。

チンパンジー

膝関節および股関節を完全に屈曲し，踵荷重で足幅を広くとって構えた低いスクワット姿勢から開始する（図10.22）。体幹は直立姿勢をとらなければならない。両手は前下方に伸ばし，先頭の足部のすぐ外側で移動方向のできるだけ遠い位置に接地する（すなわち，左方向に動く場合は右手を左足のすぐ外側に位置させる）。安定性と可動性の両方にとって最適な手の位置を確かめる。前方に傾けて体重を腕に移した後，足部で蹴り出し，下半身を地面からもち上げて横方向に移動する。中間点で足部は浮遊相に入り，上半身で全体重を短時間支持する。足幅を広くして，手部の外に着地する。着地は可能なかぎり静かに行うように制御しなければならない。体幹を直立させてバランスのとれたスクワット姿勢にもどるにつれて，体重を手部から脚に伝達する。この動作を4回反復する（1回の反復には左右の動作を含む）か，または左への動作を何回か繰り返して，次に同じ回数の動作を右で繰り返してもよい。

図10.22　チンパンジー

キャタピラー

地面に手と足部を接地させた逆V字の姿勢から開始する（図10.23a）。足部よりも手に荷重する。足部の位置はそのままで，腕を前方に移動させる（図10.23b）。この動作により手への荷重が増加する。また，前方に移動するとき荷重は常に前方に位置させるべきである。

手と足によって身体を地面から浮かせ続けているかぎり，この動作をできるだけ遠くまで継続する。おそらく肩関節の筋力と可動性がこの動作の制限要因となる。身体が最も低くなる位置で0.5秒間保持した後，足部を手に向かって歩行させ（図10.23c），後方運動連鎖の可動域が許すかぎりこの動作を継続する。

図10.23　キャタピラー：(a) 開始姿勢，(b) 手で前方に進む，(c) 足部を手の方向に進める。

スプリングボック

　地面に横たわり，膝を90°に屈曲し，足底は接地させる。パートナーは足部の上に座って固定するか，または下腿を保持してもよい（**図10.24a**）。力強くシットアップ動作を行い，腹筋を固めて体幹を前方に進める（**図10.24b**）。シットアップの最高位置にいたった時，股関節伸筋群（殿筋，ハムストリングス）の活動を高めて立位姿勢まで身体をもち上げる（**図10.24c**）。その際，パートナーの補助は最小限にする。股関節と膝関節伸筋群の活動は，直立姿勢となるまで継続する。身体を制御しながら，反対方向の動作を行う。

　腕を使って動作をサポートすることにより，この動作はより容易になり，段階的にエクササイズを実施することができる。腕で地面を押すことで動作を補助する（最も動作が楽になる方法），身体の前に手を出すことで動作を誘導する，さらに胸の前に腕を組むことでこの動作にかかわらないようにするというようにプログラムの段階を上げる。頭の上で腕を固定すると重心位置が上昇するため，最も負荷が高くなる。さらなるプログラムの段階は，シットアップの動作部分を取り除き，最高位置からこの動作を開始することで得られる。このバリエーションでは，質量中心の運動量が取り除かれる。つまり，力学的に不利な位置にある股関節伸筋群のみを用いて慣性力を克服し，質量中心を上昇させることになる。

　最大で10回繰り返す。常に動作中は身体を制御することに集中する。

図10.24　スプリングボック：(a) 開始姿勢，(b) 立位に向けて身体を動かす，(c) 立位で終了する。

両足での軸荷重エクササイズ

　物体を低い位置から高い位置にもち上げることは，先史時代からのヒトの基本的な動作である。確かに，ヒトの股関節の解剖学的構造は，低い位置で休んだり，地面の高さで物体とかかわりをもてたり，地面から何かを力強く拾い上げることができるように進化した。スクワットでは荷重は足部にあり，膝関節はさまざまな深さで屈曲する。文化的には，コミュニケーションをとる場合に座位や立位に置き換わる姿勢である[11]。長年にわたり，スクワットとデッドリフトは全身の筋力を向上させるゴールドスタンダードのエクササイズとして認識されている。

　一見すると，これらの動作のメカニクスは類似している（図10.25，図10.26参照）。なぜなら両方の動きにおいて，股関節が屈曲し体幹は直立した姿勢をとり，膝関節完全屈曲位から力強い股関節および膝関節の伸展を伴うからである。しかし，類似点はそこまでである。デッドリフト（deadlift）という用語（図10.25）は，地面に横たわっている，つまりは「死んでいる」または運動量がない重量を挙上するということを意味している。床からもち上げるというこの挙上動作は，基本的に短縮性筋活動のみを用いて行われる。これは，伸張性（下降または減速）筋活動が短縮性筋活動に先行する大多数のスポーツ動作とは対照的である。デッドリフトにおける筋活動の大部分で，蓄積された弾性エネルギーまたは伸縮-短縮サイクルからの恩恵を受けることはない。

　対照的に，スクワット（図10.26）では動作全体を通して脊柱に対して直接的に負荷が加わるため，ストラクチュアルエクササイズとみなすことができる[12]。この特徴は，第6章での動きの技術のチェックリストに反映されている。負荷に関係なく基本的なスクワットパターンを実行する能力は，アスリートの基礎動作スキルや動的な姿勢制御能力を反映している。スクワットは多くのバリエーションを有する（すなわち，トレーニングやパフォーマンスに求められる目標に応じて用いることができる）。指導者やアスリートはさまざまな場面で，パワーリフティングのスクワット，相撲スクワット，ボックス・スクワットといったバリエーションを目にする。しかし，ほとんどのアスリートでは，必要とする体力，姿勢，柔軟性を向上させる（そして，そのトレーニング効果をスポーツに活かすことができる）という観点から，ハイバー・バック・スクワットが最も適切なバリエーションと考えられている。

　指導者は比較的重い負荷が脊柱を介して加えられる前に，アスリートがさまざまな条件において正しい動作パターンを実行することができることを確かめておく必要がある。この点について，図10.27に一連の段階的プログラムを示した。最初はアスリートの体重を壁によって支持して全可動域で動作を実施する。このスクワット動作は，足部が（質量中心を通る）力線より前に位置するため，股関節伸展よりも，むしろ膝関節の伸展（すなわち膝伸筋群）優位で行われる。これによりアスリートは体幹を直立位に保ちつつ，全可動域の動作を実施することに慣れていく。バランスボールの大きさを小さくすること（例えば，メディシンボールに徐々に置き換える）で，プログラムの段階を進めることができる。

　身体の前に腕を出すスクワット動作では，全可動域の動作を行い，かつ体幹の直立姿勢を維持しながら支持基底面に質量中心を落とすことから生じるバランスへの負荷を認識できる。メディシンボールまたは類似する用具で比較的小さい前方への荷重を加えることにより，アスリートははじめて重量により負荷が加わる経験をするだろう。

　このスクワット動作は，多くの方法でプログラムの段階を進めることができる。1つは，フロント・スクワット（バーベルのシャフトを上部の三角筋前部に置くバーベルエクササイズ）を導入することである。上腕が床と平行な位置になるように，肘を上向き前方に動かすことで棚（シャフトを置く部分）をつくる。手首を完全に伸展させ，手部の位置は肩幅よりもわずかに広くし，シャフトは指先に載せる。アスリートは挙上全体を通してこの姿勢を維持する。

　脊柱の可動性に制限があるアスリートでは，降下中に肘を下げるという代償動作がしばしばみられる。この誤った動作は，足の後部ではなく前部への荷重が膝

図10.25　デッドリフト：(a) 開始姿勢，(b) 中間姿勢，(c) 立位姿勢。

図10.26　スクワット：(a) 開始姿勢，(b) 最下点，(c) 挙上時の中間姿勢，(d) 終了姿勢。

を通る剪断力を増大させ，体幹姿勢が損なわれるため，避けるべきである。

　フロント・スクワットの主な利点は，バーベルを前方に配置するため，動作中にアスリートが体幹の直立姿勢を維持しなければならないことである。体幹が前方に移動すると（初心者によくみられる），バーベルが前方に倒れ，身体の位置について瞬時にフィードバックが与えられる。質量が前方にあることで，他のスクワットのバリエーションよりも前方運動連鎖にかかわる筋活動が賦活されるが，これは動作学習上で考慮すべき事項というよりは，トレーニングにおける考慮事項である。

　フロント・スクワットには他にいくつかの方法があるが，最も一般的なのは腕を交差させ，シャフトを三角筋上に横切らせる形でバーベルを保持する方法である。この位置は，フロント・スクワットを実施したい

294　第10章　ファンクショナルトレーニングの段階的プログラムを立案する

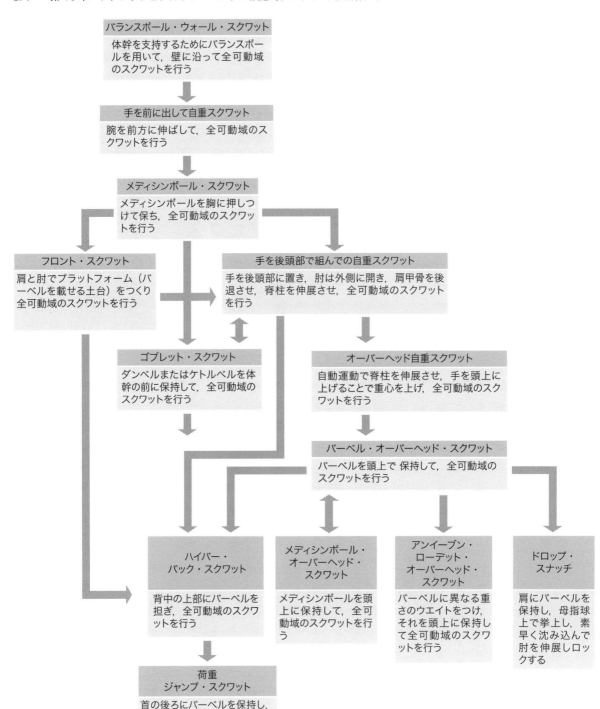

図10.27　スクワットの段階的プログラム

が，通常のバーベルをかつぐ位置で実行するには肩部の柔軟性が低い場合に有効であると考えられる。ただしこの姿勢は，上肢または肩に損傷や機能低下を有さないアスリートにとって，いろいろな意味で負荷が高くなるかもしれない。第一に，バーベルは肩関節付近の前方の三角筋によって直接支持されているので，肘を高くして上腕が床と平行に保たれていれば，実際に指でバーベルを保持する必要はない。確かに，この方法は必要な柔軟性を有さないアスリートにとって，バランスに対する追加の負荷となるかもしれない。正しいフロント・スクワット動作が実施できない理由として最も一般的なのは，肩関節前方のタイトネスである。腕を組み，その上にバーベルを載せる方法は，フロント・スクワット動作の長期的な修正につながらず，おそらくは悪化させることに注意する必要がある。第二に，アスリートがクリーン動作を行い，バーベルを適切にキャッチするためには，まずフロント・スクワットを用いてキャッチ位置を練習しなければならない。

一部の指導者は，代わりに（または同時に）質量中心の位置を変えることによってスクワット動作時の姿勢保持に対する負荷を増減させたいと考えている。これには，運動連鎖の長さが影響する。ゴブレット・スクワットは，動作中の全可動域にわたり姿勢制御を向上させる優れたエクササイズである。このエクササイズでは，ダンベルまたはケトルベルを質量中心に近づけ，体幹を全可動範囲で直立姿勢を保つ必要がある。

頭の後ろで手を組み，自重スクワットを行うことは，質量中心の位置に影響を与える別の方法であり，身体の前で手を伸ばす自重スクワットよりも可動性においてはるかに大きな負荷となる。頭の上の腕を上げて重心をより遠くにすることで負荷をさらに高めることができる。また，このエクササイズはバーベル・オーバーヘッド・スクワットへと難度を上げることができる（バーベルの単独での重さは5～20 kgである）。バーベル・オーバーヘッド・スクワットは，必要に応じてダンベルで代用し実施する。

オーバーヘッド・スクワット（あらゆるバリエーションの）は，荷重したバーベルを支持基底面からできるだけ遠くに位置させるという，すべてのスポーツにとって優れたエクササイズである。このエクササイズは，支持基底面に対する重心位置を上昇させ，運動連鎖が完全に伸長することで姿勢保持に対する負荷を高める。したがって，オーバーヘッド・スクワットは全可動域の動作を通して体幹筋力を向上させるための最良のエクササイズの1つと考えられている。

重量を用いたオーバーヘッド姿勢では，後頭部上にバーベルの位置を維持するために，肩甲帯の筋群を積極的に動員させる必要がある。この姿勢で上体が大きく前方に傾いていると，即座にフィードバックが得られる。これが，オーバーヘッド・スクワットがフル・バック・スクワットのための直立姿勢保持を学習させるための段階的エクササイズと考えるもう1つの理由である。オーバーヘッド・スクワットでの手部の位置はスナッチにおけるキャッチ姿勢であり，スナッチ動作の段階的プログラムにおける重要なエクササイズともみなされる。

最も基本的なオーバーヘッド・スクワットでは，バーベルを頭頂からやや後方に位置させ，シャフトをやや広く握る。アスリート自身が快適なグリップ感を得ること。手を定位置に置いた後，肩の筋群の等尺性作用を促すために，手部を動かさない状態で互いに離すようにする。これにより，腕が伸展位で肩甲帯の安定性が維持される。

オーバーヘッド・スクワットを習得し，それを適切かつ継続して実施できるようになると，エクササイズをさらに発展させるための選択肢が得られる。

- オーバーヘッド・スクワットは，筋力向上のために負荷を増大させて実施できる。
- 手部の間隔は（例えば，メディシンボールを使用することによって）狭くすることができ，柔軟性への負荷が大幅に増加する。
- 非対称的な負荷（例えばバーベルの一端の負荷と他端の負荷との間に2.5～10 kgの差をつける）を加えることで，姿勢保持に対して負荷を加えることができる。この負荷の非対称性により，バーベルの回転を防止し，一方の側が沈むことを防ぐ

図 10.28 バーベル・デッドリフト：(a) 開始姿勢，(b) 中間姿勢。

ために肩と体幹筋が強く働く。この方法は，非対称の荷重が頸椎と直接接触するバック・スクワットには適していないことに注意する。運動連鎖を完全に伸長させることで，荷重のわずかなずれが姿勢のバランスの乱れを生じさせる。このことは，オーバーヘッド・スクワットに効果的な変化を加える。

● ドロップ・スナッチの導入により，速度の負荷を動作に課すことができる。この動作では，アスリートは立位からバーベル位置を上げないように身体を下降させて，オーバーヘッド・スクワットの姿勢をとる。この動作は，バーベルのシャフトの下に入り込む際に生じる下方向への動きを減速させる股関節伸筋群の筋力（ハムストリングスにおける強い短縮性筋活動），精神的な思い切り，さらにキャッチ姿勢を支持するバランスおよびコーディネーションを必要とする。

アスリートが自重でのフル・スクワットを行うことができる場合，ハイバー・バック・スクワットを実施させ，そこからオーバーヘッドおよびフロント・スクワットに難度の段階を進めることができる。バック・スクワット動作を十分な負荷によって実施し，筋力向上がみられた後，荷重ジャンプ・スクワットを選択できる。フロント，バック，オーバーヘッド・スクワット（および後で説明する片脚のバリエーション）は「実施する必要がある」エクササイズである。主要なエクササイズの経験が十分に得られるまで，アスリートに対して「実施するとよい」エクササイズは導入しない。

学習段階において，段階的プログラムとバリエーションの導入は能力向上に不可欠である。ただし，スキルが習得できる前に，アスリートの興味関心をひく手段としては用いるべきではない。アスリートが主要な挙上動作で十分なトレーニング経験を有する前に，ドロップ・スナッチや非対称な荷重などの高度なエクササイズを組み込むことはすすめられない。これらのエクササイズは，アスリートに対して違った意味で大きな負荷となる。

床面から重量物をもち上げるために必要となる動作のバリエーションは多くはない。初期の段階として，まず重量または可動域を制限して実施することが多い（初期の段階ではアスリートが必ずしも地面からもち上げる必要がないように，開始時の重量負荷の高さを変えることができる）。ただし，このバリエーションは挙上動作のメカニクスを大幅に変えるため，必ずしもよい選択ではないかもしれない。

図 10.28 と図 10.29 に，床からのデッドリフトの

第10章　ファンクショナルトレーニングの段階的プログラムを立案する　297

図10.29　床面からのクリーン・プル：(a) 開始姿勢，(b) ファーストプル。

図10.30　トラップバーによるデッドリフト：(a) 開始姿勢，(b) 中間姿勢，(c) 最終姿勢。

異なる方法を示した。これらのエクササイズは，荷重の位置と移動速度が異なる。例えば，デッドリフトは，通常，比較的重い負荷で行われる高負荷・低速動作である。クリーン・プルは，脚の伸筋群によって床を押す動作を含む高い筋パワーを要求する動作である。各バリエーションをどのように筋力向上プログラムに組み込むことができるかについては，これまでに示した各動作の相対的なメリットを考慮する。

トラップバー（またはヘックスバー）を用いるデッドリフト（図10.30）では，開始姿勢をとった後，重量（プレート）が身体の両側に配置されるため，負荷が一般的なデッドリフトと比較して前方と後方の運動連鎖に対してより均一に分布する。そのため，開始姿勢からシャフトの「緩みを取り除く」動作を実施した後（訳注：バーベルが床から上がらない程度に引く）に，体幹の直立姿勢が崩れ，円背が生じる可能性は低

くなる。ちなみに，この姿勢の崩れはデッドリフトにおける一般的な誤りであり，この時，重量がアスリートの前方にはずれるため，股関節ならびに膝関節が同時に伸展する際に身体をやや後傾して引き上げなければならなくなる。

2種類のデッドリフトでは，挙上動作全体にわたって荷重は踵にかかる（したがって，多くのウエイトリフターは足底がより平たくなることから，靴を履いて実施するよりも裸足でのデッドリフトを好む）。踵から押し出すと，バーベルがもち上げられ，立ち上がるまで股関節と膝関節伸展を同時に行い，バーベルをさらに上昇させる。（スクワット動作とは異なり）デッドリフト動作中，アスリートはいつでもバーベルを落とすことができるため，この動作は比較的容易であり，高重量を挙上することに慣れることができる。プログラムの段階を進めるために重要な指導の要点は，安定した体幹姿勢（脊柱）を維持させることである。これは，デッドリフトのバリエーションとしてよく用いられるタイヤフリップなどバーベルやダンベルを用いないデッドリフト動作においても同様である。

股関節と膝関節を同時に伸展させるデッドリフト動作と，膝関節の伸展がその後の位相でSSCを生じさせる床からのクリーン・プル動作を比較してみる。クリーン・プル動作は最大筋力ではなく最大筋パワー発揮向上を目的としており，セカンドプル期でバーベル速度は最大となり，最大の運動量が得られる。クリーン・プルでみられる関節運動は，床から大腿までのバーベルの軌道が，デッドリフトとは異なることを示している。さらに，伸展動作のメカニクスも多少異なる。

おのおのの技術は特定の目的を達成するために適応しており，類似点と相違点がある。トレーニング指導者は，それぞれの動作を同時期に指導する際，十分異なった動作であるかどうか，あるいは1つの動作（例えば，デッドリフト）を学習することがクリーンかスナッチプルの学習を妨げないかを判断しなければならない。この判断の基準は，アスリートがどのようにそれらの技術を学習するかということによる。したがって，個々のアスリートに対して異なる指導の戦略を用いる必要がある。例えば，あるアスリートにおいては，トラップバーによるデッドリフトと同時に学習できるクリーン動作のファーストプルが，異なった動作であると感じるかもしれない。

コントラテラル・スタンス（足を前後方向に直列させるスタンス）

多くの主要なスポーツ活動は，スプリット・スタンスまたは片脚で行われる。スプリット・スタンスでは，アスリートは支持基底面における前後方向の体重分布を調整しながら，股関節と肩の位置を水平に維持し，安定した姿勢を保つ必要がある（図10.31）。通常の2足での支持基底面と比較して，この前後方向の荷重時では支持基底面幅が水平方向で狭くなる。これはバランスに対して負荷を加えるだろう。

スプリット・ステップでは，第2中足骨を通る線とリード（前方の）脚の下腿に沿った線がほぼ垂直に交わるように，膝関節を維持する。この膝の位置は，前方の足部中央から後部に向けて均等に荷重を分散させ，膝が足先を越えることを防ぐ。そのため，この動作は膝伸筋優位となる。体幹は直立したままでなければならない。

支持基底面を狭めることによって加わる負荷は，インライン・スプリット・スクワット（足部が反復中に接地している）や踏み込み動作と最下点から立ち上がる動作を反復するランジなどのエクササイズを組み込むことによって意図的に増大できる。これらのエクササイズでは水平方向における支持基底面が狭くなる。このバリエーションでは，中殿筋にも追加の負荷が加わり，股関節，骨盤および体幹を安定させ，バランスがとれた姿勢を保つ。また，より深く沈み込むことで股関節および股関節周囲の可動性向上を促す。

これらの動作では，一般的に全体のパターンまたは準備動作として，3つのバリエーションがある。通常，アスリートは股関節および膝伸展による垂直運動パターンのみを有する動作から開始する。なお，このとき足部は床面から動かさない。このエクササイズから，ランジ動作により身体を前後に移動させる動的なエクササイズにプログラムの段階を進める。このエク

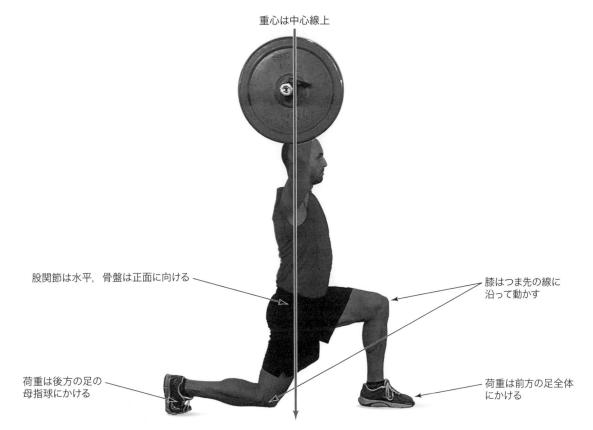

図10.31 コントララテラル・ステップ（スプリット・ステップ）動作の技術モデル

ササイズはコントララテラル・スタンスにおける運動制御を発達させる。反復動作時のメカニクスや支持基底面に対する荷重の位置を変化させることによって，プログラムの段階を進める。これらの例を図10.32に示した。

それぞれのプログラムの段階では，共通して動作への負荷を変化させるという流れを通る。ただし，動作に習熟したことを確認した後に，プログラムの段階を進めるべきである。筋に対する漸進的な負荷は，アスリートの興味をひくためではなく，課された動作負荷に神経系が適応し，かつ追加の負荷が必要な場合に与えるべきである。

図10.32に示したように，アスリートの足部が床に固定されたままで実施する一般的な導入エクササイズから，垂直方向への抵抗の増大（さまざまな高さのブロックに踏み込んだり，そこから降りたりすることで重力による負荷がアスリートに直接加わる）と片側の足部を軸にして反対側の脚を前後方向に踏み出す動作を組みわせることで負荷の段階を上げる。

ランジ動作の段階的プログラムの第一段階は，インプレイス・ランジで足部の位置を変化させることである。このエクササイズは自重で実施し，その後数多くの選択肢を，アスリートの到達度に応じて追加する。アスリートは足部を前方に踏み出し，ボトムポジションをとった後，押し返して開始姿勢にもどる。このタイプの動作は，前方に踏み出しボトムポジションにいたる際の伸張性筋活動の制御，さらには開始姿勢にもどる際の膝関節の伸筋力を向上させるために非常によい。スプリット・スクワット動作の場合と同様に，前方の足または踏み台の高さを上げた場合，股関節をより深く屈曲させる必要がある。これにより後方運動連鎖の関与が増大する。

リバース・ランジは開始位置から後方に足部を踏み出す股関節優位の動作である。このエクササイズでも同様に後方運動連鎖への効果を得ることができる。視野が移動することで，自動的に運動感覚と固有受容感

300　第10章　ファンクショナルトレーニングの段階的プログラムを立案する

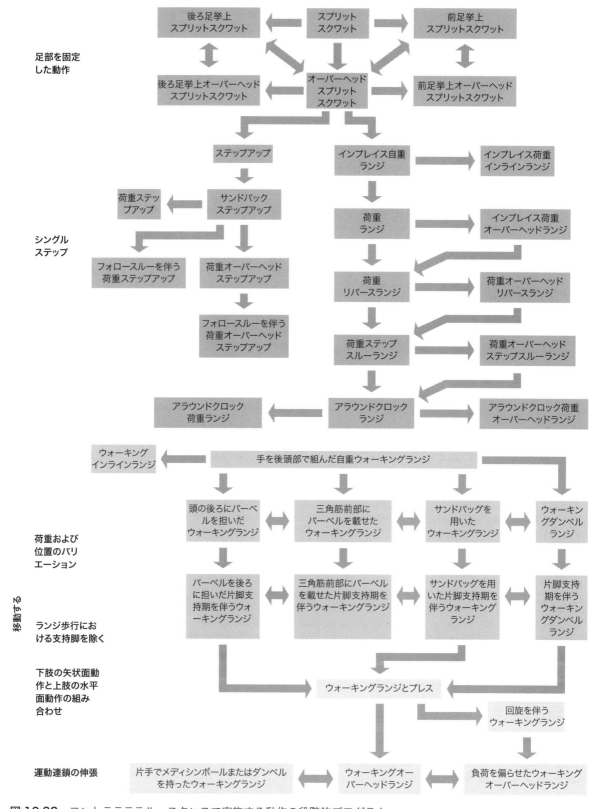

図10.32　コントラテラル・スタンスで実施する動作の段階的プログラム

覚に対して負荷が加わる。さらに，股関節で身体の位置を低く落とすことにより，ハムストリングス上部および殿筋群による伸張性筋活動（制動，降下）と短縮性筋活動（力発揮，開始姿勢にもどる）が必要となる。さらに重要なこととして，前方の膝関節は動作中に足関節上で固定される（つまり，膝屈曲および伸展は股関節運動の結果として受動的に生じる）ため，股関節屈筋（ハムストリングス上部，殿筋群）の伸張性制御および短縮性筋発揮に作用する。多くのスポーツにおいてハムストリングス上部は，損傷した際に特に気を配らなければならない部位であるため，リバース・ランジを導入することはあらゆるプログラムにおいて好ましいと考えられる。

インプレイス・ランジ動作に習熟した後，ステップスルー・ランジに難度を高めることができる。ステップスルー・ランジは，リバース・ランジを行い，片脚で動作を支持しながら前方へのランジにつなげていく循環運動である。この矢状面の動作を滑らかに実施するためには，多くの動きを制御する必要がある。アラウンド・クロック・ランジを実施することで水平面動作を制御する能力への負荷が加わる。ここでは，リード脚（前方の脚）が矢状面（前側−後側）から横方向に順番に移動する。立脚側は固定され，腰部−骨盤アライメントには直立した体幹姿勢を維持するための負荷が加わる。この動作を制御するために股関節外転・内転筋群にはさらなる負荷が加わる。

インプレイス・ランジのバリエーションに習熟した後，ウォーキング・ランジを導入する。この動作の際，質量中心が前進するときの（水平方向への）運動量に対する姿勢制御が必要となる。アスリートははじめにコントララテラル・スタンスから，リア脚（後方の脚）をリード脚（前方の脚）の位置まで動かし，両脚支持に移行する。両脚支持を取り除く際には，リア脚を振り上げてそのまま前方に踏み込む。この時，片脚で姿勢を維持する必要がある。脚を前方に降り出す際には運動量が増大するだけでなく，片側に偏った支持基底面上で股関節と体幹により身体全体を水平に維持する必要があり，このことが前額面方向に負荷を加える。

このプログラムの段階において負荷を加えることについては，常に議論がある。抵抗負荷を増大してこれらのエクササイズ実施することで，神経筋系による力発揮が向上することは明らかである。さらに，適切な姿勢および固有感覚制御を維持する必要があるため，荷重の位置は神経系に負荷を加える。ダンベルやケトルベルを質量中心より低く，支持基底面の近くに位置させると，姿勢は相対的に安定する。反対に頭上に負荷があると重心の位置が高くなり，負荷と支持基底面の距離が最大になることで不安定な姿勢となる。

負荷を頭上に上げた姿勢は，姿勢保持にとって特に大きな負荷となる。肩関節が完全に伸展して矢状面上を移動し，重量物を頭上に維持することは肩甲帯筋群にとって大きな負荷となる。身体が前方に移動する際に負荷は水平方向に運動量を得るが，移動中に重量物と体幹の相対的位置関係を保つためには，運動量を減少させる必要がある。

段階的プログラムにおいてウォーキング・ランジと並列する段階のエクササイズとして，この前後方向スタンスで行うエクササイズに特異的な荷重を加えるバリエーションがある。ここではさまざまな荷重のパターンによって，姿勢，特に股関節および肩関節に負荷を加える。例えば，ランジとプレスの動作の組み合わせでは，体幹が矢状軸方向に前進している間に肩関節の伸筋が鉛直方向への力を発揮する必要がある。同様に，頭上にある重量に偏りがある場合（例えば，片側だけにプレートがつけられたバーベルを用いたり，メディシンボール，ダンベルまたはケトルベルを片手で支持する場合）は，アスリートが偏りのある負荷によって生じる回旋に抵抗する必要があるため，前額面での制御が必要となる。

上半身の水平面の回旋は，メディシンボールなどの荷重を加えることで容易に導入できる。比較的低い重量を腕を伸ばした状態で保持し，動作中のてこを増加させ，リード脚側の膝関節の上方で回旋させる。典型的な代償動作は体幹の前方傾斜（この動作は質量中心を前方に移動した際に荷重をリード脚側のつま先に移動させる）および体幹回旋と反対方向に生じる膝外反（股関節の内旋）である。アスリートはこの膝外反運

図10.33 ステップアップバリエーションのアウトカム：(a) 低い踏み台では股関節伸展と膝関節伸展の大きさは同程度となる，(b) 踏み台が高い場合，股関節は膝関節より低い位置になり，殿筋群とハムストリングスの関与が増大する。

図10.34 プライオメトリック・ステップアップ：(a) 前方の足部を離地させた開始姿勢，(b) ドライブ動作，(c) 最高点。

動を防がなければならない。股関節と腰椎-骨盤部はこの水平面に生じる力を効率的に制御すべきである。

コントララテラル・スタンスでの動作は，重力の抵抗に対して直接的に荷重を加速させるエクササイズで用いられることがある。この場合，身体の移動は水平ではなく鉛直方向に生じる。ステップアップのバリエーションは，脊柱軸に直接負荷を課したり，オーバーヘッド位置を保持させることで運動連鎖系に負荷を与えることができる。踏み台の高さによってさまざまな可動域で動作を実施し，膝関節および股関節の伸筋群に

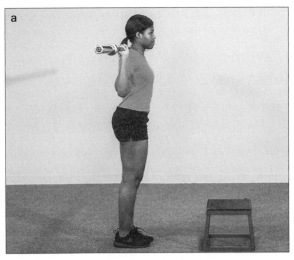

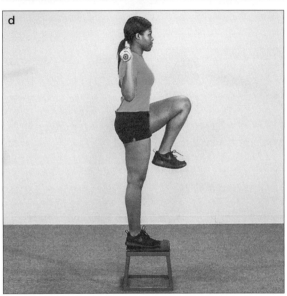

図10.35 リバース・ランジからのステップアップ：(a) 開始姿勢，(b) リバース・ランジでの最下点，(c) ステップアップ，(d) 終了姿勢。

負荷を加える。踏み台の高さが高いほど，大腿四頭筋の活動（膝伸展への依存）と比べて殿筋群（すなわち，股関節伸展の依存）の活動が大きくなる（**図10.33**）。

　開始姿勢では，床面にある足部のつま先または踵のどちらかでバランスをとる。いずれの位置でも構わないが，足底を接地させてステップアップ動作を開始する傾向にあるアスリートは，リード脚側の膝関節および股関節伸筋を利用するというよりは，リア脚の下腿筋複合体がつま先を押すことによって動作を開始しているといえる（すなわち，このエクササイズは足関節底屈の抵抗運動となる）。この方法で行ってもよいか

どうかは，目的とするアウトカムやプログラムのどの段階で実施するのかに依存する。リア脚が足関節完全底屈位をとった状態から動作を開始することで，上記の動作が生じることを防ぐことができる。ただし足関節を介して押す力を得ようとして体重を後方にシフトさせていることも多い。これはリア脚の足先を挙上し，足関節を完全背屈位としてから動作を開始することで対応できる。ただし，リード脚を介した押し動作のみでの移動となるため，エクササイズの難度が顕著に増加する。

　本章では，速度の連続性の重要性についても言及した。**図10.34**に示したように，ステップアップ動作は

プライオメトリクスにもなる。開始時にリード脚側の足部を強制的に踏み台からもち上げていることに着目する。この素早い動作により，ハムストリングスと殿筋群の伸張反射がはじまり，残りの動作局面を通して爆発的な股関節伸展力を発揮させる。

図10.35に示したように，動作を制御する能力が十分に発達し，一連の段階的プログラムを経験したアスリートは，ランジ動作とステップアップを組み合わせることで，さらに難度の高い課題に挑戦できる。リバース・ランジとステップアップを組み合わせることで矢状面と鉛直方向に負荷が加わる。この複雑な動きにおいては姿勢制御の必要性が伴う。

片側の動作

多くのスポーツ活動は，片脚で力を発揮する必要がある。運動制御の基礎段階としては，シングルレッグ・スクワットは非常に難しい動作といえる。支持基底面は重心から偏っており，これは神経系が当初から動的バランスの課題に直面していることを意味する。片脚での動作のため，荷重は通常のスクワットと比較して倍増し，外的抵抗がなくても非常に大きな負荷となる。

動作のメカニクスはスクワットと同様である。指導者は，アスリートが下降するにつれて足底への荷重が後方に移動すること，膝関節がつま先の方向に沿って屈曲すること，および動作中は自然な腰部弯曲を保ったままで体幹の直立姿勢が維持されていることを確認すべきである。典型的な代償動作は，膝屈曲により動作を開始し，大腿四頭筋の関与を増加させることである。多くの場合，この代償動作には体幹の前傾が伴う。これらの動作は，力線を後方ではなく，前方に移動させる。

シングルレッグ・スクワットを取り入れる際に用いる最も簡単な方法は，体幹を支持することによって，バランスに対する負荷を減少させることである。広い表面積の壁とバランスボールにより体幹の直立姿勢を維持しながらであれば，シングルレッグ・スクワットを実施できる（図10.36）。質量中心が支持脚の背後に位置し，広い支持基底面（足部と壁との間の距離）が得られることで，全可動域の動作をより巧みに行うことができる。この補助つきスクワット動作では，（支持基底面が広がることで）股関節を落とすことができる範囲が広くなる。時間の経過とともにバランスボールを小さなメディシンボールに置き換えることで，動作への支持を減らすことができる。支持脚が身体の前方で安定し，バランスのとれた姿勢をとる必要がない場合，下肢と体幹の関係性は変化する。つまり，バランスボールを用いたシングルレッグ・ウォール・スクワットは本来のシングルレッグ・スクワットとは異なる姿勢となる。しかし，アスリートはこの動作や負荷に対して慣れることができる。さらに，指導者は膝が内側に入るなどの潜在的な動的アライメント不良を特定することができる。

可動域または外的負荷との組み合わせによってプログラムの段階を進める。スクワット時に踏み台を使用することには議論の余地がある。シングルレッグ・ボックス・スクワットは，誤って実施した場合，挙上中の好ましくない脊柱への負荷パターンにつながる可能性があり，これは避けるべきである。しかし，他のエクササイズと同様に，適切に指導できればこのエクササイズは筋力を向上させ，動作を制御しながらスクワットの降下動作を実施することに対して自信を高めるのに役立つだろう。アスリートに対しては殿部がボックスの前部にちょうど接触するまで，動作を制御しながら降下し，接触した時点で強く殿部の筋力を発揮し，片脚姿勢にもどすように指示する。指導者は，アスリートがボックス上に座らないように確認しなければならない。座ってしまうことで筋緊張が取り除かれ，アスリートが立位姿勢にもどる以前に姿勢を緩めてしまう。可動域を犠牲にして股関節の屈曲・伸展を制限して負荷を高めることはほとんど意味がない。したがって，踏み台の高さは徐々に低くする。動作時の屈曲角度が十分に深くなった時点で抵抗負荷を加えることができる。オーバーヘッド動作を用いて運動連鎖を伸長させることもプログラムの段階を進めるうえで有効な手段である。

シングルアーム・サスペンション・ケーブルの使用は，シングルレッグ・スクワットによってもたらされ

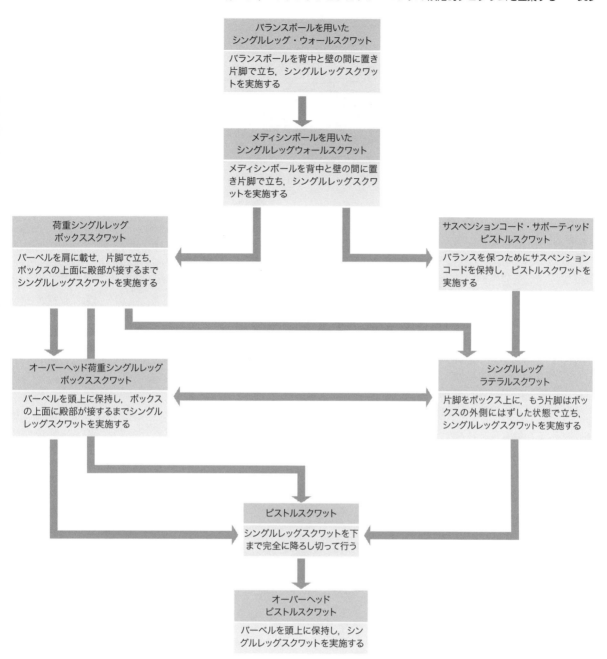

図10.36 シングルレッグ・スクワットの段階的プログラムの例

るバランスの負荷に対応し，この動作への自信を深めるためのもう1つの手段である。支持脚の反対側の腕を前方で支持することで（股関節と体幹を水平に保つのに役立つ），自然な形でスクワットを実施できる。ボトムポジション（深屈曲位）では，腕を完全に伸ばして，体幹（つまり荷重）が前方に移動しないようにすべきである。したがって指導者は，ケーブルの長さがアスリートにとって適切であるように機器を設定すべきである。

シングルレッグ・ラテラル・スクワットでは，体幹を直立させた姿勢で股関節と肩が水平を維持するように促す。指導者は側面からアスリートを観察することで，降下中に荷重が正しく（踵方向に）移動するか，動作は股関節と膝関節が同時に正しく開始しているかを確認することができる。動作を習熟するにつれて，ボックスまたは踏み台の高さを高くして運動負荷を増

図10.37 アライメント（関節の位置）が筋機能を決定する。プランクがプランクでない場合とは：(a) 誤った骨盤位置，(b) 正しい骨盤位置。

大させることができる。さらに，ダンベルでの負荷を加えることで，可動範囲全体での抵抗を増大できる。ピストル・スクワットは，多くのアスリートにとって最も難しい動作の1つである。この動作は，殿筋群ならびに股関節および鼠径部周囲筋群において，バランスおよび筋力に対する大きな負荷を与える。アスリートは片脚のみで全可動域（すなわち，比較的大きな距離）にわたり，体重を動かせなければならない。大腿骨のてこが最も長くなるため，大腿部が床に平行になる時に動作が最も難しくなる。この位置を通過すると，脊柱の前傾（時に屈曲）を伴う骨盤の傾斜（骨盤後傾）がみられるかもしれない。

この姿勢は，（脊柱を介して加わる圧縮力のために）脊柱に負荷が加わるいかなる動作においても機能的ではないと考えられているが，抵抗負荷のないピストル・スクワットにおいて，そのような圧縮力（重力以外）は生じない。実際には，この代償動作はアスリートがピストル・スクワットでのバランスをとる助けになる。そして，このエクササイズが骨盤−腰椎または胸腰椎での代償動作なしで行われることはほとんどない。バランスに対する負荷（の一環）として，（屈曲時に）膝を足の先より前方に位置させることで，十分に深いスクワットを実施させる。床との平らな足の接触を維持しながらこの動作を実施するためには，かなりの足関節可動域が必要である。このような柔軟性がなければ，このフルボトムスクワットの姿勢をとることはできない。

水平軸での体幹筋力

姿勢は身体の各部位のアライメントと関連している。体軸および四肢骨格を安定した位置に維持するための内力を生み出す能力ついては，すべてのトレーニングプログラムにおいて焦点をあてるべきであろう。多くのエクササイズのバリエーションが，アスリートの立位姿勢でのこの能力に焦点をあてている。段階的プログラムにおけるいくつかのエクササイズは，肩甲骨の位置および腰椎−骨盤アライメントを維持する姿勢筋群の維持を中心としている。

このプログラムにおけるエクササイズ処方および指導は注意深く考える必要がある。ほとんどのエクササイズと同様に，成功の鍵は正しい技術を実行することにある。しかしながら，典型的な誤りは修正されないままであり，その結果は目的とする筋力ではなくて，代償的な筋力向上につながる。

図10.37に示したように，股関節と肩甲帯のアライメントにより，姿勢保持筋群の大部分が決まる。もし股関節が中間位（ニュートラルポジション）をとっていない場合，股関節屈筋群と腹直筋が腰椎−骨盤を支持するために動員される。修正されなかった場合，このアライメントは股関節屈筋群のタイトネスや多裂筋および腹横筋の等尺性収縮（単関節収縮ではない）を介した正しい骨盤位置を保持する能力の低下につながる。骨盤が中間位をとっているということ（大腿部と体幹が一直線となる。ズボンの線が平行であることがよい目印となる）は，適切な神経筋の動員により姿勢が保たれていることを意味している。

図10.38と図10.39に示したように，多くの段階

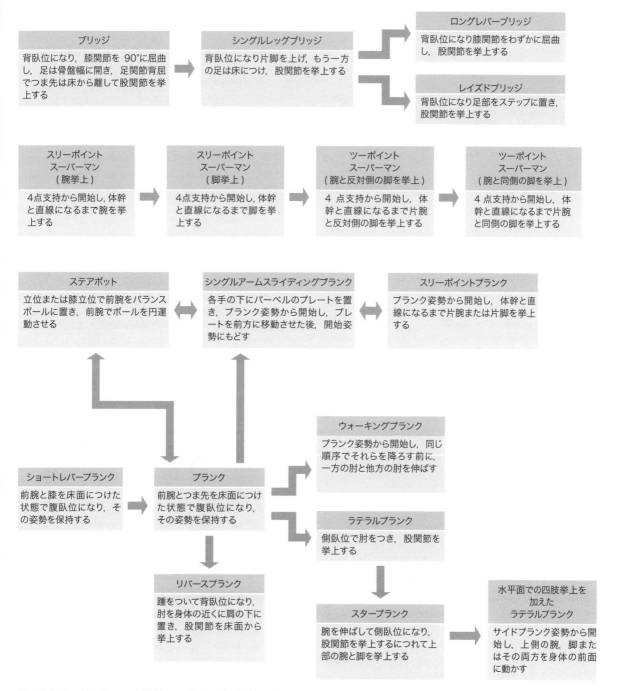

図 10.38 水平軸での体幹筋力の基本エクササイズ

的エクササイズをトレーニングプログラムに組み込むことができる。これらは，基礎（**図 10.38**）および発展的（**図 10.39**）動作に便宜的に区別されている。2つの段階は，単純に基礎エクササイズでの神経筋制御と力発揮に対する負荷が，発展的エクササイズよりも小さいということで区別される。つまり，指導者は**図 10.38** に示した導入段階での基礎エクササイズと**図 10.39** に示した発展的なエクササイズを組み合わせることが望ましい。

これらすべてのエクササイズに当てはまる技術的ポイントは，骨盤と肩甲骨アライメントの中間位を維持し，一直線の姿勢をとることである。ブリッジのよう

ショートレバー ロールアウト
床に置いたバーベルの近くに膝をつき,手を肩幅に開いてバーベルに置き,腕はまっすぐにしておく。バーベルを身体から離すように転がす。

キャタピラー(ウォーキングロールアウト)
足部で立ち,手を床面に置く。手を身体からできるだけ離すように歩く。

ロングレバー ロールアウト
床に置いたバーベルの近くに立ち,手を肩幅の広さに開いてバーベルに置き,腕はまっすぐにしておく。バーベルを身体から離すように転がす。

ダンベル ロールアウト
床に置いた2つのダンベルの近くに立ち,手をダンベルに置き,腕はまっすぐにしておく。ダンベルを身体から離すように転がす。

シングルアーム ロールアウト
床に置いたダンベルの近くに立ち,手をダンベルに置き,腕はまっすぐにしておく。ダンベルを身体から離すように転がす。

ショートレバー ローワリングキャンドルスティック
ベンチに仰向けになり,頭の後ろでベンチをつかむ。膝関節を90°屈曲し,ベンチから身体をもち上げる。体幹をコントロールして下ろす。

ロングレバー ローワリングキャンドルスティック
ベンチに仰向けになり,頭の後ろでベンチをつかむ。脚を伸ばし,ベンチから垂直に身体をもち上げる。体幹をコントロールして下ろす。

ショートレバーキャンドルスティック ローワリングとレイジング
ベンチに仰向けになり,頭の後ろでベンチをつかむ。膝関節を90°屈曲し,ベンチから垂直に身体をもち上げる。体幹をコントロールして下ろし,体幹がベンチに接触する前に再び挙上させる。

ロングレバーキャンドルスティック ローワリングとレイジング
ベンチに仰向けになり,頭の後ろでベンチをつかむ。脚を伸ばし,ベンチから垂直に身体をもち上げる。体幹をコントロールして下ろし,体幹がベンチに接触する前に再び挙上させる。

回旋を加えた ローワリングとレイジング
ベンチに仰向けになり,頭の後ろでベンチをつかむ。脚を伸ばし,ベンチから垂直に身体をもち上げる。体幹をコントロールして下ろしながら股関節を一方に回旋させる。体幹がベンチに接触する前に再び挙上させる。

エンドオブベンチ キャンドルスティック
肩をベンチの端に位置させて背臥位になり,頭の後ろでベンチをつかむ。脚を伸ばしベンチから身体を垂直にもち上げる。体幹をコントロールしながら下ろす。

図10.39 水平軸での体幹筋力の発展的エクササイズ

な比較的単純な動作においてさえ，股関節を水平位置まで挙上させるために殿筋群を用いる（絞る）のではなく，腰椎で代償することがある。学習の初期段階では，アスリートは処方された挙上回数やセット数をこなすのではなく，常に動作の質に集中すべきである。さらに，監督下で実施すること（指示，観察，修正）を通して動作の質が強化される。

主要な段階的エクササイズでは，ブリッジ動作に抵抗を加えるために股関節にバーベルを載せるなど，外的負荷を加えるだけでなく，支持基底面や質量中心の位置を操作することもある。例えば，ブリッジ動作を片脚支持に発展させることで負荷を大きく増大できる。同様に，質量中心の相対的な位置とレバーアームの長さは動作の負荷を顕著に増大させる。さらに，腕を挙上して実施するスーパーマンエクササイズにおいて，肩関節および股関節のアライメントを維持することは，腕が通常脚よりも短く，軽いという理由から，脚を挙上して行う場合よりも簡単となる。また，スーパーマンエクササイズにおいて2点支持の姿勢を維持する場合，同側の腕および脚を挙上するほうが反対側を挙上させるよりも顕著に難度が高くなる。同側の手足を挙上し完全に伸展させ，レバーアームを伸長させると同時に支持基底面の位置を中心からはずすことで，バランスがとれた望ましい姿勢を得ることがかなり難しくなる。

基本のプランク姿勢は，床に膝をついた姿勢で得られる。これにより，レバーアームの長さが短縮するため，つま先と前腕で身体を支える一般的なプランク姿勢と比較して腰椎–骨盤への負荷が相対的に小さくなる。姿勢筋群に対する最大限の効果を得るために，腹臥位，背臥位（リバース・プランク），前額面でのプランク（ラテラル・プランク）を同一プログラムに組み入れるべきである。これらのバリエーションそれぞれの段階的プログラムは動作との組み合わせ（ウォーキング・プランクやステア・ポット）や支持点の数（例えば足部を上げる），または支持基底面を狭くする（例えば，ラテラル・プランクとスター・プランクの支持姿勢を比べてみるとよい）ことで得られる。水平軸上に四肢を移動させるラテラル・プランクでは，手や足部を身体の前にもってくることによって独立した運動面が加わる。質量中心はこの段階で側方に移動するため，このエクササイズは姿勢保持筋に対して非常に大きい負荷を加える。

キャンドルスティックとロールアウトは同じように負荷を漸進させる。レバーアームと支持基底面はエクササイズの段階において重要な意味をなしている。これらのエクササイズは，骨盤と肩甲帯を伸張性筋活動で制御する能力に対して負荷を加えることにより，姿勢保持能力を向上させる。それゆえ，これらのエクササイズは発展的エクササイズとして考えることが適切であり，注意して取り組むべきである。レバーアームが長くなれば，肩甲帯や骨盤に対する負荷はより大きくなる。ロールアウトエクササイズでの一般的な誤りは，肩で動作を誘導することである。股関節が完全に伸展する以前に，肩が最も遠い位置まで伸展した場合，肩関節の筋力が動作の可動範囲を制限してしまう。

確認点として，アスリートが床に膝をついた姿勢（レバーアームを短くする）から動作を開始する場合，バーベルが肩の作用線からはずれる前に，股関節のアライメントを中間位（膝関節，股関節，肩関節が直線となる）にすべきである。さらにアスリートは支持基底面とレバーアーム間の相互関係を実験的に試してもよいだろう。例えば，バーベルでつま先からのフルロールアウトを習得した後，ダンベルを使用することは難度が高すぎるかもしれない。膝をついた位置にもどし，レバーアームを短くすると達成可能なエクササイズとなる。

同様に，アスリートの能力を超えてキャンドルスティックエクササイズの難度を上げることで，腰椎が過度に伸展し，腰部に対して不必要な張力が加わる可能性がある。特に，下降動作の後半は速度を制御しながら実施すべきである。主に矢状面上の動作であるが，回旋動作を加えることで，コーディネーションに対する負荷と同様に回旋動作の制御も加わる。

ベンチ端でこのエクササイズを実施する際に加わる複雑さを，過小評価すべきではない。これは，支持基底面をなす肩部および上背部の接触を減少させ，その

図10.40 下から上の動作であるハーフニーリング・ダイアゴナル・ケーブル・ウッドチョッパー：(a) 開始姿勢，(b) 終了姿勢。

面積に応じて下降動作の範囲を大きくすることができる。また，アスリートの反対側のベンチ端には重量物を載せておくべきである。そうでなければ，ベンチが前方に傾く可能性がある。

回旋の制御

回旋動作はスポーツにおいて必要不可欠な要素である。体幹を通して力強い回旋トルクを生み出す能力は，多くのスポーツ特異的な動作（投動作，打撃動作，格闘技）において必須である。回旋の制御はアスリートのトレーニングプログラムの一部として認識すべきである。

回旋は前部筋（腹直筋，外腹斜筋，内腹斜筋，腹横筋）と後部筋の発達したコーディネーションが必要である。後部筋はその機能から2つのグループに分けられる。深部横突棘筋（多裂筋，回旋筋，半棘筋）は反対側への回旋に貢献する（右の筋は左に体幹回旋を生じさせる）。より表層の筋群（脊柱起立筋，頭板状筋，頸板状筋）は同側の回旋筋であり，右の筋が収縮すると体幹は右に回旋する。

体幹回旋を向上させるエクササイズは一般的に体幹を固定した状態で下肢を回旋させるか，立位において支持基底面に固定された下肢に対して体幹を回旋させる。上記に示した上半身と下半身の関係性はスポーツにおける一般的な場面を反映している。つまり，上半身が一方向にねじれ，下半身が他方に回旋することはほとんどない。実際には（単に重力によっても）負荷が加わった状態で，そのような回旋動作を行った場合，脊柱および関連する体幹筋に極度の負担をかけることがある。

さらに，主として矢状面での動作を多く行うアスリートは，股関節周辺および胸腰椎においてハイポモビリティ（可動性の低下）が生じている傾向がある。この部位単独での自動回旋エクササイズは，可動性低下の解消や筋力向上を促す。ハーフニーリング・ダイアゴナル・ケーブル・ウッドチョッパー（**図10.40**）において，負荷を可動域全体で動かす際，股関節は固定され，回旋動作は体幹のみで生じる。力を効果的に伝えるため腕は伸ばしたままにする。エクササイズは頭部と頸椎をウエイトスタックから離すように位置させ，さらに体幹を伸展させた姿勢で開始し，同じ方向に体幹を回旋させる。下から上への動作を行い，頭上に腕を伸ばして終了させるか，上から下の動作を行い手が腰の位置にきた時点で終了させる。

ケーブルの高さを調節することによって，立位姿勢での対角線または横方向の運動パターンによるエクサ

図 10.41 スタンディング・ラテラル・ケーブル・ウッドチョッパー：(a) 開始姿勢，(b) 終了姿勢。

図 10.42 レジステッド・ケーブル・ローテーション・プレス：(a) 開始姿勢，(b) 終了姿勢。

サイズを行うことができる（図 10.41）。この時，股関節の位置を中間位かつ前方に向けたままとなるように制御する（すなわち，腰は回転させない）。股関節のアライメントを中間位に保つためには，殿筋活動の賦活や骨盤および鼠径部周辺の等尺性筋活動が必要である。身体の前を横切って重量を引っぱる際，体幹運動が水平面のみに生じるようにしなければならない。

座位から立位への一般的な段階的プログラムの間に，膝をついた姿勢（トールニーリング）とハーフニーリング（一方の膝をつき他方は屈曲させておく）姿勢の段階を含めるとよい。このエクササイズのトレーニング効果は，スポーツ動作に活かすことができる可能性が高い。

抵抗負荷を増加させすぎた場合，体幹回旋を行え

図10.43 リバース・コーク・スクリュー：(a) 開始姿勢，(b) 終了姿勢。

図10.44 ウインド・スクリーン・ワイパーズ：(a) 開始姿勢，(b) 終了姿勢。

ず，むしろ股関節からの代償動作を導く危険性がある。ただし，スポーツに特異的な段階的プログラムの最終段階（すなわち，アスリートが多くの一般的なトレーニングプログラムを実施した後）では，股関節から開始する高重量での回旋トレーニングを導入する。それは筋パワーが股関節から発揮される必要があり，さらにその筋パワーは地面からの運動連鎖を介して伝達される必要があるからである。

抵抗の強さを調節できるケーブルマシンは非常に有用であり，抗回旋筋力を高めるエクササイズを立案できる。多くのコンタクトスポーツでは，この能力は重要である。この能力を高めるエクササイズには，レジステッド・ケーブル・ローテーション・プレス（図10.42）（しばしばPallofプレスと呼ばれる）がある。

アスリートは水平面上の力に抵抗しながら体幹姿勢を静的に保持し，矢状面上での腕の伸展動作を実施しなければならない。

リバース・コーク・スクリュー（図10.43）は，片側性の回旋エクササイズであり，下肢から体幹を介して反対側の上肢まで力の伝達を促す。正しく実施するためには，膝関節，股関節，体幹，肩関節の位置を維持しながら，中心から末端に力を伝えることが必要である。非支持側の股関節および膝関節屈曲により，体幹が屈曲位から伸展し回旋することが可能になる。この動作は膝伸展によって開始する。下肢によって生じた力は伸展脚から骨盤と体幹の回旋を介して，背部の伸展，さらに反対側の肩へ伝達する。ケーブルは胸腰部筋膜の走行に沿って身体から遠ざけていく。

回旋動作は下肢を固定して実施するだけでなく，上肢を固定したエクササイズによっても向上させることができる。ただし，この種のエクササイズは回旋筋力を向上させることはできるが，胸椎可動性向上の手段としては有効ではない。ウインド・スクリーン・ワイパー（図10.44）では，上体は床面に固定したままで，脚の長さにより抵抗負荷を加える。この際，股関節は90°に保ったまま左から右へと動かす。アスリートの姿勢保持筋力が向上したとき，床面の支持を取り除く。これにより上体を固定するための直接的な筋活動が必要となり，このエクササイズはさらに機能的なものとなる。発展的エクササイズ（サスペンデッド・ウインド・スクリーン・ワイパー：図10.45）では，脚を横方向に回旋させるために体幹を水平保持させるが，これには高いレベルでの等尺性筋力が必要である。

図10.45　サスペンデッド・ウインド・スクリーン・ワイパーズ

オーバーヘッド筋力

本章では，スポーツ動作や姿勢制御に直接関連するファンクショナル・ストレングス（機能的筋力）を優先させるために，一般的な筋力を向上させるために重要なその他の伝統的な筋力トレーニングエクササイズについてはあまり触れていない。多くのスポーツにおいてオーバーヘッド動作は直接的には必要ではないため，ここでオーバーヘッド筋力向上に焦点をあてることに疑問をもつ読者も多くいるだろう。これに対する答えは2つある。まずはじめに，すべてのオーバーヘッド動作は運動連鎖を直接的に伸長させるので，姿勢維持への負荷を顕著に増大させる。2つ目にオーバーヘッド動作を実施することで，重力方向に加わる負荷に対して直接抵抗することになる。この際，アスリートは筋力と筋パワーを最大限に発揮する

最も好ましいオーバーヘッド動作は，押し動作および引き動作の両方において，基本的な体操動作であるオーバーヘッドでのプル（引き）動作（例えばクライミングロープなど）と逆立ち動作から開始することである。これらの動作にはともに上半身と下半身の協調動作が含まれ，特に逆立ち動作では，身体を直立状態で保持するために相当な体幹部の等尺性筋力を必要とする。

逆立ち動作は，非常に狭い支持基底面上に重心を保持することを要求する高負荷の体操動作である。この動作は，支持基底面の幅が広く重心が低くなる3点倒立動作よりもはるかに難度が高い。壁を用いることで矢状面上の負荷が著しく減少するため，最も基本の段階に到達することは比較的容易である。多くのアスリートは壁の側を見て手部を床に着き，足部で蹴り上げて逆立ち姿勢をとりたいと考えるだろう。しかしこの方法では，壁に足部を置くことが身体を安定させすぎてしまうため，直接的に支持基底面（すなわち手）上でバランスをとらなくなる可能性がある。ちなみに壁なしでは，多くのアスリートは，逆立ちの位置まで脚を強く蹴り上げることがない。現実には，この動きはあまり相対的筋パワーを必要としない。通常，失敗の原因はアスリートが頂点でバランスを崩すことを心配するためであり，蹴り上げる力の不足は（逆立ち動作に対する）自信のなさが関係している。

足部を壁の上に置き，手を使って後方に歩くことで，壁に置いている足を垂直方向に移動させる方法は，逆立ち動作を学習するためのより現実的な方法である（図10.46）。この動作では，頭と手を壁に接近

図10.46 壁に沿って歩いて逆立ち動作を行うことでバランスのとれた姿勢に誘導する：（a）開始姿勢，壁に足を押しつける，（b）中間点，手で壁に向かって歩き，足は上方に，（c）バランスがとれる点，顔を壁に向けての逆立ち姿勢。

させ，身体を垂直位置とする。この位置を保持している間，アスリートの胸郭および肘は完全伸展位とし，肩関節は完全に屈曲して体重を支えるための力発揮を学習する。

　補助の程度を減らす（すなわち，補助者に足のみを支持させる）か，または補助なしで姿勢を維持することで，逆立ち姿勢の難度を大幅に上げることができる。この姿勢は，オーバーヘッド・プレス運動を反転したものである。地面反力は足の代わりに手を介して伝達される。しかし，負荷が完全に腕と肩を介して伝達されるため，アスリートが体重を挙上できるまでには時間が必要であろう。実際に，逆立ち動作は，押し上げ動作の導入によってプレス動作に変えることができる（**図10.47**）このバリエーションは，肩と腕の高い筋力および姿勢制御能力を必要とする。

　ロープ・クライミングは，伝統的な青少年体育プログラムの内容であったが，近年はあまり好んで行われていない。ロープ・クライミングは，可能なかぎり遠くに，またはできるだけ速くロープを登ることで負荷の高い運動となる。アスリートが腕による引き動作と脚によって身体を押し上げる動作の両方による全身動作でロープの高い位置に登る方法から，腕だけを使って登る方法へとプログラムの段階を進めることができる。

　プルアップ（**図10.48**）に関しても，長い時間をかけて多くのバリエーションが発達してきた。最も基本的なフォームでは，アスリートは順手（プロネイテッド・グリップ）で握り，鉄棒（チンニングバー）からぶら下がる。順手での把持（プロネイテッド・グリップ）は，スポーツや日常生活で最も一般的にみられる（物を運ぶ際に用いる）握り方である。この握り方では，プルアップ動作では背筋，特に広背筋と大円筋が，動作の最後では菱形筋と僧帽筋が特に活動する[3]。肘屈筋群（上腕二頭筋，上腕筋，腕橈骨筋）の活動もみられ，この筋活動は逆手で把持（スピネイテッド・グリップ，アンダーグラスプ・グリップ）することで高くなる。一般的には逆手で把持してのプルアップ動作のほうがより簡単に実施できる。

　オーバーヘッドでのプル動作は，基礎的筋力およびファンクショナル・ストレングス（機能的筋力）を獲得するためには非常に好ましいエクササイズである。プルアップは，運動中にアスリート自身の体重を完全に制御する基礎動作であり，アスリート個人で簡単に負荷を増大できる。例えば，速い動作で挙上し，ゆっくりした伸張性筋活動によって下降することや，重量ベルトを追加することによって負荷を増加させること

第10章 ファンクショナルトレーニングの段階的プログラムを立案する

```
           ┌─────────────────────┐
           │   補助つき逆立ち    │
           │ 壁や補助者に支えられ│
           │ ながら,逆立ちを行う。│
           └──────────┬──────────┘
                      ↓
           ┌─────────────────────┐
           │   補助なし逆立ち    │
           │ 外部からの補助なしに│
           │ 逆立ちを行う。      │
           └──────────┬──────────┘
                      ↓
           ┌─────────────────────┐
           │  逆立ちプッシュアップ│
           │ 逆立ちの姿勢から肘関│
           │ 節を屈曲し,動作をコ │
           │ ントロールして頭部を│
           │ 床面に向けて降下させ│
           │ る。引き続き押し上げ│
           │ て開始姿勢にもどる。│
           └──────────┬──────────┘
                      ↓
```

ダンベルショルダープレス	ビハインドネックプレス	ミリタリープレス
足を腰幅に開いて立ち,ダンベルをそれぞれの手で肩の横で把持する。腕が直線になるまでダンベルを挙上する。	足を腰幅に開いて立ち,バーベルを首の後ろに載せ,腕が直線になるまでバーベルを挙上する。	足を腰幅に開いて立ち,バーベルを首の前に載せ,腕が直線になるまでバーベルを挙上する。

ダンベルプッシュプレス	ビハインドネックプッシュプレス	プッシュプレス
足を腰幅に開いて立ち,ダンベルをそれぞれの手で肩の横で把持する。速いクォータースクワットを行い,脚を介して上方に動かす。腕が直線になるまでダンベルを挙上する。	足を腰幅に開いて立ち,バーベルを首の後ろに載せ,速いクォータースクワットを行い,脚を介して上方に動かす。腕が直線になるまでバーベルを挙上する。	足を腰幅に開いて立ち,バーベルを首の前に載せ,速いクォータースクワットを行い,脚を介して上方に動かす。腕が直線になるまでバーベルを挙上する。

ダンベルプッシュジャーク	ビハインドネックプッシュジャーク	プッシュジャーク
足を腰幅に開いて立ち,ダンベルをそれぞれの手で肩の横で把持する。速いクォータースクワットを行い,脚を介して上方に動かす。腕が直線になるまでダンベルを挙上し,膝関節を屈曲してクォータースクワットの姿勢で終了する。	足を腰幅に開いて立ち,バーベルを首の後ろに載せ,速いクォータースクワットを行い,脚を介して上方に動かす。腕が直線になるまでバーベルを挙上し,膝関節を屈曲してクォータースクワットの姿勢で終了する。	足を腰幅に開いて立ち,バーベルを首の前に載せ,速いクォータースクワットを行い,脚を介して上方に動かす。腕が直線になるまでバーベルを挙上し,膝関節を屈曲してクォータースクワットの姿勢で終了する。

図10.47 逆立ち動作からプッシュ・ジャークまでの段階的プログラム

図 10.48　プルアップ

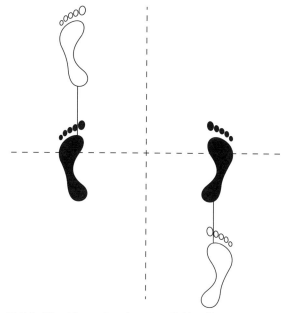

図 10.49　ジャーク，キャッチ姿勢で効果的なスプリット・スタンス

ができる。質量中心に運動量を生み出すために身体を振るという代償動作がしばしばみられるが，この誤りは正しいフォームを指導することで簡単に修正できる。

　図 10.47 に示したように，外的負荷を使用した 3 つの基本的なオーバーヘッド動作は，体幹の完全伸展をもたらす。この時の荷重は，後頭部の上方で腕をロック（完全伸展）した状態で支持される。荷重が支持基底面の真上にあることで，姿勢保持に対して負荷となる前後方向のトルクが最小限に抑制される。この理由から，これらの挙上動作は，肩の背部と僧帽筋上部にバーベルを載せて開始することが多い。バーベルは，順手（オーバーグラスプ・グリップ）で肩幅よりもわずかに広い位置で把持する。この位置から上方に押すと，バーベルは自然なオーバヘッド位置に向かって，直接的に垂直に移動する。一方，前部からバーベルを挙上すると，同じ位置に移動させるためには垂直かつ後方にバーベルを挙上する必要がある。この動作はダンベルでも実施することができる。この場合，腕と肩それぞれの制御が必要となり負荷が高くなるため，通常は重量を軽減させて実施する。

　オーバーヘッド・プレス，プッシュ・プレス，プッシュ・ジャークでは脚の使い方にわずかな違いがある。実際に，スポーツ場面で抵抗負荷を力強く頭上に上げるためには，アスリートは自然に身体の最大の駆動筋である股関節および膝伸筋により慣性を克服し，腕を安全なキャッチ姿勢まで導き続けるほどの運動量を生み出す。

　オーバーヘッド・プレスでは，力発揮の方程式から脚の影響が除かれる。アスリートが足を幅広くとり（支持基底面を最大にする）バランスのとれた立位姿勢になり，体幹を固定した後，肩と肘を伸展させてバーベルを上方に挙上する。多くの筋が共同筋として動作を支えているという意味で全身のエクササイズともいえるが，主働筋はすべて上肢筋群である。このエクササイズと，股関節と膝関節での反動動作からはじまるプッシュ・プレスを比較してみる。この沈んでから浮き上がる動作による伸張反射が下肢の力発揮を増大させ，バーベルに運動量を生じさせ腕が挙上する。

　プッシュ・プレスと同様に，ジャーク動作（ウエイトリフティング競技の選手が行うスプリット・スタンス姿勢に馴染みがあるだろう）では，さらに速い動作で鉛直方向にバーベルを挙上させる。しかしながらバーベルがアスリートの肩から離れ，脚からの垂直方向

の駆動がバーベルを鉛直方向に加速しなくなると，股関節と膝関節の爆発的な再屈曲によってシャフトの下に潜り込み，頭上でキャッチする。この動作ではバーベルの鉛直方向上の変位は小さく，腕がバーベルを押す力は最も小さい。しかし，オーバーヘッドで直立姿勢をとるために，股関節と膝関節を伸展させながらバーベルをキャッチし，さらに制御することは，腕および肩関節に対しての負荷が高くなる。

スプリット・スタンスでは，矢状面上の支持基底面が広がることでさらに安定性を得ることができる。バーベルが肩を離れ，股関節，膝関節，足関節が完全に伸展した後，スプリット・スタンス・キャッチ位置に移動する。スプリット動作は，想像上の十字線に沿って実施すべきである（床面に描いてもよい。**図10.49**を参照のこと）。前方の足部を前方向に動かし足底を接地させ，踵に向かって足圧中心を移動させるべきである（左右交互に反復できる）。同時に後方の足部は十字線の反対側に動かし，母指球で着地する。スプリット・スタンスの幅は抵抗負荷に依存する。負荷が重いほど挙上する高さが低くなるので広いスプリット幅が必要となる。重心は十字線の中心上に位置させるべきである（すなわち，ジャーク動作の開始姿勢から移動しない）。

スプリット姿勢をとり，オーバーヘッド姿勢を固定し身体を安定させた後，足を肩幅の位置にもどすべきである。前方の足は後方に十字の中心線に移動させ，後方の足は前方に移動させる。両方の足が直線上に並び，バーベルがオーバーヘッドの位置となった時点で挙上動作は完了する。

エクササイズ順序とプログラミング

本章では筋力トレーニングの機能性の概念と，アスリートの身体能力を向上させ，トレーニング効果をスポーツパフォーマンスに落とし込むことの重要性について分析してきた。多くの書籍では，筋力トレーニングと競技生活のさまざまな段階におけるプログラムデザインについて取り組んでいる。本章における重要な考え方は，ある時点での対象が示す一般的およびスポーツ特異的なニーズに沿って，バランスのとれたプログラムを処方するために，全体のトレーニングプログラムに対して筋力トレーニングをどのように統合していくかということである。

いくつかの鍵となる原則は，あらゆるプログラムデザインにおいて共通である。まず筋力トレーニングエクササイズの処方は，アスリートの能力にとって適切な負荷となるように個別化すべきである。これはトレーニング指導でのすべての面におけるテーマである。2つ目は量-負荷が適切であることである。セット数，挙上回数，セッション数，強度（例えば，負荷）はアスリートが適切に鍛えられるように慎重に評価する。筋力および筋パワートレーニングにおける主要な考慮事項はトレーニングの質である。質の高いトレーニングでは，アスリートが疲労しないように比較的少ないトレーニング量で行う。

動作を学習するときは反復回数と練習が増加するため，トレーニング量は多くなる。しかし，このアプローチでは1〜3回の動作を多く行い，セット間に多くの指導がなされているだろう。よくトレーニングされていて，筋力・筋パワー向上を目的とした発展的プログラムを実施しているアスリートでさえも，1〜5回の範囲を超えて挙上を繰り返すことはまれである。この回数以上で反復すると，神経系への負荷が疲労によって著しく減少する。反対にリハビリテーショントレーニングを行っているアスリート（神経筋の再教育）は，動作の神経パターンを確立するためにより多くの挙上回数（10〜15回）を実施するだろう。しかしながら，トレーニングとして行う場合やパフォーマンス向上を目的とする場合と比較すると，負荷を大幅に低下させて実施すべきである。

まとめ

筋力をスポーツ場面で発揮する能力（力を生み出す能力）は，広範囲の運動スキルの成功を支える重要な要素である。重要なことは，アスリートがどれくらい強い筋力が必要かということではなく，効果的で力強いスキルを発揮するために，どれくらいの筋力を動員

することができるかということである。

　筋力トレーニングにおける機能性の概念は，トレーニングプログラム内のさまざまな考え方と結びついている。筋への刺激がアスリートの神経系にどれくらい負荷を与えるかという問題が中心となる。適切な姿勢，神経筋に対する要求，および力の立ち上がり率（RFD）は，エクササイズの機能性を決定する重要な要素である。

　筋力トレーニングプログラムにおける過負荷とは，単にアスリートが挙上できることが求められる抵抗負荷に増加させるということである。動作の複雑性をレバーアームの長さ，質量中心の位置，支持基底面の大きさと結びつけることで，段階的に複雑かつ難度の高い負荷が与えられ，スポーツパフォーマンスの基礎となるファンクショナル・ストレングス（機能的筋力）を動員する能力の向上が得られる。

　スポーツ動作に関連するトレーニングのほとんどの側面と同様に，段階的負荷はアスリートの能力に基づいて設定すべきである。効果的な学習のためには，アスリートは，快適に実施できるレベル以上，かつ正しいメカニクスまたは効率的な動作を達成できることを超えない負荷を課すべきである。その目的は，アスリートが機能的に力発揮できないような代償動作を発達させることなく，長期的に適切な運動パターンを強化することである。この目標を達成するには，プログラム全体を通して適切なレベルの挙上回数の設定とバリエーションの追加による長期的な筋刺激が必要である。

（越田専太郎）

第11章

練習計画作成の基礎

　本書はヒトの身体がどのように働くのか，競技スキルを向上させる手段として身体的‒力学的刺激にどのように適応するのかを検証し，実践的なエクササイズを提示することで，指導者がこれらの原則をプログラムに反映させられるようになることを狙いとしている。すべての分析がアスリートにとってより効率よく，効果的に動くための助けになるようにデザインされていることは大変重要である。また，現在のプログラムを批判的に解釈することや，あらかじめ設定された目標が達成できているかを説明できることも重要である。

　トレーニングプログラムを開発するにあたり，すべての関係者（アスリート，コーチ，科学者，トレーニング指導者）は，正解が1つとはかぎらないことを理解する必要がある。動きと身体の発達に影響を与えるための原則に基づいてさえいれば，望ましい結果は多様な方法によって達成することができる。本章の目的は，いくつかのケーススタディを提示し，アスリートによって異なる目標を達成するためのプログラムを提供することである。

　それぞれのプログラムの背景にある理論的根拠は，これまでの章で確認できる。それぞれのプログラムを分析して重要なアプローチを取り出し，なぜそのように決定されたのかを理解してみてほしい。これらの応用法や段階づけを伝えるにあたり，セッションの内容とエクササイズの選択において，単純化することを第一に考えてきた。文字で伝えることは簡単で，目の前にアスリートがいなくても，指導のための応用法や段階づけのバリエーションをより多く提示することはできる。言い換えると，指導者にとってエクササイズの段階づけの幅は際限なく広げることが可能である。重要なことは，基本に則り，目標を達成するための段階づけになっているかを考えることである。したがって，本章を読むにあたり，どのようにその状況へアプローチしたかを考えることが必要である。同じようなドリルやセッションに適切な段階づけはされているだろうか。

　指導者は，競技力向上のためという定められた期待に沿うだけではなく，アスリートがスポーツで能力を発揮し，スポーツ外傷・障害の可能性を減らすという付加価値を提供することが重要であるということを忘れてはならない（例えば，『strength and conditioning 101』では「アスリートにはオーバーヘッド・ジャークなどのオリンピック・リフトをさせるだけでよい」としばしば誤解されることがある）。アスリートにトレーニング（学習）することの利点を伝えることで，指導者としての長期間にわたる成功につながるのである。

ケーススタディ1：テニス

　ステファニーは9歳から本格的にスポーツをはじめた16歳のテニス選手で，身長180 cm，体重63 kgである。ステファニーはテニスの練習を1日2〜4時間行っていたが，コンディショニングプログラムはかぎられた内容で，有酸素運動と基本的なウエイトトレーニングを学校と地元のフィットネスクラブで行っているだけだった。彼女はトレーニング年齢や身体能力の発達レベルも理想的であった。彼女はプロテニス選手になることを希望しており，近いう

ちにいくつかの全国レベルの大会に出場する機会を探しているところだった。トレーニングプログラムをはじめた時点ではけがをしていなかったものの，足関節傷害の病歴がある（中程度＝II度の前距腓靱帯損傷）。

前距腓靱帯は足関節の外側に位置し，距骨と腓骨を結んでいる靱帯である。前距腓靱帯損傷は最もよくみられる足関節捻挫のタイプである。テニスにおける典型的な受傷場面は，クロスコートにきたフォアハンドへのボールをとるために外側の足で着地した際，側方への運動をコントロールできない場合である。重心が体幹の横方向に移動し，足関節底屈位（つま先が下がった脆弱な肢位）で着地して反対方向の力がかかると（内側に向けて），靱帯が強力に引き伸ばされ，受傷にいたる。

治療は主にステファニーのけがの症状に焦点をあてて行われるが，けがの原因を特定するためには，運動連鎖のより上位，特に股関節周囲で何が起こっているかを分析する必要がある。けがは，ステファニーが動的な姿勢をコントロールする能力が欠けていた結果起こった。特に片脚支持に移行する際の殿筋群の活動が不十分なことが大きな原因であった。テニスでは，片脚支持やスプリット姿勢から多くのショットを打つため，この姿勢は重要である。

ステファニーのテニスコーチは，ショットの間のステップが小さすぎる傾向にあることに気がついていた。また，前後の動きどちらにおいてもショットを打つときのスタンスがとても狭いことにも気づいていた。彼女は伸びのあるボールに弱く，ショットを打つために片足から両足の構えに切り返す際，より安定した土台を得るために踵を固定し，足裏全体で接地するようにする必要があった。

コートの後方からドロップショットを拾いにいくため直線的に加速する場合を除き，テニス選手は他のスポーツの選手と違って立った状態から最初の数歩のステップを踏む必要がある。側方に動く場合や，パッシングボールを拾いに後方に走る場合，加速に用いる方法として小さいステップをたくさん踏むよりも，大きなステップで追いついたほうが効果的な場合がある（典型的な直線の加速パターン）。

ステファニーのプログラムは機能的な筋力を向上させ，それを地面からの運動連鎖を通じて上半身の回旋力とラケットのヘッドスピードに変換させるのが狙いである。それと同時にコート上で実施する動作向上のためのトレーニングは，コート内での動きに最適なテニス特有のアジリティスキルに変換される。ステファニーは足の位置の範囲で上半身から生み出されるトルクをコントロールしながら，回旋力を発揮し，基本的な身体的—力学的な質を向上させる。このプログラムでは，片足での支持局面における3つの運動面での減速と再加速に焦点をあてており，安定性（ショットを打つ場面）と可動性（ショットに届く場面）の両方における重心の位置に対する支持姿勢の確保を目的としている。

以下のトレーニングはコートでのテニスの技術的な練習に合わせて3ヵ月間の期間で組まれている。

機能的筋力

1. 地面反力を伴う，地上でのエクササイズによって運動連鎖を活かして力の発揮力を高める。特に下肢の屈筋と伸筋，広背筋〔この筋は表層の結合組織（胸腰筋膜）に沿って殿筋とスリングを形成し，ラケットを後方に引く際の弾性エネルギーを貯めてショットを打つ際に放出される〕に焦点をあて，脊柱の安定性のために体幹を鍛え，より強いトルクを生み出す。これらはすべてのショットにとって重要である（図11.1）。肩を介して地面反力を上肢（腕）の力に変換する能力も重要である（ステファニーはそれ以前に肩の強化として回旋筋腱板のトレーニングを行っていたが，これらの筋だけを選択的に鍛えてもラケットのヘッドスピードを高めることはできない）。
2. 片脚での運動における力発揮の向上。
3. 3つのすべての動作面において，最終域でのパワー発揮の向上。

機能的安定性

1. 両脚での着地技術の向上。

2. 片脚での着地技術と，両脚での反力を高め，支持基底面に素早く調整できる能力を高める。
3. 広くて低い下肢の支持姿勢から動的な移動によって上肢にトルクを発生させる。そして，この姿勢から一連の運動に移行させる。

コート上の動き
1. 安定した基本姿勢から，前後，左右へのフットワークを向上させる。
2. より複雑なフットワークパターンに段階を上げる。
3. より効率的でスピードを高めたフットワークパターンに段階を上げる。
4. オープンな環境での練習やテニスのラリーにフットワークのパターンを加える。

筋力と安定性のプログラムは，1日のうちでステファニーの疲労が少ない午前中に行われた。セッション間は3〜4時間開ければ十分なリカバリーが得られる。テニスの練習は動的なウォームアップからはじめて徐々に安定性の要素を組み合わせていき，コート上の動きにつなげていく。このような順序で行うことで動作の技術をスポーツ特有の技術へ移行することがより効率的になり，テニスのコーチや指導者などが緊密に連携することで，ステファニーのコート上での動きに対してより影響を及ぼすことができるようになる。セッションを形成していた動きのドリルは，段階を追うごとに徐々にウォームアップに移行させていく。ステファニーの動きはより効率的になり，姿勢制御やパワーが向上し，彼女のラケット技術は，身体能力とともに向上させる必要がある。

このトレーニングブロックにおけるステファニーの

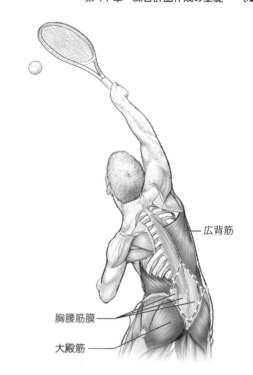

図11.1 体幹部の全体的な動きは，広背筋と大殿筋と胸腰筋膜との相互関係に起因している。

1週間の練習の計画を**表11.1**に示した。しかしながら，試合に向けての最終的な計画は，より適切に組み替える必要がある。それぞれのトレーニングブロックの内容は変更可能である。例えばブロックの6日目にあるコンディショニングはテニスの練習に組み込むことができ，試合前には特別なトレーニング内容になる。このような負荷の蓄積や，位相のある負荷のかけ方は，ピリオダイゼーションの方法における最新の研究成果から多くの情報が得られる[1]。

4週間のブロックを3つ計画して12週間のブロックとする。負荷量（負荷量とは負荷の強度と回数を掛け合わせたもの）は各週で変化させる。1週目は中強

表11.1 ステファニーの週間トレーニング計画

日	1日目	2日目	3日目	4日目	5日目	6日目	7日目
午前	筋力	安定性，コンディショニング	安定性，筋力	アクティブリカバリー	安定性，筋力	安定性，コンディショニング	アクティブリカバリー
午後	動作，テニス	動作，テニス	テニス		動作，テニス	テニス	

表11.2　練習週におけるトレーニング要素別にみた相対的負荷量設定のバリエーション

日	1日目	2日目	3日目	4日目	5日目	6日目	7日目
筋力トレーニングの負荷量	高	休	低	アクティブリカバリー	中	休	アクティブリカバリー
安定性トレーニングの負荷量	休	高	低		中	休	
コンディショニングの負荷量	休	低	休		休	高	
動作トレーニングの負荷量	中	低	休		高	休	
テニス（技術トレーニング）の負荷量	低	高	中		低	中	

度の負荷，2週目は高強度，3週目はさらに高い強度（オーバーリーチングを起こすことを狙いたい場合），そして4週目は中強度に負荷を落としリカバリーを促す週とするが，トレーニングの量は落とさないようにする。このスケジュールにより，プログラムが進行するにしたがって増加する負荷量に対して適応できるようになる。**表11.2**に示したように，強調する内容が変化すると，最も焦点をあてる内容がテニスの負荷量となり，トレーニングブロックの終わりに向けた過程では，トレーニング内容の移行が実行され，トレーニングの週内でも負荷量は変化する。

　週内での変化に加えて，週の間でも負荷量を変化させる必要がある。トレーニングで重視する内容は，過負荷，リカバリー，適切なレベルに応じてトレーニングを構成する要素を変化させる。このような側面は重要であり，ステファニーはトレーニングをするのに適したトレーニング年齢であるものの，トレーニングの負荷，強度すべてにおいてトレーニング要素を高く設定することはできず，過度にならないように，あるいは潜在的に長期間過負荷が続かないように設定する必要がある。

トレーニングブロック1：1週目から4週目

　1週目から4週目は基礎的なコート上での動きのスキルの向上と，筋力の土台をつくることを目標にし，ステファニーがこれらのエクササイズの段階を上げるにしたがって能力を向上させ，彼女の最終的な目標を達成できるようにする。この期間で強調することは，高精度での神経筋系の発達により動きをパターン化させることである。

筋力強化セッション

　1週目から4週目の筋力強化のセッションにおける反復回数とセット数を**表11.3**に示した。このプログラムに含まれるエクササイズについては第10章で紹介した。これらは多関節で，多くの筋を動員したエクササイズであり，高出力のエクササイズ（スクワットやデッドリフトなど）や高いパワー発揮（クリーン，プルなど）を可能にし，両脚および片脚どちらのスタンスでも有用である。

安定化セッション

　安定化セッションはいくつかの結果を達成するためにデザインされている。いくつかのエクササイズは股関節の筋の活動を高め，股関節の安定性そのもの，さらには運動中の股関節，膝関節，足関節のアライメントを整える狙いがある。エクササイズ実施時は足部を静止させた状態に保つか，動的な運動においては着地時の制御を高めるように用いる。その他のエクササイズ，特に不安定なサーフェス上でのエクササイズは，他の関節が動いている間に足関節のまわりの固有受容性を高めるようにデザインされている。脚に焦点をあてるだけでなく，全身の動きのなかで肩関節の動きの質と安定性に焦点をあてたいくつかの練習が，ステファニーの肩周囲の機能的コントロールを高めるセッションに含まれている。1週目から4週目の安定化セッションにおける反復回数とセット数を**表11.4**に示した。

コンディショニングセッション

　コンディショニングは，このトレーニング期間では優先事項ではないことに注意する。それでも，全体的

表 11.3　1週目から4週目の筋力トレーニングセッション

筋力セッション1			
エクササイズ	回数	セット数	説　明
デッドリフト	5	4	バーベルをすねの前に置いて立つ。オルタネイト・グリップで肩幅と同じ幅でバーベルを握り，胸を張り，踵に重心を置く。股関節と膝関節を同時に伸展させる。
バンドアシスト・オーバーグリップ・プルアップ	8	4	オーバーグリップで肩幅よりやや広く握る。プルアップバーからハングアップする。背部の筋を使い，顎がバーの高さより上になるまで引き上げ，コントロールしながら下げる。バンドを使うことで重力を免荷することができる。
シングルレッグ・ボックス・スクワット	各脚5回	4	肩の後方にバーベルをかつぐ。片脚で立ちスクワットを行う。尻がボックスに触れるまで下げる。
インクライン・ベンチ・プレス	5	4	ベンチを25～35°の傾斜にして横になる。バーベルを胸部の真上にくるようにラックにセットする。オーバーグリップで肩幅よりもやや広く握る。足は床に，殿部と肩はベンチにつけた状態で，バーをラックから上げて胸部まで降ろす。
ステア・ザ・ポット	30秒	3	スタビリティボールに前腕を置く。膝（初級）またはつま先（上級）を地面につける。耳から肩，腰，膝，足首を直線に維持しながら，スタビリティボールを肘で円を描くように回転させる。
筋力セッション2			
エクササイズ	回数	セット数	説　明
フロント・フット・エレベータ・スプリット・スクワット	各脚5回	4	両脚を前後に開き，前足を上げた状態（階段やボックス）のまま，スプリット・スクワットを行う。
サスペンションコードを利用したピストル・スクワット	各脚8回	4	バランスをとるためにサスペンションコードを持つ。最大の深さまで下げピストル・スクワットをを行い，立ち上がる。
スティフレッグ・デッドリフト	8	4	バーベルを大腿部につけて握る。足を腰幅に開いて立ち，膝はわずかに曲げ，中足部に体重をかける。股関節を中心に動作を行い，バーが脚の前方を上下するように体幹を前傾させる。
逆立ち（支持あり）	30秒維持	4	パートナーに支えてもらい逆立ちを行う。足は頭の真上になるようにする。
レジステッド・ケーブル・ローテーション・プッシュ	各側5回	3	ケーブルを胸の高さにセットする。体幹はまっすぐにし，膝を屈曲させ，足を腰幅から肩幅に開き，ケーブルマシンに対して90°の位置に立つ。ケーブルを横に引っぱるようにアームをロックしてはじめる。顔は前を向き，横方向の引っぱりに抵抗し，腕を曲げてハンドルを胸のほうに引く。
筋力セッション3			
エクササイズ	回数	セット数	説　明
大腿部からのクリーン・プル	5	4	体重を中足部にかけ，セカンドプル（足は腰幅，膝は屈曲位，体幹はまっすぐ，バーベルは大腿部中央）からクリーンを開始する。セカンドプルから股関節と膝関節，足関節を強く伸展させることでバーを急激に上昇させ，体重をつま先へ移動させる。動作のトップでは肩をすくめる。バーはできるかぎり身体の正面を通過させる。
バーベル・オーバーヘッド・スクワット	5	4	バーベルを頭上に保持する。体幹はまっすぐに保ち，腰椎から仙骨のアライメントを維持しながら，全可動域でのスクワットを行う。
その場でのバーベル・ビハインド・ネック・インライン・ランジ	10	4	バーベルを肩にかつぐ。狭いスタンスでランジ動作を行う。前方に出した膝とつま先が直線上に位置するようにし，前方の足の踵に後方の脚の膝を位置させる。
ロープ・クライム	1	4	両手を交互にオーバーグリップでロープを登る。足を固定しながら腕を引くことで身体を引き上げる。
ラテラル・ケーブル・ウッドチョッパー	各側6回	2	足を腰幅に開き，股関節がケーブルマシンに90°の角度になるように立つ。ケーブルを体幹の中央の高さに設定する。腕をまっすぐにしてハンドルを持つ。頭と頸椎をウエイトスタックから離して動かし，体幹を同じ方向に回転させて，腕をまっすぐにしてケーブルをスタックから引き離す。

表11.4 1週目から4週目の機能的安定化セッション

安定化セッション1			
エクササイズ	回数	セット数	説明
20〜30 cmのボックスからの両脚ドロップ・アンド・ホールド	5	3〜5	体幹はまっすぐにし，足関節は背屈位で接地する準備をして，ボックスから降下する。両足で着地し，つま先と膝関節のアライメントを保ち，安定させながら，中足部全体に体重を分散させる。
10 mホップ・アンド・ホールド	各脚1回	4〜6	シングルレッグ・ホップを10 m実施する。次のホップの前に，着地が安定していることを確認する（股関節と肩の高さ，膝とつま先の位置，中足部への荷重）。
20〜30 cmのボックスへのジャンプ	6	3〜5	両足で離地し，股関節・膝関節・足関節のよいアライメントを保ち，安定した姿勢でボックスの中央に着地する。
ステップ・ランジ	各脚8〜10回	3〜5	リバース・ランジを行い，同じ脚でボトムポジションからフォワード・ランジに移行する。片脚のみで連続し前方へのランジを行う。セット間や前後への移動の間は一時的に止まらないようにする。
安定化セッション2			
エクササイズ	回数	セット数	説明
スター・エクスカーション	各脚10回	3	片脚で立つ。動作中は上げた脚は変えない。股関節と肩関節を水平に保ち，上げた脚を前方に伸ばし，できるだけ遠くの床面に触れる。次に，上げた脚を身体の左後方45°のできるだけ遠くの床面に触れる。さらに，身体の右45°の角度のできるだけ遠くの床面に触れる。
抵抗バンドを使用した4方向ステップ	各方向10回	3	立っている脚の下腿中央部に抵抗バンドを掛けて片脚で立つ。横に引く。前方に進み，床面に触れてもどる。ステップは，左，右，後ろ，あるいは無作為に行ってもよい。前，後ろ，両方からの抵抗を加え繰り返す。
シングルレッグ・スタンス・テニスボール・スロー・アンド・キャッチ	各脚8〜10回キャッチ	3〜5	片脚で立つ。パートナーが投げたテニスボール，または壁に投げてさまざまな高さとスピードでバウンドしたボールををキャッチする。バランスを維持する。
両脚殿筋ブリッジ	10	3〜5	仰臥位になり膝関節を90°屈曲させ，足は腰幅に広げ，足関節は背屈位でつま先を床から離して踵接地とする。肩関節，股関節，膝関節が一直線になるまで殿部を押すようにして腰を上げる。
安定化セッション3			
エクササイズ	回数	セット数	説明
フォワード・ランジ・オン・フォームパッド	各脚10回	3	立位からランジを行い，リード脚はクッション性のあるフォームパッドへ着ける。股関節をリード脚の膝の高さまで下げてから開始姿勢にもどる。
ラテラル・ホップ・アンド・ホールド	各脚5〜8回	3〜5	ミニハードルをホップして横に跳び越える。体幹はまっすぐに保ち，股関節，膝関節，足関節のアライメントを維持して，足裏全体で安定して着地する。
アジリティラダーを用いたシングルレッグ・ホップ・アンド・ホールド	各脚6〜8回	3〜5	アジリティラダーを使用し，1歩ずつ1マスに入るように前方へホップする。
ウォーク・シングルアーム・アップターンド・ケトルベル・キャリー	各腕10 m	4〜6	上腕骨は肩甲骨面上に維持したままケトルベルを逆さまにしてもち上げ，20 m前方へ歩く。

なテニスの準備にはいくつかのコンディショニングが必要であり，ここで実施する内容は全体的なトレーニングの内容と完全に統合させる必要がある。またコンディショニングにおいては，トレーニングの他の側面を補完することができ，この場合は高いレベルの神経筋系の向上を促すことにつなげる。

コンディショニングセッションは高強度の負荷（最大に近い負荷）を繰り返すことを基本とする。高速で全身の動きに焦点をあてるか，エアロバイクをセッションに用いる場合にはハイパワー，高回転の負荷に焦点をあてて実施する。コンディショニングセッションでは，インターバル中に酸素借が補充される能力が高まり，無酸素能力とパワーおよび有酸素能力を向上させる。それと同時に神経筋系はパフォーマンスを発揮するために速筋の運動単位を動員し，プログラムにおけるこの期間の優先事項である筋力と安定性の向上を促す。

セッション1：足をつかないコンディショニング

- コンセプト2ローイングエルゴメーター：500 m × 10本，60秒のリカバリー時間を挟んで行う。

あるいは，

- エアロバイクで1 km × 10本を1：2の運動：リカバリー比で行う。

セッション2

- ランニング：200 mを8本 × 2セット，負荷とリカバリーを1：1.5の割合でとり（1本の目標タイムは35～38秒とする），セット間の休憩は4分とする。

動作スキルセッション

長年Andy Murrayやその他多くのシニアプロのフィットネスコーチをしているJez Greenと長年にわたって一緒に仕事ができたことに感謝したい。彼らは「打ち返すための切り返しのメカニズム」に焦点をあてたコート上におけるテニス特有の動きのドリルに精通している。これらのドリルのバリエーションについては以下に示す。このトレーニングブロックのはじめでは，これらのスキルはメディシンボールを用いた完全にクローズドなスキルであり，一連のブロック練習である。これらのドリルは，テニスの典型的なショットにおける下肢の動きを誇張しながら上肢のテニスの動きを模倣するようなもので，アスリートにとってテニスにおける動きを想定しやすい。これらのドリルはテニスコートのベースラインから行い，ドリルが発展していくにつれて，ゲーム中のラリーと同じようにネットに向かって動くものが含まれる。以下の4つのドリルから選択して実践する。

テニス動作の段階的ドリル1

　ベースラインの中央から開始する（**図11.2**）。はじめに小さなジャンプでワイド・スタンスになる（テニスのスプリット・ステップ）。そこから足をベースラインに沿うように回旋させ，右股関節を外旋させる。そして，クロスオーバー・ステップで左足を交差させるように上げ，大きなランジ動作を行う。左足はベースラインに近づけるように接地する。ここから，右足を回転させ，ネットに対して45°の角度で足をベースラインの両側に置き，アスレティック・スタンスをとる。ステップを踏んだら，そこからフォアハンドの動きでメディシンボールを投げ，フォロースルーとして右側の脚が前方にくるようなランジ姿勢で終わる。バックハンドに対しては反対の動きを行う。

図11.2 テニス動作の段階的ドリル1

テニス動作の段階的ドリル 2

　ベースラインの中央から開始する（**図 11.3**）。スプリット・ステップを行う。左足をベースラインの内側にもっていき，つま先の角度を 45°外側に向けて接地する。右足を前方に踏み出し，前方への深いランジ動作を行う。その際，左足の位置を合わせ，姿勢を直立にしてフォアハンドショットの体勢がとれるようにする。ステップを踏んだらそこからフォアハンドの動作でメディシンボールを投げ，フォロースルーとして右脚が前方にくるようなランジ姿勢で終わる。バックハンドに対しては反対の動きを行う。

図 11.3　テニス動作の段階的ドリル 2

テニス動作の段階的ドリル3

このドリル（図11.4）は，インサイド・アウト・フォアハンド想定したものである。小さくジャンプしてスプリット・スタンスをとる。左脚を軸にして，右脚の股関節を後方に回転させながら右足を着く。身体をネットに対して垂直に向ける。次に右脚を軸にして左足を前方に踏み出し，フォアハンドのプレーをしているように足を並べ，つま先を着く。ステップを調整したらフォアハンド動作によってメディシンボールを投げ，フォロースルーとして右脚が前方にくるようなランジ姿勢で終わる。

図11.4　テニス動作の段階的ドリル3

テニス動作の段階的ドリル 4

　ベースライン上で小さなジャンプをし，スプリット・スタンスをとる（図 11.5）。クロスオーバー・ジャンプでハードルを越え，投げられたメディシンボールをキャッチし，片足で着地する。他方の足を最初に着地した足と平行に置き，体勢はネットに対して垂直になる。ステップを調整したらフォアハンドをまねてボールを相手に返す。フォロースルーとして右脚が前方にくるようなランジ姿勢で終わる。ステップを調整したらベースラインにもどり，足幅を整える。逆の脚の動作によりバックハンド側でもドリルを繰り返す。

図 11.5　テニス動作の段階的ドリル 4

トレーニングブロック2：
5週目から8週目

2つ目のトレーニングブロックでは，動きの複雑さや強度を発展させていく。ステファニーは，現在動きと技術を磨くべき時期であり，動きのスピードを増したり，動きに複雑さを加えるような挑戦をすることによって，神経筋系や学習を伸ばすことに焦点をあてるべきである。例えば，コート上のドリルでは，これらの要素はよりオープンなドリルによってもたらされるが，ウエイトルームでは股関節，膝関節，足関節の動的なアライメントをコントロールし，維持することに焦点をあてる必要がある。

筋力強化セッション

5週から8週にかけての筋力強化セッションの反復回数とセット数を**表11.5**に示した。

安定化セッション

5週から8週にかけての安定化セッションの反復回数とセット数を**表11.6**に示した。

コンディショニングセッション

このブロックにおけるコンディショニングセッションは神経筋系のトレーニングのため，高強度トレーニングに重点を置いて構成されている。短時間のインタ

表11.5　5週目から8週目の筋力トレーニングセッション

筋力セッション1			
エクササイズ	回数	セット数	説　明
デッドリフト	5	4	バーベルをすねの前に置いて立つ。オルタネイト・グリップで肩幅と同じ幅でバーベルを握り，胸を張り，踵に重心を置く。股関節と膝関節を同時に伸展させる。
プルアップ（懸垂）	5	4	鉄棒をオーバーグリップで肩幅よりやや広く握る。鉄棒にぶら下がる。背筋を使い，顎がバーを越えるまで自分を引き上げる。
シングルレッグ・スクワット（メディシンボールを壁と背中で挟む）	各脚5回	4	背中と壁の間にメディシンボールを挟み片脚で立つ。全可動域にわたるシングルレッグ・スクワットを行う（殿部を膝関節よりも下げる）。
インクライン・ダンベル・ベンチプレス	5	4	ベンチを25〜35°の傾斜にし仰向けになる。腕をまっすぐに伸ばし，胸の真上にダンベルを保持する。ダンベルはオーバーグリップで握る。足は床に接地させたまま，肩と殿部をベンチにつけた状態でダンベルを胸部中央まで下ろし，開始位置にもどる。
プランク	30秒	3	床に腹臥位となり，前腕部（肘は肩の下）とつま先で支持する。耳の位置から肩関節，股関節，膝関節，足関節までが一直線になるように体幹を床から離す。その姿勢を保持する。
筋力セッション2			
エクササイズ	回数	セット数	説　明
オーバーヘッド・スプリット・スクワット オン・ザ・フット	各脚5回	4	足を前後にずらして立ち，前足を20〜30 cmの台に上げ，重心は前足の踵部へかける。バーベルを頭上までまっすぐにもち上げて保持しながらスプリット・スクワットを行う。
ボックスからのラテラル・シングルレッグ・スクワット	各脚8回	4	片脚をボックスの横に浮かしてボックス上に立つ。浮かしている脚の足関節は背屈させたまま，その脚の踵が床につくまでシングルレッグ・スクワットを行う。
スティフレッグ・デッドリフト	8	4	バーベルを大腿部につけて握る。足は腰幅に開き，膝はわずかに曲げ，中足部に体重をかけて立つ。股関節の上下の動きから動作を開始する。バーが脚の前を上下するように体幹を前傾させる。
ビハインド・ネック・プレス	5	4	足を腰幅に開いて立ち，バーベルを首の後ろで持つ。両腕が伸びきるまでバーベルを押し上げる。
ツーポイント・スーパーマン	各腕と脚の組み合わせで10回	3	腕をまっすぐにして，肩関節の真下に手を置き，股関節の真下に膝関節を置いた四つ這い姿勢から開始する。対側の腕と脚を体幹の高さまで上げる。肩関節と股関節の高さは維持する。

表11.5 つづき

筋力セッション3			
エクササイズ	回数	セット数	説明
ハング・クリーン	5	4	足を腰幅に開いて立ち，膝関節はほぼ伸ばした状態にし，バーは膝の上方に位置させ，そのバーより前方に両肩が位置するように体幹を前傾させる。体重は踵の後方へ分散させる。股関節を伸展させ膝を曲げ，セカンドプルのパワーポジションを介して身体の前方をバーが通過するように上げる。
ハイバー・バーベル・バック・スクワット	5	4	背部の上を横切るようにバーを保持する。スクワットを行う。
バーベルを首の後ろに保持してウォーキング・インライン・ランジ	10	4	バーを肩の後方で持つ。インライン・ランジを行い，次に後方の脚を前方にステップしてインライン・ランジを行う。
スーパイン・ロウ	8〜10	4	バーベルはラックに置く。バーの下に仰臥位となり，足はプラットフォームに置き，バーを把持する。足首から肩までまっすぐに保ち，身体の部分が床に触れない状態にする。バーに胸の中央が触れるように体幹を引き上げる。
ダイアゴナル・ケーブル・ウッドチョッパー	各側6回	高から低1セット，低から高1セット	足は腰幅に開き，股関節がケーブルマシーンに対して90°の角度になるように立つ。ケーブルは頭より上の高さに設定する。腕をまっすぐにしてハンドルを持つ。体幹をウエイトスタックから離れるように回転させ，身体を横切るようにケーブルを引き下げる。方向を逆にして，低いほうから高いほうも行う。

ーバル法により構成され，最大に近い強度の負荷をかけた後，短時間の不十分なリカバリー時間を設け，アスリートの無酸素性解糖系能力を強調し，酸素補給を通じて有酸素能力を向上させる。

セッション1：足をつかないコンディショニング
- コンセプト2ローイングエルゴメーター：300 m×10本を30秒のリカバリー時間を挟んで繰り返す。

もしくは
- エアロバイク：500 m×10本を1：2の運動：リカバリー比で実施する。

セッション2：
- ランニング：100 m×8本を2セット，1：2の運動：休憩比で行い，セット間に3分の休憩を設ける。

動作スキルセッション

ブロック2における動作スキルドリルは，トレーニングブロック1と同様である。しかしながら，よりオープンに設定され，ステファニーがより動作を習得し，異なる環境やコンディションで実施することで，さらにそれらを向上させる。ステファニーはブロック1と同様のドリルを行うが，実際にボールが送球され，それを打ち返す必要がある。最初は，それぞれのショットは独立して行われるため，動作は個々の状態で，それぞれがリンクされていない，あるいは順序だっていない状態である。

トレーニングブロック3：9週目から12週目

トレーニングブロック3はステファニーの神経筋系と動作スキルの向上をつなげるようなメゾサイクル（4週間のブロック）で計画されており，トーナメントに参加するための準備となる。このような時期では，トレーニングの強度を上げ，量は落とすのが一般的なやり方であるが，ステファニーにとって学習（単なるパフォーマンスの結果ではなく）はトレーニングにおいてなお重要な要素であるため，このような変化をつけることは効果的ではないと考える。このトレーニングブロックにおいて，筋力と姿勢制御を技術に活かすことや，コンディショニングの要素を統合させてコート上のセッションに活かすことが重要な要素である。

表11.6 5週目から8週目の安定化トレーニングセッション

安定化セッション1			
エクササイズ	回数	セット数	説明
20〜30 cmのボックスからのシングルフット・ドロップ・アンド・ホールド	各脚5回	3〜5	体幹部を直立させ，着地の準備のために足関節は背屈させてボックスから降下する。片足で着地し，その際に膝関節とつま先の方向が崩れないよう安定させ，中足部で体重を分散させる。
ハイボックス・ジャンプ	5	3	両足で床面から離地し，能力に応じてできるだけ高いボックスの中央に着地する。股関節，膝関節，足関節の正しいアライメントを維持し，安定した姿勢で着地する。
シングルレッグ・マイクロハードル・ホップ・アンド・ホールド	各脚6回	3〜5	10個以上のマイクロハードルを片脚でホップして越える。次のホップまでに各着地が安定していることを確認する。
バンジー抵抗を用いたリバース・ランジ	各脚6〜8回	3〜5	深い位置まで体重を落としてリバース・ランジを行う。腰部に抵抗コードをつけて横方向の抵抗を加えながらリバース・ランジを行う。
安定化セッション2			
エクササイズ	回数	セット数	説明
シングルレッグ・アラベスク・ツイスト	各脚8回	3	膝関節はやや曲げて片脚でしっかり立ち，非支持脚の足関節は背屈させる。腰部を中心にして上半身と脚が床と平行になるまで体幹を前傾させながら踵をできるだけ後方に伸ばす。体幹と非支持脚を外部に回転させる。
ケーブル・リバース・コークスクリュー	各脚8回	3	ケーブルマシンの前に片脚で立つ。立っている脚の反対側の手でケーブルを持つ。腕がまっすぐになるまで，マシンから離すようにケーブルを上方向に引く。
トランペット上でのシングルレッグ・テニスボール・キャッチ	各脚8〜10回キャッチ	3〜5	トランペット（動的で不安定な面）上に片足で立つ。パートナーが投げたり，壁でバウンドさせたテニスボールをキャッチする。
シングルレッグ・ブリッジ	各脚10回	3〜5	仰臥位になる。片脚の膝関節を90°屈曲させ，足底部を地面に接地させる。他方の脚はもち上げる。股関節の高さと，股関節，膝関節，足関節の良好なアライメントを維持してブリッジをする。
安定化セッション3			
エクササイズ	回数	セット数	説明
ラウンドザクロック・ランジ	各脚8回	3	片足を地面に接地させたまま，前→右→後→左へランジを実施し，各ランジの後は，必ずもとの中央にもどる。
シングルレッグ・ヘキサゴン・ドリル	各脚5〜8回	3	床面に一辺約1mの六角形をつくる。六角形の中央に前方を向いて立ち開始する。六角形の各辺の外にホップし，中央にもどる。毎回正しい着地をする。
シングルレッグ・イキー・シャッフル・スルー・アジリティラダー	各脚6〜8回	3〜5	アジリティラダーの片側から片脚ではじめる。最初の四角形にホップし，次に反対側の斜め前方に出る。次の段に横向きにホップし，反対側の斜め前方に出る。ラダーを下り続ける。
メディシンボール・ドロップオフ	10回	3	メディシンボールの上に両手を置き，プッシュアップ姿勢をとる。メディシンボールから同時に両手をそれぞれの側に落とし，身体を床に落とす。肩甲骨の余分な動きなしに体幹をただちに減速させる。

筋力強化セッション

このメゾサイクル（4週間のブロック）では，クリーン・プル，シングルアーム・ダンベル・スナッチ，プッシュ・ジャークなど，すでにエビデンスが得られている速度依存のトレーニングによってパワーの向上に重点を置く。高強度の動きはプライオメトリクスなど高いパワー発揮につながり，これらの相乗作用によって，目的とする変化にもつながる。この9週から12週にかけての筋力強化セッションにおける反復回数とセット数を表11.7に示した。

安定化セッション

表11.8に示した通り，ステファニーの能力の向上と動的な姿勢制御は，動的な姿勢制御により集中するために安定化を必要とする。そのために多方向・多面的な動きを増やすことによって安定化にも寄与する（それゆえ向上する）。

第 11 章 練習計画作成の基礎　333

表 11.7　9週目から12週目の筋力トレーニングセッション

筋力セッション 1			
エクササイズ	回数	セット数	説　明
クリーン・プル・コンボ（大腿からのクリーンでクリーン・プルを2回行う）	2	4	ハング位置からクリーン・プルを2回行う。3回目にハング位置からクリーン・ジャークを実施する。バーを肩でキャッチした後，フロント・スクワットを行うように沈み込み，立位にもどる。この連続動作を1回とする。
レジステッド・オーバーグラスプ・プルアップ	5	4	ベルトに外部負荷をつけてプルアップを行う。
ローテッド・シングルレッグ・ボックス・スクワット	各脚5回	3	バーベルを肩に担ぐ。片脚で立つ。後方へセットしたボックスの上部に殿部が触れるまでシングルレッグ・スクワットを行う。
連続種目： 1．オルタネイト・アーム・ダンベル・インクライン・ベンチプレス	3	3	インクラインベンチに仰臥位になる。両手にそれぞれダンベルを持ち，胸の上方に上げる。ダンベルを左右に交互に胸まで下ろす。
2．クラップ・プッシュアップ	5		手を肩幅よりも少し広めに開き，母指を前方に向けたプッシュアップ姿勢から開始する。爆発的な力でプッシュアップを行い，身体全体を両手で床面から押し上げ，身体の最高到達点で手を叩く。
シングルアーム・スライディング・プランク	30秒	各腕2セット	手のひらの下にウエイトディスクを置いたプランク姿勢から開始する。1枚のディスクを30秒間，前後にスライドさせる。腕を交代する。
筋力セッション 2			
エクササイズ	回数	セット数	説　明
ビハインド・ネック・プッシュ・ジャーク	5	4	足を腰幅に開いて立ち，バーベルを首の後ろでセットする。素早くクォーター・スクワットを行い，下肢から上肢へ力を伝える。バーを肩から離すと同時に両膝を曲げる。腕をまっすぐ伸ばし，頭上にバーを保持し，クォーター・スクワット姿勢で終わる。
連続種目： 1．バーベル・ローデッド・ステップアップ	各脚4回	4	バーベルを首の後ろで保持する。安定している面にステップして身体をもち上げる。リード脚をステップしたところへ後ろ脚をもってくる。
2．サイクルド・スプリット・スクワット・ジャンプ	6		スプリット・スタンスから開始する。素早いカウンタームーブメント・ジャンプにより可能なかぎり高く跳ぶ。空中で脚を切り替えたスプリット・スタンスで着地する。
スティフレッグ・デッドリフト	5	4	バーベルをクリーン・グリップで握り大腿につける。足は腰幅に開き，膝を軽く屈げ，重心は中足部に置く。股関節から動きを開始する。体幹を前方へ傾け，バーを脚の下方へ動かす。
ラテラル・プランク	各側30秒	3	肘が肩の真下にくるようにして側臥位になる。腕は身体に対して直角にして，床面につける。床から腰を上げ，両脚を閉じ，鼻から胸骨，へそ，膝関節，脚関節の中央線がまっすぐになるように保持する。

コンディショニングセッション

この時点でのコンディショニングセッションでは，高強度のテニスのプレーに必要な要素を分割して調整する必要がある。トップレベルのテニスは，非常に無酸素的であり，運動-休息比が低い。試合時間は長いものの，実際の試合でプレーしている時間は，通常，全試合時間の25％に満たない[2]。そのため，これらのセッションは高強度の要素で，量は少なく計画されている。またこれらのセッションでは，通常，タイプⅡの運動単位にストレスがかかる。したがって，補助的な働きをするプログラムは筋力強化と動きのスキルの要素によって構成される。

アスリートは試合に臨むにあたって，一般的な練習ではトレーニング量を徐々に落としていく。それによって残っている疲労が取り除かれ，逆にフィットネスが向上するため，試合に向けてよい準備ができる。トレーニング量を落とす手段の1つは，試合に向けてトレーニング強度を増加させることで，テニスの技術

表 11.7 つづき

筋力セッション 3			
エクササイズ	回数	セット数	説　明
シングルアーム・ダンベル・スナッチ	各腕4回	4	片手でダンベルを握る。体幹はまっすぐにして立ち，股関節と膝関節を屈曲させ，重心は中足部に置く。股関節，膝関節，足関節を勢いよく伸展しながらシュラッグする。腕はまっすぐに保つ。シュラッグの最上点で，オーバーヘッド・スクワット姿勢でダンベルを保持する。
連続種目：1．ハイバー・バーベル・バック・スクワット	3	4	バーを肩の後ろに保持する。スクワットを行う。
2．ボックスへの最大ジャンプ	4		両足で離地し，できるだけ高いボックスの中央へ着地する。ボックスの高さは能力に合わせて変える。
シングルアーム・ケーブル・ロウ	各腕6回	4	ケーブルは肩の高さに設定し，クォーター・スクワットの姿勢でマシンの前に立つ。片手でハンドルを持ち，腕をまっすぐに伸ばす。ケーブルを体幹部まで引き，動きをコントロールしながらケーブルをもとの位置にもどす。
リバース・バーベル・ランジ	各脚5回	4	肩の後ろにバーベルを保持する。両足は揃える。股関節が前方の膝の高さより下に沈むまで，片足を十分に後方へステップする。
壁に向かってメディシンボール・スロー・アンド・キャッチ（フォアハンドとバックハンド）	各側5回	3	壁から1m離れて立つ。フォアハンドまたはバックハンドのスタンスをとる。メディシンボールを壁にできるだけ強く投げ，リバウンドをキャッチし，また壁に投げる。これを繰り返す。

セッションにコンディショニングを組み込むことである。このアプローチによって全体のトレーニング量を落とすことができ，テニス練習の強度を高めることが可能となる。そのような練習でステファニーのトレーニングにおけるすべての改善要素を盛り込み，疲労した状態において新しい動作スキルを向上させるというストレスがかかりはじめることで，高強度の，特定の練習を行うことも可能となる。

セッション 1：高強度シャトル

- セット 1：50 m × 10 本を 30 秒ごとに最大強度でスタートする；2 分のリカバリー時間をとる。
- セット 2：5 m × 10 本，前方へのスプリントの後，バック走でスタートまでもどり，10 m のスプリントの後，ターンしてスタートまでもどり，20 m のスプリントをしてスタートまでもどる。運動：休息比を1：2とし，2 分のリカバリー時間をとる。
- セット 3：10 m × 20 本のスプリントを 10 秒ごとにスタートする；2 分のリカバリー時間をとる。
- セット 4：10 m シャトルを 20 秒 × 10 本 × 2 セット全力で続ける，それぞれの切り返しは鋭く，180°でターンする；各反復間のリカバリー時間は10 秒とする。

セッション 2

- 総合的なテニスのセッション：60 秒もしくは 15 本の高強度ラリー6本 × 6 セットをラリー間のリカバリー 20 秒，各ブロックの後のリカバリー90 秒で6ラリー行う。

動作スキルセッション

これらのセッションは異なるサーフェスにおける一般的なプレーのパターンを再現し，コート上でのショットの動きにつながるよう計画されている。このセッションは，おそらくステファニーの精神的および身体的な準備状態をつなげるところから開始する必要がある。具体的には6～10本の連続したショットによって，架空のショットを誇張したフットワークで行っていく。セッションが進むとボールの強度を徐々に増し，より動的で反応を必要とするようなボールスピードやボールの場所にして訓練を続け，特定の動きのパターンを強調して洗練させることでシークエンスがよ

表11.8　9週目から12週目の安定化トレーニングセッション

安定化セッション1			
エクササイズ	回数	セット数	説明
20〜30 cmのドロップ・ジャンプ・イントゥ・シングルレッグ・ホールド・ランディング	各脚5回	3	ボックスから降下する。足裏全体で着地したらジャンプする。その後の着地は片脚で行う。各反復ごとに着地脚を変える。
4方向へのシングルレッグ・マイクロハードル・ホップ・アンド・ホールド	各脚8回	3	マイクロハードルを四角形に並べ，片脚でその中央に立つ。常に前方を向く。前方のハードルをホップで越え，中央にもどり，次に後方，左右へも跳び越え，四角形のまわりを片脚で跳び越えていく。
ハイボックス・ステップアップ	各脚8回	3	ステップの前に，リード脚の膝の位置が股関節よりも高くなるように，ボックスの高さは十分に高くする。ボックスに乗せた脚から動作を開始する。接地している脚で床面を押すことなく，リード脚の踵でボックスを押してボックス上に上がる。
安定化セッション2			
エクササイズ	回数	セット数	説明
クロスオーバー・ランジ	各脚8回	3	アスレティック・スタンスから開始する。右膝で左膝の前方を交差するようにランジを行う。できるだけ深くランジを行う。開始姿勢へもどり，逆側で行い，交互に繰り返す。
シングルレッグ・スタンス・タグオブワー	10〜30秒	3	ロープの一方の端を保持して片脚で立つ。パートナーはロープの反対側の端を保持する。パートナーは相手のロープを引いてバランスを崩す。
トランペット上のボス上でのシングルレッグ・スタンス・テニスボール・スロー・アンド・キャッチ	各脚で8〜10回キャッチ	3〜5	トランペットの上にあるボスに片脚で立つ。片脚でバランスを保ち，相手が投げたテニスボールをキャッチしたり，壁にはね返ったボールをキャッチする。
安定化セッション3			
エクササイズ	回数	セット数	説明
20 cmのボックスからシングルレッグ・ドロップ・アンド・ホールド	各脚5回	3	ボックスから降下して片脚で着地する。着地姿勢を保持する。
ラテラル・マイクロハードル・ホップ・アンド・ホールド	各側6〜8回	3	マイクロハードルを横向きにホップして越え，足裏全体で安定した着地を行う。
壁に向かってのシングルレッグ・メディシンボール・スロー・アンド・キャッチ	各脚5回	4	片脚で立つ。メディシンボールを壁に投げ，はね返ったボールをキャッチする。
メディシンボール・リバウンダー	各腕10回	3	肘を90°屈曲させて開始する。肩の水平内転なしに，上腕骨を回転させて壁にメディシンボールを投げる。リバウンドをキャッチし，腕を外転させる。

り複雑になってもそれらを失うことなく発展させることができる。

　これらの練習は真にスポーツ特有のものであり，プログラムにおいてアスレティックコンディショニングとスポーツ特有の側面を最も高いレベルで統合するためのものである。これらのドリルやセッションは，テニスコーチとの議論なしに進めることはできない。実際，テニスのコーチなど競技力向上のプロフェッショナルが，このセッションを提供する。このアプローチは，選手の必要に応じて（アスリート中心のコーチング），異なった学問分野にわたる専門家らの技術によってトレーニングが成立する。

ケーススタディ2：サッカー

　カーリーは19歳のサッカー選手である。彼女はEnglish Women's Super Leagueの強豪チームとフルタイムのプロ契約を結んだ最初の年である。身長は177 cmでポジションはセンターディフェンダーである。彼女のポジションは，ピッチ上をダッシュし，ス

ペースにあるボールを奪ったり相手選手を攻撃したり，ディフェンスからはずれてボールを追って走ったり，攻撃の流れをサポートするように，あるいは奪ったボールをスペースに運ぶために前方にダッシュしたり，ボールがディフェンスラインの後方のスペースに入り込んだ時には，振り返ってボールを追いかけてもどったりしなければならない。また，彼女は相手の選手よりも優れたジャンプ能力を期待され，守備エリアに飛んできた空中のボールをクリアしなければならない。

カーリーはサッカーをはじめてから8年が経過している。学校に通っていたときは，学校ではバスケットボールをし，地域の代表チームではネットボールをしていた。ここ数年間，サッカーコーチがセッションに組み込んでいた基礎的トレーニング以外，機能的筋力，スピード，プライオメトリクスに関するトレーニング指導を正式に受けたことはない。彼女に運動連鎖の弱点が示唆されるけがの既往はない。クラブでは，ランジやスクワットの仕方，シングルレッグ・スクワット，反復タックジャンプ，矢状面と前額面のハードル・ジャンプにおける両脚および片脚での着地姿勢など，動作の変化を記録した。これらのテストについては第6章にまとめた。

これらの記録を分析すると，カーリーは体重支持のない動きにおける機能的な運動制御はよいレベルに達している。しかしながら，股関節および膝関節の伸筋の筋力が欠如しているせいで，より動的な課題における動きは制限を受けている可能性がある。例えば，足裏全体での着地の際に股関節と膝関節のアライメントを維持することに苦戦している。彼女の着地は重く，力が望ましい時間以上に吸収されるため，股関節が沈むような特徴があり，効果的に着地できない。さらに優先すべき修正課題としては，高い位置からの落下でみられる膝外反が，片脚着地では低い高さでもみられることがあげられる。

カーリーは有酸素性持久力を評価するためのyo-yo intermittent recovery テスト[3]において1,724 mの距離を記録し，同程度の標準的選手の記録や同じポジションの選手と比較して優れた有酸素能力を示した。スピードテストでは25 mを4.22秒で走り，カウンタームーブメント・ジャンプは38 cmであった。彼女の記録から水平方向，垂直方向とも基本的な力発揮能力が欠如していたことがわかった。これらは彼女のポジションに必要な技術を高めるために重要な資質である。特にヘディングにおいて相手の選手よりも高く跳ぶこと，短い距離で加速すること，そして基本的な能力として衝突にも耐えられる頑強な身体をつくることである。

カーリーは試合中の役割について適切に戦術を理解しているが，より高いレベルでのパフォーマンスにおいて加速力の欠如によってそれが表に出ず，彼女の能力の有効性が制限されてしまっている。このことは特に，彼女の後ろにボールがある場面（切り返して追いかける力）や，カウンター攻撃のためにスペースに走りこんでくる相手選手を追いかけてピッチを横切り，攻撃を阻止しなければならないようなときに露呈する。

スピードはセンターディフェンダーにとって重要な資質である。Vescoviら[4]は，エリートレベルの女子ディフェンダー選手には，スプリントの能力が必要であり（時速18 kmつまり秒速5 m以上のスピード），各スプリントの距離の平均は15.3 m（±9.4 m），記録された最大スピードは秒速6.1 m（時速21.9 km）に達したと報告した。2012年，FIFAが報告した女子ワールドカップにおけるGPSによる情報では，国際レベルの試合でのセンターディフェンダーは，一般的に試合中10,160 mを走り，秒速6.95 m（時速25 km）を超えるスプリントが1試合平均3回あり，このスピードでカバーする範囲は16.67 mであった[5]。同様に，秒速5.8～6.95 m（時速21～25 km）のスプリントが1試合平均18回あり，その平均距離は11.6 mで，秒速5～5.8 m（時速18～21 km）のスプリントは40回で，その平均距離は8.4 mであったことが明らかにされた。これらのデータは，スピードが重要な資質であることを示しているが，彼女たちの速い動きは12 m以下の距離で起こっているため，センターディフェンダーにとっては最初の数メートルの加速が最も重要であることを示している。加速力向上

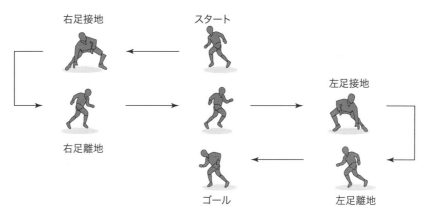

図11.6 方向転換と加速の速さを評価するプロアジリティテスト

のために重要な身体的−力学的能力は，股関節と膝関節の屈筋および伸筋の短縮性筋力の発揮レベルが高いことである。筋の受容体に結合したテストステロンのレベルが低い女子アスリートにとって，神経系と内分泌系（成長ホルモンやインスリン様成長因子−1）応答の両者を向上させ，力発揮の能力を最大限引き出すために筋力トレーニングを実施することは重要である[6]。カーリーは月経周期を調整するために経口避妊薬（ピル）を服用していたため，筋力トレーニングにおいては生理周期による操作は必要なかった。

カーリーのピッチ上における切り返しとスプリントの動きをより具体的に理解するため，プロアジリティテスト（**図11.6**）実施時の動きを高速度ビデオで分析した。このテストは自分のタイミングでスタートするため，反応時間の速さは測定できない。アスリートは5m加速した後，180°切り返して反対方向に10mスプリントし，その後もう一度180°切り返して光電管が設置してあるスタートラインを再び横切る。このテストにおけるカーリーのタイムは5.4秒であった。

ビデオによる質的分析の結果から，カーリーは180°のターンにおいて非効率的な動作をしており，いくつかの技術的な向上が必要な要素が明らかにされた。これらの要素には，彼女が向かおうとする方向へのターン動作の最初の動きが含まれており，それはターンの開始時に腕を身体の近くに保持する（回転のレバーアームを小さくすることで，抵抗力を小さくす

る）ことと，離地脚を完全伸展に近い状態に保持することである。この動作によって長い時間にわたって加えられる力積が増し，最初の数歩のストライドで速度を増すことができる。この考え方に関する詳細なまとめは第4章と第8章に記載した。

試合中のアスリートを取り巻く状況に対する反応や初動のスピードは，加速が必要な場面すべてにおいて重要な要素である。カーリーの場合，コーチは彼女のプレーを読む能力は，必ずしも制限因子にはならないと考えていた。彼女はゲーム中に見たことをもとに，適切な判断をしていた。しかし残念ながら，現在の彼女には，トップレベルで必要な，素早い判断に応答するだけの身体的能力が十分備わっていない。

コーチはカーリーがこれから長い期間にわたってクラブの重要なメンバーでいることを望み，計画を立てていた。コーチは彼女の筋力や姿勢制御を強化することでけがのリスクを下げ，長期間にわたってチーム内の競争に勝てるようになるということを認識していた。センターディフェンダーとしてのスキルや，試合を読む洞察力と身体能力が必要であり，より速く，敏捷性を高めることができればバランスのとれた選手になる。そのため，コーチはカーリーに個別トレーニングのメニューを立てた。優先的に必要な要素の基礎を固めるため，特にプレシーズンの序盤において，カーリーはチームメイトよりも持久的なトレーニングが少なくなるようにした。

表11.9 チームの準備段階に組み込まれたカーリーのための基礎段階の計画（3つのメゾサイクルからなる）

週	1	2	3	4	5	6	7	8	9	10
月	2月				3月					4月
ゲーム	調整試合				調整試合		調整試合			リーグ戦
目的	一般的準備期				専門的準備期		試合準備期			試合期
筋力トレーニング	筋力，コンディショニング，週に3セッション				最大力発揮の向上，週に3セッション		瞬発力の向上，週に2セッション			瞬発力の維持，試合予定により決定
プライオメトリックトレーニング	着地技術と姿勢制御，週に2セッション				上級の着地技術・短縮性の垂直跳び，週に2セッション		力積の向上：上級の着地技術，短縮性ジャンプとドロップ・ジャンプの繰り返し動作，週に2セッション			遅発性筋痛なしに垂直方向への力積の強化，試合予定により決定
スピードとアジリティトレーニング	直線走と方向転換の技術の習得，週に2セッション				直線方向への力発揮と方向転換からの加速，週に2セッション		ポジション別スピードドリルとゲームを想定した応用練習，週に2セッション			ポジション別スピードドリルと試合を想定した応用練習，週に1〜2セッション試合予定により決定
持久力トレーニング	広範囲にわたるインターバルトレーニング，週に2セッション				競技特有のインターバルトレーニング，週に3セッション		ゲームコンディショニング，週に2セッション（技術練習を含む）			技術セッションと合わせたメンテナンスドリル
技術トレーニング	基礎的スキル，週に3セッション				個別，ポジション別，チーム全体での技術練習，週に3セッション		チーム戦術練習，週に4セッションと試合			試合予定により決定

準備期

　チームスポーツにおける個々のプログラムと同様に，プレシーズンにおけるカーリーの競技力向上プログラムは，チームの準備期のプログラムにすべて組み込まれており，彼女はすべての練習をチームメイトと一緒に実施できた。表11.9に示したように，最もトレーニング量が多いのは専門的準備期であり，その時期にトレーニングの量と強度が高まることでオーバートレーニングにならないよう，カーリーのトレーニングに対する応答を注意深く観察する必要がある。コーチはプログラムにおける身体的な側面の発達も含めてすべてを把握していたため，練習試合への出場の際にカーリーが疲労していたことや，遅発性筋痛（delayed onset muscle soreness：DOMS）を経験したことも知っていた。チームの先発選手として彼女が必要な試合期にこの状態をもち越さないかぎりは，この時期に疲労や筋痛が起こる可能性があることは予測できていた。

　一般的準備期のトレーニングの狙いは，これから先の数ヵ月，数年にわたる長期間トレーニングを継続していくための基本的な技術を伝えることである。この時期には，身体的な一般的準備期として2つの狙いがあるが（典型的にはほとんどのプログラムで高い運動量がかけられている），ここではスキルの学習と向上に重きを置く。運動負荷は相対的に上級のトレーニング年齢を反映させているが，彼女には正式なプライオメトリックトレーニングやレジスタンストレーニングの経験がほとんど，もしくはまったくないことを考慮している。

　カーリーはフルタイム（プロ）の新人選手である。それぞれのトレーニングの局面において，すべてのトレーニングセッションに参加したくなるような誘惑にかられる傾向にある。しかしながら，そのようなアプローチはすぐにオーバートレーニングの可能性を高めてしまう。したがって，セッション間のリカバリーの時間は最大限確保しなければならない。トレーニングの要素は効果的な計画を組み合わせる必要があり，すべての局面において適切に目的を捉えていなければならない。疲労を伴う負荷をかけないセッションは，トレーニング週のできるだけ早い時期に行うか，もしくはリカバリー日の直後に行う必要がある。トレーニングのセッションを統合する時は，速度に依存する内容

第11章 練習計画作成の基礎

表11.10 カーリーの典型的な1週間のトレーニング

	月曜	火曜	水曜	木曜	金曜	土曜	日曜
セッション1	プライオメトリクス＋スピードとアジリティ技術	ウエイト	リカバリー	プライオメトリクス＋ウエイト	スピードとアジリティ技術＋技術セッション	ウエイト	リカバリー
セッション2	技術セッション	持久力：広範囲なインターバル		スキルセッション		持久力：広範囲なインターバル	

はトレーニングセッションの最初に行うべきである。

この計画は一般的準備期においてよく説明されている。スピード，プライオメトリクス，技術の要素を含むトレーニングが同じセッションに組み込まれており，特定の要素につながるようになっている。長期的に学習を強化するためには，トレーニングプログラムはランダム練習法（第7章）の原則を考慮して計画する必要があるが，このトレーニングブロック（**表11.10**）から典型的な1週間がみてとれる。

プライオメトリクス＋スピードとアジリティ技術

動的なウォームアップは，最終的に高強度の運動を行うためにアスリートの身体を準備し，重要な結果をもたらすように設定されている。この時間は，動作のメカニズムの基本原則やパターンを補強するうえでも重要なため，コーチがセッションの学習環境を確立できる重要な時間となる。スピードのセッションは，加速や方向転換など，カーリーが改善すべき分野に焦点があてられている。

・動的ウォームアップと可動性エクササイズ
・ウォールドリル（第8章参照）：各エクササイズを10回×2セット
　● シングルレッグ・マーチ
　● シングルレッグ・ドライブ
　● ツーステップ
・パートナーによる負荷をつけたシングルレッグ・マーチ：10m×4回
・ジャンプ・サーキット：下記のエクササイズを3セット，セット間の休憩は60〜90秒。

● メディシンボールを垂直方向に最大限投げる×5回
● ヘディングしながらの最大の垂直跳びをしてピタッと着地する×8回
● その場で垂直ジャンプし，空中で180°回転する×8回
● 手を腰に当てた状態で最大のスクワット・ジャンプ×5回
● 水平方向にジャンプしてピタッと着地する×5回

・40mのラダー・スプリント（**図11.7**）：ランニング技術を強調する；4本×2セット；各回60秒の休憩を挟む；セット間の休憩は2分間。

ウエイトトレーニング

ウエイトトレーニングのセッションは，膝関節と股関節伸筋の出力を高めることができる基本的な動きの技術の向上およびこの後の段階の中心となるエクササ

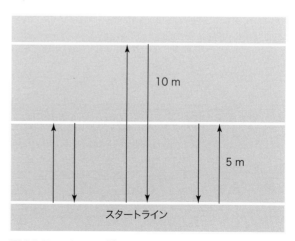

図11.7 40mラダー・スプリント

表11.11 ウエイトトレーニングセッション

エクササイズ	回数	セット数	セット間のリカバリー
大腿からのクリーン・プル	5	4	3分
トラップ・バー・デッドリフト	8	4	3分
シングルレッグ・ボール・ウォール・スクワット	各脚10回	4	2分
スティフレッグ・デッドリフト	10	4	2分
ステア・ザ・ポット	30秒	3	60秒

イズのための準備として重要である。ウエイトトレーニングのプログラムでは（**表11.11**），第10章に記載したように，完全な動きの範囲で動きを組み合わせ，多関節や多くの筋の動作を組み合わせて行う。

スピードとアジリティの技術

ウォームアップ（**表11.12**）は，その後に続くセッションのために神経筋系と骨格筋系を準備させる内容でなければならない。一般的には，ウォームアップは低強度の動きからはじめ，深部体温や筋の温度を上昇させ，活動している筋の血流を増加させる。その後，強度を上げながら，全可動域を用いた基本的な動きや，筋や結合組織を伸張させるような運動連鎖を通じたモビライゼーションのエクササイズの要素を含んだ内容で進める。その後の活動のために，身体を準備する行動によって神経筋系を活性化することも重要である。同様に，固有受容器など他の感覚機構を刺激するような動作を組み込むことも有益である。各ウォームアップは，その後のセッションにおいて神経筋系の活性を促進するために，高速のまたは爆発的な運動で終了すべきである。

ウォームアップの後，25分間，加速技術や協調性のための単純なドリルを実施する。その後，パスやスペースに動き出すための技術セッションへと進む。これらのスキルの基礎については第8章で詳述した。それぞれの反復とセットの間に完全にリカバリーすることは，ここでの質の高い動きを達成するために重要な要素である。

・アンクリング（歩行）：10 m × 4本，歩いてもどりながらリカバリー
・ダブルフット・バウンス：10 m × 4本，歩いてもどりながらリカバリー
・シングルフット・バウンス：10 m × 4本，歩いてもどりながらリカバリー
・シングルレッグ・A-スキップ：各脚10 m × 4本，歩いてもどりながらリカバリー
・チェンジ・オブ・ディレクション・スクエア（**図11.8**）：4回 × 2
・ローリング・アクセラレーション：5 mで動きを徐々に変化させ，10 mで最大の加速をする：6本 × 2セット
● ラテラル・シャッフル × 各方向2本
● バックペダル × 2本

広範囲にわたるインターバル

このセッションは，カーリーに最大スピードの80％を超える最大下（高強度）の負荷を用い，酸素借を補完することによって，高強度の負荷をかけたり，有酸素能力の基礎を向上させるための準備として計画されている。このセッションは有酸素能力の向上のための準備段階であり，疲労した状態でも運動の質を保つことを基本としている。走る距離は一般的にサッカーのピッチ上で走る長さに設定され，総距離は試合で走る距離の約50％に相当する。ただし，高速度での走行距離はセンターディフェンダーが一般的に試合中に走る距離よりも長く設定されている。これらの負荷は，このケーススタディの最初に着目したプログラム全体の目的を補完している。目的が方法を決定するという原則は，すべてのプログラムの計画や提供において最も重要である。

表11.12 サッカーセッションと多方向へのスピード向上の準備のための動的なウォームアップ

エクササイズ	説　明
インサイド・ニー・ボクシング	パートナーの選手と腕の長さ分の距離をとって立つ。「Go」の合図でパートナーが膝を叩くのを防ぐために足を動かしながら，パートナーの膝の内側を叩く。
ウォーキング・ハムストリングス	脚をまっすぐにし，つま先を背屈させ，片脚を前に出す。背をまっすぐにし，リード脚の足関節に近づくようにできるだけ前傾する。その姿勢を0.5秒間保持して立位姿勢にもどり，もう一方の脚で繰り返す。
ニー・グラブ	背すじを伸ばして立つ。膝を曲げて片脚を胸まで引き上げ，すねを両手で抱える。膝はできるだけ高い位置まで上げ胸に引きつける。0.5秒間保持して下ろし，もう一方の脚で行う。
ニー・グラブ・イントゥー・キックアウト	片膝を胸に抱え上げる。膝が最大限高い位置にきたら，身体の前方へつま先から蹴り出す。蹴り出した脚はまっすぐに伸ばす。立位姿勢にもどり，もう一方の脚で繰り返す。
オープン・ザ・ゲート	肘を外側へ開くように手を頭の後ろに置く。右脚から前へ進む。右膝が右肘に触れるように，脚を前方へ向かって回転させて高く上げる。肘は下げないようにする。左右の脚で繰り返す。
クロス・ザ・ゲート	肘を外側へ開くように手を頭の後ろに置く。右脚から後ろへ進む。右膝が右肘に触れるように，脚を後方へ向かって回転させて高く上げる。肘は下げないようにする。左右の脚で繰り返す。
キックアウト・ウィズ・レイズ・アーム	背すじを伸ばし，腕を頭上まで完全に上げる。膝は伸ばし，足関節は背屈を保持し，できるだけ高く片脚を蹴り上げ，前方へ進む。
スクワット・ステップ	ハーフ・スクワットから開始する。左足をもち上げ，前方へできるだけ遠くへステップする。次に左脚を重心が片方に偏らないように前方へステップする。交互に繰り返す。
フロンタル・レッグ・スイング	壁を横にして片脚で立つ。壁側の脚の膝を伸ばしたまま前後に振る。
サジタル・レッグ・スイング	壁に向かって片脚で立つ。片脚の膝を伸ばしたまま身体の前方を横切るように振る。足は常に前方へ向ける。
トレイル・レッグ・ウインドミル・フォワード	壁を横にして片脚で立つ。壁側と反対の脚の膝を曲げ，股関節を回旋させ，ハードルを越えるように，後方から前方に向かって動かす。
トレイル・レッグ・ウインドミル・バックワード	壁を横にして片脚で立つ。壁側とは反対の脚の膝を曲げ，股関節を回旋させ，ハードルを越えるように，前方から後方に向かって動かす。
キャリオカ	進行方向は横方向。最初に左脚を身体の前を横切り右脚を越えたら，右脚で横にステップし，次に右脚を越えるように左脚を身体の後方を通す。20～30 m進み，次に逆方向に進む。
ランジ・アンド・ツイスト	手を頭の後ろに置き，前方へのランジを行う。ランジで深く沈み込んだらリード脚の方向へ体幹を回旋させる。立位姿勢にもどりもう一方の脚で同様に実施し，繰り返す。
リバース・ウォーリア・ランジ	膝が床に触れない程度まで，できるだけ脚を後方へ動かし，広範囲でのリバース・ランジを実施する。ランジで深くまで沈み込み，腕を伸ばし，体幹を前脚方向へ回旋させる。5秒間保持し，開始姿勢にもどり，もう一方の脚で繰り返す。
スコーピオン	腕は前方へ伸ばし，手のひらは床面につけ，脚をまっすぐに伸ばして床にうつ伏せになる。左の踵に右手で触れる。開始姿勢にもどり，反対側で繰り返す。
30 m ビルドアップ	スタンディングスタートから加速する。この後の各ビルドアップは，加速力をより速く，より最大限にしていく。
サイド・サイド	横向きで30 mスキップする。両腕は身体を横切るように振る。2回のスキップごとに方向を反転させてスキップを続行する。
30 m ビルドアップ	
マウンテン・クライマー・ウィズ・ローテーション	プッシュアップの姿勢から開始する。左足が左手の外側にくるように前方に動かす。体幹を回転させて右手を最大限上へ伸ばす。1～2秒間保持し，もう一方の側で繰り返す。
30 m ビルドアップ	
オルタネイト・バーピース	プッシュアップの姿勢から開始する。踵が手のそばに着地するように両方の足を前方に動かす。可能なかぎり高くジャンプする。着地してプッシュアップ姿勢にもどる。踵が手の間に着地するように，両方の足を前方に動かしジャンプする。
30 m 加速走	

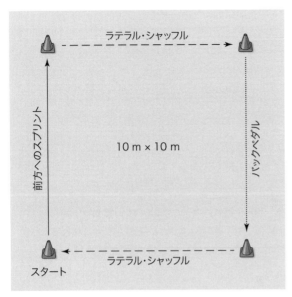

図11.8 チェンジ・オブ・ディレクション・スクエア

動的ウォームアップ
スピード技術のドリル

- 40 m のビルドアップ加速走×2本，歩いてもどりながらリカバリー
- 60 m（目標タイム11〜13秒）を45秒間隔で10本
- 2分のリカバリー時間
- ダッシュの80％で60 mと100％で40 m，合計100 mを10本，反復間に60秒歩いてリカバリー
- 2分のリカバリー時間
- ダッシュの80％で40 m，その後30 mで加速し，最後の30 mで最大速度を20秒以内で10本，それぞれの間で60秒ジョグでリカバリー
- 2分のリカバリー時間
- 60秒の全力ダッシュ（60秒間できるだけ速く走る）を3分間隔で3本
- クールダウン

専門的準備期

大量の負荷をかけている期間は，アクティブリカバリーの時間を確保しておくことが最も重要である。リカバリーの時間が確保できていないと，適応が起こらず，オーバートレーニングに達する（もしくはリカバリーしない）ことで，アスリートのパフォーマンスの潜在能力やトレーニング状態が徐々に低下していく。オーバートレーニングに陥ると，学習効果が小さくなり，パフォーマンスは大幅に低下する。また，重篤なけがを引き起こすリスクやけがの再発を招く可能性が高くなる。

特定のパフォーマンスに特化したトレーニングセッション全体を計画するよりも，全体のセッションを小さく区切ってトレーニング単位を設定するほうが，最終的に達成すべき課題のすべてを効果的に統合することが可能となる。このような計画を取り入れる際には，適切なトレーニングとトレーニング刺激からのリカバリーが生理学的に必要なことを理解する必要がある。ここで示したスピードとパワーのトレーニングは，可能であれば筋力強化セッションの前に実施し，筋力強化セッションは持久的トレーニングの前に実施すべきである（**表11.3**）。

表11.13をみて，なぜ加速走のセッションがリカバリーの直後のセッションにないのかという疑問が生じるであろう。この計画は架空のものではあるが，同じ日にウエイトトレーニングのセッションを置かないように想定されている。神経筋系および筋骨格系への負荷に対する最適なリカバリーには24〜48時間が必要である。したがって，連続した日にこれらの負荷をか

表11.13 専門的準備期のミクロサイクル

	月曜	火曜	水曜	木曜	金曜	土曜	日曜
セッション1	プライオメトリクスとウエイト	直線加速走からの方向転換	リカバリー	プライオメトリクス	加速走	ウエイト	リカバリー
セッション2	技術セッション	特有の持久力と技術セッション		ウエイト	特有の持久力と技術セッション	持久力	

表11.14 筋力と神経筋パワーを重視したプライオメトリクスとウエイトトレーニング

エクササイズ	回数	セット数	セット間のリカバリー時間	説　明
ボックスへの最大ジャンプ	3	4	90秒	ボックスの高さは能力に応じて決定する。できるだけ高いボックスを使用し，両足でジャンプしてボックスの中央に両足で着地する。
大腿部からのクリーン・プル	5	4	3分	足を腰幅に開き，膝関節を屈曲させて体幹をまっすぐにし，重心は中足部に置き，バーは大腿部中央から始動する。股関節，膝関節，足関節の伸展動作とプル動作によりバーを素早くもち上げ，体重をつま先側に移動させる。バーは身体の正面を通過するようにシュラッグする。
連続種目：1. ハイバー・バーベル・バック・スクワット	5	4	種目間60秒，セット間3分	バーを背部の上（肩）に保持する。スクワットを行う。
2. サイクルド・スプリット・スクワット・ジャンプ	10			スプリット・スタンスから開始する。可能なかぎり高く素早くカウンタームーブメント・ジャンプを行う。最高到達点で脚を切り替え，スプリット・スタンスで着地する。
連続種目：1. シングルレッグ・バーベル・ボックス・ハーフ・スクワット	各脚5回	3	種目間30秒，セット間2分	バーは肩の後ろに保持する。片脚で立つ。後方にセットしたボックスに殿部が触れるまで，シングルレッグ・スクワットを行う。ボックスは，ハーフ・スクワットができる高さにする。
2. ラテラル・レッグ・プッシュオフ	各脚4回			片足を20～30 cmのボックスの載せ，もう片足は床に置く。ボックス上の足で強く押し込み，ボックスを横切るように，床にあった足がボックスに着地するようにジャンプする。
モディファイド・レーザー・カール	8	4	2分	膝立ちの状態になる。足が動かないよう，踵をパートナーが後方で保持するかバーで固定する。両手は殿部に置く。姿勢補助のため，体幹部にはチューブを巻きつける。股関節を屈曲しながら上体が床と平行になるまで前傾する。前傾を保持したまま股関節を伸展させながら上体が床を這うように前方へレーザーのように突き出す。
シングルアーム・スライディング・プランク	60秒（各腕30秒）	2	60秒	プランク姿勢をとり，手のひらの下にディスクを置く。1枚のディスクを30秒間前後にスライドさせる。反対の腕に切り替える。

けないほうがよいと思われる。同様にプライオメトリクスとウエイトトレーニングの要素は，これらを補完できるものと考えられ，対照的な，あるいは複雑な相互作用をもたらす（第9章参照）。したがって，**表11.13**に示したように，必要に応じてこれらの要素を統合した。

同様に，1日における構造的疲労（ミクロレベルにおける筋や結合組織の損傷）が過剰になる可能性があるため，最も量の多いランニングセッション（技術的，戦術的な練習と統合されている持久性の負荷）は，理想的にはウエイトトレーニングの前に実施すべきではない。加速が少ないトレーニングと，求心性筋活動による高いパワー産生を伴う負荷の組み合わせは1日に行うトレーニングセッションとして適している。しかし，特定の目的のためだけに組まれた計画に比べると，それぞれの側面にかける相対的な時間は減るという妥協的側面は受け入れなければならない。

しかし，この妥協案を目標達成のための禁忌とする必要はない。実際，筋力トレーニングの一側面は，プライオメトリクスのパフォーマンス向上を促すことは明らかである。近年の科学論文の多くは，このことに対して全面的に支持しているが，このような種類のトレーニングを多く経験しているアスリートでは90％1RM以下のトレーニング負荷でも成果につなげることができる。

同じようなことはトレーニング経験が浅いアスリートでもその能力レベルに合うような神経筋系への課題によって達成可能である。同様に，最大の垂直跳びは股関節や膝関節の力強い伸筋のトレーニングによって向上する。

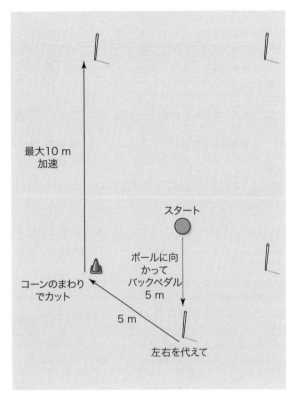

図11.9 バックワード・アンド・フォワード

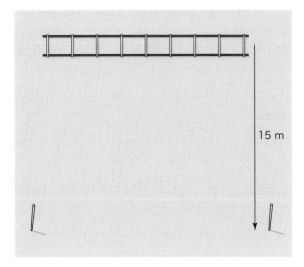

図11.10 ラテラルラダー・アンド・スプリント

プライオメトリクスとウエイトトレーニング

プライオメトリクスとウエイトトレーニングの反復回数とセット数、リカバリー時間を**表11.14**に示した。

直線加速への方向変換

ここでのスピードトレーニングのセッションでは、さまざまな動きの方向や足の位置から直線方向への最大加速に切り替える能力を向上させる。後述の内容は、専門的準備期におけるスピードトレーニングセッションの例であり、直線加速への方向転換が強調されている。

・動的ウォームアップ
・技術ドリル
  ● ダブルフット・バウンズ10 m×3本、歩いてもどりながらリカバリー
  ● シングルレッグ・デッドレッグでA-スキップ各脚20 m×3本、歩いてもどりながらリカバリー
  ● 障害をまたぎながらのストレートレッグ・スキップ各脚30 m×3本、歩いてもどりながらリカバリー
  ● ラテラル・デッドレッグ・ウィズ・ハイ・アンクル・オーバー・ハードル各脚6ステップで反対方向を向いて20 m×3本、歩いてもどりながらリカバリー
・パートナーに向き合い、20 mの区間で追いかける：4本×2セット、反復間は完全にリカバリーする、セット間のリカバリーは3分
・バックワード・アンド・フォワード（**図11.9**）：4本×2セット、反復間は完全にリカバリーする、セット間のリカバリーは3分
・ラテラル・ラダー・アンド・スプリント（**図11.10**）：4本×2セット、反復間は完全にリカバリーする、セット間のリカバリーは3分
・ローリング・スタート（**図11.11**）：6本×1セット、反復間は完全にリカバリーする

アジリティラダーは動作スキルの向上を図る手段として過大評価されている可能性が高い。動作パターンは自然でもなければ正しい姿勢もとれていない。しかし、ラダーは競技の範囲を超えて一般的なツールとなっている。アジリティラダーを用いる機能的な目的の

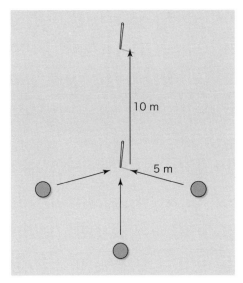

図11.11　ローリング・スタート

1つは，片足での多方向への動きである。ラテラル・ラダー・アンド・スプリントでは，横方向への動きをつくり出す床反力を得るために，足の側面（足の内側か外側かは進む方向による）を使わなければならない。同時に，片脚での1回1回の着地と離地において，股関節の位置と股関節と膝関節のアライメントを維持することが必要である。

カーリーはまださまざまな要素を統合しようとする学習段階である。したがって，方向転換のトレーニングでは1回の切り替えにとどめるべきである。複雑で多方向への方向転換では，彼女の基礎的な動きの向上に焦点をあてることができず，結果として技術の向上につながらないであろう。目的に対してできることと目的そのものに焦点をあてることが重要である。また，複雑な方向転換は，彼女のポジションに必要な特性ではない。彼女にとって必要なのは，1回の方向転換後に比較的短い距離で加速してスプリントするという能力である。

これらのドリルをパフォーマンス向上につなげるためには，方向転換の技術について習熟している必要があり，直線の加速は力強くなくてはならない，スプリントの間，最大スピードを維持しなければならない。ビデオを使ったフィードバックは，加速技術（第8章）を，どのように実施しているかを理解するために有効な手段となるであろう。この技術が利用可能であれば，休憩の間にもフィードバックすることが可能になる。

加　速

このセッションで強調したいことは，カーリーの技術の向上を通じて加速の能力を最大限向上させることであり，その技術を通して力の発揮も可能になる。この週では短い距離の坂道スプリントを行うのが理想的である。抗重力の活動である短い距離の坂道スプリントは，立脚期において地面により大きな力を伝えることに焦点をあてることができ，下腿は力を伝えるためにより適切な肢位となり，遊脚側の下肢は勾配を上るための次の1歩をより効果的にするために調整される。

- 5°の上り坂の加速を15 m × 6本。
- 反復間の運動：休憩比は1：6とする。
- 3分間アクティブリカバリーをとる。
- 5°の上り坂の加速を20 m × 6本
- 3分間のアクティブリカバリーをとる。
- 5°の上り坂の加速を10 m × 6本
- 3分間のアクティブリカバリーをとる。
- 5°の上り坂の加速を15 m × 6本

特有の持久力と技術のセッション

このセッション（図11.12）では，高強度（ただし，最大ではない）のランニングの要素と試合で必要な技術的な要素を統合する必要がある。そのため，持久的な課題は疲労が増した状態でも特定のスキルを発揮するために必要な要素である。このトレーニングの中身（セッションの構成要素）は，質の高い動きが要求されるトレーニングを疲労がない状態から開始できるようにするため，トレーニングセッションの最後のタイミングで30分間実施する。

コース全体を1周走ることで完走とする。それを4周 × 6セット，運動：休憩比は1：3で実施する。

- 10 m走ってボールを受け取る。

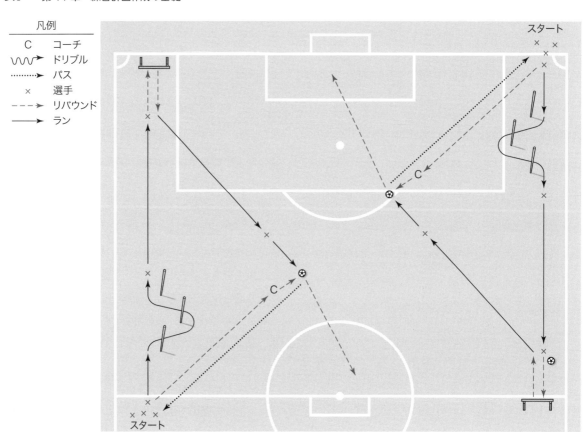

図11.12 サッカー特有の高強度なランニングのインターバルセッション

- ボールの間をドリブルで抜ける。
- 方向転換してスタート地点にパスしてボールをもどす。
- 30 m走ってボールを受け取る。
- リバウンドボードに向かってボールを1～2回蹴る。
- C地点にいるコーチにロングボールを蹴る。
- パスを追いかける。
- コーチからのボールを「×」のポイントで正しく受け、ヘディングかパスをトラップしてシュートを打つ。
- スタート地点に走ってもどり、1周を完了とする。

試合に向けた準備

この期間でのプログラム（**表11.15**）では、技術的側面と戦術的な側面を優先させるように移行する。この移行はトレーニングの量を落として強度を上げるだけでなく、トレーニングを実施する順番にも反映される。例えば、プライオメトリクスのスピードセッショ

表11.15 試合準備期のためのトレーニングのミクロサイクル

	月曜	火曜	水曜	木曜	金曜	土曜	日曜
セッション1	技術セッション	加速	プライオメトリクスとウエイト	リカバリー	直線加速や方向転換走，技術セッション	練習試合	リカバリー
セッション2	プライオメトリクスとウエイト	技術セッションと試合に合わせたコンディショニング	技術セッション				

表 11.16　筋力と神経筋パワーを重視したプライオメトリクスとウエイトトレーニング

エクササイズ	回数	セット数	休憩	説明
連続種目：1．大腿部からのスナッチ	5	3	種目間60秒，セット間3分	セカンドプルのジャンプ姿勢から開始する。脚のつけ根あたりでスナッチ・グリップでバーを持つ。爆発的な力発揮でスナッチを行い，オーバーヘッド・スクワットの姿勢でバーをキャッチする。
2．シングルレッグ・ヘキサゴン・ドリル	各脚5回			床に直径1mの六角形をつくる。六角形の中央に片脚で立ち，前を向く。中央から六角形の外に出るようにホップしたら中央にもどり，また他のポイントへホップしてもどる。これを繰り返す。もう一方の足でも繰り返す。
連続種目：1．ハイバー・バーベル・バック・スクワット	5	4	種目間60秒，セット間3分	バーを背部の上（肩）に保持する。スクワットを実施する。
2．ボックスへの最大ジャンプ	3			ボックスの高さは能力に応じて決定する。できるだけ高いボックスを使用し，両脚でジャンプしてボックスの中央に両足で着地する。
連続種目：1．バーベル・ステップアップ	各脚4回	3	種目間30秒，セット間2分	バーベルをかつぎ，安定したボックスへステップアップする。ステップアップしたリード脚で強くボックスを押し込み，後ろ脚を引き上げる。引き上げた後ろ脚は大腿部が床と平行になるまで股関節を屈曲させて前方に引きつける。ボックス上ではリード脚でバランスをとる。
2．シングルレッグ・タック・ジャンプ	各脚4回			片脚で立つ。片脚で素早くクォーター・スクワットを行い，できるだけ高くホップする。空中ではホップした片脚の膝を胸に抱え込む。着地は片足または両足で行う。
ノルディック・ハムストリング・カール	6	4	2分	膝立ちとなり，足関節周囲を動かさないようにする（パートナーまたはバーで）。膝関節，股関節，肩関節のアライメントを維持して前傾する。ハムストリングスにかかる遠心性収縮に耐えられなくなるまで維持する。開始姿勢にもどる時には，維持できればハムストリングを使用してもどり，困難であれば腕を使用してもどる。
ショートレバー・ロールアウト	5～10回（動作の質により決定）	2	60秒	膝立ちとなり，手を肩幅に開き，腕をまっすぐにして，バーを持つ。膝関節，股関節，肩関節が一直線になるように維持し，バーをできるだけ遠くまで床を滑らせながら押し，開始位置にもどる。

ンは，通常，最もアスリートが疲れていないタイミングで実施する。しかし，プロのチームスポーツやサッカーなどコンタクトスポーツにおいては，ピッチ上のセッションにおいて疲労しないことが必要であり，プログラムの他のトレーニングよりも優先される。

プライオメトリクスとウエイトトレーニング

　表11.16に示した通り，カーリーのジャンプの制御能力は中程度のレベルまで向上している。プライオメトリクスのためのエクササイズ選択の際のバランスは，彼女の必要性と試合で要求されることの両者を反映して決められており，片脚のエクササイズと両脚での垂直方向への運動および多方向へのジャンプと着地が含まれている。エクササイズは大部分が連続種目になっており，爆発的なエクササイズは同じような神経系パターンが要求される高負荷のレジスタンスエクササイズの後に配置されている。

　エクササイズは力－速度曲線のすべての範囲を網羅したものであり，最高速度のレジスタンスエクササイズはセッションの最初に行う。カーリーはレジスタンストレーニングを実施するのに適したトレーニング年齢に達していないので，彼女にとって必要な基本的な内容としてセッションに反映されている。トレーニング年齢の高いアスリートであれば，相対的により高い負荷でセットを組むか（例えば3RMにする），セット数を少なくする（最後のセットでは負荷を落としてバーを動かす速度を最大にする）のがよいと思われる。

　熟練したアスリートであれば，リバース・ランジの

ステップアップなど，より複雑なエクササイズを検討する必要もある。しかしながら，そのようなエクササイズは，現時点でのカーリーの必要性や能力に見合っていない。そのような課題を計画することは可能であるが，その前に機能的筋力をより長い時間にわたって発揮できるようになる必要がある。

加速

カーリーは2時間で加速のセッションの後にチームのコンディショニングセッションを行うため，このセッションは，強度は高いが量は少なくなっている。スレッドドリルはスレッドによる外的負荷を上まわる下肢の伸展力によって，カーリーの押す力を最大化する。このセッションは負荷をかけた後に負荷なしで同じ動きを行うことで，重い負荷に応答した神経筋系の運動単位の動員を通じて促通を起こすという，複雑なシステムを用いている。

- 動的ウォームアップ
- 技術ドリル
  - ウォール・スプリント・ツーステップ
  - ダブルフット・バウンス
  - シングルレッグ・デッドレッグでA–スキップ
  - シングルレッグ・ストレートレッグ・スキップでのシングルレッグ・デッドリフト
  - アップ・トール・アンド・フォールで5 m，10 m，15 mの加速
- スレッドでの加速：15 mの加速4回 ＋ 負荷なし1回×3セット；反復間は完全なリカバリーとする；セット間のリカバリーは3〜4分間。
- ローリング・スタート・レース（3〜5 mローリング・スタートしてパートナーに抗する）：10 m×3セット，15 m×3セット；反復間は完全なリカバリーとする；セット間のリカバリーは3〜4分間。

試合に特化したコンディショニングを伴う技術セッション

コンディショニングセッションは，サッカーに特化した内容である。ミニゲーム（**図11.13**参照）では，アスリートの関与が最大になるようデザインされている。ゲームをする広さは，スペースにおける高強度の動きが最適になるよう設定されている。GPSなどアスリートの動きを追跡する技術によって，試合の準備のためのトレーニングプログラムとしてのミニゲームにおいて，より高い強度で運動パターンの質を高める可能性があることが示されている。このようなゲーム形式の練習は技術の向上や，プレッシャーのかかる状況での戦術的なスキルの向上にも有効である。したがって，このセッションによって試合準備期における多くの重要な目標が達成される。

ミニゲーム（図11.13）

2チームに分けた8名のアスリートが異なるコーンからスタートする。笛の合図で四角いエリアに沿って30 m 2辺をスプリントする。

- 4対4のゲーム：4分の試合を4回，試合間の休憩は90秒，セット間の休憩は2分とする。
- 2対2のゲーム：2分の試合を8回，チームを変えながら行う。試合間の休憩は90秒，セット間の休憩は2分とする。
- 50 mのスプリントを6回，30秒ごとに行う。

カーリーは，ミニゲームで方向転換や加速の仕方について多くの機会を得て練習を積み，試合に向けたトレーニングにつなげていった。ミニゲームは，一般的な持久性トレーニングよりも，アスリートにとってははるかに楽しんで取り組めるものでもある。したがって，コンディショニングの基礎となる時期を過ごしたアスリートは，適切に計画され，調整されたゲームから多くの利益を得て，競技特有の持久力に磨きをかけることができる。

直線加速に向けた方向転換

このセッションは技術的なセッションに先行するものであるため，高強度で少ない量に設定すべきである。また，このセッションはカーリーにとってもその

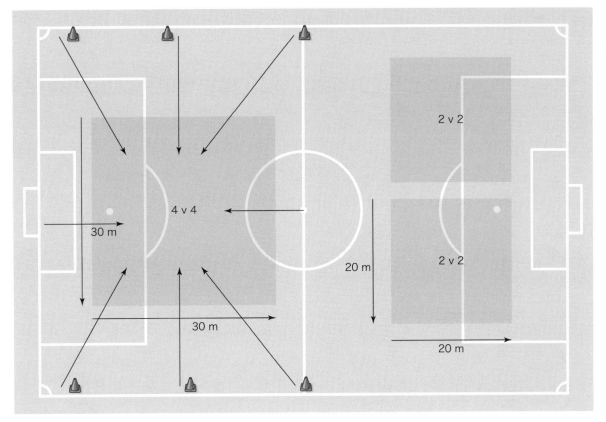

図11.13 ミニゲームによるコンディショニングセッションでは，技術的および戦術的なスキルを混ぜながら競技特有の持久力を獲得する。

後に続くセッションの準備となるべきである。このドリルはできるだけポジション特有の動きのパターンやスキルを統合したものにする。

- 動的ウォームアップ
- クレージー・ボールゲーム
  - 21：ボールを投げる。1回バウンドするごとに1ポイント獲得。ボールが転がる前にキャッチする。ボールが転がったらすべてのポイントを失う。最初に21ポイントを獲得したら勝ち。
  - カウント・アンド・キャッチ：パートナーがボールを投げ，1〜4の間の数値を言う。バウンドしているボールの近くで，指定された数だけバウンドした後にボールをキャッチする。
- ターン・アンド・バーン（**図11.14**）：6回（交互に）×2セット，反復間は完全にリカバリーする，セット間のリカバリーは3分。
- クリア・アンド・クローズ（**図11.15**）：6回×2セット，反復間は完全にリカバリーする，セット間のリカバリーは3分。

セッションはクレージー・ボールドリルから開始する。このような相手がいるメニューは，陽気に楽しく実施できる。アスリートはクレージー・ボールを使ったゲームでボールの動きに反応することで，足の動きの速さや正しい姿勢が向上する。アジリティドリルは反応したり意思決定したりするという点において真に機能的であると考えられるため，これらの競争的な課題は非常に適している。また，このドリルはアスリートが適切な接地を心がけるようにもなる。クレージー・ボールが無秩序にバウンドするのに合わせて方向転換する際，踵を地面から離している間，中足部を介して常に体重を最適に配分しなければならない。

クレージー・ボールを使ったドリルの後は，複数の

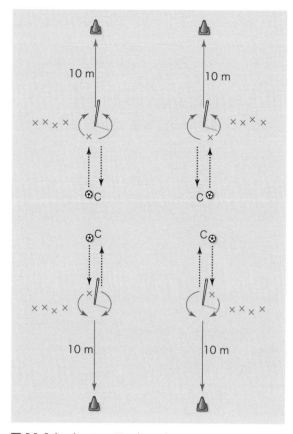

図 11.14 ターン・アンド・バーン

という異なるスタートの刺激と位置の要素が組み合わされている。スピードを調整したり最適化したりすることで，ディフェンダーに近い動きになり，クリア・アンド・クローズ（**図 11.15**）でその要素が促進される。

これらのドリルは適応性が高い。例えば，ターン・アンド・バーン（**図 11.14**）では，アスリートが最初の 10 m をどのように動くかを変えることができる。例として，サイド・シャッフル，バックペダル，サイド・シャッフルからのヒップターン，スプリントなどをこのドリルに組み込むことができる。同様に，ボールをいつ，どのように出すかも変更でき，反応する選手をダミーに置き換えることができるため，プレーの質を高めるために，時間と空間によるプレッシャーをより現実的なものにすることが可能となる。

ケーススタディ 3：マルチスポーツアカデミー

サムは長年にわたり，各地で多くのスポーツチームのストレングス＆コンディショニングコーチとして働いてきた。彼は幅広い年齢層にわたって，そして数多くのスポーツにおいて活動をしている。時間が経つにつれ，サムはシニアのアスリートによくみられる運動能力の問題は，アスリートの発達段階の初期のレベルにおいて，最適な発達が得られなかった結果であることを認識しはじめていた。

彼は野球のコーチに以下のような見解を述べた。

要素を統合し，オープンな環境でも効果的な判断ができるようになるために，サッカー特有の動きの練習プログラムを行っていく。例えば，前方に加速していき，ジャンプしてボールをヘディングした後に着地し，切り返してまた加速し，出されたボールに反応して相手選手からボールを奪うというようなドリルである。このドリルは方向転換と直線方向への加速を伴う

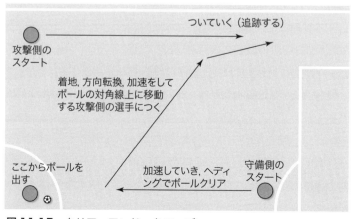

図 11.15 クリア・アンド・クローズ

10代のアスリートにおける動きの機能不全に関係する一般的な姿勢の問題

- アキレス腱が硬い
- 股関節屈筋が硬くて優位（ハムストリングの発達がが不十分で硬い）
- ハムストリングに対して大腿四頭筋が過剰に強い
- 殿筋の動員が不十分（側方への股関節のコントロール，骨盤の前後傾にかかわる）
- 胸椎が硬い
- 肩の前方が硬い

　大人のレベルであれば，私はケーキの飾りのようなフィットネスサービスを提供する必要がある。それは洗練されたものであり，最終的には5％の違いをもたらすことができるものである。しかし，実はケーキ自体が適切に焼かれていない場合もある。アスリートであっても能力の60％しか発揮できていない。発達段階の早期でのトレーニングと，良いコーチングが，アスリートが自分のキャリアに沿ってさらに能力を発揮する助けとなるため，大きな効果をもたらすことができるプログラムが必要である。

　サムは，さまざまな競技において動きのパターンに機能不全の傾向が現われるのは，10代後半と成人のアスリートであることに気づいていた。仕事をともにした，バスケットボール，バレーボール，サッカー，アメリカンフットボール，野球，ホッケー，陸上など，数多くの競技の幹部たちと会い，機能不全（一般的には動きが下手で，姿勢制御ができず，コーチにも指導されてこなかった）を抱えているアスリートが多すぎることを認識した。これには，股関節周囲のタイトネス，腰椎と胸部の硬さが関連していると思われる。これらについては，「10代のアスリートにおける動きの機能不全に関係する一般的な姿勢の問題」に詳述した。

　サムは必要に迫られて，地域のアスリートと育成過程にあるアスリートのためのマルチスポーツプログラム（アスリートアカデミー）を提示した。このプログラムは包括的な動きとアスリートのレベル（走る，跳ぶ，コンディショニング，レジスタンストレーニングのスキルや経験など）に合わせて組まれ，統合された身体運動によるカリキュラムで構成されている。したがって，このプログラムを卒業したアスリートは，より高いパフォーマンス発揮のための準備が適切に整えられているであろう。才能と潜在的な力は，スポーツによって開花し，育成され，保持されるであろう。アスリートの身体的能力を最大に引き出すことができなかったり，その後に続く活動につながらなかったりすると，多くのハイパフォーマンスプログラムでは高い割合で離脱が生じるが，このアカデミーではその割合は低いであろう。

　このマルチスポーツプログラムを開発するという彼の提案を裏づけるため，サムは単純な動きのスキルの分析の日を設けてさまざまなアスリートを評価した。この評価はアスレティックトレーナーや理学療法士の助けを借りて行った。彼らは，スター・エクスカージョンテスト，膝の安定性評価のために修正トーマステスト，可動範囲を評価するスランプテスト，その他の関節特有のテストを用いて関節の安定性や可動域を評価した。立位姿勢の評価は他の基本的な動きのスクリーニングの過程で行った。これらの評価は効果的な一連の評価過程をもたらせるように計画されており，特定の活動指針を通じてアスリートにフィードバックするための情報を簡単に提供できるようになっている。このようなスクリーニングに関する情報は第6章に記載した。

　テストでのパフォーマンスに基づいて，サムと理学療法士は将来的なパフォーマンスの改善という視点からフィードバックと推奨事項を提供するための分析内容をアスリートに示すことができた。このフィードバ

スクワットの評価

開始姿勢
足を前方に向け，肩幅に開いて立つ．最初に，肘を左右に開いた状態で手を頭部の両側に置く．次に徐々に肘を伸展させてオーバーヘッドの状態にする．

方法
スクワットで下降する際は，コントロールしながら可能なかぎり下ろす．

チェックポイント
スクワット実施中，踵は常に床と接していなければならない．

アスリートは動きの全範囲にわたって腰椎前弯を維持する．腰部，仙腸関節の接合部の回転を確認する．

膝は第2趾のつま先の真上ある．足部の回内，膝関節が内反していないか，股関節が内旋していないかを確認する．

上下の動作では静止せず，スムーズかつ連続的に行う．

実施者の能力に問題がないかぎり，以下の手順に沿って実施し，観察する．
- パラレル・スクワット（膝関節90°屈曲）
- フル・スクワット（股関節を膝のより低い位置まで下げる）
- オーバーヘッドでのパラレル・スクワット（膝関節90°屈曲）
- オーバーヘッドでのフル・スクワット

インライン・ランジの評価

開始姿勢
立位姿勢．

方法
肘を屈曲させ，左右に開いた状態で手を頭部の両側に置く．前方へのステップではリード脚の大腿が床と平行になるようにする．上体は前傾しないように保持し，リード脚の膝はつま先より前に出す．後ろ脚の膝は，ステップ脚の踵のすぐ後方に接するようにする．2秒間保持し，開始姿勢にもどる．もう片方の脚で繰り返す．

チェックポイント
膝は第2趾のつま先に沿っており，股関節は水平である．腰部と胸郭は安定した状態が保持されている．

実施者の能力に問題がないかぎり，以下の手順に沿って実施し，観察する．
- 前脚90°屈曲，後ろ脚の膝は床に接地
- 前脚90°屈曲，後ろ脚の膝が床に接触した後，開始姿勢にもどる
- レベル2　ランジ後に前脚を越えるように体幹を回旋

ミニハードルを使った直線と横方向へのジャンプやホップの評価

開始姿勢
　足は腰幅に開き，腕は力を抜いて体側に下ろす。

方　法
　指示された方向に4つのミニハードルを越えてジャンプ（またはホップ）し，まっすぐに着地する。

チェックポイント
　着陸時に股関節，膝関節，足関節のアライメントが保持されている。股関節は水平であり，腰部と胸郭が安定した状態が保持されている。着地は足裏全体で静かに行う。
　実施者の能力に問題がないかぎり，以下の手順に沿って実施し，観察する。
- 両足でジャンプ，両足で着地
- 両足でジャンプ，片足で着地
- 片足でジャンプ，片足で着地
- 片足でホップ（90°ヒップ・ドライブ），片足で着地

シングルレッグ・ディップの評価

開始姿勢
　足を肩幅に開いて立った後に片脚立ちになる。腕は力を抜いて体側に下ろす。

方　法
　足裏全面を地面につけた状態を維持し，コントロールしながら3種のシングルレッグ・ディップを実施する。もう片方の脚で繰り返す。

チェックポイント
　膝は第2趾のつま先に沿っており，股関節は水平である。
　脊柱のアライメントが保持されている。骨盤の過度な前傾や後傾，腰椎の伸展がない。
　足部の位置が保持されている。足部の回内や足関節の外転が発生していない。
　骨盤の水平が保持されている。左右に傾斜していない。
　肩と体幹が下半身と一直線に並んでいる。コントロールは一定しており，動きの中で一貫している。
　以下の段階を達成する。
- 60°までディップ
- 90°までディップ
- 120°までディップ
- フル・ピストル・スクワット

プッシュアップの評価

開始姿勢
各レベルの説明を参照。

方　法
実施中は常に姿勢をまっすぐに保つ。肘を屈曲させる際は，胸が床から 7.5 cm くらいになるまで下げ，もどす際は肘が完全伸展するまでもどす。

チェックポイント
肩がすくまずに，中間位で保持されている。
肩甲骨は翼状肩甲にならず，中間位で保持されている。
胸部や腰椎の正しいアライメントが保持されている。
骨盤は動作中は中間位で保持され，前傾や左右への落ち込みが起こらない。
実施者の能力に問題がないかぎり，以下の手順に沿って実施する。

- 壁から離れて立ち（壁からの距離は床から脛骨粗面までの 1.5 倍の距離），手は肩幅に広げて壁につけた状態で，額が壁につくまでプッシュアップを行う。
- インクライン・プッシュアップ（机や台に手を乗せて傾斜をつける）
- インクライン・プッシュアップ（20 cm の台に手を乗せる）
- 床でのプッシュアップ
- デクライン・プッシュアップ（20 cm の台に足を乗せる）

四つ這い姿勢の評価

開始姿勢
足を腰幅に開き，膝を股関節の真下に位置させた四つ這い姿勢から開始する。手は肩幅に開き，肩の真下に位置させる。体重は両手と両膝の 4 点に均等にかける。

方　法
以下の手順で実施する。目的は，動作中における腰部から骨盤にかけての傾斜に変化がなく，明らかな体重移動がなく，肩から股関節にかけて高さを一定に保つことである。

　　レベル 1：片腕を体幹の高さまで前方に上げる。その位置を保持した後に開始位置にもどす。反対の腕も行う。
　　レベル 2：肩関節，股関節，膝関節，足関節が一直線になるよう片脚を身体の後方へ伸ばしながら上げる。その姿勢を保持し，開始姿勢にもどす。反対の脚も行う。
　　レベル 3：対角の腕と脚を上げる。
　　レベル 4：同側の腕と脚を上げる。

チェックポイント
- 肩関節と股関節の高さが変化しないよう保持されている。
- 動作中に体幹の回旋が発生していない。
- 体幹の伸展動作が起こらない。四肢を上げた時，腰部や胸部の伸展によって腹部や胸部が沈んでいない。

- 骨盤は中間位を保持。骨盤の片側だけが回旋しながら下降や前傾が起こらないように保持されている。
- 肩甲骨の挙上や外転，内転などが起こらないよう中間位が保持されている。

ックの例は，「アスリートのプロフィール例」に記載した。

このプログラムは幅広いアスリートの運動能力の向上に対して必要で恩恵をもたらすことができると証明された。このことによって，サムは特定のスポーツプログラムからの支援を受け，アスリートアカデミーを設立するという彼の人生における目標が達成された。彼のトレーニング施設とトレーニングプログラムは同年代のアスリートや，異なる競技のアスリートが一緒に来ても，施設内に明記された以下の目標を達成することで，改善がもたらされるように設計されている。

アスリートアカデミーの目標

- 段階的な学習の実践を通してアスリートの運動能力を向上させる。
- 段階的な学習の実践を通してアスリートの姿勢制御と関連する機能的筋力を向上させる。
- 環境が整備されたなかで提供されるプログラムの徹底によってアスリートのトレーニング適正を開発する。

提供するプログラムの質を確保するため，指導する際のグループはコーチ1人につき12人を上限とした。どんな効果的なアスリートの育成システムにおいても，これまでのプログラムの基盤の上になり立っている。14歳以下のレベルでアスリートアカデミーに入ってくるアスリートの多くにとっては，系統だったプログラム，優れたストレングス＆コンディショニングコーチのもとでトレーニングするはじめての経験となる。アカデミーは，神経筋系，骨格筋系，生体エネルギー系の向上にとって重要な基礎を提供し，つくり上げる必要がある。プログラムは，早期の段階における包括的で，競技能力を高め，動きづくりを基本とした内容から，年齢に関連したパフォーマンスに焦点をあてた段階に進み，スポーツ特有のニーズを反映している。

サムはまた，このプログラムは，いま，この場にいるアスリートをよくするという単純なものではなく，将来にわたって発展的に機能するものでなければならないと強く思っている。サムはアスリートたちを待ち受けている高校やクラブチームでの活動のために，身体的に準備の整った状態であってほしいと望んでい

アスリートのプロフィールの例

（アスリートの名前）：所見と推奨事項

　（アスリート）はヒラメ筋，大腿四頭筋，ハムストリングが硬い。したがって，このアスリートは股関節，膝関節，足関節まわりの筋に対する動的および静的な可動性改善のプログラムを実施する必要がある。

　（アスリート）はスクワットとシングルレッグ・ディップのテストにおいて可動範囲が十分ではなく，制御ができていなかった。このことはヒラメ筋，大腿四頭筋，ハムストリングスが非常に硬いことと関連して

いると思われる。このアスリートには片脚および両脚でのスクワット動作中の腰椎と膝の制御について指示とフィードバックしながら改善させる必要がある。

　またこのアスリートはプッシュアップテストで肩甲骨の伸張性の制御が不足しており，四つ這い姿勢では腰椎–骨盤帯の制御に問題が認められた。したがって，肩甲骨の可動範囲を制御することと，回旋筋腱板の強化，そして骨盤の制御を向上させるために体幹と大殿筋および中殿筋のエクササイズが必要である。

る。したがって，アカデミーは，高校のスポーツ活動で要求される能力は，小学校の最終学年までに準備することが必要であると考えている。そして，学校のシステムに移行する際，トレーニングやパフォーマンスの要求が高まっても身体的な対処ができるようにしておく。

年齢の範囲は指標にすぎないことに注意してほしい。アカデミーにいるアスリートたちは，その能力や経験に応じて，高い年代のプログラムや低い年代のグループに分けられる。アカデミーでは多競技のアスリートに対してサービスを提供するため，すべてのアスリートが適切な挑戦ができ，特定の年齢のグループにアスリートをまとめるような社会的必要性はない。

基礎プログラム

基礎プログラムの目標は，アスリートに可動性と安定性の強固な基礎的能力を獲得させることである。この能力を整えることで，関節まわりの全可動範囲で動くことができるようになり，動きの範囲で姿勢制御能力が発揮できるようになることへの気づきをもたらす。プログラムはスピードを高めるためのドリルだけでなく，疲労した状態であっても基礎的な能力が発揮できるように非特異的なコンディショニングも含んで進行する。

通常，このプログラムは成長期早期にあたる12〜14歳のアスリートのためのものである。女子はこの年齢までに思春期を終えている傾向があるため，トレーニングセッションは性別で分けられている。女子においては，第3章，第5章，第9章，第10章で取り上げた，動的な活動時の股関節，膝関節，足関節のアライメントを含む発達に関連する問題に焦点をあてる。また，早熟な男子も同様に思春期を過ぎている可能性がある。アスリートの成熟度合いを判定する方法として，身長と座高を記録し，骨格の成長の加速の程度から推定する方法を用いる。

思春期を経て，プログラムの動作課題に対する能力を十分に備えているアスリートは，後半の段階に早く進んだり，次のレベルに移行したりして，筋力向上を目指す。彼らの身体ではタンパク同化ホルモンや男性ホルモンが高いレベルで放出されることから，このアプローチによって最大限の恩恵を受けることができる。しかしながら，筋力トレーニング実施にあたっては適切な可動性，安定性，そして姿勢制御が獲得できていることが優先される。

第3章で述べた通り，この時期のアスリートは，骨格の成長と神経筋系の変化が激しいため，スキルを要する運動を行うのに苦労する。したがって，このプログラムで焦点をあてていることは，スキルを習得するためにそれぞれのアスリートに対して個別に課題を設定してアプローチをする点である。

表11.17 に典型的な8つのセッションそれぞれにおけるトレーニングの目的や実際の活動内容を示した。このプログラムでは，子どもたちは通常週に1〜2回，40分間のセッションに参加するように設定され，基本的な姿勢やスキルの早期学習を確実にするため，特定の領域に焦点をあてて組み立てられたブロックごとの練習からはじめる。新しいスキル（例えばスピードドリル）を導入するたびにこのような練習パターンを繰り返す。この後，段階が進むと若年アスリートたちの長期間にわたる学習を促すためにトレーニングをランダムに配置する。

それぞれのアスリートに簡単な課題や宿題を与えることで，トレーニングに取り組む精神を養うという考えがさらに強調される。これらの課題は，特定で，個別の緊張のある部位の改善を目標とした，単純な静的ストレッチや，アスリートの目標を達成させるためのエクササイズであってもよい。これらの課題と目標は指導者が設定する。アスリートに行われる通常のスクリーニング（1年間で3回）を補足するための継続的なスクリーニングとし，課題に対するアスリートの関与と能力をモニターする。

ウォームアップは，その後に続くセッションのために神経筋系の活性化と強化，関節の可動性増大のため，それ以前に学習したトレーニングの動きを用いることとされている。すべての体系化されたウォームアップと同様に，低強度の活動からはじめ，次のセッションの最初の活動に向かって動きの強度と運動の複雑さを徐々に高めていく。セッション1に例示した。

表11.17　基礎プログラム：8セッション

セッション1	セッション2	セッション3	セッション4	セッション5	セッション6	セッション7	セッション8
ウォームアップ	ウォームアップ	ウォームアップ	ウォームアップ	ウォームアップ	ウォームアップ	ウォームアップ	ウォームアップ
股関節の可動性	足関節の可動性と安定性	股関節の可動性	胸郭の可動性	足関節，膝関節，股関節，腰椎：可動性と動作，分離動作	ハイジャンプ，幅跳び	股関節の可動性	胸郭の可動性
ジャンプ：両足接地	ランニング技術	股関節と膝伸展動作の筋力強化	ジャンプ：着地動作	クライミングと上半身のプル動作	ランニング：動作スピード	ランニング技術	ジャンプ：両脚接地
調整試合	姿勢の安定化	方向転換技術	全身パワー：メディシンボール・スロー	コンディショニング・サーキット	方向転換：回避ゲーム	姿勢の安定化	調整試合

基礎プログラムセッション1

- ウォームアップ（10分間）
  - パルス・レイザー：ピギー・インザ・ミドル（向かい合う2人の間に位置する）；テニスボールをアンダーパスする。パスをインターセプトするか，10回パスを投げた時点で選手を交代する。接触はなし。
  - 極端につま先を上げて踵歩きをする。両腕を振りながら歩く。
  - ハムストリングを伸ばしてスプリントスタート×10回
  - シングルレッグ・マウンテン・クライマー×10回
  - ヒンズー・プッシュアップ×10回
  - ロールアップ・トゥ・ロールアウト×10回
  - ニー・トゥ・エルボー・クロス×10回
- 股関節の可動性（10分）
  - サスペンションケーブルをつけたオーバーヘッド・ランジ
  - ブッダ・プレイヤー・スクワット
  - 4点支持での股関節回旋：カニの姿勢から殿部を持ち上げて回旋する。つまり足を動かさずに片方の膝を床に近づけるように外に倒し，それから内側に倒す。
  - スクワットからの外側・内側の膝のパターン：ディープ・スクワットの姿勢から開始し，片方の膝を後外側に移動し，それから前内側に移動させ床にタッチする。この時足関節の内側も回転する。
- ダブルフット・ジャンプ（10分）
  - 接地を素早くしたダブルフット・ジャンプ10m以上×4本
  - 両脚で低いステップ台から降下してジャンプを5回×4
- コンディショニングゲーム：ジムの障害物コース（図11.16）；ペアで競争したりタイムを競う。

股関節の可動性を高めるエクササイズは，手と足を床につけた状態で行い，膝の動きに焦点をあてて行う。これは股関節の形状である球関節の中で，大腿骨が回旋することによってのみ起こる運動である。これらの動きでは，さまざまな自動的・他動的な動きのメカニズムを用い，10代のアスリートにとってリスクが高いとされている重要な部位の可動性改善を目標にしている。オーバーヘッド・ランジなどの動きでは，手を固定することと重力によって筋の制御が必要となり，アスリートの姿勢を正す効果が得られる。その他のものでは，動きはじめや動作の段階を上げるために必要な能動的な筋の制御が必要になる（例えばスクワットやカニの姿勢での股関節の回旋）。ブッダ・ストレッチはより受動的な活動であり，抵抗に抗して行う静的ストレッチである。

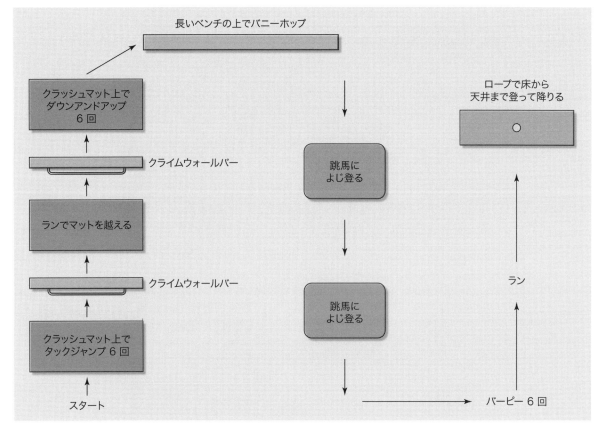

図11.16 ジムの障害物コース

　ジャンプ動作は直線的で単純化されており，足関節の剛性と素早い接地に焦点があてられる。ジャンプエクササイズは狭い場所でも行うことができるため，セッション中のコンディショニングに必要な機材は，セッションがはじまる前に準備することができる。アスリートは高強度で，一般的には高負荷，高速度の動きを含む一連の全身を使った課題を実施する。このセッションの全体的な活動時間は短く，アスリートは課題の間の休憩とリカバリーの長さを自分で決めることができる。これらの要素を組み合わせることは，嫌気的な負荷がかけられない思春期前のアスリートに過度のストレスによる問題を引き起こさないようにするためということを意味する（第3章参照）。

　競争の要素を取り入れた活動において，レースの課題を達成するためには，アスリートを適切にペアリングすることが重要である。異なる場所からそれぞれスタートさせることで，たくさんの課題を同時にトレーニングすることができる。アスリートをチーム分けし，各チームの合計時間を記録することでチームワークを高めることができる。しばしば議論の的となるが，ウォールバーやアップロープを使ったクライミングは適切に指導，監督され，細部にわたって配慮されていれば安全な活動である。これらの活動の危険性が高いとされるエビデンスはなく，このような設備をトレーニング施設に備えることは，指導者にとって有益であると考えられる。

　このような形式で機材をレイアウトすると，障害物のコースはバリエーションとしてのオフ・グラウンド・タグのようなゲームをする場所として利用することができる。アスリートはどこでも走りまわることができ，床に触れた時のみタグづけされる。しかし，決められた（最大の）時間しか1つの障害物にとどまることができないので，次に動く障害物の場所を戦略的に考える必要がある。このようなゲームをうまく行うためには，スピード，アジリティ，全身の筋力だけでなく，それらの質の持続性が必要になる。ゲームは

表 11.18 移行期プログラム

セッション1	セッション2	セッション3	セッション4	セッション5	セッション6	セッション7	セッション8
ウォームアップ	ウォームアップ	ウォームアップ	ウォームアップ	ウォームアップ	ウォームアップ	ウォームアップ	ウォームアップ
ジャンプ：垂直跳び	ランニング技術：直線加速走	方向転換技術	ジャンプ：ドロップ・ジャンプの着地技術	筋力トレーニング技術	方向転換：回避技術	筋力トレーニング技術	ジャンプ：ミニハードルを利用したプライオメトリック・ダブルフット・ジャンプ
筋力トレーニング技術	コンディショニング・サーキット	筋力トレーニング技術	多方向への反応と意思決定による加速走	コンディショニング・サーキット	ラテラル・ジャンプと着地技術	調整試合	最大スピードへの加速走

有益であるばかりでなく，セッションの最後にゲームをすることでトレーニングを楽しく終わることができる。

移行期のプログラム

このプログラム（**表11.18**）は，14歳のアスリートが高校スポーツに移行する準備として，基礎を構築することを狙いとしている。ここでも動きの質は重視しているが，技術を高めることに関してより強調して表現している。同様に，アスリートは機能的な筋力トレーニングの動きを習得しなければならないが，負荷をかけて実施することもある。ほとんどのアスリートは思春期が終わっており，絶対筋力，パワー，スピードに関する性差が広がっている。実際，設定する負荷（もしくは運動能力の指標）はますます高くなってくる。アスリートは技術的に妥協しないかぎり，より重いものをもち上げ，より速く走り，より高くあるいは遠くへジャンプすることが求められる。

セッションはより少ないトレーニング単位でプログラムされ，特定の目的に焦点をあてている（ただし排他的ではない）。この段階では，基本的な負荷がかかっていたり，ランニングやジャンプのようなバリスティックな動作において，よりよい調整力や正しい運動連鎖を発揮しなくてはならない。さらに，指導者はすべての動きにおいて関節の正しい位置を強調し，代償動作が起こらないように指導する。つまり，常に姿勢制御と神経筋系の強化に焦点をあてる。機能的な筋肥大はこの段階での目的ではなく，効果的なトレーニングや関連するホルモンおよび遺伝的な影響の副産物と考えられる。一方，細胞の肥大（第2章で詳述）は，この段階で行うトレーニングが意図するものではない。

指導者は，段階的なウォームアップで，これまでのトレーニングプログラムで焦点をあててきたエクササイズをもとにした動きを提供する。ウォームアップは股関節と胸椎の可動性に焦点をあて，後面の運動連鎖を通じて特に伸筋群の活動を高めるような内容で行う。このウォームアップによって，胸椎の伸展を保ちながら股関節伸筋群の全可動域での力発揮に焦点をあてることで，筋力トレーニングのセッションとうまくつながる。

移行プログラムのセッション5

- ウォームアップ（10分）
  - パルス・レイザー：タグゲーム。タグづけされた人は立っていなければならず，チームメイトがタグづけされた人が伸ばした腕の下でかがむと自由になれる。
  - 10 mは踵接地，10 mは極端につま先を上げて歩く，どちらも腕を振って歩く。
  - リバース・ノルディック×10回
  - スクワットから内外側へのニー・ロール×10回：ディープ・スクワット姿勢から，片方の膝を後外側に動かし，それから前内側に動かして床につける。この時足関節も内側に回転させる。

- 腕をまっすぐにして回旋させながらウォーキング・ランジ×10回
- 腕を上げ,脚をまっすぐにしたままハードルをまたぐ×10回
- スコーピオンズ×10回
・胸椎の伸展を維持しながら股関節伸筋群を強調したストレングスの技術とトレーニング(25分)
  - メディシンボールを頭上で持ったままウォーキング・ランジ1〜3×8回
  - トラップ・バー・デッドリフト1〜3×6回
  - ダンベル・プッシュ・プレスをしながらディープ・スクワット1〜3×5回
  - スプリット・スタンスでのラテラル・ウッドチョッパー1〜3×6回(左右)
・筋力-持久力サーキット(15分):ペアで行う。1人はエクササイズを行い,もう1人は徒手抵抗をかけたり,必要に応じて補助する。交代して実施する。エクササイズの切り替えはできるだけすみやかに行う。セット間の休憩は60秒とし,2〜4セット行う。
  - プローラー・スレッド・プッシュ・アンド・スプリント×2回
  - パートナーによる負荷をかけたプッシュアップ×8回
  - パートナーの補助をつけたスーパイン・ロー×8回
  - スプリングボック×5回
  - ラウンド・ザ・ワールド×1回

このセッションでは,アスリートの特有の制限や必要性に応じて,それぞれのエクササイズの段階を上げたり,下げたりが簡単に行える。例えば,アスリートがランジをする時に肩の可動性が不十分でメディシンボールを頭上で持つことができない場合,ダボを使ったり,腕を頭の後ろで組んで実施してもよい。また,アスリートに左右差があることがわかっており,トラップ・バー・デッドリフトではそれが隠されてしまう場合には,スーツケース・デッドリフト(片手にケトルベルを持ち,もう一方の手には何も持たずに行う。デッドリフトの動きで床から立ち上がり,またもどる。その際,肩と股関節の高さは水平に保つ)を処方することができる。

筋力トレーニングは10セットを上限とし,アスリートの均衡を整えるためにさまざまなエクササイズによってバランスを調整する。例えば,全体的な筋力を必要とする場合はデッドリフトのセットをより多くしなくてはならないし,体幹を通じたオーバーヘッドの動きの調整能力が必要な場合はダンベルを用いたオーバーヘッド・プレスでのディープ・スクワットをより多く行わなくてならない。これらの動きにおける負荷は個々の能力に合わせて調節する。エクササイズの間に1〜2分の休憩をとることで,それぞれのトレーニングに向けて適切なリカバリーが得られ,指定された時間内にセッションを完了することができる。

コンディショニング・サーキットの背景にある考え方は,筋力トレーニングのテーマにしたがって,全身を使った筋力エクササイズを行い,疲労した状態で繰り返すことで持久力の向上を狙っている。ほとんどのエクササイズは自重を負荷として用いるため,同じような体重や筋力のアスリート同士でペアを組む必要がある。疲労した状態で運動することに加えて,自分のペースでリカバリーしながら,セッションで要求されている課題を一緒にこなし,疲労した状態で課題を達成するためにコミュニケーションをとるようにさせる。

すべてのセッションと同様に,それぞれのエクササイズの反復回数やセット数はアスリートの能力に合わせて変更する。適用する負荷についても同様である。例えば,プッシュアップにおいて,それなりに強いアスリートは下ろす時にも上げる時にも抵抗負荷をかけるほうがよいが,あまり能力のないアスリートでは上げる段階のみでよいかもしれない(つまり,伸張性の過負荷はかけない)し,場合によってはパートナーによる負荷抵抗がまったく必要ない場合もある。同様に,スーパイン・ローでは,腕によって引っぱる負荷は,下肢を曲げたり伸ばしたりすることで重心の位置と身体のレバーアームの長さを調節し変化させることができる。楽しみながら15分で筋力の向上と疲労を

与えられることは，この年代の子どものセッションを完了させるという意味で理想的である。

段階的なトレーニングプログラム

このプログラムでは，アスリートがこの段階で競技能力を向上させるために徐々に専門化するトレーニングを補完する。プログラムは多面的であるため，アスリートが行いたいスポーツや個人の必要性に合ったトレーニングを選択することが可能である。このプログラムでは，セッション内でトレーニングを統合することよりも，特定の，個別のセッションの目的を達成することを重視している。

第3章で概説したように，この成長段階においては，アスリートの有酸素能力を最大限に鍛えることが可能である。この目標の達成には超短時間の運動を繰り返す，高強度のインターバル，そしてゲームを使ったトレーニングが適している。このアプローチでは持久力を向上させると同時に，筋力，パワー，スピードの補完にもなる。発育学的には，この年齢で正常に成熟している子どもは，無酸素系が完全に成熟していると考えられるため，エネルギー代謝系のトレーニングは全面的に実施すべきである。したがって，高強度のトレーニングと，さまざまな長さのインターバルトレーニングを用いるべきである。

アカデミーでアスリートとともに働く指導者は，体重増加や体型の変化に影響する問題について，どのように対処するかを認識しておく必要がある。除脂肪体重と脂肪量の違いをアスリートにはっきりと認識させる必要があり，ボディイメージに関連するすべての問題に慎重に取り組まなければならない。このことには，10代の男女どちらにおいても重要な，筋肥大の必要性もしくは回避に関する問題，容姿にかかわる問題，そしてアスリートとしての生活とその他の社会的側面における成長とのバランスの問題などが含まれる。

男子では成長スパートが終わってから12〜18ヵ月後，女子では成長スパートが終わった時が，全面的な筋力向上のために筋力トレーニングが実施できる最適な時期である。ここでは高負荷，高いパワー発揮，多関節への抵抗，そしてジャンプに焦点をあてた神経筋トレーニングを中心に実施する。例えば，以前に習得した部分的な動きの基礎から，高い質でのオリンピックリフティングの技術を向上させていく（もし基礎がマスターできていなければその前の段階から継続して行う）。このトレーニング様式で，アスリートの能力は個々に成長を続け，向上していく。

若年アスリートは，この段階においてはじめて負荷をかけることに重点を置いたトレーニングを経験する。この種のトレーニングは，若年アスリートに基本的なピリオダイゼーション（期分け）を導入するために理想的な手段であると認識されている（すなわち，トレーニングサイクルの異なる段階で，特定の側面を強調する）。アカデミーでのプログラムは，学校スポーツの異なるアスリートが，年齢も異なり，要求されることも異なるため，ますます柔軟に対応できるようになる。このような側面については，**表11.19**において全体的なプログラムの内容に反映されている。

アスリートとコーチはプログラムがどのように構成されているかを確認する。例えば，筋力について再検討するにあたり，8週間の筋力プログラム，4週間のパワーのプログラム，4週間のスピードのプログラム，そして4週間の持久力のプログラムを行うことができる。他のアスリートは持久力により焦点をあてたいと思うかもしれない。特定の運動能力の向上に加えて，アスリートは予定されているプログラムの重要な内容を学んでいる。

第一に，身体的な質を強調するということは，このプログラムの構成要素に焦点をあてて専念することを意味するわけではない。例えば，機能的な筋力に焦点をあてる場合，スピードによって補完される能力を無視しないことが重要である。結局のところ，多くのスポーツにおいて，強さはスピードで表現されるため，アスリートはどんな時でもスピードからかけ離れすぎてはならない。

第二に，トレーニングの目的がしっかり理解されていれば，トレーニングで重視する点を変化させてもパフォーマンスの向上につながる。第7章で紹介したように，学習の提供段階で刺激を繰り返すことと，学

表11.19　総合的トレーニングの段階的なプログラム

	アスリートに必要な，あるいは強調すべきトレーニング			
重点項目	筋力トレーニング	パワー	スピード	持久力
1週間あたりの筋力トレーニングセッション	3〜4	3	2〜3	2
1週間あたりのスピードとアジリティセッション	0.5	1〜2	2.5	1
1週間あたりのプライオメトリックセッション	0	1〜2	1.5	1
1週間あたりのコンディショニングセッション	0.5	0.5	0	3

習を強化し，適応を起こすためにさまざまな刺激を与えることのバランスが重要な要素となる。長期的なトレーニングや学習プログラムでは，予想していなかった計画を立てることも重要となる[7]。

　第三に，一定の運動の質が前提条件であることをアスリートが理解することである。より強くなるためには，自分の姿勢が動的にどうなっているか認識できる必要がある。パワー発揮のために，まず強くならなくてはならないし，スピードを向上させるためには，まず力強くなくてはならない。プログラムされたセッションのパラメータで，個々のアスリートの能力をもとに処方する内容を個別化する必要があることを忘れてはならない。

　表11.20に示した計画において，持久力は他のトレーニング要素に比べて優先順位が低く設定されていると思われるかもしれないが，多くのスポーツ特有のトレーニング要素はそれ自体に持久的な側面が含まれている。

　表11.21にジャンプのトレーニングセッションの詳細を示した。

　このように，トレーニングの段階づけをするために，メニューや構成されたアプローチを用いることで，個別のニーズに合わせてエクササイズのテーマを変えることができる。姿勢制御のニーズが高まったアスリートには，関連するエクササイズの流れのなかで，適切なセッションやエクササイズに導くことができる（第10章でその例を示した）。同様に，より高度なジャンプエクササイズに進む前に，基本的な着地に焦点をあてる必要があるアスリートは，特定のセッションで適切にそのエクササイズに導くことができる。

パフォーマンスプログラム

　多くのアスリートは16歳になるとスポーツ特有のプログラムに特化していく。しかし，水泳や体操のような早期に専門化が必要なスポーツでは，それよりもはるかに早い時期に特化する可能性がある。アスリートアカデミーでのプログラムは，競技動作のスキルの基本とさまざまな能力の段階を通じた機能的筋力の向上を図ることで，このレベルにおいてスポーツに特化したプログラムを導入することができる。この過程によって，アスリートはエクササイズの進捗状況を見直し，以前に学習した運動の質を強化し，自立性を保つことにもつながる。

水泳選手のスティーブンの例

　スティーブンは自由形を専門とする水泳選手である。彼は，陸上でのコンディショニングを行うために，アカデミーで週に3回セッションを受けている。彼の主な目的は，水中で水平姿勢を維持できるようになるための，姿勢筋に対する筋間および筋内の力を維持できる能力を獲得することである。水泳にとって移動に必要な力は地面反力ではなく，水による抵抗に抗することであり，水中で流線型の姿勢を動かすという点で通常とは違う運動特性を有している。

　2つ目の目的は，地面反力を利用して，力強いスタートとターンができるようになることである。スティーブンはレースにおいて水平方向への推進力を生み出

表11.20 段階的トレーニングプログラム：セッション1〜4

	セッション1	セッション2	セッション3	セッション4
ジャンピング・スクール：トレーニングブロック内のセッションのテーマ	シングルレッグ技術	多方向へのジャンプ	垂直方向への推進力：メディシンボールとバリスティックエクササイズ	地面反力の強化
筋力トレーニング：トレーニングブロック内のセッションのテーマとして筋ではなく，多関節の動きをトレーニングする	ハング・クリーン 5×2 フロント・スクワットからプッシュ・プレス 5×2 パラレル・バー・ディップ 6×2 ベントオーバー・ロー 5×2 プランクの応用 ハンギング・ショートレバー・ヒップ・レイズ	大腿からのスナッチ 5×2 バック・スクワット 5×2 スティフレッグ・デッドリフト 6×2 ハンドスタンド・プッシュアップ 5×2 スーパイン・ロー 8×2 キャンドルスティックの応用（リバース・カール，垂直レッグ・ショット，キャンドルスティックのバリエーション） メディシンボール・ローテーショナル・スロー	クリーン・グリップ・ファースト・プル 5×2 シングルレッグ・スクワット 各脚5×2 リバース・ランジ 5×2 ロープ・クライム×4 ロシアン・ハムストリングの応用 ニーリング・ダイアゴナル・プレート・チョップ	大腿からのスナッチ・アンド・クリーン（クリーン・グリップ）5×2 オーバーヘッド・スクワット 6×2 プルアップ 5×2 立位でのオルタネイトアーム・ダンベル・ショルダー・プレス 5×2 体幹の回旋：ワイド・スクリーン・ワイパーの応用，ジャックナイフの応用（レバーアームの長短，抵抗）
スピードとアジリティ：トレーニングブロック内のセッションのテーマ	直線加速走	多種目でのアジリティ：反応と意思決定，加速，減速，方向転換，再加速	最大速度の動きと実践	多種目でのアジリティ：反応と意思決定，加速，減速，方向転換，再加速
コンディショニング：トレーニングブロック内のセッションのテーマ	インターバル（下肢を使用しない）：例：ローイング（最大努力下）300 m×10（セット間リカバリー40秒）	ランニング中心のインターバルトレーニング	コンディショニング・サーキット：例：全身10種目30秒×6，移動15秒，セット間1分	広範囲なインターバルトレーニング（ランニング，サーキット，ローイング）

表11.21 ジャンピングスクール：片脚と体重移動のセッション

エクササイズ	回数	セット数	リカバリー
右脚ホップ（ストライド長の10%）	10	3	2分（アクティブ）
左脚ホップ（ストライド長の10%）	10	3	2分（アクティブ）
バウンド（最大の60〜80%でバウンド）	10	3	3分（アクティブ）
左右脚交互のホップ・アンド・バウンド（最大努力）	6	4	4分（アクティブ）

すための重要な機会を最大限に活用する必要がある．スティーブのプログラムを表11.22に示した．

アメリカンフットボール選手のマイクの例

　マイクは高校のアメリカンフットボールチームで有望なランニングバックである．彼は体重が80 kgあるが，筋力，加速，アジリティの向上に取り組む必要がある．彼はアメリカンフットボールチームで7年のトレーニング歴があり，過去3年間にわたって運動能力向上のためのプログラムに取り組んできているため，基本的なトレーニング技術については身についている．

表11.22　陸上での競泳のトレーニングプログラム

セッション1	セッション2	セッション3
床からのクリーン・プル 4×4	ビハインドザネック・プッシュ・プレス 5×4	フロント・スクワット 5×4
オーバーヘッド・スクワット 8×4	オーバーヘッド・ランジ・ウォーク 10×4	つり輪：身体をもち上げて支える 8×4（回数や動く範囲で強度を決める）
ハンドスタンド・ペンデュラム 5秒間保持6（片腕各3回）×4	プルアップ（負荷あり） 5×4	殿部とハムストリングで等尺性に身体を支えながらメディシンボールを床に叩きつける 15×4
ベントオーバー・オルタネイト・アーム・ケーブル・プライ 片側5回×4	メディシンボール・メディアル・アンド・ラテラル・リバウンド・スロー 片側8回×4	膝立ちでケーブルを4方向に引く 片側8回×3
ベンチ・プル 8×4	ヒップ・スラスト（負荷あり） 8×4	キャンドルスティック 10×4
バーベル・ロールアウト 10×4	ケーブル・リバース・コークスクリュー 片側8回×3	

表11.23　ランニングバックのパワー向上のためのパフォーマンスプログラム

月曜	火曜	木曜	金曜
スピード：方向転換		スピード：直線加速走	スピード
動的ウォームアップ		ウォームアップ：技術ドリル	動的ウォームアップ
ドリル 直線スプリントからのサイド・シャッフル 6×1 直線スプリントからのインサイド・フット・カット 6×1 直線スプリントからのアウトサイド・フット・カット 6×1 アジリティポール・ウィーブ 6×1 5-10-5 プロアジリティ・ライン・タッチ 6×1		ドリル スレッド加速走40 m，負荷あり2本（10 kg），負荷なし2本，セット間は完全リカバリー	ドリル パターン・ランニング 10×3（多種目を無作為に）
筋力トレーニング クリーン 3×4 プッシュアップ（負荷あり）5×4 スライドボード・サイド・ランジ片側 6×4 ベントオーバー・ロー 5×4 ケーブル・ウッドチョッパー片側 5×3 キャンドルスティック 10×3	筋力トレーニング スプリット・ジャーク 4×4（リード脚は交互に） バック・スクワット 5×5 プルアップ（負荷あり）5×4 スティフレッグ・デッドリフト 5×4 サスペンデッド・ウインド・スクリーン・ワイパー 10×2		筋力トレーニング 大腿からのスナッチ 4×4 ベンチプレス 4×4 コンプレックス・メディシンボール・プッシュアップ・スロー シングルレッグ・ピストル・スクワット 5×4 ストレイトレッグ・バーベル・スリーブ・リフト片側 3×4 ランドマイン片側 5×3

　マイクはランニングバックとして，低い立位姿勢からスタートして素早く加速し，効果的に方向転換を行う必要がある．また彼はチームメイトのためにブロックをする際，低い姿勢からディフェンスの選手を上半身で跳ね飛ばすことが要求される．ウエイトルームにおける彼の主な目的は，最短時間での高い力発揮を向上させ，体重あたりのパワー発揮を高めることである．また，マイクは，後に彼の競技においてコーチが処方するエクササイズに対して高い実行能力を発揮できるようにするため，ウエイトルーム内でのすべての技術に対して能力を高める必要がある．スピードとアジリティのトレーニングは直線的な加速，方向転換し

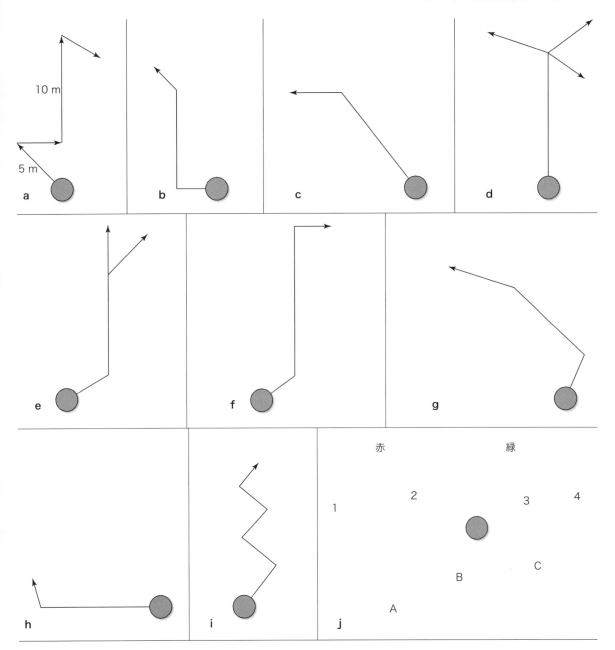

図11.17 ランニングバックのためのランニングドリル：(a) チェックダウンして左または右へ5 mまたは10 m，(b) フラッグで左または右へ，(c) 走り出してフラットに左か右へ，(d) 直線走からオプションに合わせて方向転換，(e) 左右の縫い目，(f) 左または右に出す，(g) 左右にスニークする，(h) 左右にスイング，(i) 左右へジグザグに走行，(j) 左右へ連続で移動。

て3歩で加速するパターン，そしてポジション特有のパターンを用いた動きに分割して行う。

マイクはアスリートアカデミーで週に4日トレーニングを行い（**表11.23**参照），標準的な週ではウエイトルームで3セッション，スピードセッションを3セッション行っている。シーズン中（8〜10月），プ

レーオフと州のチャンピオンシップの期間（10〜12月）は，週4日トレーニングを行い，金曜日には試合に出場する。それ以外の期間は，全般的な運動能力を高めるためにさまざまなスポーツに取り組んでいるが，試合に向けたトレーニングを減らすことなく，長期的な能力向上を図るために練習している。マイクが

行っているランニングドリルを図11.17に示した。

スピードセッションおよび方向転換セッションのための動的ウォームアップ（月曜日）

- フロントランジ×5回，バックランジ×5回をしてから20 mのランニング（50％強度）
- 右脚先行のギャロップ
- ワイドアウト×5回から20 mのランニング（50％強度）
- 左脚先行のギャロップ
- シングルレッグ・ドンキー・キック×8回（各脚）から20 mのランニング（50％強度）
- 外側と内側から手で踵を交互に触りながらスクワット×10回から20 mのランニング（50％強度）
- 腕を後外側に振りながら20 mの横歩き
- シングルレッグ・マウンテン・クライマー×10歩から20 mのランニング（75％強度）
- 側臥位での股関節外転×5回，側臥位での股関節内転×5回（左右それぞれ）
- 四つ這い姿勢での股関節外転×5回
- 四つ這い姿勢で膝を前からと後ろからまわす×5回
- スコーピオン・ストレッチ×10回
- シングルレッグ殿筋ブリッジ×5回（左右それぞれ）
- 仰臥位でのハムストリングを分離した片脚ストレッチ×10回（左右それぞれ）
- スプリントスタート姿勢でのふくらはぎのストレッチ×10回
- ホリゾンタル・シザーズ×5回から，ハードル・ストレッチ×4回（左右それぞれ）
- 20 mの低い姿勢での歩行から20 mの低い姿勢での後ろ向き歩行
- 20 mの前方へのスキップとスクープから20 mの後方へのスキップとスクープ

まとめ

　本章ではアスリートの育成プログラムにおける動作スキルのコーチングの基本原則について解説した。プログラムの目的はそれらを達成するために用いられることによって完了する。それぞれの場合においても，プログラムを作成するうえで考慮すべきは対象となるアスリートであり，コーチのニーズやプログラムが達成すべき他の要求事項ではない。

　それぞれのケーススタディを検討する際には，これまでの章から重要なテーマや事項を特定することができるはずである。すべての方法は科学的根拠に基づいており，プログラムを提供する際にはそれらが統合されている。いずれの場合においても動作スキルを強化するには，技術の強化，姿勢制御の向上，力の制御と伝達に対するバランスのとれたアプローチが必要となる。これらすべての事項は，一般的な動作スキルのトレーニングからスポーツ特有の方法にいたるまで，アスリートの必要性と挑戦する能力に応じた，バランスのとれた段階づけのうえになり立つ。これらのプログラムは競技における動きの質を向上させるために必要な，すべてのトレーニングの原理を反映している。

（倉持　梨恵子）

文 献

第 1 章

1. Stone, M.H., M. Stone, and W.A. Sands. 2007. *Principles of resistance training*. Champaign, IL: Human Kinetics.
2. Bompa, T.O., and G.G. Haff. 2009. *Periodization: Theory and methodology of training*. 5th ed. Champaign, IL: Human Kinetics.
3. Siff, M.C. 2003. *Supertraining*. 5th ed. Denver, CO: Supertraining Institute.
4. Gallahue, D.L., and F.L. Donnelly. 2003. *Developmental physical education for all children*. 4th ed. Champaign, IL: Human Kinetics.
5. Abbott, A., D. Collins, K. Sowerby, and R. Martindale. 2007. *Developing the potential of young people in sport*. A report for sportscotland by the University of Edinburgh.
6. Jess, M., D. Collins, and L. Burwitz. 1999. The role of children's movement competence as an antecedent of lifelong physical activity. *Health Education Journal* 1-15.
7. Bailey, R., M. Toms, D. Collins, P. Ford, A. Macnamara, and G. Pearce. 2011. Models of young player development in sport. In *Coaching children in sport*, ed. I. Stafford. Abingdon, UK: Routledge.
8. Stafford, I., ed. 2011. *Coaching children in sport*. Abingdon, UK: Routledge.

第 2 章

1. Enoka, R. 2002. *The neuro-mechanics of human movement*. Champaign, IL: Human Kinetics.
2. Kenny, W.L., J. Wilmore, and D. Costill. 2015. *Physiology of sport and exercise*. 6th ed. Champaign, IL: Human Kinetics.
3. Kendall, F.P., E.K. McCreary, P.G. Provance, M.M. Rodgers, and W.I. Romani. 2005. *Muscles: Testing posture and function with posture and pain*. 5th ed. Baltimore: Lippincott, Williams & Wilkins.
4. Semmler, J.G., and R.M. Enoka. 2008. Neural contributions to changes in muscle strength. In *Biomechanics in sport: The scientific basis for performance*, ed. V.M. Zatsiorski, 3-20. Oxford, UK: Blackwell.
5. Coyle, D. 2009. *The talent code*. New York: Random House.
6. Brewer, C. 2008. *Strength and conditioning for sports: A practical guide for coaches*. Leeds, UK: 1st4sport publications.
7. Beachle, T., and R.W. Earle. 2008. *Essentials of strength training and conditioning*. 3rd ed. Champaign, IL: Human Kinetics.
8. Cronin, J.C., and A.J. Blazevich. 2009. Speed. In *Applied anatomy and biomechanics in sport*, 2nd ed., ed. T.R. Ackland, B.C. Elliott, and J. Bloomfield. Champaign, IL: Human Kinetics.

第 3 章

1. Bompa, T.O., and G.G. Haff. 2009. *Periodization: Theory and methodology of training*. 5th ed. Champaign, IL: Human Kinetics.
2. Brewer, C. 2013. *Strength and conditioning for sports: A practical guide for coaches*. 2nd ed. Leeds, UK: 1st4sport publications.
3. Viru, A., M. Loko, A. Harro, L. Laaneaots, and M. Viru. 1999. Critical periods in the development of performance capacity during childhood and adolescence. *European Journal of Physical Education* 4 (1): 75-119.
4. Lloyd, R., and J.L. Oliver. 2013. Developing younger athletes. In *High-performance training for sports*, ed. D. Joyce and D. Lewindon, 15-28. Champaign, IL: Human Kinetics.
5. Gallahue, D., and C. Donnelly. 2007. *Developmental physical education for all children*. 2nd ed. Champaign, IL: Human Kinetics.
6. Balyi, I., R. Whey, and C. Higgs. 2013. *Long-term athlete development*, 33-48. Champaign, IL: Human Kinetics.
7. Rumpf, M.C., J.B. Cronin, S.D. Pinder, J. Oliver, and M.G. Hughes. 2012. Effects of different training methods on running sprint times in male youth. *Pediatric Exercise Science* 24 (2): 170-186.
8. Bouvier, M. 1989. The biology and composition of bone. In *Bone mechanics*, ed. S.C. Cronin, 1-14. Boca Raton, FL: CRC Press.
9. Pfeiffer, K.A., F. Lobelo, D.S. Ward, and R.R. Pate. 2008. Endurance trainability of children and youth. In *The young athlete: The encyclopaedia of sports medicine*, ed. O. Bar-or, and H. Hebestreit, 84-95. Oxford, UK: Blackwell.
10. Malina, R.M., C. Bouchard, and O. Bar-Or. 2004. *Growth, maturation and physical activity*. Champaign, IL: Human Kinetics.
11. Behringer, M., A. Vom Heede, M. Matthews, and J. Mester. 2011. Effects of strength training on motor performance skills in children and adolescents. *Pediatric Exercise Science* 23 (2): 186-206.
12. Lloyd, R.S., A.D. Faigenbaum, M.H. Stone, J.L. Oliver, I. Jeffreys, J.A. Moody, C. Brewer, K.C. Pierce, T.M. McCambridge, R. Howard, L. Herrington, B. Hainline, L.J. Micheli, R. Jaques, W.J. Kraemer, M.G. McBride, T.M. Best, D.A. Chu, B.A. Alvar, and G.D. Myer. 2014. Position statement on youth resistance training: The 2014 international consensus. *British Journal of Sports Medicine* 48 (7): 498-505.

13. Verhagen, E., and W. Van Mechelen. 2008. The epidemiology of paediatric sports-related injuries. In *The young athlete: The encyclopaedia of sports medicine*, ed. O. Bar-Or and H. Hebestreit, 141-150. Oxford, UK: Blackwell.
14. Baquet, G., C. Guinhouya, G. Dupont, C. Nourry, and S. Berthoin. 2004. The effects of a short-term interval program on physical fitness in prepubertal children. *Journal of Strength and Conditioning Research* 18 (4): 708-713.
15. French, D. 2014. *Programming and adaptation implications for concurrent training*. UKSCA annual conference, July 2014.

第 4 章

1. Whiting, W., and R. Zernicke. 1998. *Biomechanics of musculo-skeletal injury*. Champaign, IL: Human Kinetics.
2. Stone, M.H., M. Stone, and W.A. Sands. 2007. Modes of resistance training. In *Principles and practice of resistance training*, 241-257. Champaign, IL: Human Kinetics.
3. MacIntosh, B.R., and R.J. Holash. 2000. Power output and force-velocity properties of muscle. In *Biomechanics and biology of movement*, ed. B.M. Nigg, B.R. MacIntosh, and J. Mester, 193-210. Champaign, IL: Human Kinetics.
4. Plisk, S. 2008. Speed, agility and speed-endurance development. In *Essentials of strength training and conditioning*, 3rd ed., ed. T.R. Beachle and R.W. Earle, 457-485. Champaign, IL: Human Kinetics.
5. Krzysztof, M., and A. Mer. 2013. A kinematics analysis of three best 100m performances ever. *Journal of Human Kinetics* 36:149-160.
6. Stone, M.H., M. Stone, and W.A. Sands. 2007. Neuromuscular physiology. In *Principles and practice of resistance training*, 15-43. Champaign, IL: Human Kinetics..

第 5 章

1. Posture Committee of the American Academy of Orthopedic Surgeons. 1947. *Posture and its relationship to orthopedic disabilities: A report of the Posture Committee of the American Academy of Orthopedic Surgeons*. Evanston, IL: American Academy of Orthopedic Surgeons, p. 1.
2. Wallace, B. 2001. Balance training. In *Therapeutic exercise: Techniques for intervention*, ed. W.D. Bandy and B. Sanders, 239-262. Baltimore: Lippincott, Williams and Wilkins.
3. Enoka, R. 2002. *Neuromechanics of human movement*. 3rd ed., 241-312. Champaign, IL: Human Kinetics.
4. McGill, S. 2004. *Ultimate back fitness and performance*. 3rd ed., 113-124. Ontario, Canada: Backfit Pro.
5. Behnke, R. 2012. *Kinetic anatomy*. 3rd ed. Champaign, IL: Human Kinetics.
6. Enoka, R. 2002. *Neuromechanics of human movement*. 3rd ed., 313-358. Champaign, IL: Human Kinetics.
7. Fisher, L. 2003. *How to dunk a doughnut: The science of everyday life*. New York: Arcade.
8. Hamill, J., and K.L. Knutzen. 2003. *Biomechanical basis of human movement*. 2nd ed., 337-379. Baltimore: Lippincott, Williams and Wilkins.
9. Stone, M.H., M. Stone, and W.A. Sands. 2007. *Principles of resistance training*, 45-60. Champaign, IL: Human Kinetics.

第 6 章

1. Watson, A.W.S. 2001. Sports injuries related to flexibility, posture, acceleration, clinical defects, and previous injury in high-level players of body contact sports. *International Journal of Sports Medicine* 22:222-225.
2. Scache, A.G., T.M. Wrigley, R. Baker, and M.G. Pandy. 2009. Biomechanical response to hamstring muscle strain. *Gait & Posture* 29 (2): 332-338.
3. Cook, G. 2003. *Athletic body in balance*. Champaign, IL: Human Kinetics.
4. McDonough, A., and L. Funk. 2014. Can glenohumeral joint isokinetic strength and range of movement predict injury in professional rugby league? *Physical Therapy in Sport* 15:91-96.
5. Watson, A.W.S. 2001. Sports injuries related to flexibility, posture, acceleration, clinical defects, and previous injury in high-level players of body contact sports. *International Journal of Sports Medicine* 22:222-225.
6. Schmidt-Wiethoff, R., W. Rapp, F. Mauch, T. Schneider, and H.J. Appell. 2004. Shoulder rotation characteristics in professional tennis players. *International Journal of Sports Medicine* 25 (2): 154-158.
7. Kaplan, K.M., N.S. ElAttrache, F.W. Jobe, B.F. Morrey, K.R. Kaufman, and W.J. Hurd. 2010. Comparison of shoulder range of motion, strength, and playing time in injured high school baseball pitchers who reside in warm- and cold-weather climates. *American Journal of Sports Medicine* 39 (2): 320-328.
8. Hewett, T.E., G.D. Myer, K.R. Ford, R.S. Heidt, A.J. Colosimo, S.G. McLean, A.J. Van den Bogert, M.V. Paterno, and P. Succop. 2005. Biomechanical measures of neuromuscular control and valgus loading of the knee predict anterior cruciate ligament injury risk in female athletes: A prospective study. *American Journal of Sports Medicine* 4 (1): 492-501.
9. Hamilton, R.T., S.J. Shultz, R.J. Schmitz, and D.H. Perrin. 2008. Triple-hop distance as a valid predictor of lower limb strength and power. *Journal of Athletic Training* 43 (2): 144-151.
10. Evans, K., K.M. Refshauge, and R. Adams. 2007. Trunk muscle endurance tests: Reliability and gender differences in athletes. *Journal of Science and Medicine in Sport* 10:447-455.

第 7 章

1. Eyesenck, M.W. 1994. *The Blackwell dictionary of cognitive psychology*, 284. Oxford, UK: Blackwell.
2. Gholve, P.A., D.M. Scher, S. Khakharia, R.F. Widmann, and D.W. Green. 2007. Osgood Schlatter syndrome. *Current Opinion in Pediatrics* 19 (1): 44-50.
3. Kujala, U.M., M. Kvist, and O. Heinonen. 1985. Osgood-

Schlatter's disease in adolescent athletes. Retrospective study of incidence and duration. *American Journal of Sports Medicine* 13 (4): 236-241.
4. Bompa, T.O., and G.G. Haff, 2009. *Periodization: Theory and methodology of training*. 5th ed. Champaign, IL: Human Kinetics.
5. Stone, M.H., M. Stone, and W.A. Sands. 2007. *Principles of resistance training*. Champaign, IL: Human Kinetics.
6. Seefeldt, V., J. Haubenstricker, and S. Reuschlein. 1979. Why physical education in the elementary school curriculum? *Ontario Physical Education & Health Education Association Journal* 5 (1): 21-31.
7. Huber, J. 2013. *Applying educational psychology in coaching athletes*. Champaign, IL: Human Kinetics.
8. Schmidt, R.A., and T.D. Lee. 2011. *Motor control and learning: A behavioural emphasis*. 5th ed. Champaign, IL: Human Kinetics.
9. Schmidt, R.A., and T.D. Lee. 2014. *Motor learning and performance*. 5th ed. Champaign, IL: Human Kinetics.
10. Kirk, D., and A. MacPhail. 2002. Teaching games for understanding and situated learning: Rethinking the Bunker-Thorpe model. *Journal of Teaching in Physical Education* 21 (2): 177-192.

第 8 章

1. Buttifant, D., K. Graham, and K. Cross. 2013. Agility and speed in soccer players are 2 different performance parameters. In *Science in football IV*, ed. A. Murphy, T. Reilly, and V. Spinks. Oxford, UK: Routledge.
2. Plisk, S. 2008. Speed, agility and endurance development. In *Essentials of strength training and conditioning*, ed. T.R. Beachle, and R.W. Earle. Champaign, IL: Human Kinetics.
3. Sheppard, J.M., and W.B. Young. 2006. Agility literature review: Classifications, training and testing. *Journal of Sports Science* 24:919-932.
4. Jeffreys, I. 2013. *Developing speed*. Champaign, IL: Human Kinetics.
5. Dawes, J., and M. Roozen, 2013. *Developing agility and quickness*. Champaign, IL: Human Kinetics.
6. Mero, A., P.V. Komi, and R.J. Gregor. 1992. Biomechanics of sprint running. *Sports Medicine* 13 (6): 376-392.
7. Brown, T.D., and J.D. Vescovi. 2012. Maximum speed: Misconceptions of sprinting. *Strength and Conditioning Journal* 34 (2): 37-41.
8. Chelladurai, P. 1976. Manifestations of agility. *Canadian Association of Health, Physical Education, and Recreation* 42: 36-41.
9. Gallahue, D.L., and F.C. Donnelly. 2003. *Developmental physical education for all children*. 4th ed. Champaign, IL: Human Kinetics.
10. Lafortune, M.A., G.A. Valient, and B. McLean. 2000. Biomechanics of running. In *Running*, ed. J.A. Hawley. An IOC medical commission publication, Blackwell.
11. Nimphius, S. 2014. Increasing agility. In *High-performance training for sports*, ed. D. Joyce, and D. Lewindon. Champaign, IL: Human Kinetics.

第 9 章

1. Hay, J.G., J.A. Miller, and R.W. Canterna. 1986. The techniques of elite male long jumpers. *Journal of Biomechanics* 19 (10): 855-866.
2. Thompson, P. 2009. *Run, jump, throw: The official IAAF guide to teaching athletics*.
3. Wilt, F. 1978. Plyometrics: What it is and how it works. *Modern Athlete and Coach*, 16.
4. Kilani, H.A., S.S. Palmer, M.J. Adrian, and J.J. Gapsis. 1989. Block of the stretch reflex of vastus lateralis during vertical jump. *Human Movement Science* 75:813-823.
5. Potach, D.H., and D.A. Chu. 2008. Plyometric training. In *Essentials of strength training and conditioning*, 3rd ed., ed. T. Beachle, and R.W. Earle, 413-456. Champaign, IL: Human Kinetics.
6. Maclean, S. 2008. Using deterministic models to evaluate your athlete's performance: What are they and why should I care? Presented at the USOC Training Design Symposium, USOC Training Centre, Colorado Springs, CO, 23 March.
7. Moran, K.A., and Wallace, E.S. 2007. Eccentric loading and range of knee joint motion effects on performance enhancement in vertical jumping. *Human Movement Science* 26 (6): 824-840.
8. Gallahue, D.L., and F.C. Donnelly. 2003. *Developmental physical education for all children*. 4th ed. Champaign, IL: Human Kinetics.
9. Jess, M., D. Collins, and L. Burwitz. 1999. The role of children's movement competence as an antecedent of lifelong physical activity. *Health Education Journal* 1-15.
10. Allerheiligen, B., and R. Rogers. 1996. Plyometric program design. In *Plyometric and medicine ball training*, ed. by the National Strength and Conditioning Association. Colorado Springs: NSCA. pages 3-8.
11. Wathen, D. 1994. Literature review: Explosive plyometric exercises. In *Position paper & literature review: Explosive exercises and training and explosive plyometric exercises*, ed. by the National Strength and Conditioning Association. Colorado Springs: NSCA. pages 13-16.
12. Lipp, E.J. 1998. Athletic physeal injury in children and adolescents. *Orthopedic Nursing* 17 (2): 17-22.
13. NCAA. 1994. Injury rates for women's basketball increases sharply. *NCAA News* 31 (May 11).
14. Gilchrist, J., B.R. Mandelbaum, H. Melancon, G.W. Ryan, H.J. Silvers, L.Y. Griffin, D.S. Watanabe, R.W. Dick, and J. Dvorak. 2008. A randomized controlled trial to prevent noncontact anterior cruciate ligament injury in female collegiate soccer players. *American Journal of Sports Medicine* 36 (8): 1476-1483.
15. Komi, P., and C. Bosco. 1978. Utilisation of stored elastic energy in leg extensor muscles by men and women. *Medicine and Science in Sports and Exercise* 10 (4): 261-265.
16. Garhammer, J. 1991. A comparison between male and female lifters weightlifters in competition. *International Journal of Sport Biomechanics* 7:3-11.
17. Cormie, P., J.M. McBride, and G.O. McCaulley. 2007. Validation of power measurement techniques in dynamic

lower body resistance exercises. *Journal of Applied Biomechanics* 23:103-118.
18. Sale, D.G. 2002. Postactivation potentiation: Role in human performance. *Exercise and Sports Science Reviews* 30 (3): 138-143.
19. Harrison, A.J., S.P. Keane, and J. Coglan. 2004. Force-velocity relationship and stretch-shortening cycle function in sprint and endurance athletes. *Journal of Strength and Conditioning Research* 18 (3): 473-479.

第10章

1. Stone, M.H., M. Stone, and W.A. Sands. 2007. *Principles and practices of resistance training*. Champaign, IL: Human Kinetics.
2. Laplante, M., and D.M. Sabatini. 2009. mTOR signaling at a glance. *Journal of Cell Science* 122 (Pt 20): 3589-3594.
3. Delavier, F. 2001. *Strength training anatomy*. Champaign, IL: Human Kinetics.
4. Brewer, C., and M. Favre. 2016. Weight lifting for sports performance. In *Strength & conditioning for sports performance*, ed. I. Jeffreys, and J. Moody. Oxford, UK: Routledge.
5. Favre, M.W., and M.D. Peterson. 2012. Teaching the first pull. *Strength and Conditioning Journal* 34 (6): 77-81.
6. Enoka, R.M. 1979. The pull in Olympic weightlifting. *Medicine and Science in Sport* 11 (2): 131-137.
7. Garhammer, J. 2004. USAWUSA Weightlifting Symposium, USOC, Colorado Springs, CO, July.
8. Caterisano, A., R.F. Moss, T.K. Pellinger, K. Woodruff, V.C. Lewis, W. Booth, and T. Khadra. 2002. The effect of back squat depth on the EMG activity of 4 superficial hip and thigh muscles. *Journal of Strength and Conditioning Research* 16 (3): 428-432.
9. Nuzzo, J.L., G.O. McCaulley, P. Cormie, M.J. Cavill, and J.M. McBride. 2008. Trunk muscle activity during stability ball and free weight exercises. *Journal of Strength and Conditioning Research* 8 (1): 95-102.
10. Lloyd, R.S., A.D. Faigenbaum, M.H. Stone, J.L. Oliver, I. Jeffreys, J.A. Moody, C. Brewer, K.C. Pierce, T.M. McCambridge, R. Howard, L. Herrington, B. Hainline, L.J. Micheli, R. Jaques, W.J. Kraemer, M.G. McBride, T.M. Best, D.A. Chu, B.A. Alvar, and G.D. Myer. 2013. Position statement on youth resistance training: The 2014 international consensus. *British Journal of Sports Medicine* 48 (7): 498-505.
11. Hewes, G.W. 1955. World distribution of certain postural habits. *American Anthropologist* 57:231-244.
12. Beachle, T., and R.W. Earle, eds. 2008. *Essentials of strength training and conditioning*. 3rd ed. Champaign, IL: Human Kinetics.

第11章

1. Bompa, T.O., and Haff, G.G. 2009. *Periodisation: Theory and methodology of training*. 5th ed. Champaign, IL: Human Kinetics.
2. Christmass, M.A., S.E. Richmond, N.T. Cable, and P.E. Hartmann. 1998. A metabolic characterisation of singles tennis. In *Science and racket sports II*, ed. A. Lees, I. Maynard, M. Hughes, and T. Reilly. London: E. and F.N. Spon.
3. Bangsbo, J., M. Iaia, and P. Krustrup. 2008. The yo-yo intermittent recovery test: A useful tool for evaluation of physical performance in intermittent sports. *Sports Medicine* 38 (1): 37-51.
4. Vescovi, J.D. 2012. Sprint profile of professional female soccer players during competitive matches: Female Athletes in Motion (FAiM) study. *Journal of Sports Sciences* 30 (12): 1259-1265.
5. M. Ritschard, and M. Tschopp, eds. 2012. *Physical analysis of the FIFA Women's World Cup Germany 2011*. FIFA Technical Study Group. Switzerland: Aesch/ZH.
6. Stone, M.H., M. Stone, and W.A. Sands. 2007. *Principles and practices of resistance training*. Champaign, IL: Human Kinetics.
7. Plisk, S., and M. Stone. 2003. Periodisation strategies. *Strength and Conditioning Journal* 17:19-37.

索　引

【あ行】

アイソレーションエクササイズ　268
アウトサイド・フット・カット　205, 206
アクチンフィラメント　70, 90
アクティブ・フラット・フット　171, 181, 221
アクティブリカバリー　177, 233, 342
足関節
　──安定性　124
　──可動性テスト　109
　──底屈　7, 172
　──背屈　7
アシステッド・ランニング　190
アジリティ　36, 37, 42, 126, 135, 151, 154, 191, 340
　──ゲーム　39
　──決定論的モデル　193
　──向上　137
　──コース　38
　──スキル　47, 151, 320
　──ドリル　349
　──トレーニング　41
　──バイオメカニクス　153
アジリティラダー　344
アスリート
　──育成プログラム　33
　──育成理論　34
　──身体資質　3
　──発達モデル　167
アスレティック・スタンス　169, 177
アスレティック・デベロップメント　8, 9, 10, 12, 13
　──プログラム　4
アスレティックパフォーマンス　7, 10
アセチルコリン　24
遊び　35, 36, 233
圧縮力　81, 83
アップ・トール・アンド・フォール　67, 140, 174
アップ・トール・アンド・フォールスタート　139
アップヒル・ランニング　138
圧力中心　94
　──の違い　94, 95
圧力分布，両脚着地　95
アデノシン三リン酸　28, 30, 42, 287

アドバンスド・ウォール・ドリル　139
アナボリックホルモン　267
アニマルウォーク　41
アライメント　57, 67, 73, 88, 110, 233, 306
　──理想的な　83
α運動ニューロン　27
アンクル・スティフネス障害物コース　240
アンダーグラスプ・グリップ　314
安定化　322, 330
　──運動　84
安定筋　18
安定性　3, 36, 64, 66, 87, 102, 103, 156, 320, 356
安定性と速度変化　156
安定性の原則　68

移行期　157, 359
移行動作　138, 139, 140, 141, 198
位置エネルギー　214
一般的準備期　338
移動動作　3, 36
　──スキル　200
インサイド・フット・カット　206, 207
インシーズン　1
インターバル　340
インターバルセッション　346
インターバルトレーニング　48, 88
インターバル法　330
インプレイス・ランジ　301
インライン・ランジ　68, 102, 108
　──評価　101, 352

ウインド・スクリーン・ワイパーズ　312
ウエイトトレーニング　42, 131, 339, 344
ウエイトリフティング　46, 130
ウォーキング・アリゲーター　289
ウォーキング・ランジ　301
ウォームアップ　40, 321, 340, 359
ウォール・スプリント・シングルレッグ・ドライブ　173
ウォール・スプリント・シングルレッグ・マーチ　173
ウォール・スプリント・ツーステップ　173
ウォール・スプリント・パワーポジション　172

ウォール・ドリル　138, 173
動いている状態から180°のターン　204
動いている選手に対する切り返しドリル　140
動き　23
動きの質　101, 105
動きのドリル　325
動きの面　77
動きを鍛える　17
運動覚　26
運動学習　22, 23, 36
運動感覚　36
運動経験　13
運動系の発達　11, 14, 33, 34
運動効率　39, 81, 83, 90
運動自由度　89
運動終板　24
運動神経　17, 22, 117
運動スキル　125
運動制御　57, 87, 104
運動制御理論　2
運動単位　23, 24, 38, 70
　　──分類　25
運動ニューロン　23
運動能力獲得　97
運動の3法則　57
運動の質　261
運動の法則　58
運動パターン　36
運動皮質　23
運動メニュー　39
運動面　41, 77, 264
運動量　58
運動連鎖　8, 10, 42, 57, 74, 80, 82, 90, 100, 116, 155, 265, 267, 320, 340
運動連鎖に影響する身体特性　11

エクササイズ
　　──順序　317
　　──難易度　79
エストラジオール　43
エネルギー　28, 60
エネルギーコスト　92
エンジンスポーツ　34
遠心性収縮　70
遠心性制御機能　71
遠心性負荷　70

凹円背　83
横断面　77

横紋筋　17
オーバーストライド　160, 161
オーバートレーニング　338, 342
オーバーヘッド筋力　313
オーバーヘッド・スクワット　294
オーバーヘッド・スティック・ラン　162, 163
オーバーヘッドでのプル動作　314
オーバーヘッド・プレス　268, 316
オーバーヘッド・メディシンボール・マーチ　162, 163
オーバーリーチ　134
オープン・キネティック・チェーンエクササイズ　266
オープンスキル　149
オスグット・シュラッター病　45, 126
オルタネイト・A-スキップ　188
オルタネイト・アーム・メディシンボール・プッシュアップ　257

【か行】
回旋可動域　104
回旋筋腱板　19, 74
　　──機能　74
　　──力の作用線　74
回旋の制御　310
回旋力　73
ガイデッド・ディスカバリー　147
回転運動　42
外転筋群の脆弱化　105
回転軸　77
回転動作　75
回転力　75
解糖系　29
介入の基本　99
回避スキル　205
回復期のメカニクス　186
解剖学的構造の変化　112
解剖学的特徴　52
解剖学的マーカー　103
解剖学的ランドマーク　84
開放性運動連鎖エクササイズ　266
外力　66, 74, 262
カウンターバランス　249
カウンタームーブメント・ジャンプ　20, 39, 112, 215, 220, 241, 245
カオス的スピード　154
過回外　105
過回内　105
角運動　75
角運動量　76

索　引

学習　13
学習段階における練習期への移行　144
学習理論　24
荷重ベスト　230
加速　67, 128, 139, 156, 158, 178, 210, 348
加速期　62, 157
加速技術　166, 340, 345
加速時の接地時間　171
加速度　58
　——トレーニング　41
加速度計　80
加速能力　155
加速メカニクス　171
片脚支持期　151
片足着地でのドロップ・ジャンプ　111
片脚での垂直方向へのジャンプ　216
片脚での水平方向へのジャンプ　216
片脚殿筋ブリッジ　121
片脚動作　248
肩関節の静的柔軟性テスト　103
滑走説　69
可動域　17, 280
　——測定　99
可動域制限　103
可動性　38, 39, 51, 64, 66, 87, 102, 103, 156, 320, 356
可動性エクササイズ　339
可動性と速度変化　156
可変抵抗　247
からだつき　43
感覚神経　17, 22, 117
感覚皮質　23
環境刺激　134
環境への適応　10
環境変化　10
間欠的持久力　48
冠状面　77
慣性の法則　57, 75
慣性モーメント　75
関節位置　89, 117
　——重要性　89
関節運動　280
関節角度　93
関節可動域　39, 99, 351
関連動作　40
関節の安定性　351

技術セッション　340
基礎代謝　42

基礎的筋力　314
基礎動作　2, 7
基礎動作スキル　2, 3, 135, 151
基礎プログラム　356
拮抗筋　19, 214
機能　262
機能的安定性　320
機能的筋肥大　263
機能的筋力　71, 262, 320
機能的動作　102
キャタピラー　290
キャッチ　274
キャット・アンド・マウス・タグ　193, 194
求心性収縮　70
求心性神経　27
競技特異的スキル　2, 8, 9
競技特異的パフォーマンス　8
競技に必要なABCs　126
競技パフォーマンス　129
競争するミラー・ドリル　142
協調性　7, 36, 37, 135, 340
共同筋　19, 27
共同収縮　265
棘下筋　19
棘上筋　19
期分け　361
筋横断面積　21, 46, 74
筋滑走説　69
筋活動電位　24
筋活動パターン　21
筋機能　34, 89, 90
筋形質　46
筋形状　73
筋腱移行部　74
筋腱接合部　18, 27
筋腱複合体　69, 272
筋の構造　21
筋の構造と力の産生　74
筋骨格系　11, 18
筋骨格系の反応　21
筋収縮速度　46
筋収縮力　25, 46
筋節　46
筋線維　48
　——サイズ　46
　——タイプ　91
　——密度　46
筋の弾性特性　210
筋の動員　90

筋パワー　262
筋肥大　21, 46
筋疲労　30
筋フィラメント　69
　　──滑走　46
筋紡錘　26, 27, 72
筋力　33, 34, 261, 347
筋力強化　322, 330
筋力トレーニング　46, 51

空間的状況下　159
空間認識の変化　44
空気抵抗　65
グッドモーニング・エクササイズ　93
クラウチング・スタートからのスタートメカニクス　168
クラップ・プッシュアップ　278
クラブ・ウォーク　118, 119
　　──矢状面上の動きを加えた　119
クラム　117
クリア・アンド・クローズ　350
クリーン　46, 130
　　──学習戦略　131
クリーン・プル　297
グリコーゲン　28, 29
グルコース　28, 48
クレージー・ボール　349
クレジットカードルール　136, 166, 172, 174, 176, 214
クレッシェンド痛　45
クローズド・キネティック・チェーンエクササイズ　266
クローズドスキル　6, 130, 159
クロスオーバー・ステップ　138, 202
クロスブリッジ　90

ケーススタディ　319
ケーブルマシン　312
ゲーム　35, 233, 358
ゲーム形式の活動　165
ゲームに基づいたアプローチ　145
結合組織　18
　　──発達　38
肩関節の静的柔軟性テスト　103
嫌気性解糖　42
嫌気性代謝　47
肩甲下筋　19
肩甲上腕関節　20
減速　71, 128, 156, 158, 195, 196, 210, 218

効果的な質問　147
好気性代謝　29, 47
高強度間欠的走行能力　49
高強度の無酸素運動　30
恒常性　134
高度な加速能力獲得の段階　167
後方運動連鎖　275
後方推進作用　76
後方連鎖　99
後弯−前弯　83, 84
コーディネーション　126, 266
コートスポーツ　154
コーン・ドリル　141
コーンに対する切り返しドリル　138
股関節外転，側臥位での　118
股関節屈曲によるメディシンボール・スロー　258
股関節痛歩行　105
呼吸数　23
骨格筋　17
　　──形と機能　18
骨の損傷　41
骨端　38, 45
骨端炎　45
骨の発達　38, 46
骨盤　73
骨盤後傾　84, 105
骨盤前傾　84, 106
骨密度　45
子どもの成熟　13
子どものランニング動作　160
ゴニオメーター　99
個別化したプログラム　44
個別性　131
固有受容感覚　26, 124, 265
固有受容器　81, 104, 105
暦年齢　13, 40, 43, 44
コリジョンスポーツ　69, 155
ゴルジ腱器官　26, 27, 72, 214
コレクティブエクササイズ　116, 287
コンディショニング　85, 321, 322, 330, 348, 360
コントララテラル・スタンス　298
コントララテラル・スタンスで実施する動作の段階的プログラム　300

【さ行】

サーキット・ウエイトトレーニング　46
サーフェス　69
再加速　159, 197
サイズの原理　26

索　引

最大筋力　45
最大速度　159, 180
　　──スプリント　179
　　──ランニング　156, 161, 178
最大速度期　157
最大跳躍高　215
サイド・ステップ　138
サイド・プランク　79, 276
サイドライング・リカバリー　187
細胞小器官　27
逆立ち　41, 314
逆立ち動作からプッシュ・ジャークまでの段階的プログラム　315
逆手　314
座高　44
サスペンデッド・ウインド・スクリーン・ワイパーズ　313
サッカー・プレミアリーグの試合での走行距離　177
差別化したプログラム　44
左右の対称性　103
作用−反作用の法則　61, 76
サルコメア　46, 90
酸化的解糖系　25
酸素需要量　39
三段跳び　209

試合準備期　346
試合での走行距離（サッカー）　177
シーバー病　45
時間　60
時間的状況下　159
持久性トラック競技　50
持久的能力　51
持久力　33, 42, 48, 50, 345
　　──トレーニング　51
軸荷重エクササイズ　292
軸索　24
ジグザグエクササイズ　251
刺激応答　41
支持基底面　45, 66, 107, 156, 231, 268, 273
自重エクササイズ　38, 266, 275
自重スクワット　105, 106
思春期　41, 43, 51
　　──成長スパート　43
矢状軸　77, 78
矢状面　77, 78
矢状面上の動きを加えたクラブ・ウォーク　119
姿勢　67, 77, 81, 94
　　──理想的な　82, 83

姿勢制御　34, 36, 40, 82, 85, 87, 99, 112, 155, 210, 356
姿勢に関連する体幹・大腿部の筋　86
姿勢にかかわる体幹部の筋　87
姿勢の変化による重心の位置の変化　66
姿勢の問題　351
姿勢評価　82, 99
　　──原則　103
　　──写真　104
　　──役割　100
姿勢不良　116
姿勢保持筋　265
姿勢保持能力　263
膝蓋軟骨軟化症　45
質の高いデモンストレーション　136
失敗　134
質量　58
質量中心　268, 273
児童期　35, 36
地面反力　63, 64, 73
若年アスリートの育成　33
写真での姿勢評価　104
ジャンプ　41, 240
　　──種類と一般的な接地時間　218
　　──スキル構築のための段階的プログラム　241
　　──バイオメカニクス　214
　　──トレーニング　362
　　──評価　353
ジャンプ・スクワット　245
ジャンプ動作　72, 209, 358
　　──水平方向への　219
ジャンプポジション　274
ジャンプマット　219
収縮速度　25, 91
重心　58, 64, 67, 156, 268
　　──位置　45, 110, 273
　　──位置の変化　66
　　──動き　111
シューズ　69
修正トーマステスト　351
柔軟性　38, 39
　　──テスト　102
周波数　24
重力　58, 67, 80
主働筋　214
主要関節の動作　89
順手　314
準備期　338
小円筋　19

障害物コース　358
障害予防　8
償却期　214, 272
小筋群　36, 40
衝撃吸収　111
衝撃力　103
上腕三頭筋　19
上腕二頭筋　18
ジョギング周期　153
除脂肪体重　361
ショック・プライオメトリクス　230, 253
ショック動作の段階的プログラム　254
暑熱環境　42
自律神経系　23
シングルアーム・サスペンション・ケーブル　304
シングルフット・デッドレッグス　185
シングルフット・デッドレッグス・ウィズ・ハードル　186
シングルフット・デッドレッグス・ウィズ・ハイ・アンクル　185
シングルレッグ・ウォール・スクワット　304
シングルレッグ・ジグザグエクササイズ　251
シングルレッグ・スクワット　42, 71, 109, 122, 304
　――　誤った動き　110
　――　段階的プログラムの例　305
シングルレッグ・ディップの評価　353
シングルレッグ・ホップ　114
神経可塑性　24
神経筋機能　162
神経筋系　11, 22
　――　トレーニング　22
神経筋動員パターン　264
神経筋の協調性　166
神経筋パワー　347
神経伝達物質　24
神経内分泌系　11
身体運動機能　35
身体感覚　37
身体資質　3
身体制御　36
身体セグメント　38
身体的発達段階　35
身体特性，運動連鎖に影響する　11
伸張性筋活動　70, 270, 292
伸張性収縮　108
伸張性収縮によるブレーキ動作　190
伸張–短縮サイクル　27, 70, 128, 155, 210, 225, 270, 292

伸張–短縮作用　91
伸張–短縮反射　214
身長　43
　――　伸びのピーク　43, 112
伸張反射　26, 27, 47, 72, 210
伸張反射動作　214
伸展モーメント　100
心拍数　23
心理スキル　6
心理的発達　38

随意筋　17
髄鞘　40
推進作用　76
推進力，パワー出力とスピードの関係　167
水素イオン　30
垂直軸　77
垂直方向へのジャンプ　221, 216
垂直力　64
水平軸　78
水平方向へのジャンプ　216, 219
水平面　77
スウェイバック　83, 84
スキップ動作　220
スキル　2, 23, 130, 261
スキル学習における自律期　147
スキル心理　6
スキル動作　1
　――　練習例　40
スキル・ハングリー期　42, 47
スクリーニング　100, 356
　――　静的　112
　――　動的　112
　――　プロトコル　116
スクワット　42, 71, 85, 261, 280, 293
　――　自重　105, 106
　――　段階的プログラム　294
　――　チェックリスト　107
　――　評価　352
　――　不良姿勢　106
　――　ボトムポジション　280
スクワット・ジャンプ　245
スコアリングシステム　99, 108
スター・エクスカージョンテスト　351
スタビライゼーションエクササイズ　84
スタンディング・ラテラル・ケーブル・ウッドチョッパー　311
スタンディング・リカバリー　187
スティッキングポイント　280, 282

スティフレッグ・デッドリフト　93, 270
スティフレッグ・リバウンド・ジャンプ　218
ステップ・ダウン　111
ステップアップ　302
ステップオーバー・ラン　190
ステップスルー・ランジ　301
ストライド　337
　——頻度　156
　——分析　96
ストライド長　63, 152, 156, 161
ストラクチュアルエクササイズ　292
ストレートレッグ・スキップ　183
ストレングストレーニング　72
スナッチ　273
スピード　34, 36, 42, 46, 126, 135, 151, 340, 361
　——維持期　157
　——持久力　49
　——トレーニング　344
　——バイオメカニクス　153
スピネイテッド・グリップ　314
スプリット・スタンス　209, 317
スプリット・ステップ　177
スプリングボック　291
スプリント　154, 156
　——期分け　156
　——最大速度での　179
　——周期　152
　——初期における推進力　167
スポーツスキルの基礎　126
スポーツの専門化　36, 40
スモール・トール・ハイ・ロー・ファスト・スローゲーム　163, 164
スライディング・スケール法　107, 108
スランプテスト　351
スリーポイント・スタンス　168, 169
スレッドドリル　348

生活習慣要因　6
静止状態から180°のターン　203
静止した選手に対する切り返しドリル　139
成熟　51
成熟したランニング動作　160
成熟度　50
精神運動機能　35
生体運動機能　17, 30
生体エネルギー　11, 28, 29, 39, 47, 60
生体内運動　60
生体力学　57

生体力学的特徴　17
成長が急速な時期　45
成長期　43
　——後期　35, 51
　——前期　35, 40
　——中期　35, 42
成長スパート　43, 361
静的姿勢保持　72
静的柔軟性テスト　102, 103
静的スクリーニング　112
生理学的運動機能　128
生物学的年齢　13, 14, 40, 43, 44, 230
生物学的発達段階　35
セカンドプル　273, 274
脊椎の動き　100
脊椎の可動域　101
積極的スキル習得期　42
絶対筋力　261
接地　181
接地期　152
接地技術　210, 237
　——向上のための段階的プログラム　238
接地時間　59
　——加速時の　171
接地準備のドリル　180
接地面積　162
セミバリスティックエクササイズ　284
セミバリスティック動作　282
前額軸　77, 78
前額面　77
全か無かの法則　70
前傾姿勢　168
漸進性　130
剪断ストレス　94
剪断力　81, 83
前方運動連鎖　266
前方連鎖　99
専門的準備期　338, 342
専門的なランニング動作の向上　166
走行距離，サッカーの試合における　177
操作動作　3
操作能力　36
早熟　50
早熟者　44
相対筋力　261
相対的年齢効果　44
側臥位での股関節外転　118
足関節
　——安定性　124

―― 可動性テスト　109
　　―― 底屈　7, 172
　　―― 背屈　7
速度　17
速度変化　156
速筋線維　25

【た行】
ターン・アンド・バーン　350
ターン
　　―― 動いている状態から　204
　　―― 静止状態から　203
体育教育　126
体温調節　23, 42
体幹筋力　306
　　―― 基本エクササイズ　307
　　―― 発展的エクササイズ　308
大筋群　40
体型　361
　　―― 変化　44
代謝活動　155
体重移動　38
対称性　103
代償動作　7, 40, 88, 105, 110, 117, 121, 269, 359
大腿四頭筋　36
タイプⅠ　25
タイプⅠ　91
タイプⅡa　25, 48
タイプⅡx　25, 48, 91
体力要素　33
ダウンヒル・ランニング　190
高跳び　100
多関節運動　265
惰性の法則　57
正しい技術の習得　21
正しい着地　45
立ち幅跳び　224
タック・ジャンプ　112, 218
　　―― チェックリスト　113
ダッシュと切り返し　141
脱水症　42
脱分極　24
ダブルフット・アンクル・ジャンプ　184
ダブルフット・スタンス　252
多方向動作　64
多方向へのジャンプ　243
多裂筋　85
単一技術　5

段階づけ　319
段階的カリキュラム　125
段階的負荷　130
段階的プライオメトリックトレーニング　240
段階的プログラム　8, 12, 281
短期計画　1
短縮性筋活動　70, 214, 270, 292
短縮性収縮　21, 71, 214
弾性エネルギー　72, 210, 292
弾性特性　210
男性ホルモン　45
弾性要素　272
タンパク同化ホルモン濃度　46

チェックリスト　107
知覚的要素　159
力　17, 58
力−速度曲線　60, 91, 279, 347
力の産生　74
力の制御　57
力の立ち上がり率　61, 128, 155, 272
力のベクトル　58
力発揮能力　51
遅筋線維　25
遅発性筋痛　70, 338
着地　112
　　―― 適切な　218
着地技術　237
　　―― 段階的プログラム　238
着地動作　209
注意力　38
中間位　83, 84
中期計画　1
中枢神経　17
中枢神経系と筋の相互作用　22
中枢神経系の教育　17, 22
チューチュー・トレイン　248
長期計画　1
跳躍距離　210
直線運動　75
直線減速から再加速移行　197
直線的加速　138, 139, 140
直線的加速に向けた移行動作　141
直列弾性要素　210, 214
チンパンジー　290

底屈　7
抵抗　57
抵抗下ランニング　191

停止 218
ディッピング 220
定量化 99
適応 24
適切な着地 218
てこ作用 276
てこの原理 91, 92
テストステロン 43, 45, 47
テストの妥当性 102
デッドリフト 292, 293, 296
デッドレッグス 185
テニス動作の段階的ドリル 326, 327, 328, 329
デプス・ジャンプ 211, 212, 274
　──効果的な落下高の決定 255
デモンストレーション 135
殿筋の活性化 117
殿筋のパワー 88
殿筋ブリッジ 119, 121

同化ホルモン 267
動作 57
動作カリキュラムの検討事項 127
動作観察 116
動作機能の再教育 17
動作効率 155
動作スキル 1, 2, 4, 14, 34, 35, 83, 105, 125, 325, 331
　──向上のための長期的アプローチ 135
　──向上プログラムの構成要素 52
　──習得 35
動作スピードのプロフィール 158
動作速度 58, 154
動作能力 51
動作の矯正的なプログラム 8
動作不良 116
動作を成熟させるためのランニング活動 163
等尺性筋活動 70, 73
等尺性収縮 72, 265
等張性運動 73
動的アライメント 263
動的ウォームアップ 40, 49, 339
動的姿勢制御 332
動的姿勢評価 104
動的スクリーニング 112
動的バランス 38
特定のスポーツの動きへの特化 23
ドライブ・メカニクス 170
ドライブ期 152, 160
トラップバー 297

トリプルエクステンション 127, 171, 264
トリプルフレクション 63, 127, 171
トリプル・ホップ・ディスタンス・テスト 114, 115
トルク 76, 91, 93
トレーナビリティ 12, 36
トレーニング経験 52
トレーニングに対する神経筋系の反応 27
トレーニング年齢 13, 35, 43, 52, 230
トレーニングの原則 149
トレーニングの優先順位 51
トレーニング負荷 134
トレーニングプログラム 261, 320
トレーニング歴 6
トレンデレンブルク歩行 105
ドロップイン・プライオメトリック・プッシュアップ 257
ドロップ・ジャンプ 211, 213, 218, 274
　──片足着地 111
　──両足着地 111
ドロップ・ステップ 177
ドロップ・スナッチ 296

【な行】
内旋可動域 103
内旋可動域制限 108
内分泌抑制 22
内力 69, 74, 262
長さ-張力関係 84, 90, 91

ニーリング・オーバーヘッド・スロー 258
二次性徴 14
乳酸 30, 48
ニュートラル 83
ニュートンの法則 279
　──第1法則 155
　──第2法則 76, 119, 179
　──第3法則 61, 64, 76, 171, 179
ニューロン 40
認知的要素 159

熱中症 42

脳 17, 18, 23
ノンバリスティックな運動 151

【は行】
バーティマックス 247
ハードル 113
ハードル・ジャンプ 114

ハードル・ホップ　114, 228
ハードル・ホップ・アンド・ホールド　114
ハーフニーリング・ダイアゴナル・ケーブル・ウッドチョッパー　310
バーベル・デッドリフト　296
バーンアウト　36
バイオエナジー　60
バイオメカニクス　57
バイオモーター　60
背屈　7
ハイ・ニー　163
ハイボックス・ステップアップ　121, 122
背面跳び　65, 100
バウンディング　209, 220, 248, 252, 253
　　──標準タイム　252
爆発的エクササイズ　39
爆発的力の不足　61, 62
爆発的パワーエクササイズ　41
爆発的プッシュアップ　256
走り高跳び　65
バックペダル　94, 138, 199
バックワード・アンド・フォワード　344
抜重　274
発達機能の原則　128
発達年齢　13
バット・キック　163
パフォーマンス向上　5
パフォーマンスプログラム　362
ハムストリングス　21, 36
速い解糖系　29
バランス　36, 37, 99, 115, 126, 135
バリエーション　142
バリスティックエクササイズ　41, 284
バリスティック動作　220, 256
ハロウ・スプリント　177
パワー　33, 34, 45, 59, 60, 117, 155, 166, 263
パワー・カット　205, 206
パワーポジション　172, 274
パワーマッスル　88
反作用力　63, 70
バンジーコード　231
反射収縮　27
晩熟　44, 50
反応時間　157
反応性ジャンプ　72
反応性短縮性筋活動　214
反復練習　142

ピークパフォーマンス　4

ピーク力　64
膝関節外反　44
膝靱帯損傷　106
膝と壁の距離テスト　109
ピストル・スクワット　123
非対称性　99
ビデオ撮影　116
ピボット・ステップ　201, 202
ピラティス　39
ピリオダイゼーション　284, 321, 361
ピルビン酸　29
疲労　24, 42, 48, 338

ファーストプル　272, 273, 274
ファスト・グラブ　182
ファンクショナルエクササイズ　267
ファンクショナル・ストレングス　262, 314
ファンクショナルトレーニング　77, 261
ファンクション　262
フィードバック　24
フィジカルコンディション　6
フィジカルパフォーマンス　10
フィジカル・リテラシー　5
フェイス・アンド・チェイス　140, 175, 176
フォースプレート　80, 219
フォーム　90
フォーリング・スタート　172
負荷量　321
腹横筋　85
腹腔内圧　87
2人組でのダッシュと切り返し　141
2人組でのミラー・ドリル　140, 141
不安定性　156
プッシュアップ　41, 275
　　──爆発的　256
　　──評価　354
プッシュアップ・スタート　172
プッシュ・プレス　316
不適切な動作　7
浮遊期　151, 152, 209
プライオメトリクス（プライオメトリック）　26, 38, 41, 42, 46, 72, 155, 209, 210, 211, 270, 332, 344
　　──安全性　236
　　──強度　225
　　──適切なトレーニング量　232
　　──分類　240
プライオメトリック応答　155
プライオメトリック作用　70

プライオメトリック・ステップアップ　302
プライオメトリックドリル　181
プライオメトリックトレーニング　128, 130
　──量の測定　232
フラットバック　83, 84
プラットフォーム　80
プランク　306
ブリッジ　119
プリパレーション　287
不良姿勢　83, 84, 99, 116
不良動作　116
プルアップ　314, 316
フル・スクワット　282
ブル・ラッシュゲーム　146
ブレーキ動作，伸張性収縮による　190
プレシーズン　1
プロアジリティテスト　337
プログラムの個別化　44
プログラムの差別化　44
ブロックアプローチ　143
フロップテクニック　217
プロネイテッド・グリップ　314
フロントサイドメカニクス　162, 171
フロント・スクワット　293
フロント・プランク　278

ベア・クロール　288
閉鎖性運動連鎖エクササイズ　266
並進運動　76
平背　83
ベクトル　58
ベクトル力　58
ヘックスバー　297
片側の動作　304

方向転換　35, 128, 138, 139, 140, 159, 201, 231
方向転換と直線的加速に向けた移行動作　142
方向転換に向けた直線的加速　141
放熱機能　42
ボールスラム　258
歩行中の股関節の位置　105
歩行評価　105
ホスファゲン　28, 29
ホスホフルクトキナーゼ　48, 287
ボックス上へのジャンプ　226, 227, 242
ホッピングの段階的プログラム　249
ホッピング・マッド　224
ホップ　248

──評価　353
ボディイメージ　361
ボトムポジション　105, 280
歩容　105

【ま行】
摩擦　69
摩擦抵抗　57
マルチスポーツアカデミー　350
マルチスポーツ教育　36

ミエリン　24, 40
ミオシンフィラメント　70, 90
ミクロサイクル　346
ミトコンドリア　25, 29
ミニゲーム　50, 348
ミニハードル　353
ミラー・ドリル　140, 141, 142
ミラーマッスル　82

ムーブメントスクリーン　101
無酸素運動　30
無酸素性作業能力　50
無酸素性トレーニング　33

メゾサイクル　331
メディシンボール・スロー　38, 244, 258
メディシンボール・テニス　257, 258
メディシンボールエクササイズ　258
目と足の協応　37, 41
目と手の協応　37, 41

燃えつき　36
モーターコントロール　87
モーメント　92
モーメントアーム　92, 93, 161
モニタリングシステム　99

【や行】
有酸素性代謝　29
有酸素性トレーニング　33, 47
有酸素能力　47, 48, 340, 361
有酸素パワー　33
床反力　96, 162, 211

幼児期　35
腰椎-骨盤のアライメント　173
ヨガ　39
抑制　27

横歩き　118
四つ這い姿勢の評価　354

【ら行】

ラダー・スプリント　339
ラッツ・アンド・ラビッツ　165, 193
ラテラル・シャッフル　199, 200
ラテラル・シングルレッグ・スクワット　122, 123
ラテラル・ハードル・ジャンプ　115
ラテラル・ハードル・ホップ　115
ラテラルラダー・アンド・スプリント　344
ランジ　42, 68
ランダムアプローチ　144
ランダム練習法　339
ランニング　160, 163, 343
　――技術　161
　――最大速度　178
　――スキル　159
　――スピード　151, 152, 166
　――動作　166
　――必須要素　156
　――ポジション　161
　――力学　155
ランニング・インターバルトレーニング　88
ランニング周期　152, 161

リアサイドメカニクス　162
リーチ・アンド・グラブ・グラス　183
リーチングテスト　255
リーピング　41, 209
リープ　209
リカバリー　12, 39, 48, 134, 233, 342
力学的効率　273
力積　59, 61, 62, 155, 279
力点　92
リザード・オン・ホット・サンド　288
理想的なアライメント　83
理想的な姿勢　82, 83
立位姿勢
　――記録　104
　――チェックリスト　103
　――不良姿勢　84
リバース・コーク・スクリュー　312
リバース・ランジ　301
リバース・ランジからのステップアップ　303
リハビリテーション　8, 17
両脚着地圧力分布　95
両足着地でのドロップ・ジャンプ　111
リレー　38

リンクスキル　40

ルーマニアン・デッドリフト　93, 270, 271

レジスタンストレーニング　42, 46
レジスタンストレーニングマシン　77
レジステッド・ハイパワー・マーチング・ドリル　175
レジステッド・ランニング　191
レジステッド・ケーブル・ローテーション・プレス　311
レバーアーム　41, 59, 92, 276
連結技術　5
練習計画作成　319
練習のバリエーション　145
練習メニュー　39
連続タック・ジャンプ　112
　――チェックリスト　113

ローテーターカフ　74
ロープ・クライミング　314
ローリング・スタート　345
ロング・バックワード・ストライズ　187

【欧文】

A-スキップ　188
ABCs，競技に必要な　126
anterior cruciate ligament (ACL) 損傷　116
anterior kinetic chain　266
adenosine triphosphate：ATP　28, 30, 42, 48, 287
ATP-PCr 系　29

B-スキップ　189

centre of gravity：COG　273
centre of mass：COM　273
closed kinetic chain (CKC) エクササイズ　266

delayed onset muscle soreness：DOMS　70, 338

explosive strength deficit：ESD　61, 62

fast-twitch oxidative glycolytic：FOG　25

GPS　80

knee-to-wall distance test　109

open kinetic chain (OKC) エクササイズ　266

Pallof プレス　312
peak height velocity：PHV　43, 44, 47
phosphofructokinase：PFK　48, 287
posterior kinetic chain　275

Qアングル　45, 112

rate of force development：RFD　61, 128, 155, 272

stretch-shortening cycle：SSC　27, 70, 128, 155, 210, 225, 270, 292
strength　261

Vertimax　247

アスレティック・ムーブメント・スキル
―スポーツパフォーマンスのためのトレーニング―

(検印省略)

2018年10月11日　第1版　第1刷

著　者	Clive Brewer
監訳者	広瀬　統一
発行者	長島　宏之
発行所	有限会社　ナップ

〒111-0056　東京都台東区小島1-7-13　NKビル
TEL 03-5820-7522／FAX 03-5820-7523
ホームページ http://www.nap-ltd.co.jp/
印　刷　シナノ印刷株式会社

© 2018　Printed in Japan　　　　　　　　　　　　　ISBN978-4-905168-56-0

JCOPY 〈(社)出版者著作権管理機構　委託出版物〉
本書の無断複写は著作権法上での例外を除き禁じられています．複写される場合は，そのつど事前に，(社)出版者著作権管理機構(電話 03-3513-6969, FAX 03-3513-6979, e-mail: info@jcopy.or.jp)の許諾を得てください．